経済学ゼミナール
上級編

ADVANCED SEMINAR
IN ECONOMICS

西村和雄
Nishimura Kazuo

友田康信
Tomoda Yasunobu

実務教育出版

はしがき

1990年に実務教育出版から『入門 経済学ゼミナール』を出版して，多くの読者に読まれてきましたが，最近の経済学の動向を踏まえた新版として，2008年に若干易しめの姉妹版『経済学ベーシックゼミナール』を出版いたしました。その後，『入門 経済学ゼミナール』で扱った中でも，上級に当たる内容の学習ができる本として新たにまとめたのが，本書『経済学ゼミナール 上級編』です。

本書は『経済学ベーシックゼミナール』と同様に，問題とその解説で構成されています。「例題」は，ミクロ経済学に始まり，一般のテキストの内容と対応する順序で配列され，それぞれの解説では，例題の要求している知識を核として，周辺の話題を含めた説明が与えられています。各節の終わりには，例題の解説の理解を確実にするための「練習問題」がつけられています。

『入門 経済学ゼミナール』を出版した1990年頃に比べると，私が多忙になり，本書の執筆の時間が思うようにとれませんでした。そこで，私が所属していた京都大学経済研究所でかつて研究員を務めていた，神戸市外国語大学准教授の友田康信氏と共同で執筆することにより，本書を完成させることができました。

1人の個人が問題を作ると，作問に必ずその人の個性が反映されてきます。それを避けるために，本書の「例題」と「練習問題」は，国家公務員採用試験，経済

i

学検定試験，その他国家試験の問題から選んでいます。大勢の異なる人によって作られた問題を利用することで，癖のない問題をバランスよく選ぶことが可能になるからです。

とは いえ，公務員試験等によく出題される分野であっても，無用に重複した問題を取り上げることは避けています。単なる「問題集」ではなく，問題を考えながら経済学を学んでほしいという趣旨で作られた本書の性格によります。本書を通読することで，経済学全体についての理解が得られる構成になっています。

最後に，出版に際して，実務教育出版編集部の津川純子さんにお世話していただきました。この場を借りてお礼を申し上げます。

2015年7月　神戸にて

西村　和雄

目　次

はしがき ……… i

 市場機構と需要・供給
Market Mechanism, Demand and Supply

1.1　均衡の安定性　1
1.2　弾力性　6
1.3　比較静学　13

 消費者行動の理論
Theory of Consumer Behavior

2.1　無差別曲線と需要　21
2.2　与件の変化と需要の変化　27
2.3　計算問題　38

 消費者理論の発展問題
Topics in Consumer Theory

3.1　労働供給　49
3.2　間接効用関数・支出関数・等価変分と補償変分　54

企業行動の理論
Firm Behavior and Production Function

- 4.1 生産関数の理論　63
- 4.2 費用関数の理論　68
- 4.3 市場の長期供給曲線　75
- 4.4 計算問題　77

 ## 不完全競争
Imperfect Competition

- 5.1 独　占　91
- 5.2 寡占と独占的競争　106

 ## 市場と社会的厚生
Markets and Social Welfare

- 6.1 余剰分析　119
- 6.2 パレート効率性　128

 ## 市場の失敗
Market Failure

- 7.1 市場の失敗　141
- 7.2 外部効果　144
- 7.3 公共財　151

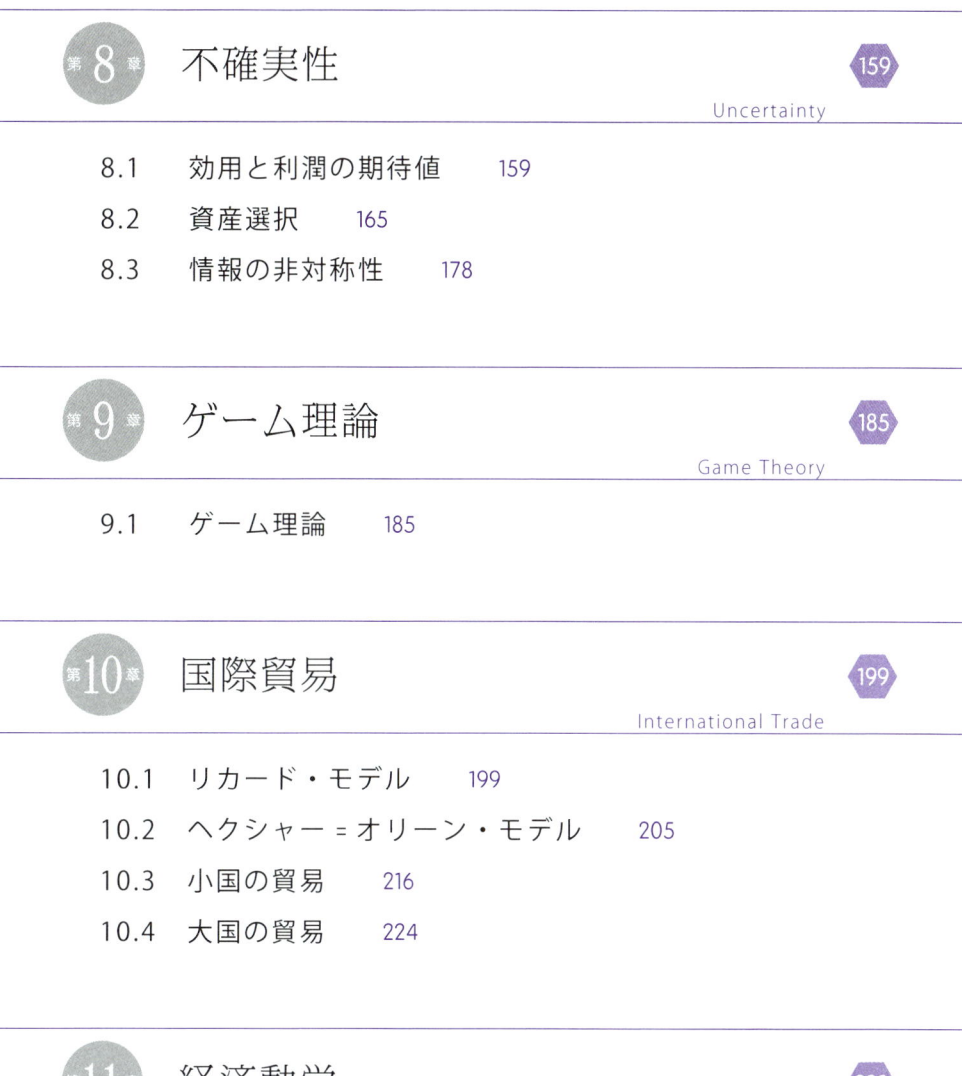

国民所得勘定と産業連関表
National Income Accounts and Interindustry Transactions

12.1 国民所得勘定　241
12.2 産業連関分析　245
12.3 物価指数　252

 消費関数
Consumption Function

13.1 三大仮説　255
13.2 消費に対する効果　267

 投資関数
Investment Function

14.1 投資の限界効率　271
14.2 投資理論　275

 貨幣供給と貨幣需要
Money Supply and Money Demand

15.1 貨幣供給　281
15.2 貨幣需要　287
15.3 貨幣市場の均衡　293

ADVANCED SEMINAR IN ECONOMICS

 ## *IS-LM*分析

IS-LM Analysis

- 16.1　*IS-LM*モデル　297
- 16.2　財政・金融政策　305
- 16.3　財政赤字と公債の負担　319

 ## 労働市場

Labor Markets

- 17.1　労働市場　327
- 17.2　ベヴァリッジ曲線　337

 ## *AD-AS*分析

AD-AS Analysis

- 18.1　総需要曲線と総供給曲線　341
- 18.2　*AD-AS*分析　348

 ## インフレーションと失業

Inflation and Unemployment

- 19.1　インフレーションと失業　359
- 19.2　インフレ型総需要・総供給分析　367
- 19.3　経済政策の有効性　373

第20章　景気循環論
Business Cycles Theory

20.1　景気循環モデル　383

 ## 第21章　経済成長論
Theory of Economic Growth

21.1　ハロッド=ドーマーの経済成長理論　397
21.2　新古典派成長理論　402
21.3　その他の成長理論　414

 ## 第22章　国際金融
International Finance

22.1　開放マクロにおけるISバランス　425
22.2　為替レート　429
22.3　$IS\text{-}LM\text{-}BP$分析　442

主要な定義式と公式のまとめ………456
索　引………463

カバーデザイン　■　中村　圭介，清水　翔太郎（ナカムラグラフ）
本文デザイン・組版　■　権左　伸治（パラゴン）

第1章 市場機構と需要・供給

Market Mechanism, Demand and Supply

1.1 均衡の安定性

> **例題1.1-1 ワルラスおよびマーシャルの安定条件**
>
> p：価格，q：数量，D：需要，S：供給とし，超過需要：$E(p) = D(p) - S(p)$，超過需要価格：$F(q) = D^{-1}(q) - S^{-1}(q)$（$D^{-1}$，$S^{-1}$は，$D$，$S$の逆関数である）と定義するとき，市場均衡の安定性に関する記述として正しいものは次のうちどれか。（国家総合職）
>
> 1 $E'(p) > 0$であれば，ワルラスの意味で安定である。
> 2 $E'(p) < 0$であれば，マーシャルの意味で安定である。
> 3 $E'(p) < 0$かつ$F'(q) > 0$であれば，ワルラスの意味でもマーシャルの意味でも安定である。
> 4 $F'(q) > 0$であれば，ワルラスの意味で安定である。
> 5 $F'(q) < 0$であれば，マーシャルの意味で安定である。

解説 需要と供給が一致しているとき市場は均衡にあり，一致していないとき不均衡となる。不均衡状態にある価格あるいは数量が均衡に向かい調整される過程を表す仮説として，**ワルラス**による**価格調整過程**，**マーシャル**による**数量調整過程**を考える。

次ページの**図1-1(i)** のような需要曲線，供給曲線を考えると，**超過需要**$E(p)$は，図のように表される。**ワルラス的調整過程**では，超過需要が正の場合に価格は上昇し，超過需要が負の場合に価格は低下する。よって，ワルラス的に安定であるためには，均衡価格より高い価格において超過需要が負，均衡価格よ

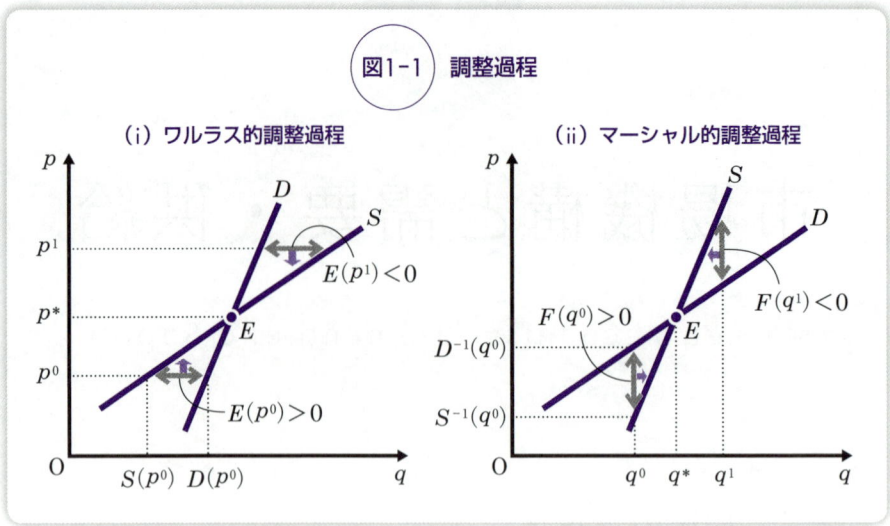

図1-1 調整過程

り低い価格において超過需要が正であればよい．これは，均衡の近くで，超過需要が価格の減少関数であることを意味する．数式で書くと，

$$(1.1) \quad \frac{\partial E(p)}{\partial p} = \frac{\partial D(p)}{\partial p} - \frac{\partial S(p)}{\partial p} < 0, \quad \text{すなわち} \quad \frac{\Delta D}{\Delta p} < \frac{\Delta S}{\Delta p}$$

である．図では縦軸が価格，横軸が数量であることに注意すると，DDの傾きは$\frac{\Delta p}{\Delta D}$，$SS$の傾きは$\frac{\Delta p}{\Delta S}$であるので，(1.1) 式より，**ワルラスの安定条件**について以下の**公式1.1**を得る．

公式 1.1
$$\frac{1}{DD\text{の傾き}} < \frac{1}{SS\text{の傾き}}$$

一方，**図1-1 (ii) の マーシャル的調整過程**では，需要価格が供給価格を上回っていれば，つまり**超過需要価格**が正ならば，生産者は供給量を増やし，財の取引量が増加する．逆に，超過需要価格が負ならば，財の取引量は減少する．マーシャル的に安定であるためには，均衡より少ない取引量のとき超過需要価格が正，均衡より多い取引量のとき超過需要価格が負であればよい．これは，均衡の近くで，超過需要価格が取引量の減少関数であることを意味する．数式で書くと，

$$(1.2) \quad \frac{\partial F(q)}{\partial q} = \frac{\partial D^{-1}(q)}{\partial q} - \frac{\partial S^{-1}(q)}{\partial q} < 0, \quad \text{すなわち} \quad \left.\frac{\Delta p}{\Delta q}\right|_D < \left.\frac{\Delta p}{\Delta q}\right|_S$$

である。ここで$\frac{\Delta p}{\Delta q}\Big|_D$, $\frac{\Delta p}{\Delta q}\Big|_S$はそれぞれDD，SSに沿ったpの変化分とqの変化分の比（すなわち傾き）を表すものとする。(1.2)式より，**マーシャルの安定条件**について，以下の**公式1.2**を得る。

> **公式1.2** 　　*DDの傾き < SSの傾き*

正答　5

例題1.1-2　くもの巣過程の安定条件

　ある期の需要量はその期の市場価格に対応して決定されるが，ある期の供給量は前期の市場価格に対応して決定されるとき，均衡需要量はくもの巣サイクルを描く。t期の市場価格をp_t，$t-1$期の市場価格をp_{t-1}としたとき，需要量は$ap_t + b$，供給量は$a'p_{t-1} + b'$で表されるならば，市場の調整過程の安定性を保証する条件は次のうちどれか。ただしa，a'，b，b'は任意の定数である。（国家総合職）

1　$a + a' > 0$
2　$a - a' < 0$
3　$a + a' = 0$
4　$|a| - |a'| < 0$
5　$|a| - |a'| > 0$

解説　**くもの巣過程の安定条件**は，次の**公式1.3**であることが知られている。図1-2において，**公式1.3**が成立しているのを確かめられたい。

> **公式1.3**　*DDの傾きの絶対値 < SSの傾きの絶対値*，
> すなわち，$\left|\frac{\Delta p}{\Delta x}\right|_D < \left|\frac{\Delta p}{\Delta x}\right|_S$

例題では，需要曲線は$D_t = ap_t + b$で表されているが，グラフでは縦軸に価格をとるため，この傾きはaではなく，$\frac{1}{a}$であることに注意せよ。このことは，直線の方程式を$p_t = \left(\frac{1}{a}\right)D - \left(\frac{b}{a}\right)$と変形するとわかる。同様に供給曲線$S_t = a'p_{t-1} + b'$の傾きは$\frac{1}{a'}$である。よって安定条件は，$\left|\frac{1}{a}\right| < \left|\frac{1}{a'}\right|$すなわち

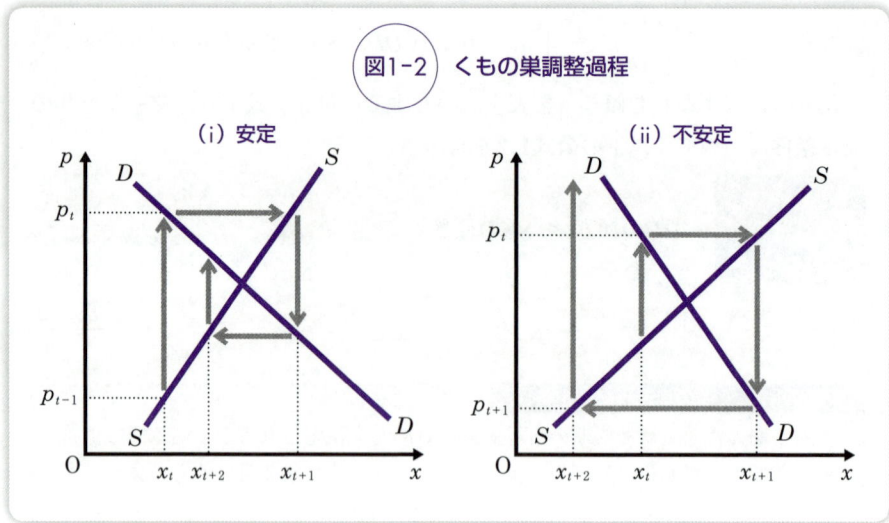

$|a'|<|a|$ である。

正答 **5**

練習問題

【No.1】 図はある財の需要曲線 DD' と供給曲線 SS' を描いたものである。均衡点 A, B, C の近傍におけるワルラス的調整過程とマーシャル的調整過程に関する記述として妥当なものはどれか。（地方上級）

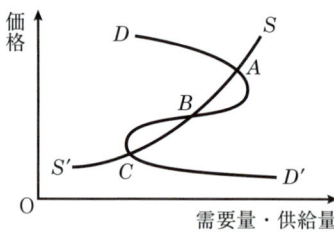

1　点 A は，ワルラス的調整過程では安定，マーシャル的調整過程では不安定である。
2　点 A は，ワルラス的調整過程とマーシャル的調整過程ではともに不安定である。
3　点 B は，ワルラス的調整過程とマーシャル的調整過程ではともに不安定である。
4　点 B は，ワルラス的調整過程では不安定，マーシャル的調整過程では安定である。
5　点 C は，ワルラス的調整過程では不安定，マーシャル的調整過程では安定である。

解説　点 A と点 C では，需要曲線 DD' が右下がり，供給曲線 SS' が右上がりの通常のケースな

ので，ワルラス的にもマーシャル的にも安定（**1**，**2**，**5**は誤り）。点Bでは，均衡の左方（右方）で超過需要価格が正（負）であるので，マーシャル的に安定。しかし，均衡の上方（下方）で超過需要が正（負）であるので，ワルラス的に不安定（**3**は誤り）。正答は**4**である。

【**No.2**】 需要関数と供給関数が以下のように与えられているものとする。

$D = 200 - 2p$
$S = 240 - 3p$

ただし，Dは需要量，Sは供給量，pは価格を表している。このとき，次の記述のうち，正しいものはどれか。（経済学検定試験）

(1) 均衡は，市場がワルラス的調整過程をとるとき安定であり，マーシャル的調整過程をとるとき安定である。
(2) 均衡は，市場がワルラス的調整過程をとるとき不安定であり，マーシャル的調整過程をとるとき安定である。
(3) 均衡は，市場がワルラス的調整過程をとるとき安定であり，マーシャル的調整過程をとるとき不安定である。
(4) 均衡は，市場がワルラス的調整過程をとるとき不安定であり，マーシャル的調整過程をとるとき不安定である。

解説 需要曲線と供給曲線が描かれる図は縦軸が価格なので，需要曲線の傾きは$-\frac{1}{2}$，供給曲線の傾きは$-\frac{1}{3}$である。$-\frac{1}{2} < -\frac{1}{3}$なので，**公式1.2**より，マーシャル的に安定である。また，需要曲線の傾きの逆数（-2）が供給曲線の傾きの逆数（-3）より大きいので，**公式1.1**より，ワルラス的に不安定である。よって，正答は**(2)**である。

【**No.3**】 次のような，くもの巣モデルを考える。

需要曲線：$D_t = aP_t + b$
供給曲線：$S_t = cP_{t-1} + d$

$\left[\begin{array}{l}P_t：t期の価格，P_{t-1}：(t-1)期の価格，D_t：t期の需要量\\S_t：t期の供給量，a, b, c, dはパラメータ\end{array}\right]$

パラメータaとcの組合せのうち，調整過程が安定であるものはどれか。ただし，いずれの場合においても均衡は存在するものとする。（地方上級）

	a	c
1	-1	$+2$
2	$+2$	-3
3	-3	$+2$
4	-2	-3
5	$+3$	-4

解説 傾きの絶対値は$\frac{1}{|a|}$，$\frac{1}{|c|}$である。**公式1.3**より，くもの巣モデルで安定なのは$\frac{1}{|a|} < \frac{1}{|c|}$のときである。これは，$|c| < |a|$と同じである。よって，**3**のみが安定である。

【No.4】 ある経済が3つの市場からなっているとする。財1の超過需要Z_1と財2の超過需要Z_2が以下のように与えられるとき，財3の超過需要Z_3として妥当なものはどれか。(地方上級)

$$Z_1 = \frac{-10P_1 + 6P_2 + 4P_3}{P_1} \qquad Z_2 = \frac{3P_1 - 8P_2 + 5P_3}{P_2}$$

〔P_i：i財の価格，Z_i：i財の超過需要 ($i = 1, 2, 3$)〕

1　$Z_3 = \dfrac{-3P_1 + 6P_2 + 9P_3}{P_3}$　　2　$Z_3 = \dfrac{2P_1 + 9P_2 - 11P_3}{P_3}$

3　$Z_3 = \dfrac{7P_1 + 2P_2 - 9P_3}{P_3}$　　4　$Z_3 = \dfrac{-5P_1 + P_2 - 7P_3}{P_3}$

5　$Z_3 = \dfrac{-13P_1 + 14P_2 - P_3}{P_3}$

解説　各財の超過需要の価値額の合計がゼロになることを**ワルラス法則**といい，式で表すと，$P_1Z_1 + P_2Z_2 + P_3Z_3 = 0$である。この式に，問題文で与えられた$Z_1$と$Z_2$を代入して$Z_3$を求めると，$Z_3 = \dfrac{7P_1 + 2P_2 - 9P_3}{P_3}$を得る。よって，正答は**3**である。

正答　【No.1】　4　　【No.2】　(2)　　【No.3】　3　　【No.4】　3

1.2　弾力性

例題1.2-1　需要曲線の形と弾力性

横軸に数量Q，縦軸に価格Pをとった図のような需要曲線Ⅰ，Ⅱ，Ⅲがある。Ⅰ，Ⅱは直線でⅢは$PQ = K$ ($K > 0$) なる直角双曲線である。このとき，需要の価格弾力性（絶対値）に関する記述として正しいのは，次のうちどれか。ただし，点Eにおける需要曲線Ⅲの接線は需要曲線Ⅰに平行であり，点Bは点Eの真上にあるものとする。(国家総合職)

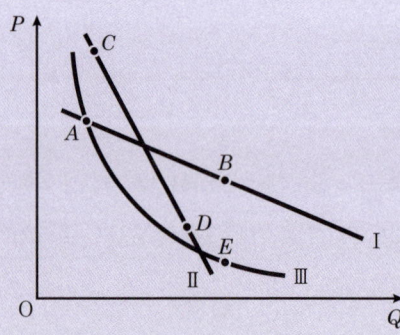

1 　需要曲線Ⅰに関し，弾力性は曲線Ⅰ上のすべての点で同一である。
2 　需要曲線Ⅰに関し，弾力性はAからBの方向に移動するにつれて大きくなる。
3 　需要曲線Ⅱは，需要曲線Ⅰよりも弾力性が大である。
4 　需要曲線Ⅲに関し，弾力性は曲線Ⅲ上のすべての点で同一である。
5 　需要曲線Ⅰに関し，点Bにおける弾力性と，需要曲線Ⅲに関し，点Eにおける弾力性とは同一である。

解説　価格pが1％変化したときに需要量xが何％変化するかを表す概念，

$$e_d = -\frac{\left(\frac{\Delta x}{x}\right)}{\left(\frac{\Delta p}{p}\right)}$$ を**需要の価格弾力性**と呼び，

(1.3) 　　$e_d = -\dfrac{p}{x} \cdot \dfrac{\Delta x}{\Delta p}$

の形で定義される。$\dfrac{\Delta x}{\Delta p}$は，需要曲線の傾きの逆数である。需要曲線が右下がりである限り，$\dfrac{\Delta x}{\Delta p}$が負となるので，弾力性の値を正にするためにマイナスの符号を付けているのである。

図1-3の点Aにおける需要の価格弾力性の値を，図を用いて求める。需要曲線上の点Aにおける傾き$\dfrac{\Delta p}{\Delta x}$は，接線$BC$の傾きで定義され，それは$-\dfrac{AG}{CG}$に

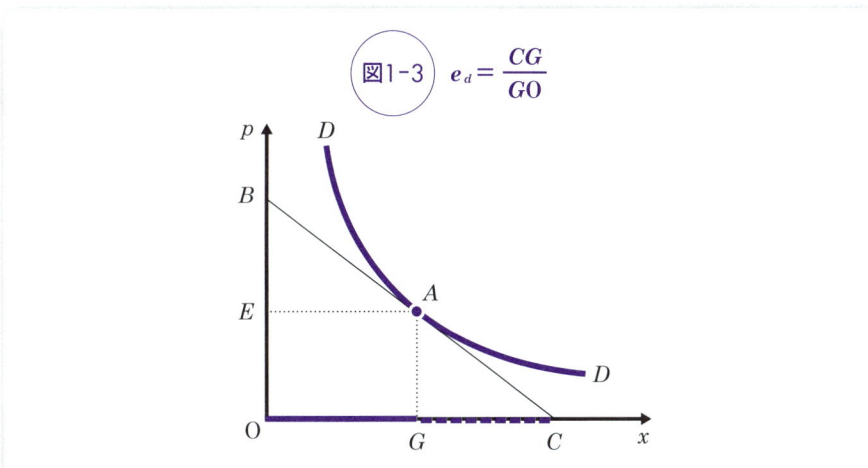

図1-3　$e_d = \dfrac{CG}{GO}$

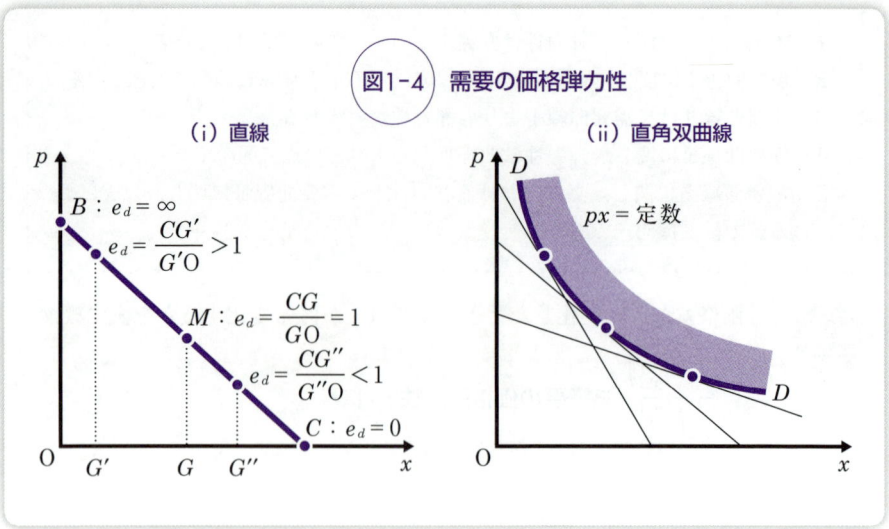

等しい．また点Aでは，$x = GO$，$p = AG$なので

(1.4) $$\frac{p}{x} = \frac{AG}{GO}, \quad -\frac{\Delta x}{\Delta p} = \frac{CG}{AG}$$

である．(1.4)式を(1.3)式に代入すると，需要の価格弾力性は以下となる．

公式 1.4 $\quad e_d = \dfrac{CG}{GO}$

次に，需要曲線が直線の場合を考える．図1-4(i)の直線BCが需要曲線であるとする．すると，BCの中点MではGOの長さとCGの長さが等しいので，**公式1.4**より需要の価格弾力性は1である．弾力性は点Cに近くなるほど小さくなり，点Cではゼロになる．一方，弾力性は点Bに近くなるほど大きくなり，点Bでは無限大となる．

図1-4(ii)のように，直角双曲線（$px = K$，Kは定数）が需要曲線である場合，$\dfrac{\Delta x}{\Delta p} = -\dfrac{K}{p^2}$なので，これらを需要の価格弾力性の定義である(1.3)式に代入すると，$e_d = 1$である．よって，需要の価格弾力性は，需要曲線上の任意の点で1となる．

例題に戻ろう．需要曲線Ⅰ，Ⅱは直線で，Ⅲが直角双曲線である．需要曲線Ⅰでは，より右側に位置する点ほど弾力性も小さい（**1**，**2**は誤り）．また需要曲線Ⅰ，Ⅱのどちらも，その上の中点となる点では，弾力性の値は1である（**3**

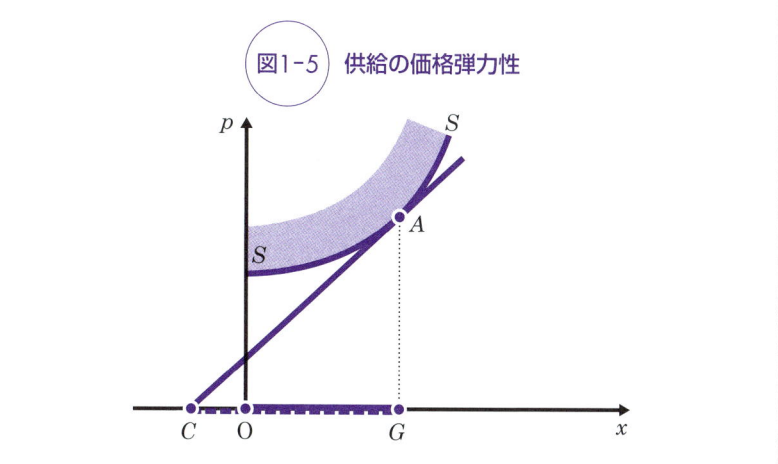

図1-5 供給の価格弾力性

は誤り)。また需要曲線Ⅲの上の点では，弾力性は常に1に等しいことになる（**4**が正答）。もし点Bが需要曲線Ⅰの中点なら弾力性は1であり需要曲線Ⅲの弾力性と等しいが，問題文から判定できない（**5**は誤り）。

正答　4

なお，需要曲線と同様，供給曲線についても**供給の価格弾力性**が定義できる。供給曲線の場合，その傾きが正なので，マイナスを付けずに

$$(1.5) \quad e_s = \frac{p}{x} \cdot \frac{\Delta x}{\Delta p}$$

と定義される。今，図1-5のSSを供給曲線とすると，SSの点Aにおける傾き $\frac{\Delta p}{\Delta x}$ はAにおける接線の傾きなので，$\frac{\Delta p}{\Delta x} = \frac{AG}{CG}$ である。これに $\frac{p}{x} = \frac{AG}{GO}$ を考慮すると，以下の**公式1.5**となる。

公式 1.5 $\quad e_s = \dfrac{CG}{GO}$

例題1.2-2　需要の弾力性と支出の変化

需要の価格弾力性に関する次の記述のうち，適当なものはどれか。（地方上級）

1　需要の価格弾力性が1より小さいとき，価格が下落すると，需要額は増加する。

2 需要の価格弾力性が1より小さいとき，価格が上昇すると，需要額は大幅に減少する。
3 需要の価格弾力性が1のとき，価格が下落すると，需要額は大幅に増加する。
4 需要の価格弾力性が1より大きいとき，価格が下落すると，需要額は増加する。
5 需要の価格弾力性が1より大きいとき，価格が下落すると，需要額は減少する。

解説 需要の価格弾力性が1より小さいとき，需要は**非弾力的**，1より大きいときに，需要は**弾力的**であるといわれる。弾力的な財の価格が低下するとき，消費者の需要量は価格の変化率以上に増加するので，結果としてその財への支出額は増加することになる。また，非弾力的な財の場合は，価格が低下することによって，需要量は増加しても，需要量の変化率は価格の変化率を下回るので財への支出額は減少する。

以上を数式で確認する。価格がp，需要曲線が$x = D(p)$のとき，需要額（つまり支出額）Eは

(1.6) $\quad E = p \cdot x = p \cdot D(p)$

である。価格が上昇した場合，支出額が増加するなら（減少するなら），以下の不等式の計算が成立する。

$$\frac{dE}{dp} = D(p) + p \cdot \frac{dD(p)}{dp} > 0 \quad (<0)$$

$$-\frac{dD(p)}{dp} \cdot \frac{p}{D(p)} < 1 \quad (>1)$$

$$e_d < 1 \quad (>1)$$

つまり，需要の価格弾力性が1より小さい場合（$e_d < 1$），$E'(p) > 0$であり，価格が上昇（下落）すると，需要額が増加（減少）するのである。逆に，需要の価格弾力性が1より大きい場合（$e_d > 1$），$E'(p) < 0$であり，価格が上昇（下落）すると，需要額が減少（増加）する。また，需要曲線が直線の場合，需要の価格弾力性が1（$e_d = 1$）のときに，支出額は最大$E'(p) = 0$である。

正答 4

練習問題

【No. 1】 ある財の需要曲線と供給曲線がそれぞれ,

$$D = 16 - \frac{1}{6}P, \quad S = \frac{5}{2}P \quad \text{〔}D：需要量，P：価格，S：供給量\text{〕}$$

で示されるとき，市場均衡におけるこの財の需要の価格弾力性（絶対値）はいくらか。（国家一般職）

1　$\frac{1}{3}$　　2　$\frac{1}{6}$　　3　$\frac{1}{9}$　　4　$\frac{1}{12}$　　5　$\frac{1}{15}$

解説　均衡は，$16 - \frac{1}{6}P = \frac{5}{2}P$ から，$P = 6$。よって，$D = 15$。$P = 0$ を需要曲線に代入すると，需要曲線の横軸との交点は，$D = 16$。**公式1.4**より，$e_d = \frac{16 - 15}{15} = \frac{1}{15}$ である（正答は**5**）。

[別解]　$\frac{dD}{dP} = -\frac{1}{6}$。市場均衡は $P = 6$, $D = 15$ である。(1.3)式にこれらを代入すると，$e_d = -\frac{P}{D} \cdot \frac{dD}{dP} = -\frac{6}{15} \cdot \left(-\frac{1}{6}\right) = \frac{1}{15}$。よって，正答は**5**である。

【No. 2】 需要曲線が下図のようになっているとき，次の記述のうち正しいものはどれか。（地方上級）

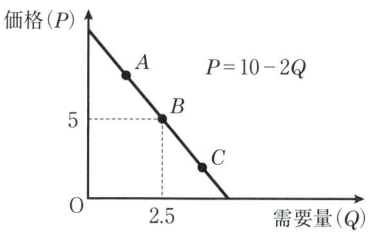
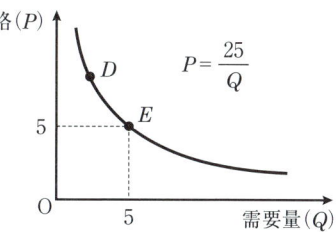

1　Aにおける需要の価格弾力性は，Bのそれより小さい。
2　Bにおける需要の価格弾力性は，Eのそれと同じである。
3　Cにおける需要の価格弾力性は，Dのそれより大きい。
4　Dにおける需要の価格弾力性は，Eのそれより大きい。
5　A，B，Cにおける需要の価格弾力性は，すべて同じである。

解説　**公式1.4**より，点Bにおいて $e_d = \frac{2.5}{2.5} = 1$ である。点Aでは弾力性が大きく，点Cでは小さい。点Eのような直角双曲線上の点は，弾力性は常に1である。よって，正答は**2**である。

【No. 3】 ある財についての需要関数と供給関数が，需要量をD，供給量をS，価格をPとして，

$$D = 10 - P, \quad S = \frac{1}{2}P$$

で示されたものとするとき，需要と供給の価格弾力性に関する次の記述のうち，正しいものはどれか。（国家総合職）

1　需要の価格弾力性（絶対値）は，価格が低いほど大きくなる。
2　需要の価格弾力性（絶対値）は，市場均衡点において最大になる。
3　供給の価格弾力性は，価格が高いほど大きくなる。
4　供給の価格弾力性は，常に1である。
5　市場均衡点において，需要の価格弾力性（絶対値）と供給の価格弾力性は等しくなる。

解説　公式1.4より，需要曲線が直線の場合，価格が高いほど需要の価格弾力性は大きい。市場均衡点において，需要の価格弾力性は2である。供給曲線 $S = \frac{1}{2}P$ が原点を通る直線なので，**公式1.5**より $e_s = 1$。よって，正答は**4**である。

【No.4】 ある消費者の本の需要関数は，予算がMで価格をpとすると，$d(p, M)$であるとする。$(p, M) = (2, 24)$のとき，需要量は5であり，$\frac{\partial d(p, M)}{\partial p} = -2$，$\frac{\partial d(p, M)}{\partial M} = \frac{1}{8}$ であることがわかった。$(p, M) = (2, 24)$を基準とした場合に関する次の記述のうち，妥当なのはどれか。（国家総合職）

1　予算を一定として本の価格が限界的に上がるとき，本への支出額は増える。一方，価格を一定として予算が限界的に増えるとき，予算に占める本の支出の割合は変化しない。
2　予算を一定として本の価格が限界的に上がるとき，本への支出額は増える。一方，価格を一定として予算が限界的に増えるとき，予算に占める本の支出の割合は増える。
3　予算を一定として本の価格が限界的に上がるとき，本への支出額は増える。一方，価格を一定として予算が限界的に増えるとき，予算に占める本の支出の割合は減る。
4　予算を一定として本の価格が限界的に上がるとき，本への支出額は減る。一方，価格を一定として予算が限界的に増えるとき，予算に占める本の支出の割合は増える。
5　予算を一定として本の価格が限界的に上がるとき，本への支出額は減る。一方，価格を一定として予算が限界的に増えるとき，予算に占める本の支出の割合は減る。

解説　本への支出額をEとすると，$E = p \cdot d(p, M)$である。本の価格pが限界的に上がるとき，支出額の変化は $\frac{\partial E}{\partial p} = d(p, M) + p \cdot \frac{\partial d(p, M)}{\partial p}$ である。この式に問題文の条件を代入すると，$\frac{\partial E}{\partial p} = 5 + 2 \cdot (-2) = 1 > 0$であるので，本の価格$p$が限界的に上がるとき支出額は増える。

予算に占める本の支出割合をRとすると，$R = \frac{E}{M} = \frac{p \cdot d(p, M)}{M}$ である。予算Mが限界的に増えると，予算に占める本の支出割合の変化は $\frac{\partial R}{\partial M} = \frac{1}{M^2}\left[p \cdot \frac{\partial d(p, M)}{\partial M} \cdot M - p \cdot d(p, M)\right]$ である。この式に問題文の条件を代入すると，$\frac{\partial R}{\partial M} = \frac{1}{24^2}\left[2 \cdot \frac{1}{8} \cdot 24 - 2 \cdot 5\right] = -\frac{1}{144} < 0$ であるので，予算Mが限界的に増えるとき，予算に占める本の支出割合は減る。

よって，正答は**3**である。

【No. 5】 ラムゼーの逆弾力性の命題が成立するような状況において、政府が自動車と米に物品税（従価税）を課することによって税収を得ようとしているとする。ある研究所の調査によれば、自動車の価格が200万円から210万円に上昇すると、その需要量は300万台から285万台に減少し、米の価格が10kg当たり4,000円から4,400円に上昇すると、その需要量は1,000万トンから950万トンに減少するという。

現在、自動車価格は200万円であり、米の価格は4,000円であるとすると、政府の課する物品税に関する次の記述のうち、妥当なものはどれか。（国家総合職）

1 自動車は上級財であり、米に比べて相対的に奢侈品であるといえるので、自動車に対する物品税率は米に対する物品税率よりも高くする必要がある。
2 自動車は米に比べて奢侈品であるが、上級財とは断定できないため、両者に対する物品税率は大きく異ならないことが必要である。
3 自動車に対して課税すると、価格上昇率に対する需要量の減少率が米に比べて大きいと予想されるので、米に対する物品税率よりも低くする必要がある。
4 米は400円の価格上昇に対して5％も需要量が減少するので、需要の価格弾力性が大きく、米に対する物品税率は、自動車に対する物品税率よりも低くする必要がある。
5 両方の財の需要の価格弾力性を比較すると、自動車のほうが大きいので、自動車に対しては物品税を課税せず、非弾力的な米だけ物品税を課税する必要がある。

解説 ラムゼーの逆弾力性命題とは、「価格弾力性の高い財には低い税率を課し、逆に、価格弾力性の低い財にはより高い税率を課すのが望ましい」というものである。需要量をx、価格をpとする。

自動車の場合、$\Delta x = 285 - 300 = -15$、$\Delta p = 210 - 200 = 10$であるので、需要の価格弾力性$e_d$は、
$e_d = \dfrac{200}{300} \cdot \dfrac{15}{10} = 1$。

米の場合は、$\Delta x = 950 - 1000 = -50$、$\Delta p = 4400 - 4000 = 400$であるので、需要の価格弾力性$e_d$は、
$e_d = \dfrac{4000}{1000} \cdot \dfrac{50}{400} = \dfrac{1}{2}$。

したがって、自動車に対する税率は米に対する税率よりも低くする必要がある。よって、正答は**3**である。なお、上級財と奢侈品については、例題2.2-1を参照せよ。

正答 【No.1】 5　【No.2】 2　【No.3】 4　【No.4】 3　【No.5】 3

1.3　比較静学

例題1.3-1　従量税と均衡価格

ある産業の生産物に対する需要曲線が下図のDD線、供給曲線がSS線で示され、生産物の単位当たり市場価格が$p = 500$円に定まっている状態を前提に

して，①〜④に答えなさい。（公認会計士）

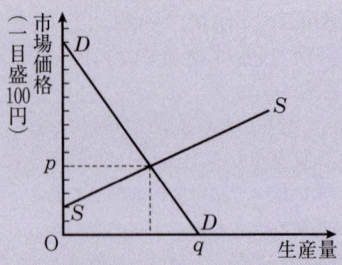

① この産業の生産物に1単位当たり100円の従量税がかけられるとき，需要曲線と供給曲線はどのように変化し，その結果，価格と生産量がどのように変化するかを図上に示せ。
② 従量税課税後の均衡市場価格をp'とすると，p'の高さと需要の価格弾力性の大きさとの間には，どのような関係があるか。
③ p'の高さと供給の価格弾力性との間には，どのような関係があるか。
④ この産業の生産物に20%の従価税がかけられるとき，課税後の均衡市場価格は，100円の従量税がかけられる場合に比べ，より高いか，より低いか。また，この場合の課税後の状態を図上に示せ。

解説 1単位当たりt円の**従量税**がかけられると，企業はその供給する財の価格に1単位当たりt円の上乗せをする。その結果として供給曲線は上方にtだけシフトする。需要曲線と供給曲線の交点である均衡も変化する。**図1-6**は，供給曲線のシフトによる均衡の変化を表し，**問**①の要求する図である。

次に需要の価格弾力性が均衡市場価格に与える影響を見るために，**完全非弾**

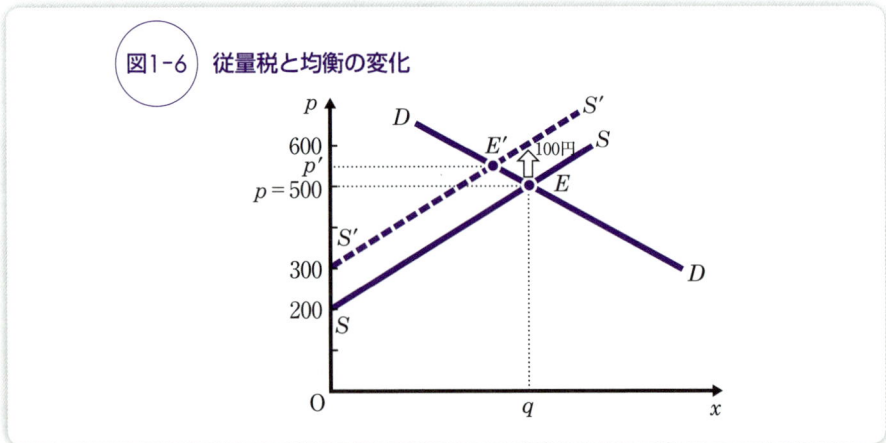

図1-6 従量税と均衡の変化

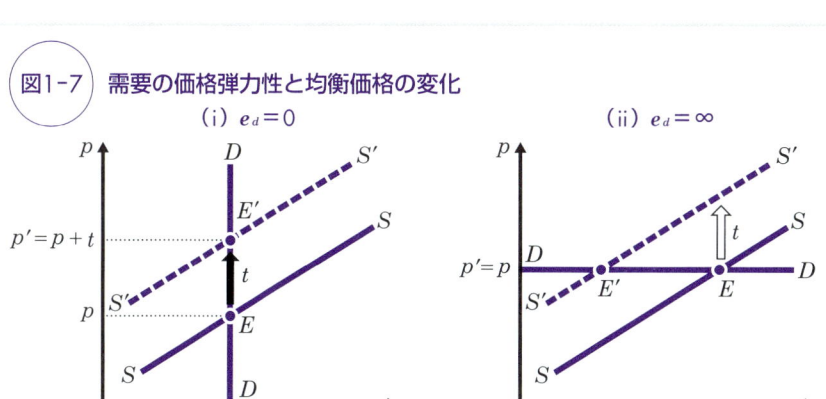

力的（$e_d = 0$）な場合と，完全弾力的（$e_d = \infty$）な場合を，それぞれ図1-7の（i）と（ii）で表す。需要の価格弾力性が0の図1-7（i）のケースでは，1単位当たりの課税分tがすべて均衡価格の上昇に吸収される。新しい均衡価格p'は，もとの価格pプラスtに等しく決まる。一方，弾力性が無限大である（ii）では，均衡価格は従量税をかけても変化しない。したがって，②『需要の価格弾力性が高くなるにつれて，課税後の均衡価格上昇は小さくなる』。

次に，供給の価格弾力性の影響を見よう。図1-8（i）は，供給が完全非弾力的（$e_s = 0$）な場合である。従量税は均衡価格に影響を与えない。一方，図1-8（ii）は，供給が完全弾力的（$e_s = \infty$）な場合で，課税後の均衡価格は課税前に比べて従量税に等しい額だけ高くなる。したがって，③『供給の価格弾力性が高くなるほど課税後の均衡価格は高くなる』。

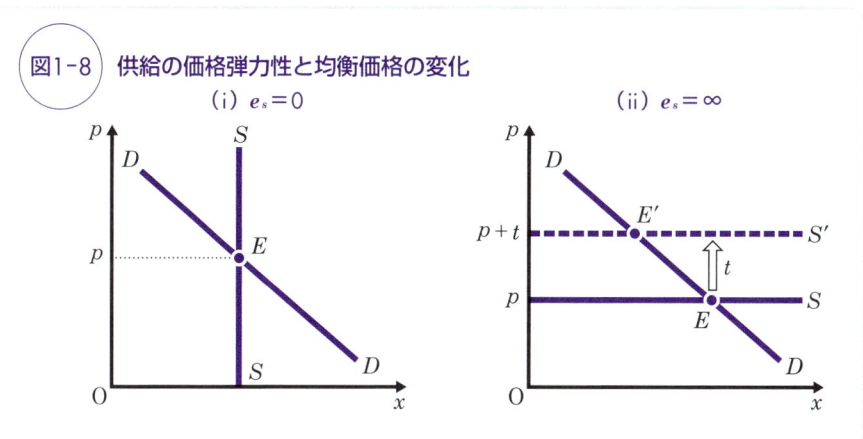

図1-9 従価税を課税した後の均衡 E''

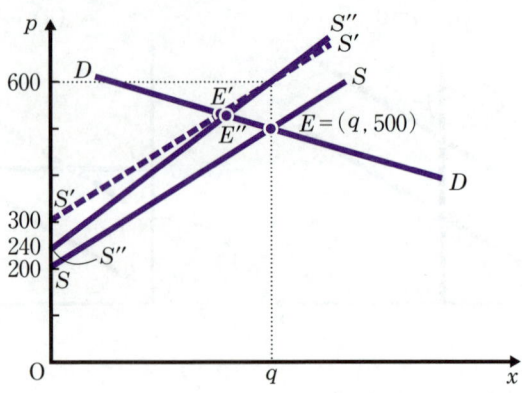

　最後に，④の**従価税**のケースを考慮しよう。20％の従価税がかけられると，価格がp円の財は$1.2 \times p$円となる。例題の図の供給曲線では$q = 0$のとき$p = 200$であるが，これは従価税を課税した後は，$1.2 \times 200 = 240$円となる。また生産量qにおける価格$p = 500$は，従価税により$1.2 \times 500 = 600$円となる。図1-9にこの2点を通るように従価税の課税後の供給曲線$S''S''$を描いてある。これを点線で表された従量税を課税した後の供給曲線$S'S'$と比較すると，課税後の均衡価格は，従量税におけるE'よりも従価税におけるE''のほうが低くなる。

正答　①　図1-6　　②③　解説の中の『　』を参照　　④　図1-9

例題1.3-2　租税の負担比率

　次の図は，ある財の市場の需要曲線D，供給曲線Sを示したものである。この財1単位に$E'F$だけの間接税を課したために，供給曲線がS'にシフトしたとする。次の記述のうち正しいものはどれか。（地方上級）

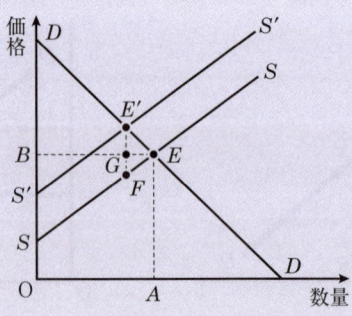

1 需要の価格弾力性は，$\dfrac{EG}{E'G}$ である。

2 供給の価格弾力性は，$\dfrac{EF}{GF}$ である。

3 需要者の租税を負担する割合は，$\dfrac{GF}{E'F}$ である。

4 供給の価格弾力性が大きければ大きいほど，需要者の租税の負担割合は大きくなる。

5 需要の価格弾力性が大きければ大きいほど，需要者の租税の負担割合は大きくなる。

解説 例題の間接税は供給曲線を平行に移動させているので，従量税を意味すると考えられる。従量税が課せられた場合，法的な納税義務者は生産者あるいは販売者であり，形式的には彼らが納税している。しかし，実際には消費者も納税額を負担している。極端なのは先の**図1-7(i)**（$e_d = 0$）および**図1-8(ii)**（$e_s = \infty$）の場合で，従量税がすべて均衡価格の上昇に吸収され，課税額をすべて消費者が負担する。一方，**図1-7(ii)**（$e_d = \infty$）および**図1-8(i)**（$e_s = 0$）の場合，均衡価格は変化しないので，納税義務者である生産者が課税額をすべて負担する。

従量税の場合について，租税負担の割合が弾力性の比に依存することを，**図1-10**を用いて説明しよう。今，生産者に対し財1単位当たりt円の従量税が課されたとする。供給曲線はSからS'にシフトし，均衡価格は$\bar{p}$からp^2へ上昇する。課税前と比べると，消費者は$p^2 - \bar{p}$ だけ高い価格を支払い，生産者の納税後の収入は財1単位当たり$\bar{p} - p^1$だけ少なくなる。ここで

(1.7) $\quad t = p^2 - p^1 = [p^2 - \bar{p}] + [\bar{p} - p^1]$

であることに注意すると，$\dfrac{p^2 - \bar{p}}{\bar{p} - p^1}$ が消費者と生産者の税負担額の比である。

図において，消費者と生産者の税負担割合の比は $\dfrac{E'F}{FH}$ である。$\triangle E'HE$ と $\triangle JLE$ は相似なので $\dfrac{E'F}{FH} = \dfrac{J\bar{p}}{\bar{p}L}$ である。さらに，$\triangle J\bar{p}E$ と $\triangle JLC''$ の相似性より $\dfrac{J\bar{p}}{\bar{p}L} = \dfrac{JE}{EC''} = \dfrac{LG'}{G'C''}$，$\triangle ELC''$ と $\triangle EC'C$ の相似性より $\dfrac{LG'}{G'C''} = \dfrac{C'G}{CG}$ である。

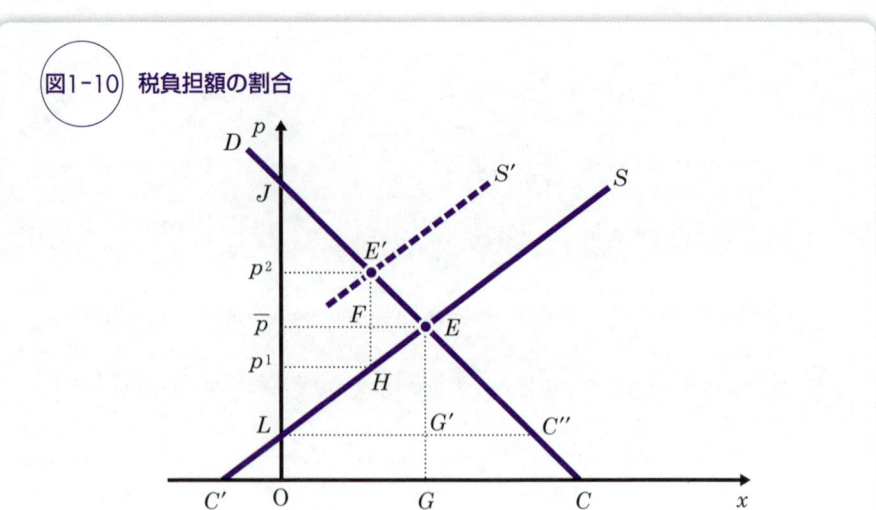

図1-10 税負担額の割合

公式 1.4 より $e_d = \dfrac{CG}{GO}$ であり，公式 1.5 より $e_s = \dfrac{C'G}{GO}$ であるので，$\dfrac{C'G}{CG} = \dfrac{e_s}{e_d}$ である。以上をまとめると，以下の公式を得る。

| 公式 1.6 | $\dfrac{消費者の税負担}{生産者の税負担} = \dfrac{p^2 - \bar{p}}{\bar{p} - p^1} = -\dfrac{需要曲線の傾き}{供給曲線の傾き} = \dfrac{e_s}{e_d}$ |

さらに，公式 1.6 より

$$(1.8) \quad p^2 - \bar{p} = \frac{e_s}{e_d}[\bar{p} - p^1], \quad \bar{p} - p^1 = \frac{e_d}{e_s}[p^2 - \bar{p}]$$

である。これを (1.7) 式に代入すると，消費者と生産者の負担額を，以下のように変形できる。

$$(1.9) \quad p^2 - \bar{p} = \frac{e_s}{e_d + e_s}t, \quad \bar{p} - p^1 = \frac{e_d}{e_d + e_s}t$$

例題に戻ろう。公式 1.6 より，供給の価格弾力性 e_s が小さいほど，あるいは，需要の価格弾力性 e_d が大きいほど，消費者による租税負担の割合が小さくなることがわかる（よって 4 が正しく，5 は誤りである）。また需要者の負担額の割合そのものは，$\dfrac{E'G}{E'F}$ として求まる（よって 1，2，3 は誤り）。

正答　**4**

練習問題

【No.1】 下図のように需要曲線, 供給曲線があり, 500円で均衡しているとき, これに課税したときの影響を述べたもののうち妥当なのはどれか。(国家総合職)

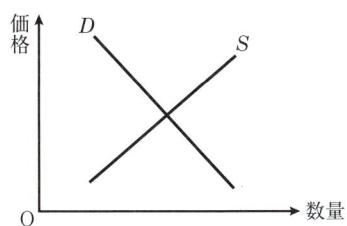

1 100円税金をかけると価格600円となり, 販売量は減少する。
2 需要, 供給ともに弾力性が大きいとき, 価格はもとよりも低くなる。
3 需要, 供給ともに弾力性が小さいとき, 価格はもとよりも低くなる。
4 需要の弾力性が大きければ大きいほど価格は高くなり, 逆に供給の弾力性が大きければ大きいほど価格は低くなる。
5 20%の従価税をかけたときのほうが, 100円の従量税をかけたときより価格は低くなる。

解説 価格が低くなることはないので, 2と3は誤り。需要の弾力性が小さいほど価格は高くなるので, 4は誤り。1単位当たり100円の税金をかけると供

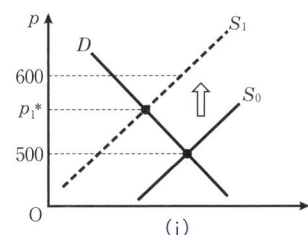
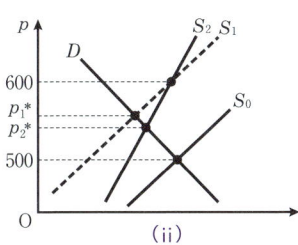

給曲線は図(i)のように縦に100円シフトする。新しい均衡価格p_1^*は600円より小さいので, 1は誤り。20%の従価税の下ではS_0を垂直方向に1.2倍したものが供給曲線となる。500×1.2=600なので図(ii)のように以前の均衡生産量に対する供給価格は600円となるが, 新しい均衡での価格p_2^*はp_1^*よりも低くなる。よって, 正答は**5**である。

【No.2】 ある財を完全競争の下で生産する場合において, 以下のケースA, ケースBの2種類の供給曲線・需要曲線があるものとする。

ケースA
 供給曲線:$P=8$
 需要曲線:$P=-D+16$
ケースB
 供給曲線:$P=S+2$
 需要曲線:$D=8$
ただし, Pは財の価格, Dは財の需要量, Sは財の供給量である。

ここで，ケースAおよびケースBについて，財1単位当たり4だけ従量税を課した場合，それぞれのケースにおける税収および税の負担についての組合せとして，妥当なものはどれか。(国家総合職)

	税収		税の負担	
	ケースA	ケースB	ケースA	ケースB
1	16	32	すべて消費者が負担する	すべて消費者が負担する
2	32	16	すべて消費者が負担する	すべて消費者が負担する
3	16	32	すべて生産者が負担する	すべて生産者が負担する
4	32	16	すべて生産者が負担する	すべて生産者が負担する
5	16	16	消費者と生産者が負担する	消費者と生産者が負担する

解説　ケースAは$e_s=\infty$，ケースBは$e_d=0$である。どちらのケースも$\frac{e_s}{e_d}=\infty$となり，公式1.6から消費者が全額負担することになる。ケースAでは，課税後の供給曲線が$P=12$となり，生産量が4となるので，税収は$4×4=16$。ケースBでは生産量が8のままなので，税収は$4×8=32$。よって，正答は**1**である。

[別解]　ケースA，Bは，それぞれ図1-8(ii)，図1-7(i)で表される。どちらの場合も，課税前に比べて，消費者の直面する価格が税額だけ上昇しているので，全額を消費者が負担していることがわかる。

【No.3】　ある財の需要曲線と供給曲線が，それぞれ，

$D=-P+60$

$S=P$　　　〔D：需要量，P：価格，S：供給量〕

で示されるとする。この財に従量税（財1単位当たりの税額）を課すとすれば，税収が最大となる税率はいくらか。(国家総合職)

1 10　　**2** 20　　**3** 30　　**4** 40　　**5** 50

解説　まず，財の取引量をxとし，需要曲線と供給曲線をPについて解くと，

$D:P=-x+60$, $S:P=x$ ………①

1単位当たりの税額をtとすると，課税後の供給曲線は，

$S:P=x+t$ ………②

となる。課税後の均衡における財の量は$x=-\frac{1}{2}t+30$であり，税収は，$tx=-\frac{1}{2}t^2+30t$である。

これは，$t=30$のとき最大となる。よって，正答は**3**である。

| 正答 | 【No.1】 5 | 【No.2】 1 | 【No.3】 3 |

第2章

消費者行動の理論

Theory of Consumer Behavior

2.1 無差別曲線と需要

例題2.1-1 無差別曲線

合理的な消費者のx財とy財に対する無差別曲線が図の$U_1 \sim U_3$,予算線が図の$M_1 \sim M_4$のように示されるとする。効用水準について$U_1 < U_2 < U_3$が成立し,A点は効用が飽和する点である。このとき,以下の記述の中で<u>誤っているもの</u>はどれか。(経済学検定試験)

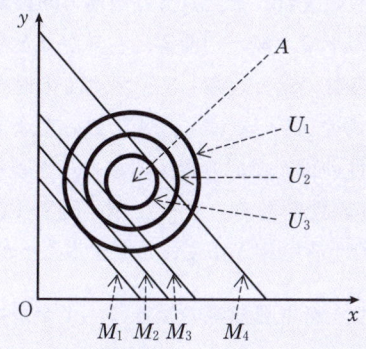

(1) 予算線がM_1のとき,最適消費により実現される効用水準はU_1である。
(2) 予算線がM_2のとき,最適消費により実現される効用水準はU_2である。
(3) 予算線がM_3のとき,最適消費により実現される効用水準はU_3である。
(4) 予算線がM_4のとき,最適消費により実現される効用水準はU_3である。

解説 2財の量の組 (x_1, x_2) が与えられたとき,同じ消費者の満足を与える (x_1, x_2) の組合せを x_1-x_2 平面に描いた曲線が,**無差別曲線**であ

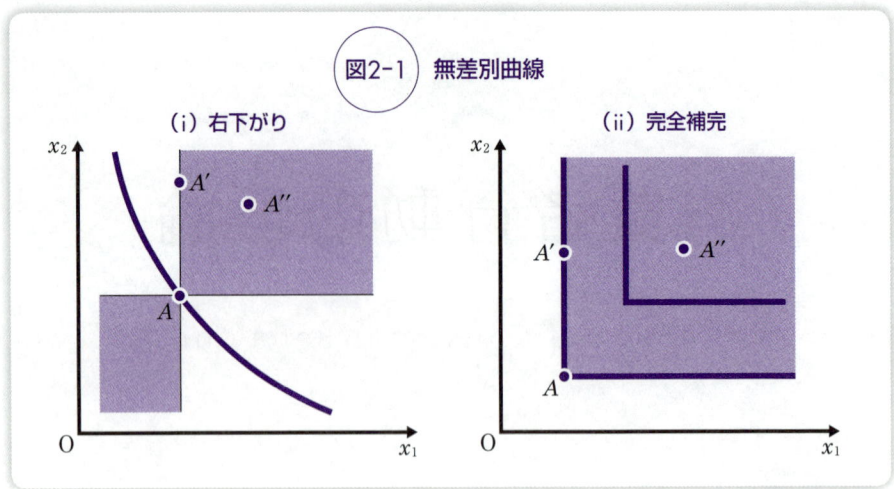

る。この曲線上の2点 (x_1, x_2), (x_1', x_2') はどちらも消費者にとり無差別（同じ満足度を与える）だからである。

通常の無差別曲線は，右下がりで，原点に対して凸の形状をしている。「無差別曲線上の点Aにおける財の量と比較し，少なくとも1個の財の量を増加して得られる点（たとえば図2-1(i)の点A'や点A''）では，Aよりも効用が高くなる」という選好の**単調性**と呼ばれる仮定をしよう。すると点Aの北東方向の点はすべて点Aよりも好まれ，また点Aは南西方向に位置する任意の点よりも好まれる。この仮定の下で，無差別曲線は右下がりとなる。ところが単調性の仮定を「点Aにおける財の量と比較して，すべての財の量を増加して得られる点（たとえば図2-1の点A''）では，点Aにおいてよりも効用が高くなる」という**弱い意味の単調性**の仮定で置き換えるなら，無差別曲線は図2-1(ii)のようにL字型となる可能性がある。なぜなら，図2-1(ii)の点A'のように，1財のみの量を増加したとき効用が不変にとどまることが許されるからである。

限界代替率MRSとは，無差別曲線の傾きに-1を掛けた値$-\frac{\Delta x_2}{\Delta x_1}$である。

図2-2(i)・(ii)・(iii)においては，右下がりの無差別曲線に沿ってx_1の量を増加するとき，限界代替率がそれぞれ逓減・一定・逓増する。それぞれ，x_1が増加するにつれて無差別曲線の傾きが緩やか・一定・急になるからである。以上から無差別曲線に沿って限界代替率が逓減するときに（図2-2(i)），無差別曲線が原点に対して凸となることがわかる。なお図2-2(ii)のケースは，2財が**完全代替的**であるといわれる。

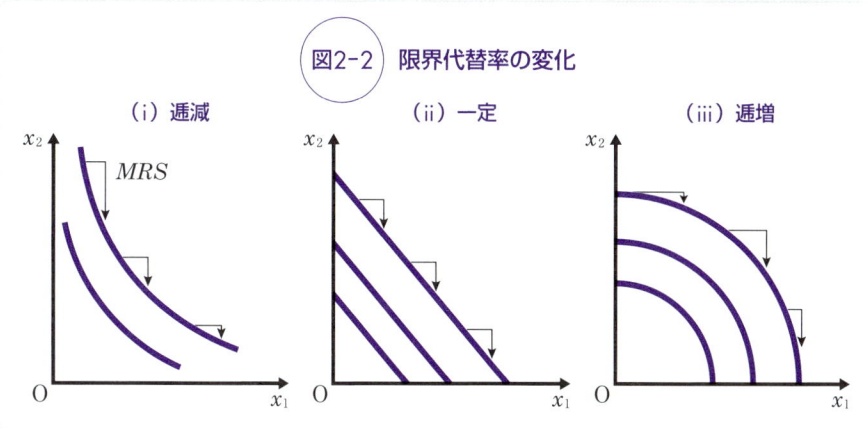

図2-2 限界代替率の変化
（ⅰ）逓減　（ⅱ）一定　（ⅲ）逓増

また無差別曲線は，決して交わることがない（**図2-3**）。これは先の単調性の仮定に加えてBとB'が無差別で，B'とB''が無差別なら，BとB''も無差別であるという性質（これを無差別関係の**推移性**という）による。仮に2つの無差別曲線が点B'で交わるとしよう。そのとき，**図2-3**のようにB'と無差別な点Bと点B''を選び，B''はBの北東方向に存在できる。このとき，推移性に

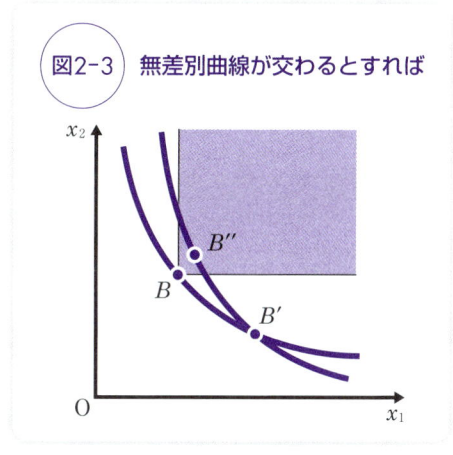

図2-3 無差別曲線が交わるとすれば

よってB''とB'，B'とBが無差別，したがってB''とBも無差別となる。しかし，単調性によるとB''はBよりも好まれるので矛盾が起こる。このような矛盾は，2つの無差別曲線が交わることから生じた。したがって，無差別曲線は交わることがない。

例題の無差別曲線は，単調性を満たしていない。点Aは山の山頂のような点で，効用が**飽和**しており，他のどの点よりも高い効用を与えている。予算線がM_4のとき，点Aは消費可能であり，U_3より高い効用を与えているので，**(4)**は誤った記述である。

正答　**(4)**

> **例題2.1-2　需要の決定**
>
> 右下がりの無差別曲線の限界代替率が逓減するなら，何がいえるか。（地方上級類題）
> 1　無差別曲線が交わる。
> 2　需要がコーナー・ソリューションにならない。
> 3　需要が一意的に決まる。
> 4　効用が序数的である。
> 5　効用が基数的である。

解説　右下がりの無差別曲線の限界代替率が逓減すれば，無差別曲線は原点に対して凸となる。一方，予算制約式が $p_1x_1 + p_2x_2 = I$ は，**図2-4**(i)の右下がりの直線となる。予算制約式を満たす点のうち，効用を最大化する点Aは，消費者の需要を与える。点Aでは，無差別曲線と予算制約線が接している。無差別曲線の傾きに-1を掛けた値が限界代替率MRS，予算制約線の傾きに-1を掛けた値が $\dfrac{p_1}{p_2}$ であるので，点Aでは次の等式が成り立つ。

公式 2.1
$$MRS = \frac{p_1}{p_2}$$

ところで，他の財の量を一定として，第i財を追加的に増加したとき，x_iの増分Δx_iと効用の増分ΔUの比を第i財の**限界効用**MU_iと呼ぶ。

$$(2.1) \quad MU_i = \frac{\Delta U}{\Delta x_1} \quad (i=1,2)$$

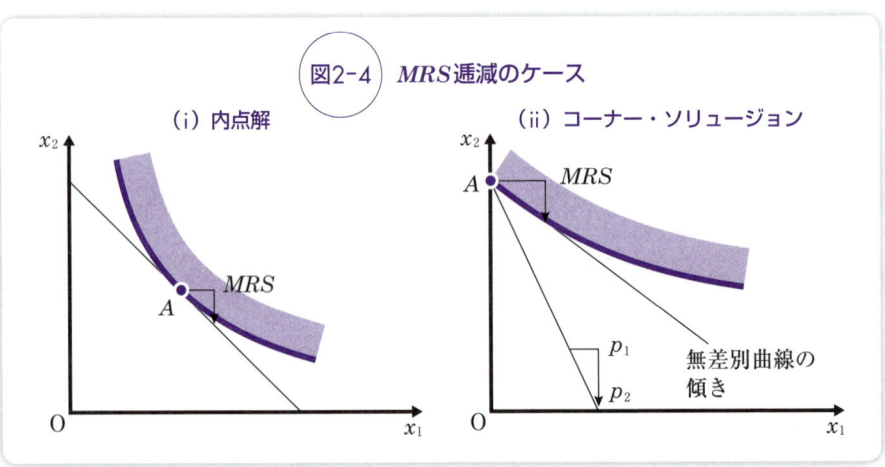

図2-4　MRS逓減のケース

無差別曲線に沿って，第1財と第2財の量がそれぞれ Δx_1, Δx_2 だけ変化するとする。効用は第1財の変化によって $MU_1 \cdot \Delta x_1$，第2財の変化によって $MU_2 \cdot \Delta x_2$ だけ変化する。無差別曲線上では効用は変化しないので，2つの効用の変化は互いに打ち消し合う。よって，

(2.2) $\quad MU_1 \cdot \Delta x_1 + MU_2 \cdot \Delta x_2 = 0$

である。これを変形して

(2.3) $\quad -\dfrac{\Delta x_2}{\Delta x_1} = \dfrac{MU_1}{MU_2}$

すなわち，無差別曲線上の任意の点では

> **公式 2.2** $\quad MRS = \dfrac{MU_1}{MU_2}$

が成立する[1]。

公式2.1と**公式2.2**を合わせると，需要点 A では

> **公式 2.3** $\quad \dfrac{MU_1}{p_1} = \dfrac{MU_2}{p_2}$

が成り立っている。これは**貨幣1単位当たりの限界効用均等の法則**もしくは**ゴッセンの第二法則**と呼ばれるものである[2]。

限界代替率が逓減しても，したがって無差別曲線が原点に対して凸であっても，需要が**コーナー・ソリューション**として決まることがある。なぜなら，無差別曲線が縦軸あるいは横軸と交わることがありうるからである。図2-4(ii)では，縦軸上の点 A が需要となっている（したがって2は誤り）。また限界効用は基数的効用理論，限界代替率は序数的効用理論の基礎的な概念であるが，限界代替率逓減はどちらの場合でも妥当である（よって4，5は誤り）。

さて，図2-5(i)の限界代替率が一定の場合は，無差別曲線の傾きと予算制約線の傾きが異なれば，需要はコーナー・ソリューションとして一意的に決まり，傾きが一致すれば予算制約線上のすべての点が需要となる。限界代替率が逓増する場合は，需要は常にコーナー・ソリューションとして決まるが，1個のことも，2個のこともある。図2-5(ii)は，2個の点 A, A' のどちらも需要

---

[1] **公式2.2**の図を用いたより詳しい説明は，西村和雄著『ミクロ経済学入門（第2版）』（岩波書店，1995年）第3章3.2節を参照。
[2] **ゴッセンの第一法則**は**限界効用逓減の法則**である。

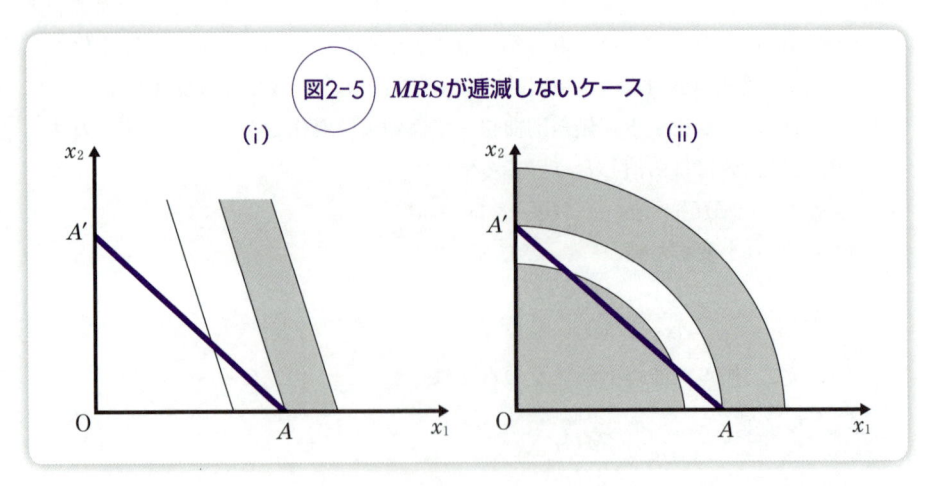

図2-5　*MRS*が逓減しないケース

(i)　(ii)

となる場合である。しかし，限界代替率が逓減する場合は，**図2-4**からわかるように，需要が一意的に決まる（よって**3**が正しい）。

正答　**3**

練 習 問 題

【No.1】 無差別曲線は家計の消費財選択の心理的データを表したものであり，家計の選択が合理的に決定されるように，不飽和の仮定，代替性の仮定，推移律の仮定，限界代替率逓減の仮定を含んでいる。無差別曲線の性質と仮定の関係についての記述として最も妥当なものはどれか。ただし不飽和の仮定とは，2つの消費計画 $x = (x_1, x_2, \ldots\ldots, x_n)$, $y = (y_1, y_2, \ldots\ldots, y_n)$ を比較してxに含まれる財の消費量がyに含まれる財の消費量よりそれぞれ大きいとき，xの効用がyの効用より大きい，とするものである。推移律の仮定とは，3つの消費計画 x, y, z があるとき，xの効用がyの効用より大きく，yの効用がzの効用より大きいならば，xの効用はzの効用より大きい，とするものであり，またxとyが無差別かつyとzが無差別ならば，xとzは無差別である，とするものである。このとき，以下の記述の中から正しいものを選べ。（国家一般職）

1　無差別曲線が交わらないとするのは代替性の仮定による。
2　無差別曲線が交わらないとするのは限界代替率逓減の仮定による。
3　無差別曲線が原点に対して凸であるとするのは限界代替率逓減の仮定による。
4　無差別曲線が右下がりであるとするのは推移律の仮定による。
5　無差別曲線が右下がりであるとするのは不飽和の仮定による。

解説　ここでの**不飽和の仮定**は，例題2.1-1の解説中の，弱い意味の単調性と同じである。よって無差別曲線がL字形となる可能性がある（**5**は誤り）。推移律は（不飽和の仮定と一緒に）無差別曲線が交わらないことを保証する（**1**, **2**, **4**は誤り）。ここでの代替性の仮定とは，無差別曲線

が右下がりであることを意味すると思われる。無差別曲線が原点に対して凸であるのは，「無差別曲線が右下がり」で，かつ「限界代替率が逓減すること」から導かれる。限界代替率が逓減するというだけでは，原点に凸とならない。厳密にいうと正答がなくなる。しかし，限界代替率逓減と無差別曲線の原点に対する凸性は密接にかかわっているので，正答を1つ選ぶとすると **3** となる。

【**No.2**】 2種類の消費財 x 財と y 財との無差別曲線のありうべき状態のうち，x 財と y 財とがまったく同一の消費財とみなすことができる図は，次のうちどれか。（国家一般職）

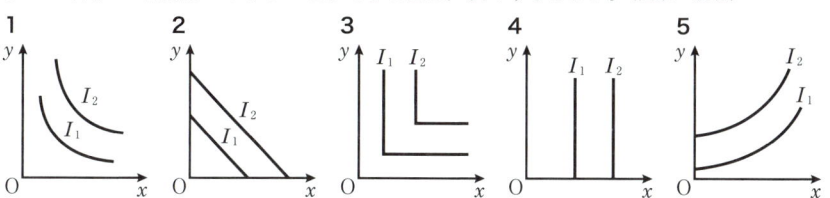

[解説] 1～3については，例題2.1-1の解説ならびに図2-1，図2-2を参照せよ。4は x 財の量が多いほど効用が高いが，y 財の量は無関係という場合である。5は x 財がゴミのように不効用をもたらす財であり，y 財が通常の財のケースで，x 財が増加すれば通常財 y の消費も増加しなければ，効用を一定に保てない。よって，正答は **2** である。

正答 【No.1】 3　　【No.2】 2

2.2 与件の変化と需要の変化

例題2.2-1 需要の所得弾力性

下図は，x, y 財の価格が一定という条件の下で，所得が変化したときの消費者のエンゲル曲線を描いたものである。次の記述のうち妥当なものはどれか。（地方上級）

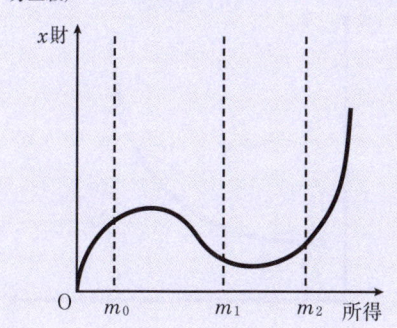

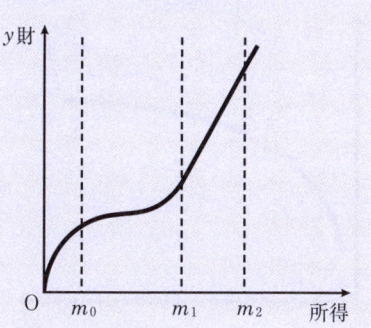

1 　所得水準 m_0 では，x 財は上級財，y 財は下級財である。
2 　所得水準 m_0 では，x 財も，y 財もともに奢侈品である。
3 　所得水準 m_1 では，x 財はギッフェン財，y 財は下級財である。
4 　所得水準 m_1 では，x 財は下級財，y 財は奢侈品である。
5 　所得水準 m_2 では，x 財も y 財もともに必需品である。

解説　需要については，価格弾力性のほかに**需要の所得弾力性**という概念がある。需要の価格弾力性は，所得を一定として描かれる需要曲線に対して定義された。一方，所得弾力性は，価格を一定として需要量 x と所得 I の関係を表すエンゲル曲線（図2-6）に対して定義される。通常の**エンゲル曲線**は右上がりの曲線であり，$\dfrac{\Delta x}{\Delta I}$ が正なので

$$(2.4) \quad e_I = \frac{I}{x} \cdot \frac{\Delta x}{\Delta I}$$

が需要の所得弾力性である。

　所得について需要が非弾力的な財では，所得におけるその財への支出額の割合は，所得の上昇とともに低下する。**エンゲルの法則**とは，食糧に対する需要が所得について非弾力的であるということにほかならない。需要が所得について非弾力的である財，つまり需要の所得弾力性が1より小さい財は**必需品**であると考えられる。

　エンゲル曲線が右上がりということは，その財が**上級財**ということで，その

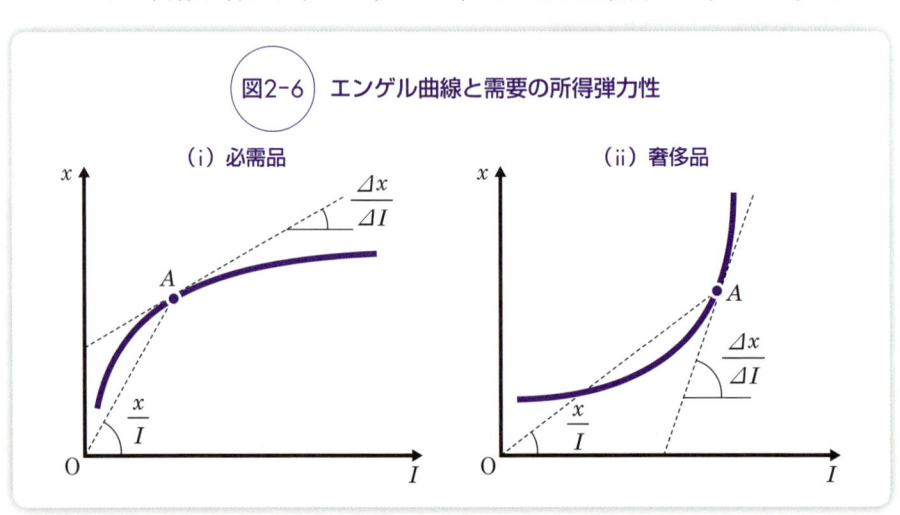

図2-6　エンゲル曲線と需要の所得弾力性

(i) 必需品　　　　　　　　　　(ii) 奢侈品

所得弾力性は正（$e_I>0$）になる。そのうち，所得弾力性が1より大きい財は一般に**奢侈品**すなわち**贅沢品**であると考えられる。所得が上がった場合に，その需要量がより大きな割合で増加する財だからである。下級財については，エンゲル曲線は左上がりであり，所得弾力性 e_I は負の値をとる。

なお，所得が上昇しても財の需要が変わらなければ，このような財は，**中級財**もしくは**中立財**と呼ばれる。中立財の所得弾力性 e_I は 0 となる。

さて，財が必需品ならば $e_I<1$ であり，(2.4)式より $\frac{\Delta x}{\Delta I} < \frac{x}{I}$ が成立する。つまり，**図2-6(i)** 点Aにおいてエンゲル曲線に接線を引くと，接線よりも点Aと原点を結んだ線の傾きが大きい場合（つまり $\frac{\Delta x}{\Delta I} < \frac{x}{I}$），財は必需品となる。あるいは，エンゲル曲線の接線が原点より上の縦軸と交わるとき，財は必需品であるといってもよい。逆に**図2-6(ii)** のように，$\frac{\Delta x}{\Delta I} > \frac{x}{I}$ が成立するとき，財は奢侈品となる。あるいは，エンゲル曲線の接線が原点より右の横軸と交わるとき，財は奢侈品であるといっても同じである。

例題に戻ろう。所得 m_0 のとき x 財 y 財ともに必需品である。所得 m_1 のとき x 財は下級財，y 財は奢侈品である。所得 m_2 のとき x 財 y 財ともに奢侈品である。よって**4**が正しい。

正答　4

例題2.2-2　価格の変化

次の図は x 財，y 財を消費するある消費者の無差別曲線（U_1, U_2）と予算制約線（I_1, I_2）を示している。x 財の価格上昇により消費均衡点が A_1 から A_2 へシフトしたとき，A・B・C図の x 財の組合せとして妥当なものはどれか。ただし，A_1 から A_1' への移動は代替効果を示している。（国家一般職）

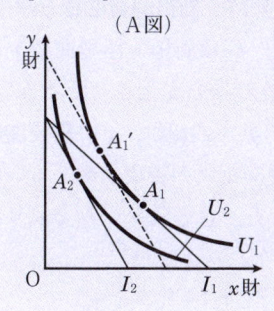

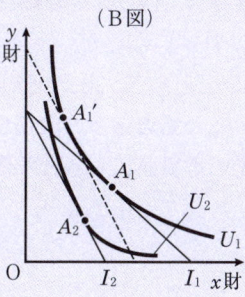

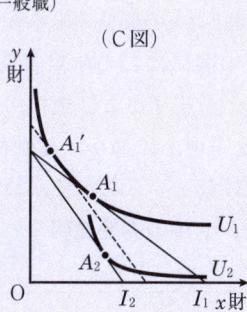

	(A)	(B)	(C)
1	ギッフェン財	下級財	上級財
2	ギッフェン財	上級財	下級財
3	下級財	上級財	ギッフェン財
4	上級財	ギッフェン財	下級財
5	上級財	下級財	ギッフェン財

解説 財の価格が変化したときの需要の変化（$A_1 \to A_2$）を**代替効果**（$A_1 \to A_1'$）と**所得効果**（$A_1' \to A_2$）に分解して考えることができる。A_1' は，価格変化後の予算制約線と平行な直線が価格変化前の無差別曲線 U_1 と接する点である。

代替効果については，図A，B，Cのいずれにおいても価格 p_x の上昇が財 x の需要を減らしている，すなわち価格の変化と需要の変化の方向が逆方向になる。代替効果は $\left.\dfrac{\Delta x}{\Delta p_x}\right|_U < 0$ と表現されることもある。分数の右下の添字 U は，効用を一定に保つという意味である。

所得が増加したときに需要が増加する財は**上級財**あるいは**正常財**，減少する財は**下級財**あるいは**劣等財**といわれる。**ギッフェン財**は，所得効果が代替効果を上回る下級財の特殊なケースである。

所得効果 $A_1' \to A_2$ における財 x の需要の変化を見ると，A図では減少，B図では増加，C図では増加しているので，財 x はA図で上級財，B図・C図で下級財となる。さらにC図では所得効果が代替効果を上回り，財の需要が減少しているので，ギッフェン財である。よって正答は **5** である。

正答　5

なお，財 x の価格のみを変化させて得られる需要の軌跡を**価格消費曲線**と呼ぶ。例題の図にはこの曲線は描かれていないが，点 A_1，A_2 は価格・消費曲線上にある。所得 I および価格 p_y を一定とし，財 x の価格のみを変化させたときに，p_x-x 平面上に描かれる価格 p_x と需要量 x の関係を表す曲線は，x の**需要曲線**と呼ばれる。これを特に通常の需要曲線，名目所得一定下の需要曲線あるいは**マーシャルの需要曲線**などと呼ぶこともある[3]。一方，代替効果のみを取り出

---

3) 西村和雄著『ミクロ経済学入門（第2版）』（岩波書店，1995年）第4章4.2節を参照。

して需要曲線を描き，それを**補償需要曲線**，**実質所得一定下の需要曲線**あるいは**ヒックスの需要曲線**と呼ぶ場合もある。

ここで，価格が低下した場合の，その財の需要の変化の方向をまとめておこう。価格が上昇した場合は，表の「増加」と「減少」を入れ替えればよい。

表2-1 財xの価格低下の効果

財 x	代替効果	所得効果	財xの需要
上　級　財	増　加	増　加	増　加
下　級　財	増　加	減　少	？
ギッフェン財	増　加	減　少	減　少

例題2.2-3　代替財・補完財

所得をx, y, zの3種類の財に支出する消費者がいる。この消費者にとって，xとzは代替関係にあるが，yとzは補完関係にあるとし，またxは下級財（劣等財）であるが，yとzは上級財（正常財）であるとする。今，他の条件を一定として，y財の価格が低下したとするならば，これが各財に及ぼす代替効果，所得効果の正負に関する次の組合せのうち妥当なものはどれか。（国家専門職）

	財の種類	代替効果	所得効果
1	x	（＋）	（＋）
2	x	（＋）	（－）
3	y	（－）	（＋）
4	z	（－）	（＋）
5	z	（＋）	（＋）

解説　例題2.2-2のp_xが変化したときの図で，点A_1，点A_2における財yの需要量の変化を調べてみよう。この変化も，代替効果$A_1 \to A_1'$と所得効果$A_1' \to A_2$に分けられる。所得効果であるA_1'からA_2への変化は，価格を一定に保ちつつ，所得が減少したときの変化とみなすことができる。このとき図A・B・Cのいずれにおいても財yの需要量は減少している。よって，財yは上級財である。逆に価格p_xが低下したときのことを考えると，価格が低下した分，財を余分に購入することができるので，所得効果は上級財の需要量を増加させ，下級財の需要量を減少させる。このことは財の数が3財以上でも同じである。例題2.2-3に戻ると，価格p_yの低下は，所得効果を通じて下級財xの

需要を減少させ（よって**1**は誤り），上級財yとzの需要を増加させる。

次に，代替効果を考えてみよう。表2-1より，財の価格低下が，その財自身の需要を増加するように働く（よって**3**は誤り）。そこで，ある財の価格の低下が，代替効果を通じて他の財の需要量を変化させるかを分析してみよう。以下では代替効果のみを考えるものとする。

p_yが低下したときに，財y自身の需要量は増加する。このとき需要が減少する他の財は，yの**代替財**と呼ばれる。財yによってその需要が代替されて減少したと考えるからである。一方，p_yが低下するとき，その需要が増加する財を，yの**補完財**という。財yの需要の増加とともに補完的に消費されると考えるからである。なお，ある財の価格が変化しても，需要が変化しない財を**独立財**という。

例題2.2-3では，yとzが補完財で，xとzが代替財なので，yとxは代替財である。よってp_yが減少するとき，代替効果によってxの需要は減少する（**2**は誤り）。yの補完財であるzの需要はp_yの低下による代替効果を通じて増加することになる（**5**が正しい）。

正答　**5**

なお，p_yが低下（上昇）したときに，代替効果と所得効果を合わせた需要曲線において財xの需要が増加（減少）するとき，財xは財yの**粗補完財**という。一方，p_yが低下（上昇）したときに，財xの需要が減少（増加）するとき，財xは財yの**粗代替財**である。

ここである財の価格が低下した場合の他の財への需要への効果（交差効果）を分類しておこう。

表2-2　ある財の価格低下の他の財の需要への効果

他の財	代替効果	所得効果		需要	
補完財	増加	上級財	増加	粗補完財	増加
		下級財	減少	?	
代替財	減少	上級財	増加	?	
		下級財	減少	粗代替財	減少

例題2.2-4　補助金と現物支給

2つのタイプの生活補助政策［(A)一定額の生活補助金を給付する政策と(B)特定財の一定量を無償給付する政策］に関連して，次の仮想的設定に基づいて，①〜⑤に答えなさい。（公認会計士）

［設定］ある貧困家庭があり，その所得金額を2つの財（米と肉）の購入に充てる。米の価格は1kg 400円，肉の価格は1kg 2,000円である。

① 政策実施前のこの家庭の所得は月額2万円で，米を40kg，肉を2kg購入していた。この状態を無差別曲線を用いて示せ。
② 政府が政策(A)を実施し，2万円の生活補助金を給付したら，この家庭の米の購入量は45kg，肉の購入量は11kgとなった。この状態を同じく無差別曲線を用いて示し，家庭により選択されている点をaと表示せよ。
③ 政府が政策(A)の代わりに(B)を実施し，米50kgを無償給付することにした。そのとき，この家庭にとり入手可能となる米と肉の組合せの範囲を，図上に斜線で示せ。また，この状態の下でこの家庭により選択される点を，同図上にb点として記入せよ。
④ 図の点aと点bとは，この家庭にとりどちらが望ましいか。
⑤ 以上の考察から，政策実施のための財政支出が同一であるとき，政策(A)と(B)の優劣について，どのような一般的結論を引き出すことができるか。

解説

① 横軸に米（x_1），縦軸に肉（x_2）の量を測るとする。予算制約線

(2.5) 　　$400x_1 + 2000x_2 = 20000$

は，横軸$H = (50, 0)$，縦軸$G = (0, 10)$で交わる。無差別曲線は予算制約線GHと$(40, 2)$で接している（図2-7(i)参照）。

② 2万円の生活補助金が与えられると，新しい予算制約線はGHを右にシフトして得られ，横軸$H' = (100, 0)$，縦軸$G' = (0, 20)$で交わる。無差別曲線は$G'H'$と$a = (45, 11)$で接する。

③ 50kgの米を消費者に与えると，消費者の新しい予算制約線はGHを右に50kgだけシフトして得られるものである。このとき，消費者は図2-7(ii)の影の部分の財の組を消費可能である。図2-7(ii)の予算制約線bH'の間にある点は②においても選択可能であったにもかかわらず，選択されなかった。よって，点aは点bより効用水準が高い。③の政策下において，最大効用を与えるのは，点bである。

④ 点bを通る無差別曲線に比べて，点aを通る無差別曲線のほうが上方に位置している。よって，点aのほうが高い効用を与え，この家庭にとってより望ましい。

図2-7

(i) 2万円の生活補助金を与える

(ii) 米50kgを無償給付する

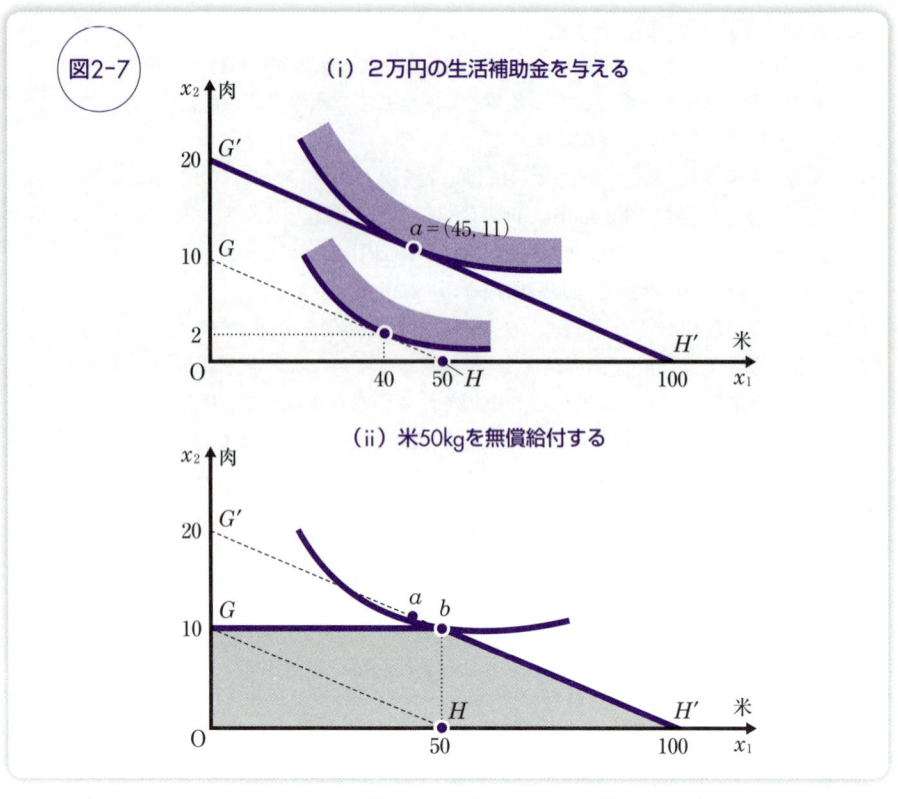

⑤ 生活補助の方法として，(B)「特定の財を給付する場合」と(A)「同額の所得を補助する場合」がある。余剰米を処理するために，肉の需要量をあまり変えずに米の需要を増加させることが目的である場合には，前者は適切な政策であろう。しかし，より効用を高めるように消費する財の組合せを変えうる余地があるという点で，後者のほうが消費者にとっては望ましい政策である。実際，図2-7(ii)からわかるように，政策(A)の下での需要aは，政策(B)の下での需要bに比べて，より高い効用を生んでいる。

正答　①② 図2-7(i)参照　③ 図2-7(ii)参照　④⑤ 解説参照

練習問題

【No.1】 図1および図2は、X財とY財の2財を消費する合理的な消費者A、Bについて、価格不変の下で所得が変化した場合の消費行動を示したものである。AとBの消費行動に関する次の記述のうち、妥当なものはどれか。なお、図中の点線は予算制約線を、u_1, u_2, u_3, u_4は無差別曲線を、OM_1, OM_2は所得消費曲線をそれぞれ示している。(国家一般職)

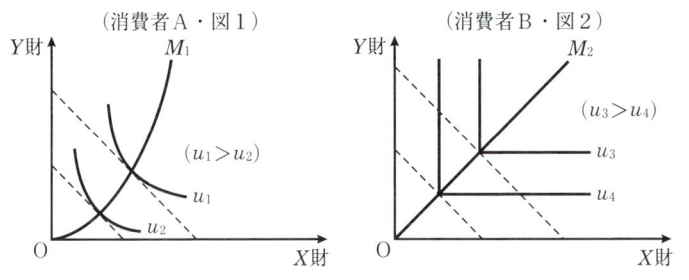

（消費者A・図1） （消費者B・図2）

1 消費者Aにとって、X財は正常財（上級財）であり、Y財は劣等財（下級財）である。
2 消費者Aの場合、所得に占めるY財への支出額の割合は、所得の増加に応じて上昇する。
3 消費者Aの場合、所得の増加に伴って消費から得られる効用は増加するが、消費者Bの場合、所得が増加しても消費から得られる効用は増加しない。
4 消費者Bの場合、所得に占めるY財への支出額の割合は、所得の増加に応じて低下する。
5 消費者Bにとって、X財は正常財（上級財）であり、Y財は劣等財（下級財）である。

解説 価格を固定し、所得のみを変化させて得られる需要の軌跡を**所得消費曲線**という。消費者Bについては、両財の需要量の比が一定なので、所得の増加に対して、両財の支出額の比も一定のまま増加する。消費者Aの場合は、所得が増加するとY財の需要量の増加によってY財への支出額の割合が大きくなる。よって、正答は**2**である。

【No.2】 図の曲線ODは、ある個人のある財の需要量に関するエンゲル曲線である。この図に関する次の記述のうち、妥当なものはどれか。(国家総合職)

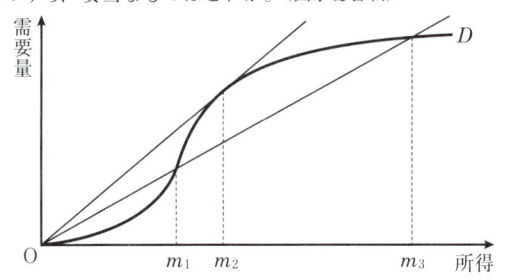

1 この財は所得m_1では必需品、m_2では奢侈品、m_3では上級財である。
2 この財は所得m_1では必需品、m_2では上級財、m_3では奢侈品である。
3 この財は所得m_1では奢侈品、m_2では上級財、m_3では必需品である。
4 この財は所得m_1では奢侈品、m_2では必需品、m_3では上級財である。

5 この財は所得m_1では上級財，m_2では奢侈品，m_3では必需品である。

<u>解説</u> m_1における接線は，原点より右方の横軸で交わるので，需要の所得弾力性が1より大きく，奢侈品である。m_2では接線は原点を通るので弾力性が1である。m_3における接線は，原点より上方で交わるので，需要の所得弾力性が1より小さく，必需品である。よって，正答は**3**である。

【No.3】 ある個人の財Aと財Bに関する無差別曲線が，図のように原点に対して凹型をしているものとする。この個人の所得および財Bの価格が固定されているものとすると，財Aに対する需要曲線の形状を示す図として，妥当なものはどれか。（地方上級）

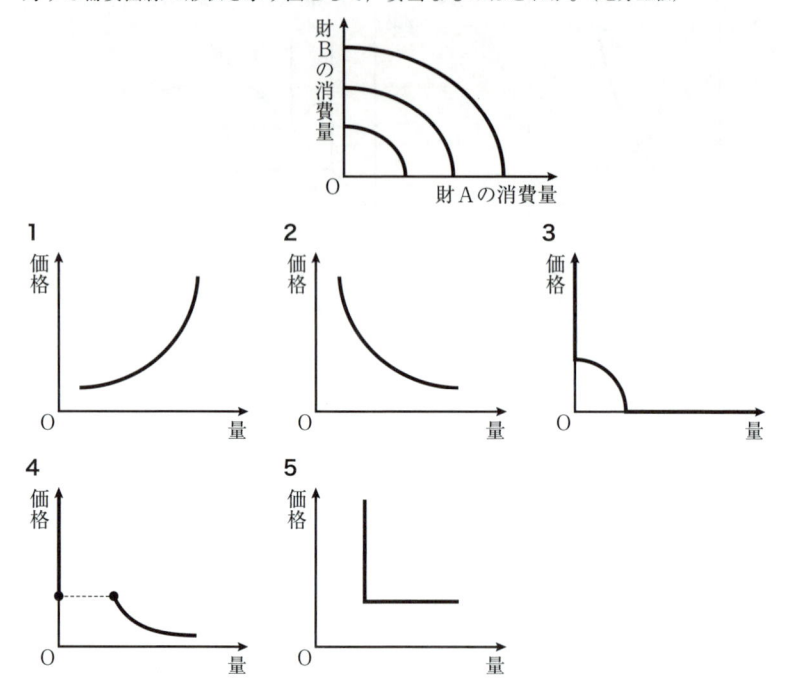

<u>解説</u> 財Aの価格がP_0^A, P_1^A, P_2^A, P_3^Aと低下するにつれて，予算線は右図のb_0a_0, b_0a_1, b_0a_2, b_0a_3へとシフトする。価格がP_0^A, P_1^Aのとき，効用は縦軸上の点b_0で最大となり，財Aの需要量は0，財Bの需要はb_0である。価格がP_3^Aのとき効用は横軸上の点a_3で最大となり，財Bの需要量は0，財Aの需要はa_3である。さらに価格が下がるにつれて，財Aへの需要は増加する。このケースは**4**のみが当てはまる。

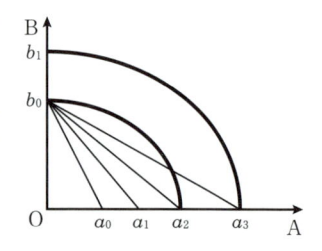

【No.4】 次のグラフには，縦軸に価格p，横軸に数量xをとり，ある消費者の需要曲線（マーシャルの需要曲線）と補償需要曲線（ヒックスの需要曲線）が2つの直線で描かれている。このグラフについて，正しいものはどれか。（経済学検定試験）

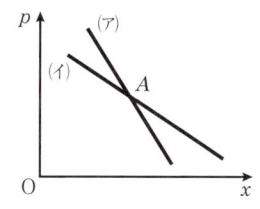

(1) (ア)が需要曲線，(イ)が点Aにおける補償需要曲線ならば，点Aにおいて，この財はギッフェン財である。
(2) (イ)が需要曲線，(ア)が点Aにおける補償需要曲線ならば，点Aにおいて，この財はギッフェン財である。
(3) (イ)が需要曲線，(ア)が点Aにおける補償需要曲線ならば，点Aにおいて，この財は正常財である。
(4) (ア)が需要曲線，(イ)が点Aにおける補償需要曲線ならば，点Aにおいて，この財は正常財である。

解説　(ア)(イ)はともに右下がりなので，どちらが需要曲線でもギッフェン財ではない。補償需要曲線は代替効果のみを表し，常に右下がりである。上級財（正常財）では，所得効果は代替効果と同じ方向に働く。したがって，通常の需要曲線は，価格変化に対する需要の反応をより強め，価格変化に対する需要の変化量がより大きくなる。よって，(イ)が需要曲線，(ア)が補償需要曲線である(3)が正常財（上級財）のケースである（(3)が正答）。下級財は，所得効果は代替効果を打ち消すので，価格に対する需要の反応を弱める。よって，(4)が下級財（劣等財）のケースである。

【No.5】　ある消費者はその所得のすべてを使ってX財とY財を購入するが，図の点Qは予算線BB'の下での，この消費者の2財の需要量を示している。図の曲線SS'上の点Qと点Rに関する次の記述のうち，妥当なものはどれか。（国家総合職）

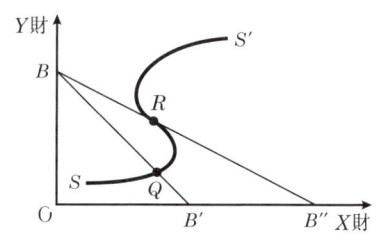

1　点QではX財は上級財であり，Y財は下級財である。
2　点QではX財とY財はともに贅沢品である。
3　点RではX財は下級財であり，Y財は贅沢品である。
4　点RではX財は上級財であり，Y財は必需品である。
5　点RではX財はギッフェン財であり，Y財は下級財である。

解説　X財の価格が下落して，その需要量が減る点RではX財はギッフェン財，Y財は上級財である。ギッフェン財は下級財である。X財が下級財なら，所得が上昇したときに，Y財の需要が所得の増加以上に増加する。Y財の所得弾力性は1より大きく，奢侈品（贅沢品）であることになる。よって，正答は3である。

【No.6】 次の記述のうち，正しいのはどれか。(経済学検定試験)
(1) X財の価格が上昇するとき，Y財の需要量が増加するならば，X財はY財の粗代替財である。
(2) X財の価格が上昇するとき，Y財の需要量が増加するならば，Y財はX財の粗代替財である。
(3) Y財の需要のX財価格に対する交差弾力性が1より大きければ，X財はY財の粗代替財である。
(4) Y財の需要のX財価格に対する交差弾力性が0より小さければ，Y財はX財の粗代替財である。

解説 X財の価格が上昇するとき，Y財の需要量が増加するならば，Y財はX財の粗代替財である((2)が正答である)。しかし，これは，Y財の価格が上昇した場合，X財の需要量が増加することを保証しない。つまり，X財はY財の粗代替財とは限らない。詳細については，西村和雄著『ミクロ経済学』(東洋経済新報社，1990年) 第3章3.2節を参照せよ。
　交差弾力性は，X財の価格が1%変化した場合，Y財の需要量が何%変化するかを表し，交差弾力性が正のとき，Y財はX財の粗代替財である。交差弾力性については，例題2.3-4の解説を参照せよ。

【No.7】 所得のすべてをX財，Y財とZ財の3財に支出する合理的な消費者がいるとする。今，X財の価格が上昇したとき，この消費者のY財に対する需要の変化に関する次の記述のうち，妥当なものはどれか。(国家総合職)
1　Y財がX財の代替財で，かつ上級財であるとき，必ず需要は増加する。
2　Y財がX財の代替財で，かつ下級財であるとき，需要は減少も増加もありうる。
3　Y財がX財の独立財で，かつ必需品であるとき，必ず需要は増加する。
4　Y財がX財の補完財で，かつ奢侈品であるとき，必ず需要は減少する。
5　Y財がX財の補完財で，かつ下級財であるとき，必ず需要は減少する。

解説 Xの価格が上昇すると，代替効果ではX財自身の需要を減らし，代替財の需要を増加，補完財の需要を減少させる。X財の価格上昇は負の所得効果を生むので，上級財の需要を減らして，下級財の需要を増加させる。奢侈品は上級財なので4が正しい。

正答	【No.1】 2	【No.2】 3	【No.3】 4	【No.4】 (3)
	【No.5】 3	【No.6】 (2)	【No.7】 4	

2.3　計算問題

《 最大化問題の解き方 》

　第2章と第3章では効用最大化問題，第4章では利潤最大化問題を扱う。最

図2-8 極大点における接線

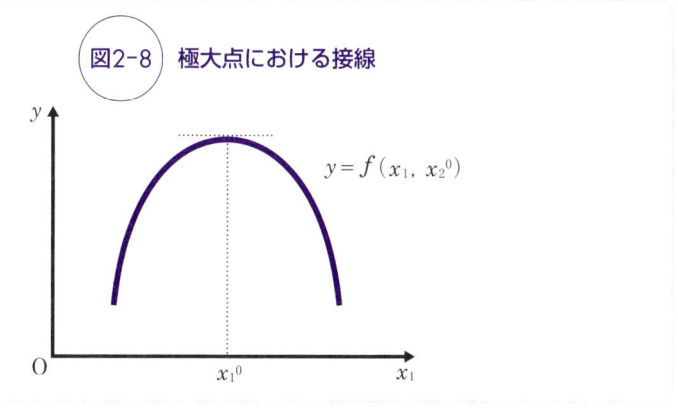

大化問題は決まった方法で解くことができるので，ここで簡単に説明する。最大化する関数を $y = f(x_1, x_2)$ とする。もし，y が (x_1^0, x_2^0) で最大値をとるなら，x_2^0 を固定して，x_1 のみを動かしたとき，x_1 の関数としての $f(x_1, x_2^0)$ は**図2-8**のように x_1^0 で最大となる。

x_2^0 を固定して，$f(x_1, x_2^0)$ を x_1 で微分することを偏微分という。x_1 での偏微分を $\frac{\partial y}{\partial x_1}$, $\frac{\partial f}{\partial x_1}$ あるいは f_1 と書く。$f(x_1, x_2^0)$ は，x_1^0 で最大となるのだから，$f(x_1, x_2^0)$ を x_1 で微分して，$x_1 = x_1^0$ を代入した値 $f_1(x_1^0, x_2^0)$ は 0 となる。$f_1(x_1^0, x_2^0)$ を，f の (x_1^0, x_2^0) での x_1 に関する偏微分と呼ぶ。これは**図2-8**の曲線の傾きが $x_1 = x_1^0$ で 0 ということである。同様にして，x_1 の値を x_1^0 で固定して，x_2 を動かすと，$f(x_1^0, x_2)$ の微分 $f_2(x_1^0, x_2^0)$ は 0 となる。これを f の x_2 での偏微分と呼び，$\frac{\partial y}{\partial x_2}$, $\frac{\partial f}{\partial x_2}$ あるいは f_2 と書く。

まとめると，$f(x_1, x_2)$ が (x_1^0, x_2^0) で最大となるなら

(2.6) $\quad f_1(x_1^0, x_2^0) = f_2(x_1^0, x_2^0) = 0$

となる。以上は，制約条件がつかないか，制約条件があってもその制約が効いていない場合のことである。

一方，変数が制約に従って動く場合は，次のようにする。目的関数を $f(x_1, x_2)$，制約条件を $g(x_1, x_2) \geqq 0$ とする。このときは，新しい変数 λ を導入して，それを制約式に掛けて，目的関数に足す。

(2.7) $\quad L = f(x_1, x_2) + \lambda g(x_1, x_2)$

λ を**ラグランジュ乗数**，L を**ラグランジュ関数**と呼ぶ。$g(x_1, x_2) \geqq 0$ を満たす (x_1, x_2) に対して，$f(x_1, x_2)$ が (x_1^0, x_2^0) で最大化されているなら，(2.7)

式を (x_1, x_2, λ) の関数と見て，x_1, x_2, λ のそれぞれで偏微分して0と置く。

(2.8) $\quad \dfrac{\partial L}{\partial x_1} = f_1(x_1, x_2) + \lambda g_1(x_1, x_2) = 0$

(2.9) $\quad \dfrac{\partial L}{\partial x_2} = f_2(x_1, x_2) + \lambda g_2(x_1, x_2) = 0$

(2.10) $\quad \dfrac{\partial L}{\partial \lambda} = g(x_1, x_2) = 0$

この3つの式を同時に満たす $(x_1^0, x_2^0, \lambda^0)$ を見つける。そうすると，その (x_1^0, x_2^0) が，$g(x_1, x_2) \geqq 0$ の条件を満たす (x_1, x_2) の中で f の最大値を与えている。

さらに，x^n を微分すると nx^{n-1} となることを覚えていると便利である。

(2.11) $\quad y = x^n \quad \Rightarrow \quad y' = nx^{n-1}$

さて，効用最大化問題では，制約条件は，予算制約

(2.12) $\quad I - p_1 x_1 - p_2 x_2 \geqq 0$

である。効用は $u(x_1, x_2)$ と表す。よって，(2.8)式と(2.9)式は，

(2.13) $\quad u_1 - \lambda p_1 = 0, \quad u_2 - \lambda p_2 = 0$

となる。u_1 と u_2 はそれぞれ，第1財と第2財の限界効用である。(2.13)式より，

> **公式 2.4** $\quad \dfrac{u_1}{p_1} = \dfrac{u_2}{p_2} = \lambda$

である。**公式2.4**は，貨幣1単位当たりの限界効用均等の法則，**公式2.3**を意味する。

例題2.3-1　コブ=ダグラス型効用関数の需要

2種類の財 x, y を消費する消費者の効用関数が，2財の消費量を q_x, q_y として
$$u = q_x^\alpha q_x^\beta \quad [\alpha, \beta : \text{プラスの定数}]$$
で示されるものとする。今，x 財と y 財の価格が等しいとするとき，効用極大の場合における x 財の支出金額の y 財の支出金額に対する割合はいくらになるか。
(国家総合職)

1　$\dfrac{\alpha}{\beta}$　　2　$\dfrac{\alpha+\beta}{\alpha}$　　3　$\dfrac{1}{\alpha} + \dfrac{1}{\beta}$　　4　$\dfrac{\alpha+\beta}{\beta}$　　5　$\dfrac{\beta}{\alpha}$

解説　$u(x_1, x_2)$ の x_1 に関する偏微分とは，他の変数を固定して定数とみなし，u を x_1 について微分したものである。これを $\dfrac{\partial u}{\partial x_1}$ あるいは u_1

と記す。$u = Ax_1^{\alpha_1}x_2^{\alpha_2}$ の x_1 に関する偏微分とは，x_2 を固定して，u を x_1 に関して微分した $u_1 = \alpha_1 A x_1^{\alpha_1-1} x_2^{\alpha_2}$ である。一方，x_2 に関する偏微分とは，x_1 を固定して，u を x_2 について微分した $u_2 = \alpha_2 A x_1^{\alpha_1} x_2^{\alpha_2-1}$ である。ここで

(2.14) $\quad u_1 = \dfrac{\alpha_1 u}{x_1}, \quad u_2 = \dfrac{\alpha_2 u}{x_2}$

と変形できることに注意してほしい。u_1, u_2 はそれぞれ効用関数の x_1, x_2 に関する限界効用 MU_1, MU_2 でもある。よって，前述の**公式2.4**を用いると

(2.15) $\quad \dfrac{\alpha_1 u}{p_1 x_1} = \dfrac{\alpha_2 u}{p_2 x_2} = \lambda$

が得られる。ここで λ は貨幣1単位当たりの限界効用，つまり**所得の限界効用**である[4]。(2.15)式から $p_j x_j = \dfrac{\alpha_j u}{\lambda}$ ($j = 1, 2$) が得られ，これを予算制約式 $p_1 x_1 + p_2 x_2 = I$ に代入すると

公式 2.5 $\quad \lambda = \dfrac{(\alpha_1 + \alpha_2)u}{I} \quad$ （所得の限界効用）

が求まる。さらにこれを(2.15)式に代入すると，需要関数は以下となる。

公式 2.6 $\quad x_j = \dfrac{\alpha_j I}{p_j(\alpha_1 + \alpha_2)} \quad j = 1, 2$

ここで，例題の問題文の最後の記述に対応して，第1財への支出 $p_1 x_1$ の第2財への支出 $p_2 x_2$ に対する割合を求めると

(2.16) $\quad \dfrac{p_1 x_1}{p_2 x_2} = \dfrac{\alpha_1}{\alpha_2}$

となる（**1**が正答）[5]。また，第1財と第2財の需要量の比 $\dfrac{x_2}{x_1} = \dfrac{p_1}{p_2}\dfrac{\alpha_2}{\alpha_1}$ は，所得の水準に依存しない。価格比が一定な限り，所得が変化しても需要量の比は一定である。したがって所得消費曲線は，原点を通る右上がりの直線となる。

---

4) この λ は，ラグランジュ乗数法を用いるときのラグランジュ乗法と同じ値である。

5) a の b に対する比というときには，$a:b$ を表す。a の b に対する比の値は $\dfrac{a}{b}$，a の b に対する割合も $\dfrac{a}{b}$ を意味する。

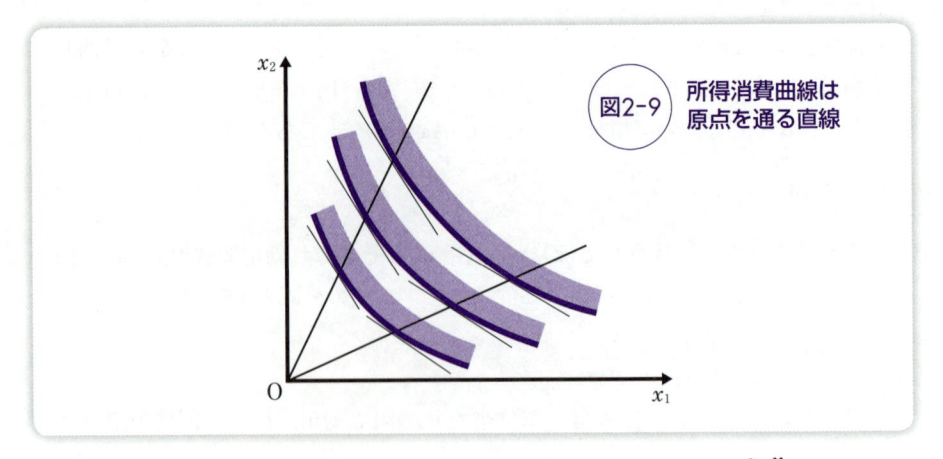

図2-9 所得消費曲線は原点を通る直線

言い換えると，限界効用の比として求まる限界代替率 $MRS = \dfrac{\alpha_1 x_2}{\alpha_2 x_1}$ の値は，2財の量の比によって定まる（図2-9）。このような無差別曲線を持つ効用関数を，**ホモセティック**（相似拡大的な）**効用関数**と呼ぶ。

正答　1

例題2.3-2　需要関数と所得の変化

消費者の効用関数が，
$$U = C_1^{0.4}(C_2 - 10)^{0.6} \quad \left[\begin{array}{l} U：効用水準，C_1：財1の消費量，C_2：財2の消費量 \\ C_1 > 0,\ C_2 > 10 \end{array}\right]$$

で与えられ，財1の価格が1，財2の価格が2，所得が M であるとするときの次の記述のうち，妥当なものはどれか。ただし，$M > 20$ とする。（国家総合職）

1 財1は必需品，財2は奢侈品である。
2 財2は下級財である。
3 財1への支出総額は，$0.4M$ を上回ることはない。
4 財1への支出総額の M に対する割合は一定である。
5 財1への支出総額は，M が増加するのに従って減少する場合もある。

解説1　**公式2.6**を適用するため，$x_1 = C_1$，$x_2 = C_2 - 10$ と置く。すると，効用関数は $U = x_1^{0.4} x_2^{0.6}$ となり，コブ=ダグラス型へと変換された。もとの予算制約 $C_1 + 2C_2 = M$ は，$x_1 + 2x_2 = M - 20$ と書き換えられる。**公式2.6**を適用すると，

(2.17)　　$x_1 = C_1 = 0.4(M - 20)$，

$$x_2 = C_2 - 10 = \dfrac{0.6(M - 20)}{2} \quad \text{すなわち} \quad C_2 = 0.3M + 4$$

が得られる。Mが上昇するとC_1とC_2のどちらも増加するので，C_1，C_2は上級財である。よって**2**は誤り。$x_1 = C_1$への支出のMに対する割合は，

$$(2.18) \quad \frac{1 \times C_1}{M} = 0.4\left(1 - \frac{20}{M}\right) = 0.4 - \frac{8}{M}$$

なので，Mの増加とともに増加する（**4**と**5**は誤り）。(2.18)式より$\frac{C_1}{M} \leq 0.4$なので，**3**は正しい。所得弾力性を見ると，

$$(2.19) \quad \frac{M}{C_1} \cdot \frac{\partial C_1}{\partial M} = \frac{M}{0.4(M-20)} \cdot 0.4 = \frac{M}{(M-20) \times 1} > 1$$

なので，C_1は奢侈品である。

正答　3

解説2 **公式2.3**を使う。$\frac{\partial U}{\partial C_1} = 0.4 C_1^{-0.6}(C_2-10)^{0.6}$，$\frac{\partial U}{\partial C_2} = 0.6 C_1^{0.4}(C_2-10)^{-0.4}$。$C_1$の価格が1，$C_2$の価格が2であることに注意すると，

$$(2.20) \quad 0.4 C_1^{-0.6}(C_2-10)^{0.6} = \frac{0.6 C_1^{0.4}(C_2-10)^{-0.4}}{2}$$

$$\text{あるいは} \quad 3 C_1 = 4(C_2 - 10)$$

である。(2.20)式と，予算制約$C_1 + 2C_2 = M$を連立方程式として解くと，(2.17)式を得る。

例題2.3-3　中立財への需要

所得をすべてx財，y財に支出する消費者があり，その効用関数が，$U = 0.5x + \sqrt{y}$（$x > 0$, $y > 0$）で示されるならば，次の記述のうち正しいものはどれか。
（国家総合職）

1 所得水準が10であり，x財の価格とy財の価格がともに1ならば，x財購入量は5となる。

2 x財とy財の価格比率が変化しない限り，所得が増加してもy財購入量は変化しない。

3 所得が一定である限り，x財とy財の価格比率が変化しても，それぞれの購入量の比率は変化しない。

4 x財の限界効用は逓減しているが，y財の限界効用は逓増している。

5 所得に占めるx財の支出額の割合は，所得の増加とともに減少する。

解説 u の限界効用を求める。y を一定とすると，x の限界効用は $u_x = 0.5$ である。次に x を一定として，u を y について微分する。$\sqrt{y} = y^{\frac{1}{2}}$ なので，この微分は，$u_y = \dfrac{1}{2\sqrt{y}}$ である。限界代替率を MRS とすると

$$(2.21) \quad MRS = \frac{u_x}{u_y} = 0.5 \times 2\sqrt{y} = \sqrt{y}$$

となる。これは x の値に依存せず，y のみの関数である。x の量を横軸，y の量を縦軸に測ると，所得消費曲線は水平となる（図2-10参照）。よって価格比が一定のまま，所得が変化したときの需要 A，A'，A'' では，y の値は一定である。このようなとき y は**中級財**または**中立財**と呼ばれる（正答は**2**）。

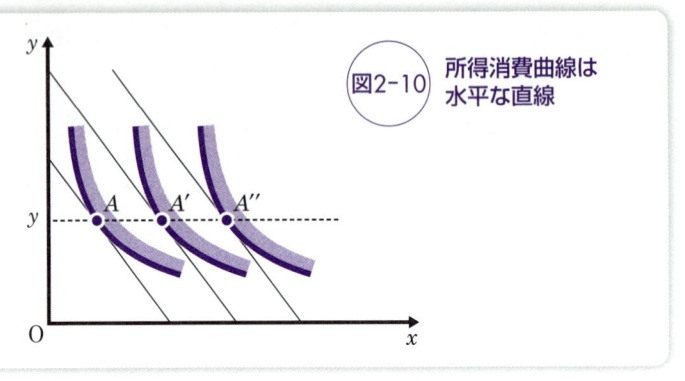

図2-10 所得消費曲線は水平な直線

他の選択肢についても検討してみよう。財 x，財 y の価格をそれぞれ p_x，p_y，所得を M とすると，予算制約は $M = p_x x + p_y y$ である。**公式2.3**より，需要点では $p_x = p_y \sqrt{y}$ が成立する。この 2 式より，需要曲線は

$$(2.22) \quad x = \frac{M}{p_x} - \frac{p_x}{p_y}, \quad y = \left(\frac{p_x}{p_y}\right)^2$$

である。財 y の需要は所得 M に依存していないことに注意せよ。$M = 10$，$p_x = p_y = 1$ のとき，(2.22)式より $x = 9$ である（**1**は誤り）。財の購入量の比率は $\dfrac{x}{y} = \dfrac{p_y^2 M}{p_x^3} - \dfrac{p_y}{p_x}$ であり，所得 M に依存する（**3**は誤り）。財 x の限界効用は一定，財 y の限界効用は逓減である（**4**は誤り）。(2.22)式より，所得に占める財 x の支出割合は $\dfrac{p_x x}{M} = 1 - \dfrac{p_x^2}{p_y M}$ であり，所得の増加とともに増加する（**5**は誤り）。

正答 **2**

例題2.3-4 レオンチェフ型効用関数と交差弾力性

効用関数が，$u(x, y, z) = \min[x, 2y, 3z]$ で与えられているとする。x財の価格をp_x，y財の価格をp_y，z財の価格をp_z，所得をmとしたとき，y財に対する需要関数およびx財の価格変化に関するy財の交差弾力性の組合せとして正しいのはどれか。（国家総合職）

	需要関数	交差弾力性
1	$y = \dfrac{m}{\left(2p_x + p_y + \dfrac{2}{3}p_z\right)}$	$-\dfrac{2p_x}{\left(2p_x + p_y + \dfrac{2}{3}p_z\right)}$
2	$y = \dfrac{m}{(p_x + 2p_y + 3p_z)}$	$-\dfrac{p_x}{(p_x + 2p_y + 3p_z)}$
3	$y = \dfrac{m}{\left(\dfrac{1}{2}p_x + p_y + \dfrac{2}{3}p_z\right)}$	$-\dfrac{p_x}{\left(\dfrac{1}{2}p_x + p_y + \dfrac{2}{3}p_z\right)}$
4	$y = \dfrac{m}{\left(2p_x + p_y + \dfrac{2}{3}p_z\right)}$	$-2mp_x\left(2p_x + p_y + \dfrac{2}{3}p_z\right)$
5	$y = \dfrac{m}{(p_x + 2p_y + 3p_z)}$	$-2mp_x(p_x + 2p_y + 3p_z)$

解説 このような**レオンチェフ型効用関数**は，2変数の場合，**図2-1(ii)** のように，L字型の無差別曲線を持ち，最適消費点は点AのようなL字の屈折点となる。原点とL字の屈折点を通る直線は $x = 2y = 3z$ である。予算制約式 $p_x x + p_y y + p_z z = m$ に代入してxとzを消去すると，$p_x 2y + p_y y + p_z \dfrac{2}{3} y = m$ であり，これをyについて解くと，y財の需要関数 $y = \dfrac{m}{\left(2p_x + p_y + \dfrac{2}{3}p_z\right)}$ を得る。

ある財の価格が1％変化したとき，他の財の需要が何％変化するかを，**交差弾力性**という。x財の価格変化に関するy財の交差弾力性をe_{yx}とすると，

$$(2.23) \quad e_{yx} = \frac{\Delta y}{\Delta p_x} \cdot \frac{p_x}{y}$$

である。$\dfrac{\Delta y}{\Delta p_x} = \dfrac{dy}{dp_x} = \dfrac{-2m}{\left(2p_x + p_y + \dfrac{2}{3}p_z\right)^2}$ とy財の需要関数を(2.23)式に代入

すると，$e_{yx} = \dfrac{-2p_x}{\left(2p_x + p_y + \dfrac{2}{3}p_z\right)}$ である。

なお，x財の価格p_xの低下（上昇）がy財の需要量を減少（増加）させるとき，y財はx財の粗代替財であり，x財の価格p_xの低下（上昇）がy財の需要量を増加（減少）させるとき，y財はx財の粗補完財である。よって，$e_{yx} > 0$のときy財はx財の粗代替財，$e_{yx} < 0$のときy財はx財の粗補完財となる。例題2.2-3において解説した代替財・補完財は代替効果に基づいて財を分類したが，粗代替財・粗補完財は代替効果と所得効果を合わせた需要曲線上の変化に基づいて財を分類していることに注意せよ。

正答　1

練習問題

【No.1】 x財とy財を消費するある個人の効用関数が，
$$u = x^2 y^3$$
で示され，この個人の所得が100，x財とy財の価格がそれぞれ5，10であるとする。この個人が効用を最大化するときのx財とy財の需要量はいくらか。（国家一般職）

	x財	y財
1	4	8
2	6	7
3	8	6
4	10	5
5	12	4

解説　予算制約式は，$5x + 10y = 100$である。**公式2.6**から，
$$x = \frac{2 \times 100}{5 \times 5} = 8, \quad y = \frac{3 \times 100}{10 \times 5} = 6$$
である。よって，正答は**3**である。

【No.2】 消費者の効用関数が，
$$U = x_1^{\frac{1}{2}} + x_2^{\frac{1}{2}}$$
で示されるとき，x_1財に関するこの消費者の需要関数（マーシャルの需要関数）は，どのように表されるか。ただし，P_1，P_2は，それぞれx_1財，x_2財の価格であり，yはこの消費者の所得である。（地方上級）

1　$x_1 = \dfrac{P_1}{P_2^2 + P_1 P_2} y$　　**2**　$x_1 = \dfrac{1}{2P_1} y$　　**3**　$x_1 = \dfrac{1}{2P_2} y$

4 $x_1 = \dfrac{P_2}{P_1^2 + P_1 P_2} y$ **5** $x_1 = \dfrac{1}{P_1 + P_2} y$

<u>解説</u> 予算制約式は$P_1 x_1 + P_2 x_2 = y$である。限界効用は，
$$MU_1 = \frac{1}{2} x_1^{-\frac{1}{2}}, \quad MU_2 = \frac{1}{2} x_2^{-\frac{1}{2}} \quad \cdots\cdots\cdots\cdots ①$$
である。最適化の一般条件である**公式2.3**より $\dfrac{MU_1}{P_1} = \dfrac{MU_2}{P_2}$ なので，①式を代入すると
$$P_1 x_1^{\frac{1}{2}} = P_2 x_2^{\frac{1}{2}}, \quad \text{あるいは } x_2 = \frac{P_1^2}{P_2^2} x_1 \quad \cdots\cdots\cdots\cdots ②$$
である。②式を予算制約式に代入して，$x_1 = \dfrac{P_2}{P_1^2 + P_1 P_2} y$ が求まる。よって，正答は**4**である。

【**No.3**】 x財とy財を消費するある個人の効用関数が，
$$u = xy \qquad 〔u：効用水準，x：x財の消費量，y：y財の消費量〕$$
で示され，個人の所得は100であるとする。

　x財の価格は2であるとする。他方，y財の価格は基本料金と従量料金の2つの料金から構成され，基本料金として20を支払えば10単位まで購入することができるが，10単位より多く購入する場合は，さらに超過分1単位につき4の従量料金を支払わなければならない。この個人の効用を最大化するためには，y財の購入量をいくらにすればよいか。（地方上級）

1 5　　**2** 10　　**3** 15　　**4** 20　　**5** 25

<u>解説</u> y財を10単位以上とするとすれば，
$$2x + 4(y - 10) = 100 - 20$$
が予算制約式になる。これは，
$$x + 2y = 60$$
と同じである。**公式2.6**から，効用は，
$$x = \frac{1 \times 60}{1 \times 2} = 30, \quad y = \frac{1 \times 60}{2 \times 2} = 15$$
で最大化される。よって，正答は**3**である。

【**No.4**】 x財，y財に関するある消費者の効用関数が，
$$U = y - \frac{1}{x+2} \qquad 〔x \geq 0, \ y \geq 0〕$$
で示されるとする。

　この消費者がy財のみを消費し，「コーナー解」といわれる状態にある場合，y財の価格に対するx財の価格の比率 $\left(\dfrac{P_x}{P_y}\right)$ は，いくらより大きくなければならないか。（地方上級）

1 $\dfrac{1}{4}$　　**2** $\dfrac{1}{5}$　　**3** $\dfrac{1}{6}$　　**4** $\dfrac{1}{7}$　　**5** $\dfrac{1}{8}$

<u>解説</u> 効用関数を偏微分して，$U_y = 1$，$U_x = (x+2)^{-2}$ である。**公式2.2**より，限界代替率は $\dfrac{U_1}{U_2} = \dfrac{1}{(x+2)^2}$ である。$x = 0$，$y > 0$ のときは $\dfrac{U_1}{U_2} = \dfrac{1}{4}$ である。右図より，限界代替率が価格比 $\dfrac{P_x}{P_y}$

47

に等しいか大きいときに，$x=0$ が解となる。よって，$\dfrac{P_x}{P_y}$ は $\dfrac{1}{4}$ と等しいか大きいとき，コーナー・ソリューションとなる（正答は **1** である）。

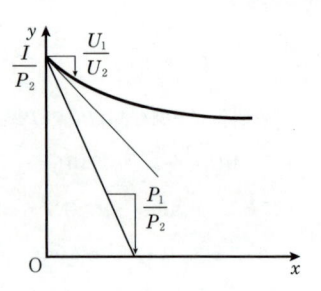

【No.5】 所得のすべてを2種類の財 x, y に支出する消費者の効用関数が，2財の消費量を q_x, q_y として

$$u = q_x^2 \cdot q_y$$

で示されるものとする。今，x 財の価格が1，y 財の価格が2，貨幣所得が15とするとき，この消費者の貨幣所得の限界効用はいくらになるか。（国家総合職）

1 50　　**2** 100　　**3** 150　　**4** 200　　**5** 250

解説　**公式2.6**で，$\alpha_1=2$, $\alpha_2=1$ を代入すると $x_1=\dfrac{2I}{3p_1}$，$x_2=\dfrac{I}{3p_2}$ である。このとき，$u=\left(\dfrac{2I}{3p_1}\right)^2 \left(\dfrac{I}{3p_2}\right)$。これを**公式2.5**に代入すると $\lambda=\dfrac{4I^2}{9p_1^2 p_2}$ である。$p_1=1$, $p_2=2$, $I=15$ を代入して，$\lambda=50$ が得られる。よって，正答は **1** である。

正答　【No.1】3　　【No.2】4　　【No.3】3　　【No.4】1　　【No.5】1

第 3 章

消費者理論の発展問題

Topics in Consumer Theory

3.1　労働供給

> **例題3.1-1　余暇の決定**
>
> 図は，超過勤務給が勤労者の仕事と余暇の選択に及ぼす影響について，無差別曲線により分析したものである。これに関する次の記述のうち，妥当なものはどれか。ただし，勤労者は自分の選択に従って勤務時間を決定できるものとする。（国家専門職）

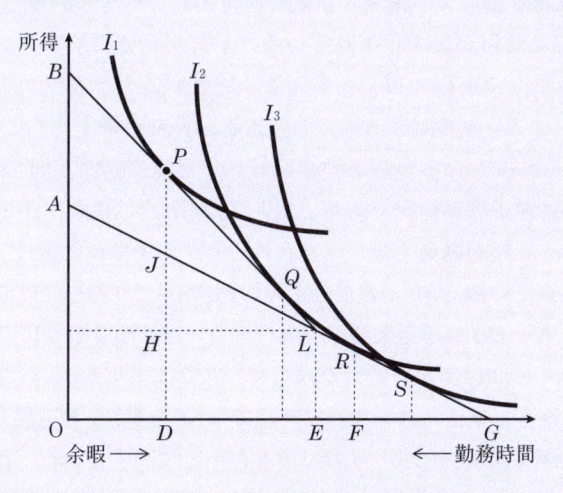

I_i：個人 i の無差別曲線（$i=1, 2, 3$），EG：正規の勤務時間，GAの勾配：正規の勤務時間の単位当たりの賃金，LBの勾配：超過勤務の単位時間当たりの賃金（GAより急な勾配であるのは，超過勤務の場合，正規の勤務時間よりも賃金が高いことを示している）

1　個人1は*DG*の仕事をし，*DP*の所得を得ることを選択する。この場合，超過勤務給は*JP*で示される。
2　週休2日制が社会的に定着するに従い，超過勤務をして所得を得る個人の効用よりも，超過勤務をせず余暇を楽しむ個人3の効用のほうが大きくなると考えられる。
3　I_2は*Q*と*R*の2点で予算線と接しているので，個人2は*Q*と*R*の中間にある*L*を選択し，正規の勤務時間だけ勤務することになる。
4　個人2は超過勤務の単位当たり賃金が正規の勤務の単位当たり賃金と同じである場合には，*FG*の仕事をし，*OF*を余暇に回す。
5　個人3は，超過勤務の単位時間当たり賃金がさらに引き上げられても超過勤務することはない。

解説　まず，図の*GA*を説明しよう。労働時間を*L*，余暇を*l*とする。労働（labor）も余暇（leisure）も頭文字は*l*なので，大文字と小文字で区別する。利用可能な最大時間は限られているので，それを$\overline{l}$とすると，$L = \overline{l} - l$。時間当たりの賃金を*w*とすると労働所得*I*は，$I = w(\overline{l} - l)$になる。これを，

(3.1)　　$wl + I = w\overline{l}$

と変形する。この直線が*GA*である。点*A*は$(0, w\overline{l})$，点*G*は$(\overline{l}, 0)$である。

労働者は，所得と余暇から効用$u(l, I)$を得るとする。$l - I$平面上に，制約式と無差別曲線を描いて，最適な余暇と所得の組合せを求めることができる。

個人3は*S*で効用が最大化されている。予算制約式(3.1)は，*w*の値にかかわらず，横軸上の点$G = (\overline{l}, 0)$を通る。賃金が高くなると，図の縦軸切片が上方にシフトする。労働時間が*GE*を超えると賃金が増える。このとき，制約式は*GLB*の折れ線となる。超過勤務に対し，正規の勤務と同じ賃金が支払われるなら，*GA*が予算制約線である。個人2は*GF*だけ働き，*FO*だけ余暇に回す（**4**が正しい）。超過勤務手当が支払われるときの予算制約線は，*GLB*である。個人1は，*GD*だけ働くが，*GE*だけ正規の勤務をし，*LE*を受け取り，*ED*だけ超過勤務をして，*PH*の超過勤務給を受け取り，合計の受取りは*PD*となる（**1**は誤り）。個人2は*Q*と*R*の効用が同じで，*L*では効用が低い（**3**は誤り）。個人3は*LB*の傾きで与えられる超過勤務給では，*S*を選び，超過勤務をしないが，もし，超過勤務給が高くなり，*LB*の傾きが十分に高くなれば，*LB*がI_3と交わり，効用最大化点は*S*ではなく，超過勤務をすることになる（**5**は誤り）。また，異なる個人間の効用，たとえば，I_1, I_3の比較はできないので**2**は誤り。

正答　4

例題3.1-2　労働日数の決定

ある個人は働いて得た所得のすべてをx財の購入に支出するものとする。個人の効用は，x財の消費量と1年間に働く日数に依存し，

$$U = x^3(365-L)^2 \quad \begin{bmatrix} U：効用水準，\ x：x財の消費量 \\ L：1年間に働く日数\ (0 \leq L \leq 365) \end{bmatrix}$$

で示されるとする。

x財の価格は4,500円，労働1日当たりの賃金率は19,000円であるとき，個人が効用を最大にするように行動するならば，1年間に働く日数は何日か。ただし，労働賃金には10％の所得税が賦課されるものとする。（地方上級）

1 148日　**2** 176日　**3** 219日　**4** 284日　**5** 223日

解説　余暇の日数lは，$l=365-L$である。すると効用は$U=x^3 l^2$である。賃金をw，x財の価格をp，所得税率をtとすると，予算制約式は$(1-t)wL = px$であるので，$(1-t)w(365-l) = px$，すなわち

$$(3.2) \quad 365(1-t)w = px + (1-t)wl$$

である。(3.2)式の左辺は，365日すべて働いたときに得られる税引き後の所得である。この個人は，余暇を1日楽しむと，1日分の所得を失う。つまり，**機会費用**で考えると，この個人は1日の所得$(1-t)w$を支払い，余暇lを購入しているとみなすことができる。

$w=19000$，$t=0.1$，$p=4500$を(3.2)式に代入すると，予算制約式は$17100\times 365 = 4500x + 17100l$である。**公式2.6**より

$$x = \frac{3\times 17100\times 365}{4500\times 5}, \quad l = \frac{2\times 17100\times 365}{17100\times 5}$$

よって，$l=146$，$L=365-146=219$である。　　　　　　　　**正答　3**

例題3.1-3　労働日数と所得税

ある個人は，労働を供給して得た賃金所得のすべてをx財の購入に支出するものとする。個人の効用関数は，

$$u = x(365-L) \quad [u：効用水準，\ x：x財の消費量，\ L：1年間に働く日数]$$

である。x財の価格は1,000円，労働1日当たりの賃金率は10,000円であるとき，個人が1年間に働く日数は何日か。ただし，賃金所得が100万円以下のときは無税であるが，100万円を超えた所得には20％の所得税が賦課されるものとする。（地方上級）

1 170日　**2** 200日　**3** 270日　**4** 300日　**5** 330日

解説 1日1万円の賃金なので、100日働くと、100万円となる。100日を超えた日数 $L-100$ については、1万円から20％の所得税を引かれるので、$10000 \times \dfrac{20}{100}$ すなわち2,000円引かれ、1日当たり8,000円が手取りである。

よって、$0 \leq L \leq 100$ のときの制約条件は、

$1000x \leq 10000L$ あるいは、 $x \leq 10L$

である。$x = 10L$ を効用関数に代入して、

$u = 10L(365 - L) = -10(L^2 - 365L)$

L で微分して最大化すると、$\dfrac{\partial u}{\partial L} = -10(2L - 365) = 0$ である。よって $L = 182.5$ のとき効用は最大化される。これは $L \leq 100$ を満たさない。

一方、$100 \leq L \leq 365$ のときの制約条件は、$(L-100)$ 日間については、1日8,000円が手取りなので、

$1000x \leq 8000(L - 100) + 1000000$ あるいは、 $x \leq 8L + 200$

$x = 8L + 200$ を効用関数に代入して、

$u = (200 + 8L)(365 - L) = -8L^2 + 2720L + 73000$

L で微分して最大化すると、$\dfrac{\partial u}{\partial L} = -16L + 2720 = 0$ である。よって $L = 170$ で最大化される。これは $L \geq 100$ を満たしている。

正答　1

練習問題

【No.1】 ある人の効用関数 U が次式で示されている。余暇時間のほかは、すべて労働時間であり、労働時間1時間当たりの賃金率は1万円であるとする。この人がその効用を最大にするように行動するとき、1日の労働時間として、正しいのはどれか。（地方上級）

$U = 44L + LY - L^2$ 〔L：1日当たりの余暇時間、Y：1日当たりの所得〕

1 6時間　**2** 7時間　**3** 8時間　**4** 9時間　**5** 10時間

解説 1日24時間のうち、労働時間は $24 - L$、1時間の賃金率は1なので、$Y = 24 - L$ である。効用関数に代入すると、$U = 44L + L(24 - L) - L^2 = -2L^2 + 68L$ である。$\dfrac{\partial U}{\partial L} = -4L + 68 = 0$ より、効用は $L = 17$ のとき最大化される。よって、労働時間は $24 - 17 = 7$ である（正答は **2**）。

【No.2】 ある消費者の労働供給量（時間）が、

$L = 24 - X_2$ 〔X_2：余暇の需要量（時間）〕

消費者の効用関数が，
$$U = (X_1 - 4)^{0.6}(X_2 - 8)^{0.4} \quad [X_1：財の購入量]$$
予算制約式が，
$$Y + W \cdot L = P \cdot X_1 \quad [P：財価格，W：賃金，Y：所与の所得額]$$
で表されているとする。

今，$Y = 10$，$P = 1$，$W = 1.5$ が与えられたとき，この消費者がこの予算制約の下で最適消費（効用最大化）を行っている場合の，財の需要量および労働供給量の組合せとして正しいのはどれか。（国家総合職）

	財	労働供給
1	19	6
2	20.5	7
3	22	8
4	23.5	9
5	25	10

解説 効用関数をコブ=ダグラス型にして**公式2.6**を使うため，$x_1 = X_1 - 4$，$x_2 = X_2 - 8$とする。すると，消費者の労働供給量は $L = 16 - x_2$，効用関数は $U = x_1^{0.6} x_2^{0.4}$，予算制約式は $Y + W(16 - x_2) = P(x_1 + 4)$ すなわち $Y + 16W - 4P = P \cdot x_1 + W \cdot x_2$ と，それぞれ書き換えられる。**公式2.6**より，
$$x_1 = \frac{0.6(Y + 16W - 4P)}{P(0.6 + 0.4)}, \quad x_2 = \frac{0.4(Y + 16W - 4P)}{W(0.6 + 0.4)}$$
であり，$Y = 10$，$P = 1$，$W = 1.5$を代入すると，$x_1 = 18$，$x_2 = 8$ である。ゆえに，$X_1 = 22$，$L = 8$ を得る（正答は**3**）。

【No.3】 同質的な消費者と企業からなるマクロ経済を考える。代表的消費者は，以下の効用関数の下で消費と労働投入量を決定する。
$$U = C(1 - L)$$
代表的消費者が所有する代表的企業は以下の生産関数の下で労働のみを生産要素として生産を行う。
$$Y = \alpha L$$
ただし，Uは効用水準，Cは消費，Lは労働投入量，Yは生産とし，α は労働生産性を示す正のパラメータとする。また，生産物市場，労働市場とも完全競争的であり，生産物はすべて消費される。このような経済で，技術進歩によって労働生産性αの上昇というショックが生じたとき，生産，消費，労働投入量，実質賃金率のうち，不変でとどまる変数だけを挙げている組合せとして妥当なものは次のうちどれか。（国家総合職）

1 労働投入量
2 実質賃金率
3 労働投入量・実質賃金率
4 生産・消費
5 生産・消費・実質賃金率

解説 余暇を $l = 1 - L$ と置くと，効用は $U = C \cdot l$ である。賃金率をwとすると，$wL = C$より，予算制約式は，$C + wl = w$である。**公式2.6**より $C = 0.5w$，$l = 0.5$ を得る。労働は $L = 1 - 0.5 = 0.5$

53

である。これを生産関数に代入すると $Y = 0.5\alpha$ である。財市場の需給均衡条件 $Y = C$ から，$\alpha = w$ である。よって，生産 $Y = 0.5\alpha$，消費 $C = 0.5\alpha$，実質賃金率 $w = \alpha$ は，α に依存する。労働投入量 $L = 0.5$ のみが α から独立なので，正答は1である。

| 正答 | 【No.1】2 | 【No.2】3 | 【No.3】1 |

3.2 間接効用関数・支出関数・等価変分と補償変分

例題3.2-1 支出関数

ある消費者の効用関数が次のように与えられている。
$$U(x_1, x_2) = x_1^\alpha x_2^{1-\alpha}$$

ここで x_1, x_2 はそれぞれ第1財および第2財の消費量を表し，α は $0 < \alpha < 1$ となる定数である。第1財および第2財の価格をそれぞれ p_1, p_2，この消費者の所得を m，効用水準を u とした場合，支出関数として正しいのはどれか。（国家総合職）

1. $\alpha^{1-\alpha}(1-\alpha)^\alpha p_1^{-\alpha} p_2^{\alpha-1} u$
2. $\alpha^{-\alpha}(1-\alpha)^{\alpha-1} p_1^{-\alpha} p_2^{\alpha-1} u$
3. $\alpha^{-\alpha}(1-\alpha)^{\alpha-1} p_1^\alpha p_2^{1-\alpha} u$
4. $\alpha^{1-\alpha}(1-\alpha)^\alpha p_1^\alpha p_2^{1-\alpha} m$
5. $\alpha^{-\alpha}(1-\alpha)^{\alpha-1} p_1^{-\alpha} p_2^{\alpha-1} m$

解説1　予算制約式 $p_1 x_1 + p_2 x_2 = m$ の下で効用 $U(x_1, x_2)$ を最大化すると，需要関数を得る。その需要を x_1^*, x_2^* とすると，図3-1の点Aで表される。このときの効用水準を u とすると，図3-1の点Aは，少なくとも u の効用水準を生む点のうち，支出 $p_1 x_1 + p_2 x_2$ を最小化する点とみなすこともできる。

問題文で与えられた効用関数に注意して，効用水準 u を制約とした支出最小化問題を解くため，以下のようなラグランジュ関数を考える。

$$(3.3) \quad L(x_1, x_2, \lambda) = p_1 x_1 + p_2 x_2 + \lambda(u - x_1^\alpha x_2^{1-\alpha})$$

ラグランジュ関数をそれぞれ x_1, x_2, λ で偏微分してゼロと置く。

$$(3.4) \quad \frac{\partial L}{\partial x_1} = p_1 - \lambda \alpha x_1^{\alpha-1} x_2^{1-\alpha} = 0$$

$$(3.5) \quad \frac{\partial L}{\partial x_2} = p_2 - \lambda(1-\alpha) x_1^\alpha x_2^{-\alpha} = 0$$

図3-1 支出最小化点

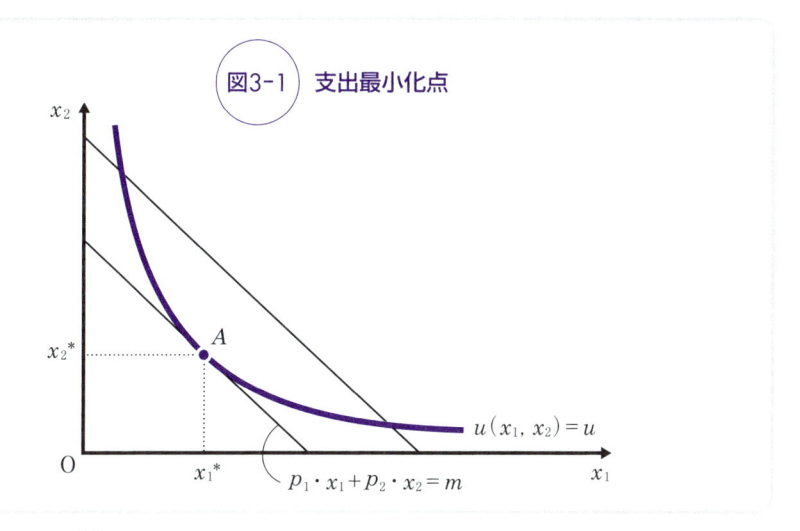

$$(3.6) \quad \frac{\partial L}{\partial \lambda} = u - x_1{}^\alpha x_2{}^{1-\alpha} = 0$$

以上の3式より，**図3-1**の点Aを求めることができる。(3.4)式，(3.5)式より $\frac{p_1}{p_2} = \frac{\alpha}{1-\alpha} \cdot \frac{x_2}{x_1}$ であり，これを(3.6)式に代入して，x_1, x_2について解くと，

$$(3.7) \quad x_1{}^* = \alpha^{1-\alpha}(1-\alpha)^{\alpha-1} p_1{}^{\alpha-1} p_2{}^{1-\alpha} u,$$
$$x_2{}^* = \alpha^{-\alpha}(1-\alpha)^{\alpha} p_1{}^{\alpha} p_2{}^{-\alpha} u$$

である。支出をMとし，(3.7)式を$M = p_1 x_1 + p_2 x_2$に代入すると，

$$M(p_1, p_2, u) = p_1 [\alpha^{1-\alpha}(1-\alpha)^{\alpha-1} p_1{}^{\alpha-1} p_2{}^{1-\alpha} u] + p_2 [\alpha^{-\alpha}(1-\alpha)^{\alpha} p_1{}^{\alpha} p_2{}^{-\alpha} u]$$
$$= \alpha^{-\alpha}(1-\alpha)^{\alpha-1} p_1{}^{\alpha} p_2{}^{1-\alpha} u$$

$M(p_1, p_2, u)$は，価格p_1, p_2の下で，少なくとも効用水準uを得るのに最低限必要な支出である。これを**支出関数**という。　　　　　　　　　　**正答　3**

解説2　コブ＝ダグラス型の効用関数で，一定の効用を与える所得を求めよう。そのために，所得$p_1 x_1 + p_2 x_2 = I$の下で，効用$U = A x_1{}^{\alpha_1} x_2{}^{\alpha_2}$を最大化する需要は，**公式2.6**より，

$$x_j = \frac{\alpha_j I}{p_j (\alpha_1 + \alpha_2)}$$

であった。これを効用関数に代入すると，

$$U = A \left(\frac{\alpha_1 I}{p_1 (\alpha_1 + \alpha_2)} \right)^{\alpha_1} \left(\frac{\alpha_2 I}{p_2 (\alpha_1 + \alpha_2)} \right)^{\alpha_2}$$

これを次のようにまとめる。

公式 3.1
$$U = A \left(\frac{\alpha_1}{p_1}\right)^{\alpha_1} \left(\frac{\alpha_2}{p_2}\right)^{\alpha_2} \left(\frac{I}{\alpha_1+\alpha_2}\right)^{\alpha_1+\alpha_2}$$

このように，効用を価格と所得の関数として表したものを**間接効用関数**という。公式3.1はコブ=ダグラス型の効用関数から導かれる間接効用関数である。

さて，需要は図3-1の点Aであるので，図の効用水準uは間接効用の値に等しい。また，図3-1の点Aは効用水準uを得る支出最小化点でもある。ゆえに，間接効用を所得Iについて変形すると，以下を得る。

公式 3.2
$$I = (\alpha_1+\alpha_2)\left(\frac{p_1}{\alpha_1}\right)^{\frac{\alpha_1}{\alpha_1+\alpha_2}}\left(\frac{p_2}{\alpha_2}\right)^{\frac{\alpha_2}{\alpha_1+\alpha_2}}\left(\frac{U}{A}\right)^{\frac{1}{\alpha_1+\alpha_2}}$$

これは，一定の価格の下で，ある効用を得る最小支出を表し，コブ=ダグラス型効用関数から導出される支出関数である。

公式3.2に，$I=m$，$\alpha_1=\alpha$，$\alpha_2=1-\alpha$，$A=1$，$U=u$を代入すると，$m = \alpha^{-\alpha}(1-\alpha)^{\alpha-1}p_1^{\alpha}p_2^{1-\alpha}u$を得る。

例題3.2-2　等価変分と補償変分

次のグラフは，X財とY財の価格が変化したときの，個人の効用水準と予算制約線の変化を示すものである。このグラフから読み取ることができる等価変分と補償変分に関する次の記述のうち，妥当なのはどれか。

ただし，グラフ中の記号の右上に付いている数字が0のときは価格変化前，1のときは価格変化後をそれぞれ意味するものとする。（国家総合職）

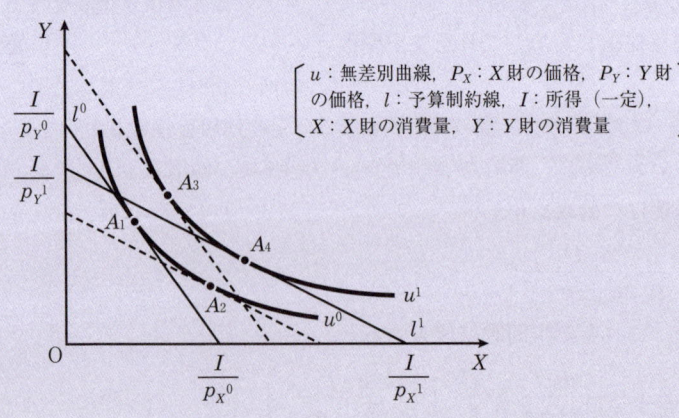

u：無差別曲線，P_X：X財の価格，P_Y：Y財の価格，l：予算制約線，I：所得（一定），X：X財の消費量，Y：Y財の消費量

1. 補償変分は，A_1とA_3における変化前の価格で測った支出額の差で示される。
2. 補償変分は，A_1とA_2における変化後の価格で測った支出額の差で示される。
3. 等価変分は，l^0とl^1の切片の差で示される。
4. 等価変分は，A_2とA_4における変化後の価格で測った支出額の差で示される。
5. 等価変分は，A_1とA_3における変化前の価格で測った支出額の差で示される。

解説 図において，X財とY財の価格が(p_X^0, p_Y^0)から(p_X^1, p_Y^1)に変化したとき，個人が得る効用水準もu^0からu^1に変化した。この効用水準の変化を，支出関数の変化分として表す。変化前の価格で評価した支出の変化分を**等価変分**，変化後の価格で評価した支出の変化分を**補償変分**という。

支出関数を$M(p_X, p_Y, u)$とすると，等価変分EVは，

(3.8)　　$EV = M(p_X^0, p_Y^0, u^1) - M(p_X^0, p_Y^0, u^0)$

となる。**図3-2(i)**において，この個人は価格(p_X^0, p_Y^0)の下で所得$I = M(p_X^0, p_Y^0, u^0)$を使って点A_1において消費し，u^0の効用を得ていた。変化前の価格(p_X^0, p_Y^0)の下でu^1の効用を得る支出最小点は点A_3である。$I = M(p_X^0, p_Y^0, u^0)$ならびに(3.8)式より，点A_3で消費を行うために必要な支出は$M(p_X^0, p_Y^0, u^1) = M(p_X^0, p_Y^0, u^0) + EV = I + EV$である（**5**が正しい）。

なお，補償変分CVは，

(3.9)　　$CV = M(p_X^1, p_Y^1, u^1) - M(p_X^1, p_Y^1, u^0)$

となる。**図3-2(ii)**において，この個人は変化後の価格(p_X^1, p_Y^1)の下で所

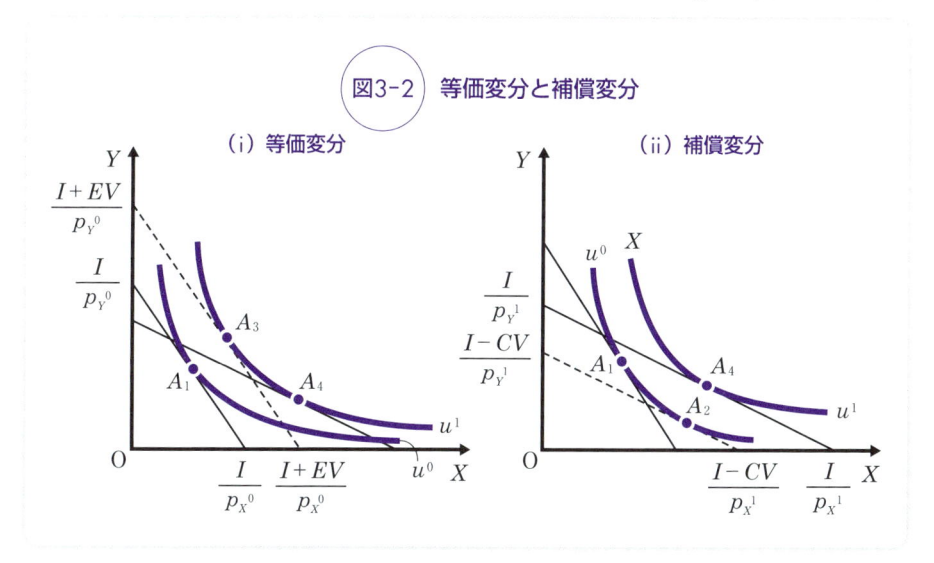

図3-2　等価変分と補償変分

（i）等価変分

（ii）補償変分

得 $I = M(p_X^1, p_Y^1, u^1)$ を使って点 A_4 において消費し，u^1 の効用を得ていた。変化後の価格 (p_X^1, p_Y^1) の下で変化前の効用 u^0 を得る支出最小点は A_2 点であり，そのために必要な支出は，(3.9) 式より，$M(p_X^1, p_Y^1, u^0) = M(p_X^1, p_Y^1, u^1) - CV = I - CV$ である。よって，**1**，**2** は「補償変分は，A_2 と A_4 における変化後の価格で測った支出額の差で示される」と書き直されるべきである。

正答　5

例題3.2-3　補償変分と等価変分

ある個人の所得が100であり，この個人はすべてを X 財と Y 財に支出する。この個人の効用関数は

$U = 4XY$　　　〔U：効用水準，X：X 財の消費量，Y：Y 財の消費量〕

となっており，また，Y 財の価格は4であるものとする。ここで，X 財の価格が1から0.25に変化したときの補償変分（変化後の価格の下で，ある個人の効用水準を価格変化前と同じにするための所得の変化分）と等価変分（変化前の価格の下で，ある個人の効用水準を価格変化後と同じにするための所得の変化分）の値の組合せのうち，妥当なものはどれか。（国家総合職）

	補償変分	等価変分
1	50	100
2	50	75
3	75	75
4	75	50
5	100	50

解説　価格変化前を添え字0で，価格変化後を添え字1で表す。**公式3.2** に，$A = 4$，$\alpha_1 = \alpha_2 = 1$，$p_1 = p_X$，$p_2 = p_Y = 4$ を代入すると，支出関数は $I = 2\sqrt{p_X \cdot U}$ となる。$I = 100$，$p_X^0 = 1$ のときの効用は $U^0 = 2500$ である。一方，$I = 100$，$p_X^1 = 0.25$ のときの効用は $U^1 = 10000$ である。

変化後の価格 $p_X^1 = 0.25$ の下で，変化前の効用 $U^0 = 2500$ を生む支出は

$M(p_X^1, p_Y, U^0) = 2\sqrt{0.25 \times 2500} = 2 \times 25 = 50$

である。(3.9) 式より，補償変分 CV は $CV = 100 - 50 = 50$ である。

変化前の価格 $p_X^0 = 1$ の下で，変化後の効用 $U^1 = 10000$ を生む支出は

$M(p_X^0, p_Y, U^1) = 2\sqrt{10000} = 2 \times 100 = 200$

である。(3.8) 式より，等価変分 EV は $EV = 200 - 100 = 100$ である。

正答　1

例題3.2-4 財の初期保有と間接効用関数

$\overline{w}$ の大きさの資産(たとえば土地)と y の大きさの非資産所得を持つ消費者を考える。資産サービスの価格(たとえば地代)を r とし，この消費者が消費する合成財(その価格は1であるとする)の量を x，また自ら消費する資産サービスの量を w とすれば，この消費者にとっての予算制約式は，

$$y + r \cdot \overline{w} = x + rw \quad \cdots\cdots\cdots (1)$$

と表される。

最後に，この消費者の効用関数は対数線形で，

$$u = \alpha \log x + (1-\alpha) \log w, \quad 0 < \alpha < 1 \quad \cdots\cdots (2)$$

として与えられるとする。

以上の設定の下で，次の設問に答えよ。(公認会計士)

問1 この消費者は，$\overline{w}$，y および r を所与と考えて，(1)の予算制約式の下で(2)の効用関数を最大化する需要関数を導出せよ(結果のみを解答欄①に記入せよ)。

問2 この消費者が，資産サービスの純供給者になるか($\overline{w} > w$)，純需要者になるか($\overline{w} < w$)を決定する条件はいかなるものか。

問3 問1で求められた需要関数に基づき，r が上昇したとき x に対する需要および w に対する需要はどのように変化するかを分析せよ。結果を述べ，その理由を説明せよ。

問4 問1で求められた需要関数を(2)の効用関数に代入して，いわゆる間接効用関数(ν と表す)を導出せよ。ν を用いて，r が上昇したとき，この消費者の効用が増加するか減少するかを決定する条件を明らかにせよ(間接効用関数 ν については結果のみを解答欄④の初めに記入せよ)。

問5 以上の分析を，無差別曲線の概念を用いて図示せよ。その場合，(1)の予算制約式に対応する (x, w) 平面上の予算制約線はすべて，r の変化とは無関係に $(y, \overline{w})$ という点を通ることに留意せよ。

解説

問1 $\alpha \log x + (1-\alpha) \log w = \log x^\alpha w^{1-\alpha}$ であるので，u を最大化する点と $\mu = x^\alpha w^{1-\alpha}$ を最大化する点は同じである。μ を最大化する点は，$I = y + r\overline{w}$，$p_1 = 1$，$p_2 = r$ と置いて**公式2.6**を適用すると，以下を得る。

(3.10) $\quad x = \alpha (y + r\overline{w})$

(3.11) $\quad w = \dfrac{(1-\alpha)(y + r\overline{w})}{r} = \dfrac{(1-\alpha) y}{r} + (1-\alpha) \overline{w}$

問2 (3.11)式より，

(3.12) $\quad w - \overline{w} = \dfrac{(1-\alpha) y}{r} - \alpha \overline{w} = \dfrac{\alpha \overline{w}}{r} \left[\dfrac{(1-\alpha) y}{\alpha \overline{w}} - r \right]$

である。よって，資産サービスの価格が $r > \dfrac{(1-\alpha)y}{\alpha \overline{w}}$ を満たしているとき，消費者は，資産サービスの純供給者（$\overline{w} > w$）となる。また，資産サービスの価格が $r < \dfrac{(1-\alpha)y}{\alpha \overline{w}}$ を満たすとき，消費者は，純需要者（$\overline{w} < w$）となる。

問3 x と w の需要関数を r で微分する。(3.10)式，(3.11)式より，

$$\frac{\partial x}{\partial r} = \alpha \overline{w} > 0, \quad \frac{\partial w}{\partial r} = -\frac{(1-\alpha)y}{r^2} < 0$$

よって，r が上昇すると，x は増加し，w は減少する。これは，資産サービスの価格 r の上昇により資産サービスの需要が減少し，粗代替財である合成財 x の需要が増加することを意味する。

問4 需要関数(3.10)式，(3.11)式を効用関数に代入すると，間接効用関数は

$$\nu = \alpha \log \alpha (y + r\overline{w}) + (1-\alpha) \log \frac{(1-\alpha)(y + r\overline{w})}{r}$$

$$= \log \left[\frac{\alpha^{\alpha}(1-\alpha)^{1-\alpha}(y + r\overline{w})}{r^{1-\alpha}} \right]$$

$$= \log \alpha^{\alpha}(1-\alpha)^{1-\alpha} + \log \left[\frac{y + r\overline{w}}{r^{1-\alpha}} \right]$$

である。r を含む項は $\dfrac{y + r\overline{w}}{r^{1-\alpha}}$ のみである。$\Gamma = \dfrac{y + r\overline{w}}{r^{1-\alpha}}$ と置くと，Γ の増加（下落）が効用を増加（下落）させる。$\Gamma = \dfrac{y}{r^{1-\alpha}} + r^{\alpha} \overline{w}$ なので，これを r で微分すると，$\dfrac{\partial \Gamma}{\partial r} = -(1-\alpha)\dfrac{y}{r^{2-\alpha}} + \alpha r^{\alpha-1} \overline{w} = \dfrac{1}{r^{2-\alpha}} \left[\alpha r \overline{w} - (1-\alpha)y \right]$ である。

よって，$r > \dfrac{(1-\alpha)y}{\alpha \overline{w}}$ なら $\dfrac{\partial \Gamma}{\partial r} > 0$，すなわち $\dfrac{\partial \nu}{\partial r} > 0$ なので，この条件が満たされていれば，r の上昇は効用を増加させる。**問2** より，この条件が成立しているとき，この消費者は資産サービスの純供給者であることに注意せよ。

問5 予算制約線 $y + r \cdot \overline{w} = x + rw$ より，

$$(x - y) + r(w - \overline{w}) = 0$$

よって，(x, w) 平面上で，点 $W = (y, \overline{w})$ を通る。r が変わると点 W を中心として，予算制約線が回転する。予算制約線の横軸との切片は，$w = 0$ と置いて，

図3-3　資産サービス価格の上昇

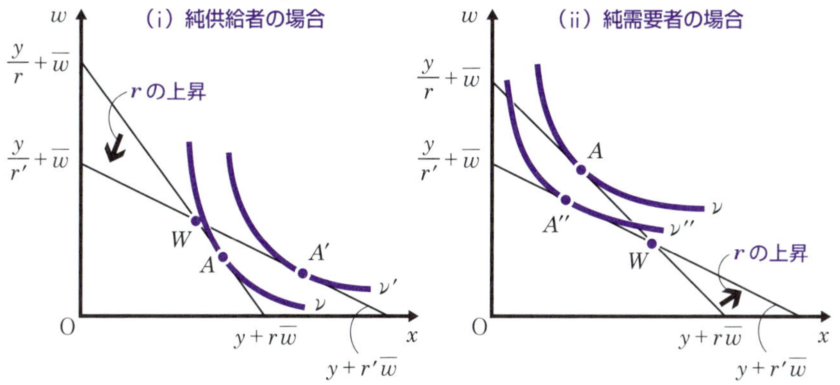

（i）純供給者の場合

（ii）純需要者の場合

$x = y + r\overline{w}$ である。縦軸との切片は，$x=0$ と置いて，$w = \dfrac{(r\overline{w}+y)}{r}$ である。r が上昇すると直線は左回り（時計と反対回り）に回転する。(3.12)式より，$r > \dfrac{(1-\alpha)y}{\alpha \overline{w}}$ の場合，$\overline{w} > w$ なので，需要Aは，**図3-3（i）**のように，点Wの右側に位置する。すると，r が上昇することにより，新しい需要A'は，より高い効用 ν' を生む。

$r < \dfrac{(1-\alpha)y}{\alpha \overline{w}}$ の場合，$\overline{w} < w$ なので，**図3-3（ii）**のように，需要AはWの左側に位置する。すると r が上昇することにより，新しい需要A''は，より低い効用 ν'' を生む。

正答　解説参照

練習問題

【No.1】 ある消費者の効用関数が以下のように与えられている。

$$u(x, y) = x^\alpha y^{1-\alpha}$$

ここで，x, y はそれぞれ財 x および財 y の消費量を表し，α は $0 < \alpha < 1$ となる定数である。財 x および財 y の価格をそれぞれ p_x, p_y，この消費者の所得を m とした場合，間接効用関数として正しいのはどれか。（国家総合職）

1 $\dfrac{\alpha m}{(1-\alpha)p_x p_y}$ 2 $\dfrac{\alpha m}{(1-\alpha)p_x^\alpha p_y^{1-\alpha}}$ 3 $\dfrac{\alpha m x^\alpha y^{1-\alpha}}{(1-\alpha)p_x p_y}$

4 $\dfrac{\alpha(1-\alpha)m}{p_x p_y}$ 5 $\dfrac{\alpha^\alpha(1-\alpha)^{1-\alpha}m}{p_x^\alpha p_y^{1-\alpha}}$

解説 **公式3.1**にA＝1，$\alpha_1=\alpha$，$\alpha_2=1-\alpha$，$p_1=p_x$，$p_2=p_y$，$I=m$ を代入すると，間接効用関数は $U(p_x,\ p_y,\ m)=\dfrac{\alpha^\alpha(1-\alpha)^{1-\alpha}m}{p_x^\alpha p_y^{1-\alpha}}$ である。よって，正答は**5**である。

【No.2】 所得のすべてをX財とY財を購入するために支出する消費者の効用関数が，

$U=xy$　　〔U：効用水準，x：X財の購入量，y：Y財の購入量〕

で示されるとする。消費者の所得は100であり，当初X財とY財の価格はそれぞれ2，10であったとする。

X財の価格が2から8に上昇したとすると，この変化に対する補償所得（変化以前と同じ効用水準を実現するのに必要な最小の所得）はいくらか。（国家総合職）

1 125　　2 150　　3 175　　4 200　　5 225

解説 **公式3.1**より $A=1$，$\alpha_1=\alpha_2=1$，$I=100$，$p_1=2$，$p_2=10$ のとき，効用は $U=\dfrac{1}{2}\cdot\dfrac{1}{10}\cdot(50)^2$ ＝125である。**公式3.2**より $U=125$，$p_1=8$，$p_2=10$ に対応する所得（支出）は，$I=2\cdot(8\cdot10\cdot125)^{\frac{1}{2}}$ ＝200。正答は**4**である。

【No.3】 所得のすべてをx財，y財に支出するある合理的な消費者の効用関数が，

$u=xy$　　〔u：効用水準，x：x財消費量，y：y財消費量〕

で示され，当初，この消費者の所得は80，x財価格は1，y財価格は4であった。今，x財価格が上昇して4になったとすると，この消費者の効用水準を不変に保つためには所得はいくら増加しなくてはならないか。（国家一般職）

1 20　　2 40　　3 60　　4 80　　5 100

解説 **公式3.1**より $A=1$，$\alpha_1=\alpha_2=1$，$I=80$，$p_1=1$，$p_2=4$ のとき $U=\dfrac{1}{4}\times(40)^2=(20)^2$ である。**公式3.2**より，$U=(20)^2$，$p_1=4$，$p_2=4$ のときの所得（支出）は $I=2\cdot(4\cdot4\cdot(20)^2)^{\frac{1}{2}}=160$ である。よって，効用水準を不変に保つために必要な所得の増加は160－80＝80。正答は**4**である。

正答　【No.1】5　　【No.2】4　　【No.3】4

第4章

企業行動の理論

Firm Behavior and Production Function

4.1 生産関数の理論

例題4.1-1 与件の変化

「平均生産性」および「限界生産性」に関する次の記述のうち，いかなる場合にも正しいと思われるものはどれか。（国家総合職）

1 もし，生産関数が一次同次であれば，「平均生産性」は逓減の後逓増し，「限界生産性」は常に逓増する。
2 「限界生産性」と「平均生産性」が等しくなるところで，「平均生産性」は最大になる。
3 企業が生産費用を最小にするためには，「限界生産性」が逓減し，「平均生産性」は逓増する点に生産を決定するべきである。
4 もし，企業がある財を生産しているとすると，「平均生産性」が最小になるところで，かつ，「限界生産性」が「平均生産性」を上回るところに最適生産点がある。
5 もし，企業がある財を生産しているとすると，「平均生産性」と「限界生産性」が等しくなるところまで生産を拡張し，それ以上は生産しない。

解説 生産関数 $y = f(x_1, x_2)$ において，第2生産要素の量を一定 ($\overline{x_2}$) として，図4-1(i)の生産物曲線を求める。**限界生産物** MP_1 は曲線の接線の傾きである。一方，**平均生産物** $AP_1 = \dfrac{y}{x_1}$ は，曲線上の点と原点を結んだ直線の傾きである。AP_1 と MP_1 の値は，図4-1(ii)の曲線として表される。

図4-1　平均生産物曲線と限界生産物曲線

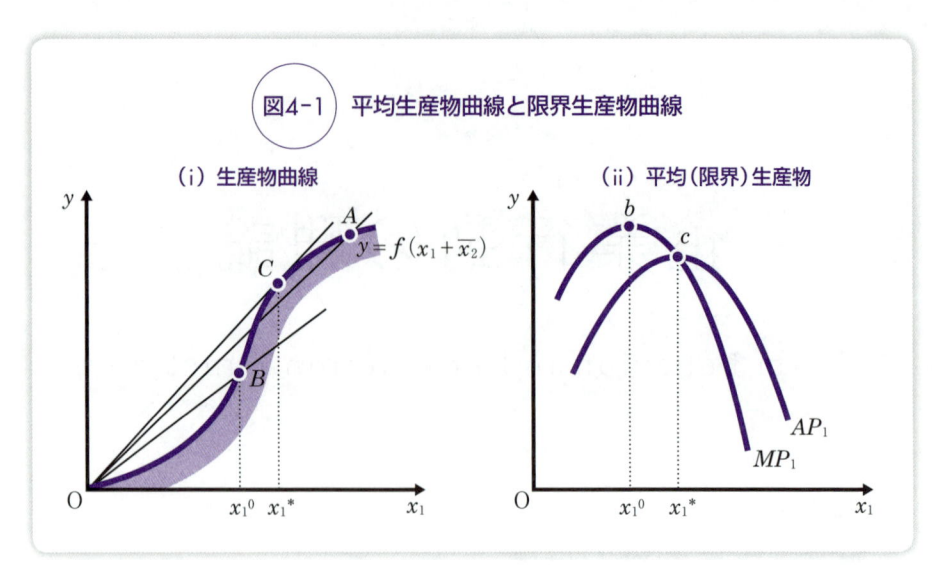

(i) 生産物曲線

(ii) 平均(限界)生産物

　　図4-1(i)において，接線の傾きは変曲点Bで最大となり，点Bを超えると次第に低下してゆく。原点と結ぶ直線の傾きであるAP_1は，0から点Cまでは上昇し，点Cを超えると低下する。AP_1が最大となる点Cでは原点と結ぶ直線が生産物曲線の接線と一致するので，平均生産物と限界生産物が一致する。平均生産物は，限界生産物と一致する点で最大となる。よって**2**が正しい。

正答　2

例題4.1-2　利潤最大化条件

　完全競争の財市場および生産要素市場に直面するある企業が1財を生産し，その生産のために2つの生産要素を利用していると想定しよう。
① この企業についての下記の命題(イ)(ロ)(ハ)がそれぞれ正しいか誤りであるかを判定せよ。正しい場合には○，誤りの場合には×によって答えよ。
② この企業の利潤最大の条件および費用最小の条件を数式によって示せ。結果のみを示せばよい。
③ 利潤最大化の条件および費用最小化の条件を用いて，命題(イ)(ロ)(ハ)がそれぞれ正しい理由または誤りである理由を説明せよ。（公認会計士）
命題(イ)　企業が利潤を最大化しているとき，最小費用をもたらす生産要素の組合せが常に用いられている。
命題(ロ)　企業が最小費用をもたらす生産要素の組合せを用いているとき，利潤は常に最大となっている。
命題(ハ)　生産要素の価格がその限界生産物価値に等しいという条件は，利潤最大の条件と等値である。

解説 　生産物の量を y，価格を p とすると，収入は py である。生産要素の量を x_1, x_2，価格を w_1, w_2 とすると，費用は $c = w_1 x_1 + w_2 x_2$ である。利潤を π とすると，$\pi = py - (w_1 x_1 + w_2 x_2)$ である。生産関数は $y = f(x_1, x_2)$ であるとする。今 x_2 を固定して，生産物曲線 $y = f(x_1, \overline{x_2})$，利潤直線 l：$y = \dfrac{w_1}{p} x_1 + \dfrac{w_2 \overline{x_2} + \pi}{p}$ を考えると，**図4-2**となる。利潤直線は π の値が増加するにつれて，y 軸との交点 $\dfrac{w_2 \overline{x_2} + \pi}{p}$ の値も上昇する。**図4-2**において，生産物曲線上で利潤を最大とする点を求めるなら，それは利潤直線との接点 A となる。このとき，**限界生産物**（生産物曲線の傾き）は，利潤直線の傾きと等しく，$MP_1 = \dfrac{w_1}{p}$ が成り立つ。x_2 の代わりに x_1 の値を固定して同様な議論をすることができるので，結局

公式 4.1 　　$MP_i = \dfrac{w_i}{p} \qquad i = 1, 2$

が最大化の条件として求まる。

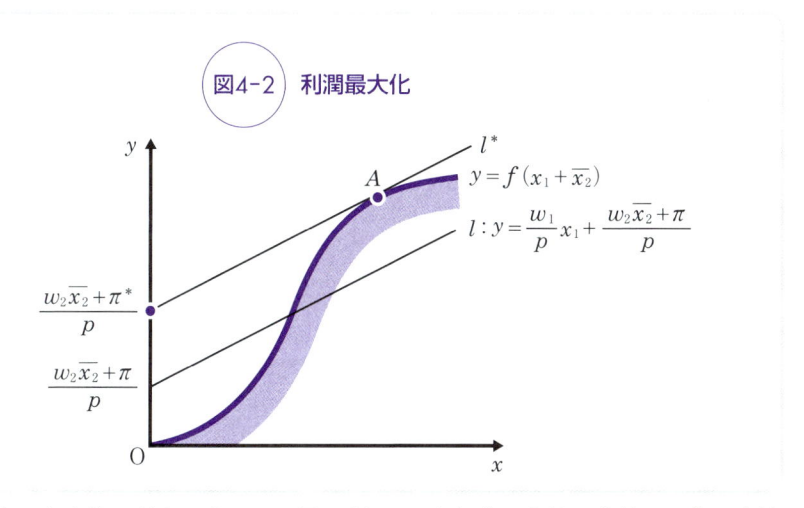

図4-2 利潤最大化

一方，生産物の量を固定して，$\overline{y} = f(x_1, x_2)$ を満たす**等量曲線**と，**費用直線**
(4.1) 　　$w_1 x_1 + w_2 x_2 = p\overline{y} - \pi$
を求める。**図4-3**の等量曲線上で，費用を最小にする点を求める。価格が不変であるため費用直線の傾きは一定なので，これを平行に移動して，等量曲線と

図4-3 費用最小化

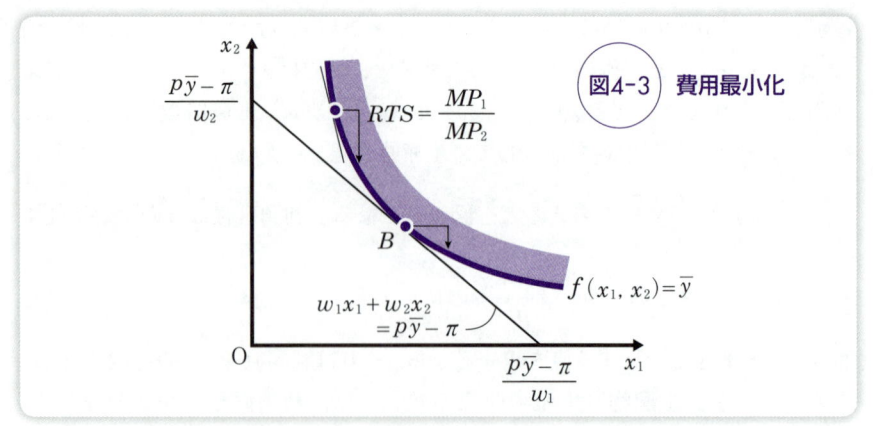

の接点Bを見いだす。この点Bが費用最小化点で，等量曲線の傾きに-1を掛けた値は**技術的限界代替率**RTSである。接点Bでは，費用直線の傾き$-\dfrac{w_1}{w_2}$と$-RTS$が等しい。よって費用最小化条件は

公式 4.2　　$RTS = \dfrac{w_1}{w_2}$

である。

等量曲線上では，限界代替率が常に限界生産物の比に等しく

公式 4.3　　$RTS = \dfrac{MP_1}{MP_2}$

が成り立っている[1]。**公式4.3**を用いると，費用最小化条件**公式4.2**を

公式 4.4　　$\dfrac{w_1}{MP_1} = \dfrac{w_2}{MP_2}$

と書き換えることができる。

正答　例題の問については②，③，①の順で解答を与える。
② 利潤最大化条件は**公式4.1**で，費用最小化条件は**公式4.4**で与えられる。
③ 命題(イ)　利潤最大化条件から費用最小化条件が導かれるので，利潤が最大化されているなら，その生産量を生産する生産要素の組合せのうち，費用を

---

1) これは第2章「消費者行動の理論」と同様に導かれる。**公式2.1〜公式2.3**を参照せよ。

最小化するものが用いられているはずである。

命題(ロ) 費用最小化条件が満たされていても，$\dfrac{w_i}{MP_i}$がpと等しいとは限らない。よって利潤最大化条件は必ずしも満たされない。

命題(ハ) **公式4.1**は，$w_i = p \cdot MP_i \ (i = 1, 2)$と同値である。この左辺は要素価格，右辺は限界生産物価値である。

① (イ) ○ (ロ) × (ハ) ○

練習問題

【No.1】 労働（L）によって生産物（x）を生産する企業の生産関数$x = f(L)$が次図のように示されるとき，次のうち正しいものはどれか。ただし，この企業は競争的生産者であり，lは$x = \dfrac{w}{p} \cdot L \ (w：賃金率，p：生産物価格)$に平行，点$B$においては，接線の傾きが極大になるものとする。（国家一般職）

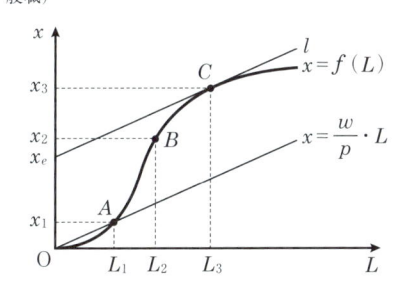

1 点Aにおける労働の限界生産力は，$\dfrac{x_1}{L_1}$で表される。
2 点Oから点Cにかけて，労働の限界生産力は増加している。
3 点Bにおいては利潤は極大となる。
4 点Cにおける利潤はpx_eで表される。
5 点Cにおいて総収入は極大となる。

解説 点Aにおいては，限界生産物ではなく，平均生産物が$\dfrac{x_1}{L_1}$である（**1**は誤り）。限界生産物は，点Oから点Bにかけて増加して，点Bから点Cにかけて減少している（**2**は誤り）。**公式4.1**より，点Cにおいて利潤は最大化されている（**3**は誤り）。総収入は生産物曲線の頂点で最大化されるので，**5**は誤り。例題4.1-2の**図4-2**におけるl^*の縦軸との切片において，$\overline{x_2} = 0, x_1 = L$と置くと，$x_e = \dfrac{\pi}{P}$であることがわかる。よって，$px_e = \pi$（利潤）となる（正答は**4**である）。

正答 【No.1】 4

4.2 費用関数の理論

例題4.2-1　短期の供給曲線

完全競争市場において，図で示される費用曲線を持つ企業の損益分岐点および短期の操業停止点に関する次の組合せのうち，正しいものはどれか。(国家専門職)

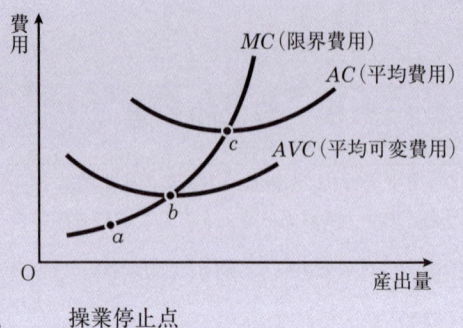

	損益分岐点	操業停止点
1	a	b
2	a	c
3	b	c
4	b	a
5	c	b

解説　企業が財1単位を追加的に生産するとき，$p > MC$であるなら，追加的な1単位の財の生産から$p - MC > 0$の利潤を得ることができる。一方，$p < MC$であるなら，1単位の財を追加的に生産することによって$MC - p > 0$の損失が出る。よって，$p = MC$となる生産量で利潤を最大化することができる。**図4-4**において価格p_2が与えられると，企業は**限界費用**MCとp_2が等しくなる点B_2で生産量y_2を定める。

> **公式 4.5**　　$p = MC$（利潤最大化条件）

固定費用をFC，**可変費用**VCとすると，短期総費用は$TC = FC + VC$と分解できる。**平均費用**も

$$(4.2) \quad AC = \frac{TC}{y} = \frac{FC}{y} + \frac{VC}{y}$$

図4-4 短期の供給曲線

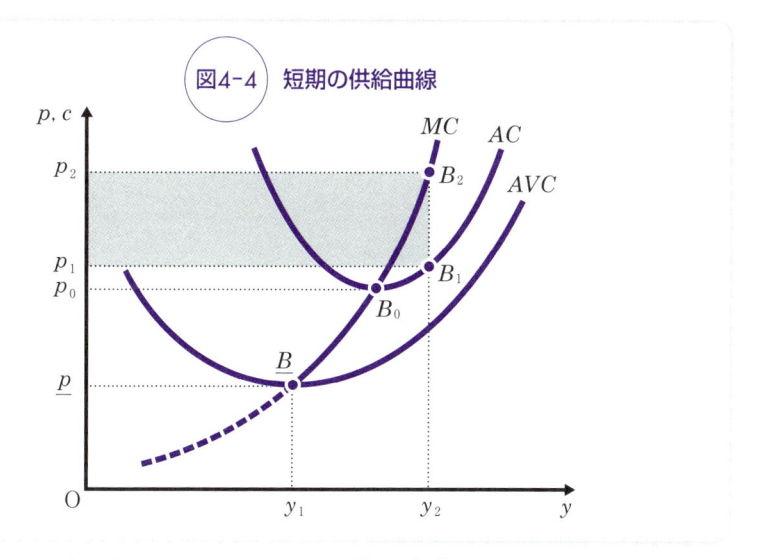

と分解できる。(4.2)の右辺の第1項は**平均固定費用**AFC、第2項は**平均可変費用**AVCである。図4-4では、MC、AC、AVCの曲線が描かれている。価格p_2が与えられると総収入は$p_2 y_2$、すなわち長方形$p_2 B_2 y_2 O$の面積に等しい。一方、生産量はy_2なので、(4.2)式より、総費用は$AC \cdot y_2$、すなわち長方形$p_1 B_1 y_2 O$の面積に等しい。よって、その差である長方形$p_2 B_2 B_1 p_1$の面積が利潤である。もし価格がp_0であると、利潤は0となる。B_0を**損益分岐点**と呼ぶ。価格がp_0以下となると、企業は損失を被る。しかし価格が$\underline{p}$以上である限り、その損失は、生産をやめることによって、無駄にする固定要素の費用FCよりも小さい。言い換えると、価格がp_0と$\underline{p}$の間にあるときは、企業の収入は総可変費用をカバーしたうえ、固定費用をある程度回収できる。このとき、企業は生産を続けるであろう。しかし、価格が$\underline{p}$を下回るとき、企業の収入は可変費用をカバーすることもできない。このとき企業は生産を停止する。$\underline{B}$を**操業停止点**と呼ぶ。よって、供給曲線は平均可変費用曲線のAVC曲線よりも上方の部分となる。

正答　5

> **例題4.2-2　長期費用曲線と短期費用曲線**
>
> LACを長期平均費用、LMCを長期限界費用、SACを短期平均費用、SMCを短期限界費用としたとき、これらに関する次の記述のうち、正しいものはどれか。（国家一般職）
>
> **1** LAC曲線が横軸に平行であれば、常に$LAC = LMC$であり、かつSACと

SMC は同一の曲線として示される。
2 LAC 曲線が U 字型をなしているのならば，LAC の最低点で $LAC = LMC = SAC = SMC$ である。
3 LAC 曲線が上昇しているときには，常に $LMC < LAC$ である。
4 LAC 曲線は SAC 曲線の最低点を連ねたものである。
5 LMC 曲線は SAC 曲線の包絡線である。

解説 長期には固定的生産要素が存在しないので固定費用は 0 である。よって**長期(総)費用曲線** LTC は原点から出る（**図4-5(i)** 参照）。一方，短期における固定的生産要素の量を $\overline{x_2}$，可変的生産要素の量を x_1，それぞれの要素価格を w_2，w_1 とすると，固定費用は $FC = w_2\overline{x_2}$，$VC = w_1x_1$ である。**短期(総)費用** STC は

(4.3)　　$STC = FC + VC$

と書ける。生産量が 0 のときも一定の固定費用がかかるので，短期(総)費用曲線 STC は $y > 0$ で縦軸と交わる。**図4-5(i)** の STC_1，STC_2，STC_3 はそれぞれ固定費用 FC_1，FC_2，FC_3 を要する短期(総)費用曲線である。長期(総)費用曲線は短期費用曲線群の包絡線となっている。

長期費用曲線 LTC からは長期平均費用 LAC と長期限界費用 LMC が導かれる。これらは**図4-5(ii)** に太い実線と破線で描かれている。また短期費用曲線 STC_j（$j = 1, 2, 3$）のおのおのから，短期平均費用 SAC_j と短期限界費用 SMC_j が求められる。

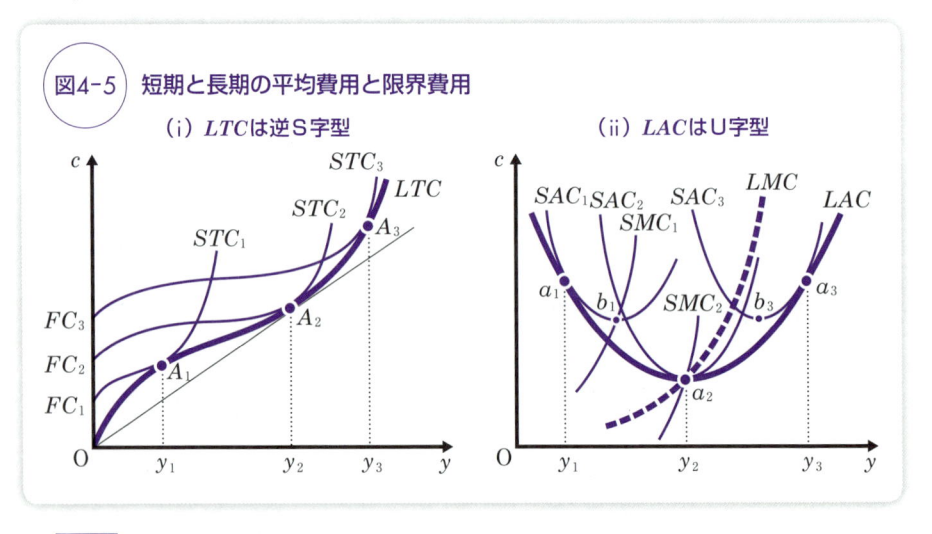

図4-5　短期と長期の平均費用と限界費用

(i) LTC は逆 S 字型

(ii) LAC は U 字型

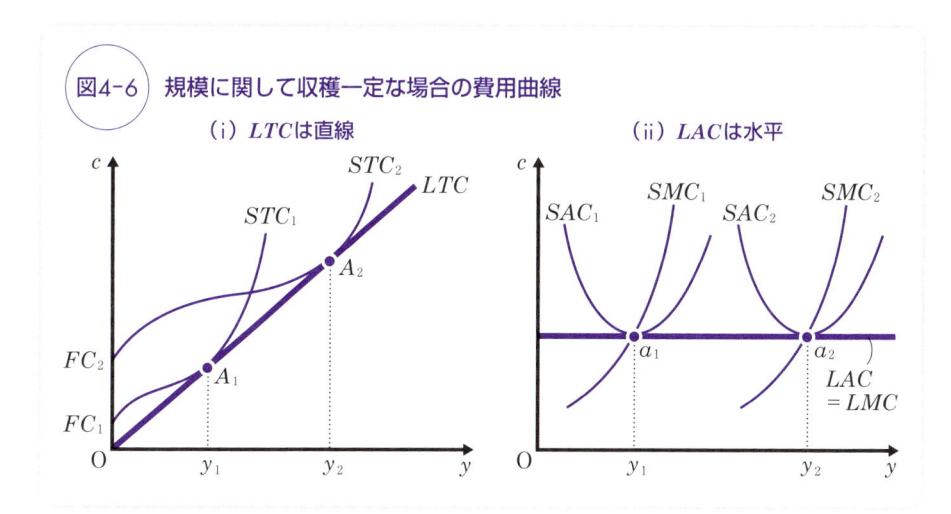

図4-6 規模に関して収穫一定な場合の費用曲線

（ⅰ）*LTC*は直線

（ⅱ）*LAC*は水平

　長期平均費用曲線*LAC*は短期平均費用曲線群SAC_jの**包絡線**となっている。SAC_1, SAC_3の最低点b_1, b_3は*LAC*との接点a_1, a_3とは異なる点である（よって**4**は誤り）。*LMC*は*LAC*の最低点a_2を通り，*LAC*が上昇しているときは，*LMC* > *LAC*となっている（**3**は誤り）。a_2では，*LAC*と*LMC*，そしてSAC_2とSMC_2も交わっている（**2**が正しい）。なお，生産関数が**規模に関して収穫一定**（すなわち，**一次同次**関数）である場合には，長期費用曲線は原点を通る直線となる（**図4-6(ⅰ)**の*LTC*）[2]。このとき，*LAC* = *LMC*でかつ*LAC*曲線は横軸に平行となる（**図4-6(ⅱ)**）。しかし，このときも短期平均費用曲線SAC_jはU字型をとりえて，そのときSMC_j曲線はSAC_j曲線の最低点a_jを通っている（**1**は誤り）。

　なお注意すべきなのは，規模に関して収穫一定（一次同次）な場合に，*LAC* = *LMC*であるので，長期利潤の最大化条件$p = MC$では利潤が0となることを意味する（**図4-6(ⅱ)**）。よって，収入はすべて，生産要素の費用として分配される。またこの場合，最適な生産量は一意的に定まらない。

正答　2

---

2) $y = f(x_1, x_2)$を生産関数とし，$\alpha > 0$とkについて$f(\alpha x_1, \alpha x_2) = \alpha^k f(x_1, x_2)$が成立するなら，この関数は$k$次同次関数と呼ばれる。$k = 1$のとき，生産要素を$\alpha$倍すると，産出も$\alpha$倍となるので，これは規模に関して収穫一定の生産技術である。また$0 < k < 1$の場合は**規模に関して収穫逓減**，$k > 1$の場合は**規模に関して収穫逓増**である。詳しくは，西村和雄著『ミクロ経済学入門（第2版）』（岩波書店，1995年）第6章6.2節を参照せよ。

例題4.2-3　*LAC*逓減

1企業が生産活動の規模を初めて拡大するとき，いかなる条件の下で，長期平均費用が低下するであろうか。長期平均費用を低下させる原因を，1企業が一定のプラントで産出量を拡大するときの，短期平均費用低下の原因と比較しなさい。(不動産鑑定士)

解説　先の**図4-6(ii)** のような長期平均費用曲線が水平（*LAC*一定）となるのは，生産関数が規模に関して収穫一定の場合である。これに対して，生産関数が規模に関して収穫逓増である場合を考えてみよう。

この場合，生産要素を2倍にすると，生産量が2倍以上になる。逆にいえば，生産量を2倍にするために必要な生産要素の量は2倍以下である。したがって生産要素の価格を一定とすると，yが増加するにつれて長期平均費用は逓減してゆく。逆に規模に関して収穫逓減ならば，長期平均費用は逓増する。よって，**図4-7(i)** の収穫逓増（逓減）の部分OB(BA)は，**図4-7(ii)** の*LAC*逓減（逓増）の部分Ob(ba)が対応している。もし長期総費用曲線が下に凸であるなら，長期平均費用は任意の生産量において逓増する。**図4-8(i)(ii)** の破線LTC'，LAC'を比較せよ。しかし，短期総費用曲線は，たとえそれが**図4-8(i)** のSTCのように下に凸であったとしても，一定の範囲（Oからy_0までの生産量）で，平均費用は逓減する。これはSTCが縦軸と$FC>0$で交わるからである。STC

図4-7　長期

(i) 長期生産関数

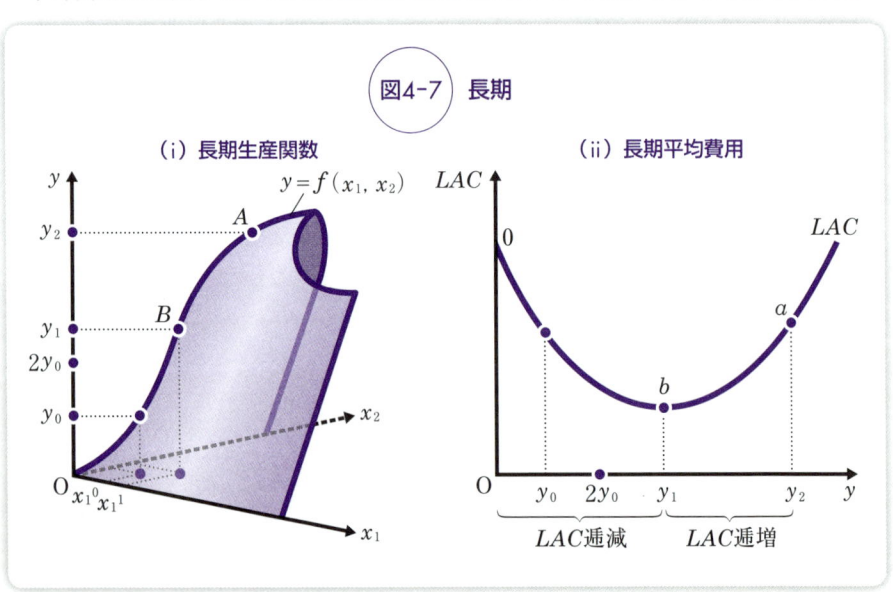

(ii) 長期平均費用

図4-8 短期

(i) 短期総費用曲線

(ii) 短期平均費用曲線

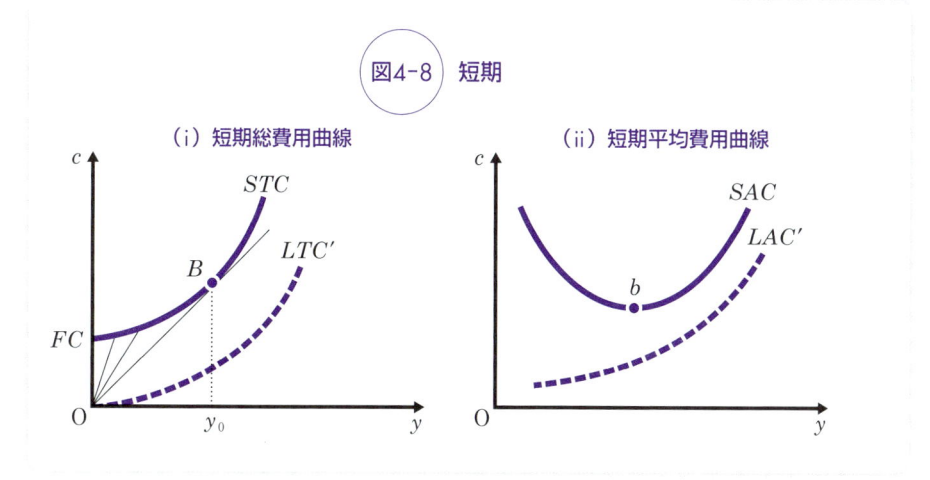

曲線上の点Bでは接線が原点を通り，平均費用も最小となる。結局，短期には固定費用が存在するために，総費用曲線の形にかかわらず，生産量が小さい範囲では平均費用は逓減するのである。

正答 企業が生産規模を拡大するとき，初めは**規模の経済**と呼ばれる規模に関する収穫逓増を経験する。これが，この企業の長期平均費用を逓減させる。一方，プラントを固定して行う生産は，短期の生産活動である。プラントの費用は固定費用となる。固定要素であるプラントを十分に稼働させるまで，生産量が増加するにつれ平均費用が低下してゆく。

練習問題

【No.1】 完全競争市場において，ある産業の製品に税金が課せられた場合の記述として，正しいのは次のうちどれか。（地方上級）

1 従量税の場合，可変費用が変化し，平均費用が増加するが，生産量は変化しない。
2 従量税の場合，固定費用が変化し，限界費用が増加し，生産量は減少する。
3 従量税の場合，可変費用が変化し，限界費用が増加するが，生産量は変化しない。
4 定額税の場合，固定費用が変化し，平均費用は増加するが，生産量は変化しない。
5 定額税の場合，可変費用が変化し，限界費用は増加し，生産量は減少する。

解説 生産にかかわらず，一定額の定額税Tを企業にかけると，Tは固定費用の一部となる。固定費用が増加することによって，総費用曲線TCは垂直方向にシフトしてTC'となる（図(i)）。AVCは変わらず同じ生産量yに対する曲線TC'の傾き，すなわち限界費用MCもTCのそれと同じである（図(ii)）。MC曲線がシフトしないので，市場価格が与えられたときの利潤最大化生産量は変わら

ない（**4**が正しく，**5**は誤り）。

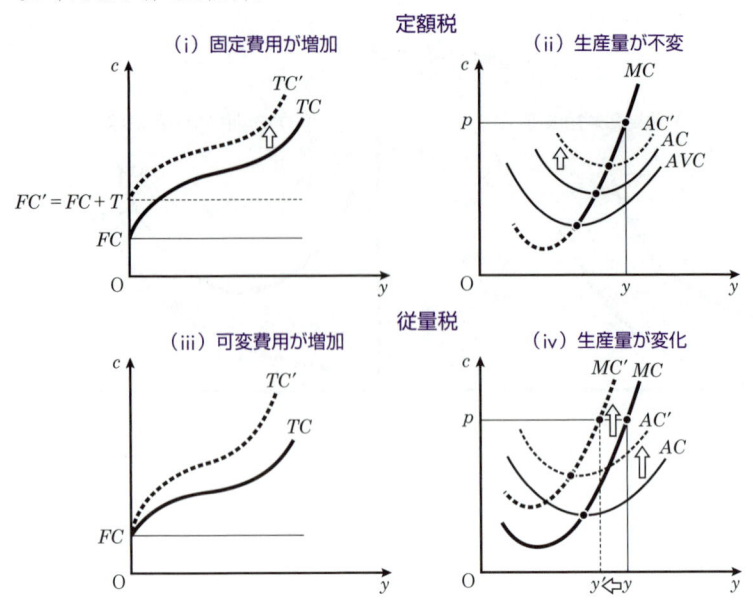

定額税
（i）固定費用が増加
（ii）生産量が不変

従量税
（iii）可変費用が増加
（iv）生産量が変化

財1単位当たりt％という税をかけた場合，固定費用は変わらず，可変費用が増加する（図(iii)）。その結果，限界費用，平均費用ともに増加する（図(iv)）。MC曲線がシフトするので，一定の市場価格の下で利潤を最大化する生産量は減少する（**1**，**2**，**3**は誤り）。

【No.2】 限界費用に関する次の記述のうち，妥当なものはどれか。（国家専門職）
1 限界費用が逓増し始めると平均費用は必ず増加してゆく。
2 限界費用は可変費用の変化の程度によって決定される。
3 限界費用曲線は平均費用曲線と交わることはない。
4 限界費用と生産量の積が総費用となる。
5 限界費用が極小となる点に対する生産量が最適生産量である。

<u>解説</u> 図4-4より，MC曲線の上昇部分はAC曲線の最低点でAC曲線と交わる（**1**，**3**は誤り）。ACと生産量の積が総費用である（**4**は誤り）。価格とMCを等しくする点に対応する生産量が利潤を最大化する（**5**は誤り）。生産量を増加するときにかかる費用が可変費用であり，生産量を1単位増加するときの費用（＝可変費用）の増加分が限界費用である。よって，正答は**2**である。

【No.3】 Y＝生産量，K＝資本ストック，L＝労働とし，生産関数がコブ＝ダグラス型の
$$Y = AK^a L^b$$
で示されている。A，a，bはすべてプラスの定数である。今，LAC＝長期平均費用，LMC＝長期限界費用としたときの記述として正しいのは，次のうちどれか。（国家総合職）
1 $a+b>1$ならばLMCはYとともに増大し，$LMC>LAC$である。
2 $a+b>1$ならばLACはYとともに減少し，$LAC>LMC$である。
3 $a+b>1$ならばLACとLMCはともに増大するが，その大小関係は決定できない。

4 $a+b>1$ ならばLMCはYとともに減少し，$LMC>LAC$である。
5 $a+b>1$ ならばLACはYとともに増大し，$LAC>LMC$である。

解説 $Y=AK^aL^b$は$a+b$次同次関数で，$a+b>1$ならば規模に関して収穫逓増である。このときLACはYの増加とともに逓減する（**図4-7**(i)のOB，(ii)の$0b$の範囲と同じである）。LACが減少する範囲では$LAC>LMC$が成り立つ（**図4-5**(ii)参照）。よって，正答は**2**である。

【**No.4**】 ある生産物は労働のみを可変費用として生産されており，この場合の生産関数が，生産量をy，労働投入量をLとして，次のように与えられているものとする。

$$y=\sqrt{L}$$

また，貨幣賃金率は20，固定費用は100であるとする。このとき，次の記述のうち，正しいものはどれか。ただし，AVCは平均可変費用とする。（経済学検定試験）

(**1**) $AVC=20y$
(**2**) $AVC=20y^2$
(**3**) $AVC=40y+\dfrac{100}{y}$
(**4**) $AVC=40y^2+100$

解説 平均可変費用を問うているので，固定費用は関係ない。生産要素は労働だけなので，賃金をwとすると，可変費用VCは$VC=w\cdot L$である。問題文の数値と生産関数を代入し可変費用を生産量の関数で表すと，可変費用関数は$VC=20y^2$である。$AVC=\dfrac{VC}{y}$なので，正答は(**1**)である。

正答 【No.1】 4 【No.2】 2 【No.3】 2 【No.4】 (1)

4.3 市場の長期供給曲線

例題4.3-1 費用一定産業

完全競争の下で，ある生産物を生産する1企業とその生産物の市場について，それぞれグラフを描き，長期均衡を説明しなさい。その際，市場における需要の増加が，いかにしてこの長期均衡を乱すかを示し，さらに長期均衡が回復する過程を，そのグラフを用いて説明しなさい。ただし，ここでは，この産業への新しい企業の参入が，生産要素価格になんらの影響を及ぼさず，したがって各企業の生産費にまったく影響しないものとする。（不動産鑑定士）

解説 **図4-9**(i)において，第j企業（代表的企業）が産業の長期均衡（p_0，y_0^j）にあるとする。市場にはn個の企業が操業している。**図4-9**(ii)

図4-9 費用一定産業

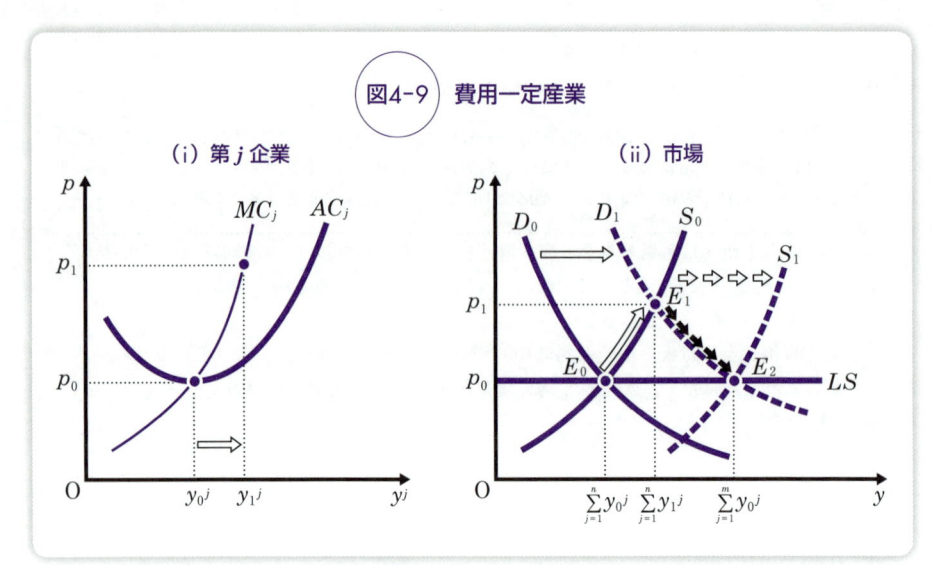

（ⅰ）第j企業／（ⅱ）市場

における市場全体での需要曲線D_0と供給曲線S_0の交点E_0で市場価格p_0が決まる。今，市場全体での需要が増加すると，需要曲線がD_0からD_1へシフトし，均衡は点E_0から点E_1にシフトし，市場価格はp_1に上昇する。第j企業は生産量y_1^jへ増加し，超過利潤が生じる。超過利潤がある限り，この市場への新規企業の参入が続き，市場の供給曲線S_0は右へシフトし，市場価格は下がってゆく。供給曲線のシフトは，価格が以前の水準p_0に戻り，代表的企業の超過利潤が0となるまで続く。新しい均衡E_2では，市場における企業の数が新しい数mに定まり，新規企業の参入も止まる。このとき第j企業は再び産業の長期均衡(p_0, y_0^j)にある。

　市場での長期均衡点E_0と点E_2を結ぶ曲線LSは，市場の**長期供給曲線**と呼ばれる。市場の拡大にもかかわらず，生産要素価格が不変で，個々の企業の限界（平均）費用曲線MC^jはシフトしない。よって市場の長期供給曲線LSは水平な直線となる。水平なLSを持つ産業を**費用一定産業**と呼ぶ。

　これに対し，市場の拡大とともに生産費が低下（上昇）する産業では，市場の長期供給曲線LSは右下がり（右上がり）となる。このような産業を**費用逓減（逓増）産業**と呼ぶ。

正答　解説を参照

練 習 問 題

【No.1】 マーシャル的な産業均衡点について，正しくない記述は次のうちどれか。（国家総合職）

1　超過利潤が存在する限り新規参入が続く。
2　長期均衡点では，超過利潤がゼロになるから，企業は生産を停止する。
3　長期均衡点では，市場価格＝短期限界費用＝短期平均費用となっている。
4　超過利潤がゼロでも，総費用の中に正常利潤が含まれている。
5　短期均衡点では，市場価格＝短期限界費用となっている。

解説　産業の長期均衡は完全競争企業の長期均衡最大点のうち，超過利潤がゼロである状態である。このとき市場価格は，LAC の最低点と等しい。たとえば，図4-5 (ii) の a_2 がその点である。この点で LAC と接する SAC も存在し，$p = SAC = SMC = LAC = LMC$ が成り立っている（よって **3**，**5** は正しい）。

　超過利潤がある限り新規企業の参入が続き，長期均衡では超過利潤がゼロとなる（**1** は正しい）。なお，**正常利潤**とは，企業が操業を維持するために必要な収益であり，資本家への支払い，経営能力への支払い，他の安全な投資を行った場合に得られたであろう収益も含まれている。しかし，ミクロ経済学ではこれらは費用に含まれており，しかも機会費用で計算されている。正常利潤と区別するため，ミクロ経済学の利潤概念を**超過利潤**と呼ぶことがある。したがって，超過利潤がゼロでも企業は正の正常利潤を得ている（**4** は正しい）。よって，企業は生産を続けていく（**2** は誤り）。

正答　【No.1】　2

4.4　計算問題

例題4.4-1　コブ＝ダグラス型生産関数

資本投入量を K，労働投入量を L とする生産物 Y の生産関数が

$$Y = \frac{1}{2} K^\alpha L^{1-\alpha} \quad (0 < \alpha < 1)$$

で示されるとき，労働の所得分配率が60％であるとすれば，α の値はいくらか。ただし，要素報酬率はそれぞれの限界生産性に等しいとする。（国家一般職）

1　0.4　　**2**　0.5　　**3**　0.6　　**4**　0.7　　**5**　0.8

解説　生産関数を $y = A x_1^{\alpha_1} x_2^{\alpha_2}$，生産物価格を p，それぞれの要素価格を w_1，w_2 とする。そして，$f(x_1, x_2) = A x_1^{\alpha_1} x_2^{\alpha_2}$ と置く。ただし，α_1，$\alpha_2 > 0$，$\alpha_1 + \alpha_2 \leqq 1$ とする。x_1 に関する限界生産物は，y の x_1 に関する偏微分

77

$\dfrac{\partial y}{\partial x_i}$ である。これを f_1 と置くと，

(4.4) $\quad f_1 = \alpha_1 A x_1^{\alpha_1 - 1} x_2^{\alpha_2} = \dfrac{\alpha_1 A x_1^{\alpha_1} x_2^{\alpha_2}}{x_1} = \dfrac{\alpha_1 y}{x_1}$

である。よって，**コブ＝ダグラス型生産関数**の限界生産物は以下となる。

公式 4.6 $\quad f_j = \dfrac{\alpha_j y}{x_j} \qquad j = 1, 2$

公式4.3から技術的限界代替率は限界生産物の比に等しいので，以下を得る。

公式 4.7 $\quad RTS = \dfrac{\alpha_1 x_2}{\alpha_2 x_1}$

例題では，（実質）要素報酬率 $\left(\dfrac{w_j}{p}\right)$ が限界生産性に等しいとしているが，これは利潤最大化条件が成り立っているという意味である。なぜなら，利潤 $\pi = py - w_1 x_1 - w_2 x_2$ を x_1 と x_2 のそれぞれで偏微分して 0 と置いて（あるいは**公式4.1**を用いて），

(4.5) $\quad w_j = p f_j \quad$ すなわち $\quad \dfrac{w_j}{p} = f_j$

が成り立つからである。一方，**要素の所得分配率**とは，個々の要素への支払いの総収入に占める割合，すなわち $\dfrac{w_j x_j}{py}$ $(j=1, 2)$ のことである。**公式4.6**および (4.5) 式を用いると，要素の所得分配率は

公式 4.8 $\quad \dfrac{w_j x_j}{py} = \alpha_j \qquad j = 1, 2$

となる（$\pi = pAx_1^{\alpha_1} x_2^{\alpha_2} - w_1 x_1 - w_2 x_2$ を，x_1 と x_2 のそれぞれで偏微分して求めてもよい）。例題では，労働の所得分配率が0.6なので，$1 - \alpha = 0.6$ を解いて，$\alpha = 0.4$ が求まる。

正答　1

《 制約付き最小化 》

第2章3節において，制約付き最大化問題の解き方を紹介した。制約条件付

き最小化問題も制約条件付き最大化問題と同様に考えられ，$h(x_1, x_2)$ を $g(x_1, x_2) \leqq 0$ の下で最小化するのなら，ラグランジュ関数

(4.6) $\quad L = h(x_1, x_2) + \lambda g(x_1, x_2)$

を偏微分して，

(4.7) $\quad \dfrac{\partial L}{\partial x_1} = h_1(x_1, x_2) + \lambda g_1(x_1, x_2) = 0$

(4.8) $\quad \dfrac{\partial L}{\partial x_2} = h_2(x_1, x_2) + \lambda g_2(x_1, x_2) = 0$

(4.9) $\quad \dfrac{\partial L}{\partial \lambda} = g(x_1, x_2) = 0$

を解いて，(x_1, x_2, λ) を求めることができる。

企業が，生産量を少なくとも $\bar{y}$ だけ生産するという制約，すなわち $g(x_1, x_2) = \bar{y} - f(x_1, x_2) \leqq 0$ の制約の下で，生産費用 $h(x_1, x_2) = w_1 x_1 + w_2 x_2$ を最小とする。このとき (4.7)〜(4.9) は

(4.10) $\quad w_i - \lambda f_i = 0 \quad (i = 1, 2)$

(4.11) $\quad \bar{y} - h(x_1, x_2) = 0$

となる。よって，限界代替率が要素価格比に等しいことを主張する**公式4.4**，$\dfrac{f_1}{f_2} = \dfrac{w_1}{w_2}$ が得られる。

以上が最小化問題の解き方である。ただし，例題4.4-4では，まず短期費用関数を求めて，それから短期費用関数を最小化する固定生産要素を求め，長期費用関数を導出するという異なった方法をとっている。

例題4.4-2　費用関数の求め方

生産関数が $Y = L^\alpha K^\beta$ $(\alpha, \beta > 0)$ として与えられているとき，労働 (L) のみが短期において可変的な生産要素とする。今，労働の賃金を w，資本 (K；長期的には可変的な生産要素) のレンタル料を q とする。短期平均費用曲線および長期平均費用曲線を求めよ。(国家総合職)

	短　期	長　期
1	$wK^{-\frac{\beta}{\alpha+\beta}} Y^{\frac{1-\alpha}{\alpha}} + qKY^{-1}$	$\left\{ w\left(\dfrac{\alpha}{\alpha+\beta} \dfrac{q}{w}\right)^{\frac{\alpha}{\alpha+\beta}} + q\left(\dfrac{\alpha}{\alpha+\beta} \dfrac{w}{q}\right)^{\frac{\alpha}{\alpha+\beta}} \right\} Y^{\frac{1-\alpha-\beta}{\alpha+\beta}}$
2	$wK^{-\frac{\beta}{\alpha}} Y^{\frac{1}{\beta}} + qKY^{-1}$	$\left\{ w\left(\dfrac{\beta}{\alpha} \dfrac{q}{w}\right)^{\frac{1}{\beta}} + q\left(\dfrac{\beta}{\alpha} \dfrac{q}{w}\right)^{\frac{1}{\alpha}} \right\} Y^{\frac{1}{\alpha+\beta}}$

3	$wK^{-\frac{1}{\beta}}Y^{\frac{1-\alpha}{\alpha}}+qKY^{-1}$	$\left\{w\left(\dfrac{\alpha}{\beta}\dfrac{w}{q}\right)^{\frac{\beta}{\alpha+\beta}}+q\left(\dfrac{\alpha}{\beta}\dfrac{w}{q}\right)^{\frac{\alpha}{\alpha+\beta}}\right\}Y^{\frac{1}{\alpha+\beta}}$
4	$wK^{-\frac{\alpha}{\alpha+\beta}}Y^{\frac{1}{\alpha}}+qKY^{-1}$	$\left\{w\left(\dfrac{\beta}{\alpha+\beta}\dfrac{q}{w}\right)^{\frac{1}{\alpha}}+q\left(\dfrac{\beta}{\alpha+\beta}\dfrac{q}{w}\right)^{\frac{1}{\beta}}\right\}Y^{\frac{1-\alpha-\beta}{\alpha+\beta}}$
5	$wK^{-\frac{\beta}{\alpha}}Y^{\frac{1-\alpha}{\alpha}}+qKY^{-1}$	$\left\{w\left(\dfrac{\alpha}{\beta}\dfrac{q}{w}\right)^{\frac{\beta}{\alpha+\beta}}+q\left(\dfrac{\beta}{\alpha}\dfrac{w}{q}\right)^{\frac{\alpha}{\alpha+\beta}}\right\}Y^{\frac{1-\alpha-\beta}{\alpha+\beta}}$

解説 生産関数を $y = Ax_1^{\alpha_1}x_2^{\alpha_2}$ とする。ただし，$\alpha_1,\ \alpha_2 > 0,\ \alpha_1 + \alpha_2 \leqq 1$ とする。短期に第2生産要素が固定的（$\overline{x_2}$）であるとすると，生産関数を x_1 について解いて

$$(4.12) \qquad x_1 = \overline{x_2}^{-\frac{\alpha_2}{\alpha_1}}\left(\frac{y}{A}\right)^{\frac{1}{\alpha_1}}$$

が求まる。(4.12)式を生産費用 $c = w_1x_1 + w_2\overline{x_2}$ に代入すると，短期の費用関数

公式 4.9
$$c(y,\ \overline{x_2}) = w_1\overline{x_2}^{-\frac{\alpha_2}{\alpha_1}}\left(\frac{y}{A}\right)^{\frac{1}{\alpha_1}} + w_2\overline{x_2}$$

が求まる。さらに短期平均費用 $\dfrac{c}{y}$ を求めると

$$(4.13) \qquad SAC = A^{-\frac{1}{\alpha_1}}w_1\overline{x_2}^{-\frac{\alpha_2}{\alpha_1}}y^{\frac{1-\alpha_1}{\alpha_1}} + w_2\overline{x_2}y^{-1}$$

である。

　長期には $x_1,\ x_2$ はともに可変的である。y を固定して，等量曲線 $Ax_1^{\alpha_1}x_2^{\alpha_2} = y$ 上での費用最小化解を求める。費用最小化条件は，**公式4.2** の技術的限界代替率 RTS と要素価格比の均等である。**公式4.7** を使うと

$$(4.14) \qquad x_2 = \frac{w_1\alpha_2}{w_2\alpha_1}x_1$$

が成り立つ。(4.14)式と生産関数より $x_1,\ x_2$ を求めると，長期費用最小化解は

公式 4.10
$$x_1 = \left(\frac{y}{A}\right)^{\frac{1}{\alpha_1+\alpha_2}}\left(\frac{\alpha_1w_2}{\alpha_2w_1}\right)^{\frac{\alpha_2}{\alpha_1+\alpha_2}} \qquad x_2 = \left(\frac{y}{A}\right)^{\frac{1}{\alpha_1+\alpha_2}}\left(\frac{\alpha_2w_1}{\alpha_1w_2}\right)^{\frac{\alpha_1}{\alpha_1+\alpha_2}}$$

である。**公式4.10** を生産費用 $c = w_1x_1 + w_2x_2$ に代入すると，次の長期費用関数が求まる。

公式 4.11
$$c(y) = \left(\frac{y}{A}\right)^{\frac{1}{\alpha_1+\alpha_2}} w_1^{\frac{\alpha_1}{\alpha_1+\alpha_2}} w_2^{\frac{\alpha_2}{\alpha_1+\alpha_2}} \left[\left(\frac{\alpha_1}{\alpha_2}\right)^{\frac{\alpha_2}{\alpha_1+\alpha_2}} + \left(\frac{\alpha_2}{\alpha_1}\right)^{\frac{\alpha_1}{\alpha_1+\alpha_2}}\right]$$

長期平均費用 $\dfrac{c}{y}$ は

(4.15) $\quad LAC = A^{-\frac{1}{\alpha_1+\alpha_2}} w_1^{\frac{\alpha_1}{\alpha_1+\alpha_2}} w_2^{\frac{\alpha_2}{\alpha_1+\alpha_2}} \left[\left(\dfrac{\alpha_1}{\alpha_2}\right)^{\frac{\alpha_2}{\alpha_1+\alpha_2}} + \left(\dfrac{\alpha_2}{\alpha_1}\right)^{\frac{\alpha_1}{\alpha_1+\alpha_2}}\right] y^{\frac{1-\alpha_1-\alpha_2}{\alpha_1+\alpha_2}}$

である。

例題に合わせるために, $A=1$, $\alpha_1=\alpha$, $\alpha_2=\beta$, $\overline{x_2}=K$, $w_1=w$, $w_2=q$, $y=Y$ と置くと, 選択肢のうち (4.13) 式で与えた SAC の値と同じ値を与えるものは, **5** のみである。**5** の LAC の値は $w^{\frac{\alpha}{\alpha+\beta}}$, $q^{\frac{\beta}{\alpha+\beta}}$ をカッコの外にくくり出すと, (4.15) 式と同じものになる。

正答　5

例題4.4-3　代替の弾力性

Ⅰ　$Y_1 = \min\left\{\dfrac{L}{a}, \dfrac{K}{b}\right\}$　　$(a, b>0)$

Ⅱ　$Y_2 = L^a \cdot K^b$　　$(a+b=1)$

Ⅲ　$Y_3 = \left(aL^{\frac{1}{2}} + bK^{\frac{1}{2}}\right)^2$　$(a+b=1)$

の生産関数で表される3つの産業がある。今, 賃金率が資本賃貸率より相対的に上昇した場合, それぞれの産業の労働分配率はどのように変化するか。その組合せとして正しいものは次のうちどれか。（国家総合職）

	Ⅰ	Ⅱ	Ⅲ
1	減少する	変わらない	増加する
2	変わらない	減少する	増加する
3	変わらない	増加する	減少する
4	増加する	変わらない	減少する
5	変わらない	変わらない	増加する

解説　**代替の弾力性**は, 次のような概念である。まず y を一定とし, 等量曲線を定める。すると要素価格比 $\dfrac{w_1}{w_2}$ と技術的限界代替率 RTS を等しくするように, 生産要素投入量 x_1, x_2 が求まる（図4-10(i)参照）。このとき要素量の比 $\dfrac{x_1}{x_2}$ が要素価格比 $\dfrac{w_1}{w_2}$ の値とともにどのように変化するかを表す曲

図4-10 代替の弾力性

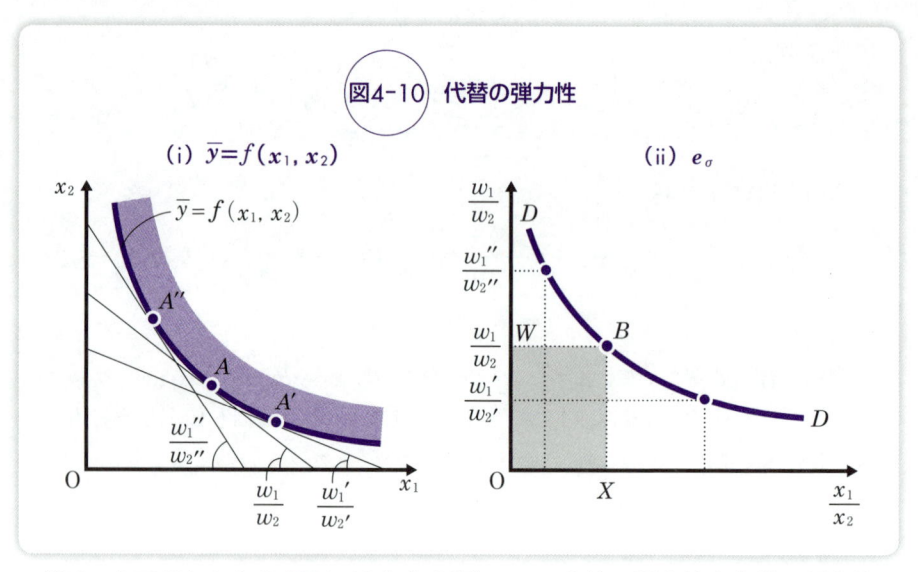

(i) $\bar{y}=f(x_1, x_2)$

(ii) e_σ

線は，右下がりとなる（**図4-10 (ii)** 参照）。この曲線の弾力性を代替の弾力性 e_σ と定義する。

$$(4.16) \quad e_\sigma = -\frac{\dfrac{w_1}{w_2} d\left(\dfrac{x_1}{x_2}\right)}{\dfrac{x_1}{x_2} d\left(\dfrac{w_1}{w_2}\right)}$$

DD 上の1点 B における長方形 $OWBX$ の面積は

$$(4.17) \quad \alpha = \frac{w_1 x_1}{w_2 x_2} = \frac{\text{第1要素の稼得額}}{\text{第2要素の稼得額}}$$

となる。弾力性 e_σ が1より大きいときは，$\dfrac{w_1}{w_2}$ の値が低いほど第1要素への分配率が高くなり，e_σ が1より小さいときは，$\dfrac{w_1}{w_2}$ の値が低いほど第1要素への分配率が低くなる。$e_\sigma = 1$ ならば分配率は常に一定である。

代替の弾力性が一定な関数は，$A>0$, $\alpha_1, \alpha_2>0$, $\rho \neq 0$, $\rho > -1$ とすると

$$(4.18) \quad y = A\left(\alpha_1 x_1^{-\rho} + \alpha_2 x_2^{-\rho}\right)^{-\frac{1}{\rho}}$$

の形で表され，**CES生産関数**と呼ばれる。この関数の代替の弾力性は $e_\sigma = \dfrac{1}{1+\rho}$ である。また CES生産関数で，$\rho \to 0$ とした極限は

図4-11 レオンチェフ型生産関数

(i) $\bar{y} = A\min(x_1, x_2)$

(ii) $e_\sigma = 0$

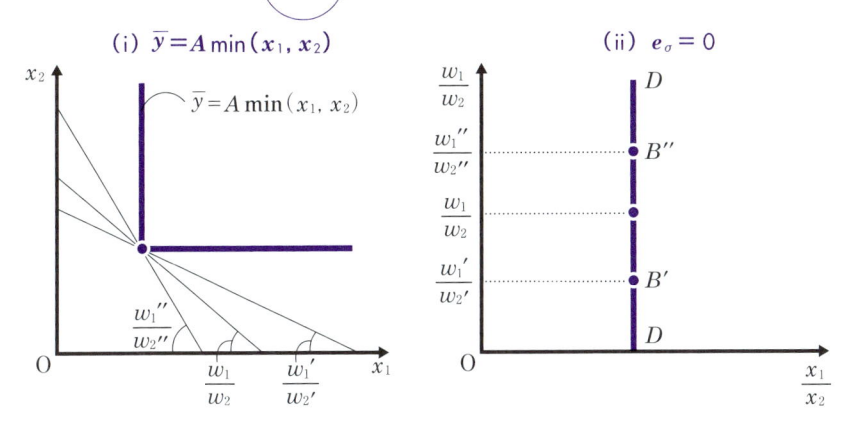

(4.19) $\quad y = A x_1^{\alpha_1} x_2^{\alpha_2} \quad (\alpha_1 > 0, \ \alpha_2 > 0)$

となり，**コブ=ダグラス型生産関数**と呼ばれる。コブ=ダグラス型生産関数の代替の弾力性は $e_\sigma = 1$ である。さらに，CES生産関数で，$\rho \to \infty$ とした極限は

(4.20) $\quad y = A\min[x_1, x_2]$

で，これは**レオンチェフ型生産関数**と呼ばれる（**図4-11**(i)参照）。この生産関数の代替の弾力性は $e_\sigma = 0$ である。

さらに，CES生産関数で $\rho \to -1$ と置くと

図4-12 線形生産関数

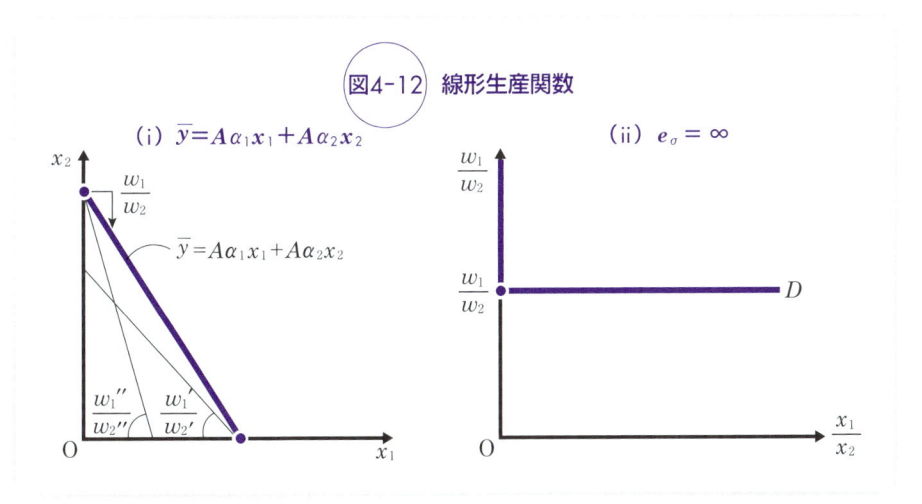

(i) $\bar{y} = A\alpha_1 x_1 + A\alpha_2 x_2$

(ii) $e_\sigma = \infty$

(4.21) $y = A(\alpha_1 x_1 + \alpha_2 x_2)$

が得られる。これは**線形生産関数**である（**図4-12（i）**参照）。代替の弾力性は $e_\sigma = \infty$ となる[3]。

以上をまとめると，次の表のようになる。

表4-1　生産関数と代替の弾力性

生産関数	代替の弾力性
CES生産関数	$\dfrac{1}{1+\rho}$
コブ＝ダグラス型生産関数	1
レオンチェフ型生産関数	0
線形生産関数	∞

例題では，Ⅰがレオンチェフ型生産関数なので $e_\sigma = 0$ である。よって $x_1 = L$，$x_2 = K$ とすると $\dfrac{w_1}{w_2}$ が上昇したときには，$\alpha = \dfrac{w_1 L}{w_2 K}$ が増加する。これは，レオンチェフ型生産関数が，完全補完型ともいわれ，生産要素比が要素価格比から独立に決まることからも明らかである（**図4-11（ii）**参照）。例題のⅡはコブ＝ダグラス型生産関数で，$e_\sigma = 1$ のケースである。よって α は変わらない。ⅢはCES生産関数で，$\rho = -\dfrac{1}{2}$。したがって $e_\sigma = 2 > 1$ のケースである。よって $\dfrac{w_1}{w_2}$ が上昇すると，α は減少する（**図4-10（ii）**参照）。

正答　4

例題4.4-4　費用関数の求め方

ある財の需要関数が，
　　$Q = 100 - 5P$　　〔Q：財の数量，P：財の価格〕
で与えられている。
　また，この財を生産する競争的な企業の生産関数は，

---

[3]　以上の諸結果の証明は，西村和雄著『ミクロ経済学』（東洋経済新報社，1990年）第6章6.4節を参照。

$x = \sqrt{LK}$　〔x：生産量，L：労働投入量，K：資本投入量〕
である。この企業は，労働1単位に1の賃金コスト，資本1単位に2のレンタルコストを支払って，必要なだけの労働と資本を調達できる。現在，この財を10社の企業が生産しており，それぞれ1単位の資本を持っている。

このとき，以下の(1), (2)の場合の均衡取引量の組合せとして，妥当なものはどれか。(国家総合職)

(1) 企業が資本投入量を1で固定しており，参入も退出もしない場合
(2) 企業が資本投入量を変え，自由に参入や退出を行う場合

	(1)	(2)
1	50	50
2	50	$100 - 10\sqrt{2}$
3	50	100
4	$100 - 10\sqrt{2}$	50
5	100	100

解説　(1) $w = 1$, $r = 2$ として個別企業の資本財を $\overline{K}$ に固定すると，生産関数と費用はそれぞれ，$x = \sqrt{L\overline{K}}$，$C = L + 2\overline{K}$。

生産関数から $L = \dfrac{x^2}{K}$ を求め，費用に代入すると，短期費用関数

(4.22) 　　$C_S = \dfrac{x^2}{K} + 2\overline{K}$

が得られる。(4.22)式を x で微分すると，短期限界費用は，$SMC = \dfrac{2x}{K}$ である。

公式4.5の利潤最大化条件から $P = SMC$ であるので，$P = \dfrac{2x}{K}$。よって，$x = \dfrac{P\overline{K}}{2}$ なので，10社の総供給量は $5P\overline{K}$ である。これを需要曲線と等しく置くと，$100 - 5P = 5P\overline{K}$。よって，価格は $P = \dfrac{20}{\overline{K} + 1}$ である。よって，総供給量は $S = \dfrac{5\overline{K} \times 20}{\overline{K} + 1}$ となる。$\overline{K} = 1$ を代入して，$S = 50$ を得る。

(2) (4.22)式を $\overline{K}$ について最小化する。(4.22)式を $\overline{K}$ で微分して，$-\dfrac{x^2}{K^2} + 2 = 0$。

よって，$K = \dfrac{x}{\sqrt{2}}$ である。(4.22)式の $\overline{K}$ に代入して，長期費用関数

(4.23)　　$C_L = 2\sqrt{2}\,x$

が得られる。(4.23)式をxで微分すると，限界費用は$LMC = 2\sqrt{2}$である。利潤最大化において価格は限界費用と等しいので，$P = LMC = 2\sqrt{2}$を需要曲線に代入した，$Q = 100 - 10\sqrt{2}$が生産量である。

正答　2

例題4.4-5　産業の長期均衡

ある完全競争市場で行動する合理的な企業それぞれの長期総費用曲線LTCが，生産量をxとして以下の同一の式で示されるものとする。

$$LTC = 2x^3 - 24x^2 + 80x$$

また，この市場の需要曲線Dは，価格をpとして以下のように示されるものとする。

$$D = 140 - p$$

このとき，長期均衡においてこの市場（産業）に存在する企業数として，正しいのはどれか。(経済学検定試験)

(1) 18社　　(2) 20社　　(3) 22社　　(4) 24社

解説　正の利潤が発生している限り新たな企業が参入してくるので，産業の長期均衡において利潤はゼロになり，価格pと長期平均費用曲線LACが一致する。個々の企業は利潤最大化を行っているので，**公式4.5**より，価格pと長期限界費用曲線LMCが一致する。ゆえに，産業の長期均衡で，以下の公式が成立する。

公式 4.12　　$p = LAC = LMC$

図4-5(ii)より，LMCはLACの最低点を通るので，**公式4.12**は，産業の長期均衡において，個々の企業は長期平均費用曲線LACの最低点で操業することを意味する。

問題文より，$LAC = \dfrac{LTC}{x} = 2x^2 - 24x + 80$，$LMC = \dfrac{\partial(LTC)}{\partial x} = 6x^2 - 48x + 80$

なので，**公式4.12**より，$x = 6$，$p = 8$である。これを問題文の需要曲線に代入すると，$D = 132$を得る。市場に132の需要が存在し，1社当たり6の生産を行っているので，市場に存在する企業数は，$132 \div 6$より，22社である。

正答　(3)

練習問題

【No.1】 ある企業の生産関数が $q = K^{\frac{1}{3}} L^{\frac{2}{3}}$ であるとき，資本の労働に対する限界代替率として正しいものは次のうちどれか。ただし，qは産出量，Kは資本の投入量，Lは労働の投入量を表す。（地方上級）

1　$\dfrac{L}{2K}$　　2　$\dfrac{1}{3}\left(\dfrac{L}{K}\right)^{\frac{2}{3}}$　　3　$2KL$　　4　$\dfrac{2}{3}\left(\dfrac{L}{K}\right)^{\frac{1}{3}}$　　5　$\dfrac{3L}{K}$

解説　公式4.7で，$\alpha_1 = \dfrac{1}{3}$，$\alpha_2 = \dfrac{2}{3}$，$x_1 = K$，$x_2 = L$と置くと，$\dfrac{L}{2K}$ が得られる（正答は**1**である）。

【No.2】 ある企業の生産関数は，
$$Y = K^{\frac{1}{4}} L^{\frac{3}{4}} \quad 〔Y：産出量，K：資本金，L：労働投入量〕$$
で示され，また，要素市場では，資本賃貸率は10であり，賃金率は12である。今，労働市場において，賃金が12から15に上昇したとすると，この企業は労働者への資本装備率 $\left(\dfrac{K}{L}\right)$ をいくら上昇させるか。（国家総合職）

1　0.5　　2　0.4　　3　0.3　　4　0.2　　5　0.1

解説　$x_1 = L$，$x_2 = K$，$\alpha_1 = \dfrac{1}{4}$，$\alpha_2 = \dfrac{3}{4}$とすると，限界代替率は，公式4.7から，

$$\dfrac{\frac{3}{4}K}{\frac{1}{4}L} = \dfrac{3K}{L} \quad \cdots\cdots\cdots ①$$

である。公式4.4から，費用最小化を行う企業は限界生産物と要素価格を等しくする。当初，

$$\dfrac{3K}{L} = \dfrac{12}{10} \quad \text{すなわち} \quad \dfrac{K}{L} = \dfrac{4}{10} \quad \cdots\cdots\cdots ②$$

が成立していたが，それが

$$\dfrac{3K}{L} = \dfrac{15}{10} \quad \text{すなわち} \quad \dfrac{K}{L} = \dfrac{5}{10} \quad \cdots\cdots\cdots ③$$

へと変化した。②式，③式より，資本装備率 $\left(\dfrac{K}{L}\right)$ は $\dfrac{1}{10}$ 増加した（正答は**5**）。

【No.3】 企業の生産関数が，
$$Y = aK^{\frac{2}{5}} L^{\frac{3}{5}} \quad \begin{bmatrix} Y：産出量，K：資本金，L：労働投入量 \\ a：技術を示すパラメータ \end{bmatrix}$$
であるとする。今，技術進歩によってaが1％増加したとすると，労働投入係数はどのように変化するか。ただし，生産要素価格は変化しないものとする。（国家総合職）

1　1％上昇する。　　2　1％下落する。　　3　0.6％上昇する。
4　0.6％下落する。　　5　変化しない。

解説　労働投入係数は，$\dfrac{L}{Y}$である。これは，

$$\dfrac{L}{Y} = \dfrac{L}{aK^{\frac{2}{5}}L^{\frac{3}{5}}} = \dfrac{1}{a}\left(\dfrac{L}{K}\right)^{\frac{2}{5}} \quad \cdots\cdots ①$$

である。公式4.7から，$K=x_1$，$L=x_2$とすると，技術的限界代替率は，$RTS = \dfrac{2L}{3K}$である。公式4.2より，生産要素価格が一定なら，限界代替率は変わらない。よって$\dfrac{L}{K}$も変わらない。①式より，$\dfrac{L}{Y}$は，aが1％上昇したことで，$\dfrac{1}{a}$の変化分，すなわち，1％減少する（正答は**2**）。

【No.4】 生産関数が，$Q = 10K^{\frac{1}{2}}L^{\frac{1}{2}}$で示され，資本$K$の要素価格が1単位当たり1，労働$L$の要素価格が1単位当たり4とするとき，この生産関数を用いて完全競争下において，総費用関数(TC)をQの関数として表したものとして正しいのは次のうちどれか。（国家総合職）

1　$TC = 0.2Q$　　2　$TC = 0.4Q$　　3　$TC = Q$　　4　$TC = 1.2Q$　　5　$TC = 2.0Q$

解説　公式4.11に$A=10$，$w_1=1$，$w_2=4$，$\alpha_1=\alpha_2=\dfrac{1}{2}$を代入すると，$C=0.4y$（正答は**2**）。

【No.5】 労働投入量をL，資本投入量をKとしたとき，CES生産関数は

$$\left[\alpha L^{-\beta} + (1-\alpha)K^{-\beta}\right]^{-\frac{1}{\beta}}$$

で表される。このとき，生産要素の代替の弾力性はいくらになるか，次の中から選べ。ただし，$0 < \beta < 1$である。（国家総合職）

1　$\dfrac{1}{1+\beta}$　　2　$\dfrac{1}{\beta}$　　3　1　　4　β　　5　$1+\beta$

解説　例題4.4-3の解説ならびに表4-1を参照。正答は**1**である。

【No.6】 資本と労働を生産要素とする生産関数が

$$F_1 = x_1 = \min\left(\dfrac{K}{a}, \dfrac{L}{b}\right)$$

$$F_2 = x_2 = a'K + b'L$$

のとき，資本と労働の代替の弾力性はいくらか。ただし，a，b，a'，b'は正の定数とする。（国家総合職）

	F_1	F_2
1	0	1
2	1	0
3	∞	0
4	1	∞
5	0	∞

|解説| 例題4.4-3の解説ならびに**表4-1**を参照。正答は**5**である。

【No.7】 完全競争市場において，ある財を生産する企業の総費用関数が
$$TC = q^3 - 6p^2 + 24q \qquad [C：費用, \ q：産出量]$$
で示されるものとする。財の価格が60で与えられたとき，この企業の利潤が最大になる産出量はいくらか。（国家専門職）

1 3　　**2** 4　　**3** 6　　**4** 8　　**5** 10

|解説| 限界費用MCは，$MC = 3q^2 - 12q + 24$である。**公式4.5**より，利潤が最大となるのは$p = MC$のときなので，
$$3q^2 - 12q + 24 = 60 \quad すなわち \quad (q-6)(q+2) = 0$$
よって，$q = 6$を得る（正答は**3**）。

【No.8】 x財を生産するある企業の平均可変費用が，
$$AVC = x^2 - 6x + 15 \qquad [AVC：平均可変費用, \ x：x財の生産量]$$
で示されるとする。

市場においてx財の価格が30であるとき，短期においてこの企業は生産量をいくらにするか。（地方上級）

1 5　　**2** 10　　**3** 15　　**4** 20　　**5** 25

|解説| 可変費用VCは，$VC = x \times AVC$であり，固定費用をFCとすると総費用は$TC = x^3 - 6x^2 + 15x + FC$である。限界費用は，$TC$を微分して$MC = 3x^2 - 12x + 15$であるので，**公式4.5**より$MC$を価格30と等しく置くと，$3x^2 - 12x - 15 = 0$，あるいは$(x+1)(x-5) = 0$である。よって，$x = 5$を得る（正答は**1**）。

【No.9】 完全競争市場におけるある企業の短期の費用関数が，
$$C = 10q^2 - 2kq + k^2 \qquad [C：総費用, \ q：生産量, \ k：資本設備のサイズ]$$
で示されるとする。

企業は長期においては資本設備のサイズkを変更することができるとすると，企業の長期費用関数は次のうちどれか。ただし，資本設備のサイズの変更に調整費用はかからないものとする。（地方上級）

1 $C = 3q^2$　　**2** $C = 4q^2$　　**3** $C = 6q^2$　　**4** $C = 8q^2$　　**5** $C = 9q^2$

|解説| 費用を最小とする資本設備を求めるため，Cをkで偏微分して0と置くと，$\dfrac{\partial C}{\partial k} = 2(k-q) = 0$である。よって，$k = q$である。それを$C$に代入すると，$C = 9q^2$を得る。よって，正答は**5**である。

【No.10】 ある競争的産業において生産費はどの企業も同一であり，各企業の総費用曲線は$C = 1 + x + x^2$（C：費用，x：生産量）で示される。今，長期均衡が成立しているとすると，この生産物の価格はいくらか。（国家一般職）

1 1　　**2** 2　　**3** 3　　**4** 4　　**5** 5

89

|解説| 平均費用ACは$AC=\dfrac{1}{x}+x+1$，ACを最小にするのは$\dfrac{dAC}{dx}=-\dfrac{1}{x^2}+1=0$から$x=1$。このとき，$AC=3$である。長期均衡では利潤がゼロなので，$p=3$（正答は**3**）。

【No.11】P：価格，X：需要量として競争的産業の需要曲線を$X=800-8P$とする。また，第i番目の企業の費用曲線を，総費用$=200+10x_i+2x_i^2$とし，これはすべての企業について同一であるとする。このとき，産業への自由参入が認められるとすれば，長期均衡状態において，この産業へ参入する企業はいくつあると考えられるか。（国家専門職）

1 10 **2** 20 **3** 30 **4** 40 **5** 50

|解説| 個々の企業の長期平均費用は$LAC=\dfrac{200}{x_i}+2x_i+10$，長期限界費用は$LMC=10+4x_i$である。**公式4.12**より，長期均衡では$P=LAC=LMC$であるので，$x_i=10$，$P=50$である。よって総需要量は$X_i=800-8\times 50=400$。企業数は$400\div 10=40$である（正答は**4**）。

【No.12】ある企業の生産関数が次のように与えられている。

$$Y=L^{\frac{1}{3}}K^{\frac{1}{3}}$$

ここでYは財の生産量，Lは労働投入量，Kは資本投入量を表し，財の価格は18，賃金率は2，資本レンタル価格は1である。

今，政府が資本に対する要素費用を費用として認めずに企業の「所得」を定義し，これに対して50%の法人税を課税するとする。この企業が労働および資本に対する要素費用と法人税を支払った後の利潤を最大にするように行動する場合，その法人税額として正しいのはどれか。（国家総合職）

1 50 **2** 52 **3** 54 **4** 56 **5** 58

|解説| 資本に対する要素費用を費用として認めないので，本問における所得は，
所得＝売上－労働に対する要素費用$=18Y-2L$
である。この企業が支払う法人税額をTとすると，$T=0.5(18Y-2L)$である。よって，法人税を支払った後の利潤をπとすると，

$$\pi=18Y-(2L+K)-T=9Y-L-K$$

である。生産関数を代入して，利潤を最大化すると，

$$\dfrac{\partial \pi}{\partial L}=3L^{-\frac{2}{3}}K^{\frac{1}{3}}-1=0 \qquad \dfrac{\partial \pi}{\partial K}=3L^{\frac{1}{3}}K^{-\frac{2}{3}}-1=0$$

である。以上の連立方程式を解くと，$L=K=27$を得る。これを生産関数に代入すると，$Y=9$である。よって，$T=0.5(18\times 9-2\times 27)=54$である（正答は**3**）。

正答	【No. 1】1	【No. 2】5	【No. 3】2	【No. 4】2
	【No. 5】1	【No. 6】5	【No. 7】3	【No. 8】1
	【No. 9】5	【No. 10】3	【No. 11】4	【No. 12】3

第 5 章

不完全競争

Imperfect Competition

5.1 独　占

> **例題5.1-1　利潤最大化条件**
> ある完全独占企業の平均費用曲線が $AC = 40q^2 - 325q + 1100$，需要曲線が $p = 1100 - 100q$（q：数量）で与えられている場合，この企業が最大利潤を得ることができるときの価格は次のうちどれか。（地方上級）
> **1** 650　　**2** 675　　**3** 700　　**4** 725　　**5** 750

解説　独占企業のみが財を生産しているので，独占企業の生産量により市場における価格が決まる。利潤最大化をめざす独占企業は，市場における需要を考慮し，生産量と価格を決める。今，需要関数を $p = p(y)$ とする。生産量 y を売り切る価格は $p(y)$，そのときの**総収入**は $TR = p(y) \cdot y$ であり，総収入は y の関数となる。例題のように，需要曲線が直線の場合，総収入 TR は図5-1(i)のような上に凸の放物線になる。総費用を TC とすると，利潤は

(5.1)　　$\pi = TR - TC$

である。**限界収入**を MR，限界費用を MC とする。微分して利潤を最大化すると，

(5.2)　　$\dfrac{\partial \pi}{\partial y} = MR - MC = 0$

であるので，以下の公式を得る。

> **公式 5.1**　　$MR = MC$（独占企業の利潤最大化条件）

図5-1 独占企業の利潤最大化

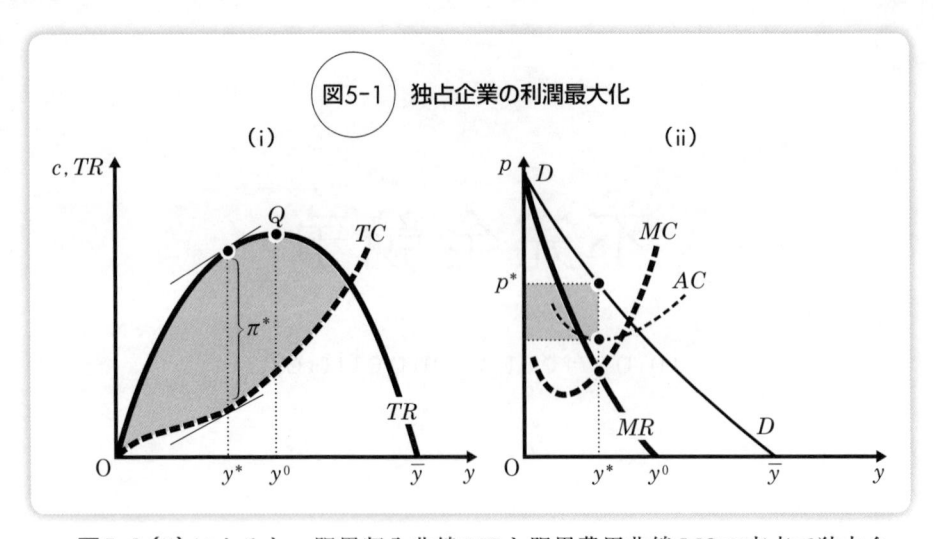

(i) (ii)

　図5-1(ii)によると，限界収入曲線MRと限界費用曲線MCの交点で独占企業は生産量y^*を決め，y^*と需要曲線から価格p^*が決まる。生産量y^*において，$p^* y^*$が総収入，$AC \cdot y^*$が総費用なので，図5-1(ii)での影を付けた長方形の面積が利潤 $\pi^* = (p^* - AC)y^*$ に等しくなる。なお総収入は$TR = p(y) \cdot y$なので，平均収入は常に $\dfrac{TR}{y} = p(y)$ に等しい。したがって平均収入曲線は需要曲線DDにほかならないことになる。

　例題に戻ろう。総費用は$TC = q \cdot AC$，総収入は$TR = p \cdot q$なので，それぞれ

(5.3)　　　$TC = 40q^3 - 325q^2 + 1100q, \quad TR = 1100q - 100q^2$

である。(5.3)式の2式をqで微分すると

(5.4)　　　$MC = 120q^2 - 650q + 1100, \quad MR = 1100 - 200q$

となる。独占企業の利潤最大化条件は，**公式5.1**から$MR = MC$であるので

(5.5)　　　$120q^2 - 650q + 1100 = 1100 - 200q$

を解いて，$q = \dfrac{15}{4}$ を得る。これを需要曲線に代入すると価格が求まる。

$$p = 1100 - 100 \times \dfrac{15}{4} = 725$$

正答　**4**

例題5.1-2　需要曲線が直線の場合

独占市場において生産者Aは$p = 60 - 2q$の需要曲線に直面している。Aの生産費は固定費用が60，1単位生産するにつき賃金が10，材料費が20である。今，賃金が20%，材料費が10%上昇すると，利潤極大化条件の下で産出量は何単位減少するか。(地方上級)

1 1　　**2** 2　　**3** 3　　**4** 4　　**5** 5

解説　今，生産量がyから$y + \Delta y$に増加したとき，需要曲線に沿って価格がpから$p + \Delta p$に変化するとする。収入の増分をΔyで割ると限界収入が得られる。

$$(5.6) \quad MR = \frac{(p + \Delta p)(y + \Delta y) - py}{\Delta y} = \frac{p \cdot \Delta y + y \cdot \Delta p + \Delta p \cdot \Delta y}{\Delta y}$$

Δyが微少ならば，Δpも微少となり，$\Delta p \cdot \Delta y$は無視しうるほど小さくなる。よって，

$$(5.7) \quad MR = p + y \cdot \frac{\Delta p}{\Delta y} = p\left(1 + \frac{y}{p} \cdot \frac{\Delta p}{\Delta y}\right)$$

である。ここで需要の価格弾力性$e_d = -\left(\dfrac{p}{y}\right)\left(\dfrac{\Delta y}{\Delta p}\right)$を用いると，(5.7)式の右辺を変形することができる。結局，

公式 5.2
$$MR = p\left(1 + \frac{y}{p} \cdot \frac{\Delta p}{\Delta y}\right) \quad \text{あるいは} \quad MR = p\left(1 - \frac{1}{e_d}\right)$$

とまとめられる。**公式5.2**を解いて

公式 5.3
$$m = \frac{1}{e_d} = \frac{p - MR}{p}$$

とする。このmは**ラーナーの独占度**と呼ばれる尺度である。完全競争の場合，個々の企業が直面する需要曲線は水平なので，$e_d = \infty$，よって独占度は0となる。なお，利潤を最大化する生産量では$MR = MC$なので，

公式 5.4
$$m = \frac{p - MC}{p}$$

とも表される。完全競争企業は価格と限界費用が等しくなるように生産を行う

図5-2 需要曲線が直線で，限界費用が一定の場合

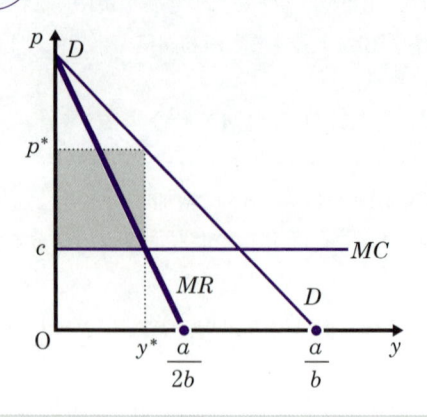

ので，やはり独占度は0である。**公式5.4**によると，独占市場における価格が，限界費用を何%超過しているのかを表すのがラーナーの独占度である。

さて，需要曲線が右下がりの直線 $p = a - by$ で与えられているとする。このとき，傾きは $\frac{\Delta p}{\Delta y} = -b$ である。**公式5.2**より，限界収入は以下である。

$$(5.8) \quad p\left(1 + \frac{y}{p} \cdot \frac{\Delta p}{\Delta y}\right) = p\left(\frac{p - by}{p}\right) = a - 2by$$

需要曲線と横軸の交点は $\left(\frac{a}{b}, 0\right)$，限界収入曲線と横軸の交点は $\left(\frac{a}{2b}, 0\right)$ である。

公式 5.5 $MR = a - 2by$ （需要曲線が $p = a - by$ のとき）

今，限界費用が一定値 c であるとすると，$MR = MC$ から

$$(5.9) \quad a - 2by = c \quad \text{よって} \quad y^* = \frac{a - c}{2b}$$

が得られる。このとき，価格は需要曲線から価格 $p^* = \frac{a + c}{2}$ が得られる。総収入が $p^* y^*$，総可変費用が cy^* なので，固定費用を無視すると，**図5-2**と $p^* - c = a - by - c$ より，利潤 π は

(5.10) $\pi = p^*y^* - cy^* = (p^* - c)y^* = \dfrac{(a-c)^2}{4b}$

である。固定費用dが存在するならば，さらにdを引いて，利潤

(5.11) $\pi^* = \dfrac{(a-c)^2}{4b} - d$

が求まる。これらをまとめると，以下の公式を得る。

公式 5.6 $\quad y^* = \dfrac{a-c}{2b}, \quad p^* = \dfrac{a+c}{2}, \quad \pi^* = \dfrac{(a-c)^2}{4b} - d$

例題に戻ろう。限界費用すなわち1単位を増産するのにかかる追加的費用は$10+20=30$である。賃金が20％上昇すると$10+2=12$，材料費が10％上昇すると$20+2=22$となる。限界費用は$12+22=34$に上昇する。**公式5.6**で$a=60$，$b=2$，$c=30$とすると$y=\dfrac{30}{4}$である。また$c=34$の場合は，$y=\dfrac{26}{4}$である。よって，その差は1となる。

正答 1

例題5.1-3　差別価格

ある独占企業が2つの異なった市場において差別価格を実施することが可能であるとき，それぞれの市場における需要関係を

$p_1 = 100 - 4q_1$
$p_2 = 220 - 20q_2$ 　〔p：価格，q：数量〕

とし，費用関数を，$c = 50 + 20(q_1 + q_2)$とすれば，この独占企業が差別価格を利用する場合には，均一価格を採用する場合に比べて最大利潤をいくら増加させることができるか。(国家総合職)

1 100　**2** 110　**3** 120　**4** 140　**5** 150

解説1　独占企業の生産量を$y = q_1 + q_2$と置くと，費用関数を$c = 50 + 20y$と書くことができる。限界費用はyを1単位追加生産するときの費用の増分で，$MC = 20$である。2個の市場の限界費用は同じ値MCが適用される。また，固定費用は50である。第i市場の需要曲線を$d_i d_i$，価格弾力性をe_i，利潤を最大化する価格をp_iとする。限界収入mr_iが限界費用に等しいので，**公式5.1**ならびに**公式5.2**から

$$\text{(5.12)} \qquad MC = p_i\left(1 - \frac{1}{e_i}\right) \qquad i = 1, 2$$

である。上で述べたように限界費用は両市場に共通である。(5.12)式から

$$\text{(5.13)} \qquad p_1\left(1 - \frac{1}{e_1}\right) = p_2\left(1 - \frac{1}{e_2}\right)$$

よって，需要の価格弾力性が大きい市場ほど，価格が低く設定される。すなわち

> **公式 5.7** $\quad e_1 > e_2 \iff p_1 < p_2$

という関係が成り立つ。

例題のケースについて，限界収入を求めよう。第2市場について，需要関数 $p_2 = 220 - 20q_2$ と**公式5.5**から限界収入曲線は $mr_2 = 220 - 40q_2$ となる。これを限界費用20と等しくする生産量は，$q_2 = 5$ である。これを需要関数に代入して，第2市場での利潤を最大とする価格 $p_2 = 120$ が求まる。**図5-3(i)**では第2市場での需要曲線を $d_2 d_2$，限界収入曲線を破線 mr_2 としている。$mr_2 = MC$ となる点が b_2，価格を決める需要曲線上の点が a_2 である。利潤は固定費用を無視すると

$$\text{(5.14)} \qquad \pi_2 = (p_2 - c)q_2 = 500$$

となる。第1市場について，需要曲線 $p_1 = 100 - 4q_1$ から $mr_1 = 100 - 8q_1$ を得る。$mr_1 = MC$ から，生産量は $q_1 = 10$ に決まる。これを需要曲線に代入すると，価

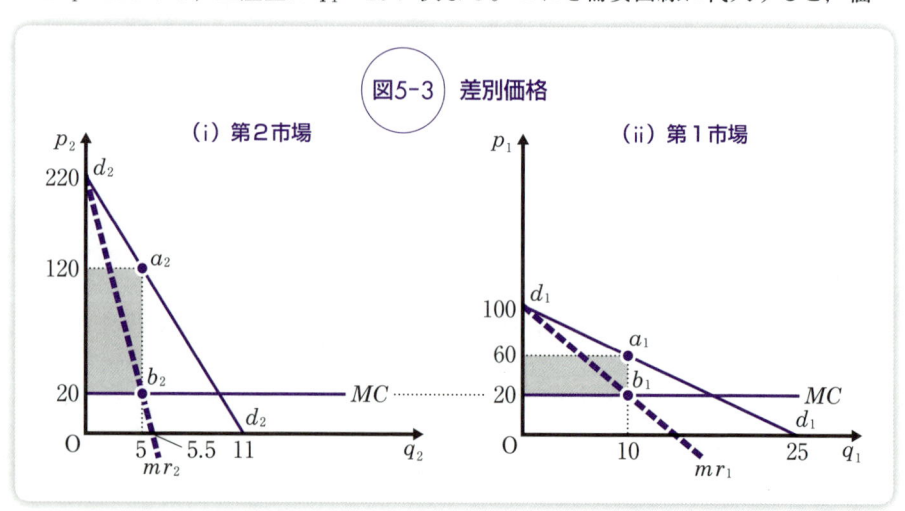

図5-3 差別価格

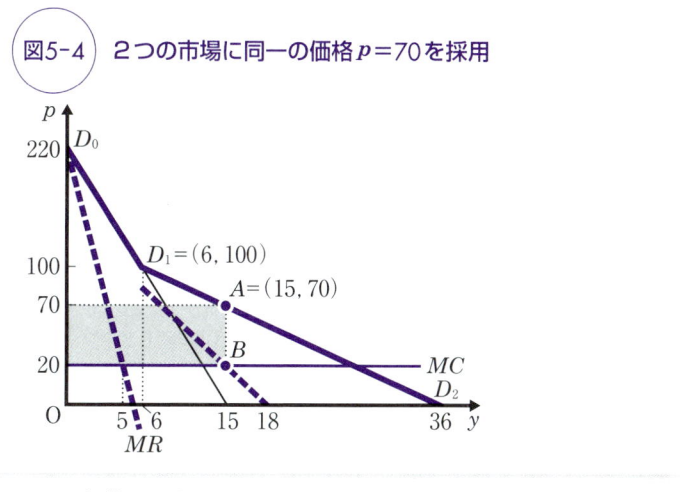

図5-4 2つの市場に同一の価格 $p=70$ を採用

格は $p_1=60$ である．固定費用を無視した利潤は $\pi_1=(p_1-c)q_1=400$ である．固定費用を無視した第1市場と第2市場の利潤の和は $\pi_1+\pi_2=900$ である．これから固定費用50を引いて，利潤 $\pi=850$ が求まる．

2つの市場に対して同一価格で財を供給する場合を考えてみよう．2つの市場を統合してできる市場の需要曲線は，**図5-3(i)(ii)** の d_1d_1, d_2d_2 を水平に足し合わせたものである．**図5-4**において，まず，価格220から100の間の価格では，d_2d_2 のみを用いる．100以下の価格では個々の需要の関数を q_1, q_2 について解いた

(5.15) $\qquad q_1=25-0.25p, \qquad q_2=11-0.05p$

を足し合わせて得られる

(5.16) $\qquad y=q_1+q_2=36-0.3p \quad$ すなわち $\quad p=120-\dfrac{10}{3}y$

が需要関数となる．**図5-4**では太い実線で描かれた折れ線 $D_0D_1D_2$ がこの需要曲線である．統合された市場の限界収入曲線 MR は，需要曲線 $D_0D_1D_2$ から導かれる．まず生産量が6以下では，D_0D_1 から導かれる MR は，d_2d_2 から導かれる mr_2 と一致する．生産量が6以上では，統合された需要曲線 D_1D_2 を表す (5.16) 式から導かれる

(5.17) $\qquad MR=120-\dfrac{20}{3}y$

が限界収入曲線となる．したがって限界収入曲線は，需要曲線がコーナーを持つ点 D_1 における生産量6で不連続となる．注意すべきなのは，統合された市

場での限界収入曲線MRは，個々の市場の限界収入曲線mr_1，mr_2を水平に足し合わせたものとはならないという点である。

さて，限界収入曲線MRと限界費用曲線MCの交点は$(5, 20)$，$(15, 20)$の2個ある。前者は第2市場のみで販売を行う場合で，(5.14)式から与えられる固定費用を無視した利潤から固定費用を引くと，利潤は$500-50=450$である。後者での生産量15を統合された需要曲線の式(5.16)式に代入して$p=70$を得る。よって，総収入は$70 \times 15 = 1050$である。限界費用は20で一定であるため，可変費用は$20 \times 15 = 300$である。固定費用は50なので，利潤は，$\pi = 1050 - 300 - 50 = 700$である。この値は差別価格の場合の利潤850と比べて150少ない。

正答 5

解説2 　**公式5.6**を用いる。第1市場については$a=100$，$b=4$，$c=20$を代入して

(5.18)　　　$q_1 = 10$，　　$p_1 = 60$，　　$\pi_1 = 400$

第2市場については，$a=220$，$b=20$，$c=20$を代入して

(5.19)　　　$q_2 = 5$，　　$p_2 = 120$，　　$\pi_2 = 500$

である。利潤は$\pi_1 + \pi_2$から固定費用50を引いて，$\pi = 850$となる。

統合された市場では，図5-4の需要曲線上の$D_1 D_2$の部分で利潤が最大化されるであろう。この部分を表す式$p = 120 - \frac{10}{3} y$から，$a=120$，$b=\frac{10}{3}$，$c=20$，$d=50$を**公式5.6**に代入して

(5.20)　　　$y=15$，　　$p=70$，　　$\pi = 750 - 50 = 700$

となる。よって，利潤の差は$850 - 700 = 150$である。

例題5.1-4　独占と複数プラント

ある独占企業はA，B 2つの工場を持ち，同一の製品を生産している。この2つの工場の費用関数が

　　　$C_A = 8 y_A$　　　〔y_A：A工場の産出量〕

　　　$C_B = \frac{1}{3} y_B^2$　　〔y_B：B工場の産出量〕

で示され，この製品の需要曲線が価格をp，需要量をxとして

　　　$p = 40 - x$

で示されるものとする。この独占企業が利潤を極大にした場合，利潤はいくら

になるか。（国家総合職）

1 256　　**2** 300　　**3** 304　　**4** 375　　**5** 384

解説　独占企業の販売量が$y_A + y_B$のときの利潤は$\pi = p \cdot (y_A + y_B) - C_A - C_B$である。

これに，需要関数$p = 40 - (y_A + y_B)$および費用関数を代入して

(5.21)　　$\pi = 40(y_A + y_B) - (y_A + y_B)^2 - 8y_A - \dfrac{1}{3}y_B^2$

となる。y_Aとy_Bに関して，利潤πを最大化する。

(5.22)　　$\dfrac{\partial \pi}{\partial y_A} = 40 - 2(y_A + y_B) - 8 = 0$

(5.23)　　$\dfrac{\partial \pi}{\partial y_B} = 40 - 2(y_A + y_B) - \dfrac{2}{3}y_B = 0$

(5.22)式からの$y_A + y_B = 16$を(5.23)式に代入して$y_B = 12$を得る。よって$y_A = 4$である。これを(5.21)式に代入すると，利潤は$\pi = 304$となる。

正答　3

例題5.1-5　生産要素需要と独占

1種類の生産要素（労働）のみを投入して生産を行う企業があり，この企業はその製品の販売に関しては独占供給者の立場にあるとともに，労働の購入に関しては独占需要者の立場にある。製品生産量をx，価格をp，労働投入量をn，賃金をw，製品需要の価格弾力性をe，労働供給の賃金弾力性をεとするとき，この企業の追加労働1単位当たりの限界収入生産物および限界要素費用は，次のどの式で示されるか。（国家総合職）

	限界収入生産物	限界要素費用
1	$\dfrac{dx}{dn}p\left(1 - \dfrac{1}{e}\right)$	$w\left(1 + \dfrac{1}{\varepsilon}\right)$
2	$\dfrac{dx}{dn}p\left(1 - \dfrac{1}{e}\right)$	$w(1 + \varepsilon)$
3	$\dfrac{dx}{dn}p(1 + e)$	$w(1 + \varepsilon)$
4	$p(1 + e)$	$\dfrac{dx}{dn}w(1 + \varepsilon)$
5	$p\left(1 - \dfrac{1}{e}\right)$	$\dfrac{dx}{dn}w\left(1 + \dfrac{1}{\varepsilon}\right)$

解説 **需要独占**において，この企業のみが労働需要を行うので，この企業の需要量により，市場における賃金が決まる。利潤最大化をめざす企業は，市場における労働供給を考慮し，利潤を最大化する。労働供給関数を $w(n)$ とすると，企業の費用 TC は $TC(n) = w(n) \cdot n$ である。例題において企業は独占供給者でもあるので，企業の製品供給量により価格が決まり，企業の収入 TR は $TR(y) = p(y) \cdot y$ である。企業の生産関数を $y = f(n)$ とすると，企業の収入 TR は，n の関数として，$TR(y(n))$ と表せる。企業は利潤 $\pi = TR(n) - TC(n)$ を最大化するように，労働投入量 n を決めればよい。総収入 TR を生産要素で微分したものを**限界収入生産物**あるいは**限界生産物収入**といい，MRP と表す。また，限界費用 TC を生産要素で微分したものを**限界要素費用**といい，MFC と表す。以上より，生産要素を変数とすると，利潤最大化条件は，

公式 5.8 $\quad MRP = MFC$

となる（**公式 5.1** は，産出物を変数としたときの利潤最大化条件であることに注意）。

収入は $TR(y(n))$ であるので，限界収入生産物は

$$(5.24) \quad MRP = \frac{\partial TR}{\partial n} = \frac{\partial TR(y)}{\partial y} \cdot \frac{\partial y}{\partial n} = MR \cdot MP$$

であり，限界収入生産物 MRP は，限界収入 MR と限界生産物 MP の積となる。限界生産物 MP は，生産関数の傾きである。(5.24) 式に**公式 5.2** の $MR = p\left(1 - \frac{1}{e}\right)$ を代入すると，$MRP = p\left(1 - \frac{1}{e}\right) \cdot MP = \frac{dy}{dn} p\left(1 - \frac{1}{e}\right)$ となる（y を x で置き換えると，**3，4，5**は誤りであることがわかる）。

独占需要者である企業の費用は $TC(n) = w(n) \cdot n$ なので，限界要素費用は

$$(5.25) \quad MFC = \frac{\partial w}{\partial n} \cdot n + w$$

である。(5.25) 式より，$MFC = w\left(1 + \frac{\Delta w}{\Delta n} \frac{n}{w}\right) = w\left(1 + \frac{1}{\varepsilon}\right)$ となる。ここで，$\varepsilon = \frac{\Delta n}{\Delta w} \frac{w}{n}$ は，労働供給の賃金弾力性である。以上より，**1** が正答である。

以上で，例題の正答は与えたが，需要独占が発生している生産要素市場をもう少し見てみよう。産出物（製品）市場において，完全競争を行っている場合，

図5-5 要素独占市場

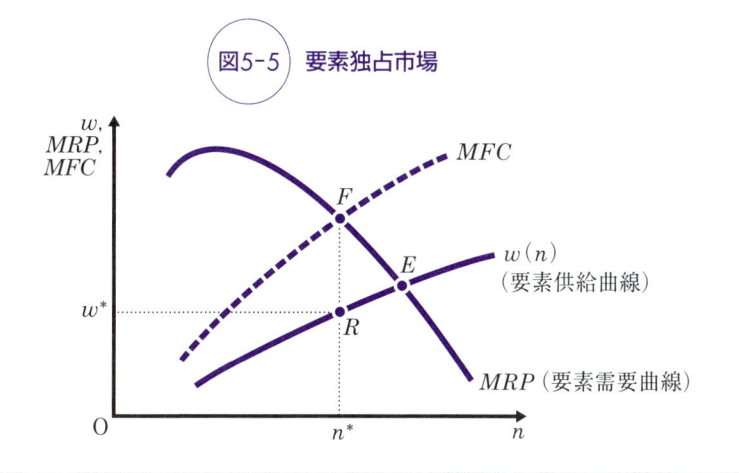

企業にとって価格は一定なので，(5.24) 式より $MRP = p \cdot MP$ である（MPの形状については，第4章図4-1を参照）。もし生産要素市場（労働市場）が完全競争であるならば，$MFC = w$ である。その場合，**公式5.8**は，要素価格（賃金）とMRPが等しくなるように生産要素を需要すれば利潤が最大化されることを意味する。よって，MRPは要素需要曲線になり，完全競争における市場均衡は，図5-5の点Eである。ところが，需要独占企業にとって，MFCは (5.25) 式で与えられ，$\dfrac{\partial w}{\partial n} > 0$ より，MFCは生産要素（労働）供給曲線$w(n)$の上方に位置する。よって，利潤最大化条件である**公式5.8**を満たす点Fにおいて，取引される生産要素の数量（雇用量）n^*が決まり，生産要素（労働）の供給曲線によって（点Rにおいて），生産要素価格（賃金）w^*が決定される。図5-5より，要素独占市場の均衡点Rでは，完全競争市場の均衡点Eよりも取引量は少なくなり，要素価格は低い。

正答　1

練 習 問 題

【No.1】 ある独占企業の費用関数は
　　$C = X^2 + 10$ 　〔C：総費用，X：生産量〕
で示され，また，この企業が直面する需要曲線は

$Q = 20 - P$　　〔Q：需要量，P：製品価格〕

で示される。このとき，この独占企業の利潤が最大となる製品価格を求めよ。（国家専門職）

1 5　　**2** 8　　**3** 12　　**4** 15　　**5** 18

解説　公式5.5より，限界収入は$MR = 20 - 2X$である。限界費用は$MC = 2X$である。公式5.1より独占企業の利潤最大化条件は$MR = MC$なので，$20 - 2X = 2X$であり，$X = 5$を得る。これを需要曲線に代入すると，$P = 15$を得る（正答は**4**）。

【No.2】　Q財を生産する独占企業が需要曲線$P = 100 - 5Q_d$〔Q_d：Q財の需要量，P：Q財の価格〕に直面し，この独占企業の総費用が$C = 40 + 20Q_s$〔Q_s：Q財の産出量，C：総費用〕で示されるとする。この独占企業が，以下の(1)(2)(3)のおのおのの場合において利潤を最大にするためには，Pをいくらにすればよいか。（国家専門職）

(1)　課税されない場合
(2)　定額10の「一括固定税」が課せられる場合
(3)　Q財の販売量に対して1単位当たり10の「従量税」が課せられる場合

	(1)	(2)	(3)
1	60	60	60
2	60	60	65
3	60	65	65
4	65	65	65
5	65	65	60

解説　需要曲線が$P = 100 - 5Q$なので，公式5.5から限界収入は$MR = 100 - 10Q$である。
(1)　課税されない場合の限界費用は，$MC = 20$である。公式5.1より利潤最大化条件は$MR = MC$なので，$100 - 10Q = 20$。よって，$Q = 8$。需要曲線に代入すると，価格は$P = 100 - 5 \times 8 = 60$。
(2)　固定税が課せられると，費用は$C = 40 + 10 + 20Q$で，限界費用が変わらないので生産量も価格も(1)と同じである。
(3)　1単位当たり10の従量税が課せられると，総費用は$C = 40 + 10Q + 20Q = 40 + 30Q$である。よって，限界費用は30となる。公式5.1より，$100 - 10Q = 30$であり，$Q = 7$となる。需要曲線から価格は，$P = 100 - 7 \times 5 = 65$。

よって，正答は**2**である。

【No.3】　生産要素としてx財を投入し，y財を生産する企業の生産関数が$y = 2x$で示されるとする。x財の市場の供給曲線が，$S = 2p - 8$で示され，この企業がx財を独占的に需要するものとすれば，x財の価格はいくらになるか。ただし，y財の価格は5である。（地方上級）

1 4　　**2** 5　　**3** 6　　**4** 7　　**5** 8

解説　y財を生産する企業の利潤は，$\pi = 5y - px$である。xの供給曲線をpについて解くと，$p = \frac{1}{2}x + 4$である。これと$y = 2x$をπに代入すると，$\pi = -\frac{1}{2}x^2 + 6x$を得る。微分すると，$\frac{\partial \pi}{\partial x} = -x + 6 = 0$なので，$x = 6$で利潤が最大化される。これを$x$財市場の供給曲線に代入すると，$p = 7$である（正答は**4**である）。

[別解] **公式5.8**を使う。$MRP = P \cdot MP = 5 \times 2 = 10$ である。一方，x財の供給は $P = \frac{1}{2}x + 4$ なので，$MFC = \frac{\partial P}{\partial x} \cdot x + P = \frac{1}{2} \cdot x + \frac{1}{2}x + 4 = x + 4$ である。**公式5.8**を使うと，$10 = x + 4$ より，$x = 6$ で利潤が最大となり，供給曲線より $p = 7$ である。

【No.4】 X_1財からX_2財を生産する企業の生産関数が，

$X_2 = 2X_1$ 〔X_1：X_1財の投入量，X_2：X_2財の産出量〕

で示されるとする。また，X_2財の市場の需要曲線が，

$D = 4 - P_2$ 〔D：X_2財の需要量，P_2：X_2財の価格〕

で示され，他方，X_1財の市場の供給曲線が，

$S = 2P_1$ 〔S：X_1財の供給量，P_1：X_1財の価格〕

で示されるとする。

この企業がX_1財を独占的に需要し，X_2財を独占的に供給するとした場合，X_1財の供給量はいくらになるか。（国家専門職）

1 $\frac{5}{9}$ 2 $\frac{2}{3}$ 3 $\frac{7}{9}$ 4 $\frac{8}{9}$ 5 $\frac{8}{5}$

解説 企業の利潤は

$\pi = P_2 X_2 - P_1 X_1$ ………… ①

である。X_2の需要曲線$P_2 = 4 - X_2$と，X_1の供給曲線$P_1 = \frac{X_1}{2}$を①式に代入し，さらに企業の生産関数$X_2 = 2X_1$を①式に代入すると，

$\pi = (4 - X_2)X_2 - \frac{X_1^2}{2} = 2(4 - 2X_1)X_1 - \frac{X_1^2}{2} = -\frac{9}{2}X_1^2 + 8X_1$

である。πをX_1で微分すると，$\frac{\partial \pi}{\partial X_1} = -9X_1 + 8 = 0$ であるので，$X_1 = \frac{8}{9}$ である（正答は**4**）。

【No.5】 A財を生産する独占企業が，需要の価格弾力性の絶対値が常に1.25の右下がりの需要関数に直面している。また，この企業の限界費用は生産量にかかわらず一定である。今，政府がこの企業に生産量1単位当たり10円の従量税を課し，企業はこの税金をすべて生産費に上乗せした。この場合，A財の価格はいくら上昇するか。（国家総合職）

1 10円   2 25円   3 50円   4 75円   5 100円

解説 企業は従量税すべてを生産費に上乗せするので，限界費用が10円上昇したときの価格の変化分を求める。**公式5.4**に$m = \frac{1}{e_d} = \frac{1}{1.25}$を代入すると，$\frac{1}{1.25} = \frac{p - MC}{p}$ であり，整理すると，$p = 5MC$である。この変化分をとると$\Delta p = 5 \cdot \Delta MC$ であり，$\Delta MC = 10$を代入すると，$\Delta p = 50$ となる。よって，正答は**3**である。

【No.6】 ある完全独占市場において，需要関数が，

$p = 24 - y$ 〔p：財の価格，y：財の数量〕

企業の総費用関数が,
$$TC(y) = y^2$$
で示されるとする。

このとき、限界費用価格規制が課された場合の利潤額は、規制がない場合の均衡における利潤額よりもどれだけ少ないか。(国家総合職)

1 36　　**2** 24　　**3** 16　　**4** 8　　**5** −4

> **解説**　**限界費用価格規制**下において、企業は限界費用と等しい価格で財を供給しなければならない。限界費用は $MC = 2y$ である。限界費用曲線と需要曲線との交点は,
> $$2y = 24 - y \quad \text{よって} \quad y = 8$$
> で生産量が決まり、価格は $p = 24 - 8 = 16$ となる。総収入は $py = 16 \times 8$、総費用は $TC(y) = 8 \times 8$ なので、利潤は、$8 \times (16 - 8) = 64$ である。
> 　規制がない場合、独占企業は**公式5.1**の利潤最大化条件、$MR = MC$ となるように財を供給する。**公式5.5**より、$MR = 24 - 2y$ が求まり、**公式5.1**より $MR = MC$ なので,
> $$2y = 24 - 2y \quad \text{よって} \quad y = 6$$
> 価格は $p = 24 - 6 = 18$ である。独占利潤は 72 となる。
> 　よって、利潤の差は $72 - 64 = 8$ である(正答は **4**)。

【**No.7**】　ある独占企業の製品に対する需要曲線が,
$$D = -2P + 4\sqrt{a} \quad [P:価格, \ a:広告費]$$
で示される。この企業の費用関数が $c = 3x + a$ であるとき、利潤が最大となる広告費を求めよ。(国家総合職)

1 3　　**2** 4.5　　**3** 6　　**4** 9　　**5** 12

> **解説**　生産量 x を需要 D と等しく置いて、需要曲線を P について解くと、$P = \dfrac{1}{2}(-x + 4\sqrt{a})$ である。利潤は $\pi = \dfrac{1}{2}(-x + 4\sqrt{a})x - (3x + a)$ であり、x と a について偏微分して 0 と置く。
> $$\frac{\partial \pi}{\partial x} = -x + 2\sqrt{a} - 3 = 0 \quad \cdots\cdots①$$
> $$\frac{\partial \pi}{\partial a} = \frac{x}{\sqrt{a}} - 1 = 0 \quad \cdots\cdots②$$
> ②式から、$x = \sqrt{a}$。これを①式に代入して、$a = 9$。よって、正答は **4** である。

【**No.8**】　ある独占企業は生産を1か所で行い、その製品を A, B 2か所の市場で販売している。市場 A は生産地にあり、輸送コストはかからないものとする。また、市場 B は生産地から100キロメートル離れており輸送コストが製品1単位につき2かかるものとする。この企業の輸送コストを除く費用関数が,
$$c = x^2 + x + 4 \quad [x:総生産量]$$
で示され、また市場 A, B における需要曲線が、それぞれ,
$$p_A = 11 - x_A \quad [p_A:市場Aにおける製品価格, \ x_A:市場Aにおける製品需要量]$$
$$p_B = 11 - x_B \quad [p_B:市場Bにおける製品価格, \ x_B:市場Bにおける製品需要量]$$

で示されるとき，この企業が利潤極大化を図った場合の総利潤はいくらか。(国家総合職)
1 6 　　**2** 7 　　**3** 8 　　**4** 9 　　**5** 10

解説　これは価格差別の問題である。市場AとBでのそれぞれの収入は，$p_A x_A$, $p_B x_B$である。独占企業の総費用は，生産費用にBの市場への輸送コスト$2x_B$を加えたもの$c+2x_B$である。よって，利潤の合計は，
$$\pi = (11-x_A)x_A + (11-x_B)x_B - [(x_A+x_B)^2 + x_A + x_B + 4 + 2x_B]$$
に等しい。これを，x_A, x_Bのそれぞれで偏微分すると，
$$\frac{\partial \pi}{\partial x_A} = 10 - 4x_A - 2x_B = 0$$
$$\frac{\partial \pi}{\partial x_B} = 8 - 2x_A - 4x_B = 0$$
よって，$x_A = 2$, $x_B = 1$。このとき利潤は$\pi = 10$ (正答は**5**である)。

【No.9】　下図は労働市場の状態を表したものである。図において，wを賃金率，Sを労働供給曲線，MRPを限界収入生産物 (労働需要曲線)，MFCを限界要素費用，MRを限界収入とする。

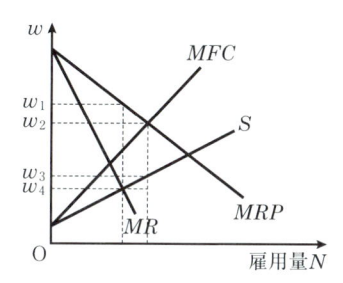

このとき，次の記述のうち，正しいものはどれか。(経済学検定試験)
(1)　完全競争の場合には，賃金率はw_1となる。
(2)　売り手独占の場合には，賃金率はw_2となる。
(3)　買い手独占の場合には，賃金率はw_3となる。
(4)　双方独占の場合には，賃金率はw_4となる。

解説　完全競争の場合，市場均衡における賃金率は，限界収入生産物 (労働需要曲線) MRPと労働供給曲線Sの交点で決定される。売り手独占の場合，**公式5.1**より，限界収入曲線MRと限界費用曲線 (労働供給曲線S) の交点において雇用量が決定されるので，労働需要曲線MRPより，賃金率はw_1となる。買い手独占の場合，**公式5.8**より，限界収入生産物 (労働需要曲線) MRPと，限界要素費用MFCの交点において雇用量が決定されるので，労働供給曲線Sより，賃金率はw_3となる ((**3**)が正答)。双方独占の場合，賃金率はw_1とw_3の間のどこかになるであろう。

正答	【No.1】4	【No.2】2	【No.3】4	【No.4】4	【No.5】3
	【No.6】4	【No.7】4	【No.8】5	【No.9】(3)	

5.2 寡占と独占的競争

例題5.2-1　複　占

ある財の需要関数が，価格 p，需要量を x としたとき，$x = 22 - p$ で示されるものとする。この財の市場には2つの企業1, 2だけが存在し，企業 i の総費用を c_i，生産量を x_i $(i = 1, 2)$ としたとき，それぞれの費用曲線は

$$c_1 = 5 + x_1^2, \quad c_2 = 10 + \frac{1}{2}x_2^2$$

で示されるとする。2つの企業が戦略として生産量を用いたとき，クールノー均衡における両企業の生産量の組合せとして，正しいものは次のうちどれか。(国家総合職)

	企業1	企業2
1	3	7
2	4	6
3	5	5
4	6	4
5	7	3

解説　完全競争市場では，個々の企業は他の行動を考慮せずに，市場価格を所与として，いいかえると**プライス・テイカー**として，自己の利潤を最大にするように生産量を決める。一方，独占企業は市場の需要曲線に直面し，自己の利潤を最大化するように生産量と価格を定める。両者の中間にあり，複数個の大企業からなる**寡占企業**では，他の企業の価格や生産量を無視できない。例題は，その最も簡単なケースで，市場が2個の企業からなる例である。これを特に**複占**と呼ぶ。**クールノー**による複占モデルにおける企業は，相手企業の生産量が固定されていると想定して，自己の利潤を最大化する。

例題のケースは，需要曲線が $p = 22 - x$ である。市場均衡において $x = x_1 + x_2$ なので，第1企業の利潤は，$\pi_1 = px_1 - c_1 = (22 - x_2 - x_1)x_1 - (5 + x_1^2) = -2x_1^2 + (22 - x_2)x_1 - 5$ である。$\dfrac{\partial \pi_1}{\partial x_1} = -4x_1 + 22 - x_2 = 0$ より，

$$(5.26) \quad x_1 = \frac{22 - x_2}{4}$$

のとき利潤は最大化される。つまり企業2が x_2 の財を生産すると，企業1は (5.26) 式に従って行動するので，(5.26) 式は第1企業の**反応関数**と呼ばれる。

同様の手順により，企業2の反応関数は，

(5.27)　　　$x_2 = \dfrac{22 - x_1}{3}$

である。(5.26)式，(5.27)式の連立方程式を解くと，クールノー均衡 $x_1 = 4$，$x_2 = 6$ が得られる。

正答　2

例題5.2-2　n個の企業からなる市場のクールノー解

ある産業において，すべての企業の費用関数が同一で，その産出量をyとして
　　$C = cy$
で示され，また，産業全体の需要曲線が価格をp，需要量をxとして
　　$p = a - bx$
で示されるものとする。ただし，a, b, cは，$a > b > c$となるプラスの定数であり，産業全体の産出量は
　　$x = \sum y$
である。もし，すべての企業が，相手の産出量を与えられたものとし，自己の産出量だけが産業全体の産出量に影響を与えると考えるとするならば，この産業に所属する企業数をnとするとき，産業全体の産出量xはいくらになるか。(国家総合職)

1　$\left(\dfrac{n}{1+n}\right)\left(\dfrac{a}{b} - c\right)$　　2　$\left(\dfrac{n}{1+n}\right)\left(\dfrac{a-c}{b}\right)$　　3　$\left(\dfrac{1-n}{n}\right)\left(\dfrac{a-c}{b}\right)$

4　$\left(\dfrac{1+n}{n}\right)\left(\dfrac{a-c}{b}\right)$　　5　$n\left(\dfrac{a}{b} - c\right)$

解説　例題のモデルは，クールノー複占モデルをn個の企業からなる寡占市場のモデルに一般化したものである。ただし，ここではすべての企業の限界費用MCが同じ値cをとると仮定している。第j企業の生産量をy_j，他のすべての企業の生産量の総和をx_jと置く。すると，$x_j = x - y_j$である。他の企業の生産量を一定とすると，第j企業は需要曲線$p = a - bx_j - by_j$に直面する。よって，第j企業の利潤 π_j は，$\pi_j = (a - bx_j - by_j)y_j - cy_j$ である。第j企業の利潤はx_jを一定として利潤を最大化するので，

(5.28)　　　$\dfrac{\partial \pi_j}{\partial y_j} = a - bx_j - 2by_j - c = 0$

となる。ここで，$x_j + y_j = x$ を用いて (5.28) 式を書き直して，利潤最大化条件

(5.29)　　　$a - bx - by_j = c$

図5-6 限界費用0のケース

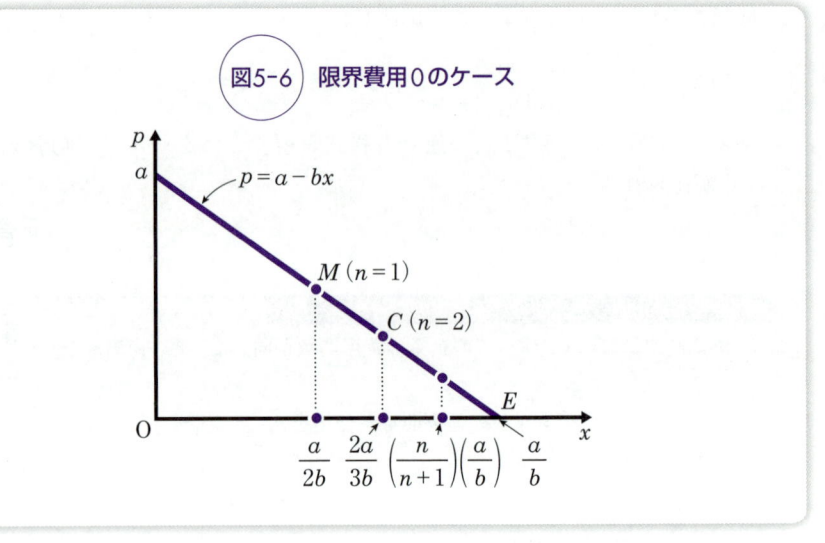

[図: 需要曲線 $p = a - bx$ 上に点 $M(n=1)$, $C(n=2)$, E が示され、横軸上に $\frac{a}{2b}$, $\frac{2a}{3b}$, $\left(\frac{n}{n+1}\right)\left(\frac{a}{b}\right)$, $\frac{a}{b}$ が示されている]

を得る。さらにすべての企業の費用関数が同一なので，(5.29)式のすべての $j = 1, \cdots, n$ について加えると，$n \cdot y_j = x$ より，$n(a - bx) - bx = nc$ すなわち，

$$(5.30) \quad x = \left(\frac{n}{n+1}\right)\left(\frac{a-c}{b}\right)$$

が得られる。(5.30)式の x の値を需要曲線に代入して，均衡価格を求めると，

公式 5.9　$x = \left(\dfrac{n}{n+1}\right)\left(\dfrac{a-c}{b}\right), \quad p = \dfrac{a+nc}{n+1}$

とまとめられる。**図5-6**は限界費用 c が0のときのクールノー解を表している。$n = 1, n = 2$ のときの均衡は，**公式5.9**に $n = 1, n = 2, c = 0$ を代入すると

$$M = \left(\frac{a}{2b}, \frac{a}{2}\right), \quad C = \left(\frac{2a}{3b}, \frac{a}{3}\right)$$

となることがわかる。それぞれは，独占解，クールノー複占解である。n を大きくしていくとクールノー解は需要曲線上に沿って点 E に近づいていく。E は $c = 0$ のときの限界費用曲線（横軸）と需要曲線の交点なので，完全競争解とみなされる。

正答　**2**

例題5.2-3　シュタッケルベルグ均衡

ある財の市場の需要曲線が，

$x = 64 - p$　　〔x：需要量，p：価格〕

で示されるものとする。この市場は2つの企業1，2によって支配されており，企業i（$i = 1, 2$）の費用曲線は，それぞれ，

$C_1 = 2x_1 + 10$, $C_2 = 3x_2 + 5$　　〔C_i：企業iの総費用，x_i：企業iの生産量〕

で示されるとする。企業1は企業2の供給量x_2を所与のものとして自己の利潤を最大にするように供給量x_1を決定する。他方，企業2はそのような企業1の行動様式を知っており，そのことを前提にして自己の利潤を最大にするように供給量x_2を決定する。このとき，均衡における2企業の供給量の組合せとして，正しいものはどれか。(国家総合職)

	企業1	企業2
1	12	30
2	16	16
3	16	30
4	30	12
5	30	16

解説

企業2の供給量x_2を一定とみなして行動する企業1は，**追随者**と呼ばれる。需要曲線は$p = 64 - (x_1 + x_2)$なので，追随者である企業1の利潤は

(5.31)　　$\pi_1 = [64 - (x_1 + x_2)]x_1 - (2x_1 + 10) = -x_1^2 + (62 - x_2)x_1 - 10$

(5.32)　　$\dfrac{\partial \pi_1}{\partial x_1} = -2x_1 + (62 - x_2) = 0$

より，反応関数 $x_1 = \dfrac{62 - x_2}{2}$ を得る。

一方，企業1の反応関数を知ったうえで行動する企業2は，**先導者**と呼ばれる。先導者である企業2の利潤 $\pi_2 = [64 - (x_1 + x_2)]x_2 - (3x_2 + 5)$ に企業1の反応関数を代入した，

(5.33)　　$\pi_2 = \left[64 - \left(\dfrac{62 - x_2}{2} + x_2\right)\right]x_2 - (3x_2 + 5) = -\dfrac{1}{2}x_2^2 + 30x_2 - 5$

(5.34)　　$\dfrac{\partial \pi_2}{\partial x_2} = -x_2 + 30 = 0$

より，$x_2 = 30$である。そのとき，企業1の生産量は$x_1 = \dfrac{62 - 30}{2} = 16$である。

生産量の組 (16, 30) は企業1を追随者，企業2を先導者とする**シュタッケルベルグ均衡**と呼ばれる。

正答　3

例題5.2-4　ベルトラン＝ナッシュ均衡

2企業が複占している市場での競争を考える。これらの企業の生産している財は差別化されている。企業1がつける価格をp_1とし，企業2がつける価格をp_2とすると，企業1の生産財に対する需要関数は$d_1(p_1, p_2) = 12 - 3p_1 + p_2$であり，企業2の生産財に対する需要関数は$d_2(p_1, p_2) = 12 - 3p_2 + p_1$であるとする。それぞれの企業の限界費用は生産額にかかわらず，ともに1であり，固定費用はともにゼロである。この市場では，企業は価格を同時に設定して競争しているとする。ベルトラン＝ナッシュ均衡において企業1がつける価格はいくらか。

なお，これらの需要関数をもとに計算すると需要量が負になるような価格の下では，需要量はゼロとする。(国家総合職)

1　1　　**2**　2　　**3**　$\dfrac{9}{4}$　　**4**　3　　**5**　$\dfrac{22}{7}$

解説　複占市場において，クールノー競争がライバル企業の生産量を所与として自身の生産量を選択し利潤最大化を試みるのに対して，**ベルトラン競争**ではライバル企業の価格を所与として自身の価格を選択し，利潤の最大化をめざす。財が同質的な場合，需要者は安い価格をつけた企業から財を購入する。もしも両企業の固定費用がゼロで限界費用が等しいならば，市場均衡において価格と限界費用が等しくなる。しかし，例題のように製品が差別化されている場合は，以下のように価格を変数とする反応関数を解くことになる。

企業の費用関数C_1は限界費用×生産量であり，企業1の生産量と企業1に対する需要は等しいので，$C_1 = 1 \cdot d_1$である。よって，企業1の利潤関数は

(5.35) $\quad \pi_1 = p_1 d_1 (p_1, p_2) - C_1 = (p_1 - 1)(12 - 3p_1 + p_2)$

である。同様に，企業2の利潤関数は

(5.36) $\quad \pi_2 = (p_2 - 1)(12 - 3p_2 + p_1)$

である。(5.35)式をp_1について最大化し，(5.36)式をp_2について最大化すると，

(5.37) $\quad \dfrac{\partial \pi_1}{\partial p_1} = (12 - 3p_1 + p_2) - 3(p_1 - 1) = 0$

(5.38) $\quad \dfrac{\partial \pi_2}{\partial p_2} = (12 - 3p_2 + p_1) - 3(p_2 - 1) = 0$

(5.37)式,(5.38)式を整理すると,

(5.39) $\quad p_1 = \dfrac{p_2}{6} + \dfrac{5}{2}, \qquad p_2 = \dfrac{p_1}{6} + \dfrac{5}{2}$

(5.39)式は,企業1,企業2の反応関数である。これらを解くと,$p_1 = p_2 = 3$ である。

正答 4

例題5.2-5 参入阻止価格

需要曲線が,$D = 10 - p$〔p:価格,D:需要量〕で示される市場を企業1が独占しているとする。企業1の費用曲線は,$c_1 = 2x_1$〔c_1:企業1の費用,x_1:企業1の生産量〕であるとする。この市場に企業2が参入しようとしており,企業2の費用曲線は,$c_2 = 2x_2^2 + 2$〔c_2:企業2の費用,x_2:企業2の生産量〕であるとする。このとき企業1が企業2の参入を阻止するためには,市場に財を最小限いくら供給すればよいか。(国家総合職)

1 4　　**2** 5　　**3** 6　　**4** 7　　**5** 8

解説　既存企業が新規企業の参入を阻止するために,新規企業が参入を行っても平均費用が価格を上回り正の利潤を得られない水準に価格をとどめる。図5-7において,DDを市場の需要曲線とする。既存の企業1がx_1を生産すると,潜在的な参入企業2は,O_2を原点としてDD上の残された需要に直面する。図5-7(i)は企業2が正の利潤をあげられる例であり,このとき企業2は市場に参入してくる。企業2の参入を防ぐためには,企業1は生産量

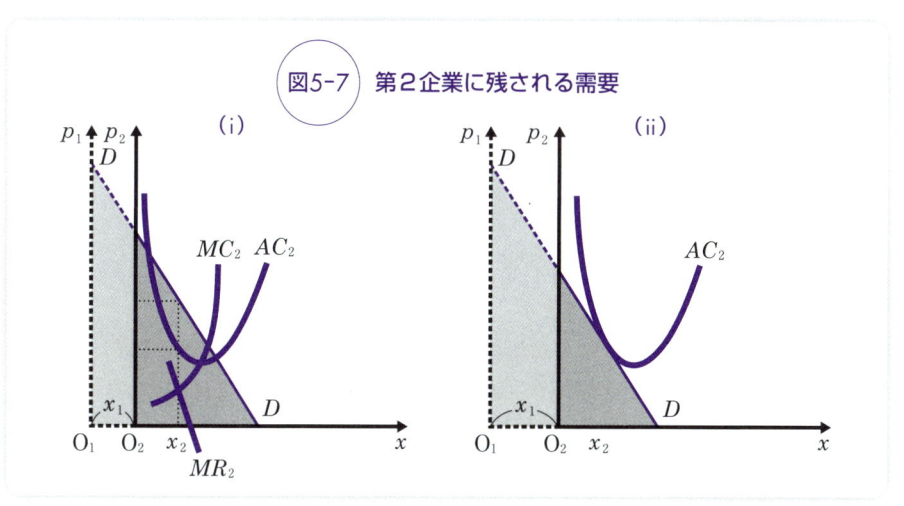

図5-7　第2企業に残される需要

を増やして，図5-7(ii)のように企業2の平均費用と企業2に残された需要曲線が接するようにする。このとき，企業2は決して正の利潤をあげることはできない。

需要曲線は $p = 10 - (x_1 + x_2)$ である。企業1の生産量を $\overline{x_1}$ とすると，企業2に残された需要曲線は $p = (10 - \overline{x_1}) - x_2$ である。図5-7(ii)のように，これが企業2の平均費用曲線に接するならば，企業2は利潤をあげることができない。平均費用曲線と，その微分は

$$(5.40) \quad AC_2 = x_2 + \frac{2}{x_2}, \quad \frac{\partial AC_2}{\partial x_2} = 1 - \frac{2}{x_2^2}$$

である。需要曲線の傾きが -1 なので

$$(5.41) \quad 1 - \frac{2}{x_2^2} = -1, \quad \text{すなわち} \quad x_2 = 1$$

のとき企業2の利潤はゼロである。$x_2 = 1$ を企業2の需要曲線と平均費用関係に代入すると，それぞれ価格と平均費用

$$(5.42) \quad p = 9 - \overline{x_1}, \quad AC_2 = 3$$

が求まる。(5.42)式の p と AC_2 の値が等しいことから，企業1は $\overline{x_1} = 6$ を選べばよい。このとき企業2の利潤は0である。もし，企業1がさらに $\overline{x_1} = 6$ 以上の量の財を供給するなら，企業2の利潤は負となってしまう。なお，ここでの価格 $p = 3$ は**参入阻止価格**である。

正答　3

例題5.2-6　独占的競争

企業 A は，独占的競争が成立している市場において生産活動を行っている。この企業の長期費用関数を，

$$C_A = 0.4 q_A^3 - 8.1 q_A^2 + 50 q_A \quad [q_A : 企業Aの生産量]$$

とし，この企業が直面する財の需要関数を，

$$D_A = 500 - 10 p_A - \sum_{i=1, i \neq A}^{n} q_i \quad [p_A : 企業Aの財の価格,\ q_i : 企業iの生産量]$$

であるとするとき，長期均衡においてこの市場に存在する企業数 n はいくつになるか。

ただし，この市場において生産活動を行う企業の費用関数および需要関数は，すべて同一であるとする。（国家総合職）

1 26　　**2** 36　　**3** 39　　**4** 41　　**5** 45

解説 **独占的競争**は，以下のような経済を想定している。製品差別化が存在し，個々の企業は，それぞれ右下がりの需要曲線を持つ市場で独占的に行動する。しかし，各製品は代替関係にあり，他の企業が市場に参入し，財の生産を開始すると，自社製品に対する需要が減少する。例題の需要関数は，まさにこのような性質を持つ。

独占的競争の短期均衡において，各企業は独占利潤を最大にするように行動するので，**公式5.1**より，$MR = MC$が成立する。しかし，長期均衡において，代表的企業が正の利潤を得ている限り，新規企業が参入するため企業数nが増加し，各企業が直面する需要が減少する。長期均衡においても，各企業は独占利潤を最大化するので$MR = MC$が成立するが，利潤がゼロとなるので，価格が平均費用と等しくなり$p = AC$が成立する。

例題の費用関数より，限界費用MCは

$$(5.43) \quad MC_A = 1.2 q_A^2 - 16.2 q_A + 50$$

である。企業Aの総収入TRに需要曲線を代入すると，

$$(5.44) \quad TR_A = p_A \cdot q_A = \frac{1}{10}\left(500 - q_A - \sum_{i=1, i \neq A}^{n} q_i\right) q_A$$

$$= 50 q_A - \frac{1}{10} q_A^2 - \frac{1}{10} \sum_{i=1, i \neq A}^{n} q_i \cdot q_A$$

であるので，限界収入MRは，

$$(5.45) \quad MR_A = 50 - \frac{1}{5} q_A - \frac{1}{10} \sum_{i=1, i \neq A}^{n} q_i$$

である。他の企業も同一の費用関数を持ち，同一の需要関数に直面しているので，企業A以外に$(n-1)$社だけ存在する企業についても，(5.44)式，(5.45)式が成立する。よって，すべての企業の生産量は同じになり，$\sum_{i=1, i \neq A}^{n} q_i = (n-1) q_A$ である。これを(5.45)式に代入すると，独占利潤最大化の条件$MR = MC$より，

$$(5.46) \quad q_A = \frac{27}{2} - \frac{n+1}{12}$$

である。これが短期均衡における企業Aの生産量である。

例題の費用関数より，平均費用ACは

$$(5.47) \quad AC_A = 0.4 q_A^2 - 8.1 q_A + 50$$

である。問題文の需要関数に$\sum_{i=1, i \neq A}^{n} q_i = (n-1) q_A$を代入し，市場の需給一致$D_A$

$= q_A$ を考慮すると，利潤ゼロ条件 $P = AC$ より，

$$(5.48) \quad q_A = \frac{81}{4} - \frac{n}{4}$$

である。(5.46)式と(5.48)式より，$n = 41$ である。

正答 4

練習問題

【No.1】 ある財の市場において需要曲線が，

$$D = 10 - p \quad [D:需要量, \ p:価格]$$

で示され，2つの企業がこの財を供給するものとする。2つの企業の費用関数は同一であり，

$$C = x^2 \quad [C:総生産費, \ x:生産量]$$

で示される。クールノー均衡におけるこの財の価格はいくらか。（国家専門職）

1 2 **2** 4 **3** 6 **4** 8 **5** 10

解説 例題5.2-1と同様に2つの企業を企業1，企業2と呼び，添え字1, 2で表す。需要曲線から，$p = 10 - (x_1 + x_2)$ である。企業1の利潤は，$\pi_1 = (10 - x_1 - x_2)x_1 - x_1^2 = -2x_1^2 + (10 - x_2)x_1$ である。x_1で微分すると，$\frac{\partial \pi_1}{\partial x_1} = -4x_1 + 10 - x_2 = 0$ であり，企業1の反応関数 $x_1 = \frac{10 - x_2}{4}$ を得る。まったく同様の計算により，企業2の反応関数は $x_2 = \frac{10 - x_1}{4}$ である。2つの反応関数を解くと，$x_1 = x_2 = 2$。需要関数に代入すると，価格は $p = 10 - 4 = 6$ である（正答は**3**）。

【No.2】 今，産業全体の需要曲線が $p = a - bX$ で示されているものとする。ただし，$p=$価格，$X=$需要量であり，a および b はプラスの定数である。そして生産者は n 人存在し，その生産費は生産量とは無関係にすべて一定の α の水準に固定しているものとする。このとき，すべての生産者がそれぞれの産業での供給量を所与とみなして行動するものとすれば，利潤極大の場合におけるこの産業での均衡価格はいくらか。（国家総合職）

1 $p = \dfrac{a}{n+1}$ **2** $p = \dfrac{na}{n+1}$ **3** $p = \dfrac{a + n\alpha}{n+1}$

4 $p = \dfrac{a - b}{n+1}$ **5** $p = \dfrac{n(a - \alpha)}{n+1}$

解説 生産費が一定 α ならば，限界費用は0である。よって**公式5.9**に $c = 0$ を代入して，$p = \dfrac{a}{n+1}$ である（正答は**1**）。

【No.3】 類似した商品を販売する2つの企業,企業1と企業2が直面する需要関数が,それぞれ,

$$x_1 = 140 - 10p_1 + 5p_2$$
$$x_2 = 56 + 4p_1 - 8p_2$$

$\begin{bmatrix} x_i:企業iの製品の需要量, \\ p_i:企業iの製品の価格(i=1,2) \end{bmatrix}$

で示されるものとする。

また,それらの企業の費用関数が,

$$C_1 = 2x_1 + 6$$
$$C_2 = 4x_2 + 2$$

$\begin{bmatrix} C_i:企業iの総費用, \\ x_i:企業iの生産量(i=1,2) \end{bmatrix}$

で示されるとする。

2つの企業は互いに他の企業の製品価格を所与とするものとして,自己の利潤が最大になるように自己の製品価格を決定するものとする。このとき均衡における両企業の製品価格の組合せとして,正しいものはどれか。(国家総合職)

	p_1	p_2
1	10	8
2	10	10
3	12	8
4	12	16
5	14	24

解説　企業1は企業2の製品価格p_2を所与として,自己の製品価格を決定するので,利潤を価格の関数とする。利潤$\pi_1 = p_1 x_1 - (2x_1 + 6)$に需要関数を代入して整理すると,$\pi_1 = -10p_1^2 + (160 + 5p_2)p_1 - (286 + 10p_2)$である。$\dfrac{\partial \pi_1}{\partial p_1} = -20p_1 + 160 + 5p_2 = 0$より,$\pi_1$は$p_1 = \dfrac{p_2 + 32}{4}$のときに最大化される。

同様に,企業2の利潤は$\pi_2 = p_2 x_2 - (4x_2 + 2) = -8p_2^2 + (88 + 4p_1)p_2 - (16p_1 + 226)$である。$\dfrac{\partial \pi_2}{\partial p_2} = -16p_2 + 88 + 4p_1 = 0$より,$\pi_2$は$p_2 = \dfrac{22 + p_1}{4}$のとき最大となる。

これらの連立方程式を解いて,$p_1 = 10$,$p_2 = 8$を得る。よって,正答は**1**である。

【No.4】 図のように企業1,2が同一の製品を供給する複占企業において企業1,2の等利潤曲線がそれぞれπ_1^j,π_2^j($j=1,2,3$),反応関数がそれぞれAB,CDで示されるとき,次のうち,正しいものはどれか。ただし等利潤曲線とは企業1,2についてそれぞれ一定水準の利潤を確保する産出量y_1,y_2の組合せの軌跡であり,反応曲線とは相手企業の産出量が与えられたとき,その下で利潤を最大化する点の軌跡であるとする。また,曲線BCは両企業の等利潤曲線の接点の軌跡である。(国家総合職)

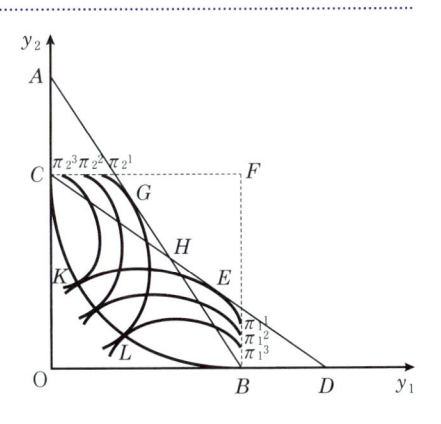

第5章 不完全競争

115

1 クールノー均衡は点Hで与えられるが，企業1の反応曲線の勾配が企業2の反応曲線のそれよりも急であるため，この経済におけるクールノー均衡は不安定となる。

2 クールノー均衡にあった両企業が，そこから協調的行動をとった結果，曲線KL上の任意の点に移動することによってどちらか一方の企業の利潤を減少させることなしに，他方の企業の利潤を増大させることができる。

3 企業1および2がそれぞれ先導者，追随者であるとき，シュタッケルベルグ均衡は点Gで与えられる。

4 両企業が互いに独立して利潤最大化を図った場合の均衡点は点Fで与えられ，クールノー均衡よりも両企業ともに利潤を増大化させることができる。

5 曲線BC上にあった両企業がそこから協調的行動をとった結果，反応曲線CHB上の任意の点に移動することによって両企業ともに利潤を増大させることができる。

解説　ABは企業1の反応曲線なので，下図のように企業2の生産量y_2^0が与えられると，AB上の点Nで，企業1の生産量y_1^0が決まる。y_1^0が決まると，企業2の反応曲線CD上で企業2の生産量y_2^1が決まる。よって右図のように，クールノー均衡Hは安定となる（**1**は誤り）。

クールノー均衡Hから点Lに移動すると，等利潤線より企業1の利潤はπ_1^3に，企業2の利潤はπ_2^1に上昇する。また，点Hから点Kに移動すると，企業1の利潤はπ_1^1に，企業2の利潤はπ_2^3に上昇する。よって，点HからKL間の曲線上の任意の点に移動すると，両企業の利潤が増大する（**2**は正しい）。

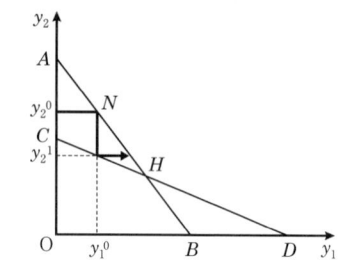

企業2が追随者なら，CDが企業2の反応曲線である。企業1は，CD上で自己の利潤を最大とする点Eを選ぶ。これがシュタッケルベルグ均衡である（**3**は誤り）。

点Fは，点Hより北東にあるので，利潤は両企業とも少なくなる（**4**は誤り）。曲線BC上の点から外れると，どちらかの企業の利潤は少なくなる（**5**は誤り）。

【**No.5**】　ある財の市場を企業1と企業2が支配しており，市場全体の需要曲線と各企業の費用関数がそれぞれ次のように与えられている。

$$d = a - p$$
$$c_i = bx_i$$

ここでdは需要量，pは価格，c_iは企業iの総費用($i=1, 2$)，x_iは企業iの生産量を表し，a, bはa>b>0となる定数である。このとき，両企業の生産量を表す右図に関する記述として妥当なのはどれか。（国家総合職）

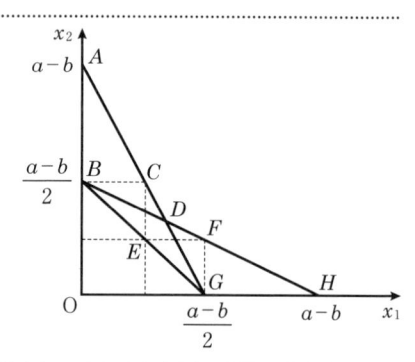

1 両企業が互いに相手企業の生産量を所与と想定してそれぞれ個別に利潤の最大化を図る場合，両企業の生産量の組合せを示す点はDであり，このときの両企業の生産量の総和は $\dfrac{3(a-b)}{4}$ である。

2 両企業が互いに相手企業の生産量を所与と想定してそれぞれ個別に利潤の最大化を図る場合，両企業の生産量の組合せを示す点は E であり，このときの両企業の生産量の総和は $\dfrac{a-b}{2}$ である。

3 企業1が企業2の生産量を所与と想定して利潤の最大化を図り，かつ，企業2がそのことを想定したうえで利潤の最大化を図る場合，両企業の生産量の組合せを示す点は F であり，このときの両企業の生産量の総和は $\dfrac{2(a-b)}{3}$ である。

4 企業1が企業2の生産量を所与と想定して利潤の最大化を図り，かつ，企業2がそのことを想定したうえで利潤の最大化を図る場合，両企業の生産量の組合せを示す点は C であり，このときの両企業の生産量の総和は $\dfrac{3(a-b)}{4}$ である。

5 両企業が共謀して利潤の総和を最大化する場合，両企業の生産量の組合せを示す点は D であり，このときの両企業の生産量の総和は $\dfrac{2(a-b)}{3}$ である。

解説 **1**，**2**がクールノー均衡，**3**，**4**がシュタッケルベルグ均衡，**5**が共謀解に関する出題である。まず，クールノー均衡を考える。企業 i は企業 j の生産量を所与として利潤を最大化するので（$i, j = 1, 2$），企業 i の利潤は

$$\pi_i = (a - x_i - x_j)x_i - bx_i \qquad \cdots\cdots\cdots\cdots ①$$

である。x_i について最大化すると，反応関数は

$$x_i = \dfrac{a - b - x_j}{2} \qquad \cdots\cdots\cdots\cdots ②$$

である。企業1，企業2の反応関数は，それぞれ直線 AG，BH となる。よって，クールノー均衡における各企業の生産量は $x_1 = x_2 = \dfrac{a-b}{3}$ であり，均衡点は D，生産量の総和は $\dfrac{2(a-b)}{3}$ である（**1**，**2**は誤り）。

次に，シュタッケルベルグ均衡を考える。企業1が追随者，企業2が先導者である。企業1の反応関数はクールノー均衡と同じ②式となる。これを企業2の利潤式に代入すると，①式より $\pi_2 = \left(a - x_2 - \dfrac{a - b - x_2}{2}\right)x_2 - bx_2$ である。$i = 1$，$j = 2$ として，②式を x_2 について最大化すると，$x_2 = \dfrac{a-b}{2}$ を得る。企業1の反応関数である②式に代入すると，$x_1 = \dfrac{a-b}{4}$ である。よって，シュタッケルベルグ均衡は点 C であり，産出量の合計は $x_1 + x_2 = \dfrac{3(a-b)}{4}$ である（**4**が正答）。

共謀解では，両企業は合計利潤の最大化をめざす。

$$X = x_1 + x_2 \qquad \cdots\cdots\cdots\cdots ③$$

とすると，①式より合計利潤は $\pi_1 + \pi_2 = (a - X)X - bX$ である。X について最大化すると，$X = \dfrac{a-b}{2}$ となる。③式より，$x_1 + x_2 = \dfrac{a-b}{2}$ であるので，線分 BG 間のすべての点で，両企業の利潤は最大化されている（**5**は誤り）。

【No.6】 独占的競争市場での企業行動に関する記述のうち，正しいものはどれか。（経済学検定試験）

(1) 独占的競争の場合には，企業の参入退出が可能であり，長期均衡が実現している場合には，平均費用が最小値となる生産の最小効率規模で生産が行われる。

(2) 独占的競争の場合には，企業の参入退出が可能であり，長期均衡が実現している場合には，「価格＝平均費用」が実現し利潤はゼロとなり，価格は限界費用よりも高くなる。ただし，平均費用曲線はU字型であるとする。

(3) 独占的競争の場合には，各企業が製品差別化を行っているので，各企業は自己の行動に対する他の企業の反応を考慮して行動する。

(4) 独占的競争の場合には，短期的には企業は価格支配力を有しているため利潤最大化条件は「限界収入＝限界費用」となるが，長期的には価格支配力を失い，利潤最大化条件は「価格＝限界費用」となる。

解説　独占的競争市場では，各企業は製品差別化のため，自身の製品を販売する市場において価格支配力を有し，利潤最大化条件は「限界収入（MR）＝限界費用（MC）」である。長期均衡において，ライバル企業の参入により，自身の製品への需要が減少し，利潤がゼロとなり，「価格＝平均費用（AC）」が実現する。独占的競争の長期均衡を表す以下の図において，$MR=MC$が成立する点Aにおいて生産量y^*が決まり，市場均衡である点Eにおいて価格p^*とACが等しくなる。図より，y^*の生産水準において「価格＝平均費用＞限界費用」が成立するので，正答は(2)である。

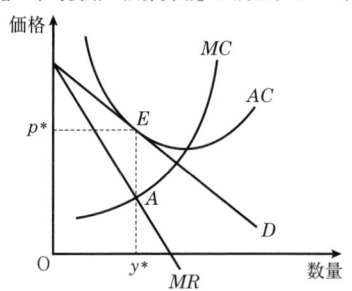

正答	【No.1】	3	【No.2】	1	【No.3】	1
	【No.4】	2	【No.5】	4	【No.6】	(2)

第6章

市場と社会的厚生

Markets and Social Welfare

6.1 余剰分析

例題6.1-1 過剰生産

図においてSは米の供給曲線，Dは米の需要曲線を示している。今，生産者米価を米農家の収入確保のために市場均衡価格より高いp_Sの水準に設定し，他方，消費者米価を消費者保護の観点からこれより低い水準p_Dに設定したものとする。このとき，米の二重価格制度により生ずる「死荷重」(dead weight loss) を記号で表せばどうなるか。(国家総合職)

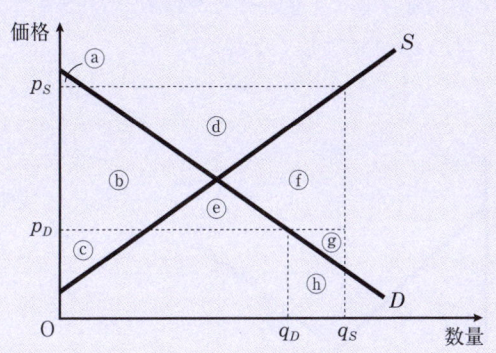

1　ⓕ+ⓖ+ⓗ
2　ⓕ+ⓖ
3　ⓑ+ⓓ+ⓔ+ⓕ+ⓖ+ⓗ
4　ⓑ+ⓓ+ⓔ+ⓕ+ⓖ
5　ⓑ+ⓓ+ⓔ+ⓕ

119

解説 政府は生産者から価格p_Sで米を購入するので，供給曲線上で生産量q_Sが決まる。生産者の収入は$p_S q_S$で，**生産者余剰**はⓑ，ⓒ，ⓓからなる三角形の領域となる。政府は消費者に米を価格p_Dで販売するので，需要曲線上で消費者の購入量q_Dが決まる。消費者の支出は$p_D q_D$，**消費者余剰**はⓐ，ⓑ，ⓔからなる三角形の領域である。一方，政府は，支出$p_S q_S$と収入$p_D q_D$の差を負担している。その額はⓑ，ⓓ，ⓔ，ⓕからなる長方形とⓖ，ⓗからなる長方形を合わせた領域の面積に等しい。よって，消費者と生産者の余剰の和をとり，政府の赤字額を引くと

(6.1)　　(ⓐ+ⓑ+ⓔ) + (ⓑ+ⓒ+ⓓ) − (ⓑ+ⓓ+ⓔ+ⓕ+ⓖ+ⓗ)
　　　　= ⓐ+ⓑ+ⓒ − (ⓕ+ⓖ+ⓗ)

となり，市場に任せた場合の余剰の和ⓐ+ⓑ+ⓒに比べてⓕ+ⓖ+ⓗに等しい厚生損失が出る。よって正答は**1**であろう。

　実は，上記の議論では十分でない。なぜなら米の売れ残り$q_S - q_D$が生じるからである。もしこの売れ残りを無償で廃棄するなら上の議論で正しい。しかし，もし政府が米の在庫を管理し，古米としてより低い価格で販売するなら，在庫費用プラス赤字の一部を回収するので，厚生損失はⓕ+ⓖ+ⓗと異なってくるであろう。この額はこの図からは明らかではない。これに対し，もし政府が生産者から価格p_Sで購入した量をすべて売り切るように（すなわち$q_S = q_D$となるように）消費者価格を定めるなら売れ残りは生じない。そのときの，余剰の和マイナス政府赤字額は，**図6-1**における$\triangle DES - \triangle EBA$となり，**厚生損失（死荷重）**は$\triangle EBA$に等しくなる。

正答　1

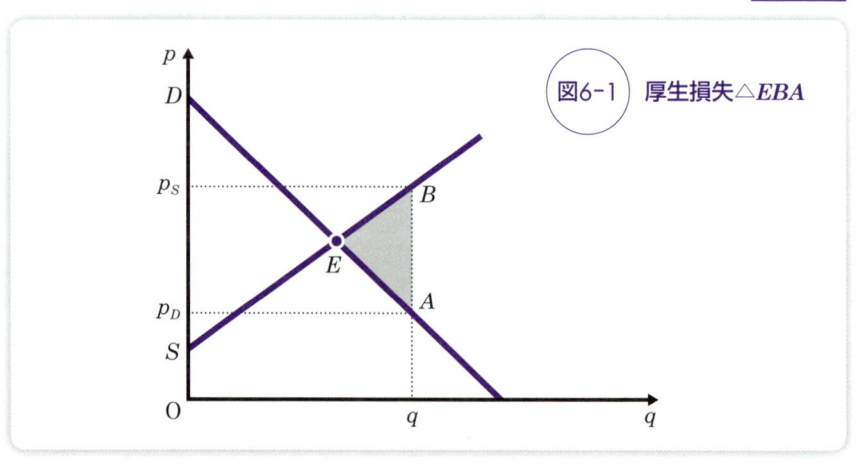

図6-1　厚生損失$\triangle EBA$

例題6.1-2　余剰の求め方

ある財の需要曲線が,
$$d = 100 - p \quad [d:需要量,\ p:価格]$$
で示されるとする。この財は独占企業によって供給され, 企業の費用曲線は
$$C = 0.5x^2 \quad [C:総費用,\ x:生産量]$$
で示されるとする。この財の需要者に補助金を与えるとき, 経済余剰を最大にする財1単位当たりの補助金の額はいくらか。(国家総合職)

1 10　　**2** 20　　**3** 30　　**4** 40　　**5** 50

解説　総費用 $C = 0.5x^2$ を微分して, 限界費用 $MC = x$ が得られる。1単位当たり t 円の補助金を消費者に与えると, 需要曲線は,

(6.2) $\quad p - t = 100 - x \quad$ すなわち $\quad p = 100 + t - x$

となる。**公式5.5**より, 限界収入は,

(6.3) $\quad MR = 100 + t - 2x$

である。独占企業の利潤最大化条件である**公式5.1**より $MR = MC$ なので,

(6.4) $\quad x_1 = \dfrac{100 + t}{3}$

で利潤が最大化される。(6.2)式〜(6.4)式より, 価格は,

(6.5) $\quad p_1 = \dfrac{2(100 + t)}{3} = 2x_1, \quad MR_1 = x_1$

である。消費者余剰と生産者余剰の和は図6-2の台形 $DFGO$ の面積である。(6.4)式より $100 + t = 3x_1$ なので, DO の長さは $3x_1$ である。(6.5)式より FG の長さは x_1 なので, 余剰の和 V は

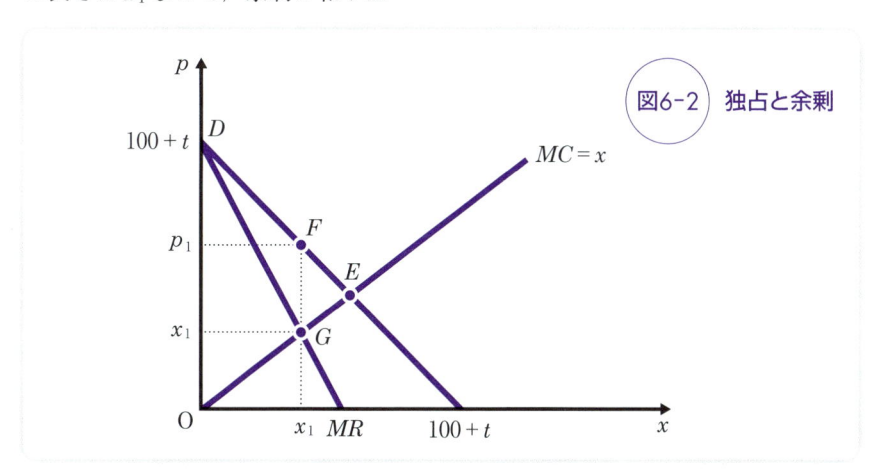

図6-2　独占と余剰

(6.6) $$V = \frac{(3x_1 + x_1)x_1}{2} = 2x_1^2$$

である。一方，政府の支出 B は $B = tx_1$ なので，(6.4)式を代入して t を消去すると，

(6.7) $$B = x_1(3x_1 - 100)$$

となる。$V - B$ が総余剰 W であるので，(6.6)式，(6.7)式より，$W = -x_1^2 + 100x_1$ である。これは $x_1 = 50$ のとき最大となる。(6.4)式より，これは $t = 50$ である。

正答 5

例題6.1-3 独 占

私的独占を禁止する経済学的根拠はどのようなものか（買い手独占の場合についても触れよ）。それにもかかわらず，運輸，電力等の分野で自然独占または公的独占が行われているのはなぜか。(公認会計士)

解説 価格が限界費用と等しいとき，余剰の和が最大化される。完全競争市場では，政府が介入しない限り，価格は需要曲線と供給曲線の交点で決まり，当然，限界費用とも等しくなる。しかし，売り手独占市場（**図6-3**）では，利潤最大点で価格は限界費用を上回り，生産量は過少となっている（例題5.1-1参照）。その結果，三角形状の領域 MER の面積に等しい厚生損失が生ずる。消費者余剰は三角形 DMp_1，生産者余剰は濃い影をつけた領域 p_1MRF である。利潤は四角形 p_1MCp_2 の面積に等しい。

また，生産要素の市場が買い手独占である場合（**図6-4**）には，買い手の独占企業は，限界生産物収入（MRP）と限界要素費用（MFC）を等しくするように

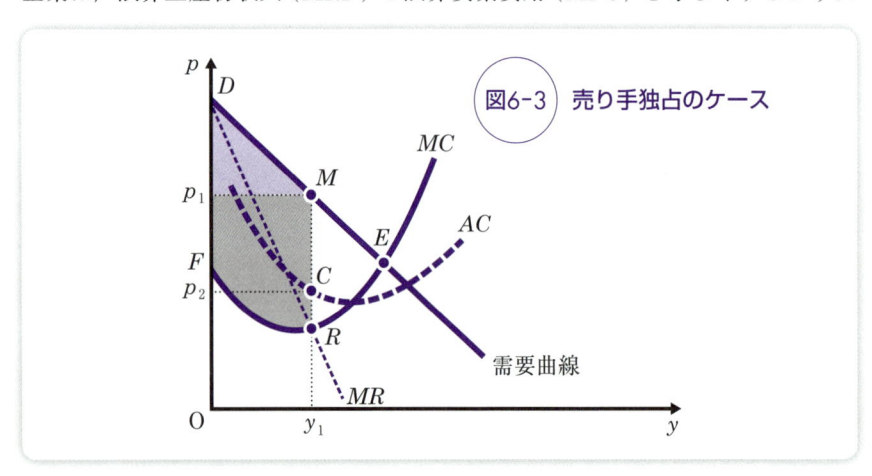

図6-3 売り手独占のケース

図6-4 買い手独占のケース

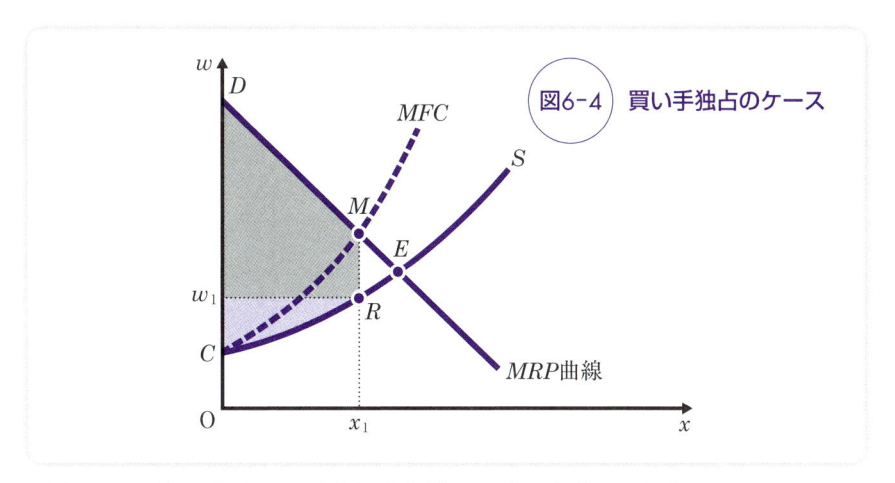

要素の需要量 x_1 を決め，要素供給曲線上で購入価格 w_1 を決める。なお MRP 曲線は要素需要曲線であり，この要素が完全競争的に需要される場合には限界生産物曲線と一致する（例題5.1-5を参照せよ）。買い手の余剰は濃い影の領域 $DMRw_1$，売り手の余剰は淡い色の領域 w_1RC である。よって厚生損失は三角形状の領域 MER である。

以上のように，市場が独占されている場合には生産が過少になり，また厚生損失が生じる。よって，財が十分に供給され，また厚生が最大化されるためにも，政府は独占を禁じ競争を促す政策をとろうとする。**自然独占**とは，生産量の広範囲な値にわたって平均費用が逓減する産業，すなわち**費用逓減産業**で見られる独占のことである。**図6-5**はこのケースで，点 M が独占利潤を最大とする点である。限界費用の総和は**図6-5**の影の領域の面積に等しく，それを収入

図6-5 費用逓減産業

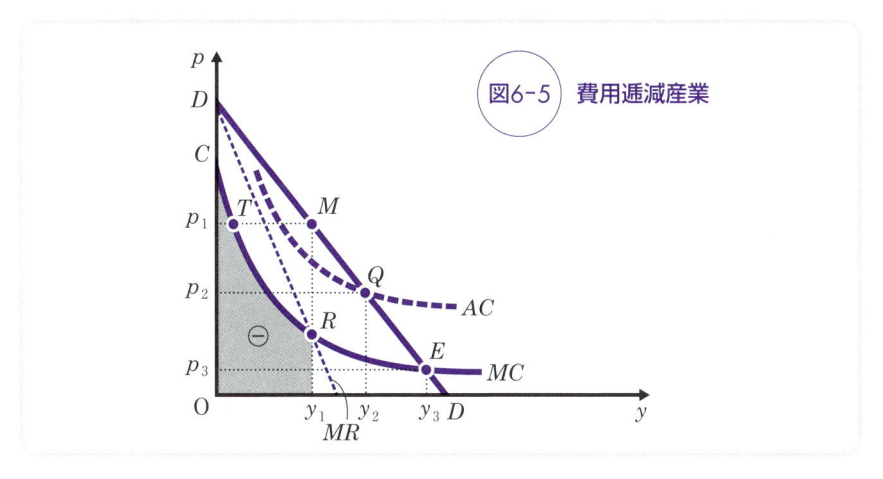

図6-6 余剰の和

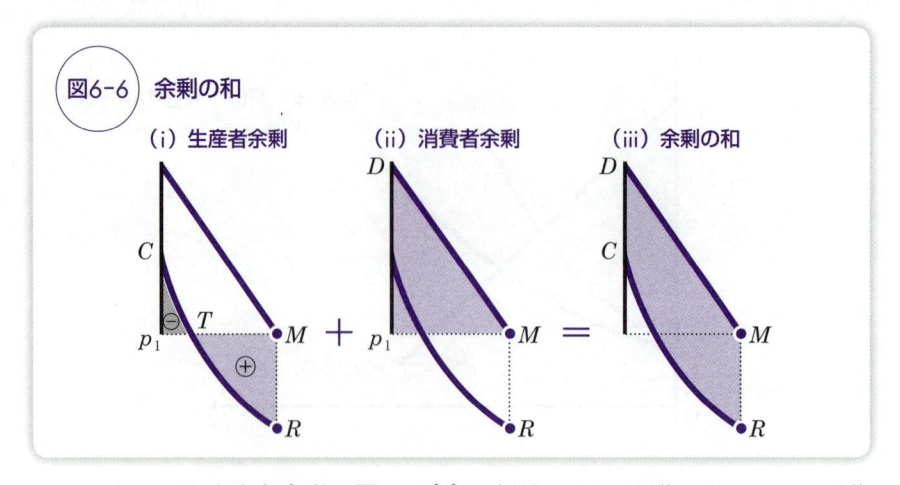

（ⅰ）生産者余剰　＋　（ⅱ）消費者余剰　＝　（ⅲ）余剰の和

p_1y_1から引いた生産者余剰は**図6-6（ⅰ）**の領域TMRの面積からCTp_1の面積を引いた値である。一方，消費者余剰は三角形DMp_1（**図6-6（ⅱ）**）なので，余剰の和は領域$DMRC$となる。

　この産業が私企業によって独占されるなら解は点Mとなり，生産量は過少で厚生損失が生じる。一方，市場を完全競争的にしようとしても，均衡Eでは価格p_3が平均費用より低く利潤が負となるので，この価格での市場にとどまる企業はいない。そこで，政府はこの産業を公益企業に独占させ，一方で価格と生産量の決定に介入して，十分な供給量を確保しようとする。このようにして，費用逓減産業は公益企業によって運営されることになる。

　価格を，余剰を最大化する水準p_3に決めることを**限界費用価格形成**と呼ぶ。価格が限界費用に等しいときに，余剰の和が最大化されることは，**ホテリング**によって指摘されたことである。しかし，この方法では企業に赤字が出る。これに対し，価格を収入と費用がバランスする水準p_2に決めることを**平均費用価格形成**あるいは**独立採算制**と呼ぶ。

　余剰の和を最大化しつつ，企業の赤字をカバーする方法もないわけではない。それは，差別価格を利用することである。電気料金は深夜に低く，昼間は割高に設定している。水道料金は大量消費者に割安で，家庭での消費者には割高である。以上はすべてその例である。また消費をしなくとも契約している限りは，毎月かけられる基本料金は，小口消費者の料金を一層割高にしている。このようにすると，消費者余剰が減少し，それが生産者余剰として吸収されるが，供給量については高い水準を維持することができるのである。

正答　解説参照

練習問題

【No.1】 図はA財とB財の市場を表している。両方の市場に，単位数量当たり2の従量税を課税する。そのときの税収はそれぞれ18と32で合計50となり，両市場に死荷重（超過負担）が発生する。

一方，A市場にだけ従量税を課税して50の税収を確保する場合，単位数量当たりの税の大きさは10になるが，そのときの死荷重は，A財とB財の両市場に課税したときの死荷重の何倍になるか。（国家専門職）

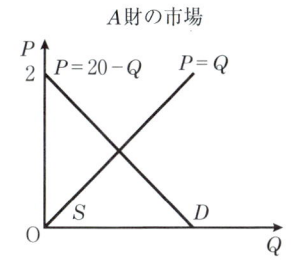

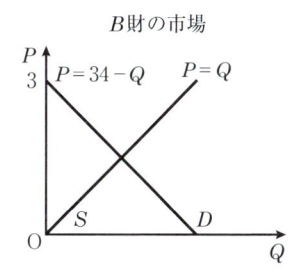

A財の市場：$P=20-Q$，$P=Q$
B財の市場：$P=34-Q$，$P=Q$

[P：価格，Q：数量，D：需要曲線，S：供給曲線]

1 2倍　**2** 5倍　**3** 7.5倍　**4** 12.5倍　**5** 25倍

解説 A市場の均衡は(10, 10)，B市場の均衡は(17, 17)である。単位当たり2の従量税を課すと，税収がそれぞれ18, 32なので，それを2で割った，9, 16が生産量である。供給曲線の上方へのシフトが2で，生産量の減少が1なので，厚生損失は，ともに $\frac{2 \times 1}{2} = 1$ である。よって両市場の厚生損失の合計は2である。

Aのみに10の従量税を課して，50の税収を得ると，生産量は $\frac{50}{10} = 5$ である。よって，生産量は10-5=5減少した。厚生損失は，$\frac{10 \times 5}{2} = 25$ である。よって，$\frac{25}{2} = 12.5$ 倍である（正答は **4**）。

【No.2】 ある費用逓減産業が生産する財に対する需要曲線および限界費用曲線が，それぞれ，

$D = 200 - 2P$
$MC = 20$

[D：需要，P：価格
MC：限界費用]

で示されるとする。最適な資源配分を達成するように政府が価格を設定する場合，次の記述のうち，妥当なものはどれか。（国家総合職）

1 固定費用が20より小さければこの企業は正の利潤をあげることができるので，政府の補助を受けずに生産を続ける。
2 固定費用が6400より小さければ，この財の生産を補助することが経済的に正当であると認められるので，政府は固定費用分の補助を行う。
3 この企業は固定費用の水準にかかわらず財を80だけ生産する。
4 固定費用が消費者余剰と生産者余剰の和を上回っている限り，この企業が政府の補助を

受けて生産を続けることは社会的に望ましいといえる。
5 固定費用が存在する限り，この企業は赤字となり，財を供給することは社会的に見て望ましくないので生産をやめる。

|解説| 限界費用20と需要価格$P = 100 - 0.5x$が等しいとき，最適な資源配分が実現されるので，$100 - 0.5x = 20$である。このとき，生産量は160，価格は20である。社会的余剰は，(0, 100)，(0, 20)，(160, 20)のつくる三角形，すなわち高さが80，底辺が160の三角形の面積$(160 \times 80) \div 2 = 6400$で表される。よって，固定費用がこの余剰より小さいなら生産を続けることが望ましい（正答は **2**）。

【No.3】 A，Bの2産業において供給が行われており，それぞれの産業における需要曲線と費用が次式で与えられている。

$A：P_A = 20 - 0.5Q_A$，$AC_A = MC_A = 10$
$B：P_B = 40 - Q_B$，$AC_B = MC_B = 30$

このとき，独占による厚生の損失はどちらがどれだけ大きいか。（地方上級）

1 Aのほうが12.5大きい。
2 Bのほうが12.5大きい。
3 Aのほうが25大きい。
4 Bのほうが25大きい。
5 Aのほうが50大きい。

|解説| **公式5.5**より限界収入曲線は，$MR_A = 20 - Q_A$，$MR_B = 40 - 2Q_B$である。限界費用は，$MC_A = 10$，$MC_B = 30$である。**公式5.1** $MR = MC$より$Q_A = 10$，$Q_B = 5$である。需要曲線から，$P_A = 15$，$P_B = 35$である。
一方，完全競争解は，需要曲線と限界費用を等しく置いて，生産量を$\overline{Q_A} = 20$，$\overline{Q_B} = 10$である。価格は需要曲線から$\overline{P_A} = 10$，$\overline{P_B} = 30$である。限界費用が10，30であることを考慮すると，厚生損失は，Aが(10, 15)，(10, 10)，(20, 10)のつくる三角形の面積$(15 - 10) \times (20 - 10) \div 2 = 25$，$B$が(5, 35)，(5, 30)，(10, 30)のつくる三角形の面積$(35 - 30) \times (10 - 5) \div 2 = 12.5$である。よって，$A$が12.5大きい（正答 **1**）。

【No.4】 ある財の需要曲線が，
$D = 90 - 2p$ 〔p：価格，D：需要量〕
総費用曲線が，
$TC = 2Q^2$ 〔TC：総費用，Q：生産量〕
であるとする。
この財が利潤の最大化を図る独占的企業によって供給された場合に生じる死荷重は，市場が完全競争的である場合の社会的余剰の何％に当たるか。（国家総合職）

1 1％   2 2％   3 3％   4 4％   5 5％

|解説| 需要曲線が$p = 45 - 0.5x$なので，**公式5.5**より限界収入は$MR = 45 - x$。総費用が$TC = 2x^2$なので，これを微分すると，限界費用$MC = 4x$が得られる。
独占企業の生産量は**公式5.1** $MR = MC$から$x = 9$。完全競争企業の生産量は，MCと需要曲線を等しく置いて，$x = 10$。

図から，最大余剰である三角形AEOと死荷重である三角形BERの面積の比は，$10^2:1=100:1$である。よって，正答は**1**である。

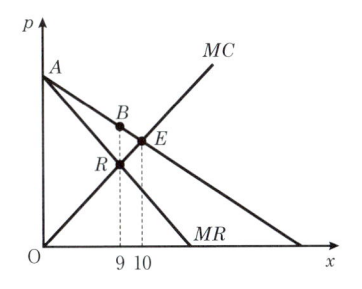

【No.5】 政府が有料道路の料金体系を検討している。この道路の平日の車の通行量をxで表し，週末の車の通行量をyで表す。また，平日の通行料金をpで表し，週末の通行料金をqで表すと，この有料道路の需要関数は

$x = 20 - p$
$y = 12 - q$

で表されるとする。道路を管理運用するための費用Cは，平日と週末の通行料によって決まり，$C = x^2 + xy + y^2$となる。

社会的余剰を最大にするような料金体系として正しいのはどれか。（国家総合職）

1 $(p, q) = (10, 6)$
2 $(p, q) = (10, 10)$
3 $(p, q) = (12, 8)$
4 $(p, q) = (14, 10)$
5 $(p, q) = (16, 8)$

解説 消費者余剰と生産者余剰の和である社会的余剰が最大化されるのは，平日と休日それぞれの市場において，需要曲線と限界費用曲線の交点において価格が設定されたときである。平日の限界費用をMC_xとすると，$MC_x = 2x + y$である。休日の限界費用をMC_yとすると，$MC_y = x + 2y$である。平日と休日の需要関数より，それぞれの市場において価格と限界費用が等しくなるのは，$p = MC_x$，$q = MC_y$より，$20 - x = 2x + y$，$12 - y = x + 2y$である。この2式より，最適な通行量は，$x = 6$，$y = 2$である。これらを需要関数に代入すると，$p = 14$，$q = 10$を得る。よって，正答は**4**である。

正答 【No.1】 4　【No.2】 2　【No.3】 1　【No.4】 1　【No.5】 4

6.2 パレート効率性

> **例題6.2-1 契約曲線**
>
> AとBの2人からなる社会で，代替可能なX財とY財が効率的に生産され，2人に分配されるときのAおよびBのX財とY財の消費量をそれぞれ，X_A, Y_A, X_B, Y_Bとする。AとBの効用関数が$U_A = X_A \cdot Y_A$, $U_B = 2(X_B + Y_B)$, Bの効用水準が90のとき，パレート最適点におけるAの効用水準はいくらか。ただし，$X=20$, $Y=50$とする。（地方上級）
>
> **1** $108\dfrac{2}{5}$ **2** $114\dfrac{1}{3}$ **3** 121 **4** 138 **5** $156\dfrac{1}{4}$

解説　「ある個人の効用を減少させずに，ある個人の効用を高めるように財を再配分することは不可能である」状態を，**パレート最適**という。ここで，個人Bの効用水準を固定して個人Aの効用水準をこれ以上高めることができない状態，つまり個人Aの効用が最大化された状態を考える。経済全体の資源の総量は，

(6.8)　　$X_A + X_B = 20$,　$Y_A + Y_B = 50$

であるので，これをU_Bに代入してX_B, Y_Bを消去すると，

(6.9)　　$U_B = 140 - 2X_A - 2Y_A$　すなわち　$U_B - 140 + 2X_A + 2Y_A = 0$

である。(6.9)式を制約として，$U_A = X_A \cdot Y_A$を最大化するラグランジュ関数は，

(6.10)　　$L = X_A \cdot Y_A + \lambda(U_B - 140 + 2X_A + 2Y_A)$

である。(6.10)式をX_A, Y_A, λについて偏微分してゼロと置くと，

(6.11)　　$\dfrac{\partial L}{\partial X_A} = Y_A + 2\lambda = 0$

(6.12)　　$\dfrac{\partial L}{\partial Y_A} = X_A + 2\lambda = 0$

ならびに，(6.9)式を得る。(6.11)式，(6.12)式より，

(6.13)　　$X_A = Y_A$

である。この段階では，U_Bの値を特定化していないので，(6.13)式と資源制約(6.8)式を満たすすべてのX_A, Y_Aがパレート最適な資源配分である。

横軸にX財の総量，縦軸にY財の総量をとると，**エッジワースのボックス・ダイアグラム**の横の長さは20，縦の長さは50である。**図6-7**において，(6.13)式がパレート最適な資源配分を表す**契約曲線**となる。ただし，Y財の総量のほ

うが多いので，ボックス・ダイアグラムは長方形となり，折れ線 $O_A C O_B$ が契約曲線になる。契約曲線上の点，たとえば点 C は，パレート最適な資源配分を実現している。これは，点 C からどの方向に資源配分を変更しても，個人 A，B どちらかの効用水準が下がってしまうことから明らかであろう。

$O_A C$ 区間の契約曲線では，両個人の無差別曲線が接している。つまり，両個人の無差別曲線の傾きが等しい。よって，パレート最適な資源配分において，以下が実現している。

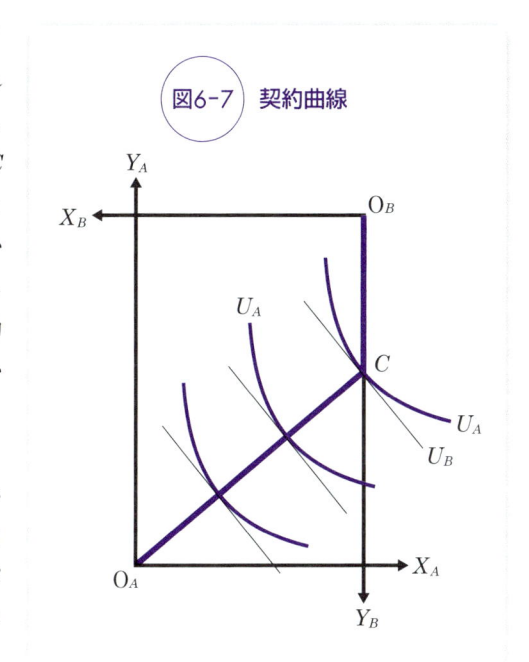

図6-7 契約曲線

公式 6.1　$MRS_A = MRS_B$

ただし，CO_B 区間はコーナー・ソリューションであるので，両個人の限界代替率は等しくないことに注意せよ。

例題に戻ろう。$U_B = 90$ より，これを (6.9) 式に代入すると，$X_A + Y_A = 25$ である。(6.13) 式より，$X_A = Y_A = \dfrac{25}{2}$ である。これを効用関数に代入すると，$U_A = \left(\dfrac{25}{2}\right)^2 = 156.25$ を得る。もちろん，例題を解くうえでは，$U_B = 90$ を (6.10) 式に代入してラグランジュ関数を最大化してもよい。

正答　5

公式6.1は，生産を考えない，2消費者による交換経済におけるパレート最適条件であった。ここで，生産を考慮したモデルにおけるパレート最適条件を解説しておこう。消費者の無差別曲線 uu と**生産可能曲線** QQ が図6-8 (i) に描かれている。生産可能曲線上で効用を最大化する点は E である。これは消費と生産を考慮したモデルでのパレート効率的な配分を表す。E では生産可能曲線

図6-8 パレート最適な配分

(i) $MRT = MRS$

(ii) $MRT = MRS_A = MRS_B$

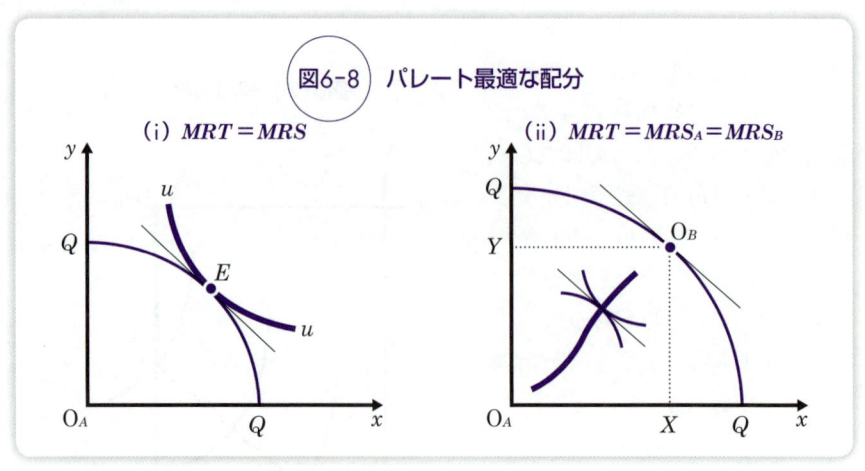

の傾きである**限界変形率**MRTと消費者の限界代替率MRSが等しくなる。完全競争市場の均衡では，価格比を通じてMRTとMRSの均衡が実現される。MRTとMRSの均衡はパレート効率性の条件として知られている。

公式 6.2
$MRT = MRS$

図6-8(ii)は，生産を考慮した2消費者（消費者A，消費者B）モデルにおけるパレート効率性を表している。生産可能曲線上の点O_Bにて，生産が行われたとしよう。すると，経済における財の総量，X, Yが決定される。すると，O_A, O_Bをそれぞれの消費者の原点とするエッジワースのボックス・ダイアグラムが描かれる。この場合のパレート効率性の条件は，**公式6.1**と**公式6.2**を合わせたものとなる。

公式 6.3
$MRT = MRS_A = MRS_B$

例題6.2-2　一般均衡解とコア

複数の消費者が当初保有している財の交換を行う純粋交換経済において，ワルラス的競争均衡の下で実現する財の配分（W-配分），パレート最適な財の配分（P-配分）および「コア」における財の配分（C-配分）に関する次の記述のうち，正しいものはどれか。（国家総合職）

1　W-配分もP-配分もともにC-配分である。

2 C-配分はP-配分であるが，W-配分はC-配分ではない．
3 C-配分はP-配分であり，消費者が多数存在する場合は，W-配分でもある．
4 C-配分はW-配分であり，消費者が多数存在する場合はP-配分でもある．
5 P-配分はC-配分であり，消費者が多数存在する場合はW-配分でもある．

解説 2人の消費者と，財1，財2が存在する経済を考える．一方の消費者の初期保有量を(w_1, w_2)，もう一方の消費者の初期保有量を(w_1', w_2')とする．**図6-9**のエッジワースのボックス・ダイアグラムは，w_1+w_1'を横，w_2+w_2'を縦とする長方形である．点Cは初期保有量を表す．2人の効用がともにCよりも高いのは，**図6-9**のレンズ形の領域の内部の点である．契約曲線以外の任意の点に対しては，その点を通る2人の無差別曲線が互いに交差して，レンズ形の領域を囲むことになる．よってCを初期保有量とする2人の個人が，交渉によって財の再配分（交換）を行うなら，契約曲線のレンズ形の領域内の部分，すなわち曲線ABの上の点のいずれかを選ぶであろう．曲線ABは**コア**と呼ばれる配分の集合である．

点Cにて2人が財を初期保有し，財の価格が与えられるとする．2人は，それぞれ

(6.14)　　　$p_1 x_1 + p_2 x_2 = p_1 w_1 + p_2 w_2$

(6.15)　　　$p_1 x_1' + p_2 x_2' = p_1 w_1' + p_2 w_2'$

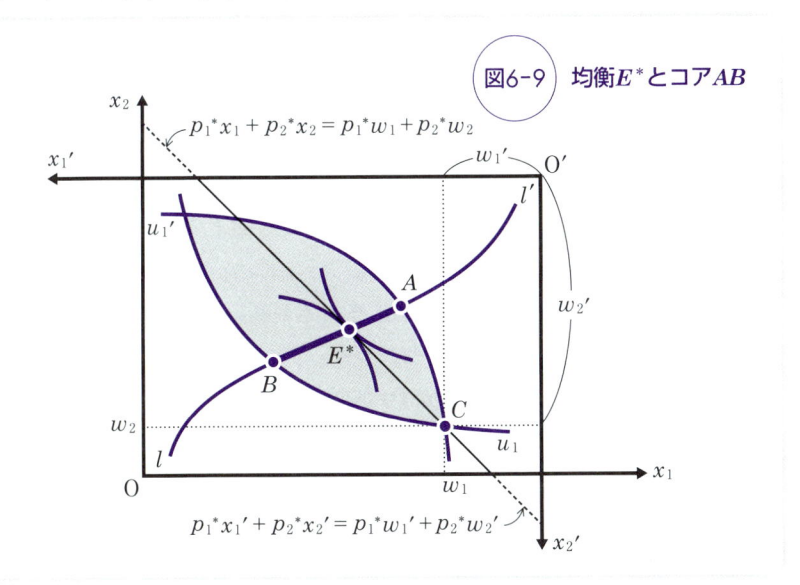

図6-9　均衡E^*とコアAB

の予算制約式に従って需要量を決定する。(6.14) 式，(6.15) 式のそれぞれはO，O'を原点とするとき，どちらも点Cを通る直線を表す。価格比$\frac{p_1}{p_2}$が変わると直線はCを中心に回転する。2人の財への需要量の和が財の総存在量と一致するときに，均衡が達成される。そのときの価格をp_1^*，p_2^*とすると

公式 6.4 $\dfrac{p_1^*}{p_2^*} = MRS = MRS'$

が成り立つ。図6-9の点E^*は**公式6.4**の条件を満たす点である。

以上のようにパレート効率的な配分（図6-9の曲線ll'）の一部分がコア（図6-9の曲線AB）であり，そのまた一部分が均衡（図6-9の点E^*）である。例題の選択肢のうち**1**と**5**は，P-配分でC-配分でないものが存在するので誤り，**2**はW-配分すなわち均衡がC-配分なので誤り，**4**はC-配分で均衡でないものもあるので誤りである。よって**3**が正答であるが，消費者が多数存在するC-配分がW-配分でもあるという点について注釈を要するであろう。

ここでは厳密な定義を与えることはしないが，2人以上の個人が存在する場合のコアは，一種の団体交渉を通じた取引の解の概念である。しかも個人の数が増加するに従い，コアにおける配分は次第に市場均衡解での配分に近づいてゆく。実際，4人からなる経済を想定し，そのうち2人ずつが同じ初期保有量と無差別曲線の形状を持っていると仮定すると，図6-9を用いて，コアが曲線ABよりも小さな集合となることを証明できる。消費者の数が増加してゆくと，最終的にはコアは均衡に一致する。これを**コアの極限定理**と呼ぶ。

以上において，パレート効率性は個人の初期保有量を特定化せずに，資源の総存在量を所与として定義された。一方，均衡やコアは消費者の初期保有量を特定化して定義された。コアは市場ではなく，交渉を通じた解，均衡は市場価格を媒介とした解である。交渉による解（コア）の分析はエッジワース，一般均衡モデルにおける均衡の分析は**ワルラス**の業績にさかのぼることができる。一般均衡解の存在については**マッケンジー**，**アロー**と**デブルー**が，極限定理についてはデブルーと**スカーフ**が厳密な証明を与えた。

正答 3

例題6.2-3　厚生経済学の基本定理

図は，2財 X, Y および2消費者 A, B からなる経済におけるエッジワースのボックス・ダイアグラムであり，曲線 I_A, I_A', I_A'' は消費者 A の無差別曲線，曲線 I_B, I_B', I_B'' は消費者 B の無差別曲線，曲線 CC' は契約曲線である。点 E は2消費者の財の初期保有の状態を表す。図中の各点が表す財の配分に関する次の記述のうち，妥当なものはどれか。（国家総合職）

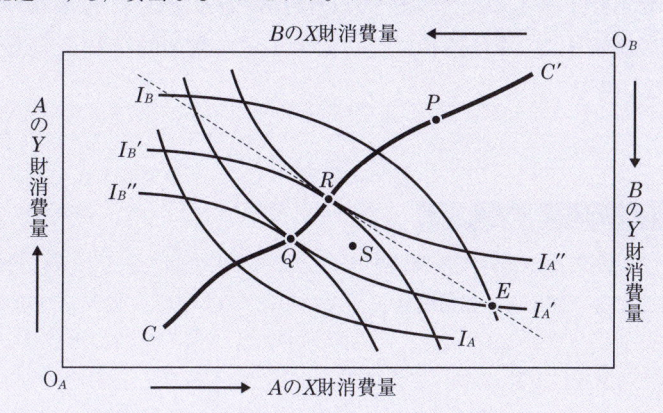

1. 点 S より点 Q のほうが社会厚生の観点から望ましい配分であるが，点 Q より点 R のほうが望ましいとは必ずしもいえない。
2. 点 Q の配分は，適当な所得移転を行うことにより，市場メカニズムを通じて達成することが可能である。
3. 点 Q の配分においては，2消費者の2財の限界代替率は等しいが，点 P ではそれらは必ずしも等しくない。
4. 点 R の配分はパレート最適であるが，競争均衡において実現する配分ではない。
5. 点 S は「コア」の配分であるが，競争均衡において実現する配分ではない。

解説　**厚生経済学の第一定理**とは，「任意の市場均衡はパレート最適である」というものである。競争均衡では，すべての経済主体が価格を所与として行動し，**公式6.4**が成立する。パレート最適では，**公式6.1**が成立していた。**公式6.4**が成立すれば**公式6.1**も成立する。

厚生経済学の第二定理とは，「財の総量を所与として得られる任意のパレート効率的な配分（つまり契約曲線上の任意の点）は，適当に初期保有を再配分して得られる経済の市場均衡として達成される」というものである。たとえば，問題文の図において，契約曲線上の点 R を市場均衡として達成したいとしよう。そのためには，点 R における無差別曲線の接線上にある点，たとえば点 E に初

133

期配分を変更する（再配分を行う）と，点Rはこの接線の傾きを価格比とする市場均衡になる。

　例題に戻ろう。**2**が厚生経済学の第二定理の内容を述べているので，**2**が正答である。なお，他の選択肢についての解説は，以下である。点Pと点Rと点Qはパレート効率的である（**3**は誤り）。点Sから点Qへ配分を変更すると，消費者Aの効用が下がるので，点Sと点Qは比較できない（**1**は誤り）。点Rは競争均衡で実現する（**4**は誤り）。コアはパレート効率的なので，点Sはコアでない（**5**は誤り）。

正答　2

例題6.2-4　オファー曲線の導出

2人2財からなる純粋交換経済の下で，この2人の個人をそれぞれ個人A・個人Bとする。個人Aの効用関数$U_A(X_A, Y_A) = X_A^{\frac{2}{5}} Y_A^{\frac{3}{5}}$，個人$B$の効用関数$U_B(X_B, Y_B) = X_B^{\frac{3}{5}} Y_B^{\frac{2}{5}}$，$(X_i, Y_i \langle i = A, B \rangle$は，それぞれ個人$i \langle i = A, B \rangle$が消費する$X$財，$Y$財の量），また個人$A$および個人$B$の$X$，$Y$両財の初期保有量は個人$A：X_A = 10$（単位），$Y_A = 4$（単位），個人$B：X_B = 6$（単位），$Y_B = 8$（単位）とし，$X$財，$Y$財の価格をそれぞれ$P_X$，$P_Y$とするとき，個人$A$，個人$B$のオファー・カーブの組合せを選べ。（国家総合職）

1　$Y_A = \dfrac{12 X_A}{5(X_A - 4)}$　　$Y_B = \dfrac{16 X_B}{5 X_B - 18}$

2　$Y_A = \dfrac{5 X_A}{4(X_A - 12)}$　　$Y_B = \dfrac{18 X_B}{5 X_B - 24}$

3　$Y_A = \dfrac{5 X_A}{12(X_A - 4)}$　　$Y_B = \dfrac{5 X_B}{18(X_B - 16)}$

4　$Y_A = \dfrac{13 X_A}{5 X_A + 12}$　　$Y_B = \dfrac{17 X_B}{3 X_B + 13}$

5　$Y_A = \dfrac{16 X_A}{5(4 X_A - 1)}$　　$Y_B = \dfrac{16 X_B}{5(X_B - 18)}$

解説　初期保有している財を市場価格の下で売買し，効用を最大化する個人を考えよう。財(X_A, X_B)平面において価格比が変化するにつれて変化する需要の軌跡が，**オファー曲線**と呼ばれる。ゆえに，個人A，Bのオファー曲線は，それぞれ**図6-10**の$d_A d_A$，$d_B d_B$のように初期保有点を通る曲線である。選択肢の与える曲線がAについては$(10, 4)$，Bについては$(6, 8)$を

図6-10　オファー曲線

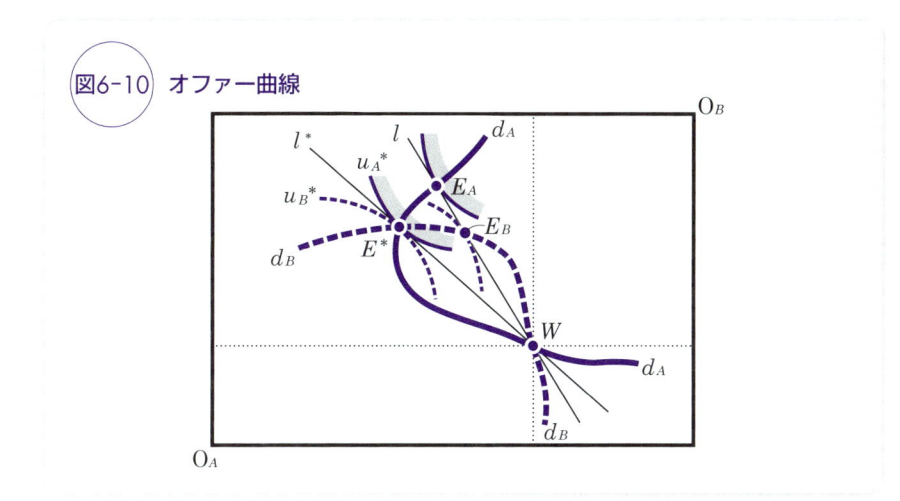

通るか否かを確かめればよい。すると，$X_A = 10$ を代入して $Y_A = 4$，$X_B = 6$ を代入して $Y_B = 8$ となるのは，**1**のケースだけであることがわかる。よって**1**が正答となる。また，市場均衡においては超過需要がゼロになるので，両個人のオファー曲線が交わる。ゆえに，オファー曲線の交点は，契約曲線上にあることも覚えておくとよい。

　以上で例題に対する解答は与えたが，さらにオファー曲線の導出のしかたを説明しておこう。オファー曲線は需要の軌跡である。コブ＝ダグラス型効用関数 $u = Ax_1^{\alpha_1} x_2^{\alpha_2}$ を持つ消費者の需要は**公式2.6**を用いると

$$(6.16) \quad x_j = \frac{\alpha_j I}{p_j(\alpha_1 + \alpha_2)} \quad (j = 1, 2)$$

である。初期保有量を (w_1, w_2) とすると，$I = p_1 w_1 + p_2 w_2$ なので，これを (6.16) 式に代入して変形すると

$$(6.17) \quad x_1 - \frac{\alpha_1 w_1}{\alpha_1 + \alpha_2} = \frac{\alpha_1 w_2}{\alpha_1 + \alpha_2} \cdot \frac{p_2}{p_1}, \quad x_2 - \frac{\alpha_2 w_2}{\alpha_1 + \alpha_2} = \frac{\alpha_2 w_1}{\alpha_1 + \alpha_2} \cdot \frac{p_1}{p_2}$$

となる。オファー曲線は (X_1, X_2) 平面に描かれるので，この2式を掛けることにより価格を消去して，次のオファー曲線の式が得られる。

公式 6.5
$$\left(x_1 - \frac{\alpha_1 w_1}{\alpha_1 + \alpha_2} \right) \left(x_2 - \frac{\alpha_2 w_2}{\alpha_1 + \alpha_2} \right) = \frac{\alpha_1 \alpha_2 w_1 w_2}{(\alpha_1 + \alpha_2)^2}$$

　例題では，個人 A については，$\alpha_1 = \dfrac{2}{5}$，$\alpha_2 = \dfrac{3}{5}$，$w_1 = 10$，$w_2 = 4$ なので，

公式6.5から

(6.18) $\quad (x_1-4)\left(x_2-\dfrac{12}{5}\right)=\dfrac{48}{5}$

となる。これが**1**の第1式と一致することが確かめられる。個人Bについても，$\alpha_1=\dfrac{3}{5}$，$\alpha_2=\dfrac{2}{5}$，$w_1=6$，$w_2=6$を**公式6.5**に代入すると，**1**の第2式を得る。

なお，ボックス・ダイアグラム**図6-10**の中に描かれた2人の個人のオファー曲線 $d_A d_A$ と $d_B d_B$ の交点 E^* は均衡となる。点 E^* と初期保有点 W を通る直線 l^* の傾きが均衡価格の比を与える。したがって，オファー曲線の交点は契約曲線上にあることになる[1]。

正答　1

例題6.2-5　厚生の評価

ある社会的状態 A から他の社会的状態 B への移行が起こった場合の経済厚生に関する次の記述のうち，妥当なものはどれか。(国家総合職)

1　社会的状態 A から社会的状態 B への移行がヒックス改善であるのは，有利になる個人が不利になる個人に対して，仮に後者が以前と同様の効用を得るような補償を行っても，まだ残余が生じる場合である。
2　社会的状態 A から社会的状態 B への移行がヒックス改善であるとき，必ずパレート最適を伴っている。
3　社会的状態 A から社会的状態 B への移行がカルドア改善であり，かつ B から A への移行もカルドア改善となるとき，カルドア・パラドックスが生じているという。
4　社会的状態 A から社会的状態 B への移行がシトフスキー改善であるのは，A から B への移行がカルドア改善ではない場合である。
5　社会的状態 A から社会的状態 B への移行についてその社会における過半数の個人の効用が増加していれば，社会全体の厚生水準は必ず上昇している。

解説　**図6-11**のように，横軸に個人1の効用，縦軸に個人2の効用をとった**効用可能曲線**を考え，個人1と個人2の効用の組として，$U=(u_1, u_2)$ と $V=(v_1, v_2)$ を比較する。$u_1 \geqq v_1$，$u_2 \geqq v_2$ で少なくとも1つの等号「=」を含まないなら，U は V に比べて**パレート優越的**である。ここでは，$u_1 > v_1$，$u_2 < v_2$ となる場合，すなわち U を実現する資源配分と V を実現する資源配分

---

[1] より詳しい説明は，西村和雄著『ミクロ経済学』(東洋経済新報社，1990年) 第3章3.3節を参照。

図6-11 カルドア基準でUがVを改善, ヒックス基準でUがVを改善

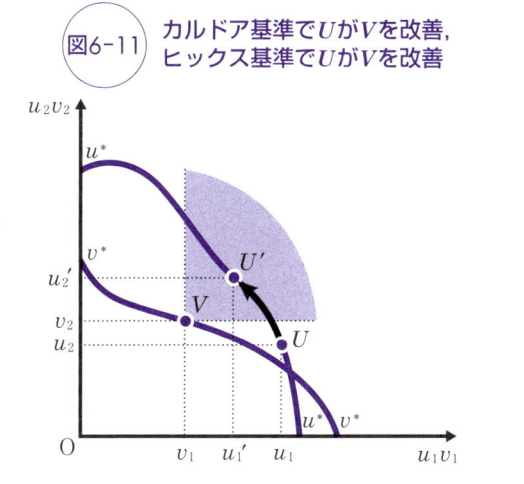

を比較すると, 個人1はVよりUのほうが効用が高く, 個人2はUよりVのほうが効用が高い場合に適用できる基準として, いくつかのものを考える[2]。

まず, **カルドア基準**によってVからUへの移行が改善となるのは, Uを通る効用可能曲線u^*u^*上に, Vの北東に位置する点すなわちVよりパレート優越的な点U'が存在する場合である。UからU'へ移行することで, 不利になる人を補償できるからである。選択肢の**1**はヒックス改善ではなく, カルドア改善の説明である。

次に**ヒックス基準**は, Vで不利益を被る個人をどう補償しても, Uよりもパレート優越的な状況に移行できないなら, Uを是認するというものである。これは, カルドア基準でVがUを改善することはできないというものである。Vを通る効用可能曲線v^*v^*を描くと, その上にUの北東側の領域に位置する点, すなわちUよりもパレート優越的な点が存在しないということである。

シトフスキー・パラドックスとは, カルドア基準 (あるいはヒックス基準) でUがVを改善し, VもUを改善するという相反する2つの結論が導かれることでもある (**3**は誤り)。これをヒックス基準で図示したのが**図6-12**である。

シトフスキーの二重基準とは, Uがカルドア基準でVの改善となり, ヒックス基準でVからUへの移行が是認されるなら, UはVの改善であるという。こ

---

2) より詳しい説明は, 西村和雄著『ミクロ経済学入門 (第2版)』(岩波書店, 1995年) 第9章9.6節を参照。

> 図6-12 シトフスキー・パラドックス：
> ヒックス基準でVからUへの移行が是認され，UからVへの移行も是認される。

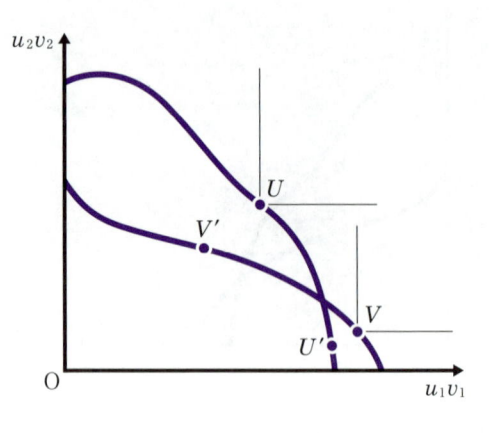

れは，カルドア基準でUがVの改善であるが，VはUの改善ではないケースである（**4**が正しい）。

正答　4

練習問題

【**No.1**】 2人の個人A, Bと，2つの財x_1, x_2からなる経済を考える。2人の効用関数がそれぞれ，$u^A(x_1, x_2) = x_1 x_2$，$u^B(x_1, x_2) = x_1 \sqrt{x_2}$であり，経済の総資源量が$(x_1, x_2) = (16, 10)$であるとするならば，次の資源配分のうちパレート最適なものはどれか。なお，$\{A$の消費, Bの消費$\}$とする。（国家総合職）

1　$\{(4, 4), (12, 6)\}$
2　$\{(5, 5), (11, 5)\}$
3　$\{(8, 5), (8, 5)\}$
4　$\{(11, 5), (5, 5)\}$
5　$\{(12, 6), (4, 4)\}$

解説　$\dfrac{\partial u^A}{\partial x_1} = x_2^A$, $\dfrac{\partial u^A}{\partial x_2} = x_1^A$から，$MRS_A = \dfrac{x_2^A}{x_1^A}$。$\dfrac{\partial u^B}{\partial x_1} = \sqrt{x_2^B}$, $\dfrac{\partial u^B}{\partial x_2} = x_1^B \left(2\sqrt{x_2^B}\right)^{-1}$から，$MRS_B = \dfrac{2x_2^B}{x_1^B}$。**公式6.1**から$\dfrac{x_2^A}{x_1^A} = \dfrac{2x_2^B}{x_1^B}$が成り立つので，選択肢の中からこれを満たすものを選ぶ。よって，正答は**1**である。

【No.2】 A, Bの2人からなる経済において，A, Bの効用関数はそれぞれ，$U_A = x^{\frac{1}{3}} y^{\frac{2}{3}}$, $U_B = \min\{x, y\}$である。また，A, Bの財x, yの初期賦存量(x_i, y_i) $[i = A, B]$はそれぞれ，$(2, 0)$, $(0, 2)$である。このとき，競争均衡におけるx, yの価格比率$\left(\dfrac{p_x}{p_y}\right)$はいくらになるか。（地方上級）

1 2   **2** 1   **3** $\dfrac{1}{2}$ **4** $\dfrac{1}{4}$ **5** $\dfrac{1}{8}$

解説　財の総量は$(2, 2)$である。Bの需要は，$x_B = y_B$を満たすように行われる。Aの需要は$(2 - x_B, 2 - y_B)$なので，Aも$x_A = y_A$を満たす。限界代替率は，$\dfrac{\partial U_A}{\partial x_A} = \dfrac{U_A}{3x_A}$, $\dfrac{\partial U_A}{\partial y_A} = \dfrac{2U_A}{3y_A}$から，$MRS_A = \dfrac{y_A}{2x_A}$。$y_A = x_A$のとき，**公式6.4**より$MRS_A = \dfrac{p_x}{p_y} = \dfrac{1}{2}$である。よって，正答は**3**である。

【No.3】 2人の消費者A, B, 2つの財x, yからなる純粋交換経済を考える。2人の消費者A, Bの効用関数をそれぞれ

$u_A(x_A, y_A) = x_A \cdot y_A$　　　〔x_A：Aのx財の消費量，y_A：Aのy財の消費量〕
$u_B(x_B, y_B) = \min[x_B \cdot y_B]$　　　〔x_B：Bのx財の消費量，y_B：Bのy財の消費量〕

とする。Aはx財を4単位，y財を1単位，Bはx財を1単位，y財を4単位，それぞれ初期保有しているとする。

このとき，この経済のコアを求めよ。

ここでのコアとは，パレート効率であり，かつ初期保有の状況よりもA, Bともに効用が低くないようなすべての配分の集合である。（国家総合職）

1 ($2 \leq x_A \leq 4$, $y_A = x_A$, $x_B = 5 - x_A$, $y_B = x_B$)
2 ($x_A = 2.5$, $y_A = 2.5$, $x_B = 2.5$, $y_B = 2.5$)
3 ($2 \leq x_A \leq 5$, $2 \leq y_A \leq 5$, $2 \leq x_B \leq 5$, $1 \leq y_B \leq 5$)
4 ($2 \leq x_A \leq 5$, $y_A = x_A$, $x_B = 5 - x_A$, $y_B = x_B$)
5 ($x_A = 2$, $y_A = 2$, $x_B = 2$, $y_B = 1$)

解説　両者の初期保有より，ボックス・ダイアグラムの縦の長さ，横の長さは，ともに5である。消費者Bの効用関数はレオンチェフ型，消費者Aの無差別曲線は原点O_Aに対して凸であり，図のように両者の無差別曲線は直線$y_A = x_A$上の点のみで接する。これが，この経済における契約曲線である。初期保有量を表す点をcとすると，点cにおける効用は$u_A = 4$, $u_B = 1$である。契約曲線上で，個人Aが$u_A = 4$を得るのは点a，個人Bが$u_B = 1$を得るのは点bである。よって，コアは線分abである。これを数式で表現した**1**が正答である。

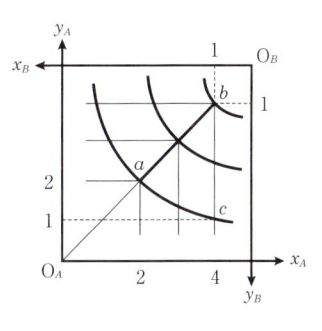

【No.4】 経済厚生の基準に関する次の記述のうち，妥当なものはどれか。（国家総合職）

1　パレート基準は，経済状態が変化したとき少なくとも1人の個人が利益を受け，他の個人は損失を被らないならば経済厚生は改善されたとする基準であり，効用の個人間比較可能性を前提としているため，限定的な基準である。
2　バーグソン・サミュエルソンの社会的厚生関数は，社会を構成する個人の効用水準に依存しており，個人の効用の基数的性質を前提としているため，パレート基準と矛盾するものである。
3　シトフスキー基準による改善は，経済状態が変化したときのその変化がカルドア基準で改善であるが，逆の変化（以前の状態に戻る変化）はカルドア基準では改善でないことを意味し，その基準はカルドア基準を改良したものであり，矛盾のない基準である。
4　カルドア基準によれば，経済状態の変化に伴って利益を得る個人が損失を被る個人に補償してもなお利益が確保できるようならば，経済厚生は改善されたことになるが，この補償は仮説的なものであってもよく，そのことからこの基準は潜在的パレート改善を意味するにすぎない。
5　アローの不可能性定理は，社会を構成する選好から社会的厚生基準を導出する「手続き」の中で，いくつかのものは合理的かつ民主的な条件を満足しないことを主張するものである。

解説　パレート基準は個人間の効用比較可能性を前提としない（1は誤り）。社会的厚生関数は，パレート基準より強い仮定で強い結果を得るものであるが，パレート基準と矛盾はしない（2は誤り）。シトフスキー基準はカルドア基準を改良したものであるが，判定できないケースがあり，推移性を必ずしも満たさないケースもまたある（3は誤り）。4は正しい。アローの不可能性定理は，個人の順序づけから，社会的な順序づけを導くとき，合理的，民主的と思われる性質を満たす社会的厚生関数が存在しないことである。「いくつかのものは合理的かつ民主的な条件を満足しないことを主張する」というと若干異なってくる。5よりは4を正答とするべきであろう。以上に関するより詳しい説明については，西村和雄著『ミクロ経済学入門（第2版）』（岩波書店，1995年）第9章9.6節を参照せよ。

正答　【No.1】1　　【No.2】3　　【No.3】1　　【No.4】4

第7章 市場の失敗

Market Failure

7.1 市場の失敗

例題7.1-1 市場の失敗とは何か

"市場の失敗"はどのような場合に生じるか。具体例を挙げて説明し、それぞれにおける価格づけ、もしくは料金決定のあり方について論じよ。（公認会計士）

解説 完全競争市場には、希少な資源を効率的に配分する機能があり、これは厚生経済学の第一定理として表される（第6章2節、例題6.2-3を参照）。しかし、政府が介入せず市場に任せたときに厚生損失が生ずる場合があり、これを**市場の失敗**と呼ぶ。典型的な市場の失敗は、独占などの不完全競争市場で起こる。独占に対する規制や価格付けについては第5章で、独占による経済余剰の損失については、第6章1節で述べた。生産関数の収穫逓増は平均費用の逓減と対応しており、これは**自然独占**として、第6章1節、例題6.1-3ですでに論じた。そのほかにも、**外部効果**が存在する場合、**公共財**が存在する場合、**不確実性・情報の非対称性**が存在する場合、市場の失敗が起こることが知られている。

外部効果を持つ財については、政府による介入（**ピグー的課税**）が考えられる。外部効果が存在する場合、経済主体が認識する私的な限界費用と、社会的な限界費用が一致しない。政府は税や補助金を使い、私的な限界費用と社会的な限界費用を一致させることができる。そのほかに、当事者間による**外部効果の内部化**も可能である。たとえば、自己の生産関数あるいは効用関数に影響す

る他人の生産量や消費量を，自己の投入するあるいは消費する財・サービスと同等に扱うのである。通常の市場では，外部効果を取引はしないが，与え手と受け手が外部効果を財として自発的に取引することを通じて，価格と量を最適に決めるのである。これが内部化である。またどちらがどちらに貨幣を支払うかは，互いの交渉力によるが，どちらが貨幣を支払うとしても，外部効果を与える財の最適量そのものは変わらない。これは**コースの定理**として知られる結果である。外部効果に関する問題は，第7章2節で取り上げる。

　公共財については，対象となる消費者の数が多い場合，自発的交渉は不可能である。また，政府が介入して最適な供給量を決定しようとしても，消費者の限界評価（選好）を知ることは困難である。消費者が多数であり，かつ公共財がいったん供給されると，自分も他と同様に公共財を消費できるので，**フリー・ライダー**（ただ乗りする人）が現れるからである。これは，自己の選好を偽って表明し，費用の負担を免れようとする人のことである。結局，政府は，公共財の供給費用を，それを享受する消費者全員に一律に負担させるか，あるいは税金で費用を賄うということになりがちである。公共財に関する問題は，第7章3節で取り上げる。

　将来起こりうることに対する不確実性は，動学モデルで扱われる。もし保険市場が不完全で，リスクをプールし切れない場合，効率的な資源配分が損なわれる可能性がある。静学モデルにおいても，他の経済主体の決定を正確に予測できないという不確実性が重要となることがある。また，取引する財の品質について，買い手と売り手が同じ情報を持たないという不確実性もある。これは情報の非対称性である。いずれにせよ不完全情報の下では，必ずしも一物一価が成立せず，市場が必ずしも効率的に働かない可能性があることは予想できるであろう。不確実性，情報の非対称性については，第8章で扱う。

正答　解説を参照

練習問題

【No.1】 市場の失敗に関する次の記述のうち，妥当なものはどれか。（国家専門職）
1 果樹園のリンゴの花が養蜂家の蜜の収穫に外部経済効果を及ぼす場合，果樹園に課税し，養蜂家に補助金を与える政策により外部経済効果の内部化を図ることができる。
2 企業の生産活動に伴い公害が発生すると，企業の私的費用が生産物の社会的費用を上回るため，市場が失敗する。
3 農産物等について，生産者価格を低く抑える政策をとると，自由販売の場合と比較して，生産者余剰と消費者余剰の合計が減少することになるが，これは生産者余剰の増加分以上に消費者余剰が減少するためである。
4 電気，ガス，鉄道などの公益事業に対する規制のうち，価格と限界費用が一致するところまで産出量を増加させる政策をとった場合，独立採算を維持することはできなくなる。
5 公共財の存在が市場の失敗をもたらすのは，供給主体が政府や地方自治体に限られることから，不完全競争市場下において財・サービスの最適供給が達成されないのと同じ事態を発生させるためである。

解説　1．通常は外部効果の与え手である果樹園に補助金を与える。外部効果の与え手である果樹園に，最適生産量を1単位下回るたびに課税することで，最適規模の生産量に導くこともできる。これは，コースの定理に対応する結果で，外部効果の発生者が最適な量で生産するように，補助金を与える方法も課税する方法も，所得分配の問題を別とすれば，同等ということである。しかし，外部効果の受け手である養蜂家に補助金を与えることはないので，1は誤りである。2．害を与える活動の社会的費用は私的費用を上回るので，2は誤りである。3．このような非効率性が生じるのは，政府が市場の価格メカニズムを歪めたために生じるので，市場の失敗ではない。4．費用逓減産業で成り立つことで正しい（例題6.1-3を参照せよ）。5．不完全競争市場は，私的財の市場なので，公共財とは異なる。

【No.2】 経済厚生のうえからは，市場機構にすべてゆだねるには限界があり，(a)所得分配，(b)外部経済・外部不経済，(c)収穫逓増，(d)公共財，(e)独占の存在のような場合には政府当局の介入が要請されるが，これらの中で他のグループと性格を異にするものはどれか。（国家総合職）
1　(a)　　2　(b)　　3　(c)　　4　(d)　　5　(e)

解説　市場にゆだねると，余剰の和が最大化されないケースが(b)(c)(d)(e)である。一方，所得分配(a)は，余剰の和ではなく，余剰が誰に属しているかを問題とする。よって，正答は1である。

正答 【No.1】 4　【No.2】 1

7.2 外部効果

例題7.2-1 外部不経済

市場全体としての私的総費用関数(PTC)が,

$$PTC(x) = x^2 + 10x + 5 \quad 〔x：財の数量〕$$

と表される産業において，生産に伴って大気汚染物質が排出され,

$$SC(x) = \frac{1}{2}x^2$$

の費用（外部不経済）が追加的に生じる。

また，この市場の需要関数が,

$$x = -\frac{1}{2}p + 25 \quad 〔p：財の価格〕$$

で表されている。

ここで，政府がこの産業に対して生産物1単位当たりTの課税をすることにより，社会的余剰を最大にするような数量を実現しようとする場合，Tと税収の組合せとして正しいのはどれか。（国家総合職）

	T	税収
1	6	36
2	6	48
3	8	48
4	8	64
5	10	64

解説 企業が外部効果を持つ財を生産する場合，企業が認識する**私的な限界費用**（PMC）と**社会的な限界費用**（SMC）が一致しない。企業は私的な限界費用に基づいて最適な生産量を決定すると，外部不経済が存在するなら，社会は追加的な費用を被るため，生産量が過剰になり，市場は効率的資源配分を実現できない。この場合，政府は企業に課税を行うことにより企業の私的な限界費用を上昇させ，社会的な限界費用に一致させることができる。このような外部効果の内部化を目的とした税を，**ピグー的課税**という。

この企業の私的な限界費用は，

$$(7.1) \quad PMC = \frac{\partial PTC}{\partial x} = 2x + 10$$

である。また，この企業が引き起こす大気汚染（外部不経済）の限界費用は

図7-1 私的な限界費用と社会的な限界費用

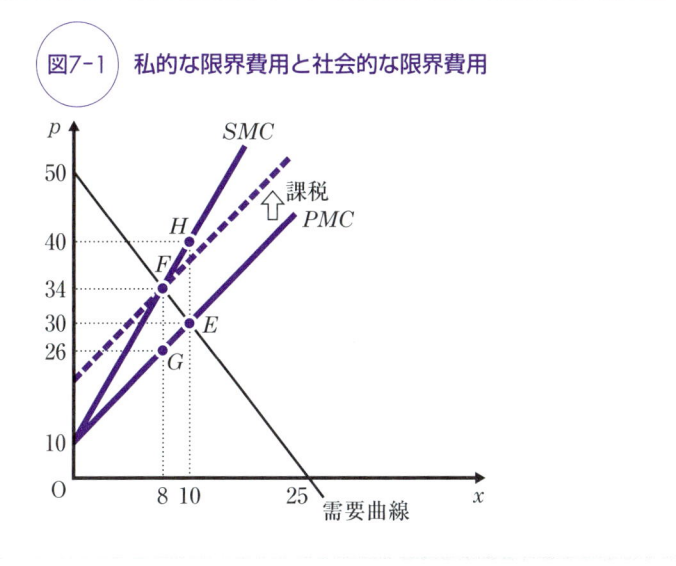

$\frac{\partial SC}{\partial x} = x$ である。社会的な限界費用は，私的な限界費用と社会に与える限界費用の和であるので，社会的な限界費用は，

(7.2)　　$SMC = 3x + 10$

である。この状態は，**図7-1**で表される。

図7-1において，企業が外部不経済を認識せずに生産量を決定すると，**公式4.5**利潤最大化条件 $p = PMC$ より，PMC が供給曲線となるので，需要曲線との交点である点 E が市場均衡になる。しかし，この場合，△EFH の面積に相当する死荷重が発生しており，社会的に最適な生産を実現できていない。社会的に望ましいのは，需要曲線と SMC の交点である点 F である。これらの座標は，図のとおりである。

社会的余剰が最大となる点 F を実現するためには，企業が認識する限界費用曲線が，点 F を通ればよい。例題1.3-1のように，従量税を課すと，供給曲線が上方に平行移動する。図の点 F と点 G の距離は8なので，この場合，政府は生産量1単位当たり8の従量税を課せばよい。点 F における財の生産量は $x = 8$ であるので，税収 $= 8 \times 8 = 64$ である。

正答　4

例題7.2-2　コースの定理

操業することにより外部不経済を発生させている企業と，それによって被害を受けている近隣住民の二者が，操業水準について次の2通りの交渉をする状況を考える。

(A) 被害0を交渉の出発点とする。企業は被害額を全額補塡しなければならず，補塡後の利潤を最大にするように行動する。

(B) 企業に被害補塡の義務がまったくなく，企業利潤を最大化する操業水準を交渉の出発点とする。住民は企業利潤を補塡しなければならず，補塡後の被害額を最小化するように行動する。

ここで，住民の被害と企業の利潤はすべて貨幣によって測られ，取引費用などは無視しうるものとする。

操業水準を y とすると，

$$\text{限界被害} = \frac{y}{2} \qquad \text{限界利潤} = 10 - \frac{y}{2}$$

と表されるとする。

(A), (B)それぞれの交渉の結果導かれる操業水準ならびに補塡後の企業利潤額ならびに住民被害額の組合せとして正しいのはどれか。（国家総合職）

		操業水準	補塡後の企業利潤	補塡後の住民被害
1	(A)	10	50	0
	(B)	10	100	50
2	(A)	10	50	0
	(B)	10	100	100
3	(A)	0	0	0
	(B)	20	100	100
4	(A)	10	100	0
	(B)	10	0	100
5	(A)	$\frac{20}{3}$	25	75
	(B)	$\frac{40}{3}$	75	25

解説　図7-2は，住民の限界被害 MD，企業の限界利潤 MP を描いたものである。以下，(A)(B)それぞれの場合について検討する。

(A)の場合について。被害補塡後の企業の限界利潤は $MP - MD$ である。MP が MD を上回っている限り利潤は正となるので，利潤が最大になるのは $y = 10$ である。この場合の利潤 π_A は三角形 AOE の面積なので，$\pi_A = 50$ である。なお，

図7-2 限界被害と限界利潤

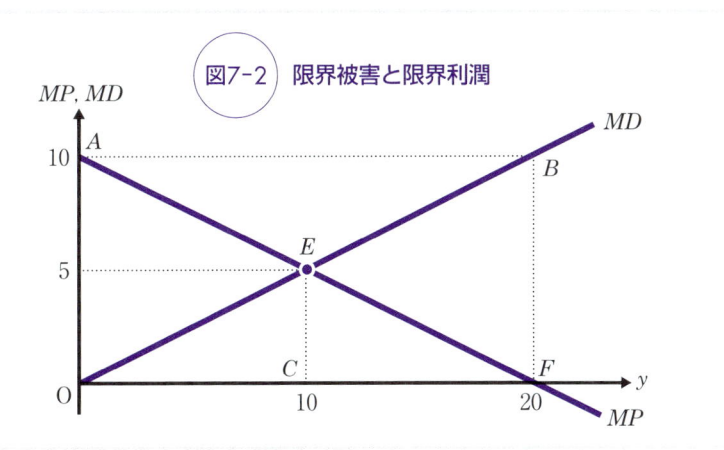

$y=10$のとき補塡前の住民の被害は三角形OCEの面積で表されるが，企業が三角形OCEの面積の補塡を行うので，補塡後の住民の被害は0である。

(B)の場合について。被害補塡をしない場合，限界利潤はMPであり，$y=20$において限界利潤が0となる（利潤が最大となる）。このときの利潤は三角形AOFの面積となるので，利潤は100である。$y=20$の操業水準が交渉の出発点となる。もし企業が$y=20$で操業すると，住民の被害は三角形OFBの面積となる。住民は，MPの補塡により，企業の操業水準を1単位削減させ，MDの被害を削減できる。よって，MDがMPを上回っている限り住民は企業の操業水準を減少させることにより利益を得る。ゆえに，住民が望む企業の操業水準は$y=10$である。このとき，企業は$y=10$における操業により台形$AOCE$の面積の利潤を得て，住民よりECFの補塡を受けるので，利潤π_Bは$\pi_B=75+25=100$である。住民は$y=10$の操業水準による外部不経済により三角形OCEの面積の被害を受け，企業の操業水準を低下させるため三角形ECFの面積の補塡を行うので，住民の被害D_Bは$D_B=25+25=50$である。

(A)(B)どちらの場合も，操業水準は同じである。以上のように，所有権が確定されており，取引費用を無視できるならば，交渉の出発点にかかわらず当事者間の自発的な交渉により外部性を内部化でき，総余剰が最大化される（パレート最適が実現される）。これを**コースの定理**という。もちろん，どちらが貨幣を支払うのかにより，交渉の結果実現する所得分配は異なる。(A)のように，被害0を出発点とすると企業利潤は少なく住民被害も少ない。(B)のように，$y=20$の操業水準を交渉の出発点とすると，企業利潤は大きく住民被害も大きい。

正答 1

例題7.2-3 外部不経済の内部化

2つの企業の間には外部性が存在し，企業Aが企業Bに外部不経済を与えている。企業Aは，x財を生産し，その費用関数は，$C_A = x^2$（x：Aの生産量）で示され，他方，企業Bはy財を生産し，その費用関数が，$C_B = y^2 + x^2$（y：Bの生産量，x：Aの生産量）で示され，BはAの生産量xに依存して，損害（追加的費用）を被るとする。もし，2企業間の交渉は自由であり，そのための取引費用は一切かからないとすると，両財の生産量はそれぞれいくらになるか。ただし，x財とy財の価格は競争市場で決定され，それぞれ40，30であるとする。（国家総合職）

	x	y
1	10	10
2	10	15
3	15	15
4	20	15
5	20	20

解説 外部性が存在する場合，外部経済（外部不経済）を発生させる経済主体が，それらを自身の利益または費用と認識しないため，最適な資源配分が実現できず，市場の失敗が生じる。逆にいえば，経済主体が発生させる外部性を自身の利益ないし費用として認識させることができれば，効率的な資源配分を実現できる。

効率的な資源配分を求めるため，いくつかの方法が知られている。最も代表的なものは，例題7.2-1のように，税や補助金により企業自身の私的な限界費用と社会的な限界費用を一致させる方法であろう。そのほかにも，この例題のように両企業の利潤の和を最大にする資源配分を求める方法もある。これは，例題7.2-2で解説したコースの定理によって正当化できる。なぜならば，2企業が交渉で最適な生産量を決めるならば，コースの定理より2企業の利潤の和が最大化されるであろう。

それぞれの企業の利潤をπ_A，π_Bとすると，$\pi_A = 40x - x^2$，$\pi_B = 30y - y^2 - x^2$である。よって，合計利潤Πは，$\Pi = (40x - x^2) + (30y - y^2 - x^2)$であるので，合計利潤の最大化条件は，

(7.3) $\quad \dfrac{\partial \Pi}{\partial x} = 40 - 4x = 0, \quad \dfrac{\partial \Pi}{\partial y} = 30 - 2y = 0$

である。(7.3)式より，$x = 10$，$y = 15$である。

正答 2

練 習 問 題

【No.1】 企業と住民のみが存在する地域を想定する。企業が生産する製品1単位の価格を100，企業の費用関数を $C = X^2$〔生産量 $X(\geq 0)$〕とする。

企業はこの地域に工場の立地を検討しているが，工場を立地した場合，製品の生産により近隣住民（近隣住民の数を n とする）に対し外部不経済を発生させるので，企業は近隣住民に外部不経済による被害を補填するものとし，近隣住民への補填（Y）は，$Y = \dfrac{n}{2}X$ で示されるとする。

ここで，企業が補填後の利潤を最大化するように行動するものとし，被害への補填によって補填後の利潤がゼロ以下となるときには，その工場立地を断念するものとする。このとき，企業が工場立地を断念する場合の近隣住民の数 n の最小値として，正しいのはどれか。（国家総合職）

1 50人　　**2** 100人　　**3** 150人　　**4** 200人　　**5** 250人

> **解説** 補填後の企業の利潤 π は，$\pi = 100X - X^2 - \dfrac{n}{2}X = \left(100 - X - \dfrac{n}{2}\right)X$ である。利潤最大化条件
> $$\dfrac{\partial \pi}{\partial X} = 100 - 2X - \dfrac{n}{2} = 0 \quad \cdots\cdots\cdots\cdots ①$$
> より，$X = 50 - \dfrac{n}{4}$ である。①式は $X = 100 - X - \dfrac{n}{2}$ と書き直せるので，利潤は $\pi = X^2 = \left(50 - \dfrac{n}{4}\right)^2$ である。$n = 200$ のとき，利潤がゼロとなる。よって，正答は **4** である。

【No.2】 企業 A の生産関数は，
$$Y_A = 2L_A^{\frac{1}{3}} \quad 〔Y_A：企業Aの生産量，L_A：企業Aの労働量〕$$
であるが，企業 A の生産活動は汚染物質を生み出し，企業 B の生産活動にマイナスの影響を与える。このため企業 B の生産関数は，
$$Y_B = 4L_B^{\frac{1}{2}} - \dfrac{1}{8}Y_A^3 \quad 〔Y_B：企業Bの生産量，L_B：企業Bの労働量〕$$
となる。こうした状況の下で適正な資源配分を達成するためには企業 A に Y_A 1単位当たりいくら課税すればよいか。ただし，Y_A の価格は6，Y_B の価格は3，賃金率は1とする。（国家総合職）

1 1.5　　**2** 2.5　　**3** 3.5　　**4** 4.5　　**5** 5.5

> **解説** 両企業の利潤の和を最大化し，最適な資源配分を求める。両企業の合計利潤 π は，$\pi = 6Y_A - L_A + 3Y_B - L_B$ となる。この式に生産関数を代入すると，
> $$\pi = 12L_A^{\frac{1}{3}} - L_A + 12L_B^{\frac{1}{2}} - 3L_A - L_B$$
> である。$\dfrac{\partial \pi}{\partial L_A} = 4L_A^{-\frac{2}{3}} - 4 = 0$ より，$L_A = 1$ が最適な投入量である。
> 一方，企業 A への生産物1単位当たりの課税額を t とすると，利潤から tY_A を引くので，
> $$\pi_A = 6Y_A - L_A - tY_A = 2(6-t)L_A^{\frac{1}{3}} - L_A$$
> である。これを最大化するのは，

149

$$\frac{\partial \pi_A}{\partial L_A} = \frac{2}{3}(6-t)L_A^{-\frac{2}{3}} - 1 = 0$$

である。最適な投入量 $L_A = 1$ を代入すると、$t = 4.5$ を得る。よって、正答は **4** である。

【**No.3**】 外部不経済をもたらす企業 A の収益と、住民が被る被害がそれぞれ次のように表されるとする。

$$R = 30y - \frac{y^2}{2}, \qquad L = \frac{y^2}{4} \qquad \begin{bmatrix} R:企業Aの収益,\ L:住民が被る被害 \\ y:企業Aの操作水準 \end{bmatrix}$$

ここで、A の自由な操業水準を出発点として、企業と住民が外部不経済の費用負担について交渉する場合を考える。交渉の結果としてありうる操業水準および補償額の組合せとして妥当なのは次のどれか。(国家総合職)

	操業水準	補償額
1	20	住民が企業に50支払う。
2	20	住民が企業に25支払う。
3	15	住民が企業に100支払う。
4	15	企業が住民に25支払う。
5	20	企業が住民に100支払う。

[解説] コースの定理より、交渉の出発点にかかわらず当事者間の自発的な交渉により外部性を内部化でき、総余剰が最大化される（パレート最適が実現される）。社会の総余剰を W とすると、$W = R - L = 30y - \frac{3}{4}y^2$ であり、$y = 20$ で最大化される（**3**,**4** は誤り）。企業の収益 R は $y = 30$ で最大化され、収益は $R = 30 \cdot 30 - \frac{30^2}{2} = 450$ である。$y = 20$ のとき、企業の収益は $R = 30 \cdot 20 - \frac{20^2}{2} = 400$ である。よって、減少した企業の収益を住民が補償する額は、50である（正答は **1** である）。

なお、住民の被害が最小となる操業点（$y = 0$）を交渉の出発点とすると、$y = 20$ のとき住民の被害は $L = \frac{20^2}{4} = 100$ である。この場合、企業が住民に補償する額は、100である。

【**No.4**】 ある村の中央に大きな湖があり、村人たちのみがそこで漁をしている。この湖では、x 隻の船を出すと全体の漁獲から $r(x) = 24\sqrt{x}$ 億円の総売上が得られる。つまり、1隻当たりでは $\frac{r(x)}{x} = \frac{24}{\sqrt{x}}$ 億円の売上が得られる。船1隻を出すときの費用は漁獲高にかかわらず2億円であり、漁に出なければ費用はまったくかからない。

村は、総利益（その湖から得られる総売上から税金以外で漁にかかった村全体の費用を差し引いたもの）を最大にするため、その湖で漁をする船に対して税金を課すことにした。村が課すべき1隻当たりの税額はいくらか。

なお、村人は税金も考慮してゼロ以上の利益が上がるならば漁に出るものとし、そのような村人は十分多くいるとする。また、船の隻数 x は連続変数として考えてよいとする（たとえば、0.5隻の船は大きさが半分の船で、費用と漁獲高は半分になり、税金も大きさに比例して半分だけ払うと想定する）。(国家総合職)

| 1 | 1億円 | 2 | 2億円 | 3 | 3億円 | 4 | 4億円 | 5 | 5億円 |

|解説| 不特定多数の経済主体が利用可能な資源を，**オープンアクセス**可能な資源といい，多くの参入によりレントが失われ，経済的に過剰な資源の利用が行われるおそれがある。この問題では，村人は利益が得られる限り漁に出るので，均衡では1隻当たりの利益はゼロになり，村全体の総利益もゼロになってしまう。これがオープンアクセス均衡である。オープンアクセス均衡では，1隻当たりの利益がゼロになるので，$\frac{24}{\sqrt{x}} - 2 = 0$ より，$x = 144$ である。

村の総利益 Π は，$\Pi = 24\sqrt{x} - 2x$ である。総利益が最大になるのは，$\frac{\partial \Pi}{\partial x} = \frac{12}{\sqrt{x}} - 2 = 0$ より，$x = 36$ のときである。この船の数を実現するため，課税を行う。1隻当たりの税額を t，課税後の1隻当たりの利潤を π とする。課税後も利潤がゼロ以上である限り漁に出るので，均衡での1隻当たりの利潤は $\pi = \frac{24}{\sqrt{x}} - (2 + t) = 0$ である。これに $x = 36$ を代入すると，$t = 2$ を得る（正答は **2** である）。

正答 【No.1】 4 　【No.2】 4 　【No.3】 1 　【No.4】 2

7.3 公共財

例題7.3-1 公共財

次の文中のア，イ，ウに入るべき数，式の組合せとして正しいものはどれか。
(国家総合職)

2人の消費者 (A, B) の存在する社会において，それぞれの消費者の公共財に対する限界評価曲線（需要曲線）は，それぞれ $P_A = 6 - q$，$P_B = 7 - q$ であり，またこの公共財供給のための平均費用（＝限界費用）は3であるとする。このとき，パレート最適を実現するための公共財の最適供給量は（　ア　）であり，社会全体での消費者余剰は（　イ　）であるから，供給量が（　ア　）のときの消費者余剰の大きさは A，B がそれぞれ単独で選好を表明したときの消費者余剰の合計（　ウ　）の2倍になっている。

	ア	イ	ウ
1	5	$\int_0^q (7-x)dx - 3q$	7.5
2	5	$\int_0^q (13-2x)dx - 3q$	12.5
3	4	$\int_0^q (13-2x)dx - 3q$	12
4	4	$\int_0^q (7-x)dx - 3q$	4
5	3	$\int_0^q (6-x)dx - 3q$	4.5

解説 これまで考慮してきた財は，**私的財**と呼ばれ，その財の供給量をyとすると，1人の消費者がx_1の量を消費すると他の消費者が$y-x_1$しか消費できないという**競合性**を持っていた。また財は，代金を支払って購入した者に対して手渡され，それ以外の消費者は消費できない。これに対して，国防・消防などの，公共財と呼ばれる財・サービスは，その供給量がyであれば，すべての個人が最大限yまで同時に同量を消費できる。これを**非競合性**と呼ぶ。また，1人の消費者が供給を受けるということは，すべての消費者が同時に供給を受けることであり，たとえある個人が代金を支払わなくとも，その個人を排除して供給することはできない。これを**非排除性**と呼ぶ。

2人の個人からなる経済を考える。個人の公共財に対する**限界評価曲線**（需要曲線）を

(7.4)　　$p_j = a_j - b_j y$　　$(j=1, 2)$

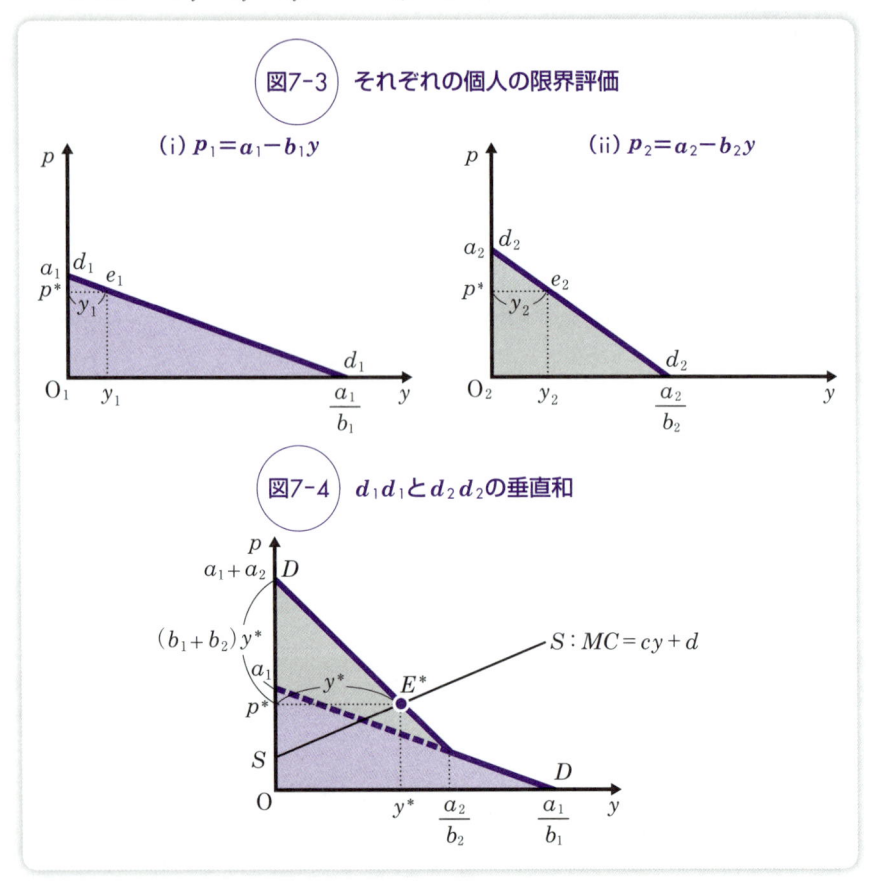

図7-3 それぞれの個人の限界評価

(i) $p_1 = a_1 - b_1 y$

(ii) $p_2 = a_2 - b_2 y$

図7-4 $d_1 d_1$と$d_2 d_2$の垂直和

として図7-3の(i)(ii)に表すとする。公共財がyだけ供給されると，2人は同時にyをすべて消費できるので，その限界評価の和は，図7-3の(i)(ii)の2人の需要曲線を垂直方向に足し合わせてできる図7-4の折れ線として表される。

yの値が0と$\dfrac{a_2}{b_2}$の間にあるときは，その値は

(7.5) $\quad p = (a_1 + a_2) - (b_1 + b_2)y$

である。公共財の供給曲線（限界費用曲線）は，

(7.6) $\quad MC = cy + d$

で表されるとする。個人の限界評価の和(7.5)式と，限界費用(7.6)式が交わる点E^*での生産量と価格は，

公式 7.1 　$y^* = \dfrac{a_1 + a_2 - d}{b_1 + b_2 + c}$, $\quad p^* = \dfrac{c(a_1 + a_2) + d(b_1 + b_2)}{b_1 + b_2 + c}$

となる。点E^*では，公共財1単位当たりの供給価格p^*を2人が分担して支払うことになる。このとき，消費者余剰の合計は三角形DE^*p^*，生産者余剰は三角形p^*E^*Sである。それぞれの面積は，(7.5)式の直線の傾きが$(b_1 + b_2)$，(7.6)式の傾きがcであることを利用して，

(7.7) $\quad \dfrac{1}{2} \cdot (b_1 + b_2) \cdot (y^*)^2$, $\quad \dfrac{1}{2} \cdot c \cdot (y^*)^2$

を計算すればよい。**公式7.1**より，消費者余剰，生産者余剰は，以下となる。

公式 7.2 　$\dfrac{1}{2} \cdot (b_1 + b_2) \cdot \left(\dfrac{a_1 + a_2 - d}{b_1 + b_2 + c}\right)^2$, $\quad \dfrac{1}{2} \cdot c \cdot \left(\dfrac{a_1 + a_2 - d}{b_1 + b_2 + c}\right)^2$

例題に戻ろう。$a_1 = 6$，$b_1 = 1$，$a_2 = 7$，$b_2 = 1$，$c = 0$，$d = 3$のケースである。この場合，供給曲線は水平なので，生産者余剰は0である。公共財の最適供給量と価格は**公式7.1**からそれぞれ，$y^* = 5$，$p^* = 3$である。消費者余剰は，**公式7.2**から，25となる。問題文より，この消費者余剰は，消費者A, Bが単独で選好を表明したときの2倍なので，（　ウ　）には12.5が入る。以上より，正答は**2**である。

念のため，価格$p^* = 3$を所与として，消費者A, Bがそれぞれ単独で公共財を需要した場合を求めてみよう。個人の需要曲線から，その購入量3, 4が求まる。このときの消費者余剰を計算すると4.5, 8となる。よって，2人がそれぞれ単独で購入した場合の消費者余剰の和は12.5になる。

なお，例題の（ イ ）は，三角形DE^*p^*の面積を積分記号を用いて表したものである。余剰の合計は，(7.5)式と(7.6)式に囲まれた三角形の面積である。(7.5)式は$p=13-2y$，(7.6)式は$p=3$なので，yをxに，y^*をqに置き換えて，この面積を積分で表すと，

$$\int_0^q \{(13-2x)-3\}dx = \int_0^q (13-2x)dx - 3q$$

である。

正答 2

例題7.3-2　公共財の供給量の決定

公共財と私的財の2財が存在し，2消費者A, Bからなる経済において，x_Aを消費者Aの私的財の消費量，x_Bを消費者Bの私的財の消費量，zを公共財の供給量とするとき，消費者A, Bの効用水準u_A, u_Bがそれぞれ

$$u_A = x_A \cdot z^{\frac{1}{2}} \qquad u_B = x_B \cdot z^{\frac{1}{2}}$$

であるとする。当初，経済には私的財のみが存在し，その量を24とする。その私的財の一部を用いて公共財が生産され，残りは2消費者に配分されるとする。公共財生産の（私的財で測った）費用関数は，zを公共財生産量，xをそれに必要な私的財の量として

$$x = 2z$$

であるとする。経済の社会的厚生関数が

$$W = u_A \cdot u_B$$

であるとすると，最適な公共財供給量はいくらか。（国家総合職）

1 4　**2** 5　**3** 6　**4** 7　**5** 8

解説　まず消費者Aの公共財に対する限界評価を求める。限界評価は，公共財1単位を得るために犠牲にしてもよい私的財の量で表す。これは，消費者Aの限界代替率にほかならない。**公式2.2**より，限界代替率MRSは，限界効用の比である。$\dfrac{\partial u_A}{\partial x_A} = z^{\frac{1}{2}}$，$\dfrac{\partial u_A}{\partial z} = \left(\dfrac{1}{2}\right)x_A z^{-\frac{1}{2}}$から，

(7.8)　　$MRS_A = \dfrac{x_A}{2z}$

となる。公共財に対するBの限界評価も同様にして求まり，$MRS_B = \dfrac{x_B}{2z}$となる。よって，この2人の限界評価の和は限界代替率の和となり，

図7-5　生産可能曲線 QQ

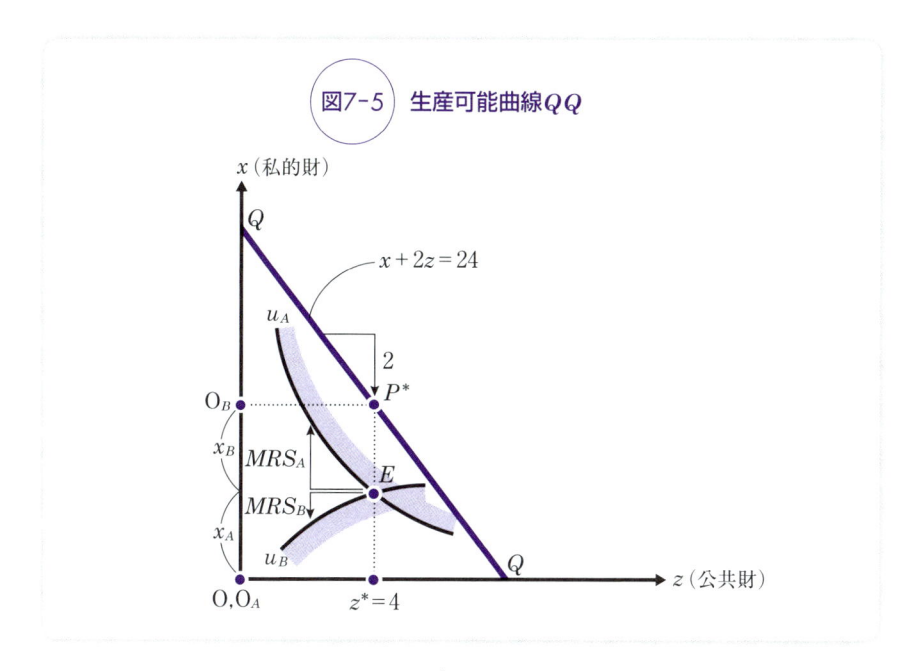

$$(7.9) \quad MRS_A + MRS_B = \frac{x_A + x_B}{2z}$$

となる。一方，公共財の費用関数が $x = 2z$ から決まる。1単位の z を増加するために犠牲にされる x の量，すなわち限界費用は2である。公共財のパレート効率的生産量は，2人の限界評価の和(7.9)式と限界費用2を等しく置いて得られる式

$$(7.10) \quad x_A + x_B = 4z$$

によって決まる。当初の私的財の存在量は24，そのうち $2z$ が公共財の生産に投入されるので，私的財の需給一致条件は

$$(7.11) \quad x_A + x_B = 24 - 2z$$

である。(7.10)式と(7.11)式から，公共財の供給量は

$$(7.12) \quad 4z = 24 - 2z, \quad あるいは \quad z^* = 4$$

として決まる。よって正答は**1**である。結局，公共財の供給量を決定するためには，社会的厚生関数は必要がないことになる。

図7-5を用いて，以上のことを説明し直そう。右下がりの太い直線 QQ は生産可能曲線を表す。一般には右上に凸の曲線であるが，例題に合わせて直線にしてある。傾きの絶対値（限界変形率）が限界費用2に等しい。生産可能曲線上の点 P^* で生産量が与えられると，2人がともに公共財の量 z^* を消費できる

ので，垂直な線分P^*z^*上で，私的財を分け合うことになる。Aの消費量は図のO_A，Bの消費量は図のO_Bを原点として測ると，2人の無差別曲線は垂直な線分P^*z^*上で交差することになる。その交点Eにおけるそれぞれの限界代替率の和が，P^*における限界変形率と等しいことがパレート効率性の条件である。こうして，限界評価を用いた公共財の供給量決定条件の代わりに，限界代替率の和と限界変形率の均等

公式 7.3　　$MRS_A + MRS_B = MRT$

をパレート効率性条件とすることができる。**公式7.3**を**サミュエルソンのルール**という。例題では，公共財供給量$z^* = 4$は決まるが，私的財の配分には，(7.11)式を満たすという以上の制約がない。すなわち，図のP^*z^*上のどの点で2人が私的財を分け合っても，パレート効率性は達成される。しかし，特定の社会的厚生関数，たとえば

(7.13)　　　$W = u_A \cdot u_B = x_A \cdot x_B \cdot z$

を導入し，それを最大化するなら，私的財の配分量は定まる。(7.11)式，(7.13)式と$z = 4$から

(7.14)　　　$W = 4x_A(16 - x_A)$

であり，これを最大化する私的財の配分量は，$x_A = 8$である。よって(7.10)式から$x_B = 8$が求まる。

正答　1

練習問題

【No.1】 個人AとBの2人のみが存在し，xで公共財の数量を表すと，彼らの公共財に関する限界効用は，それぞれ，

$MU_A(x) = A - \alpha x$

$MU_B(x) = B - \beta x$

であるとする。また，公共財の限界費用関数は$MC(x) = \gamma x + C$であるとする。ただし，ここで，α，β，γは正の定数であり，A，B，Cは$A + B > C$となるような正の定数である。この場合に，次の記述のうち，正しいものはどれか。（経済学検定試験）

(1) Cが増加すると，パレート最適な公共財供給量は増加する。
(2) γが増加すると，パレート最適な公共財供給量は減少する。
(3) αが増加すると，パレート最適な公共財供給量は増加する。
(4) Bが増加すると，パレート最適な公共財供給量は減少する。

解説 公式7.1に，$a_1 = A$，$a_2 = B$，$b_1 = \alpha$，$b_2 = \beta$，$c = \gamma$，$d = C$を代入すると，公共財の最適供給量は$x^* = \dfrac{A + B - C}{\alpha + \beta + \gamma}$である。よって，正答は(2)である。

【No.2】 社会に個人Ⅰと個人Ⅱの2人が存在しており，私的財(x)と公共財(y)に関する生産技術が次のような生産可能フロンティアの形で与えられている。

生産可能フロンティア：$x^2 + y^2 = 200$ （ただし，$x \geq 0$，$y \geq 0$）

個人Ⅰと個人Ⅱの効用関数がともにコブ＝ダグラス型 $U = A x^\alpha y^\beta$ で表現され，かつ，$A = 1$, $\alpha = \beta = \dfrac{1}{2}$ が成立することがわかっている。公共財の最適供給量はいくらか。（国家総合職）

1 10 **2** 12 **3** 15 **4** 22 **5** 24

解説 2人の個人の限界代替率は，それぞれ$U_x = \alpha A x^{\alpha-1} y^\beta$，$U_y = \beta A x^\alpha y^{\beta-1}$なので，$MRS = \dfrac{\beta x_i}{\alpha y}$である。$\alpha = \beta = \dfrac{1}{2}$なので，2人のMRSの和は，$\dfrac{x_1 + x_2}{y} = \dfrac{x}{y}$である。

生産可能曲線から限界変形率を求めると，(2.2)式，(2.3)式の導出と同様にして$2xdx + 2ydy = 0$なので，$MRT = -\dfrac{dy}{dx} = \dfrac{y}{x}$である。公式7.3から$\dfrac{x}{y} = \dfrac{y}{x}$である。これを生産可能フロンティア$x^2 + y^2 = 200$に代入して，$y = 10$を得る（正答は**1**）。

【No.3】 公共財の均衡概念としてリンダールによって提唱された「リンダール均衡」に関する次の記述のうち，妥当なものはどれか。（国家総合職）

1 リンダール均衡は，各個人の公共財の私的財に対する限界代替率の和が限界費用に等しいというパレート最適条件を満たしており，さらに各個人のそれぞれの効用極大化を満たしている。

2 リンダール均衡は，公共財の水準を決定する際，消費者選択の段階で公共財の水準は外生的に与えられていて，私的財のみが数量選択の対象として想定されている点が特徴的である。

3 リンダール均衡においては費用分担が各個人一律であり公共財に対する選好の強さに依存していないので，実際の費用徴収が容易であるという利点を有する一方，「受益者負担の原則」に必ずしもかなっていないという問題点がある。

4 リンダール均衡においては公共財に対する限界便益を過少表明することに関し，「仮に他の人々が正しく表明することを前提とすれば偽りの表明が有利になる」という意味での有利性が存在しない。

5 リンダール均衡は租税体系の操作可能性という点においては短期的には租税体系は制度化され固定化されており，政府は無原則的に課税することはできないとする前提に立っている点で，経済現実に沿ったものである。

|解説| **1**がリンダール均衡の説明になっている。リンダール均衡は各個人の効用最大化行動の結果として、公共財の供給が決まる。各個人の費用負担も、受ける便益に応じているので、制度的に固定化されているわけではない。ただし、偽りの表明も可能である点が問題点である[1]。

【No.4】 n人の個人から構成される社会において、私的財、公共財がともに1種類ずつ存在するものとする。今、代表的個人の効用関数および生産可能フロンティアが下図のような形状に描けるとき、公共財の供給に関する「サミュエルソンのルール」に関する次の記述のうち、妥当なものはどれか。(地方上級)

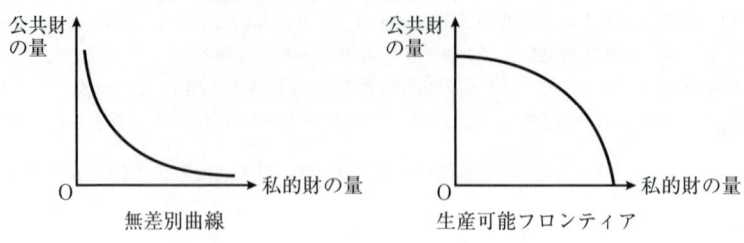

（左図）公共財の量／私的財の量：無差別曲線
（右図）公共財の量／私的財の量：生産可能フロンティア

1　公共財の場合、社会の需要曲線は各個人の需要曲線の水平和で表される。
2　公共財の供給量は、各個人の私的財と公共財における限界代替率がすべての個人において互いに等しくなるように決められる。
3　各個人の私的財と公共財における限界代替率を求め、次にこの値が私的財と公共財との限界変形率と等しくなっているような個人の数を求める。公共財の供給量は、このような条件を満たす個人の数が最大になるように決められる。
4　各個人の私的財と公共財における限界代替率をすべての個人について合計した総和を求め、この総和が私的財と公共財との限界変形率と等しくなるように公共財の供給量が決められる。
5　リンダール均衡が成立しているとき、一般にサミュエルソンのルールは成立しない。

|解説| **公式7.3**より、**4**がパレート最適な公共財の供給量を決める条件である（よって、**2**は誤り）。リンダール均衡もこれを満たしている（**5**は誤り）。なお、例題7.3-1より、社会の公共財需要曲線は各個人の需要曲線の垂直和となる（**1**は誤り）。

正答　【No.1】(2)　【No.2】1　【No.3】1　【No.4】4

---

1) リンダール均衡についてのより詳しい説明は、西村和雄著『ミクロ経済学』（東洋経済新報社、1990年）第9章9.5節を参照。

第8章

不確実性

Uncertainty

8.1 効用と利潤の期待値

例題8.1-1 保険

所得100万円の個人が,ある病気に確率$\frac{1}{2}$でかかり,その病気にかかると治療に20万円を要するとすれば,この人が医療費の全額を保険金でカバーする保険に加入したとき得られる効用の増加は,図においてどれだけになるか。ただし,保険に加入した場合(保険金支払額)×(保険事故の起こる確率)だけの保険料を支払い,また,保険に加入しても医療費支出額(20万円)は変わらないものとする。(国家総合職)

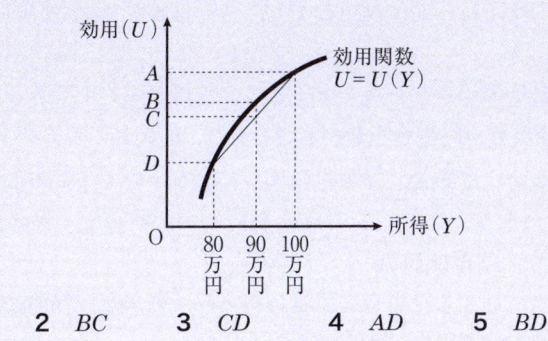

1 AC 2 BC 3 CD 4 AD 5 BD

解説

所得Y_1を得る個人が病気にかからない(あるいは事故に遭わない)確率をπ_1,かかる(遭う)確率を$\pi_2=(1-\pi_1)$とする。病気にかかった(あるいは事故に遭った)場合に医療費(あるいは損失)を引いて残る可処

図8-1　期待効用

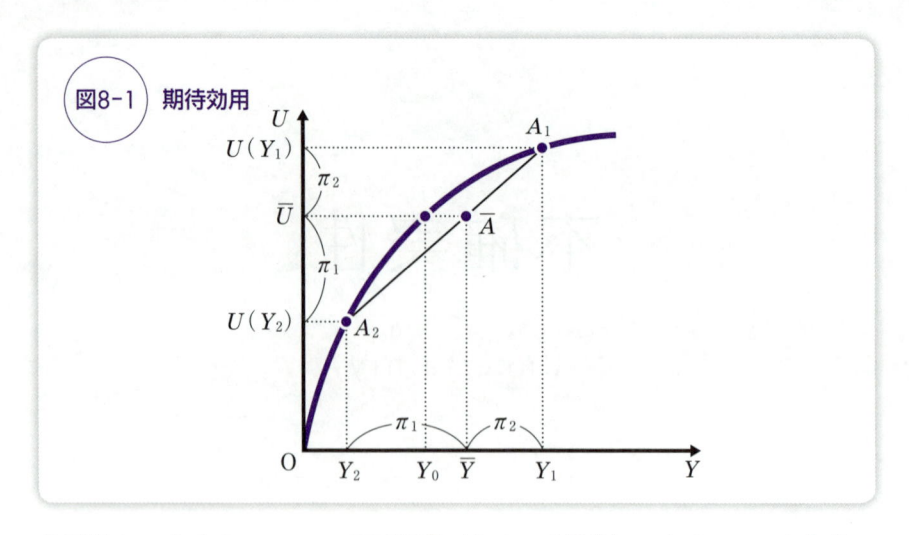

(図：横軸 Y、縦軸 U。効用関数曲線上に点 A_2（$Y_2, U(Y_2)$）と点 A_1（$Y_1, U(Y_1)$）。線分 A_1A_2 上に点 $\bar{A}$（$\bar{Y}, \bar{U}$）。Y_0 は曲線上で $\bar{U}$ に対応する所得。π_1 と π_2 の角度を図示。)

分所得を Y_2 とする。$Y_1 - Y_2$ が医療費（あるいは損失）である。このとき彼の所得の期待値は

$$(8.1) \quad \bar{Y} = \pi_1 Y_1 + \pi_2 Y_2$$

となる。この個人の効用は，病気にかからなかった場合に $U(Y_1)$，病気にかかった場合 $U(Y_2)$ となる。効用が $U(Y_1)$ となる確率は π_1，$U(Y_2)$ となる確率は π_2 なので，彼の効用の期待値は

$$(8.2) \quad \bar{U} = \pi_1 U(Y_1) + \pi_2 U(Y_2)$$

である。これを**期待効用**と呼ぶ。図8-1において，病気にかからなかった場合の所得と効用の組が点 A_1，病気にかかった場合の所得と効用の組が点 A_2 で表されている。期待所得と期待効用の組 $(\bar{Y}, \bar{U})$ は線分 $A_1 A_2$ を $\pi_1 : \pi_2$ に内分する点 $\bar{A}$ である。

ここで保険に加入するケースを考えよう。保険料を C とする。病気にかかった場合に，保険会社が医療費を負担してくれて，加入者の所得は $Y_1 - C$ となる。病気にかからなかった場合，保険料は戻ってこないので，このときの加入者の所得も $Y_1 - C$ となる。病気になるならないにかかわらず，保険加入者の所得は $Y_1 - C$ であり，効用は $U(Y_1 - C)$ である。

個人は，保険に加入した場合に確実に得られる効用が，保険に加入しない場合の期待効用を上回る場合，すなわち

$$(8.3) \quad U(Y_1 - C) > \bar{U} = \pi_1 U(Y_1) + \pi_2 U(Y_2)$$

が成り立つ場合に保険に加入する。$\bar{U}$ に等しい効用を生む所得を Y_0 とすると，$Y_1 - C > Y_0$ である限り，すなわち $Y_1 - Y_0 > C$ である限り保険に加入する。

$Y_1 - Y_0$は保険に加入する人が保険料として支払いうる最高額ということになる。

(8.3)式が成立している場合，保険に入り確実に所得を得るほうが，不確実性がある場合の期待効用を上回るので，このような個人を**危険回避者**という。危険回避者は，**図**8-1のように効用関数が上に凸である。一方，危険があるほうが期待効用が高く保険に入らない，すなわち

(8.4)　　$U(Y_1 - C) < \overline{U} = \pi_1 U(Y_1) + \pi_2 U(Y_2)$

である個人は，**危険愛好者**と呼ばれる。危険愛好者の効用関数は下に凸であるのは，明らかであろう。

例題に戻ろう。保険金支払額は20万円，病気にかかる確率は$\frac{1}{2}$，保険料は$20 \times \frac{1}{2} = 10$万円である。保険に加入後に，この個人には100 − 10（= 90万円）の所得が保証されている。例題の問題文での「効用の増加」が何を意味するかは不明瞭であるが，おそらく，保険に入ることによって保証される効用$U(90)$が期待効用を超過する額のことであろう。すると例題の図では$U(90)$はBO，期待効用はCOなのでBCが効用の増分である。

正答　2

例題8.1-2　リスク・プレミアム

ある消費者の効用関数が
　　$U(W) = W^{\frac{1}{2}}$　　〔W：所得〕
で与えられている。25%の確率で400の所得が得られ，75%の確率で所得はゼロである状況を考える。このときのリスク・プレミアム・レートの値として正しいのはどれか。

ただし，リスク・プレミアム・レートとは，リスク・プレミアムを所得の期待値で除したものである。(国家総合職)

1 0.125　**2** 0.25　**3** 0.5　**4** 0.75　**5** 1.25

解説　多くの経済主体はリスクを避けようとするため，経済主体にリスクを引き受けさせるためには，対価（報酬）が必要となる。このリスクに対する対価を**リスク・プレミアム**という。個人が危険回避的な場合，不確実性に直面したときの期待効用より，期待所得を確実に得るほうが，効用が高い。**図**8-1において，この個人の期待所得は$\overline{Y}$であり，期待効用は$\overline{U}$である。確実にY_0の所得が得られるなら，この個人は$\overline{U}$の効用を得る。Y_0を基準に考えると，

不確実性がある場合，$\overline{U}$の効用を得るためには，$\overline{Y} - Y_0$の期待所得の増加が必要であり，これが**図8-1**におけるリスク・プレミアムである。つまり，リスク・プレミアムは，不確実性に直面した経済主体が，その不確実性を排除するため，期待所得よりも確実に得られる所得がどこまで減少することを許容できるかを表すと言い換えることができる。よって，リスク・プレミアムをρとすると，以下が成立する。

(8.5) $\quad U(\overline{Y} - \rho) = EU(\overline{Y})$

例題に戻ろう。YをWに置き換える。期待所得EWは，$EW = 0.25 \times 400 + 0.75 \times 0 = 100$である。期待効用は，$EU(W) = 0.25 \times \sqrt{400} + 0.75 \times 0 = 5$である。(8.5)式にこれらを代入すると，$\sqrt{100 - \rho} = 5$より，$\rho = 75$である。問題文より，リスク・プレミアム・レートとは$\dfrac{\rho}{EW}$であるので，$\dfrac{\rho}{EW} = \dfrac{75}{100} = 0.75$である。

正答　4

例題8.1-3　期待効用の最大化

資産1000万円を所有している人がその一部を株式に投資しようとしている。株式の収益率は不確実であり，$\dfrac{1}{2}$の確率で50％（5割の儲け），$\dfrac{1}{2}$の確率で－40％（4割の損失）となるとする。xを資産の金額とすると，この人の効用関数が$u = x^{\frac{1}{2}}$であるとする。この人は株式にいくら投資するか。ただし，この人は期待効用を最大にするように行動するとする。（国家総合職）

1　100万円　　**2**　200万円　　**3**　300万円
4　400万円　　**5**　500万円

解説　1000万円のうちy万円を株式に投資すると，資産はそれぞれ$\dfrac{1}{2}$の確率で$(1000 + 0.5y)$，$(1000 - 0.4y)$になる。期待効用は，

(8.6) $\quad EU = 0.5(1000 + 0.5y)^{\frac{1}{2}} + 0.5(1000 - 0.4y)^{\frac{1}{2}}$

となる。(8.6)式が極大になるyの値は

(8.7) $\quad \dfrac{dEU}{dy} = \dfrac{1}{2} \times 0.5 \times (1000 + 0.5y)^{-\frac{1}{2}} \times 0.5$

$$+ \dfrac{1}{2} \times 0.5 \times (1000 - 0.4y)^{-\frac{1}{2}} \times (-0.4) = 0$$

を満たすので，(8.7)式をyについて解くと，$y = 500$である。

正答　5

例題8.1-4 不確実性下の利潤

ある財の需要は不確実であり，市場の需要曲線は $D = 160 - P + \varepsilon$ 〔D：需要量，P：価格，ε：攪乱項〕で示されるとする。攪乱項 ε の値は確率0.4で -15 に，確率0.6で $+10$ になるものとする。また，この財は2つの企業によって供給され，企業の費用関数は同一であり，$C = 10x + 20$ 〔C：総費用，x：生産量〕で示されるとする。各企業が自己の生産量を戦略変数として行動するとき，クールノー均衡における2企業の生産量の合計はいくらか。ただし，各企業は生産量を決定するとき，攪乱項 ε の値を知らず，期待利潤の最大化を図るものとする。(国家総合職)

1 40　　**2** 60　　**3** 80　　**4** 100　　**5** 120

解説　需要曲線は，確率0.4と0.6で，それぞれ，$D = 145 - P$，$D = 170 - P$ になる。企業1と2の生産量を x_1，x_2 とすると，$x = x_1 + x_2$ であり，企業1の総収入はそれぞれ $(145 - x)x_1$，$(170 - x)x_1$ となる。企業1の期待利潤 $E\pi$ は，

$$(8.8) \quad E\pi = 0.4(145 - x_1 - x_2)x_1 + 0.6(170 - x_1 - x_2)x_1 - (10x_1 + 20)$$
$$= -x_1^2 + (150 - x_2)x_1 - 20$$

であるので，x_1 について最大化すると，$\dfrac{\partial E\pi}{\partial x_1} = -2x_1 + 150 - x_2 = 0$ より，企業1の反応関数は，$2x_1 + x_2 = 150$ である。企業2の反応関数も同様にして求まり，$x_1 + 2x_2 = 150$ である。よって，$x_1 + x_2 = 100$ 。

正答　4

練習問題

【No.1】 富の額を W として，ある消費者の効用関数が，$U(W) = W^{\frac{1}{2}}$ で示されるとする。この消費者の現在の富の保有額は10,000であり，事故が発生する可能性を考慮して，事前に保険料を支払うと，事故が起きたときに損害を全額保障するような保険を考える。

事故が起きる確率を5％，事故が起きたときの損害を10,000とした場合，この消費者が保険に加入するのは，保険料がいくら以下のときか。

ただし，この消費者は期待効用の最大化を図るものとし，また自分が事故に遭う確率を知っているものとする。なお，事故が起きなくても保険料は返却されない。(国家総合職)

1 95　　**2** 950　　**3** 975　　**4** 1,900　　**5** 3,100

| 解説 | 保険料を q とすると，保険に入っていれば，事故が起きたときも10,000が保障されているので，富は $10000-q$ となる。事故が起きなくても富は $10000-q$ である。保険に入っていなければ，事故が起きると富は 0，事故が起きなければ 10000 である。

期待効用は，保険に加入したときには $(10000-q)^{\frac{1}{2}}$，保険に加入しないときには $0.05(0)^{\frac{1}{2}}+0.95(10000)^{\frac{1}{2}}=95$ である。保険に加入するのは，$(10000-q)^{\frac{1}{2}} \geq 95$，すなわち $975 \leq q$ のときである（正答は **3**）。

【No.2】 ある大きさの資産を有する個人が，その保有する資産の一部を株式に投資する機会を得たが，この株式の収益は不確実であり，0.5の確率で50％の収益を得，0.5の確率で40％の損失を生じる。この個人の効用関数が，

$$U = W^{\frac{1}{2}}$$

〔U：効用水準，W：資産額〕

で示され，この個人が期待効用を最大にするように行動するならば，この個人は当初保有していた資産の何％を株式に投資するか。（国家総合職）

1　45％　　**2**　50％　　**3**　55％　　**4**　60％　　**5**　65％

| 解説 | 保有する資産が W であるとすると，そのうち W_1 を株式に投資するなら，資産は，成功すれば $1.5W_1$，失敗すると $0.6W_1$ となる。その結果資産が，それぞれ，$W+0.5W_1$，$W-0.4W_1$ となる。期待効用は $0.5(W+0.5W_1)^{\frac{1}{2}}+0.5(W-0.4W_1)^{\frac{1}{2}}$ である。これを W_1 で微分して，$0.125(W+0.5W_1)^{-\frac{1}{2}}-0.1(W-0.4W_1)^{-\frac{1}{2}}=0$ である。よって，$25(W-0.4W_1)=16(W+0.5W_1)$ より $W_1=0.5W$ である（正答は **2**）。

【No.3】 ある保険会社は事故によって所有している資産のすべてを失う危険を持つ個人と保険契約を締結した。この保険内容は個人の払込保険料は1口につき5万円であるが，10分の1の確率で起こるとされる事故が生じた場合には，保険会社はこの個人に保険1口につき45万円の保険金を支払うものとする。この個人の効用は資産額に依存しており，効用関数が $U=\log x$ 〔x：資産額〕であるときの保険会社の期待収益はいくらか。ただし，この個人は1億円の資産を保有しており，期待効用を最大化するように保険契約口数を決定するものとする。（国家総合職）

1　5万円　　**2**　10万円　　**3**　20万円　　**4**　50万円　　**5**　100万円

| 解説 | 個人が加入する保険の口数を y とする。保険に入ると資産は $(10000-5y)$ 万円である。事故が起こるとすべての資産を失い，$45y$ 万円を受け取る。よって，期待効用は $0.1 \times \log 45y + 0.9 \log(10000-5y)$ である。これを y で微分して 0 と置くと，$\dfrac{1}{10y}-\dfrac{4.5}{10000-5y}=0$。よって，$20000-y-9y=0$ より $y=200$ である。

保険会社は保険1口につき5万円の売上があるが，10分の1の確率で保険1口につき45万円を支払うので，保険会社の期待収益は $5 \times 200 - 0.1 \times 45 \times 200 = 100$ 〔万円〕である（正答は **5**）。

【No.4】 生産物価格が不確実であるという条件の下で，最適生産量を決定する完全競争企業を考える。生産物の価格に関して企業が，α と $1-\alpha$ の確率で P_1 と P_2 と予想するとする。この企業が生産物 x を生産するために必要な費用は，費用関数 $C=\dfrac{cx^2}{2}$ で表される。ただし，

cは正の非確率の定数である。この企業が期待利潤を最大にするように行動した場合、最適生産量として正しいのはどれか。(経済学検定試験)

(1) $\dfrac{\alpha P_1 + (1-\alpha) P_2}{c}$

(2) $\dfrac{(1-\alpha) P_1 + \alpha P_2}{c}$

(3) $\dfrac{\alpha P_1 + (1-\alpha) P_2}{2c}$

(4) $\dfrac{2((1-\alpha) P_1 + \alpha P_2)}{c}$

解説 期待価格は $\alpha P_1 + (1-\alpha) P_2$ なので、期待利潤 E_π は $E_\pi = [\alpha P_1 + (1-\alpha) P_2] x - \dfrac{cx^2}{2}$ である。$\dfrac{\partial E_\pi}{\partial x} = [\alpha P_1 + (1-\alpha) P_2] - cx = 0$ より、期待利潤を最大化する生産量は $\dfrac{\alpha P_1 + (1-\alpha) P_2}{c}$ である(正答は(1))。

正答 【No.1】3 【No.2】2 【No.3】5 【No.4】(1)

8.2 資産選択

例題8.2-1 危険資産

ある危険資産の収益の標準偏差を横軸、平均収益を縦軸としたとき、危険愛好者の無差別曲線の形状として、正しいものはどれか。ただし、→印は効用が増加する方向を示している。(地方上級)

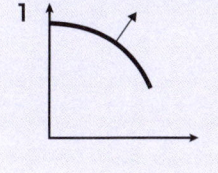

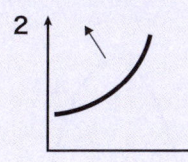

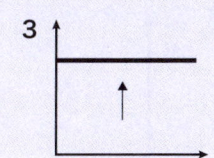

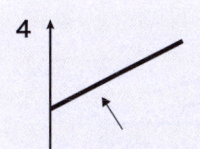

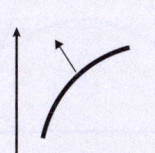

解説 投資家が株式などの危険資産と定期預金などの安全資産を，どのような組合せで保有するかという問題を考える。そこで危険を表すものとして，収益 x の平均値 $\bar{x}$ からの偏差 $(x-\bar{x})$ の2乗の期待値 $E(x-\bar{x})^2$ である分散 $V(x)$，すなわち

(8.9) $\quad V(x) = \sum \pi_i (x_i - \bar{x})^2$

か，その平方根である標準偏差 $\sigma(x)$，すなわち

(8.10) $\quad \sigma(x) = \sqrt{\sum \pi_i (x_i - \bar{x})^2}$

を用いることにする。そして，収益の期待値と分散（あるいは標準偏差）に対する選好を所与として，資産選択理論を展開するのである。

ちなみに，効用関数が2次関数 $u = ax^2 + bx$，$a < 0$ であれば，期待効用は

(8.11) $\quad \begin{aligned} E(u) &= a \sum \pi_i x_i^2 + b \sum \pi_i x_i \\ &= a \sum \pi_i (x_i - \bar{x})^2 + 2a\bar{x} + b \sum \pi_i x_i - a\bar{x}^2 \\ &= a\sigma^2 + a\bar{x}^2 + b\bar{x} \\ &= a(\sigma^2 + \bar{x}^2) + b\bar{x} \end{aligned}$

と，分散と期待値の関数になる。

期待値が同じ2つの危険資産があるとする。2つの資産からの収益の確率分布が，**図8-2** の A と B であるとする。A よりも B のほうが散らばっていて，分散が大きい。よって，同じ期待値なら分散が大きいほうがリスクが大きいので，危険を回避する人の効用は下がる。**図8-3 (i)** や **2，4，5** がこれに当たる。もし，分散が大きいほうが効用が上がるとすれば，それは危険愛好者である。**図8-3 (ii)** や **1** がこれに当たる。もし，同じ期待値なら，分散は異なっていても，

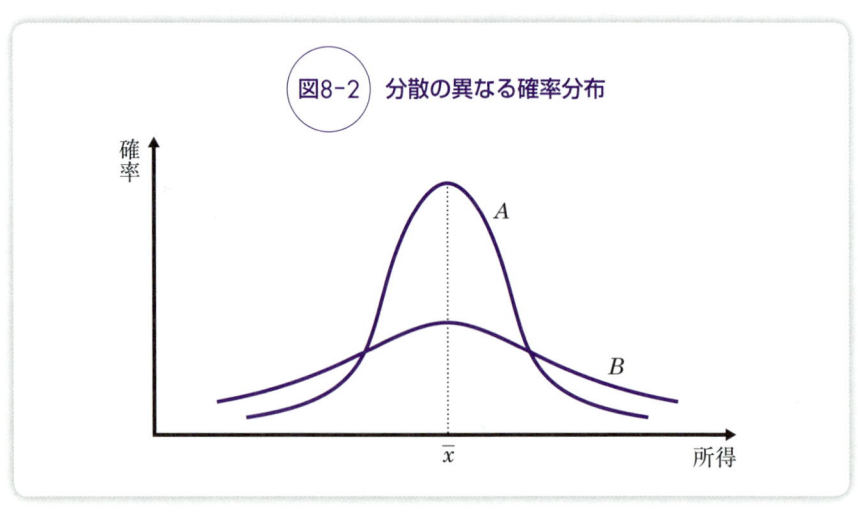

図8-2 分散の異なる確率分布

図8-3 平均−分散平面における無差別曲線の異なる確率分布

(i) 危険回避者の無差別曲線

(ii) 危険愛好者の無差別曲線

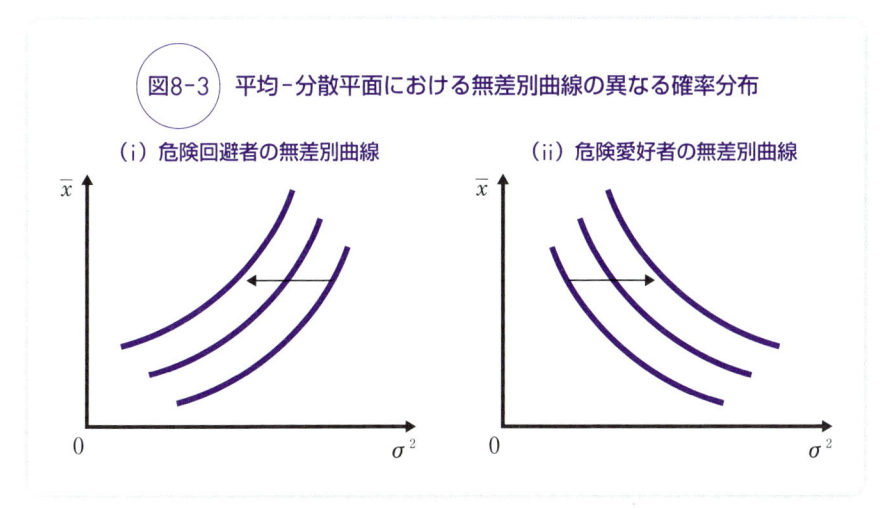

無差別ならそれは危険中立者である。**3**がこれに当たる。

正答　1

例題8.2-2　地価の理論値

次の文中の空欄 (a), (b) に当てはまるものを正しく組み合わせているのはどれか。

「地価が，地代収入（税引き後）の割引現在価値で決定され，地代収入が年間10万円，割引利子率が4％，地代の上昇率が3％であるとする。ここで，年間の地代収入に対し30％の所得税を課すと，理論的な地価は (a) となる一方，所得税の代わりに，毎年，地価の1％を土地所有税として課税すると，理論的な地価は約 (b) となる。」(国家総合職)

	(a)	(b)
1	700万円	300万円
2	700万円	500万円
3	700万円	990万円
4	1,000万円	500万円
5	1,000万円	990万円

解説　今期の収入10万円を4％の利子率で運用すると，来期には10万×1.04円となる。逆に，来期の収入10万円の今期の価値は，10万÷1.04円である。このように，1期先の収入を(1＋利子率)で割ると現在の価値を求めることができ，同様にn期先の収入を$(1＋利子率)^n$で割ると現在価値を求

めることができる。これを**割引現在価値**という。

ここで，経済学においてよく使用される無限等比級数の和に関する公式を導入しよう。初項が a，等比が x の無限等比級数の和 S は，

$$(8.12) \quad S = a + ax + ax^2 + \cdots = a \cdot \sum_{t=0}^{\infty} x^t$$

である。x の絶対値が 1 より小さい場合，$\lim_{t \to \infty} ax^t = 0$ であるので，S が発散することはない。(8.12) 式の両辺に x を掛けると，

$$(8.13) \quad xS = ax + ax^2 + ax^3 + \cdots$$

である。(8.12) 式から (8.13) 式を引くと $(1-x)S = a$ であるので，無限等比級数の和は以下である。

公式 8.1 $\quad S = \dfrac{a}{1-x}$

例題のように，土地のような資産の価格が，地代（または配当）の割引現在価値の合計で決定される場合を考えよう。今期も含めて毎期 a の収入が得られる資産の割引現在価値の合計 S は，**公式 8.1** に等比 $x = \dfrac{1}{1+r}$ を代入して，以下となる。

$$(8.14) \quad S = \dfrac{a(1+r)}{r}$$

なお，今期ある資産を購入するとき，今期は配当がなく，配当は来期から得られる場合が多い。その場合，無限等比級数の初項は a ではなく $\dfrac{a}{1+r}$ になり，和は $S = ax + ax^2 + \cdots$ である。先ほどと同様の手順によって，無限等比級数の和を求めると，$S = \dfrac{ax}{1-x}$ である。ここに $x = \dfrac{1}{1+r}$ を代入すると，以下の公式を得る。

公式 8.2 $\quad S = \dfrac{a}{r}$

例題に戻ろう。まず，税金がない場合を考察しよう。現時点を第 0 期とし，添え字で期を表す。来期の地代を R，地代の上昇率を g とすると，来期以降の地代は，$R_1 = R$，$R_2 = (1+g) \times R$，$R_3 = (1+g)^2 \times R$，… である。地価 P は地

代収入の割引現在価値の合計である。よって，地価Pは，

$$(8.15) \quad P = \frac{1}{1+r}R + \frac{1+g}{(1+r)^2}R + \cdots = \frac{R}{1+r}\sum_{t=0}^{\infty}\left(\frac{1+g}{1+r}\right)^t$$

となる。例題では，$r=0.04$，$g=0.03$であるので，等比の絶対値は1より小さい。

公式8.1に$a = \dfrac{R}{1+r}$，$x = \dfrac{1+g}{1+r}$を代入すると，地価の理論値について以下を得る。

公式 8.3 $\quad P = \dfrac{R}{r-g}$

公式8.3に，例題8.2-2の数値，$R=10$万円，$r=0.04$，$g=0.03$を代入すると，$P=1000$万円である。

(a) 毎年，地代収入に30%の所得税が課されるとき，税引き後の地代収入を$\overline{R}$とすると，**公式8.3**に$\overline{R}=0.7R=7$万円を代入すればよい。よって，$P=700$万円である。

(b) 第t期の地価をP_tとする。地価の1%を土地所有税として課税する場合，第t期の収入は$R_t - 0.01P_t$である。**公式8.3**の右辺の分子をRではなく，$R - 0.01 \times P$に置き換えて整理すると，$P = \dfrac{R}{r-g+0.01}$である。これに$R=10$万円，$r=0.04$，$g=0.03$を代入すると，$P=500$万円を得る。

正答　2

例題8.2-3　資産価格の決定

1株当たりの配当金が50円，リスク・プレミアムが3%，期待されるキャピタルゲイン率が1%，安全資産である債券の収益率が2%であるとすれば，効率的市場仮説に基づく株価（配当還元価格）はいくらになるか。

なお，必要があれば，次式を参考にせよ。（地方上級）

$r_s = r_b + \rho$

$r_s = \dfrac{d + \Delta p_s}{p_s}$

$g = \dfrac{\Delta p_s}{p_s}$

$\begin{bmatrix} r_s：株式の期待収益率，r_b：債券の収益率 \\ \rho：リスク・プレミアム，d：1株当たりの配当金 \\ p_s：株価，g：キャピタルゲイン率 \end{bmatrix}$

1 750円　　**2** 1,000円　　**3** 1,250円　　**4** 1,500円　　**5** 1,750円

解説 例題8.1-2で見たように，リスク・プレミアムとは，リスクを受け入れることに対する報酬であった。この問題において，安全資産である債券にはリスクがない。一方，危険資産にはリスクがあるので，危険回避的な経済主体は，もし危険資産の期待収益率と安全資産の収益率が等しいなら，危険資産を保有しないであろう。危険資産を保有するためには，危険資産の期待収益率 r_s が安全資産の収益率 r_b よりも高い必要があり，それがリスク・プレミアム ρ となるので，以下が成立する。

公式 8.4
$$r_s = r_b + \rho$$

さて，株式を保有していると，配当を得られる。これを**インカム・ゲイン**という。p_s 円の株に対して配当が d 円得られたら，配当の収益率は $\dfrac{d}{p_s}$ である。さらに，株が Δp_s だけ値上がりすることが見込まれると，資産価値が上昇する。これを（期待）**キャピタル・ゲイン**といい，$\dfrac{\Delta p_s}{p_s}$ で表す。株式の収益率はこれらの合計なので，以下が成立する。

公式 8.5
$$r_s = \frac{d + \Delta p_s}{p_s}$$

例題では，$d = 50$，$\rho = 3\%$，$g = \dfrac{\Delta p_s}{p_s} = 1\%$，$r_b = 2\%$ なので，これらを**公式8.4**ならびに**公式8.5**に代入して整理すると，$p_s = 1250$ となる。

正答　3

例題8.2-4 デリバティブ

デリバティブとは，派生商品とも呼ばれ，あるモノの将来の価値に依存して収益が決まる商品の総称であり，その中で代表的なものとして「オプション」が挙げられる。金融資産についてのオプションとは，ある資産をあらかじめ決めた価格で購入または売却できる権利のことであり，対象となっている資産を購入する権利を「コール・オプション」，それを売却する権利を「プット・オプション」という。

権利行使価格20,000円のA社株が23,000円に値上がりしたとすると，A社株

のコール・オプションをプレミアム1,000円で買い付けた場合と，A社株のプット・オプションをプレミアム1,000円で買い付けた場合の記述として正しいのはどれか。(国家総合職)

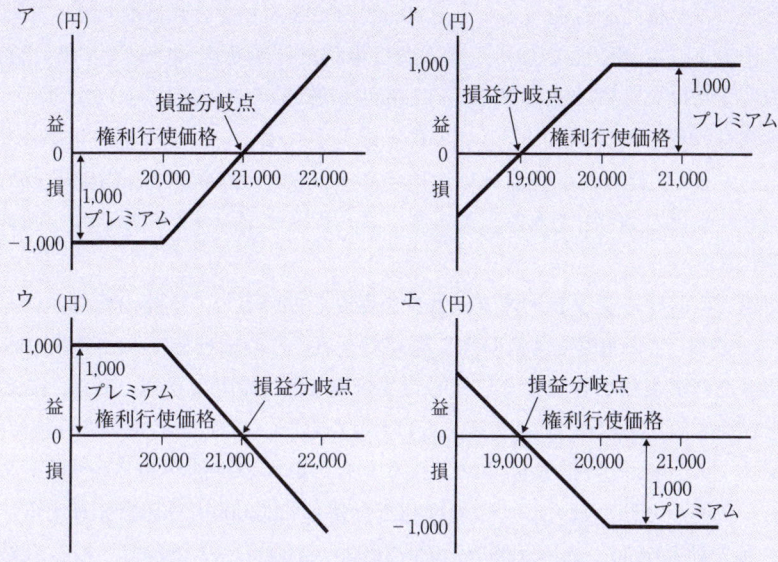

ア (円)

損益分岐点 権利行使価格 20,000 21,000 22,000 プレミアム1,000 −1,000

イ (円)

1,000 損益分岐点 権利行使価格 19,000 20,000 21,000 プレミアム1,000

ウ (円)

1,000 プレミアム 権利行使価格 損益分岐点 20,000 21,000 22,000

エ (円)

損益分岐点 権利行使価格 19,000 20,000 21,000 プレミアム1,000 −1,000

1 コール・オプションの場合は，損益は図イで示され，オプションを行使して2,000円の利益が得られる。プット・オプションの場合は，損益は図ウで示され，オプションを行使して2,000円の損失となる。

2 コール・オプションの場合は，損益は図イで示され，オプションを行使して2,000円の利益が得られる。プット・オプションの場合は，損益は図エで示され，オプションを行使しないので，1,000円の損失となる。

3 コール・オプションの場合は，損益は図アで示され，オプションを行使して3,000円の利益が得られる。プット・オプションの場合は，損益は図ウで示され，オプションを行使しないので，1,000円の利益が得られる。

4 コール・オプションの場合は，損益は図アで示され，オプションを行使して4,000円の利益が得られる。プット・オプションの場合は，損益は図エで示され，オプションを行使して2,000円の利益が得られる。

5 コール・オプションの場合は，損益は図アで示され，オプションを行使して2,000円の利益が得られる。プット・オプションの場合は，損益は図エで示され，オプションを行使しないので，1,000円の損失となる。

解説 問題文における**コール・オプション**を保有していると，実際の株価がいくらになっても，20,000円でA社の株を購入できる。この権利を

保有するとリスクを避けることができるので，この権利には価値（プレミアム）が発生し，この権利が取引されるのである。問題文のように，この権利をプレミアム1,000円で買った経済主体を考えよう。もし市場価格が20,000円より低いとき，この権利を行使すると株を20,000円で購入しなければならず，市場で購入するよりも高くつくため，購入者は権利を行使せず，プレミアム1,000円の損失を受け入れることになる。もし市場の株価が20,000円以上になると，この権利を行使して20,000円でA社の株を購入すればよい。その株を市場価格Pで売却すると，得られる利益πは，$\pi = P - (20000 + 1000) = P - 21000$なので，損益分岐点は21,000円である。よって，コール・オプションの損益は，図アで表される。

問題文における**プット・オプション**を保有していると，実際の株価がいくらになっても，20,000円でA社の株を売却できる。この権利をプレミアム1,000円で買った経済主体を考えよう。もし市場価格が20,000円より高いとき，この権利を行使すると20,000円で株を売らなければならないので，この権利を行使せず，プレミアム1,000円の損失を受け入れる。もし市場の株価が20,000円以下になると，市場から株を購入し，この権利を行使して20,000円で株を売却する。このときの利益πは，$\pi = 20000 - (P + 1000) = 19000 - P$なので，損益分岐点は19,000円である。よって，プット・オプションの損益は，図エで表される。

例題のように，市場の株価が23,000円になったとしよう。コール・オプションを買い付けた経済主体はコール・オプションを行使して20,000円で株を購入し，23,000円で転売すると，この権利を購入した費用と合わせて2,000円の利益を得る。プット・オプションを買い付けた人が権利を行使すると20,000円で株を売らなければならないので，権利を行使せず，プレミアム1,000円の損失を受け入れる。よって，正答は**5**である。

以上で，例題に対する解説は与えたが，図イと図ウについても考察する。例題では，コール・オプション，プット・オプションを購入した経済主体の損益を考えた。では，コール・オプション，プット・オプションを販売した経済主体の損益はどうなるのであろうか。

コール・オプションを販売すると，まずプレミアム1,000円の利益が出る。しかし，市場の価格が20,000円以上になると，コール・オプションを購入した経済主体が権利を行使するので，20,000円で株を売却しなければならない。よって，市場の株価が21,000円以上になると，損失が発生する。逆に，株が20,000円以下だと，コール・オプションを購入した経済主体は権利を行使しないので，プレ

ミアム1,000円が利益となる。ゆえに，図ウが，コール・オプションを販売した経済主体の損益である。

これは，コール・オプションを購入した経済主体が利益を得る（損失を被る）とき，コール・オプションを販売した経済主体は同額の損失を被る（利益を得る）ので，コール・オプションを購入した経済主体と販売した経済主体の損益が入れ替わるはずである，と考えてもよい。

同様に，プット・オプションを販売した経済主体の損益が図イであることも確かめられたい。

正答 5

例題8.2-5 デリバティブ

ある金融資産の今期の価格を S とし，来期に a の確率で uS となり，$1-a$ の確率で dS となると予想されている（$0<d<1<u$）。この金融資産について，来期に行使価格 K で購入できるというコール・オプションを考える。$uS>K>dS$ とするとき，このコール・オプションの今期における価格として正しいのはどれか。

なお，安全資産の利子率を r とし，$R=1+r$ とする。投資家は r の利子率で自由に資金の貸借ができるものとする。

ただし，コール・オプションの価格は，この金融資産の価格が来期どうなろうとも，ある一定の収益を得られるようなヘッジ・ポートフォリオ（ここではコール・オプション1単位の売りと原資産何単位かの買い）を考え，このヘッジ・ポートフォリオの収益と，ヘッジ・ポートフォリオを購入するための資金を安全資産に投資した場合の収益が等しくなるような水準として求められる。（国家総合職）

1 $\dfrac{(uS-K)(R-d)}{R(u-d)}$　　2 $\dfrac{a(uS-K)}{R}$　　3 $auS+(1-a)dS$

4 $\max[uS-K,\ 0]$　　5 $\dfrac{(u-d)S}{R}$

解説　1単位のコール・オプションを購入すると，今期，価格（プレミアム）C を支払い，来期に原資産を行使価格 K で購入する権利を得るとする。コール・オプションの売却者は，今期，価格（プレミアム）C を受け取り，来期にオプションの購入者が求めた場合，原資産を価格 K で売却する義務が発生する。コール・オプションを1単位購入した場合，来期得られる収益は，収益が高くなる場合を C_u，収益が低くなる場合を C_d とすると，

(8.16) $\quad C_u = \max[uS-K, 0], \quad C_d = \max[dS-K, 0]$

である。権利を行使すると収益が負になる場合，権利を行使しないことに注意せよ。例題では $uS > K > dS$ であるので，以下となる。

(8.17) $\quad C_u = uS - K, \quad C_d = 0$

今期，このようなコール・オプションを1単位売却し，また原資産を S の価格で x 単位購入することで，ヘッジ・ポートフォリオを形成しよう。ヘッジとは，資産価格の変動で発生する損失をオプションで防ぎ，オプションから発生する損失を資産価格の変動で防ぐような原資産とオプションの組合せである。今期，ヘッジ・ポートフォリオを形成するのに必要な金額を B とする。このヘッジ・ポートフォリオを形成するのに必要な金額 B と同じ金額を安全資産に投資したときの収益は，以下の表となる。

表8-1 ヘッジオプション

	今期	来期 確率 a	来期 確率 $(1-a)$
コール・オプションを1単位，価格 C で売却	C	0	$-(uS-K)$
原資産を価格 S で x 単位購入	$-xS$	xdS	xuS
安全資産を B だけ購入	$-B$		RB

この表から，以下の式を得る。今期，ヘッジ・ポートフォリオを形成するのに必要な金額と安全資産を購入する金額が等しいので，

(8.18) $\quad C - xS = -B$

である。さらに，リスクがヘッジされると，金融資産価格が高くなる場合も低くなる場合も，来期の収益が安全資産に等しいので，

(8.19) $\quad xdS = RB$

(8.20) $\quad xuS - (uS - K) = RB$

である。リスクがヘッジされてしまうと，確率 a は無関係になることに注意されたい。

(8.18)式，(8.19)式，(8.20)式から B, x を消去して，コール・オプションの価格（プレミアム） C を求めると，$C = \dfrac{(uS-K)(R-d)}{R(u-d)}$ である。

正答 1

練習問題

【No.1】 消費者行動の分析と同様に，資産選択行動の分析でも無差別曲線を用いる。後者のそれが描かれる平面は，資産の持つ2つの性質，つまり収益率の大きさと危険の度合（収益率の分散）をそれぞれ縦軸と横軸とし，平面上の1点は1資産を表す。以上のことを踏まえて，次の問いに答えなさい。（不動産鑑定士）

(1) 消費者の無差別曲線を説明しなさい。その際，資産選択者のそれとの違いを明確に述べなさい。

(2) 資産選択者が，危険が増せば収益も増加しないと2資産は無差別にならないと考える場合，無差別曲線はどのような形になるかを説明しなさい。

解説 (1) 消費者理論の無差別曲線は，2つの財の量の組で同程度に好まれる財の組合せの軌跡である。2つの財は代替性を持ち無差別曲線は右下がりとなる。右上方の点ほど効用は高くなる。
　一方，資産選択理論では，資産の持つ収益の期待値と分散（危険の度合い）の組合せを1点として，同程度に好まれる点の軌跡が無差別曲線である。

(2) 収益の期待値が同じなら，分散が少ないほど効用が高いので，縦軸が収益の期待値なら，垂直上方ほど効用が高くなり，無差別曲線は図8-3(i)のような形状となる。

【No.2】 2つの異なる投資機会 A, B が存在し，2つの状態 s_1, s_2 が生じる確率とそこでの利益が，下の表のようになっているものとする。

状態	s_1	s_2
投資機会 A	16	8
投資機会 B	12	36
確率	$\dfrac{1}{4}$	$\dfrac{3}{4}$

投資家 X は，A, B を任意の比率 $a:(1-a)$ 〔$0 \leq a \leq 1$〕で組み合わせ，ポートフォリオを作成することができる。投資家 X の効用関数を，
$$U(\mu, \sigma^2) = 2\mu - \sigma^2$$
とするとき，投資家 X の効用を最大にするような投資比率の組合せとして正しいのはどれか。
ただし，μ, σ^2 はそれぞれ投資家 X が作成したポートフォリオの期待値，分散である。（国家総合職）

　　　A　　　B
1　$\dfrac{2}{5}$　$\dfrac{3}{5}$

2　$\dfrac{7}{16}$　$\dfrac{9}{16}$

3　$\dfrac{31}{48}$　$\dfrac{17}{48}$

| 4 | $\frac{25}{36}$ | $\frac{11}{36}$ |
| 5 | $\frac{3}{4}$ | $\frac{1}{4}$ |

解説　このポートフォリオの利益は，状態s_1が生じたとき$16a+12(1-a)=12+4a$であり，状態s_2が生じたとき$8a+36(1-a)=36-28a$である。よって，期待利益μは，

$$\mu = \frac{1}{4} \times (12+4a) + \frac{3}{4} \times (36-28a) = 30-20a \qquad \cdots\cdots\cdots ①$$

である。分散σ^2は，

$$\sigma^2 = \frac{1}{4}\{(12+4a)-(30-20a)\}^2 + \frac{3}{4}\{(36-28a)-(30-20a)\}^2 = 12(4a-3)^2 \quad \cdots ②$$

である。①式，②式を効用関数に代入すると，

$$U = 2(30-20a) - 12(4a-3)^2 = -192a^2 + 248a - 48 \qquad \cdots\cdots\cdots ③$$

である。$\frac{\partial U}{\partial a} = 2 \times (-192)a + 248 = 0$より，③式を最大化する$a$は，$a = \frac{31}{48}$であり，当然$(1-a) = \frac{17}{48}$である（正答は**3**）。

【No.3】ドル通貨を対象とした，ちょうど1か月後に権利行使がなされるオプション取引を考える。ある時点での直物為替レートは1ドル100円であったとする。ある人がその時点で，行使価格100円のオプション取引を，プレミアム10円で行った。1か月後に直物為替レートが1ドル120円となったため，この人は取引により10円の純利益を得た。この人が行ったオプション取引として考えられるものを，すべて挙げているものはどれか。（国家総合職）

1　コール・オプションの買い
2　コール・オプションの売り
3　プット・オプションの売り
4　コール・オプションの売り，プット・オプションの買い
5　コール・オプションの買い，プット・オプションの売り

解説　1か月後の為替レートを1ドル＝e円とする。オプション取引の1か月後の収益πは，それぞれ以下となる。

コール・オプションの買い：1か月後に1ドルを100円で買う権利を買う。1か月後の収益は$\pi = \max[-10, e-110]$であり，$e=120$のとき$\pi=10$である。

コール・オプションの売り：1か月後に1ドルを100円で買う権利を売る。1か月後の収益は$\pi = \min[10, 110-e]$であり，$e=120$のとき$\pi=-10$である。

プット・オプションの買い：1か月後に1ドルを100円で売る権利を買う。1か月後の収益は$\pi = \max[-10, 90-e]$であり，$e=120$のとき$\pi=-10$である。

プット・オプションの売り：1か月後に1ドルを100円で売る権利を売る。1か月後の収益は$\pi = \min[10, e-90]$であり，$e=120$のとき$\pi=10$である。

以上より，正答は**5**である。

【No.4】当初，A社の株価は市場で効率的に決定されており，A社の1株当たりの配当額は

30円，A社の株式保有者が要求するリスクプレミアムは3％，株式保有者の期待する株価の上昇率は4％，長期金利は5％であったとする。

ここで，長期金利が4％に低下し，A社の株価が900円になった場合に関する次の記述のうち妥当なものはどれか。ただし，A社の1株当たりの配当額とリスクプレミアムは不変であるものとする。（国家総合職）

1　金利低下後のA社の株価は当初に比べて150円上昇した。また，株価期待上昇率が不変であるとすれば，この株価は，金利低下後も効率的市場仮説に基づいて決定されている場合の株価に比べると100円割安である。
2　金利低下後のA社の株価は当初に比べて150円上昇した。また，この株価が効率的市場仮説に基づいて決定されていると仮定すれば，株価期待上昇率は当初に比べて上昇したことになる。
3　金利低下後のA社の株価は当初に比べて400円上昇した。また，株価期待上昇率が不変であるとすれば，この株価は，金利低下後も効率的市場仮説に基づいて決定される場合の株価に比べると300円割高である。
4　金利低下後のA社の株価は当初に比べて400円上昇した。また，この株価が効率的市場仮説に基づいて決定されているとすれば，株価期待上昇率は当初に比べて下落したことになる。
5　金利低下後のA社の株価は当初に比べて400円上昇した。また，この株価が効率的市場仮説に基づいて決定されていると仮定すれば，株価期待上昇率は当初に比べて不変である。

解説　**公式8.5**に$d = 30$，$\frac{\Delta P_s}{P_s} = 4$を代入すると，$r_s = \frac{d + \Delta P_s}{P_s} = \frac{30}{P_s} + 0.04$である。**公式8.4**に$r_b = 0.05$と$\rho = 0.03$を代入すると，$r_s = r_b + \rho = 0.05 + 0.03 = 0.08$である。以上から，株価は$P_s = 750$となる。

$d = 30$，$\rho = 0.03$のままで，$r_b = 0.04$，$P_s = 900$に変化すると，**公式8.4**より，$r_s = 0.04 + 0.03 = 0.07$である。これを**公式8.5**に代入すると，$\frac{\Delta P_s}{P_s} = 0.0366...$である。期待株価上昇率は，0.04から0.0366...へと低下した（**2，5**は誤り）。また，株価は750円から900円へ150円上昇した（**3，4，5**は誤り）。期待株価上昇率が$\frac{\Delta P_s}{P_s} = 0.04$のままで変わらないとすると，**公式8.5**より$0.07 = \frac{30}{P_s} + 0.04$なので，$P_s = 1000$円である。よって，$P_s = 900$という株価は，100円割安である（正答は**1**）。

正答	【No.1】 省略	【No.2】 3	【No.3】 5	【No.4】 1

8.3 情報の非対称性

> **例題8.3-1 逆選択**
>
> ある国の中古車はその品質が2種類あり、中古車の品質をgとすると、質の高い中古車は$g=100$で、質の低い中古車は$g=30$であり、それぞれ100台ずつ存在するものとする。中古車の供給者は、gと中古車の市場価格pを比較して、$g \leq p$ならばその中古車を市場に供給し、$g > p$ならばその中古車を市場に供給しないものとする。
>
> また、中古車の需要者は、市場に供給される個々の中古車の品質を区別することができず、市場に供給される中古車の品質についてはその平均値のみを知っており、質のよいものも悪いものもすべて同じ価格で販売されるものとする。
>
> このとき、中古車の需要曲線は次のように表される。
>
> $$d = 350 - 4p + 2u \quad \begin{bmatrix} d:\text{中古車の総需要,} \ p:\text{中古車の市場価格} \\ u:\text{市場に供給される中古車の平均品質} \end{bmatrix}$$
>
> このような情報の不完全な中古車市場において、均衡における中古車の市場価格として正しいのはどれか。(国家総合職)
>
> **1** 30　　**2** 52.5　　**3** 77.5　　**4** 95　　**5** 100

解説　取引される財やサービスの品質についての情報が不完全なために、品質の劣る財やサービスがより多く出回り、品質のよい財やサービスの取引が阻害されることがある。中古車市場では、売り手は車の品質を知っているのに買い手は車の品質を知らないという、**情報の非対称性**が生じる場合がある。もし中古車市場に品質の劣る車が多く出回ると、消費者は品質の悪い車を避けようとするため、需要が減少し、中古車の価格は低くなるであろう。品質のよい中古車を持つ売り手は低い価格では車を売らないので、市場に出回る中古車は品質の劣るものばかりになる。よい品を選ぼうとしても、結果的に逆の選択が行われるというこのような現象を**逆選択（アドバース・セレクション）** という。

中古車の供給曲線を考える。供給量をsとすると、問題文より供給曲線は

　　$p < 30$ のとき、　　　　$s = 0$
　　$30 \leq p < 100$ のとき、　$s = 100$
　　$p \geq 100$ のとき、　　　$s = 200$

である。

次に、需要曲線を考える。$p < 30$ のとき、中古車の供給がないので平均品質

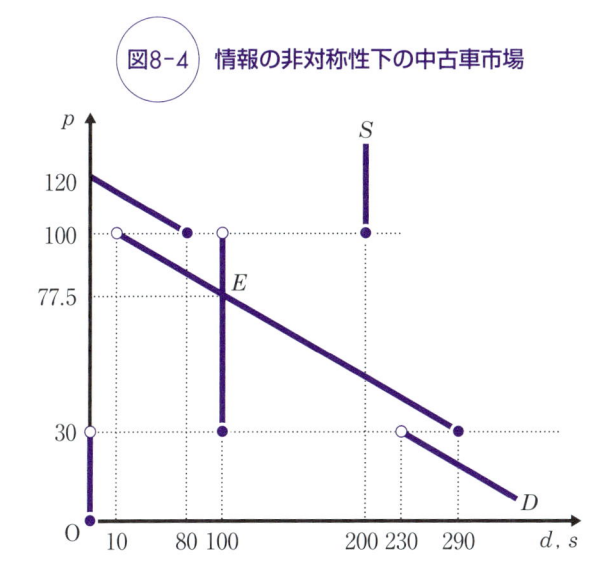

図8-4 情報の非対称性下の中古車市場

は $u=0$。$30 \leq p < 100$ のとき，質の低い中古車のみ供給されるので，$u=30$。$p \geq 100$ のとき，両方の質の中古車が供給されるので，$u = \dfrac{30 \times 100 + 100 \times 100}{200}$

$=65$ である。よって，需要曲線は，

$p<30$ のとき， $p = -0.25d + 87.5$
$30 \leq p < 100$ のとき， $p = -0.25d + 102.5$
$p \geq 100$ のとき， $p = -0.25d + 120$

である。**図8-4**より，この需要曲線 D と供給曲線 S の交点 E が市場均衡となり，$30 \leq p < 100$ の場合の需要曲線，供給曲線より $p=77.5$ を得る（正答は**3**である）。

正答 3

例題8.3-2 道徳的危険

ある個人の所得は賃金のみであり，賃金のすべてをX財の購入に支出するとした場合，この個人の効用関数が以下で与えられているものとする。

$U = aXL$ 〔U：効用，X：X財の消費量，L：余暇時間，a：正の定数〕

なお，この個人の余暇時間と労働時間の合計をh（定数），単位当たり賃金をw（定数），X財の価格をpとする。

今，公的扶助制度を設け，失業者は失業給付を受けられるようになるものと

する。このとき，この個人がモラル・ハザードを起こし意図的に失業することのないようにするためには，支給額はいくら以下でなければならないか。なお，給付の財源については，特に考慮しないものとする。（地方上級）

1 $\dfrac{wh}{4}$ 　 2 $\dfrac{wh}{2p}$ 　 3 $\dfrac{wh^2}{2p}$ 　 4 $\dfrac{awh}{p}$ 　 5 $\dfrac{awh^2}{p}$

解説　情報の非対称性により，相手のとる行動が観察できない場合，**道徳的危険（モラル・ハザード）**が発生する可能性がある。この例題のように，各個人が本当に失業給付を必要としているかどうかを政府が見分けられない場合，失業給付を目当てに，本当は働くことができる個人がわざと失業状態を選択する可能性がある。この個人がモラル・ハザードを起こし意図的な失業を防ぐためには，労働するほうが，失業給付を受けるよりも効用が高くなるように，失業給付の額を決定すればよい。

まず労働する場合を考える。この場合の効用をU_1とする。労働所得のすべてをX財の購入に支出すると，予算制約は$pX = w(h - L)$であり，これをXについて解いて効用に代入すると，

(8.21) 　 $U_1 = \dfrac{aw(h-L)L}{p} = -\dfrac{aw}{p}\left[\left(L - \dfrac{h}{2}\right)^2 - \dfrac{h^2}{4}\right]$

である。これは$L = \dfrac{h}{2}$のとき最大化され，その時の値は$U_1 = \dfrac{awh^2}{4p}$である。

失業給付を受ける場合の効用をU_2とする。失業時にはすべての時間が余暇として消費可能なので，$L = h$である。失業給付額をBとすると，予算制約は$B = pX$であり，これらを効用関数に代入すると，以下である。

(8.22) 　 $U_2 = \dfrac{ahB}{p}$

モラル・ハザードを防ぐためには$U_1 > U_2$であればよいので，(8.21)式，(8.22)式を代入してBについて解くと，$B < \dfrac{wh}{4}$である。

正答　1

例題8.3-3　情報の非対称
　情報の不完全性に関するA～Dの記述のうち，妥当なものを選んだ組合せはどれか。（地方上級）

A：モラル・ハザードとは，契約の成立そのものが人間の行動を変化させ，契約前に想定した条件が適合しなくなるケースをいい，たとえば「自動車保険に入ることで事故に対する注意が低下する現象」などが挙げられる。

B：シグナリングとは，品質の良い物を選ぼうとして，逆に品質の悪い物を選んでしまう可能性を防ぐための方法として，情報を持つ側が品質を表すシグナルを発信することをいい，たとえば「衣料やバッグのブランド」などが挙げられる。

C：逆選択とは，情報を持たない側が複数の契約条件を提示し，その中から相手に選択させることにより相手の属性を顕示させる方法をいい，たとえば「2種類の契約形態を用意した保険契約」などが挙げられる。

D：自己選択とは，情報の所在の偏りのせいで，本来の当事者の意図に反して質の悪いものばかりが市場で選択されてしまう現象をいい，たとえば「中古車市場が性能が悪い車ばかりになること」などが挙げられる。

1 A, B　　**2** A, C　　**3** A, D　　**4** B, C　　**5** B, D

解説　情報の不完全性により，財の質や相手の属性についての情報がない場合に生じる逆選択と，相手の行動を観察できないことから生じる道徳的危険（モラル・ハザード）の問題が生じる。よって，「自動車保険に入ることで事故に対する注意が低下する現象」は，モラル・ハザードの代表例である（Aは正しい）。また，例題8.3-1の解説より，「中古車市場が性能が悪い車ばかりになること」は逆選択の代表例である（Dは誤り）。逆選択を防ぐ方法として，**シグナリング**と**自己選択**がよく知られている。シグナリングとは，情報を持つ側が，品質を表すシグナルを発信することである。中古車の場合，品質の良い車を売りたいなら信頼できる仲介業者に品質を保証してもらえばよい。また，Bのように，「衣料やバッグのブランド」なども生産者が製品の品質を保証するシグナルの代表例である（Bは正しい）。自己選択とは，シグナリングとは逆に，情報を持たない側が複数の契約条件を提示し，その中から情報を持つ側に選ばせることにより相手の属性を顕示させる方法である。よって，Cは自己選択の説明である（Cは誤り）。

正答　**1**

練習問題

【No.1】 ある家計が労働所得と政府からの生活保護で生計を立てているとする。家計は高い努力水準e_hか低い努力水準e_lのどちらかを選ぶ。e_hを選ぶと，確率60%で労働所得100を，確率40%で労働所得80を実現する。e_lを選ぶと，確率40%で労働所得100を，確率60%で労働所得80を得る。e_hを選ぶと努力費用c_hを負担しなければならない一方，e_lを選ぶと努力費用c_lはゼロである。

政府は，家計の努力水準は観察できないが，労働所得は観察可能であり，労働所得100を実現した家計にはw_hの所得を，労働所得80を実現した家計にはw_lの所得を保証する政策を提示する。すなわち，政府は，労働所得100を実現した家計に対してw_h-100の生活保護費の支出を，労働所得80を実現した家計に対してw_l-80の生活保護費の支出を行う。

家計の効用は，総所得をwとすると，$u(w)=w^{\frac{1}{2}}$の期待所得から努力費用を差し引いたもので表されるとする。

政府は，家計に高い努力水準e_hを選ばせ，家計に効用水準u^*を保証しつつ，生活保護費の支出の期待値の最小化を図るものとする。この場合において，最適なw_hはいくらか。

ただし，家計は，努力水準にかかわらず効用水準が同じ場合には，高い努力水準e_hを選ぶとし，各パラメータの値は，$u^*>10$，$0.05u^*>c_h>0$を満たすとする。（国家総合職）

1. $(u^*+3c_h)^2$
2. $(u^*+4c_h)^2$
3. $(u^*+5c_h)^2$
4. $10u^*+c_h$
5. $12u^*$

解説 家計が高い努力水準を選ぶ場合の期待効用は，$EU(e_h)=0.6w_h^{\frac{1}{2}}+0.4w_l^{\frac{1}{2}}-c_h$であり，低い努力水準を選ぶ場合の期待効用は，$EU(e_l)=0.4w_h^{\frac{1}{2}}+0.6w_l^{\frac{1}{2}}$である。よって，家計が高い努力水準を選ぶ（つまり$EU(e_h)\geq EU(e_l)$が成立する）のは，

$$w_h^{\frac{1}{2}} \geq w_l^{\frac{1}{2}} + 5c_h \qquad \cdots\cdots\cdots ①$$

である。政府は家計にe_hを選ばせつつ効用水準u^*を保証するので，$EU(e_h)\geq u^*$が成立する。よって，

$$0.6w_h^{\frac{1}{2}}+0.4w_l^{\frac{1}{2}}-c_h \geq u^* \qquad \cdots\cdots\cdots ②$$

である。家計がe_hを選ぶ場合，生活保護費の支出の期待値は$0.6(w_h-100)+0.4(w_l-80)=0.6w_h+0.4w_l-92$である。政府は①式，②式の制約のもとで，できるだけw_hを引き下げると，生活保護費の支出の期待値を少なくできる。よって，①式，②式が等号で成立するようなw_hを選べばよい。①式，②式を連立方程式として解くと，$w_h=(u^*+3c_h)^2$である（正答は**1**）。

【No.2】 なぜ高学歴が高い報酬に結びつくかを情報の経済学を使って分析する。労働者は生産性の高いタイプと生産性の低いタイプの2つに分けられ，生産性が高いタイプの確率は$\frac{1}{2}$であるとする。この確率分布は客観的なものとして労働者にも企業にも知られている。生産性の高いタイプは生涯を通じて20の価値を企業にもたらし，生産性の低いタイプは生涯を通

じて12の価値を企業にもたらすとする。労働者の生産性は本人にはわかるが，事前には企業にわからないとする。

労働者は教育年数を自由に選べる。教育を受けると，生産性の高いタイプは1年当たり2のコストがかかり，生産性の低いタイプは1年当たり6のコストがかかるとする。なお，教育は生産性にはまったく影響しないとする。労働者は報酬から教育のコストを差し引いた利得を最大にするように行動する。

企業は，教育年数ごとの報酬体系を事前に定め，応募してきた労働者の教育年数に対応する額を支払う。ここで，企業は支払う生涯賃金の額を労働者のもたらす生涯を通じての期待価値と等しくするように定めているとする。

このような状況において，次のA，B，Cの報酬体系のうち，シグナリング均衡で起こりえるもののみをすべて挙げているのはどれか。（国家総合職）

A：企業は教育年数が1年未満のときは生涯賃金として12を支払い，それ以上のときは生涯賃金として20を支払う。
B：企業は教育年数が3年未満のときは生涯賃金として12を支払い，それ以上のときは生涯賃金として20を支払う。
C：企業は教育年数が5年未満のときは生涯賃金として12を支払い，それ以上のときは生涯賃金として20を支払う。

1 A　　**2** B　　**3** C　　**4** A, B　　**5** B, C

解説　シグナリング均衡では，情報を持つ側が情報を開示する。本問の場合，生産性が高いタイプのみが教育を受けることにより，自らのタイプを顕示する均衡がシグナリング均衡となる。各報酬体系の下で両タイプの労働者が教育を受けた場合，受けなかった場合の利得は，以下の表となる。

	生産性が高いタイプ		生産性が低いタイプ	
	教育を受ける	教育を受けない	教育を受ける	教育を受けない
A	18	12	14	12
B	14	12	2	12
C	10	12	-10	12

よって，報酬体系Aでは両タイプが教育を受け，報酬体系Cでは両タイプが教育を受けない。報酬体系Bでは生産性が高いタイプのみが教育を受け，自らのタイプを顕示する。よって，正答は**2**である。

【No.3】 不確実な状況下での経済行動に関する次の記述のうち，妥当なのはどれか。（国家総合職）

1 労働契約において，一般に雇用主である企業よりも被雇用者である労働者のほうが危険回避的であるとされている。このような仮定からすると，期待賃金を一定とした場合，固定的な賃金体系よりも業績連動型の賃金体系のほうが労働者にとって好まれる賃金制度となる。

2 保険市場における「逆選択」とは，消費者が保険会社を選ぶのではなく，保険会社がリスクの低い消費者を選別して保険契約を結ぶことをいう。このような状況では，リスクの高い消費者は，モラル・ハザードが生じて保険に加入しなくなる。

3 危険回避的な者と危険中立的な者が取引する場合には，危険回避的な者がリスクを引き受けることで双方の効用を高めることが可能となる。たとえば，小売店よりも製造業者のほうが危険回避的であるような商品では，返品制が合理性を持つ。

4 中古車販売においては，中古車の売り手側と買い手側には情報の非対称性があるとされている。このような状況の中で，売り手が，販売する自動車に無料で修理を行う保証期間を設定することは，売り手と買い手の情報格差を縮小することにつながる。

5 観光地では他の地域と比較して割高な価格設定がなされていることがある。このような現象に対する一つの説明として，観光地のような人が多く集まる場所においては個人個人の可動性が高く，価格探索のコストが低いためであるとの指摘がなされる。

> 解説 1．労働者が危険回避的ならば，業績連動型賃金のほうが分散が大きいため，労働者は固定的な賃金体系を選好する。よって，**1**は誤りである。2．保険市場における逆選択では，リスクの高い消費者が保険に入り，リスクの低い消費者は保険に入らない。よって，**2**は誤りである。3．危険回避的な者ではなく，危険中立的な者がリスクを引き受けることにより，双方の効用を高めることが可能である。よって，**3**は誤りである。4．売り手が保証期間を設けることはシグナルとして解釈できる。よって，**4**は正しい。5．価格探索費用が高ければ，割高な価格設定になる場合がある。よって，**5**は誤りである。

正答 【No.1】 1　　【No.2】 2　　【No.3】 4

第9章

ゲーム理論

Game Theory

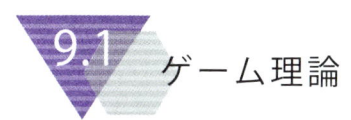

9.1 ゲーム理論

例題9.1-1 囚人のジレンマ

ゲーム理論における「囚人のジレンマ」が発生する経済的例題を1つ挙げ，その例題で「共倒れ」を防ぐための施策を提案せよ。（国家専門職）

解説 複合市場において同一の商品を販売している2つの企業が競争している状況を，表9-1の利得行列で表す。表9-1では，両プレーヤー（企業A，企業B）が，それぞれ2つの戦略（据え置き，値下げ）を有しており，各プレーヤーの戦略の組に対する利得が表されている（左側が企業Aの利得，右が企業Bの利得である）。たとえば，企業Aが「据え置き」をとり，企業Bが「値下げ」をとると，企業Aは−2の利得を，企業Bは10の利得を得る。

表9-1 囚人のジレンマ

		企業B	
		据え置き	値下げ
企業A	据え置き	6, 6	−2, 10
	値下げ	10, −2	0, 0

各人が相手の行動を予想したうえで，自身の最適な行動を決定するとする。その結果，互いに選んだ行動が予想したものと一致している場合，そのような行動の組を**ナッシュ均衡**と呼ぶ。言い換えると，ナッシュ均衡とは，相手の戦略に対して**最適応答対応**となっている戦略の組合せである。第5章2節，例題5.2-1で説明したクールノー均衡は，両企業の最適応答対応を表す反応曲線の交点が均衡であった。ゆえに，クールノー均衡はナッシュ均衡である。

　企業Bが据え置きをとった場合，企業Aは値下げで応じるのが最適応答である。また，値下げをとったときも値下げで応じるのが最適応答である。企業Bについても同様なので，ともに値下げをして(0, 0)の利得を得るのがナッシュ均衡となる。表の利得行列を見ると，両方の企業が価格を据え置くことで，両者ともに6ずつの利益を得られるが，値下げをすれば利益は0となる。(6, 6)が(0, 0)よりもパレート優越なので，(0, 0)はパレート非効率である。この状況が**囚人のジレンマ**である。

　もし寡占企業が互いに結託して価格を維持するなら，利潤の合計をより大きくすることができる。しかし，これは**カルテル**と呼ばれ禁止されている。現実には，暗黙の合意の下で1社が値上げをすると，他社も値上げをするという行動が見られる。このような**プライス・リーダーシップ**と呼ばれる暗黙の協調行動が，価格競争による共倒れを防いでいる。

正答　解説参照

例題9.1-2　ミニマックス基準

　複占市場において，企業Aと企業Bが活動を行っている。企業Aは価格引上げ5％（戦略A_1），10％（戦略A_2），15％（戦略A_3）を考え，企業Bは価格引上げ7％（戦略B_1），10％（戦略B_2）を考えており，その結果として得られる利益は他方の損失に等しい。双方の戦略に対する企業Aの利益が表に示されているとき，双方の企業がゲーム理論のミニマックス原理に従って行動するならば，均衡において企業A，Bが採用する戦略の組合せとして正しいのは，次のうちどれか。（地方上級）

		企業Bの戦略	
		B_1	B_2
企業Aの戦略	A_1	−4	+5
	A_2	+2	−2
	A_3	+1	−5

	企業Aの戦略	企業Bの戦略
1	A_1	B_1
2	A_1	B_2
3	A_2	B_1
4	A_2	B_2
5	A_3	B_1

解説 表9-2のように，2人のプレーヤーの利得の和が0であるゲームを**2人ゼロ和ゲーム**と呼ぶ。2人ゼロ和ゲームにおいては，プレーヤーAとBの利得は$(a, -a)$の形となるので，例題中の表のようにプレーヤーAの利得だけを利得行列に書くことで，ゲームの利得を表現することができる。なお，表9-2の利得行列では，**純粋戦略**のナッシュ均衡は存在しない。

表9-2 ゼロ和ゲーム

		企業Bの戦略	
		B_1	B_2
企業Aの戦略	A_1	$(-4,\ 4)$	$(5,\ -5)$
	A_2	$(2,\ -2)$	$(-2,\ 2)$
	A_3	$(1,\ -1)$	$(-5,\ 5)$

以下で**ミニマックス基準**を説明しよう。Aにとって利得が低いことは，Bにとって利得が高いことである。したがって，Aの戦略A_1に対して，Aの利得を最も低くするようBは戦略を選ぶ。これは表ではB_1で，Aの利得は-4である。次にAの戦略A_2に対しては，B_2がAの利得を最も低くし，Aの利得は-2である。Aの戦略A_3に対しては，B_2がAの利得を最も低くし，Aの利得は-5である。Aは以上を予想して，戦略A_1～A_3のそれぞれの中での自己の最小利得を，最も高くしようとする。これはminimumをmaximizeすることである。$(-4, -2, -5)$の中で最大の-2を実現するため，Aは戦略A_2を選べばよいことになる。

一方，Bもミニマックス基準に従って行動するとする。B_1に対してA_2がBの利得を最小とし，Bの利得は-2である。B_2に対してA_1がBの利得を最小

とし，Bの利得は−5である。Bは最小利得を最大化するB_1を選ぶ。

正答　3

例題9.1-3　混合戦略

ゲームにおいて，すべてのプレーヤーが，互いに相手のとってくる戦略に対して期待利得が最大となるような戦略をとっているとき，その戦略の組を「ナッシュ均衡」という。

ここで，MとNという2つの会社によるオークションが毎月行われており，美術品ブローカーA，Bが毎月1品ずつどちらか一方のオークションに出品するとする。ブローカーAは，ブローカーBと同じオークションに出品すると−1，別のオークションに出品すると+1の利得が得られると評価しており，ブローカーBは，ブローカーAと同じオークションに出品すると+1，別のオークションに出品すると−1の利得が得られると評価している。

このような状況において，ブローカーA，Bが毎月の期待利得を最大にするように出品戦略をとるとき，この戦略の組がナッシュ均衡であるのはどれか。

ただし，両オークションにおける売却総額と出品総数は毎月公表されており，また，同額，同品数であることはないものとする。（国家総合職）

1　AもBも，確率$\frac{1}{2}$ずつでランダムにMとNのオークションに出品する。

2　AもBも，確率1でMのオークションに出品する。

3　Aは確率$\frac{1}{2}$ずつでランダムにMとNのオークションに出品するが，Bは確率1でNのオークションに出品する。

4　Aは確率$\frac{1}{2}$ずつでランダムにMとNのオークションに出品するが，Bは前月のオークションへの出品総数が多いほうに出品する。

5　Aは前月のオークションの売却総額が多いほうに出品し，Bは前月のオークションへの出品総数が多いほうに出品する。

解説　オークションによって得られる利得の組は**表9-3**のようになる。これは2人ゼロ和ゲームである。これまでは，プレーヤーが1つの戦略のみを選択すると仮定した。その仮定の下での各人の戦略を**純粋戦略**と呼ぶ。なお，**表9-3**において，純粋戦略のナッシュ均衡は存在しない。これに対して，ブローカーAが，確率pで戦略Mを，確率$1-p$で戦略Nを選ぶというように，選ばれる確率を付加した戦略を**混合戦略**という。混合戦略で選ばれる変数は，確率pとなる。

表9-3 純粋戦略のナッシュ均衡は存在しない

		ブローカーB	
		M	N
ブローカーA	M	(−1, 1)	(1, −1)
	N	(1, −1)	(−1, 1)

　AがMを選ぶ確率をp，Nを選ぶ確率を$1-p$とする。同様に，BがMを選ぶ確率をq，Nを選ぶ確率を$1-q$とする。

　まず，Bの選ぶ確率qを前提として，Aの期待利得を考える。このとき，AがMを選ぶとすると，qの確率で利得は-1，$1-q$の確率で利得は1であるので，期待利得は$-q+(1-q)=1-2q$である。同様に，AがNを選ぶと，期待利得は$q-(1-q)=2q-1$である。ここでAがMを選ぶ確率をp，Nを選ぶ確率を$1-p$とするときのAの期待利得EAは，

(9.1) 　　$EA = p(1-2q) + (1-p)(2q-1) = (2q-1)(1-2p)$

である。Bの戦略qを前提として，Aの期待利得EAを最大にする混合戦略を考える。(9.1)式において，$2q-1>0$なら，Aは$p=0$を選ぶことによりEAを最大にできる。もし$2q-1=0$なら，Aが$0 \leq p \leq 1$の範囲のどのpをとっても，$EA=0$である。もし$2q-1<0$なら，Aは$p=1$を選ぶことにより，EA

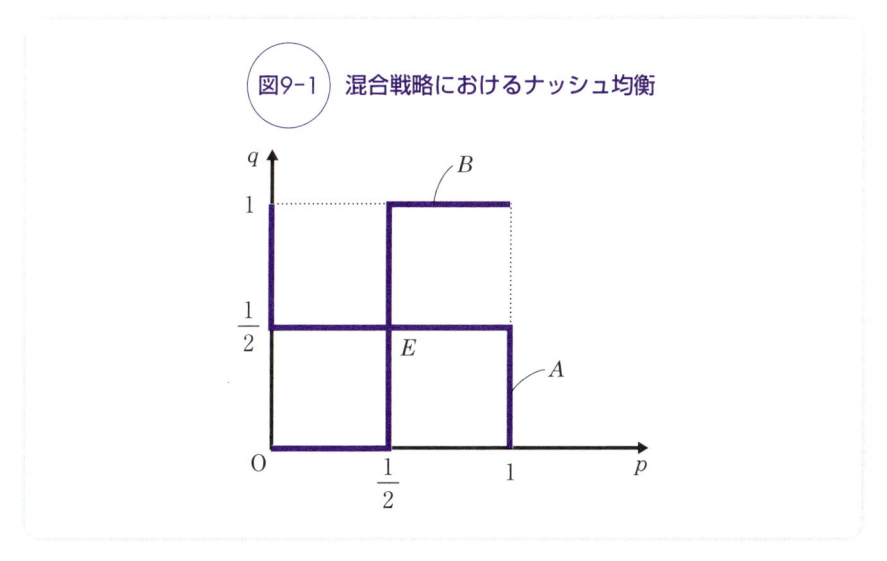

図9-1 混合戦略におけるナッシュ均衡

を最大にできる。以上，Bの戦略qに対するAの最適応答対応である戦略pは，図9-1の折れ線Aとなる。

次に，Bの期待利得EBを求める。BがMを選ぶとすると，pの確率で利得は1，$1-p$の確率で利得は-1となるので，期待利得は$p-(1-p)=2p-1$である。BがNを選ぶとすると，pの確率で利得は-1，$1-p$の確率で利得は1であるので，期待利得は$-p+(1-p)=1-2p$である。よって，

(9.2)　　　$EB = q(2p-1)+(1-q)(1-2p)=(1-2p)(1-2q)$

(9.2)式を最大とするようにqを選ぶと，

$1-2p>0$ なら　　　$q=0$
$1-2p=0$ なら　　　$0 \leq q \leq 1$
$1-2p<0$ なら　　　$q=1$

である。よって，Aの戦略pに対するBの最適応答対応である戦略qは，図9-1の折れ線Bである。折れ線AとBの交点は$E=\left(\dfrac{1}{2}, \dfrac{1}{2}\right)$であり，これが混合戦略におけるナッシュ均衡となる。

正答　1

例題9.1-4　展開型ゲーム

既存企業と潜在的参入企業の2企業を考える。潜在的参入企業のとりえる戦略は「参入する」と「参入しない」の2つであり，既存企業のとりえる戦略は参入企業を「受け入れる」と「受け入れない」の2つである。潜在的参入企業が最初に戦略を決定し，次に既存企業が戦略を決定する。潜在的参入企業が「参入しない」戦略をとったときには，既存企業の戦略にかかわらず，既存企業の利潤は100，潜在的参入企業の利潤は0となる。潜在的参入企業が「参入する」戦略をとったときに，既存企業が「受け入れる」戦略をとれば既存企業と潜在的参入企業の利潤はそれぞれ50であり，「受け入れない」戦略をとれば利潤はそれぞれ-30である。

このとき，すべてのナッシュ均衡と部分ゲーム完全均衡の組合せとして正しいのはどれか。（国家総合職）

	ナッシュ均衡	部分ゲーム完全均衡
1	{受け入れる，参入する} および {受け入れない，参入しない}	{受け入れる，参入する}
2	{受け入れる，参入する}	{受け入れる，参入する}
3	{受け入れない，参入しない}	{受け入れる，参入する}

4	{受け入れる, 参入する} および {受け入れない, 参入しない}
	{受け入れない, 参入しない}
5	{受け入れない, 参入する} および {受け入れない, 参入しない}
	{受け入れる, 参入しない}

解説 まず，ナッシュ均衡を考える。利得行列は，以下となる。

表9-4 複数ナッシュ均衡

		潜在的参入企業	
		参入する	参入しない
既存企業	受け入れる	50, 50	100, 0
	受け入れない	−30, −30	100, 0

{受け入れる，参入する}はナッシュ均衡である。ここでは，{受け入れない，参入しない}もナッシュ均衡になっていることに注意せよ。{受け入れない，参入しない}が実現している場合，既存企業が「受け入れる」に戦略を変更しても利潤が増えないので，潜在的参入企業が「参入しない」を選んだ場合，既存企業が「受け入れない」を選ぶことは最適応答対応である。よって，表9-4の利得行列にはナッシュ均衡が2つある。

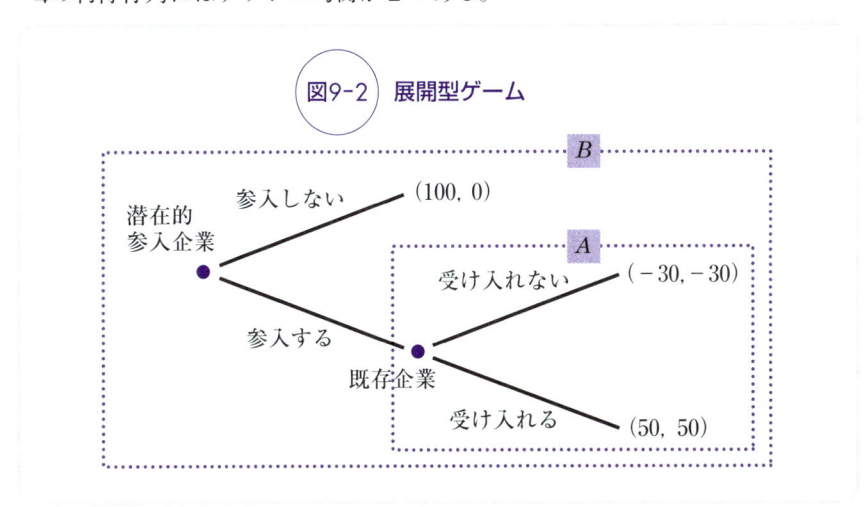

図9-2 展開型ゲーム

```
                         B
        参入しない   (100, 0)
潜在的
参入企業 ●                    A
                       受け入れない  (−30, −30)
        参入する   ●
                 既存企業
                       受け入れる   (50, 50)
```

このゲームでは，潜在的参入企業が意思決定を選択したうえで，既存企業が意思決定をする。つまり，最初の手番は潜在的参入企業にある。このゲームを**展開型ゲーム**で表現すると，図9-2となる。

図9-2において，Aの点線で囲まれた部分，既存企業の選択の先は独立したゲームとなっている。このように，ゲームの一部でありながら独立したゲームを**部分ゲーム**という。また，このゲーム全体であるBの点線で囲まれた部分も，部分ゲームである。そして，**部分ゲーム完全均衡**とは，どの部分ゲームを取り出してもナッシュ均衡となるような戦略の組合せである。

最適応答対応を考える場合，相手の行動に対して自身の行動を決定するので，後ろ向きに（つまり既存企業の行動から）考えるとよい。これを**後ろ向き帰納法**という。まず，部分ゲームAについて考える。既存企業は「受け入れる」を選んだほうが利得が高い。次に，部分ゲームBについて考える。参入企業が「参入する」を選んだ場合，既存企業は「受け入れる」を選ぶので利得は50となり，「参入しない」を選ぶより参入企業の利得は高い。つまり，既存企業の戦略「受け入れる」に対する参入企業の最適応答対応は，「参入する」である。

表9-4のナッシュ均衡のうち，{受け入れる，参入する}は部分ゲームA，部分ゲームBともにナッシュ均衡となっているので，部分ゲーム完全均衡である。一方，{受け入れない，参入しない}は，部分ゲーム完全均衡ではない。既存企業の「受け入れない」は信憑性のない脅しである。

正答　1

例題9.1-5　繰り返しゲーム

プレーヤーAとプレーヤーBがそれぞれ2種類の戦略を持つ「無限回繰り返しゲーム」を行う。このゲームの利得は表のように与えられ，表の（　）内の左側の数字がプレーヤーAの利得，右側の数字がプレーヤーBの利得を示す。また，各プレーヤーは利得の割引現在価値を最大にするように行動するものとする。

このとき，「トリガー戦略」がナッシュ均衡となり，互いの協調行動を誘発するために，将来利得の割引因子 σ（$0<\sigma<1$）のとりえる値の範囲として正しいのはどれか。

なお，「トリガー戦略」とは，第1期には必ず「協調」を選択し，相手が協調的に行動する限り，自分も協調的に行動するが，相手が第 n 期に裏切った場合，自分は第 $n+1$ 期以降必ず「裏切り」を選択する，という行動である。（国家総合職）

		プレーヤーB	
		協調	裏切り
プレーヤーA	協調	(40, 50)	(10, 90)
	裏切り	(70, 20)	(30, 40)

1. $0 < \sigma < 0.2$
2. $0 < \sigma < 0.4$
3. $0.5 < \sigma < 1$
4. $0.6 < \sigma < 1$
5. $0.8 < \sigma < 1$

解説 例題の利得行列は，例題9.1-1で紹介した囚人のジレンマの構造を持ち，ともに「裏切り」をとるのがナッシュ均衡であった。例題9.1-1では，囚人のジレンマゲームが1回限りプレーされた。それに対して，この例題のように，同一のゲームが繰り返しプレーされるゲームを**繰り返しゲーム**という。繰り返しゲームでは，過去に相手のプレーヤーがとった戦略を参考にして今期の自身の戦略を決めることができる。例題中の**トリガー戦略**はその代表例である。

本問の繰り返しゲームでは，トリガー戦略がナッシュ均衡になる条件のみを要求していることに注意しよう。つまり，本問を解くためには，両プレーヤーは相手がトリガー戦略をとることを前提にして，自身が裏切ったほうが得にならない条件を求めるとよい。もし一度でも自身が裏切ると，トリガー戦略をとっている相手は永久に裏切りを選択し続け，自身はそれを認識している状況を考える。

プレーヤーAにとって，互いに協調した場合の利得は40，プレーヤーBが協調しているときに自分だけが裏切る場合の利得は70，互いに裏切る場合の利得は30である。もしプレーヤーAが任意の第n期に裏切りを選択すると，第n期だけ70の利得を得るが，その後プレーヤーBは永久に裏切りを選択するので，プレーヤーAも裏切りを選択し30の利得を得続ける。プレーヤーAが裏切った場合の割引利得の総和は，

$$(9.3) \qquad \sum_{t=0}^{n-1} \sigma^t \cdot 40 + \sigma^n \cdot 70 + \sum_{t=n+1}^{\infty} \sigma^t \cdot 30$$

である。プレーヤーにとって，期が1つ進むと，利得が**割引因子** σ だけ低く評価されることに注意せよ。プレーヤーBがトリガー戦略をとっているならば，プレーヤーAが裏切らない限りプレーヤーBは協調を選択し続けるので，プレ

ーヤーAが協調し続ける場合の割引利得の総和は,

$$(9.4) \quad \sum_{t=0}^{n-1}\sigma^t \cdot 40 + \sigma^n \cdot 40 + \sum_{t=n+1}^{\infty}\sigma^t \cdot 40$$

である。プレーヤーAがトリガー戦略をとるということは，プレーヤーBが裏切らない限り，プレーヤーAは協調をとり続けることを意味するので，プレーヤーAは協調する，つまり(9.4)式が(9.3)式以上である必要がある。よって,

$$(9.5) \quad (40-70)\sigma^n + (40-30)\sum_{t=n+1}^{\infty}\sigma^t \geq 0$$

である。**公式8.1**を使うと $\sum_{t=n+1}^{\infty}\sigma^t = \sigma^{n+1}(1+\sigma+\sigma^2+\sigma^3+\cdots) = \dfrac{\sigma^{n+1}}{1-\sigma}$ であるので，(9.5)式より,

$$(9.6) \quad -30\sigma^n + \frac{10 \cdot \sigma^{n+1}}{1-\sigma} \geq 0, \quad \text{あるいは} \quad \sigma \geq 0.75$$

である。

次に，プレーヤーBについて考える。プレーヤーBにとって，互いに協調した場合の利得は50，プレーヤーAが協調しているときに自分だけが裏切る場合の利得は90，互いに裏切る場合の利得は40である。よって，プレーヤーAがトリガー戦略をとっているとき，プレーヤーBが第n期に裏切った場合の利得と，プレーヤーBが協調し続けた場合の割引利得の総和は，それぞれ

$$(9.7) \quad \sum_{t=0}^{n-1}\sigma^t \cdot 50 + \sigma^n \cdot 90 + \sum_{t=n+1}^{\infty}\sigma^t \cdot 40$$

$$(9.8) \quad \sum_{t=0}^{n-1}\sigma^t \cdot 50 + \sigma^n \cdot 50 + \sum_{t=n+1}^{\infty}\sigma^t \cdot 50$$

である。プレーヤーAがトリガー戦略をとっている場合，プレーヤーBが裏切らないのは(9.8)式が(9.7)式以上の場合なので，先ほどと同様の計算により，以下を得る。

$$(9.9) \quad \sigma \geq 0.8$$

$0.75 \leq \sigma \leq 0.8$の場合，(9.6)式よりプレーヤー$A$は協調するが(9.9)式より，プレーヤー$B$がトリガー戦略ではなく裏切りを選ぶ。互いに協調し続けるのは$0.8 \leq \sigma \leq 1$の場合である。

正答 5

練習問題

【No.1】 次の表は，企業Aと企業Bの広告戦略がもたらす利益を表したものである。表中，たとえば(18, 2)は，企業Aの利得が18，企業Bの利得が2であることを表している。A，B両企業は，広告において協調行動はとらないと仮定したとき，両企業の戦略に関する次の記述のうち，妥当なものはどれか。（地方上級）

		Bの広告行動	
		広告支出の据え置き（戦略B_1）	広告支出の増加（戦略B_2）
Aの広告行動	広告支出の据え置き（戦略A_1）	(10, 10)	(2, 18)
	広告支出の増加（戦略A_2）	(18, 2)	(5, 5)

1　A，B両企業の利得が等しくなる戦略の組(A_1, B_1)と(A_2, B_2)がともにナッシュ均衡となり，両企業ともいずれかの戦略を選ぶことになる。

2　A，B両企業の利得が等しくなる戦略の組のうち，利得の大きい組(A_1, B_1)がナッシュ均衡となり，両企業ともこの戦略の組を選ぶことになる。

3　A，B両企業が互いに選んだ戦略が予想したものと一致する組は(A_2, B_2)であるので，両企業ともこのナッシュ均衡と呼ばれる戦略の組を選ぶことになる。

4　この利得表のケースは「囚人のジレンマ」と呼ばれるケースである。したがって，A，B両企業ともいずれの戦略をとるかは確定できない。

5　この利得表のケースでは戦略の組(A_1, B_1)がパレート効率的であるので，両企業ともこの戦略の組を選ぶことになる。

解説　AがA_1を選ぶと，BはB_2を選ぶほうがよい(18>10)。AがA_2を選ぶと，BはB_2を選ぶほうがよい(5>2)。AとBを入れ替えても，これは成立する。よって，(A_2, B_2)がナッシュ均衡となる（正答は**3**である）。

【No.2】 プレーヤーAは戦略a_1, ……, a_4をとることができ，プレーヤーBは戦略b_1, ……, b_4をとることができるとする。また，プレーヤーA，Bの採用する戦略とA，Bの利得の関係は表で示されるとする。

ただし，表の（　）内の左側の数字がAの利得であり，右側がBの利得である。

	b_1	b_2	b_3	b_4
a_1	(0, 4)	(4, 0)	(5, 3)	(2, 7)
a_2	(4, 0)	(0, 4)	(5, 3)	(0, 9)
a_3	(3, 5)	(3, 5)	(5, 6)	(9, 0)
a_4	(3, 7)	(9, 0)	(0, 9)	(8, 8)

A，Bの戦略の組合せ(a_i, b_j)がナッシュ均衡であるとは，次の2つの条件c_1, c_2がともに満たされていることをいう。

c_1：Bが戦略b_jを採用しているとき，Aにとって戦略a_i以外の採用は，戦略a_iの採用より得にはならない。

c_2：Aが戦略a_iを採用しているとき，Bにとって戦略b_j以外の採用は，戦略b_jの採用より得にはならない。

表で示された状況に関して，妥当なものはどれか。(国家総合職)

1 ナッシュ均衡は存在しない。
2 (a_3, b_3)が唯一のナッシュ均衡である。
3 (a_4, b_2)と(a_4, b_4)はともにナッシュ均衡である。
4 (a_2, b_4)と(a_4, b_4)はともにナッシュ均衡である。
5 (a_4, b_4)が唯一のナッシュ均衡である。

解説 　Aがa_1を選ぶとき，Bはb_4を選ぶ。a_2，a_3，a_4に対しては，それぞれ，b_4，b_3，b_3を選ぶ。Bがb_1，b_2，b_4を選ぶとき，Aはそれぞれ，a_2，a_4，a_3を選ぶ。Bがb_3を選ぶとき，a_1，a_2，a_3はAにとって無差別である。よって，(a_3, b_3)の組のみがナッシュ均衡となる(正答は**2**である)。

【No.3】 プレーヤーAが戦略i ($i = 1, 2$)をとり，プレーヤーBが戦略j ($j = 1, 2, 3$)をとったとき，Aは利得G_{ij}をBから受け取るものとし，G_{ij}は，

$$\begin{pmatrix} G_{11} & G_{12} & G_{13} \\ G_{21} & G_{22} & G_{23} \end{pmatrix} = \begin{pmatrix} 2 & 5 & 7 \\ 8 & 2 & 1 \end{pmatrix}$$

という行列によって表されるものとする。Aが確率pで戦略1を，確率$(1-p)$で戦略2をとり，Bが戦略1をとるとき，Aの期待利得を$E_1(p)$で表す。この$E_1(p)$を縦軸に，pを横軸にとり，グラフにしたものが線分E_1である。同様にBが戦略2，3をとるときのAの期待利得はそれぞれE_2，E_3で表される。次の文中の空欄ア，イに入る数値の組合せとして妥当なものはどれか。(国家総合職)

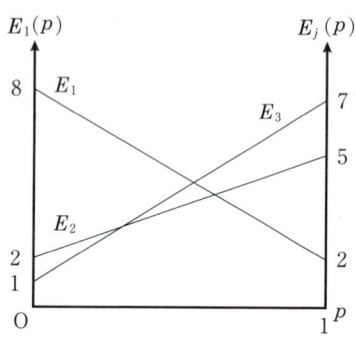

　Aが$p =$（ ア ）という戦略をとれば，Bがどんな戦略をとってもAの期待利得は最低（ イ ）は確保される。しかし，pが（ ア ）と異なるときは，Bがうまく戦略をとるAの期待利得は（ イ ）より必ず小さくなる。

　　　ア　　イ

1 $\dfrac{2}{3}$　　4

2 $\dfrac{2}{3}$　　3

3 $\dfrac{1}{2}$　　$\dfrac{9}{2}$

4 $\dfrac{1}{3}$　　3

5 $\dfrac{1}{3}$　　2

解説 B がとる戦略によって、A の期待利得は E_1, E_2, E_3 へと変化する。p が 0 から 1 に増加するにつれて、E_1, E_2, E_3 の最低の値を選んでいくと、右図の太い折れ線になる。その中で、最大の点は E_1 と E_2 の交点 E である。E_1 と E_2 での A の期待利得は

$E_1(p) = 2p + 8(1-p) = -6p + 8$ …………①
$E_2(p) = 5p + 2(1-p) = 3p + 2$ …………②

①式、②式より、E_1 と E_2 の交点は、$-6p + 8 = 3p + 2$ を解いて、$p = \dfrac{2}{3}$。①式に代入して、$E_1\left(\dfrac{2}{3}\right) = 4$ である。よって、正答は **1** である。

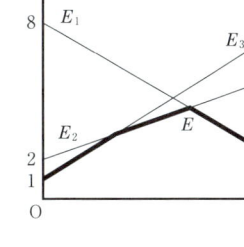

【No.4】 下図は、プレーヤーAとプレーヤーBに関する展開型ゲームのゲームの木を表している。プレーヤーAが最初に行動を選択し、次いでプレーヤーBが行動を選択し、最後に再びプレーヤーAが行動を選択する。プレーヤーAの行動は α_{ij} ($i, j = 1, 2$)、プレーヤーBの行動は、β_j ($j = 1, 2$) で表され、まずプレーヤーAが行動 α_{11}, α_{12} の選択を行う。次いでプレーヤーBが β_1, β_2 の行動の選択を行い、最後にプレーヤーAが再び α_{21}, α_{22} の選択を行う。このときの利得の組はカッコ内の数値で（プレーヤーAの利得、プレーヤーBの利得）として表されている。このとき、このゲームの帰結として生じる利得の組として、適切なものはどれか。（経済学検定試験）

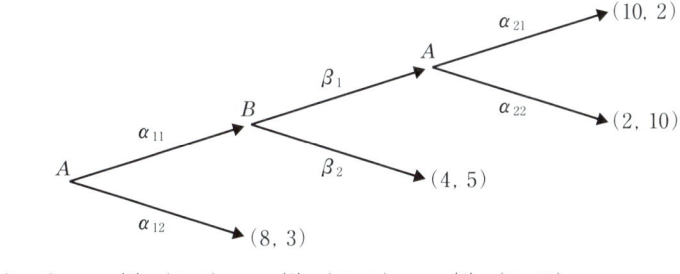

(1) (8, 3) **(2)** (4, 5) **(3)** (10, 2) **(4)** (2, 10)

解説 後ろ向き帰納法により、答えを求める。最後のAの選択において、Aは α_{21} をとると10の利得、α_{22} をとると2の利得が実現するので、α_{21} をとる。Bが β_1 をとるとAが α_{21} をとって2の利得が実現してしまうので、Bは β_2 をとる。最初のAの選択において、Aは α_{11} をとると、Bが β_2 をとって4の利得が実現してしまうので、Aは α_{12} をとる。結局、各枝の分かれ目で選択される戦略は、以下の図となる。よって、**(1)** が正答である。

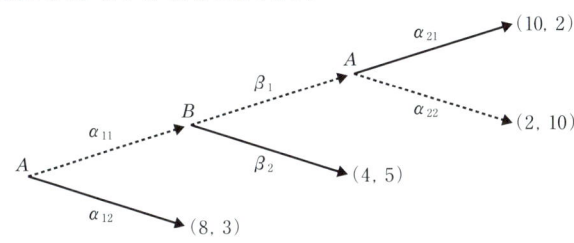

【No.5】 ある市場は企業Aの独占状態である。ここに，新規参入を考えている企業Bがいる。この企業Bのとりえる戦略は，「参入する」と「参入しない」の2つである。一方で，企業Bの戦略に対して，企業Aのとりえる戦略は「受け入れる」と「受け入れない」の2つである。企業Bが最初に戦略を決定し，次に企業Aが企業Bの戦略を知った後に戦略を決定する。

企業Bが「参入しない」戦略をとった場合，企業Aの戦略にかかわらず，企業Aの利潤は8，企業Bの利潤は0となる。企業Bが「参入する」戦略をとった場合，企業Aが企業Bの参入を受け入れるときには，互いに利潤を分け合い，企業Aと企業Bの利潤はそれぞれ4となる一方，企業Aが企業Bの参入を拒んだときには，互いに競争による損失を被り，企業Aと企業Bの利潤はそれぞれ−2となる。

このとき，<u>ナッシュ均衡のうち，部分ゲーム完全均衡ではない</u>戦略の組（企業Aの戦略，企業Bの戦略）として正しいのはどれか。（国家総合職）

1 （受け入れる，参入する）
2 （受け入れる，参入しない）
3 （受け入れない，参入する）
4 （受け入れない，参入しない）
5 そのような戦略の組は存在しない。

|解説| このゲームの構造は，例題9.1-4と同じである。利得行列ならびに展開型ゲームは以下となる。

		B 参入する	B 参入しない
A	受け入れる	4, 4	8, 0
A	受け入れない	−2, −2	8, 0

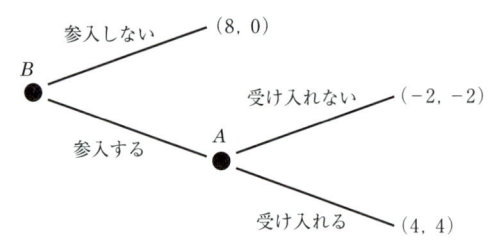

利得行列より，ナッシュ均衡は（受け入れる，参入する），（受け入れない，参入しない）の2つである。一方，部分ゲーム完全均衡は（受け入れる，参入する）のみである。よってナッシュ均衡のうち部分ゲーム完全均衡でないのは（受け入れない，参入しない）であり，正答は**4**である。

正答 【No.1】 3 【No.2】 2 【No.3】 1 【No.4】 (1) 【No.5】 4

第10章

国際貿易

International Trade

10.1 リカード・モデル

例題10.1-1 比較優位の原理

　A国とB国において食料と衣料のみが生産されていると想定しよう。両国において，1単位の食料と1単位の衣料を生産するのに要する生産要素量が次の表に示されている。A国の全生産要素存在量は300万単位，B国の全生産要素存在量は600万単位である。各生産物は生産に要した生産要素量に比例して交換されると想定しよう。この想定の下で，次の(1)～(4)の問いに答えなさい。(公認会計士)

	A国	B国
1単位の食料	1単位の生産要素	4単位の生産要素
1単位の衣料	3単位の生産要素	5単位の生産要素

(1) 両国の生産可能曲線を描け。
(2) 両国間に貿易の可能性があるとき，A国およびB国はそれぞれどの生産物の生産に特化することが有利か。
(3) 貿易を行うことによって，A国およびB国はそれぞれどれだけの利益を享受することができるか。貿易によって可能となる両国の新しい無差別曲線を描け。
(4) 貿易において両財の交換比率（衣料の価格に対する食料の価格の比率）はどの範囲で決定されるか。

解説　今，ある国が1種類の生産要素x（労働）を用いて，2種類の財y_1, y_2を生産しているとする。しかも，各財の1単位を生産するため

199

図10-1 貿易前の生産と消費

（i）貿易前のA国

$y_1 + 3y_2 = 300$

（ii）貿易前のB国

$4y_1 + 5y_2 = 600$

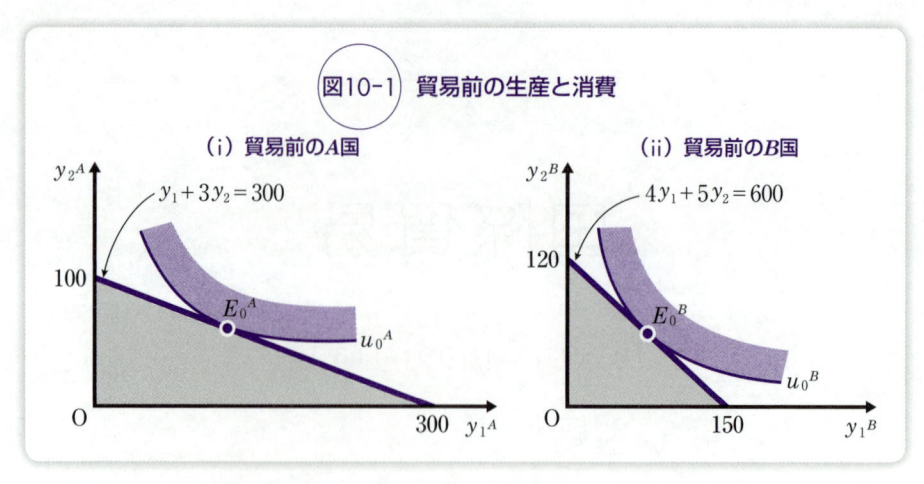

に投入される生産要素の量は，それぞれ一定値a_1, a_2をとるとする。$a_i (i=1, 2)$は**固定投入係数**と呼ばれる。このとき，第i財の生産量y_iを生産するために必要な生産要素の量は$a_i y_i$である。この国の総労働量をLとすると，2財の生産量は

(10.1)　　　$a_1 y_1 + a_2 y_2 = L$

を満たす。(10.1)式はy_1-y_2平面における直線の方程式を表し，この直線は**生産可能曲線**と呼ばれる。

(1)　第1財を食料，第2財を衣料とすると，例題における(a_1, a_2, L)の値はA国で$(1, 3, 300)$，B国で$(4, 5, 600)$である。したがって，『それぞれの国の生産可能曲線は**図10-1(i)(ii)**の

(10.2)　　　$y_1 + 3y_2 = 300$,　　$4y_1 + 5y_2 = 600$

となる。』

(2)　生産可能曲線の傾きに-1を乗じた値は，第1財の生産量を1単位増加することによって犠牲にする第2財の生産量である。この値を第2財で表した第1財の生産の**機会費用**，あるいは第2財の量で測った第1財の**限界費用**と呼ぶ。

『例題のケースでは，A国における第1財生産の機会費用$\frac{1}{3}$は，B国における$\frac{4}{5}$よりも小さい。このとき，A国は第1財（食料）の生産に**比較優位**を持つといわれる。貿易が行われるとき，各国は主に自国が比較優位を持つ財の生産に専門化する。これを比較優位を持つ財に**特化**するという。また，比較優位を持つ財のみを生産しているならば，**完全特化**をしているといわれる。例題では，

図10-2 貿易後の生産と消費

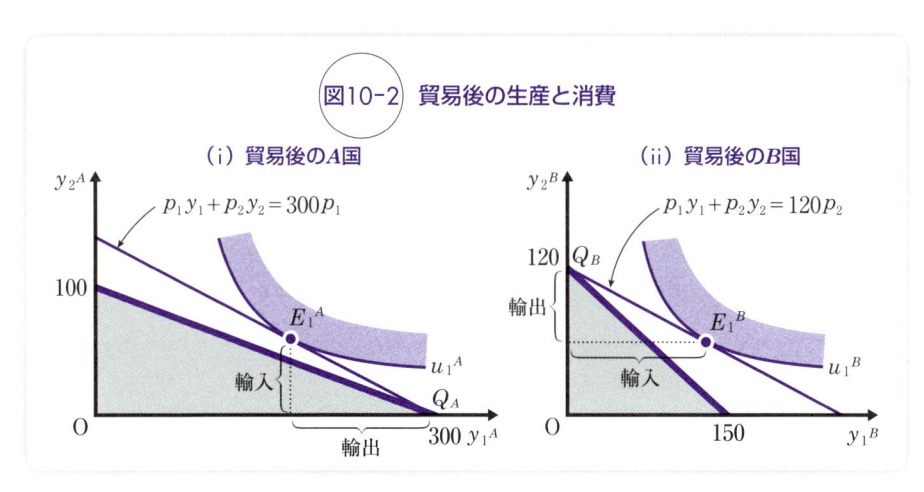

(i) 貿易後のA国

(ii) 貿易後のB国

A国では食料，B国は衣料の生産に完全特化する。』

(3) 貿易をしなければ，各国は，自国の生産可能曲線上の社会的厚生関数を最大化する点で生産を行う。**図10-1(i)(ii)**の無差別曲線 u_0^A, u_0^B が社会的厚生の水準を，点 E_0^A, E_0^B が社会的厚生を最大化する生産量の組を表す。一方，貿易が可能であれば，各国は財の国際市場価格 (p_1, p_2) の下における生産物の価値を最大化するように生産量の組を決める。『**図10-2(i)(ii)** は価格 (p_1, p_2) が与えられたとき，それぞれの生産可能曲線上で，生産量の価値 $p_1 y_1 + p_2 y_2$ を最大化する点が，$Q^A = (300, 0)$, $Q^B = (0, 120)$ となるケースである。A，B両国は，それぞれ Q^A, Q^B で生産し，予算制約

$$(10.3) \quad p_1 y_1 + p_2 y_2 = 300 p_1, \quad p_1 y_1 + p_2 y_2 = 120 p_2$$

の下で，社会的厚生を最大化しようとする。予算制約下で厚生を最大化する点 E_1^A, E_1^B における消費量は，貿易によって達成される。すなわち，A国は第1財を輸出し，第2財を輸入し，B国は第1財を輸入し，第2財を輸出するのである。貿易前の厚生と貿易後の厚生の差 $u_1^A - u_0^A$ と $u_1^B - u_0^B$ はそれぞれA国とB国の**貿易の利益**を厚生を用いて表現したものである。』

(4) 図10-2から，『貿易が行われるためには，予算線の傾きで表される価格比 $\dfrac{p_1}{p_2}$ が，A国とB国の機会費用の間の値をとらなければならない。さもなければ，両国が同じ財に完全特化して，貿易が不可能になるからである。したがって

$$(10.4) \quad \frac{1}{3} \leq \frac{p_1}{p_2} \leq \frac{4}{5}$$

が求める価格比の範囲である。』

もちろん，(10.4)式を満たすすべての価格が，国際市場で成立するわけではない。たとえば，第1財についてはA国による輸出量とB国による輸入量が一致しなければならない。財への需給が一致するのは，均衡価格の下においてである。

比較優位の原理すなわち**比較生産費説**は，分業の発生と交換による利益を説明するために，**リカード**によって提唱・展開されたものである。しかし，リカード自身は，需要側の条件，すなわち無差別曲線の分析まではしていなかった。比較優位が2国間の固定投入係数の違い，すなわち生産技術の違いのみによって生じていたことに注意せよ。

正答　解説中の『　』の部分

例題10.1-2　交易条件

A国とB国の間の貿易について考える。簡単化のために世界にはこの2国しかないとする。また，長期の定常状態を考え，2国間の経常収支は必ず均衡するとする。生産要素は労働だけで，A国には10単位，B国には20単位が存在している。2国間の労働移動は考えない。A国では1単位の労働で1単位の服，そして1単位の労働で1単位の食料を作ることができる。一方，B国では1単位の労働で1単位の服，そして3単位の労働で1単位の食料を作ることができる。xを服の消費量とし，yを食料の消費量とすると，A国全体の効用関数とB国全体の効用関数はともに$u(x, y) = xy$で表されるとする。このとき，自由貿易の下では，2国はそれぞれ完全特化することがわかった。自由貿易の下でのA国の交易条件（輸出財の価格／輸入財の価格）はいくらか。

なお，労働の投入量および服と食料の産出量は連続変数であるとする。（国家総合職）

1 $\dfrac{1}{6}$　　**2** $\dfrac{1}{2}$　　**3** 1　　**4** 2　　**5** 6

解説　服をX，食料をYとする。問題文の各国の生産費をまとめると以下の表のようになるので，A国は食料（Y財）に，B国は服（X財）に比較優位を持つ。よって，問題文より，A国はY財に完全特化し，B国はX財

	A国	B国
1単位の服（X財）	1単位の労働	1単位の労働
1単位の食料（Y財）	1単位の労働	3単位の労働

に完全特化する。A国の労働は10単位なので，A国はY財を10単位生産する。同様に，B国の労働は20単位なので，B国はX財を20単位生産する。

交易条件とは，国際貿易における商品の交換比率であり，輸出財価格を輸入財価格で割った値である。それぞれの国際価格をP_X，P_Yとする。各国の財の消費量をX_i，Y_iとすると$(i = A, B)$，A国，B国の予算制約は，それぞれ以下となる。

(10.5) $\quad 10P_Y = P_X X_A + P_Y Y_A$

(10.6) $\quad 20P_X = P_X X_B + P_Y Y_B$

各国は，予算制約の下で効用を最大化する。**公式2.6**より，各国の消費量は

(10.7) $\quad X_A = \dfrac{10P_Y}{2P_X} = 5\dfrac{P_Y}{P_X}, \quad Y_A = \dfrac{10P_Y}{2P_Y} = 5,$

$$X_B = \dfrac{20P_X}{2P_X} = 10, \quad Y_B = \dfrac{20P_X}{2P_Y} = 10\dfrac{P_X}{P_Y}$$

である。A国は自国でX財を生産していないので，X_Aは輸入で賄われている。B国は20単位のX財を生産し，自国では$X_B = 10$しか消費していないので，10単位のX財を輸出している。A国の輸入量とB国の輸出量は等しいので，$5\dfrac{P_Y}{P_X} = 10$である。よって，A国の交易条件は，$\dfrac{P_Y}{P_X} = 2$である。

正答　**4**

練　習　問　題

【No.1】 A国とB国は労働を投入して，食料品と衣料品を生産し，消費している。このとき，A国では労働1単位から食料品2単位と衣料品4単位を生産できるのに対し，B国では労働1単位から食料品3単位と衣料品9単位を生産できる。A国とB国の間で貿易が行われた結果，A国は食料品に完全特化し，B国は不完全特化したと仮定する。このとき，両国の貿易パターンに関する次の記述のうち，妥当なものはどれか。（国家一般職）

1　A国は食料品と衣料品の双方に絶対優位を持つ。
2　A国は食料品と衣料品の双方を生産する。
3　B国は食料品に比較優位を持つ。
4　B国は食料品を輸出し，衣料品を輸入する。
5　A国と貿易を行っても，B国の厚生は自給自足時と変わらない。

解説 生産費用を計算すると，A国では食料品1単位に対し労働$\frac{1}{2}$単位，衣料品1単位に対し労働$\frac{1}{4}$単位が必要である。B国では食料品1単位に対し労働$\frac{1}{3}$単位，衣料品1単位に対し労働$\frac{1}{9}$単位が必要である。生産費用は表のように，B国のほうが両財において低い。よって，B国は両財の生産に絶対優位を持つ（**1**は誤り）。

	A	B
食料品	$\frac{1}{2}$	$>$ $\frac{1}{3}$
衣料品	$\frac{1}{4}$	$>$ $\frac{1}{9}$

食料品の相対的生産費用は，A国で$\frac{(1/2)}{(1/4)}=2$，B国で$\frac{(1/3)}{(1/9)}=3$である。よって，A国は食料品に，B国は衣料品に比較優位を持つ（**3**は誤り）。A国は食料品に完全特化するということは，食料品のみを生産するということである（**2**と**4**は誤り）。

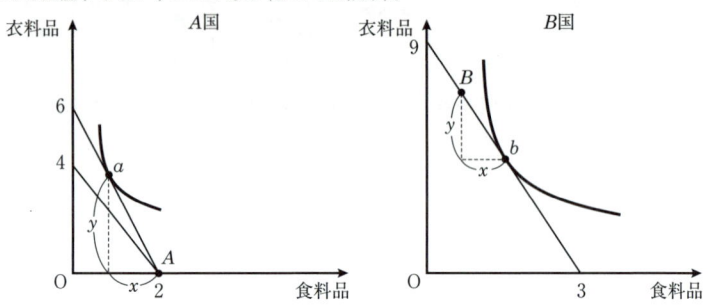

B国は不完全特化しているので，図のようにB国は生産可能曲線上の点bで消費している。閉鎖経済であれば，B国はbで生産し，消費するであろう。A国は生産可能曲線の端点Aで生産し，国際価格で取引して，点aで消費する。A国は食料品のx量を輸出し，衣料品のy量を輸入する。B国はBで生産し，A国と貿易して点bで消費する。**5**が正しい。

【**No.2**】 A，Bの2国が労働のみを使って，X，Yの2財を生産しているとする。A国は，2単位の労働を投入して1単位のX財を生産し，3単位の労働を投入して1単位のY財を生産する。一方，B国では，3単位の労働を投入することによって，1単位のX財またはY財を生産する。また，世界全体の効用関数が$U=XY$であるとする。A，B国の労働賦存量がそれぞれ180，90であるとするとき，A国のX，Y財の生産量はそれぞれいくらになるか。（国家総合職）

	X財	Y財
1	90	0
2	0	60
3	$\frac{135}{2}$	15
4	$\frac{135}{2}$	45
5	40	30

解説 A国とB国の生産可能曲線は、それぞれ

$$2X_A + 3Y_A = 180, \quad X_B + Y_B = 30$$

である。これをもとに、世界の生産可能曲線を図に描く。A国はX財に比較優位を、B国はY財に比較優位を持つ。点Eは、それぞれの国が比較優位を持つ財に特化した場合である。直線FE間では、B国はY財に完全特化し、A国は両財を生産している（不完全特化）。直線FEは、

$$Y = -\frac{2}{3}X + 90 \quad (0 \leq X \leq 90) \quad \cdots\cdots\cdots ①$$

である。**公式2.2**より、世界全体の効用関数の限界代替率MRSは、$-MRS = \dfrac{MU_X}{MU_Y} = \dfrac{Y}{X}$なので、$AE$間の生産可能曲線の傾きと$MRS$が等しいのは、

$$\frac{Y}{X} = \frac{2}{3} \quad \cdots\cdots\cdots ②$$

であり、①式、②式より、$(X, Y) = \left(\dfrac{135}{2}, 45\right)$である。

これを点E'とすると、点E'は点Eの左側にあるので、右図のように、両国が完全特化している点Eよりも効用が高い。

B国ではX財を生産していないので、A国が$\dfrac{135}{2}$のX財を生産している。一方、世界全体のY財の生産量45のうち30はB国で生産しているので、A国で生産しているY財の量は15である。よって、正答は**3**である。

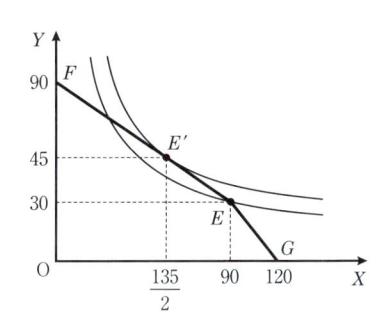

正答 【No.1】 5　【No.2】 3

10.2 ヘクシャー＝オリーン・モデル

例題10.2-1　貿易による社会的厚生の最大化

ある小国の社会的厚生関数と生産可能集合が、

$$u(x, y) = xy$$
$$x^2 + y^2 \leq 1000$$

$\begin{bmatrix} x : X財の数量 \\ y : Y財の数量 \end{bmatrix}$

によって与えられている。ただし、国際市場でX財の価格が1、Y財の価格が3で与えられており、この国は社会的厚生関数を最大化するものとする。

このとき、自由貿易均衡における各財の生産量、消費量の組合せとして妥当なものはどれか。（国家総合職）

	xの生産量	yの生産量	xの消費量	yの消費量
1	30	10	$500^{\frac{1}{2}}$	$500^{\frac{1}{2}}$
2	30	10	10	30
3	10	30	50	$\frac{50}{3}$
4	0	100	$500^{\frac{1}{2}}$	$500^{\frac{1}{2}}$
5	$500^{\frac{1}{2}}$	$500^{\frac{1}{2}}$	30	10

解説 この国は小国であるので，世界市場においてプライス・テイカーとして行動する。図10-3は，この小国の生産可能曲線QQと，社会的厚生関数をx-y平面に描いた社会的無差別曲線である。もし貿易が行われなければ，この国は点Eにおいて財を生産し，生産した財をそのまま消費し，効用水準は無差別曲線UUである。貿易が行われると，この国はx財の価格$P_X = 1$，y財の価格$P_Y = 3$の下で自由に財を売買できるので，点Fにて生産を行い，点Gにて消費を行うことにより，無差別曲線$U'U'$の水準まで社会的厚生を高めることができる。直線BBはこの国の予算制約である。

まず，自由貿易時における最適な生産点Fを求める。国際価格で評価した財の価値をVとすると，

(10.8) $\quad V = x + 3y$

である。生産量の価値が最大化されるのは，ラグランジュ関数

(10.9) $\quad L = x + 3y + \lambda(1000 - x^2 - y^2)$

をxとyで偏微分して，

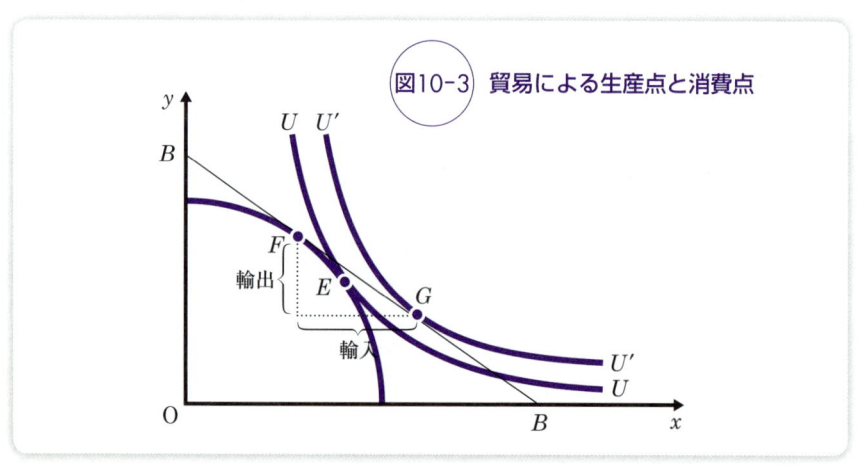

図10-3 貿易による生産点と消費点

(10.10)　　$1-2\lambda x=0$, $3-2\lambda y=0$, すなわち, $3x=y$

が成立するときである。(10.10)式を生産可能曲線$1000=x^2+y^2$に代入して, $x=10$, $y=30$を得る。これが点Fである。

次に, 消費点Gを求めよう。(10.8)式より, 生産物の価値Vは, $V=100$である。**公式2.6**より, 所得100, $P_X=1$, $P_Y=3$の下で, 効用$u(x,y)=xy$を最大にするのは, $x=50$, $y=\dfrac{50}{3}$のときである。これが点Gである。

正答　3

例題10.2-2　リプチンスキーの定理

　A国においては, 資本と労働という2生産要素から2財y_1, y_2が生産されており, y_1財のほうがy_2財に比べ, より資本集約的である。また, A国が世界のその他の地域と行っている取引は, y_1, y_2財について行われており, y_1, y_2財の価格は国際市場で成立し, A国の経済活動から独立である。今A国において資本蓄積がなされた場合, A国におけるy_1, y_2財の生産水準はそれぞれどうなるか。ただし, A国におけるy_1, y_2財の生産関数はそれぞれ一次同次であり, 各生産要素について限界生産力は正でかつ逓減するものとして, また, 完全特化は生じないものとする。（国家総合職）

	y_1財	y_2財
1	増加	増加
2	減少	増加
3	増加	不変
4	減少	減少
5	増加	減少

解説　例題10.1-1のリカードによるモデルは, 労働が唯一の生産要素であり, 投入係数が固定的であり, 技術の違いが比較優位をもたらす要因である。これに対して, **ヘクシャー＝オリーン・モデル**では, 複数の生産要素, たとえば労働（L）と資本（K）の存在量の比率$\left(\dfrac{K}{L}\right)$が異なるなら, 同じ生産技術を持つ2国の間においても比較優位と比較劣位が生じ, 貿易が行われる。

　今, 生産物が2種類y_1, y_2であって, それぞれは, 生産関数

(10.11)　　$y_j = f_j(K_j, L_j)$　　$j=1,2$

を通じて生産されるとする。この生産関数は規模に関して収穫一定（一次同次関数）である。一国の経済は, 資本財の総量$\overline{K}$と労働量の総量$\overline{L}$を上の2部門

図10-4 生産の契約曲線

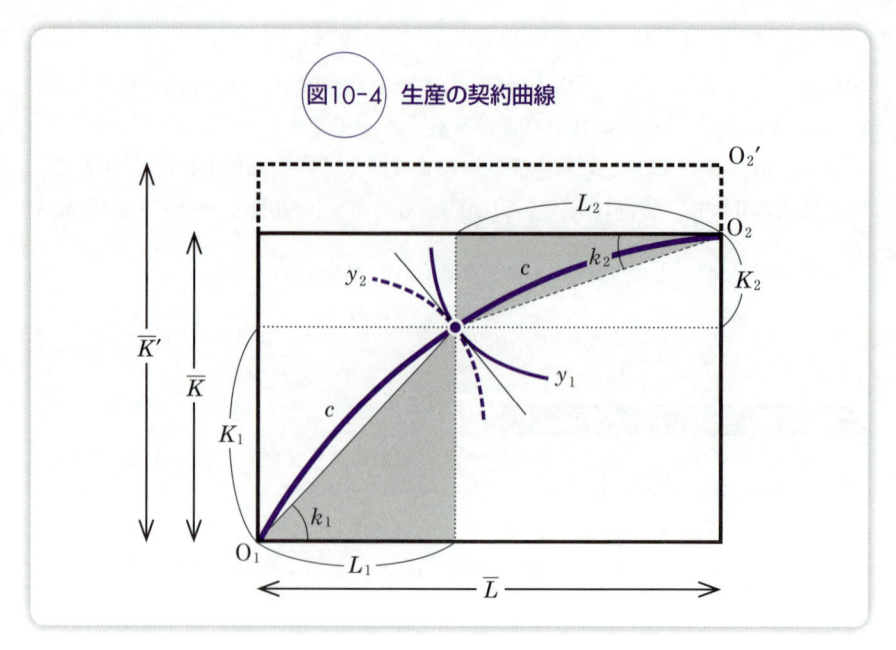

$j=1, 2$ に振り分けることによって，2財を生産する。

図10-4は，資源の総量 $\overline{L}$，$\overline{K}$ の2つの産業の間への配分を表すエッジワースのボックス・ダイアグラムである。産業1の生産要素使用量は，O_1 を原点として測り，産業2の生産要素投入量は O_2 を原点として測っている。曲線 y_1 は産業1で第1財の量 y_1 を生産するための等量曲線，曲線 y_2 は産業2で第2財の量 y_2 を生産するための等量曲線である。O_1 と O_2 を結ぶ太い曲線 cc は，両産業の等量曲線の接点の軌跡である。これを**生産の契約曲線**と呼ぶ。生産の契約曲線に沿った生産量 (y_1, y_2) の変化は，**図10-5**の生産可能曲線 CC で表される。財の国際市場価格の比 $\dfrac{p_1}{p_2}$ が与えられると，生産物の価値を最大化する点 Q において，産業1, 2における資本と労働の量 K_1, K_2, L_1, L_2 が選ばれる。

図10-4において，契約曲線が O_1 と O_2 を結ぶ直線（対角線）の上方にあることに気をつけてほしい。このとき，契約曲線上の点における**要素（資本）集約度** $k_i = \dfrac{K_i}{L_i}$ を比べると，第1産業のほうが第2産業よりも高くなっている。すなわち

(10.12)　　$k_1 > k_2$

が成り立っている。契約曲線上の任意の点で (10.12) 式が成り立つとき，第1

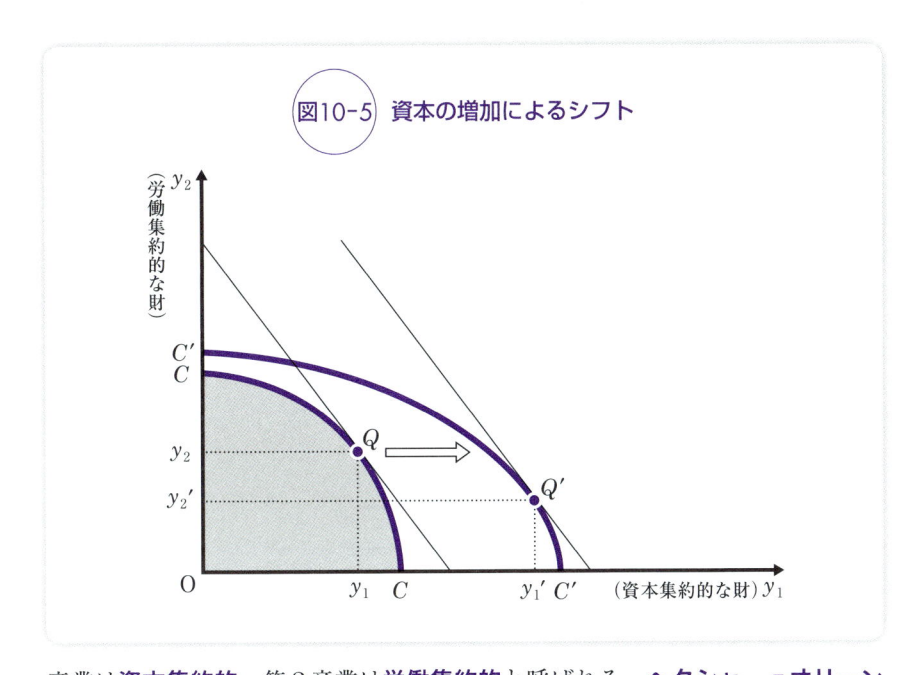

図10-5 資本の増加によるシフト

産業は**資本集約的**，第2産業は**労働集約的**と呼ばれる。**ヘクシャー＝オリーンの定理**とは，「各国は相対的に豊富な資源を集約的に用いる財を輸出する」，すなわち資本が相対的に豊富な国は，資本集約的な財を輸出することを主張する。

資本蓄積がなされて$\overline{K}$が$\overline{K}'$に増加するなら，ボックス・ダイアグラムは，縦に長く拡大される。それとともに，生産可能曲線も外側にシフトする。そのシフトは，資本集約度の高い財y_1に有利なようになされることが知られている（**図10-5**参照）[1]。この国の生産量の変化が世界市場の価格に影響しない，すなわち，この国が経済的には小国であると仮定されているので，以前と同じ価格$\dfrac{p_1}{p_2}$の下で，生産物の価値を最大化する点Q'が定まる。点Qから点Q'への変化を通じて第1財の生産が増加し，第2財の生産が減少している。このように，「ある資源の総量が増加したとき，その資源をより集約的に投下する財の生産量が増加し，他の財の生産量が減少する」ことを**リプチンスキーの定理**と呼ぶ。

正答　5

---

1) 詳細な説明については，西村和雄著『ミクロ経済学入門（第2版）』（岩波書店，1995年）第15章15.2節を参照。

例題10.2-3　ストルパー＝サミュエルソンの定理

産出物が投資財と消費財からなり，投入物が資本と労働からなる経済がある。この経済において，投資財と消費財の等産出量曲線が図のように与えられ，ある賃金・利潤比率（w）に応じて最適な資本・労働比率（k_2およびk_1）が図のように決定されているとき，wが上昇した場合の記述として正しいものは次のうちどれか（ただし，資本・労働の存在量は一定であり，かつ完全利用され，生産関数は一次同次とする）。（国家総合職）

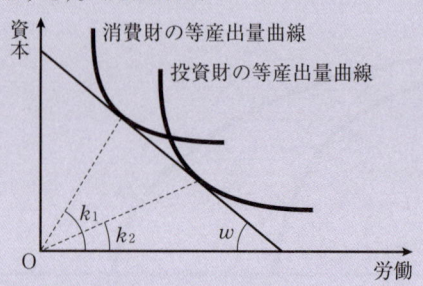

1　wが上昇するとk_1は上昇するが，k_2は低下する。
2　wが上昇するとk_1は低下するが，k_2は上昇する。
3　wが上昇すると，k_1，k_2とも上昇しなければならないが，労働，資本量が一定のため最適資本労働比率が達成できない。
4　wが上昇するとk_1，k_2とも上昇し，消費財の産出量が増加し，投資財の産出量が減少する。
5　wが上昇すると，k_1，k_2とも上昇し，消費財の産出量が減少し，投資財の産出量が増加する。

解説　生産要素の価格，すなわち賃金とレントをW，Rと置くと，第j産業の生産費用は

(10.13)　　　$WL_j + RK_j = C_j$　　　$j = 1, 2$

となる。図10-6のボックス・ダイアグラムにおける契約曲線上（たとえば点Q）で，等量曲線の接線は，原点O_1から見ると，生産量y_1を生産する最小費用をC_1の値とするときの費用直線，原点O_2から見ると，生産量y_2を生産する最小費用をC_2の値とするときの費用直線になっている。その傾きに-1を乗じて，$w = \dfrac{W}{R}$と置く。wの値が変化すると，$-w$を傾きとする直線を接線とする別な点が契約曲線上に選ばれる。生産関数の一次同次性から，O_1を通る直線，たとえばO_1とPを通る直線上では技術的限界代替率RTSが一定である。したがって，点Qと点Pにおける第1産業のRTSは等しいので，wが低下すると，

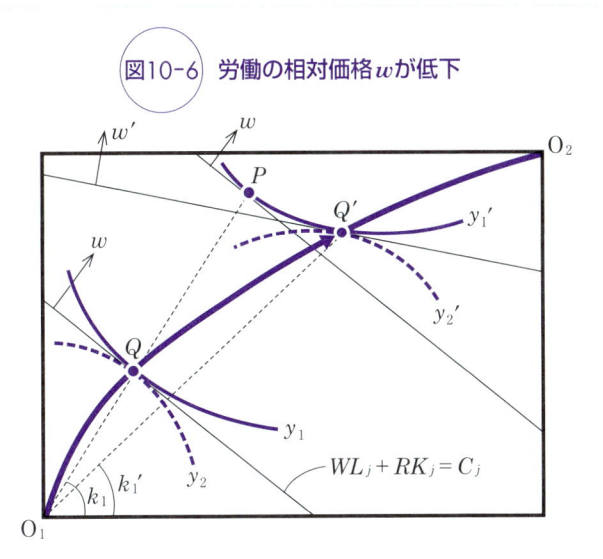

図10-6 労働の相対価格wが低下

より資本集約度の低い点が選ばれる。**図10-6**では，wがw'に低下したとして，新しい点Q'を対応させている。点Qから点Q'へ移るとき第1産業の資本集約度k_1がk_1'へ低下する。同時に，第2産業の資本集約度も低下することが確かめられる。すなわち賃金の相対価格が低下（上昇）すると，両産業の資本集約度が低下（上昇）し，より資本集約的な産業の生産量が増加（減少）して，より労働集約的な産業の生産量が減少（増加）するのである。例題では賃金が上昇するとk_1とk_2が上昇し，より資本集約的な消費財が減少し，より労働集約的な投資財が増加する。よって正答は**5**である。

以上では，生産要素価格の変化の理由が述べられていない。国際貿易理論では，国際市場における生産物の価格の変化がもたらす生産要素の国内価格への影響を分析することがある。そこで**図10-7**の生産可能曲線を見てみよう。

財の価格比が$\dfrac{p_1}{p_2}$から，$\dfrac{p_1'}{p_2'}$に上昇すると，生産物の量は，点Qから点Q'へ移る。第2財を減らし，第1財を増加させるのである。これは**図10-6**での契約曲線に沿った点Qから点Q'へのシフトに対応している。そして，その点における要素価格比w'が以前に比べて低下しているのである。このようにして，生産要素価格の変化が生じるのである。なお，「ある財の価格の上昇が，その財の産業でより集約的に投入される資源の相対価格を上昇させる」という結果は，**ストルパー＝サミュエルソンの定理**と呼ばれるものである。

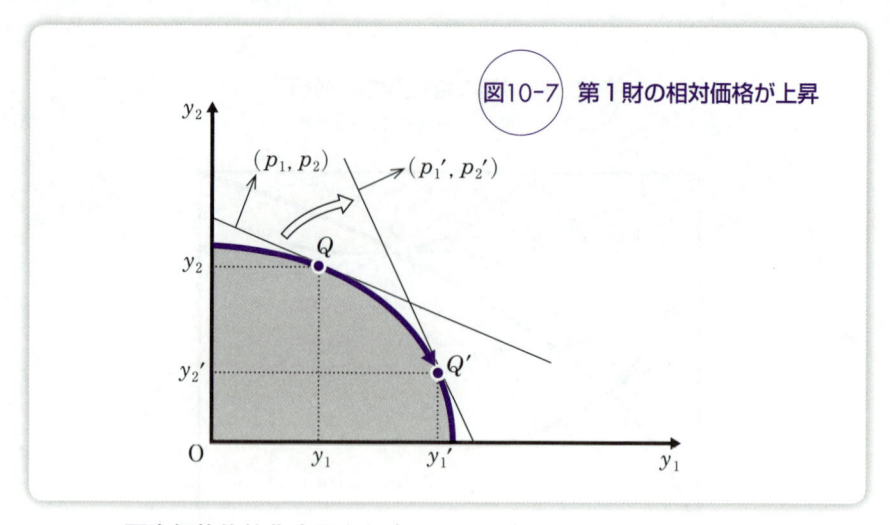

図10-7　第1財の相対価格が上昇

ここで**要素価格均等化定理**も紹介しておこう。これは，資本や労働が異なる国の間を移動できないにもかかわらず，自由貿易を通じてその価格，すなわちWとRが各国間で均等化されるというものである[2]。

正答　5

例題10.2-4　ストルパー＝サミュエルソンの定理

ある小国では資本と労働からx財とy財が生産され，その生産関数はそれぞれ，
$$x = K_x^{\frac{1}{3}} L_x^{\frac{2}{3}}, \quad y = K_y^{\frac{2}{3}} L_y^{\frac{1}{3}}$$

x：x財生産量，y：y財生産量，K_x：x財の生産に投入される資本量
L_x：x財の生産に投入される労働量，K_y：y財の生産に投入される資本量
L_y：y財の生産に投入される労働量

で示され，また，この国の資本と労働の賦存量はそれぞれK_0，L_0であるとする。x財とy財の価格p_x，p_yは国際市場で決定される。資本と労働は国際間を移動せず，賃金率wと資本レンタルプライスrは国内の競争市場で決定される。このような条件下において，x財およびy財の生産部門における要素投入比$\left(\dfrac{K_x}{L_x}, \dfrac{K_y}{L_y}\right)$，要素賦存量比$\left(\dfrac{K_0}{L_0}\right)$，生産物価格比$\left(\dfrac{p_x}{p_y}\right)$，要素価格比$\left(\dfrac{w}{r}\right)$に関する次の記述のうち，妥当なものはどれか。ただし，当初はこの国ではx財とy財がともに生産されているとする。（国家総合職）

1 $\dfrac{K_x}{L_x} > \dfrac{K_y}{L_y}$ という関係が成立する。

---

2) 要素価格均等化定理の詳細な議論については，西村和雄著『ミクロ経済学入門（第2版）』（岩波書店，1995年）第15章15.2節を参照。

2 $\dfrac{p_x}{p_y}$ が上昇すると，$\dfrac{w}{r}$ は下落する。

3 $\dfrac{K_0}{L_0}$ が上昇すると，$\dfrac{w}{r}$ は下落する。

4 $\dfrac{K_0}{L_0}$ が上昇すると，$\dfrac{K_x}{L_x}$ は上昇し，$\dfrac{w}{r}$ は下落する。

5 $\dfrac{p_x}{p_y}$ が上昇すると，$\dfrac{K_x}{L_x}$ と $\dfrac{K_y}{L_y}$ はともに上昇する。

解説　　コブ=ダグラス型生産関数を $y_i = K_i^{\alpha_i} L_i^{1-\alpha_i}$ と置く（$i = x, y$）。利潤 π は，

(10.14) $\qquad \pi_i = p_i K_i^{\alpha_i} L_i^{1-\alpha_i} - rK_i - wL_i$

である。各財を生産する企業は，利潤最大化行動をとる。利潤最大化の一階条件である**公式4.1**より，$\dfrac{\alpha_i y_i}{K_i} = \dfrac{r}{p_i}$，$\dfrac{(1-\alpha_i) y_i}{L_i} = \dfrac{w}{p_i}$ が得られるので，第 i 財の要素投入比 k は，

(10.15) $\qquad k_i = \dfrac{K_i}{L_i} = \dfrac{w\alpha_i}{r(1-\alpha_i)}$

である。(10.15) 式より，第 i 財の要素投入比 k は α_i に依存し，α_i が大きくなれば，より多くの資本を投入し，より少ない労働を投入することがわかる。つまり，α_i が大きいほど資本集約的である。例題では，$\alpha_x = \dfrac{1}{3} < \dfrac{2}{3} = \alpha_y$ なので，(10.15) 式より $\dfrac{K_x}{L_x} < \dfrac{K_y}{L_y}$ が成立する（**1**は誤り）。

ストルパー=サミュエルソンの定理によれば，$\dfrac{p_x}{p_y}$ が上昇すれば，x 財の生産により集約的に用いられている要素（労働）の価格を上昇させ，他の要素（資本）の価格を低下させるので，$\dfrac{w}{r}$ が上昇する（**2**は誤り）。図10-4，図10-5より，小国において要素の賦存量比 $\dfrac{K_0}{L_0}$ が変わると生産量が変わるが，$\dfrac{p_x}{p_y}$ は変化せず $\dfrac{K_x}{L_x}$，$\dfrac{K_y}{L_y}$，$\dfrac{w}{r}$ は変わらない（**3**，**4**は誤り）。$\dfrac{p_x}{p_y}$ の上昇は $\dfrac{w}{r}$ を上昇させ

る。w が割高になるので，労働が資本で代替され，$\dfrac{K_x}{L_x}$，$\dfrac{K_y}{L_y}$ がともに上昇する（**5**が正しい）。

正答 5

練習問題

【No.1】 貿易に関する学説として誤っているものは，次のうちどれか。（地方上級）

1 ヘクシャー＝オリーンの分業定理とは，貿易パターンの説明原理で，各国は賦存量が比較的豊富な生産要素を集約的に使用する財に偏った生産を行い，その財を輸出する傾向があるという定理である。
2 ストルパー＝サミュエルソンの定理とは，要素価格とその生産要素を集約的に用いて生産される財の価格の関係を示したもので，ある財の相対価格が上昇すると，不完全特化の国では，その財の生産に集約的に使用されている生産要素の価格は上昇し，他の要素価格は低下するという定理である。
3 要素価格均等化定理とは貿易が国々の生産を不完全にしか特化させない場合には，要素価格は国際的に完全に等しくなり，完全特化の場合でも均等化の方向に変化するという定理である。
4 リプチンスキーの定理とは，財の価格が一定に保たれるなら，不完全特化の状態にある国においてある要素の賦存量が増大すると，その要素を集約的に使用する財の生産量が要素の増加率以上の率で増大し，他の財の生産量は減少するという定理である。
5 比較生産費説とは，2国間の相互比較において，ある商品の生産コストを単純比較したとき，自国が他国より下回る場合には，その財に特化した生産物を輸出すべきであるという説である。

解説　比較生産費説は，相対的生産費用と比較するもので，生産費用を単純比較するものではない。**5**が誤り。

【No.2】 ある国では，その国に賦存する資本と労働力からx財とy財が生産されている。生産関数は，

$x = K_x^{\frac{1}{3}} \cdot L_x^{\frac{2}{3}}$
$y = K_y^{\frac{1}{2}} \cdot L_y^{\frac{1}{2}}$

$\begin{bmatrix} x：x\text{財の生産量，} L_i：i\text{財への労働投入量} \\ y：y\text{財の生産量，} K_i：i\text{財への資本投入量} \end{bmatrix}$

で示される。x財とy財の国際価格が$P_x = 3$，$P_y = 4$であるとき，国内における生産要素の価格比，すなわち賃金率wと資本賃貸率rの比$\dfrac{w}{r}$はいくらか。ただし，市場は競争的で要素の国際移動はないものとする。また生産の完全特化はないものとする。（国家総合職）

1　$\dfrac{4}{3}$　　2　1　　3　$\dfrac{1}{3}$　　4　$\dfrac{1}{4}$　　5　$\dfrac{1}{6}$

解説 与えられた財の国際価格 $p_x=3$, $p_y=4$ を代入すると，x 財の K_x の限界生産物は $MP_K^x = \frac{1}{3} K_x^{-\frac{2}{3}} L_x^{\frac{2}{3}} = \frac{1}{3} \cdot \frac{x}{K_x}$ である。**公式4.1** より，利潤最大化の条件は，限界生産物が要素価格と産出物価格の比に等しいことであったので，$\frac{1}{3} \cdot \frac{x}{K_x} = \frac{r}{p_x}$ である。$p_x=3$ を考慮すると，$\frac{x}{K_x} = r$ である。まったく同様の手順により，x 財産業の労働の限界生産物について，$\frac{2x}{L_x} = w$ が成立する。K_x, L_x を生産関数に代入すると，以下となる。

$$1 = \left(\frac{1}{r}\right)^{\frac{1}{3}} \left(\frac{2}{w}\right)^{\frac{2}{3}} \quad \cdots\cdots\cdots\cdots ①$$

同様に，y 財産業の資本，労働の限界生産物について $\frac{2y}{K_y} = r$, $\frac{2y}{L_x} = w$ が成立し，これらを y 財の生産関数に代入すると，

$$1 = \left(\frac{2}{r}\right)^{\frac{1}{2}} \left(\frac{2}{w}\right)^{\frac{1}{2}} \quad \cdots\cdots\cdots\cdots ②$$

である。①式，②式から，$w=1$, $r=4$ を得る。よって，正答は **4** である。

【No.3】 ある小国において資本(K)と労働(L)の2生産要素から x 財と y 財の2生産物が生産され，両生産物の生産関数がそれぞれ，

$x = 3K_x^{\frac{1}{3}} \cdot L_x^{\frac{2}{3}}$ 〔K_x: 資本投入量，L_x: 労働投入量〕
$y = 3K_y^{\frac{2}{3}} \cdot L_y^{\frac{1}{3}}$ 〔K_y: 資本投入量，L_y: 労働投入量〕

で示されるものとする。この国の生産要素の賦存量は一定であり，また，生産要素の国際間の移動はなく，この国における賃金率 w と資本賃貸率 r は国内市場で決定されるものとする。他方，生産物は国際間で取引され，x 財と y 財の価格 P_x, P_y は世界市場で決定されるとする。もし世界市場において x 財の価格が上昇すると，この国における労働者と資本家の所得分配はそれぞれどのように変化すると考えられるか。ただし，当初この国では両財とも生産されており，また，市場は完全競争の状態にあるとする。(国家総合職)

	労働者の所得	資本家の所得
1	増加	増加
2	増加	減少
3	不変	不変
4	減少	増加
5	減少	減少

解説 K_x と K_y の指数を比較して，$\frac{1}{3} < \frac{2}{3}$ なので，y 財が資本集約的である。ストルパー＝サミュエルソンの定理により，x 財の生産に集約的に用いられている労働の価格が上昇し，資本の価格が下落する。L と K の総量は変わらないので，労働者の所得が増加して，資本家の所得が減少する。よって，正答は **2** である。

正答 【No.1】 5 　【No.2】 4 　【No.3】 2

10.3 小国の貿易

例題10.3-1 関税

自由貿易のとき，国内需要は PB であり，輸入は AB である。このとき，PP_1 だけ輸入関税が課せられたとする。そのとき国内需要は P_1F となり，国内生産は P_1E となる。この関税賦課後の余剰減少は次のうちどれか。ただし，DD' は国内需要曲線，SS' は国内供給曲線である。(地方上級)

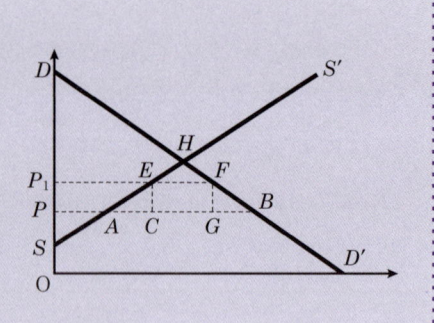

1. △FBG
2. △FGB + △ECA
3. △FBG + □$EFGC$
4. △FBG + △HEF
5. △FBG + △ECA + □$EFGC$

解説 図10-8(i)は自由貿易の下での余剰を表すものである。p^* は輸入品の国際価格で，D と S はそれぞれ国内の需要曲線と供給曲線である。関税が課されないとき，この財の国内価格は p^* に等しく，c_0 と y_0 がそれぞれ国内の消費量と生産量，x_0 が輸入量である。輸入品に1単位当たり tp^* 円の**関税**をかけた場合が図10-8(ii)である。この財の国内価格は $(1+t)p^*$ に上昇し，国内生産量は y_1 に増加し，輸入量が x_1 に，国内の消費量が c_1 に減少している。

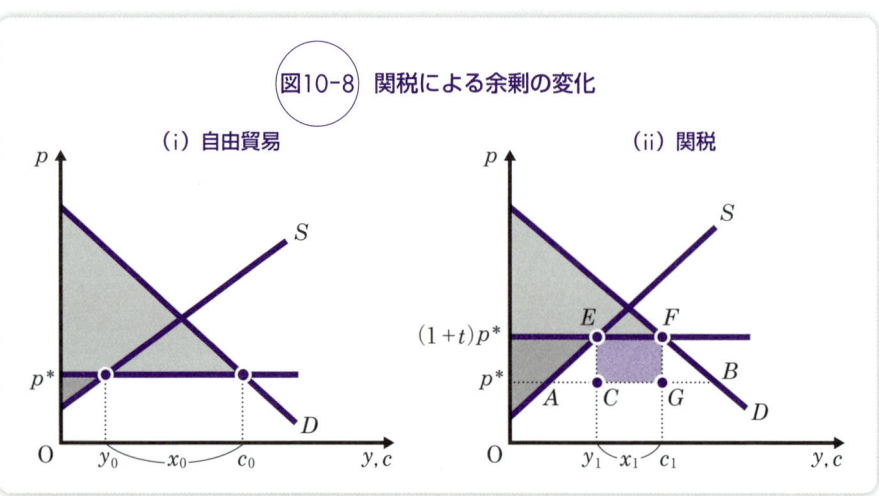

図10-8 関税による余剰の変化

(i) 自由貿易　　(ii) 関税

余剰の違いは**図（i）・（ii）**を比較するなら明らかであろう。政府の関税収入である□EFGCを余剰に入れると，△ECA＋△FBGが関税による余剰の減少分である。

以上のことを一般均衡理論的に論じるために2財モデルの**図10-9**を用いよう。財の国際価格を(p_1^*, p_2^*)，小国の生産量を(y_1, y_2)，消費量を(c_1, c_2)とすると，輸入と輸出が金額的にバランスすることから$p_1^*(c_1 - y_1) = p_2^*(y_2 - c_2)$，すなわち

(10.16) $\quad p_1^* c_1 + p_2^* c_2 = p_1^* y_1 + p_2^* y_2$

が成り立つ。自由貿易の下での生産量は，生産可能曲線上で$p_1^* y_1 + p_2^* y_2$を最大とする点Q_0として決まる。その(y_1, y_2)を(10.16)式に代入して得られる直線（予算制約線）上で，効用を最大化する点C_0が消費量となる。

次に関税を課したときの国内価格が(p_1, p_2)であるとしよう。予算制約式(10.16)式自体は，関税を課した場合の生産量Q_1と消費量C_1の間においても成り立つので，Q_1を通り，国際価格で決まる傾き$-\dfrac{p_1^*}{p_2^*}$を持つ直線上にC_1がある。そしてこの国は，生産可能曲線の傾きが，国内価格で決まる値$-\dfrac{p_1}{p_2}$に等しい点Q_1で生産し，(10.16)式を満たし，かつ無差別曲線の傾きが$-\dfrac{p_1}{p_2}$となる点C_1で消費する。自由貿易の場合と比べて輸出量を高さ，輸入量を底辺とする三角形（**図10-9**の影をつけた領域）は縮小し，厚生もu_0からu_1へ低下

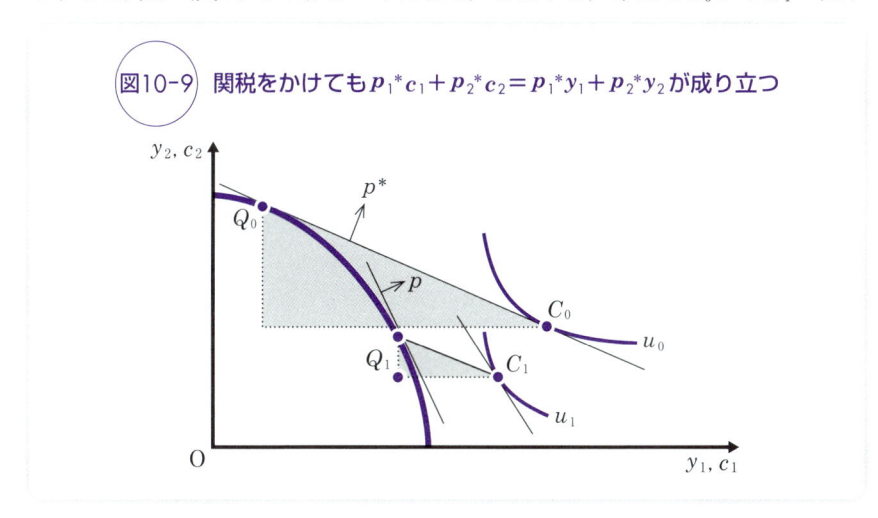

図10-9 関税をかけても$p_1^* c_1 + p_2^* c_2 = p_1^* y_1 + p_2^* y_2$が成り立つ

する。

　以上の**図10-9**を用いた議論では，国内価格と国際価格の乖離が輸入税あるいは輸出税のどちらによって生じるかは問題でない。ここで輸出税とは，第2財を輸出する際にtp_2円の税を課すことである。輸入税と輸出税が同率である限り，それらは

$$(10.17) \quad \frac{(1+t)p_1^*}{p_2^*} = \frac{p_1}{p_2} \quad \text{すなわち} \quad \frac{p_1^*}{p_2^*} = \frac{p_1}{(1+t)p_2}$$

と互いに同値であり，その結果として決まる国内生産量Q_1と消費量C_1の水準に変わりはない。これは**ラーナーの対称性定理**と呼ばれる結果である。

　以上の議論のうちラーナーの対称性定理は大国の場合にも成り立つが，関税を課すと必ず余剰が低下するという結果は小国の場合にのみ正しい。大国の場合は例題10.4-1の解説より，最適な関税水準が正の値をとるからである。

正答　2

例題10.3-2　関税と数量制限

　ある小国A国のx財に対する需要曲線が$q = 450 - 2p$，x財の供給曲線が$q = 3p - 100$で示されるものとする。x財の国際価格が80であるとき，A国はx財に対して1単位当たり20の関税を賦課した場合と同量の輸入数量となるように輸入割当を行った。A国のx財産業に独占があった場合，x財の国内価格はいくらになるか。ただし，pはx財の価格，qはx財の需要量または供給量である。（国家総合職）

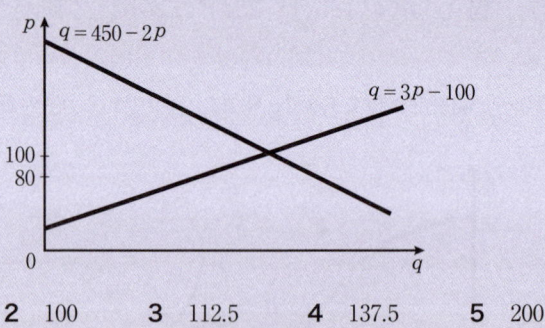

1　98.5　　**2**　100　　**3**　112.5　　**4**　137.5　　**5**　200

解説　A国がx財に関税20を賦課すると，x財の国内価格は，$80 + 20 = 100$となる。このとき，国内における需要量と供給量は，それぞれ

$$450 - 2 \times 100 = 250, \quad 3 \times 100 - 100 = 200$$

である。よって，超過需要量$250 - 200 = 50$が輸入される。国内の余剰の和は**図**

図10-10 輸入量50

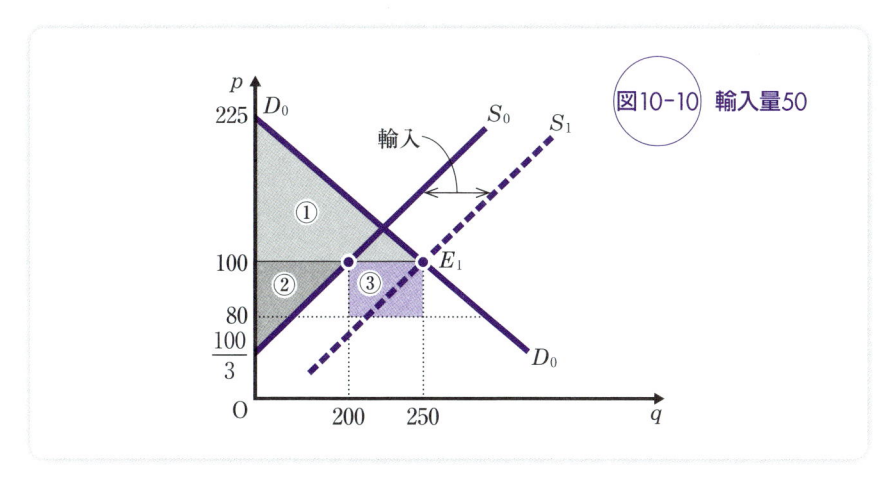

10-10の①，②，③の面積の和に等しい。③は政府の関税収入である。

次に，関税の代わりに輸入量を50に制限する政策をとるとしよう。国内の企業による供給曲線S_0を右に50だけシフトしてできる曲線S_1が，国内で利用できる供給量である。国内での均衡は点E_1となり，価格水準100は，関税の場合と同じになる。また，③は輸入業者の余剰となるので，余剰の和も関税の場合と等しくなる。以上は，x財が国内で完全競争的に供給されている場合についての**関税と輸入数量制限の同値定理**と呼ばれる結果である。なお輸出税と輸出量の自主規制の間にも同様な同値定理が成り立ち，かつ，(10.17)式から輸入税と輸出税も同値なので，輸入税と輸出自主規制も同値ということになる。

しかし，x財が国内の企業によって独占的に供給されるなら，数量制限の効果は関税の場合とは異なってくる。**図10-11**には独占企業が原点をO_1として，

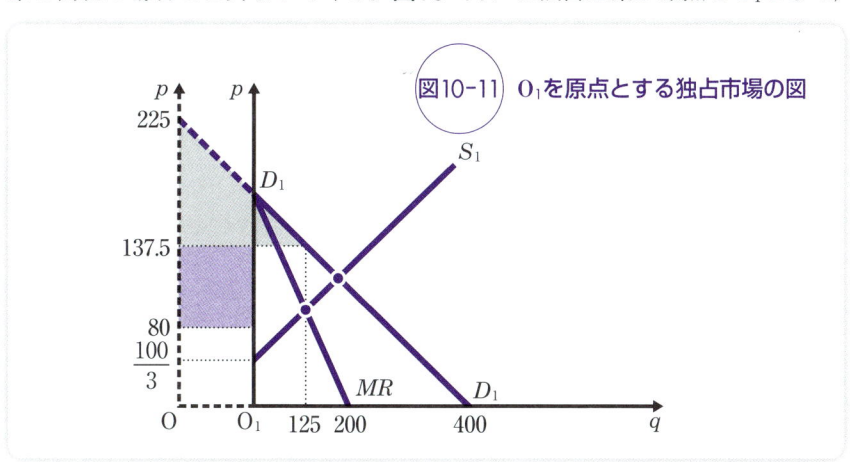

図10-11 O_1を原点とする独占市場の図

輸入量を除いた残りの需要曲線D_1に直面することを表している。独占企業の直面する需要曲線および限界収入曲線MRは，**公式5.5**より，

(10.18) $\quad q = 400 - 2p, \quad MR = 200 - q$

である。完全競争市場における供給曲線は限界費用曲線MCでもあり，独占企業の利潤最大化条件は**公式5.1**より$MR = MC$である。よって，

(10.19) $\quad 200 - q = \dfrac{1}{3}(q + 100), \quad$ すなわち $\quad q = 125$

で独占利潤が最大化される。これを独占企業が直面する国内の需要曲線 (10.18) 式に代入して，国内価格$p = 137.5$が求まる (**4**が正答)。一方，関税の場合はこの企業が国内価格を$p = 100$より上げることは不可能である。価格を上げれば輸入財に市場を奪われるからである。このようにして，独占の場合には輸入財の国内価格も関税の場合よりも高い水準に設定される。

もし，国内企業が，輸入量を含めてx財のすべてを独占的に供給するなら，以上の分析も若干の修正を要することに注意してほしい。

正答　4

例題10.3-3　国内の生産量増加政策

小国のA国が，特定財の国内生産量を自由貿易の場合に比べて一定量増加させることを目的として行う政策のうち，A国の経済厚生水準の低下を最小にするものとして妥当なのは次のうちどれか。ただし，生産要素の完全移動性，収穫一定，外部経済・外部不経済の欠如，完全雇用，完全競争の仮定が満たされているものとする。（国家総合職）

1. 特定財の国内生産に対して生産量1単位当たり定額の補助金の交付を行うこと。
2. 特定財の輸入に対して関税の賦課を行うこと。
3. 特定財の輸入数量制限を行うこと。
4. A国の特定財を輸出している国に対して輸出自主規制を行うように要請すること。
5. 特定財に対して関税を賦課し，関税収入に等しいだけの国内生産者に対する補償金の交付を行うこと。

解説　輸入財の市場は完全競争的なので，例題10.3-2の解説より，関税（選択肢**2**）と数量制限（選択肢**3**）の効果は同じである。関税収入を政府の収入という名の余剰とみなす**2**とそれを国内生産者に補償金として回す**5**では国内の余剰の総和に変わりがない。**3**も**4**も輸入財の数量制限という点で本

図10-12 貿易政策の余剰

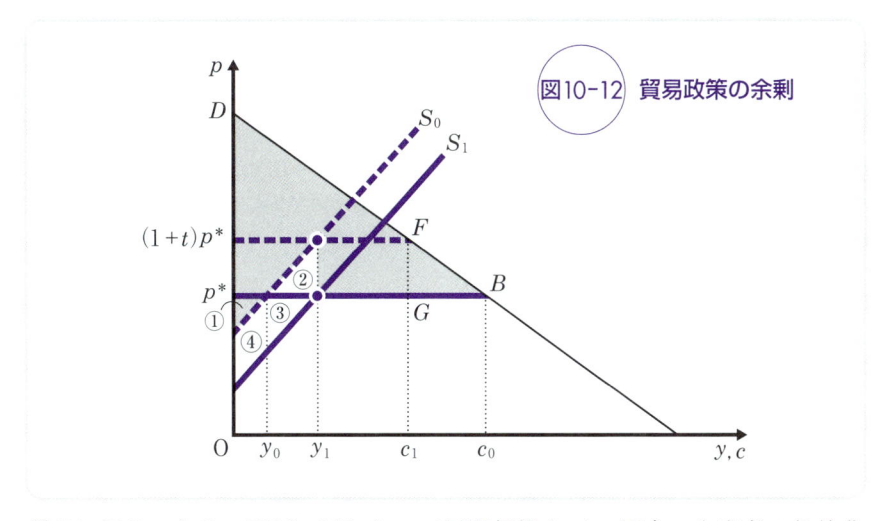

質的に同じである。図10-12において国際価格をp^*，国内の生産者の供給曲線をS_0とすると，自由貿易の下では，国内価格がp^*，輸入量が$c_0 - y_0$となる。余剰の和をW_0とすると

(10.20)　　$W_0 = \triangle DBp^* +$ ①

である。関税をかけると国内価格は$(1+t)p^*$，輸入量は$c_1 - y_1$となり，このときの余剰の和W_1は

(10.21)　　$W_1 = W_0 -$ ② $- \triangle FBG$

である，これが**2〜5**の場合である。

次に**1**を考える。図10-12において，国内市場における価格を国際価格p^*と等しく保ちつつ，しかも国内生産者がより多くの量を供給できるように，政府が補助金を与え，限界費用曲線S_0を下方のS_1までシフトさせるとする。しかもp^*の下で，生産者が関税を課した場合と同じ量y_1を生産できるように補助金の額（したがってS_1の位置）を決めるとする。すると，生産者余剰は①+③+④，補助金支出が②+③+④，消費者余剰が$\triangle DBp^*$である。関税収入は0なので余剰の和W_2は

(10.22)　　$W_2 = \triangle DBp^* +$ ① + ③ + ④ $-$ (② + ③ + ④)
　　　　　　$= W_0 -$ ②

である。(10.21)式，(10.22)式より，$\triangle FBG$が，関税をやめて国内の生産者への補助金を与えることによる余剰の増分である。

正答　1

練 習 問 題

【No.1】 図は，ある財に対する国内の需要曲線（DD），国内の供給曲線（SS），および，海外の供給曲線（S^f）を表したものである。このとき，この財に1単位当たりtの関税が課せられ，さらに国内生産者に対して，生産量1単位当たりsの補助金が与えられた場合，図中の面積で表された関税収入額および補助金額の組合せとして，妥当なものはどれか。（国家総合職）

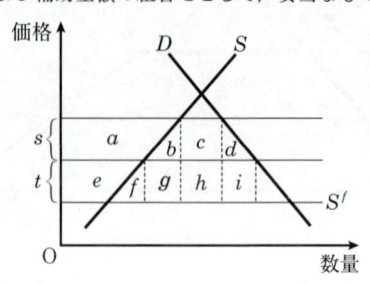

	関税収入額	補助金額
1	$h+i$	$a+b$
2	$h+i$	$a+b+e+f+g$
3	$c+h$	$a+b+e+f+g$
4	$g+h+i$	$a+b$
5	$g+h+i$	$a+b+e+f+g$

解説 関税を課したことにより，x財の国内価格はtだけ上昇してp_cとなったので，点Eで需要量x_cが決まる。補助金により，供給曲線がsだけ下にシフトしてS'になったので，点Fで国内の供給量はx_sに決まる。よって，補助金額は$x_s \times s$であり，これは問題文の図の$a+b$の面積に等しい。輸入量は$(x_c - x_s)$であるので，関税収入は$(x_c - x_s) \times t$であり，これは問題文の図の$h+i$の面積に等しい。よって，正答は **1** である。

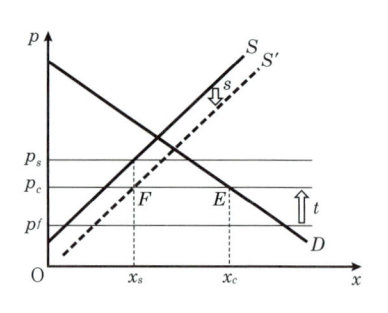

【No.2】 ある小国において，ある財（X財）の市場が次のように示されるとする。

$D = 20 - 2P$
$S = P - 1$
$P^* = 2$ 〔D：需要量，P：価格，S：供給量，P^*：国際価格〕

この条件の下，この国がX財の国内生産量を自由貿易時と比べて一定量増加させることを目的として，輸入に対する関税賦課または補助金交付のいずれかを行うとき，それぞれの場合の社会余剰の値として，正しいもののみを組み合わせているのは次のうちどれか。

ただし，輸入に対する関税賦課の場合の関税率は50％とし，補助金交付とは，生産者が関税賦課の場合と同じ国内生産量を達成できるように，政府が生産量1単位当たり定額の補助

金を交付するものとする。(国家総合職)

	輸入に対する関税賦課	補助金交付
1	63	64
2	63	64.5
3	64	64
4	64	63
5	64	65

解説 国際価格は$P^*=2$なので，50%の関税を課すと，X財の輸入価格は3となる。関税賦課時，需要量は14，供給量は2となる。下図の△ABCの面積で表される消費者余剰は49，△CEFの面積で表される生産者余剰は2，□EBGHの面積で表される関税収入は12である。よって，総余剰は63である。

生産者が関税賦課の場合と同じ2単位の国内生産を達成するには，生産量1単位当たり1の補助金が必要である。消費者余剰は△AIJの面積，生産者余剰は△JHOの面積，補助金交付額は平行四辺形FEHOの面積である。総余剰は関税賦課時に比べ△BGIの面積である1だけ増加しているので，補助金交付時の総余剰は64である。よって，正答は**1**である。

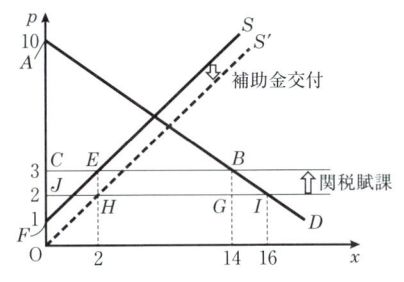

【No.3】 横軸に財Xの生産量，消費量を，縦軸に財Yの生産量，消費量をとったとき，X, Yの2財のみを生産，消費する小国の生産可能性曲線がvwで表されるとする。2財の国際的な相対価格が平行な直線l_1, l_2の傾きで表されるものとし，関税導入後のこの国内の相対価格が平行な直線m_1, m_2の傾きで表されるものとしたとき，関税導入後のこの国の消費は，図中のA〜Eのどの点で示されるか。ただし，関税収入はこの国の民間部門に移転されるとし，点A, B, Cにおいて代表的消費者の無差別曲線u_1, u_2, u_3が，それぞれl_1, m_1, m_2と接し，直線l_2は2点B, Dを通り，また点D, Eにおいて生産可能性曲線vwがそれぞれm_2, l_1と接するものとする。(国家総合職)

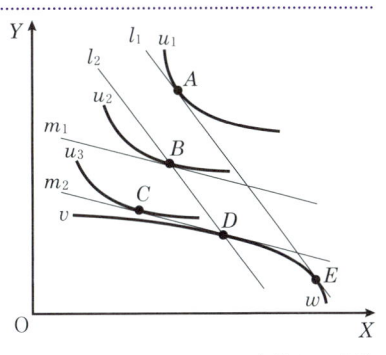

1 A　　2 B　　3 C　　4 D　　5 E

解説 関税がかけられなければ，国際価格の下で，点Eで生産して，点Aで消費する。関税後の国内価格がm_1，m_2の傾きであれば，m_2がvwと接する点Dで生産する。輸出，輸入はl_1，l_2の傾きの相対価格で行うので，点Dを通る直線l_2上で生産する。その上の点で，無差別曲線の傾きが国内相対価格となる点Bで消費する（正答は**2**）。

正答 【No.1】 1　　【No.2】 1　　【No.3】 2

10.4　大国の貿易

例題10.4-1　輸入関税

A国は無関税のとき，価格p_0で$TR = rt$だけB国から輸入する。このときA国が$p_2 p_1$だけの関税をかけたとき，関税収入は図のどの面積で表されるか。（地方上級）

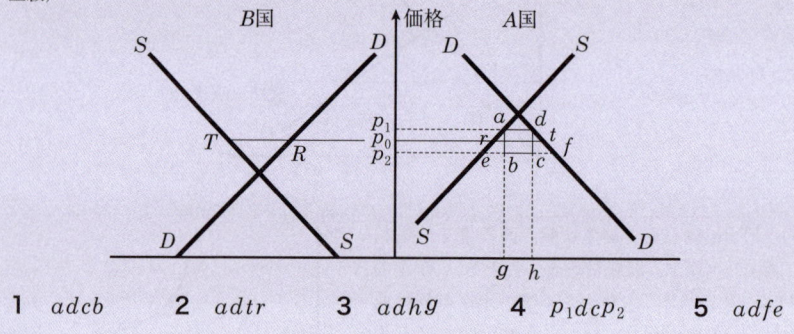

1　$adcb$　　2　$adtr$　　3　$adhg$　　4　$p_1 dc p_2$　　5　$adfe$

解説　経済の規模が大きく，貿易量が交易条件に影響を与える国を**大国**という。大国AとBが自由貿易をするときの価格を**図10-13**のp_0^*とする。A国の輸入量rtはB国の輸出量RTと等しい。この財にA国がt％の関税を課すとする。例題の図ではA国とB国の需要曲線と供給曲線の原点を同じ点として描いてあるが，**図10-13**では原点を別々にとって，(i)・(ii)に分けて描いてある。

関税をかけることによってA国内の価格が上昇し，国内の超過需要（＝輸入量）も減少する。小国の場合と異なり，A国の輸入量の減少はこの財の国際価格を引き下げる。今，新しい国際価格がp_1^*であるとしよう。$p_1 = (1+t) p_1^*$であり，このときA国の新しい輸入量$c_1 - y_1$（$= ad$）は，B国の新しい輸出量

図10-13 大国の関税政策

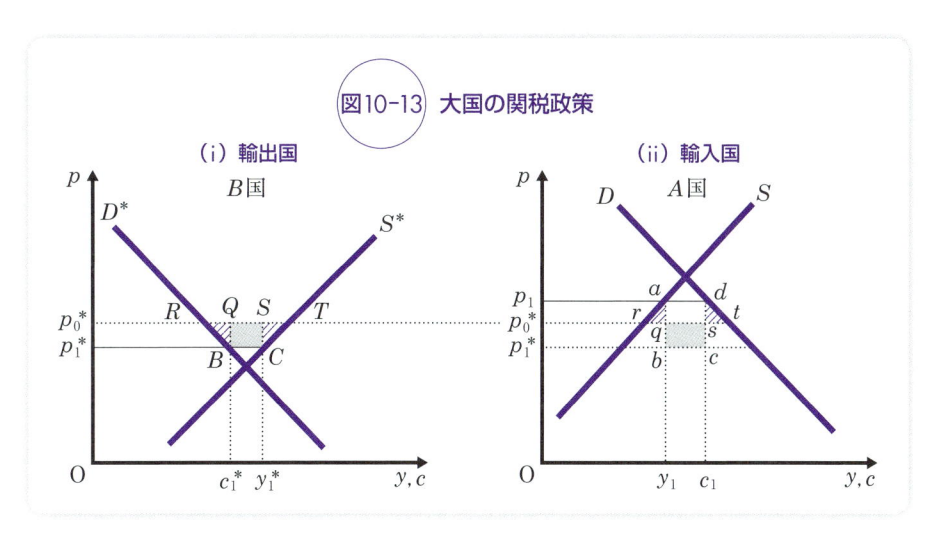

(i) 輸出国 B国

(ii) 輸入国 A国

$y_1^* - c_1^*(=BC)$ と等しくなっている。A国では，自由貿易のときと比べると，消費者余剰が台形 $p_1dtp_0^*$ だけ減少し，生産者余剰が台形 $p_1arp_0^*$ だけ増加する。一方，関税収入は □$adcb$ である（したがって，正答は**1**）。自由貿易と比べると輸入関税によって，△aqr + △dts に等しい余剰の減少と □$qscb$ に等しい余剰の増加が生じている。B国にとっては，消費者余剰が台形 $p_0^*RBp_1^*$ だけ増加し，生産者余剰が台形 $p_0^*TCp_1^*$ だけ減少する。よって余剰の減少は台形 $RTCB$ に等しい。なお，A国の関税収入の一部，□$qscb$ はB国の余剰の減少分の一部 □$QSCB$ に等しいので，2国を合わせた余剰の減少分は，斜線を引いた4個の三角形，△aqr，△dts，△RQB，△SCT の和で表される。

図10-14 大国の関税賦課

(i) 低い関税率

(ii) 高い関税率

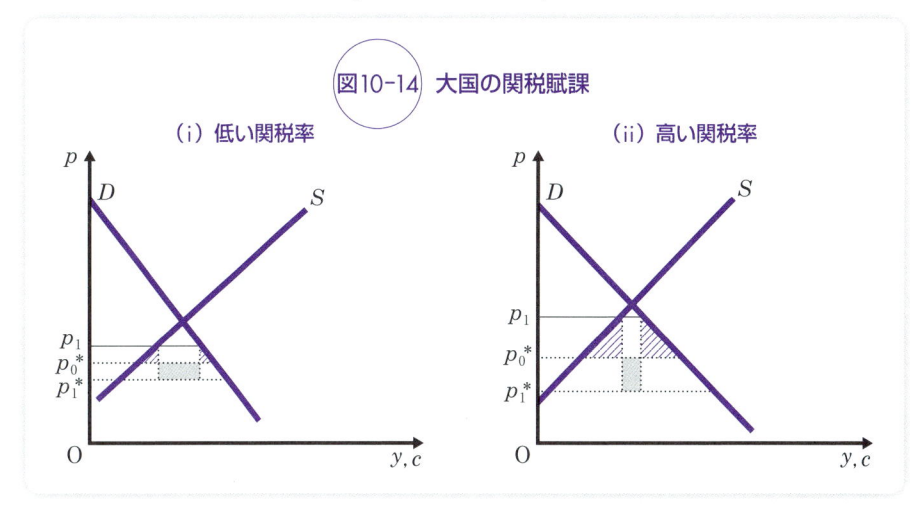

ところで，A国の余剰の純増加分は

(10.23)　　　$\square qscb - (\triangle aqr + \triangle dts)$

である。これが正であれば関税はA国の厚生を増加させ，負であれば減少させている。関税率が十分低いときに(10.23)式の値が正になり，関税率が十分高いと負になることが**図10-14(i)(ii)**から理解できる。したがって，その中間の適当な関税率水準において，A国の余剰の和が最大化される。そのような水準で課せられる関税を**最適関税**と呼ぶ。

正答　1

例題10.4-2　オファーカーブ

図は，2国A, Bおよび2財X, Yからなる経済において，両国間で自由貿易が行われるときのオファーカーブを示したものである。図中の均衡点M, Nに関する記述のうち，妥当なものはどれか。ただし，曲線OAはA国のオファーカーブを，曲線OBはB国のオファーカーブを示しているものとする。（国家総合職）

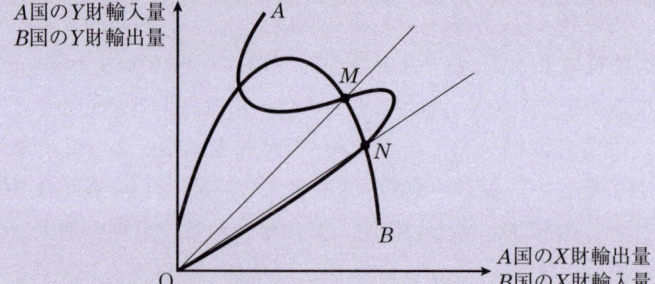

A国のY財輸入量
B国のY財輸出量

A国のX財輸出量
B国のX財輸入量

1　点Nは安定的な均衡点であり，点Nにおける両国の輸入需要の価格弾力性の和は1より小さい。

2　点Nは不安定な均衡点であり，点Nにおける両国の輸入需要の価格弾力性の和は1より小さい。

3　点Nは不安定な均衡点であり，点Nにおける両国の輸入需要の価格弾力性の和は1より大きい。

4　点Mは安定的な均衡点であり，点Mにおける両国の輸入需要の価格弾力性の和は1より小さい。

5　点Mは不安定な均衡点であり，点Mにおける両国の輸入需要の価格弾力性の和は1より小さい。

解説　**オファー曲線**は，財の相対価格が変化したときに，ある国が輸出したい財の量と，輸入したい財の量の組合せの軌跡を表す。財の価格を

図10-15 貿易均衡の安定性

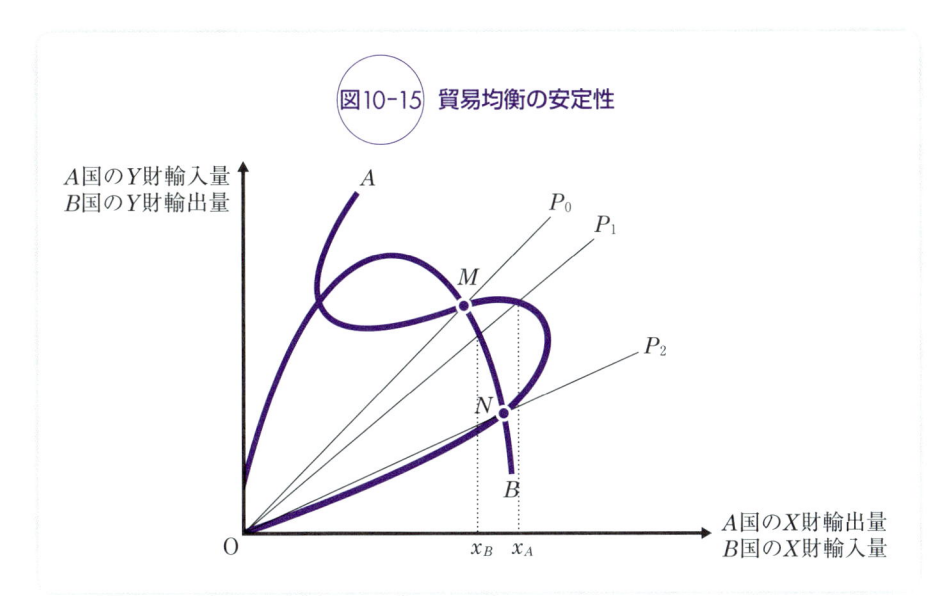

P_X, P_Y とすると，原点を通る直線は $P_X X = P_Y Y$ である。よって，$Y = \left(\dfrac{P_X}{P_Y}\right) X$ の傾きは X 財の相対価格であり，X 財の相対価格が低下すると，原点を通る直線は P_0 から P_2 へと変化する。オファー曲線の交点では，両国が望む輸出量，輸入量が一致するので，貿易均衡である。ここで，均衡の安定性について考察しよう。当初，X 財の相対価格が図10-15の P_0 であり，点 M が均衡になっていたとする。ここで，X 財の相対価格が P_1 に変化したとしよう。その結果，A 国の X 財輸出量は x_A に増加するが，B 国の X 財の輸入量は x_B までしか増加しない。その結果，世界市場で X 財は超過供給になり，ますます X 財の相対価格は下落し，やがて点 N に達するであろう。ゆえに，点 M は不安定な均衡であり，点 N は安定な均衡である（正答は **5** である）。実は，貿易均衡の安定性は両国の輸入需要の価格弾力性に依存し，両国の輸入需要の価格弾力性が1を超えると貿易均衡が安定的になることが知られている。これを**マーシャル゠ラーナーの安定条件**という[3]。

正答　**5**

---

[3] オファー曲線とマーシャル゠ラーナーの安定条件に関する詳細な議論については，西村和雄著『ミクロ経済学入門（第2版）』（岩波書店，1995年）第15章15.3節を参照。

例題10.4-3 窮乏化成長

A国, B国という2国で成り立つ世界経済モデルで, 両国間で貿易が行われている場合, 経済成長の結果, A国においていわゆる「ミルの逆説(窮乏化成長)」という事態が生じる可能性があるケースは, 次の記述のうちどれか。

なお,「一様な経済成長」とは, 商品の相対価格が一定に保たれるように, すべての財の生産量, 需要量が同じ比率で増加するような成長のパターンをいう。

(国家総合職)

1　A国, B国がともに一様な経済成長をするが, B国がA国よりも高い率で成長する場合。
2　A国, B国がともに一様な経済成長をするが, B国のオファーカーブがA国に比べてきわめて弾力的である場合。
3　B国は経済成長をせず, B国のオファーカーブは一定であるが, A国の経済成長のパターンが極端に輸出産業の成長に偏っている場合。
4　B国は経済成長をせず, B国のオファーカーブは一定であるが, A国の経済成長の過程で, 需要および供給の両面において輸出財と輸入競争財の間の代替が容易に行われる場合。
5　B国は経済成長をせず, A国は輸入競争財の生産に集約的に使用される生産要素が増加するような経済成長をする場合。

解説　大国の経済成長が輸出産業に偏ったものである場合, 輸出量の増加がその財の国際価格を引き下げ, 経済厚生を低下させる可能性がある。図10-16では, 当初, 点Qで生産し, 点Cで消費し, 第1財を輸出していた国が, 第1財方向に偏った成長をしたため, 輸出財である第1財の国際価格が低下し, 生産が点Q', 消費が点C'に変化した場合を表している。このとき, 厚

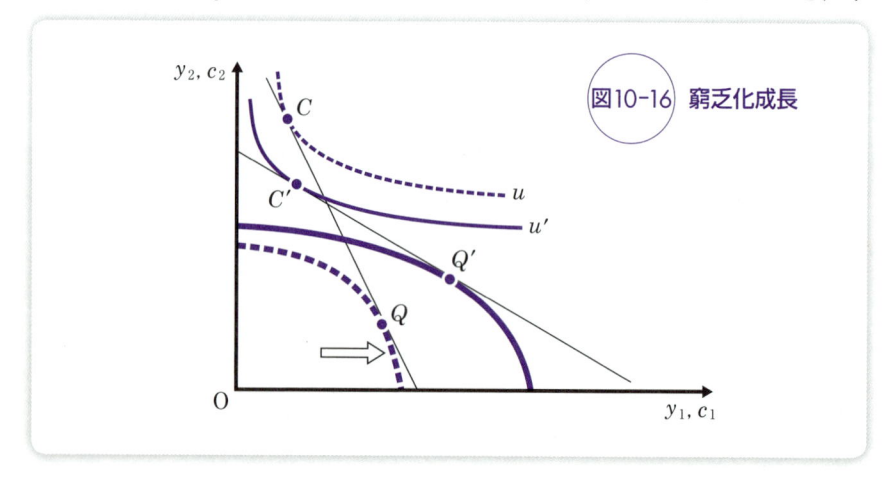

図10-16　窮乏化成長

生はuからu'まで低下している。これが**窮乏化成長**と呼ばれるケースである（これで**3**が正答であることはわかる）。リプチンスキーの定理（例題10.2-2）によると，A国の経済成長が図のように第1財に偏ったものになるのは，第1財（輸出財）で集約的に投入される資源が主に増加するような成長の場合である（よって**5**は誤り）。次に他の交易条件すなわち輸出財の相対価格を急激に変化させる要因を考えてみよう。仮にA国，B国が一様な成長をしたとしても，A国の成長率がB国のそれより高ければA国の輸出財の供給が増え，輸入財の需要が増えることによって，輸出財価格が下落する（**1**はこの逆のケースで誤り），またB国のオファー曲線が非弾力的で，多少価格が下がっても輸入があまり増えなければ，A国の増加した輸出財の価格は大幅に下落せざるをえない（**2**はこの逆のケースで誤り）。A国の需要・供給の両面で輸出財と輸入財の代替が容易であれば，生産可能曲線と無差別曲線の形状がより直線に近く，価格の変化も小さい。一方，あまり代替性がなければ，価格の変化も大きくなる（**4**は誤り）。

正答　**3**

練習問題

【No.1】 A国はX財をすべてB国から輸入しており，A国の輸入（需要）関数は
$$d = 520 - p \quad [d：A国のX財の輸入量，p：X財の価格]$$
で示されるとする。他方，B国のA国への輸出（供給）関数は
$$s = -80 + 2p \quad [s：B国のX財の輸出量]$$
で示される。A国がX財の輸入に関税を課すときA国の経済余剰（消費者余剰と関税収入の合計）が最大となるようなX財1単位当たりの税額はいくらか。（国家総合職）

1 40　　**2** 60　　**3** 80　　**4** 100　　**5** 120

解説　A国内でのX財の生産はないので，$x = 2p - 80$は，B国によるX財の供給関数でもある。これに，関税tを加えた国内価格を$p' = (p + t)$として問題文の供給関数に代入すると，
$$x = 2(p' - t) - 80$$
である。問題文の需要関数と併せて，関税を課した後の均衡価格は$p' = 200 + \frac{2}{3}t$，均衡取引量は，$x = 320 - \frac{2}{3}t$である（次ページの図を参照）。

関税収入は$\left(320 - \frac{2}{3}t\right)t$，消費者余剰は$\frac{1}{2} \times \left(320 - \frac{2}{3}t\right) \times \left[520 - \left(200 + \frac{2}{3}t\right)\right]$である。国内生産を行っていないので，生産者余剰はない。余剰の和Wは，図の台形の面積となるので，

$$W = \frac{1}{2}\left(320 - \frac{2}{3}t\right)\left(320 + \frac{4}{3}t\right) = \frac{1}{2}\left[-\frac{8}{9}t^2 + \frac{640}{3}t + (320)^2\right]$$

である。$\frac{\partial W}{\partial t} = \frac{1}{2}\left[-\frac{16}{9}t + \frac{640}{3}\right] = 0$ なので，余剰の和は $t = 120$ で最大となる（正答は **5**）。

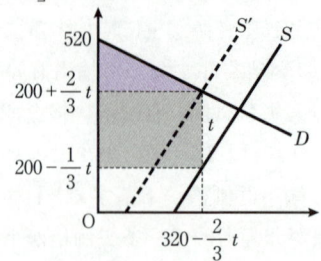

【No.2】A国，B国の2国2財モデルにおいて，A国はB国からある財Xを輸入している。この財に関する2か国の需要曲線，供給曲線はそれぞれ

A国　$D_a = 30 - 2P_a$
　　　$S_a = P_a$
B国　$D_b = 10 - P_b$
　　　$S_b = 2P_b - 2$

$\begin{bmatrix} D_a, D_b : 需要量 \\ S_a, S_b : 供給量 \\ P_a, P_b : 価格 \end{bmatrix}$

で示されており，価格は2か国で共通である。ここで，A国が，この財に対して1単位当たり定額の関税を設定し，A国の国内価格を8に設定した場合，関税の設定前に比べてA国の社会厚生（消費者余剰＋生産者余剰＋関税収入）はいくら増加するか。ただし，ここでは，X財についての部分均衡モデルを想定し，また，B国はA国の関税設定に対して報復措置をとらないものとする。（国家総合職）

1 3　　**2** 3.5　　**3** 4　　**4** 4.5　　**5** 5

解説　関税を課す前は，世界全体での需要量が $D_a + D_b = (30 - 2p) + (10 - p) = 40 - 3p$，供給量が $S_a + S_b = p + 2p - 2 = 3p - 2$ である。ゆえに，均衡価格は，$p = 7$ である。A国の需要量は $D_a = 16$，供給量は $S_a = 7$ である。よって，下図(i)より，A国の消費者余剰が64，生産者余剰が24.5で，総和は88.5である。

A国が国内価格を8とすると，需要量が $D_a = 14$，供給量が $S_a = 8$ である。このときの世界全体での需要量は，$D_a + D_b = 24 - p$，世界全体の供給量は，$S_a + S_b = 2p + 6$ である。国際価格は，$p = 6$ である。図(ii)から，A国の関税収入は $(8 - 6) \times (14 - 8) = 12$ である。余剰は，消費者余剰が49，生産者余剰が32，これに関税収入を加えて，総和は93である。よって，余剰が $93 - 88.5 = 4.5$ 増加したことになる。よって，正答は**4**である。

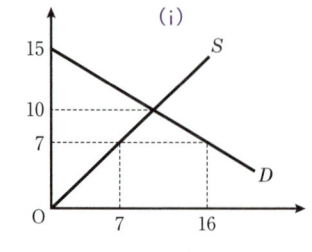

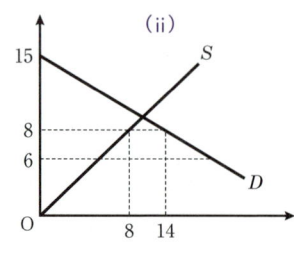

【No. 3】 輸出財・輸入財の2財からなる経済において，自由貿易下で図のような均衡が成立しているものとするとき，次の記述のうち妥当なものはどれか。ただし，輸出財，輸入財の国内価格をそれぞれ P_X, P_M とし，国際価格を $P_X{}^*$, $P_M{}^*$ とし，その相対価格 $\dfrac{P_X{}^*}{P_M{}^*}$ を交易条件と呼ぶ。また，関税収入は消費者に還元されるものとする。(国家総合職)

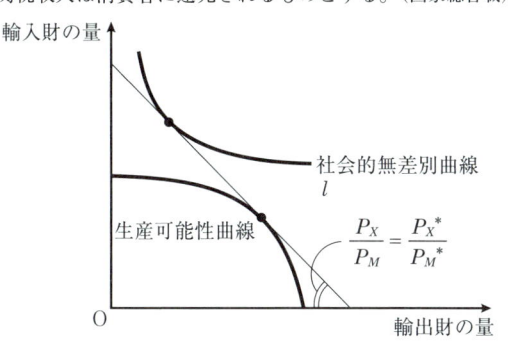

1 小国の仮定が成立しているとすると，輸入関税を賦課したときには，必ず輸入は減少し，輸出は増加する。
2 小国の仮定が成立しているとすると，輸入関税を賦課したときには，輸入財の生産量は減少し，輸出財の生産量は増加する。
3 小国の仮定が成立しているとすると，輸入関税を賦課したときには，国内相対価格は交易条件に等しいが，生産の限界代替率からは乖離する。
4 小国の仮定が成立していないとすると，輸入関税を賦課したときには，交易条件は変化し，自国の経済厚生が高まるようなケースがある。
5 小国の仮定が成立していないとすると，輸入関税の賦課と輸出関税の賦課が国内相対価格および交易条件の変化に与える効果は逆であり，これはラーナーの非対称性定理と呼ばれる。

解説 小国は，国際価格には影響を与えない。輸入財の国内価格は上昇するので，生産可能性曲線上の点 A から点 C へ生産量が変わり，輸入財の国内の生産は増加し，輸出財の国内の生産量は減少する。例題10.3-1 を参照せよ（**2**は誤り）。点 C における生産では，l' の傾きで表される国内相対価格と限界生産物が等しい（**3**は誤り）。自由貿易のときの消費が点 B であるとすると，そのときの輸入量は AB の垂直差，輸出量は AB の水平差である。関税後の消費は，点 C を通って，傾きが AB と同じ直線上にある。これが点 D である。輸出量と輸入量の比である CD の傾きは国際価格で決まり，それが AB の傾きと同じである。点 D での効用は点 B に比べて低い。これは小国だからで，大国の場合は最適関税で厚生が高まる場合がある。例題10.4-1 を参照せよ（**4**が正答）。図より，関税で輸入量，輸出量はともに減少する（**1**は誤り）。輸入関税と輸出関税は同じで，これをラーナーの対称性定理と呼ぶ（**5**は誤り）。

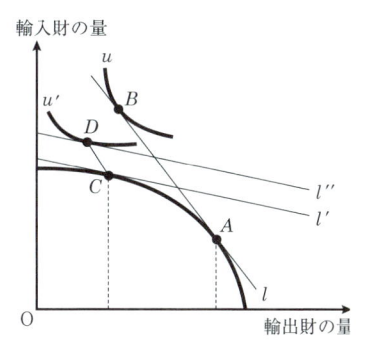

【No.4】 2つの国 X, Y が貿易している世界で，X国が2つの財を生産し，第1財を輸出し第2財を輸入しているとする。X国が生産可能性曲線の拡大（外側シフト）によって成長するとした場合の次の記述のうち，妥当なものはどれか。ただし，文中の「一様な成長」とは，財の相対価格が一定の下では，すべての財の生産量が同じ比率で増加するような成長のパターンをさす。また「輸出財に偏った成長」とは，財の相対価格が一定の下では，輸出財の生産の増加率が輸入財よりも高いような成長のパターンをさす。なお両財の需要の所得弾力性は1であるとし，Y国については，需要関数，供給関数は変化しないものとする。（国家総合職）

1 一様な成長のケースでは，第1財の輸出量と第2財の輸入量は同じ率で増加し，交易条件も変わらない。
2 一様な成長のケースでは，第1財の輸出量は第2財の輸入量より高い率で増加し，交易条件は悪化する。
3 一様な成長のケースでは，第1財の輸出量は第2財の輸入量より低い率で増加し，交易条件は改善する。
4 輸出財に偏った成長のケースでは，第1財の輸出量の増加率は第2財の輸入量の増加を上回り，交易条件は改善する。
5 輸出財に偏った成長のケースでは，第2財の輸入量の増加率は第1財の輸出量の増加率を上回り，交易条件は悪化する。

解説　一様な成長によって，X国の輸出量，輸入量のみが増加すると，国際市場で第1財の供給が増え，第2財の需要が増えるので，第1財の価格が下がり，第2財の価格が上がる。第1財の価格を P_1，第2財の価格を P_2，交易条件を P とすると，$P = \dfrac{P_1}{P_2}$ である。X国の輸出財の国際価格 P_1 が低下することは，交易条件 P が悪化することである（1，3は誤りで，2が正しい）。輸出財に偏った成長でも国際市場で第1財の供給が増えるため，交易条件 P は悪化する（4は誤り）。輸出量を X，輸入量を M とすると，$P_1 X = P_2 X$ より，$PX = M$ である。両辺の対数をとって（$\log P + \log X = \log M$）微分すると，$\dfrac{\Delta P}{P} + \dfrac{\Delta X}{X} = \dfrac{\Delta M}{M}$ である（**公式15.5**を参照せよ）。交易条件の悪化より $\dfrac{\Delta P}{P} < 0$ なので，$\dfrac{\Delta X}{X} > \dfrac{\Delta M}{M}$ であり，輸出量の増加率が輸入量の増加率を上回る（5は誤り）。

正答　【No.1】5　【No.2】4　【No.3】4　【No.4】2

第11章

経済動学

Economic Dynamics

11.1 異時点間の需要の決定

例題11.1-1 異時点間の需要の決定

当期の所得（y_0）と来期の所得（y_1）を当期の消費（c_0）と来期の消費（c_1）に分けて支出する消費者がおり，この消費者は期首および期末には何の資産も保有せず，またrの利子率で自由に借入れまたは貯蓄することができる。今，この消費者の現在消費と将来消費の無差別曲線（I）および予算線（AB）が図のように示されるならば，次の記述のうち，正しいものはどれか。（国家総合職）

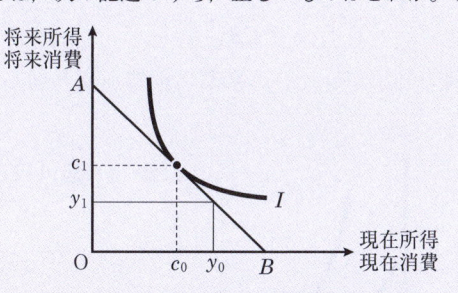

1. 利子率の上昇は，この消費者の効用水準を低下させる。
2. 無差別曲線上においては，現在消費と将来消費の限界代替率は一定である。
3. 最適消費点においては，現在消費と将来消費の限界代替率から1を引いたものは利子率に等しい。
4. 利子率が変化しても，この消費者の効用水準は変化しない。
5. 利子率の低下は利子支払いを減少させるので，将来消費を増加させる。

解説 今期に得られる貨幣所得を y_0，来期に得られる貨幣所得を y_1 とする。今期の財の消費を c_0，来期の財の消費を c_1 とする。今期の財の価格と来期の財の価格を p_0, p_1 とする。消費者は今期の所得のうち $p_0 c_0$ を消費して，残りの貨幣 $m_0 = y_0 - p_0 c_0$ を貯蓄に回す。利子率を r とすると今期の貯蓄 m_0 は来期には $(1+r)m_0$ の価値となる。よって来期には $y_1 + (1+r)m_0$ の購買力を持つことになる。今期と来期の予算制約は，それぞれ

(11.1) $\qquad y_0 = p_0 c_0 + m_0, \quad p_1 c_1 = y_1 + (1+r)m_0$

である。(11.1) 式から m_0 を消去すると

(11.2) $\qquad (1+r)p_0 c_0 + p_1 c_1 = (1+r)y_0 + y_1$

が得られる。ここで p_0, p_1 を一定として異時点間の消費決定の分析をする。特に $p_0 = p_1 = 1$ と仮定して (11.2) 式の両辺を $(1+r)$ で割ると

公式 11.1
$$c_0 + \frac{c_1}{1+r} = y_0 + \frac{y_1}{1+r}$$

となる。この式の右辺は所得 y_0, y_1 の現在価値である。この予算制約式に従って，現時点で消費計画を立てて，効用 $U(c_0, c_1)$ を最大化するように，最適消費量 c_0, c_1 を決定する。

一方，消費者の効用は，消費量 c_0, c_1 に依存する，現時点で評価した効用を $u(c_0, c_1)$ とする。「現時点で評価すること」の意味を理解するために，特殊ケースとして $u(c_0, c_1) = u(c_0) + \frac{1}{1+\beta}u(c_1)$ を考えてみよう。今期の消費 c_0 から得られる今期の効用が $u(c_0)$，来期の消費 c_1 から得られる来期の効用が

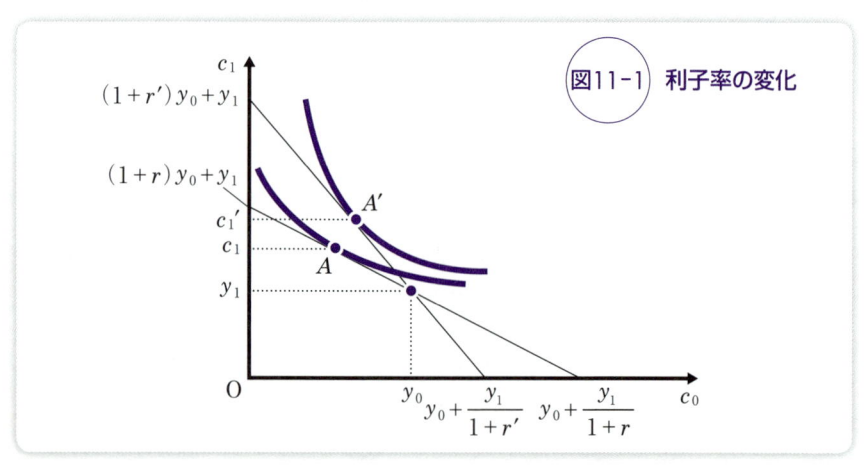

図11-1 利子率の変化

$u(c_1)$ である。来期の効用にウエート $\frac{1}{1+\beta}$ を乗じて，今期の効用に加えたものは，現時点で評価した将来にわたる効用の和を表す。言い換えると，c_0, c_1 から得られる効用の**現在価値**である。ここで β は**主観的割引率**である。

図11-1において最適な消費点は，点 A である。**公式2.1**より，点 A では限界代替率 MRS と予算制約の傾き $(1+r)$ が等しい。つまり，$MRS = 1+r$ が成立するので，正答は **3** である。利子率 r を r' に上昇させると，需要は A から A' に変わって，効用はより高くなる（よって **1**，**4** は誤り）。また利子率を r' から r へ低下させると，図11-1における将来消費は c_1' から c_1 へ低下する（よって **5** は誤り）。無差別曲線上では c_0 が増加するにつれて限界代替率は逓減している（**2** は誤り）。

正答 3

例題11.1-2 課税の効果

t_1, t_2 の2期間モデルにおいてそれぞれ y_1, y_2 の所得を得，また，それぞれの期において1種類の消費財について c_1, c_2 の量を消費する経済主体を想定する。ただし，本主体は t_2 までにはすべての所得を消費し尽くすものとし，また，本主体は t_1 期において，金利 r で資金の貯蓄を行うことによって，各期の消費水準を調整することができ，t_2 までにはすべての貯蓄は清算されるものとする。このとき，
（ケース1）所得に対して税率 T（$0<T<1$）の所得税を課す場合
（ケース2）貯蓄に対して税率 T（$0<T<1$）の利子税を課す場合
の2つのケースについて，それぞれ以下の条件が成立するとき，貯蓄に対する影響の組合せとして，妥当なものはどれか。(国家総合職)

なお，無差別曲線については原点に対する凸性を，効用関数については相似拡大性（ホモセティック）を前提とする。

（ケース1の条件）$y_1>0$，および $y_2>0$ のときに t_1 期限りの特別所得課税を行う。
（ケース2の条件）$y_1>0$，および $y_2=0$ のときに利子課税を行う。

	（ケース1）	（ケース2）
1	一義的には明らかではない	増加する
2	増加する	増加する
3	減少する	減少する
4	減少する	一義的には明らかではない
5	一義的には明らかではない	一義的には明らかではない

解説　（ケース１）１期目の所得に所得税を課すと，可処分所得は$(1-T)y_1$となる。**公式11.1**より，予算制約は$c_1 + \dfrac{c_2}{1+r} = (1-T)y_1 + \dfrac{y_2}{1+r}$となる。$t_1$期の所得の減少分が$Ty_1$である（$\Delta y_1 = -Ty_1 < 0$）。**図11-2(i)** より，$t_1$期の消費の減少分$\Delta c_1$（＜０）の絶対値は，$Ty_1$より小さい。貯蓄を$S$とすると，$S = y_1 - c_1$であるので，貯蓄の変化分は$\Delta S = \Delta y_1 - \Delta c_1 = -Ty_1 - \Delta c_1 < 0$である。よって，貯蓄は減少する。

（ケース２）t_1期の予算制約は$c_1 + S = y_1$である。利子税は元本はそのままで利子だけにかかるので，t_1期の予算制約は$c_2 = [1 + (1-T)r]S$である（問題文より，$y_2 = 0$であることに注意）。この２本の式からSを消去すると，生涯の予算制約は$c_1 + \dfrac{c_2}{1 + r(1-T)} = y_1$である。$T$の増加は，生涯所得一定の下で第２財の価格が上昇する場合と同じである。**図11-2(ii)** よりc_1の変化は一義的に決まらない。$S = y_1 - c_1$なので，Sの変化も一義的に決まらない。

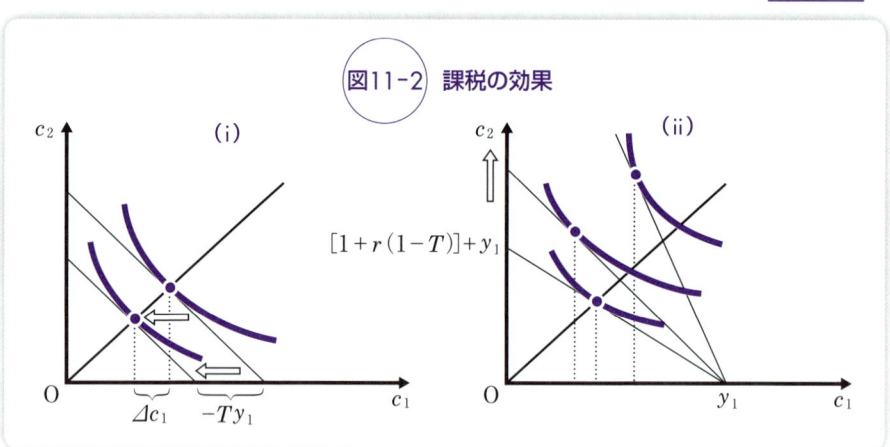

正答　4

図11-2　課税の効果

例題11.1-3　異時点間の最適消費

所得のすべてを今期と来期の２期間にわたって支出するある個人の効用関数が，

$$U = x \cdot y \quad [x：今期の消費額，y：来期の消費額]$$

で表され，今期と来期の所得がそれぞれ100，80であるとする。

この個人は資金市場において10％の利子率で貯蓄や借入が可能であるのが，

来期での借入はできない。また，所得（利子は含まない）には10％の所得税，消費には5％の消費税，利子所得には税率5％（貯蓄の元本には掛からないものとする）が課されているものとする。

今期と来期の2期間にわたって最適消費選択を行う個人が効用を最大化するように行動するとき，次の記述のうち妥当なのはどれか。（国家総合職）
1 この個人は貯蓄を行わず，5の借入をした。
2 この個人は，貯蓄も借入も行わなかった。
3 この個人は貯蓄を行い，利子所得税を約0.04支払った。
4 この個人は貯蓄を行い，利子所得税を約0.06支払った。
5 この個人は貯蓄を行い，利子所得税を約0.08支払った。

解説 貯蓄をSとする。10％の所得税と5％の消費税に注意すると，この個人の今期の予算制約は，

(11.3) $(1-0.1) \times 100 = (1+0.05)x + S$, すなわち $S = 90 - 1.05x$

である。所得税と消費税に加え，10％の利子所得に5％の利子所得税が課されているので，来期の予算制約は，

(11.4) $(1+0.05)y = (1-0.1) \times 80 + [1 + 0.1(1-0.05)]S$,

すなわち $1.05y = 72 + 1.095S$

である。(11.3)式，(11.4)式からSを消去すると，生涯の予算制約は

(11.5) $y = \dfrac{170.55}{1.05} - 1.095x$

である。これを効用関数に代入すると，$U = x \cdot \left(\dfrac{170.55}{1.05} - 1.095x \right)$ である。微分してゼロと置くと，$\dfrac{dU}{dx} = \dfrac{170.55}{1.05} - 2.19x = 0$ より，$x \fallingdotseq 74.2$ である。これを (11.3)式に代入すると，$S \fallingdotseq 12.1$ である（**1**，**2**は誤り）。

10％の利子所得に5％の利子所得税が課されているので，支払った利子所得税は，$12.1 \times 0.1 \times 0.05 \fallingdotseq 0.06$ である。

正答 4

例題11.1-4　多期間における消費の決定

ある個人はL期間生き，そのうち最初のT期間を働くものとする。T期間の就業期間中は毎期Yの額の所得が得られ，引退後の所得はゼロであるとする。個人は初期時点においてWの額の資産を持っており，生涯の最終時点には子孫

に B の額の遺産を残すものとする。個人の効用関数は、

$$U = C_1 \cdot C_2 \cdot \cdots \cdot C_L$$ 〔U：効用水準、C_t：t 期の消費額（$t=1, 2, 3, \cdots, L$）〕

であり、個人は合理的に行動するものとすると、第 1 期の消費 C_1 に関する次の記述のうち、妥当なものはどれか。ただし、貯蓄には利子は付かないものとする。
（国家総合職）

1　生涯期間が L より長ければ消費 C_1 は減少し、その変化率 $\dfrac{\Delta C_1}{\Delta L}$ は $-\dfrac{Y}{L}$ である。

2　就業期間 T がより長ければ消費 C_1 は増加し、その変化率 $\dfrac{\Delta C_1}{\Delta T}$ は $\dfrac{W + TY - B}{L}$ である。

3　現在の資産 W が大きいほど消費 C_1 は増加し、その変化率 $\dfrac{\Delta C_1}{\Delta W}$ は $\dfrac{L-T}{L}$ である。

4　所得 Y が増加すれば消費 C_1 は増加し、その限界消費性向 $\dfrac{\Delta C_1}{\Delta Y}$ は $\dfrac{T}{L}$ である。

5　子孫へ残す遺産 B を増加させれば消費 C_1 は減少し、その変化率 $\dfrac{\Delta C_1}{\Delta B}$ は $-\dfrac{L-T}{L}$ である。

解説　利子率 r が 0 であるので、生涯にわたる総収入と初期時点の資産の合計は、$TY + W$ である。この生涯予算により L 期間の消費 $C_1 \sim C_L$ を賄い、B の遺産を残すので、この個人の生涯にわたる予算制約は、

(11.6)　　$C_1 + C_2 + \cdots + C_L = TY + W - B$

となる。利子率がゼロであるので、**公式 11.1** と異なり、各期間における消費の価格が 1 であることに注意せよ。消費 C_i（$i=1, \cdots, L$）の限界効用を MU_i とすると、貨幣 1 単位当たりの限界効用均等の法則である **公式 2.3** より、最適消費において、

(11.7)　　$MU_1 = MU_2 = \cdots = MU_L$

が成立する。また、問題文の効用関数より、限界効用は、

(11.8)　　$MU_i = C_1 \cdot C_2 \cdot \cdots \cdot C_{i-1} \cdot C_{i+1} \cdot \cdots \cdot C_L$

である。(11.7)式と(11.8)式を同時に満たすのは、$C_1 = C_2 = \cdots = C_L$ のときだけである。これを(11.6)式に代入すると、以下を得る。

(11.9) $\quad C_1 = \dfrac{TY + W - B}{L}$

各パラメーターについて (11.9) 式を微分すると，以下となる。

$\dfrac{\partial C_1}{\partial L} = -\dfrac{TY + W - B}{L^2}$, $\dfrac{\partial C_1}{\partial T} = \dfrac{Y}{L}$, $\dfrac{\partial C_1}{\partial W} = \dfrac{1}{L}$, $\dfrac{\partial C_1}{\partial Y} = \dfrac{T}{L}$, $\dfrac{\partial C_1}{\partial B} = -\dfrac{1}{L}$

<u>正答　4</u>

練 習 問 題

【No.1】 ある消費者の今期の所得は100であり，来期の所得は121であるとする。効用関数が，
$$u = C_1 C_2 \quad [C_1：今期の消費，C_2：来期の消費]$$
で表されるとすると，この人は今期いくら貯蓄あるいは借入れをするか。ただし，利子率は10%であるとする。(国家総合職)

1　5だけ貯蓄する。　　　2　10.5だけ貯蓄する。　　　3　15だけ貯蓄する。
4　5だけ借り入れる。　　5　10.5だけ借り入れる。

解説 公式11.1より，予算制約式は，$C_1 + \dfrac{C_2}{1.1} = 100 + \dfrac{121}{1.1}$ である。整理すると，$1.1C_1 + C_2 = 231$ なので，C_2 について解いて効用関数に代入すると，$u = C_1(231 - 1.1C_1) = -1.1C_1^2 + 231C_1$ である。最大化すると，$\dfrac{du}{dC_1} = -2.2C_1 + 231 = 0$ であるので，$C_1 = 105$ で効用は最大化される。よって，$105 - 100 = 5$ だけ借り入れる（正答は **4**）。

【No.2】 消費者の生涯にわたる効用関数が，
$$U = C_1 \cdot C_2$$
で与えられている。この消費者の生涯は第1期と第2期からなり，第1期，第2期の消費をそれぞれ C_1，C_2 とする。この消費者は当初は資産を保有していないが，第1期，第2期に Y_1，Y_2（$Y_2 > Y_1 > 0$）の勤労所得が保証されており，第1期の勤労所得のうちから貯蓄をして，利子率 r（$r > -1$）で運用し，その元利合計を第2期の消費に回すことができる。また，この消費者は遺産を残さないものとする。

この場合，貯蓄がゼロとなるような利子率はどれか。(国家総合職)

1　$\dfrac{Y_1}{Y_2}$　　2　$\dfrac{Y_1}{Y_2} - 1$　　3　$\dfrac{Y_2}{Y_1} - 1$　　4　$\left(\dfrac{Y_1}{Y_2}\right)^{\frac{1}{2}} - 1$　　5　$\left(\dfrac{Y_2}{Y_1}\right)^{\frac{1}{2}} - 1$

解説 予算制約式は
$$C_1 + \dfrac{C_2}{1+r} = Y_1 + \dfrac{Y_2}{1+r}, \quad \text{すなわち} \quad (1+r)C_1 + C_2 = (1+r)Y_1 + Y_2$$
である。これを C_2 について解いて，$u = C_1 C_2$ に代入すると
$$u = C_1[(1+r)Y_1 + Y_2 - (1+r)C_1] = -(1+r)C_1^2 + [(1+r)Y_1 + Y_2]C_1$$

である。これは，

$$C_1 = \frac{(1+r)Y_1 + Y_2}{2(1+r)} \quad \cdots\cdots\cdots ①$$

で最大化される。$C_1 = Y_1$ のとき，貯蓄はゼロとなるので，これを①式に代入して r について解くと，$r = \frac{Y_2}{Y_1} - 1$ を得る（正答は**3**）。

【**No.3**】 ある個人が今期 Y の労働所得を得ることがわかっており，今期と来期の間でのみ一定の利子率 r で貯蓄をすることが可能で，借入れは行わないものとする。なお，今期と来期の2期間で Y の労働所得をすべて使い切ってしまうものとする。

このとき，政府が，所得税（利子所得に課税しない）または一般消費税によって，現在価値が同じ一定額の税収を確保しようとする場合，所得税率 t_w，一般消費税率 t_c の組合せとして妥当なのはどれか。なお，消費税率は，今期，来期で変わらないものとする。（国家総合職）

	t_w	t_c
1	0.1	0.2
2	0.1	0.25
3	0.2	0.25
4	0.2	0.1
5	0.2	0.2

解説 今期の消費を C_1，来期の消費を C_2 とする。所得税が課税された場合，**公式11.1**より，この個人の生涯の予算制約は，

$$(1 - t_w)Y = C_1 + \frac{C_2}{1+r} \quad \cdots\cdots\cdots ①$$

である。消費税が課税された場合，この個人の生涯の予算制約は，

$$Y = (1+t_c)C_1 + (1+t_c)\frac{C_2}{1+r}, \quad \text{すなわち} \quad \frac{1}{1+t_c}Y = C_1 + \frac{C_2}{1+r} \quad \cdots\cdots\cdots ②$$

である。一般消費税なので，C_1 と C_2 の相対価格が変化しないことに注意せよ。つまり，税によって代替効果が発生せず，所得効果のみを考えればよい。これは，①式と②式を比べると，右辺が同じであることからも確かめられる。

所得税による税収と，消費税による税収の現在価値が同じなので，この個人にとって，どちらの税負担も同じである。ゆえに，①式，②式より，

$$(1 - t_w)Y = \frac{1}{1+t_c}Y, \quad \text{すなわち} \quad t_w = \frac{t_c}{1+t_c} \quad \cdots\cdots\cdots ③$$

が成立する必要がある。問題文で具体的な税収額が与えられていないので，③式のみから正答を選ばなければならない。選択肢のうち，③式を満たすものは**3**である。

正答 【No.1】 4 【No.2】 3 【No.3】 3

第12章

国民所得勘定と産業連関表

National Income Accounts and Interindustry Transactions

12.1 国民所得勘定

例題12.1-1　産業連関表とGDP統計

次の産業連関表より国内総生産を求めるといくらになるか。（国家総合職）

(単位：兆円)

投入＼産出	農業	工業	サービス業	最終需要 国内需要	最終需要 輸出	産出合計
農業	5	20	15	60	0	100
工業	20	70	30	180	30	330
サービス業	5	10	15	170	0	200
付加価値　賃金	50	130	90			
付加価値　利潤	10	60	50			
輸入	10	40	0			
投入合計	100	330	200			

1　290兆円　　2　390兆円　　3　410兆円
4　440兆円　　5　630兆円

解説　**産業連関表**は一国経済の1年間の生産構造を表している。産業連関表には，次節で扱うような物理的単位で表される**数量表示の産業連関表**と，例題のような金額単位で表される**価格表示の産業連関表**がある。価格表示の産業連関表から国内総生産（GDP）を計算できる。

ある生産物が，今期の国内の生産過程の投入物として用いられるとき，それを**中間生産物**と呼び，そのような用途への需要を**中間需要**と呼ぶ。これに対し，

生産物が，家計による消費，企業による将来の生産のための資本蓄積（投資），政府による使用，外国からの購入（自国から見て輸出）に回されるとき，これを**最終需要**と呼ぶ。ゆえに，各部門について，以下が成り立つ。

(12.1)　　**中間生産物＋最終需要＝産出合計**

産業連関表の横方向（行）は，生産された財の需要構成（または販路構成）を表している。たとえば，第1行を見ると，農業の生産物は農業の中間投入として5兆円，工業の中間投入として20兆円，サービス業の中間投入として15兆円，国内の最終需要として60兆円，輸出としてゼロ円販売されている。これらを合計すると，農業の産出合計100兆円になる。

(12.2)　　$5+20+15+60+0=100$

生産活動を行うためには，国内の産業で生産された中間生産物のほかに海外から輸入された生産物を中間投入物とし，資本，労働を投入しなければならない。労働には賃金（雇用者報酬）が支払われ，残りは資本の取り分である利潤（または営業余剰）となる。**付加価値＝産出合計－中間投入物の価値**であるので，付加価値は資本と労働に分配されることになる。ゆえに，各部門について，以下が成り立つ。

(12.3)　　**産出合計＝投入合計＝中間生産物＋付加価値**
　　　　　　　＝中間生産物＋（賃金＋利潤）

以上の投入構成（費用構成）は，産業連関表の縦方向（列）で表される。たとえば，第1列を見ると，農業には農業の生産物が5兆円，工業の生産物が20兆円，サービス業の生産物が5兆円，輸入された生産物が10兆円投入されており，投入された労働に対して50兆円の賃金を支払い，10兆円の利潤が生まれている。これらを合計すると，農業の投入合計100兆円になる。

(12.4)　　$5+20+5+(50+10)+10=100$

工業部門とサービス部門についても，同様の関係が成り立つ。産出（売上）合計は，中間投入への支払いを行い，生産に貢献した労働，資本に分配されるので，各部門について産出合計と投入合計は必ず等しくなる。

国内総生産（Gross Domestic Product：**GDP**）は，ある一定期間（1年間）に国内で新たに生産された最終生産物の価値を合計したものである。最終生産物の価値は，財・サービスの産出額（生産総額）から中間生産物の価値を差し引いた額である。すなわち，

(12.5)　　**国内総生産（GDP）＝最終生産物の価値**
　　　　　　　　＝国内産出額－中間生産物の価値

である。輸入される生産物は，国内で生産された生産物ではないので控除項目である。輸入を差し引いておくことを注意すると，表の数値から，GDPは以下となる。

(12.6) $\quad (100+330+200)-(5+20+5+20+70+10+15+30+15)$
$\quad\quad\quad -(10+40+0)=390$

GDPを分配面からとらえると，粗付加価値の合計であり，粗付加価値は賃金や利潤として人々に分配される。この値を**国内総所得**（Gross Domestic Income：**GDI**）と呼ぶ。生産・輸入品に課される税および補助金がないものとすると，

(12.7) **国内総所得（GDI）＝粗付加価値額＝賃金＋利潤＋固定資本減耗**

である。表の数値から，GDIは以下となる。

(12.8) $\quad (50+130+90)+(10+60+50)=390$

GDPを支出面からとらえたものは，**国内総支出**（Gross Domestic Expenditure：**GDE**）と呼ばれる。国内総支出（GDE）は，GDPに対する支出，すなわち国内で生産された最終生産物に対する支出の合計である。国内総支出（GDE）は，

(12.9) **国内総支出（GDE）＝最終需要の合計**
$\quad\quad\quad\quad\quad\quad\quad$ **＝消費＋投資＋政府支出＋輸出－輸入**

と表される。表の数値から，GDEは以下となる。

(12.10) $\quad (60+180+170)+(0+30+0)-(10+40-0)=390$

以上のように，この国の経済の規模は，生産面から見ても，支出面から見ても，所得面（分配面）から見ても，390兆円である。すなわち，

(12.11) **国内総生産（GDP）＝国内総所得（GDI）＝国内総支出（GDE）**

である。この三者の関係は，**三面等価の原則**と呼ばれている。

正答　2

練習問題

【No.1】ある国の経済がA，B，Cの3つの産業から成り立っており，以下の産業連関表（一部の欄は空欄となっており，かつ，間接税（生産・輸入品に課せられる税），補助金はないものとする）で記録される生産活動を行っているとする。

このとき，この国の国内総生産（GDP）はいくらになるか。（国家総合職）

	A産業	B産業	C産業	最終需要計	輸入	国内生産額計
A産業		20	30		−5	
B産業	10			80	−20	120
C産業	20	40			−10	
雇用者報酬	20		30			
営業余剰(純)	10	20				
固定資本減耗		10	5			
国内生産額計	65		135			

(注) 雇用者報酬は改訂前国民経済計算の雇用者所得と同じ概念である。

1 130 **2** 150 **3** 185 **4** 190 **5** 320

解説　問題文で与えられた産業連関表には空欄が残されているので，以下のようにそれぞれの空欄に未知数 $r \sim z$ を割り振る。

	A産業	B産業	C産業	最終需要計	輸入	国内生産額計
A産業		20	30	r	−5	s
B産業	10		t	80	−20	120
C産業	20	40		u	−10	v
雇用者報酬	20	w	30			
営業余剰(純)	10	20	x			
固定資本減耗	y	10	5			
国内生産額計	65	z	135			

各産業について，生産額合計と投入額合計が等しい。つまり，A産業について $s = 65$，B産業について $120 = z$，C産業について $v = 135$ が成り立つ。各産業の産出について

$20 + 30 + r - 5 = 65$
$10 + t + 80 - 20 = 120$
$20 + 40 + u - 10 = 135$

が成り立ち，各産業の投入について

$10 + 20 + 20 + 10 + y = 65$
$20 + 40 + w + 20 + 10 = 120$
$30 + t + 30 + x + 5 = 135$

が成り立つ。よって，$r = 20$，$t = 50$，$u = 85$，$w = 30$，$x = 20$，$y = 5$ である。以上で，問題文の空欄をすべて埋めることができた。

国内総生産は，(12.5)式より，

$(65 + 120 + 135) - (20 + 30 + 10 + 50 + 20 + 40) = 150$

である。国内総所得は，(12.7)式より，

$20 + 30 + 30 + 10 + 20 + 20 + 5 + 10 + 5 = 150$

である。国内総支出は，(12.9)式より，

$20 + 80 + 85 - (5 + 20 + 10) = 150$

である。いずれにせよ，150を得るので，正答は **2** である。

【No.2】 次のア〜エの記述のうち，国民経済計算 (93SNA) において国内総生産 (GDP) に計上されるものとして，妥当なもののみをすべて挙げているのはどれか。（国家総合職）

ア．家政婦の行う家事労働
イ．社宅などの給与住宅に実際に支払われた家賃と市場評価額との差額分
ウ．持ち家の帰属計算
エ．保有する資産の値上がりによって得た売却益

1　ア，ウ　　　2　イ，ウ　　　3　ア，イ，ウ
4　ア，イ，エ　5　ア，イ，ウ，エ

解説　GDP（国内総生産）に計上される付加価値は市場価値に基づく。「ア．家政婦の行う家事労働」は市場評価されるのでGDPに計上される。社宅などのサービス評価も市場ベースで計上されるため、「イ．社宅などの給与住宅に実際に支払われた家賃と市場評価額との差額分」もGDPに計上される。市場評価できない経済活動のうち、市場で取引が行われたかのようにみなして行う擬似的な取引計算を**帰属計算**という。選択肢の中では、「ウ．持ち家の帰属計算」が帰属計算に含まれ、そのほかにも農家における農産物の自家消費が代表例である。しかし、帰属計算は部分的なものであり、主婦による家事労働などは含まれない。「エ．保有する資産の値上がりによって得た売却益」は付加価値ではないので、GDPに含まれない。よって、正答は**3**である。

正答【No.1】2　【No.2】3

12.2　産業連関分析

例題12.2-1　数量方程式

ある経済の産業連関表が次のように与えられている。この経済は産業1，産業2の2つの産業から構成され，各産業ではそれぞれ第1財，第2財が生産されている。また，財の量は物理的単位で測られている。

財＼産業	産業1	産業2	最終需要	総生産量
第1財	10	8	2	20
第2財	20	16	4	40

第1財に対する最終需要が2から4へ増加し，第2財に対する最終需要は変化しないとき，第1財および第2財の総生産量の組合せとして正しいのはどれか。
（国家総合職）

	第1財	第2財
1	32	40
2	32	60
3	36	56
4	40	40
5	40	80

解説 産業連関表の縦方向は投入を表していた。この生産関係の背後に，レオンチェフ型生産関数を想定する。すなわち，第j財の総生産量X_jを生産するために必要な第i産業で生産された中間生産物をx_{ij}とすると，**投入係数**$a_{ij} = \dfrac{x_{ij}}{X_j}$は一定である。第$i$財への最終需要を$f_i$とすると，産業連関表の第$i$行の和は

(12.12) $\quad x_{i1} + \cdots + x_{in} + f_i = X_i \qquad i = 1, \cdots, n$

である。投入係数を明示的にすると，(12.12)式を

(12.13) $\quad a_{i1}X_1 + \cdots + a_{in}X_n + f_i = X_i$

と書き直すことができる。投入係数は一定であるので，生産量，最終需要が変化しても，a_{ij}の値は変化しない。つまり，生産量，最終需要が$X_1', \cdots, X_n', f_i'$に変形しても

(12.14) $\quad a_{i1}X_1' + \cdots + a_{in}X_n' + f_i' = X_i'$

が満たされる。(12.14)式から(12.13)式を引いて，$\Delta X_j = X_j' - X_j$, $\Delta f_i = f_i' - f_i$と置くと

(12.15) $\quad a_{i1}\Delta X_1 + \cdots + a_{in}\Delta X_n + \Delta f_i = \Delta X_i$

と変化分の方程式が得られる。

例題の数値例より投入係数行列を求めると，

(12.16) $\quad \begin{pmatrix} a_{11} & a_{12} \\ a_{21} & a_{22} \end{pmatrix} = \begin{pmatrix} \dfrac{10}{20} & \dfrac{8}{40} \\ \dfrac{20}{20} & \dfrac{16}{40} \end{pmatrix} = \begin{pmatrix} 0.5 & 0.2 \\ 1 & 0.4 \end{pmatrix}$

である（産業連関表の縦方向〈列〉が，投入構成を表していたことを思い出されたい）。(12.13)式の数量方程式は

(12.17) $\quad 0.5X_1 + 0.2X_2 + f_1 = X_1$

(12.18) $\quad X_1 + 0.4X_2 + f_2 = X_2$

である。整理して変化分をとると，

(12.19) $\quad -0.5\Delta X_1 + 0.2\Delta X_2 + \Delta f_1 = 0$

(12.20) $\quad \Delta X_1 - 0.6\Delta X_2 + \Delta f_2 = 0$

である。(12.19)式，(12.20)式に$\Delta f_1 = 2$, $\Delta f_2 = 0$を代入して連立方程式を解くと，$\Delta X_1 = 12$, $\Delta X_2 = 20$を得る。よって，変化後の総生産量は$X_1' = X_1 + \Delta X_1 = 20 + 12 = 32$, $X_2' = X_2 + \Delta X_2 = 40 + 20 = 60$と求められる。

正答　2

例題12.2-2 雇用量の変化

自動車産業と繊維産業の2つの産業を持つA国の産業連関表が次のように与えられているとする。自動車産業における最終需要が20％増加し，繊維産業における最終需要が20％減少した場合のA国における雇用者の増加数として，正しいのはどれか。（国家総合職）

		中間財需要		最終需要	産出量合計
		自動車部門	繊維部門		
中間財投入	自動車部門	30	20	50	100
	繊維部門	10	40	50	100
雇用者数		2,000万人	1,000万人		3,000万人

1 0 **2** 50万人 **3** 100万人
4 300万人 **5** 600万人

解説 中間投入物だけでなく，雇用者数についても投入係数を求めることができる。第 j 財の総生産量 X_j を生産するために必要な雇用者数を n_j とすると，投入係数は $a_j = \dfrac{n_j}{X_j}$ である。この経済における雇用者数を N とすると，$N = n_1 + n_2 = a_1 X_1 + a_2 X_2$ なので，雇用数の変化分の方程式は，以下となる。

(12.21)　　$\Delta N = a_1 \Delta X_1 + a_2 \Delta X_2$

例題の数値例より投入係数行列を求めると，

(12.22)　　$\begin{pmatrix} a_{11} & a_{12} \\ a_{21} & a_{22} \\ a_1 & a_2 \end{pmatrix} = \begin{pmatrix} \dfrac{30}{100} & \dfrac{20}{100} \\ \dfrac{10}{100} & \dfrac{40}{100} \\ \dfrac{2000}{100} & \dfrac{1000}{100} \end{pmatrix} = \begin{pmatrix} 0.3 & 0.2 \\ 0.1 & 0.4 \\ 20 & 10 \end{pmatrix}$

である。産業1，産業2の最終需要をそれぞれ f_1, f_2 とすると，数量方程式は

(12.23)　　$0.3 X_1 + 0.2 X_2 + f_1 = X_1$

(12.24)　　$0.1 X_1 + 0.4 X_2 + f_2 = X_2$

であるので，整理して変化分をとると，

(12.25)　　$-0.7 \Delta X_1 + 0.2 \Delta X_2 + \Delta f_1 = 0$

(12.26)　　$0.1 \Delta X_1 - 0.6 \Delta X_2 + \Delta f_2 = 0$

である。(12.25)式，(12.26)式に $\Delta f_1 = 50 \times 0.2 = 10$, $\Delta f_2 = 50 \times (-0.2) = -10$ を代入して連立方程式を解くと，$\Delta X_1 = 10$, $\Delta X_2 = -15$ を得る。これを (12.21)

式に代入すると，$\Delta N = 20 \times 10 + 10 \times (-15) = 50$（万人）を得る．

正答　2

例題12.2-3　価格方程式

次の表は，A，Bの2産業からなる産業連関表である．ここで原油輸入量は各産業水準に比例するとするならば，原油価格の10％の上昇価格は，A，B両産業の製品価格をそれぞれ何％上昇させるか．次の組合せの中で正しいものを選べ．（国家総合職）

投入＼産出	A産業	B産業	最終需要	総産出高
A産業	30	20	50	100
B産業	10	40	50	100
原油輸入	20	10		
付加価値	40	30		

	A産業	B産業
1	3.25	2.75
2	4.5	2.5
3	2.25	1.5
4	2.25	1.75
5	2.5	1.5

解説　産業連関表における輸入量の取り扱い方には，2つの方法がある．一つは**競争輸入型**と呼ばれ，中間需要や最終需要を計測する際に国産品と輸入品を区別せずに，最後に輸入量を引いて総生産物とする方法である．12.1節 練習問題【No.1】の産業連関表がその例である．第二の方法は**非競争輸入型**と呼ばれ，中間需要と最終需要としては国産品のみを計算し，中間投入物の下の行に輸入財の投入量を書き入れる方法である．例題12.2-3の表は非競争輸入型の産業連関表である．

さて，例題は価格と費用に関する問題である．実はレオンチェフ・モデルは，数量方程式のみならず，価格方程式を用いて記述することも可能である．今，仮に産業連関表が数量データによって表されているとしよう．原油輸入量をM_j，付加価値量をV_jと置く．そして，第j列の縦の配列を横に直して

$$(12.27) \quad (x_{1j},\ x_{2j},\ \cdots,\ x_{nj},\ M_j,\ V_j)$$

と書く．$x_{ij} = a_{ij}X_j$，$M_j = m_j X_j$，$V_j = v_j X_j$と置いて，すべての変数をX_jで割ると

(12.28) $\quad (a_{1j}, a_{2j}, \cdots, a_{nj}, m_j, v_j)$

を得る。これは生産物1単位当たりに必要な投入量とそれによって生産される付加価値量である。今，それぞれの価格をp_i, q, wと置くと，生産物の価格が総費用と付加価値額の和に等しいので

(12.29) $\quad p_j = p_1 a_{1j} + \cdots + p_n a_{nj} + q m_j + w v_j$

が成り立つ。これが**価格方程式**である。

一方，産業連関表のデータは，通常は価値額で表示されている。そこで，財の価値額から数量データを得るために，数量を円単位で測る。1円で購買できる量を1単位の数量とするのである。もし，1個2円の財が300単位あるなら，それは

(12.30) $\quad$(300数量単位)×(価格2円)＝(600数量単位)×(価格1円)
$\qquad\qquad = 600$

となる。簡単にいうと，すべての財の価格を1円とするのである。このように解釈し直すと，産業連関表のデータを価値額表示の総産出高で割って，技術的投入係数を得ることができる。このとき，すべての価格は1なので

(12.31) $\quad 1 = 1 \times a_{1j} + 1 \cdots + 1 \times a_{nj} + 1 \times m_j + 1 \times v_j$

が成り立つ。この投入係数は，例題の表における第1列と第2列を産出高で割って得られる

(12.32) $\quad \begin{pmatrix} \frac{30}{100} & \frac{20}{100} \\ \frac{10}{100} & \frac{40}{100} \\ \frac{20}{100} & \frac{10}{100} \\ \frac{40}{100} & \frac{30}{100} \end{pmatrix} = \begin{pmatrix} 0.3 & 0.2 \\ 0.1 & 0.4 \\ 0.2 & 0.1 \\ 0.4 & 0.3 \end{pmatrix}$

と対応している。次に価格が(12.31)式をつくったときの値と比べてp_i, q, w倍されたとすると

(12.33) $\quad p_j = p_1 a_{1j} + \cdots + p_n a_{nj} + q m_j + w v_j$

が成り立つ。(12.31)式，(12.33)式から，価格方程式を変化分で表すと

(12.34) $\quad \varDelta p_j = a_{1j} \varDelta p_1 + \cdots + a_{nj} \varDelta p_n + m_j \varDelta q + v_j \varDelta w$

である。変化前の価格が1なので，変化分の値は変化率の値でもある。そこで$\varDelta q = 0.1$, $\varDelta w = 0$と置いて，(12.32)式で得た投入係数を代入すると

(12.35) $\quad \varDelta p_1 = 0.3 \varDelta p_1 + 0.1 \varDelta p_2 + 0.2 \times 0.1$

(12.36) $\quad \varDelta p_2 = 0.2 \varDelta p_1 + 0.4 \varDelta p_2 + 0.1 \times 0.1$

これを解くと，$\Delta p_1 = 0.0325$，$\Delta p_2 = 0.0275$である。よって，それぞれは3.25％，2.75％上昇する。

正答　1

練習問題

【No.1】 表は，固定的生産係数の下での産業連関表であり，x_{21}とf_2は未知数になっている。今第1部門の最終需要が10単位増加したときに第1部門の産出量が20単位増加したとすれば，この場合にx_{21}はいくら増加することになるか。（国家総合職）

投入＼産出	中間需要 第1部門	中間需要 第2部門	最終需要	産出量
第1部門	80	40	80	200
第2部門	x_{21}	20	f_2	100

1 4　　**2** 5　　**3** 6　　**4** 7　　**5** 8

解説　例題の数値例から，投入係数は

$$\begin{pmatrix} a_{11} & a_{12} \\ a_{21} & a_{22} \end{pmatrix} = \begin{pmatrix} \frac{80}{200} & \frac{40}{100} \\ \frac{x_{21}}{200} & \frac{20}{100} \end{pmatrix} = \begin{pmatrix} 0.4 & 0.4 \\ a_{21} & 0.2 \end{pmatrix}$$

である。それぞれの産業の産出量をX_1，X_2，第1部門の最終需要をf_1とすると，第1行の数量方程式は$0.4X_1 + 0.4X_2 + f_1 = X_1$である。変化分の式は$-0.6\Delta X_1 + 0.4\Delta X_2 + \Delta f_1 = 0$であるので，$\Delta X_1 = 20$，$\Delta f_1 = 10$を代入すると，$\Delta X_2 = 5$となる。第2行から$a_{21}\Delta X_1 + 0.2\Delta X_2 + \Delta f_2 = \Delta X_2$であるので，$\Delta X_2 = 5$，$\Delta f_2 = 0$を代入すると$a_{21} = 0.2$であり，$\Delta x_{21} = a_{21}\Delta X_1 = 4$が求まる。よって，正答は**1**である。

【No.2】 2つの部門からなる経済の産業連関表が次のように示されている。ここで，第2部門の最終需要が10単位増加した場合，第1部門と第2部門の総生産がそれぞれ増加する組合せのうち，正しいものはどれか。（経済学検定試験）

投入＼産出		中間需要 第1部門	中間需要 第2部門	最終需要	総生産
中間投入	第1部門	20	70	10	100
	第2部門	20	20	60	100
付加価値		60	10		
総生産		100	100		

　　　　　第1部門の増加　　第2部門の増加
(1)　　　　　0　　　　　　　　10
(2)　　　　　7　　　　　　　　2
(3)　　　　　10　　　　　　　 10
(4)　　　　　14　　　　　　　 16

250

解説 投入係数を求めると, $\begin{pmatrix} 0.2 & 0.7 \\ 0.2 & 0.2 \end{pmatrix}$ である。産業 1, 産業 2 の総生産量をそれぞれ X_1, X_2, 最終需要をそれぞれ f_1, f_2 とすると, 数量方程式は

$0.2X_1 + 0.7X_2 + f_1 = X_1$
$0.2X_1 + 0.2X_2 + f_2 = X_2$

であるので, 整理して変化分をとると,

$-0.8\Delta X_1 + 0.7\Delta X_2 + \Delta f_1 = 0$
$0.2\Delta X_1 - 0.8\Delta X_2 + \Delta f_2 = 0$

である。$\Delta f_1 = 0$, $\Delta f_2 = 10$ を代入すると, $\Delta X_1 = 14$, $\Delta X_2 = 16$ を得る。よって, 正答は **(4)** である。

【No.3】 次の表は産業連関表を示したものであり, 中間財の投入係数は固定的であるとされている。今, 第 1 部門, 第 2 部門の最終需要が 20%ずつ上昇したとするならば, 経済全体として何人の雇用量が増大するか。(国家総合職)

投入	産出	中間財販売 第 1 部門	第 2 部門	最終需要	産出量 合 計
中間財 コスト	第 1 部門	40	25	35	100
	第 2 部門	20	25	55	100
雇 用		400 万人	500 万人		900 万人

1　140万人　　2　150万人　　3　160万人　　4　170万人　　5　180万人

解説 産業連関表の第 1 列を第 1 部門の産出量 100 で, 第 2 列を第 2 部門の産出量 100 でそれぞれ割る。すると, 投入係数が得られ, $\begin{pmatrix} a_{11} & a_{12} \\ a_{21} & a_{22} \\ a_1 & a_2 \end{pmatrix} = \begin{pmatrix} 0.4 & 0.25 \\ 0.2 & 0.25 \\ 4 & 5 \end{pmatrix}$ となる。投入係数を用いて数量方程式を書き, それを変化分の方程式に直すと

$0.4\Delta X_1 + 0.25\Delta X_2 + \Delta f_1 = \Delta X_1$
$0.2\Delta X_1 + 0.25\Delta X_2 + \Delta f_2 = \Delta X_2$

となる。最終需要は, 35 と 55 の 20%, すなわち, それぞれ 7 と 11 だけ変化する。そこで上式に $\Delta f_1 = 7$, $\Delta f_2 = 11$ を代入して, $\Delta X_1 = 20$, $\Delta X_2 = 20$ を得る。雇用量は $a_1 \Delta X_1 + a_2 \Delta X_2 = 4\Delta X_1 + 5\Delta X_2 = 180$ 万人増加する。よって, 正答は **5** である。

正答 【No.1】1　【No.2】(4)　【No.3】5

12.3 物価指数

例題12.3-1 実質GDP

衣料品と食料品の2部門生産だけからなる一国経済を考える。これらの価格と生産量は，t 年と $t+1$ 年で，下表のようになった。どちらの生産プロセスにも中間投入はないものとし，他国との貿易もないものとする。この状況において，この国の $t+1$ 年のGDPの t 年基準の実質値として正しいものはどれか。(経済学検定試験)

[表] 衣料品と食料品の価格と数量

	衣料品		食料品	
	価格	生産量	価格	生産量
t 年	40	400	20	200
$t+1$ 年	30	100	30	300

(1) 10000　(2) 12000　(3) 18000　(4) 20000

解説　今，簡単化のために財は2種類だけであるとしよう。基準年を定め，その年の財の生産量を x_1^0, x_2^0，価格を p_1^0, p_2^0 とする。一方，今年度の生産量が x_1^1, x_2^1，価格が p_1^1, p_2^1 であるとする。基準年度の名目GDPは，$p_1^0 x_1^0 + p_2^0 x_2^0$ であり，今年度の名目GDPは，$p_1^1 x_1^1 + p_2^1 x_2^1$ である。基準年度の価格で評価した今年度の実質GDPを Y とすると，

(12.37) 　　$Y = p_1^0 x_1^1 + p_2^0 x_2^1$

である。

例題では，$p_1^0 = 40$, $x_1^1 = 100$, $p_2^0 = 20$, $x_2^1 = 300$ なので，$Y = 40 \times 100 + 20 \times 300 = 10000$ である。

正答 (1)

例題12.3-2 物価指数

X 財，Y 財のみを生産し消費する経済を考える。表は，各時点における両財の価格と生産（消費）数量を示したものである。2000年を1とするとき，2005年時点でのGDPデフレーターと消費者物価指数の組合せとして正しいのはどれか。

なお，両財は家計によりすべて消費されるものとする。(国家総合職)

	2000年	2005年
X財の価格	60,000	50,000
X財の生産（消費）数量	1,000	2,000
Y財の価格	2,000	4,000
Y財の生産（消費）数量	5,000	2,500

	GDPデフレーター	消費者物価指数
1	0.88	0.8
2	0.88	1
3	1.04	1
4	1.04	1.2
5	1.12	0.8

解説 　一定期間における価格の変化を示す指数を**物価指数**という。物価指数には，**ラスパイレス物価指数**と**パーシェ物価指数**の2種類がある。例題と同様に，財は2種類だけであるとし，基準年の財の生産量を x_1^0, x_2^0, 価格を p_1^0, p_2^0, 今年の生産量を x_1^1, x_2^1, 価格を p_1^1, p_2^1 とする。ラスパイレス物価指数を L_p, パーシェ物価指数を P_p とすると，それぞれ

$$（12.38）\quad L_p = \frac{p_1^1 x_1^0 + p_2^1 x_2^0}{p_1^0 x_1^0 + p_2^0 x_2^0}$$

$$（12.39）\quad P_p = \frac{p_1^1 x_1^1 + p_2^1 x_2^1}{p_1^0 x_1^1 + p_2^0 x_2^1}$$

である。つまり，ウエートとして基準年の生産量（x_1^0, x_2^0）が用いられるならラスパイレス物価指数，ウエートとして今年の生産量（x_1^1, x_2^1）が用いられるならパーシェ物価指数である。

　名目額を物価指数で割って，実質値を求めることをデフレートするという。名目GDPをある物価指数 P で割ると，実質GDPが得られる。この P を**GDPデフレーター**という。GDPデフレーターは今年度の数量（x_1^1, x_2^1）をウエートとするので，GDPデフレーターはパーシェ物価指数である。(12.39)式の分子は今年の名目GDP，(12.37)式より(12.39)式の分母は今年度の実質GDPになっている。よって，以下が成立する。

公式 12.1　　実質GDP ＝ $\dfrac{名目GDP}{GDPデフレーター}$

公式12.1に (12.39) 式を代入すると，(12.37) 式が得られることを確かめられたい。

これに対し，**消費者物価指数**（CPI）や**卸売物価指数**（WPI）は，基準年次の数量（x_1^0, x_2^0）を用いて，基準年から今年にかけてその名目額が何倍になったかを表す。すなわち，ラスパイレス物価指数の形をしている。

GDPデフレーターはパーシェ物価指数なので，(12.39) 式より，

(12.40) $\quad P_p = \dfrac{50000 \times 2000 + 4000 \times 2500}{60000 \times 2000 + 2000 \times 2500} = 0.88$

である。消費者物価指数はラスパイレス物価指数なので，(12.38) 式より，

(12.41) $\quad L_p = \dfrac{50000 \times 1000 + 4000 \times 5000}{60000 \times 1000 + 2000 \times 5000} = 1$

である。

正答　**2**

練習問題

【No.1】 A財，B財のみが生産されているマクロ経済を考える。基準年（$t=0$）および比較年（$t=1$）において，A財，B財の価格（p_{tA}, p_{tB}）および数量（q_{tA}, q_{tB}）は，以下の表のとおりである。このとき，比較年におけるGDPデフレーター（基準年を100とした値）はいくらか。（国家総合職）

	基準年	比較年
価　格	(p_{0A}, p_{0B}) = (1, 1)	(p_{1A}, p_{1B}) = (1, 1.5)
数量（付加価値）	(q_{0A}, q_{0B}) = (400, 600)	(q_{1A}, q_{1B}) = (750, 500)

1 100　　**2** 120　　**3** 125　　**4** 130　　**5** 150

解説　基準年を100とすることに注意して (12.39) 式に問題文の数字を代入すると，

$P_p = \dfrac{p_{1A} q_{1A} + p_{1B} q_{1B}}{p_{0A} q_{1A} + p_{0B} q_{1B}} \times 100 = \dfrac{1 \times 750 + 1.5 \times 500}{1 \times 750 + 1 \times 500} \times 100 = 120$

である。よって，正答は**2**である。

正答　**【No.1】　2**

第13章

消費関数

Consumption Function

13.1 三大仮説

> **例題13.1-1　習慣形成仮説**
>
> 第 t 期における所得，消費，投資をそれぞれ Y_t, C_t, I_t として，所得均衡式および習慣形成仮説による消費関数が $Y_t = C_t + I_t$, $C_t = 0.3C_{t-1} + 0.6Y_t$ で示されている。今，投資が I で一定であるとするとき，長期的に見て，平均消費性向は次のうちどれか。（国家総合職）
>
> 1　83%　　2　86%　　3　89%　　4　92%　　5　95%

解説　Y を国民所得，C を消費とすると，短期の**ケインズ型消費関数**は，

$$(13.1) \quad C = \bar{c} + cY$$

と表される。$\bar{c} > 0$ は基礎消費，$0 < c < 1$ は限界消費性向である。このケインズ型消費関数においては，平均消費性向は $\dfrac{C}{Y} = \dfrac{\bar{c}}{Y} + c$ であるので，所得の増加により平均消費性向は低下する（逓減的である）。これは，クロス・セクション・データにて観察される性質である。一方，長期間にわたって国民所得と総消費額の関係を調べると，平均消費性向が安定的，すなわち，一定の値をとることが知られている。これは**クズネッツ**がアメリカにおける長期間の時系列データ（タイム・シリーズ・データ）をとって，明らかにしたものである。つまり，長期の消費関数は，**図13-1**の

$$(13.2) \quad C = \alpha Y$$

のような原点を通る直線になる（$0 < \alpha < 1$）。しかも長期の**クズネッツ型消費**

255

図13-1 長期消費関数

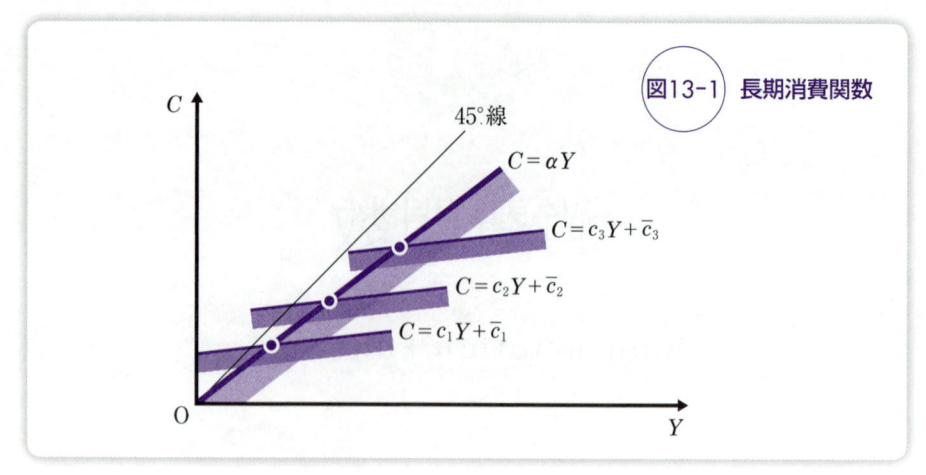

関数から導かれる限界消費性向 α は，短期限界消費性向 c よりも高い値を持っている。

なぜ長期の消費関数と短期の消費関数が異なる形を持つかについては，いくつかの仮説がある。代表的な仮説としては，**デューゼンベリー**による**相対所得仮説**，**安藤＝モディリアーニ**による**ライフサイクル仮説**，**フリードマン**による**恒常所得仮説**の3つが知られている。いずれも，実質国民所得が増加するにつれて，短期の消費関数そのものが上方にシフトし，その上の点列からなる長期データは原点を通る直線上にあるというものである（**図13-1**参照）。

三大仮説については以下で改めて議論するとして，デューゼンベリーによる相対所得仮説の一部であり，その後の経済学者によって計量モデル化されてきた**習慣形成仮説**に関する上の例題を考えてみよう。

まず，長期の消費関数は $C_t = \alpha Y_t$ である。これを $Y_t = C_t + I_t$ に代入すると

(13.3) $\quad Y_t = \dfrac{I_t}{1-\alpha}$

となる。もし，I_t が一定の率 β で成長するなら，$I_t = (1+\beta) I_{t-1}$ から

(13.4) $\quad Y_t = \dfrac{I_t}{1-\alpha} = \dfrac{(1+\beta) I_{t-1}}{1-\alpha} = (1+\beta) Y_{t-1}$

が得られる。例題のように習慣形成仮説を

(13.5) $\quad C_t = a C_{t-1} + b Y_t$

で表すなら，長期消費関数 $C_t = \alpha Y_t$，$C_{t-1} = \alpha Y_{t-1}$ を (13.5) 式に代入して

(13.6) $\quad \alpha Y_t = a \alpha Y_{t-1} + b Y_t$

である。(13.4) 式と (13.6) 式から，平均消費性向 α は，

(13.7) $\quad \alpha = \dfrac{b(1+\beta)}{(1+\beta)-a} = \dfrac{b}{1-\dfrac{a}{1+\beta}}$

となる。例題では，I_tが一定なので$\beta=0$である。(13.3)式から，$Y=\dfrac{I}{1-\alpha}$が一定，そして$C=\alpha Y$も一定となる。また$a=0.3$，$b=0.6$と仮定されているので，(13.7)式から$\alpha=\dfrac{0.6}{1-0.3}\fallingdotseq 0.857$が求まる。

正答　2

例題13.1-2　相対所得仮説

デューゼンベリーのデモンストレーション効果説を正しく説明しているものは，次のうちどれか。（地方上級）

1　過去に高い所得水準を経験した者は，後に所得が減っても容易にその生活水準を下げようとはしない。
2　流動資産比率の上昇は消費をつり上げるが，その一方，所得の絶対的増加が貯蓄性向を高めるので，消費性向は長期的に安定的である。
3　所得中に占める変動所得の比重が増加するにつれて消費性向の低落を招き，貯蓄が増大する。
4　消費行動は自己の所得のみならず第三者の消費行動から影響を受けるので，他人の消費は自分の消費と相互依存的である。
5　商品に対する関心は消費者の自発的必要から生まれるのではなく，広告宣伝などが働きかけ，作り出すのである。

解説　デューゼンベリーによる相対所得仮説は「**時間的な相対所得仮説**」と「**空間的な相対所得仮説**」に分かれる。

時間的な相対所得仮説は，消費が今期の所得だけでなく過去に得ていた最も高い所得にも依存するというものである。もちろん所得が図13-2のY_1からY_2へと増加するときには，消費も比例的に増加し，平均消費性向は変わらない。しかし，所得がY_2からY_3へと減少し始めたときには，消費を比例的に減らすことはない。一度経験した支出をすぐ切りつめることは難しいからである。いわば消費の減少に歯止めがかけられるということで，この効果は，**歯止め効果**（**ラチェット効果**）と呼ばれている。Y_3における消費の水準は，(Y_2, C_2)を通るより緩やかな線分上の点でC_3に決まる。この線分は短期の消費関数と対

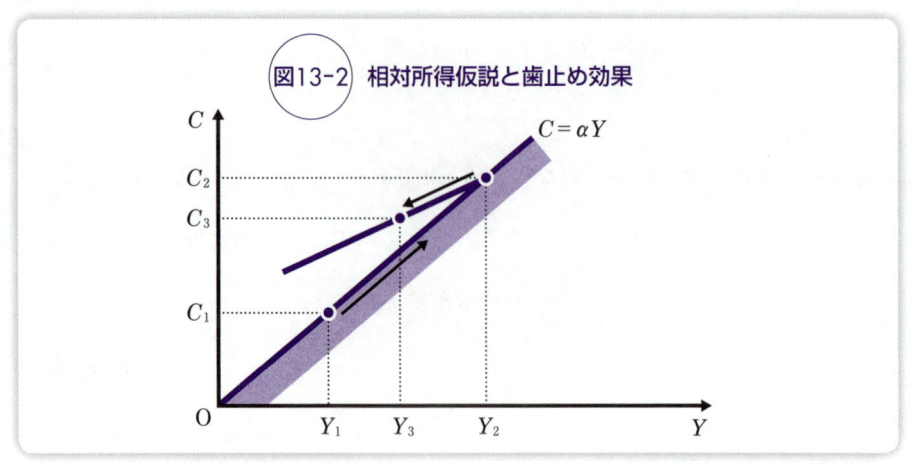

図13-2 相対所得仮説と歯止め効果

応している。所得が Y_2 まで回復し、さらに増加してゆくなら、消費も再び比例的に増加することになる。

空間的な相対所得仮説では、人々は自分の消費量そのものではなく、他の人の消費量との相対比率から効用を得ると仮定する。低所得者層は平均的所得層の消費量に近づこうとして、平均消費性向が高くなり、高所得者層は、所得のより小さな部分で平均以上の消費量をまかなえるために、平均消費性向が低くなる傾向がある。このように、他の人々の消費から受ける影響を**デモンストレーション効果**と呼ぶ。**4**がこれを説明している。

なお、**1**は歯止め効果、**3**は恒常所得仮説、**5**はガルブレイスの依存効果と関係がある。

正答　4

例題13.1-3　恒常所得仮説

恒常所得仮説に基づく消費関数と恒常所得が

$$C_t = 0.9 Y_t^P$$

$$Y_t^P = \sum_{i=0}^{\infty} 0.5^{i+1} Y_{t-i}$$

$\begin{bmatrix} C_t : t期の消費 \\ Y_t^P : t期の恒常所得 \\ Y_{t-i} : t-i期の所得 \end{bmatrix}$

で示されるものとする。今、消費が毎年10%の一定の伸び率で増加しているとすると、長期の限界消費性向はいくらになるか。（国家総合職）

1 0.8　　**2** 0.825　　**3** 0.85　　**4** 0.875　　**5** 0.9

解説　フリードマンによる消費関数は、生涯の全期間にわたって平均的に得られる所得に依存する点で、ライフサイクル仮説と似ている。ある

個人が予想する将来の所得の流れを**図13-3**のy_tとすると，それをもとにして計算された将来の全期間にわたる平均的な所得y^Pを**恒常所得**と呼んでいる。そして消費額は，長期的には恒常所得の一定割合であるとされる。したがって，経済全体においても，集計された恒常所得Y^Pの一定割合

(13.8)　　　$C = \alpha Y^P$

として長期的な消費関数が求まる。

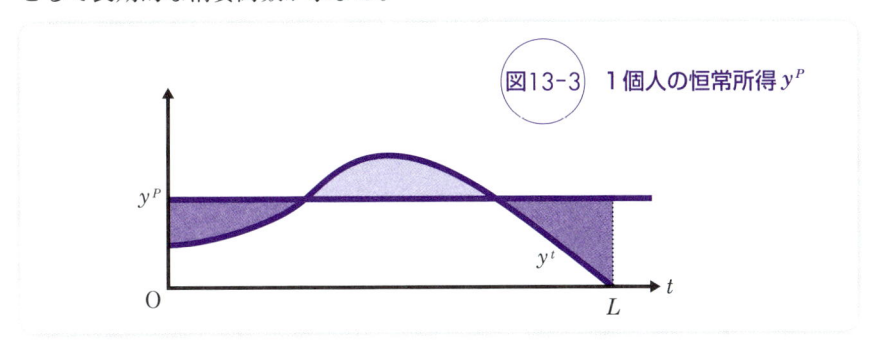

図13-3　1個人の恒常所得 y^P

恒常所得仮説では，恒常所得を過去の所得の流れから計算している。例題のケースは，恒常所得は

(13.9)　　　$Y_t^P = 0.5 Y_t + (0.5)^2 Y_{t-1} + (0.5)^3 Y_{t-2} + \cdots\cdots$

である。例題において，消費が毎年10%ずつ増加したというのは，前述のようにして計算した（集計的な）恒常所得Y^Pが10%ずつ増加したことを反映している。

もし，現実の国民所得が一定の率で長期的に増加するなら，恒常所得も同じ率で増加する。このことから，長期的に観察される平均消費性向および限界消費性向も一定となる。しかし，その値を$\dfrac{C_t}{Y_t^P}$に等しいとすると誤りである。平均消費性向は$\dfrac{C_t}{Y_t}$であるからである。そこで，国民所得が毎年$\beta>1$倍に成長してきた，すなわち$Y_{t-i} = \beta Y_{t-i-1}$とすると，$Y_t = \beta Y_{t-i}$なので，これを(13.9)式の$Y_{t-i}$に代入すると，

(13.10)　　　$Y_t^P = 0.5 Y_t + 0.5\left(\dfrac{0.5}{\beta}\right) Y_t + 0.5\left(\dfrac{0.5}{\beta}\right)^2 Y_t + \cdots\cdots$

を得る。無限等比数列の和である**公式8.1**に，$S = Y_t^P$, $a = 0.5 Y_t$, $x = \dfrac{0.5}{\beta}$を代入すると，

$$(13.11) \quad Y_t^P = \frac{0.5\beta}{\beta - 0.5} Y_t$$

が得られる。例題では $\beta = 1.1$ なので，$Y_t^P = \left(\frac{11}{12}\right) Y_t$ である。したがって，長期的に観察される消費は

$$(13.12) \quad C_t = 0.9 Y_t^P = 0.9 \times \frac{11}{12} Y_t = 0.825 Y_t$$

を満たしている。よって，長期の平均および限界消費性向は0.825である（**2**が正答である）。

　以上は長期の消費に関する議論であった。国民所得が長期にわたって増加するなら，同時に恒常所得も増加している。一方，国民所得が短期的に変動したとしても，それだけでは恒常所得の水準にあまり影響を与えない。極端なケースとして，短期の国民所得の変動が恒常所得にまったく影響しないケースを考えよう。今，現実の国民所得 Y を恒常所得 Y^P と変動所得 Y^T に分解して $Y = Y^P + Y^T$ とする。消費は恒常所得によって決まるので，平均消費性向は

$$(13.13) \quad \frac{C}{Y} = \frac{\alpha Y^P}{Y^P + Y^T} = \frac{\alpha}{1 + \frac{Y^T}{Y^P}}$$

である。これは，変動所得が正のとき α より小さく，負のとき α よりも大きくなる。**図13-4**はこれを図示したものである。Y_1，Y_1' はそれぞれ変動所得が正，負のときの国民所得水準である。

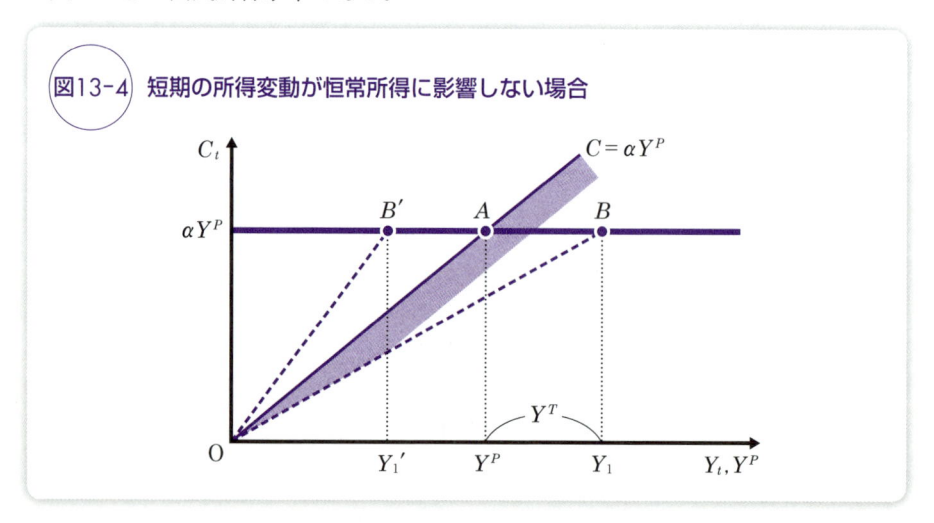

図13-4 短期の所得変動が恒常所得に影響しない場合

図13-5 短期の所得変動が恒常所得に影響を及ぼす場合

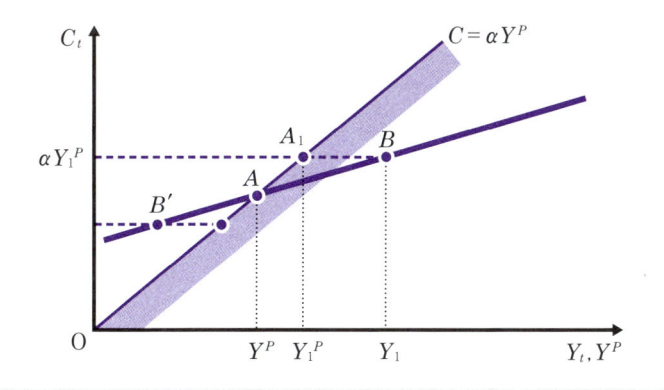

以上で，短期的には国民所得の増加とともに平均消費性向が低下することが説明できた。しかし，これでは短期の消費関数は水平な直線で表され，限界消費性向は0となってしまう。現実には，恒常所得の値は短期的な国民所得の変動によって多少の影響を受ける。そこで**図13-5**のように，変動所得が正ならば，恒常所得を Y^P から Y_1^P に増加させ，消費を αY_1^P の水準に決めるなら，短期の消費関数も右上がりの直線で表されることになる。

実際，例題の場合においても，前の(13.9)式の $t-1$ 期以前の項を b と置いて，$Y_t^P = 0.5Y_t + b$ と変形して，$C_t = \alpha Y_t^P$ に代入すると，短期の消費関数 $C_t = 0.5\alpha Y_t + \alpha b$ が得られるのである。

正答　2

例題13.1-4　ライフサイクル仮説

ある消費者が生涯にわたる消費行動を計画するものとする。生存期間を N，そのうち，就業期間を $T = 0.8N$ とし，連続的な時間を考え，利子率はゼロとする。t 時点での所得を $Y(t)$ $(Y(t) > 0, 0 \leq t \leq T)$ で表す。所得は就業期間を通じて一定の割合で上昇し，$Y(T) = 1.5Y(0)$ となる。生存期間を通じて均等な消費が最適であるとした場合，0時点における消費性向の値として正しいのはどれか。
（国家総合職）

1 $\dfrac{2}{3}$　　**2** 0.85　　**3** 0.9　　**4** 1.0　　**5** 1.2

解説 安藤＝モディリアーニによるライフサイクル仮説では，最も単純なケースとして次のような個人の行動を想定している。個人は成人して就職してからT年間働き，平均的に年にyの所得を得る。彼が就職後死亡するまではN年間あり，そのうち退職後の$N-T$年間は収入がない。この個人は在職期間中に，毎年$y-c$の貯蓄を行い，退職後は貯蓄を食いつぶして毎年cの消費をしていく。遺産を残さず，また貯蓄からの収益が0であると仮定すると，図13-6のように，長方形$y0Ty'$の面積が生涯の所得，長方形$c0Nc''$の面積が生涯の消費となり，両者の面積が等しく，$y\cdot T = c\cdot N$が成り立つ。よって，

$$(13.14) \quad c = \frac{T}{N}y$$

であり，毎年の消費cが勤労期の所得yに比例して決まることになる。このモデルを用いると，若いときに貯蓄率が高く，老年期に貯蓄率が低い現実を説明できる。

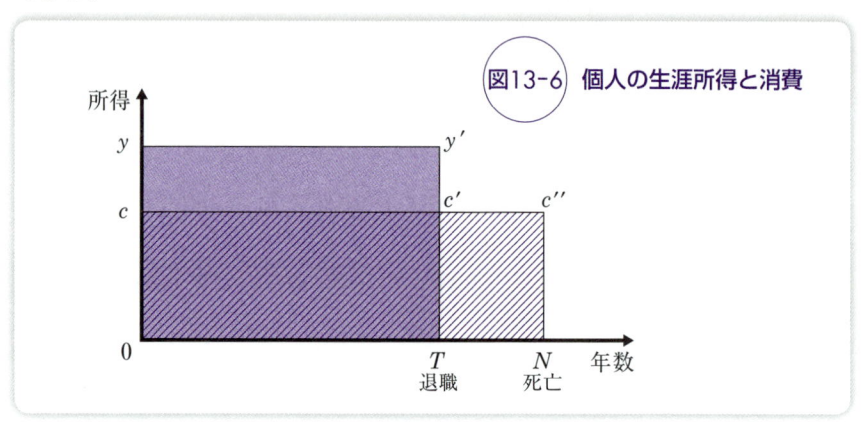

図13-6 個人の生涯所得と消費

以上のモデルを修正し，個人は就職前，資産wを保有しているとする。生涯予算は$w+yT$となり，それを平均して消費するとするなら，$w+yT=cN$より，

$$(13.15) \quad c = \frac{T}{N}y + \frac{1}{N}w$$

の関係が成立する。すべての個人について，(13.15)式を合計して，社会全体の消費関数を考える。集計された消費をC，国民所得をY，資産をWとすると

$$(13.16) \quad C = aY + bW$$

となる。この平均消費性向は

$$(13.17) \quad \frac{C}{Y} = a + b\frac{W}{Y}$$

である。短期的にはWは一定と考えられるので，Yが増加するにつれて，$\dfrac{C}{Y}$の値は減少する。長期的にはWとYが比例的に増加すると考えると，$\dfrac{C}{Y}$は一定の値をとる。したがって，クズネッツによる計測データと矛盾しない。

例題では，所得は就業期間を通じて一定の割合で上昇するので，図13-6は図13-7となる。

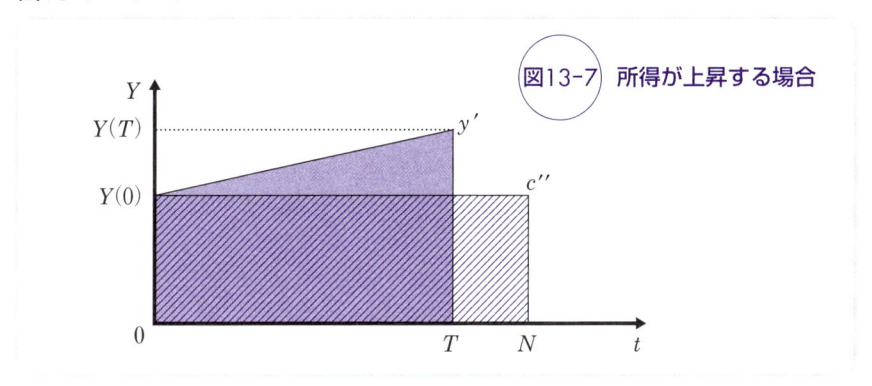

図13-7 所得が上昇する場合

生涯所得は，台形$Y(0)0Ty'$の面積で表される。就業期間は$T=0.8N$であり，$Y(T)=1.5Y(0)$なので，生涯所得は

$$(13.18) \quad [Y(0)+Y(T)]\times\frac{T}{2}=[Y(0)+1.5Y(0)]\times\frac{0.8N}{2}=Y(0)\cdot N$$

である。毎年の消費をcとすると，生涯を通じた消費は$c\times N$である。遺産を残さないなら，ライフサイクル仮説では生涯所得と生涯消費は等しいので，(13.18)式より，$Y(0)\cdot N=c\times N$であるので，$c=Y(0)$を得る。0時点における消費性向は$\dfrac{c}{Y(0)}$であるので，0時点における消費性向は1となる。

正答　4

例題13.1-5　2期間モデルとマクロの貯蓄率

若年期と老年期の2期間を生きるライフサイクルモデルを想定する。1個人にとって，若年期には所得Wを得，老年期には所得はゼロになり，消費は2期とも同じ額Cを支出するものとする。ここで，各期，生まれてくる若年世代の人口が，その期で老年世代である人口より常に25%高い比率で人口増加が行

われるとき、マクロ経済全体の貯蓄率として正しいものはどれか。ただし、利子率はゼロである。(経済学検定試験)

(1) 0%　　**(2)** 10%　　**(3)** 12.5%　　**(4)** 25%

解説　ライフサイクル仮説では、生涯の所得と生涯の消費が等しいので、$W = 2 \times C$ より、

(13.19) $\quad C = \dfrac{W}{2}$

である。若年期の貯蓄額を S_y、老年期の貯蓄額を S_0、経済全体の貯蓄額を S とする。老年世代の人口を n とすると、若年世代の人口は $1.25n$ である。よって、$S = 1.25n S_y + n S_0$ である。老年期に所得がないことに注意すると、(13.19) 式より、

(13.20) $\quad S_y = W - C = \dfrac{W}{2}, \quad S_0 = 0 - C = -\dfrac{W}{2}$

である。若年期しか所得がないので、経済全体の所得 Y は、$Y = 1.25n \times W$ である。よって、マクロ経済全体の貯蓄率は、

(13.21) $\quad \dfrac{S}{Y} = \dfrac{1.25n \times \dfrac{W}{2} + n \times \left(-\dfrac{W}{2}\right)}{1.25nW} = 0.1$

であり、10%となる。

正答　(2)

練習問題

【No.1】 ある国のマクロ経済が次のように記述される。

$Y = C + I + G$

$C = 0.6 Y_P$

$Y_P = \dfrac{2}{3} Y + \dfrac{1}{3} Y_{-1}$

$I = 0.1(Y - Y_{-1})$

ここで、Y：所得、C：消費、I：投資、G：政府支出、Y_P：恒常所得、Y_{-1}：1期前の所得である。

このとき、当期における政府支出1単位の増加がもたらす所得の増加分（ア）と、当期と次期以降の増加分も含めた所得の増加分の総計（イ）の組合せとして妥当なのはどれか。

(国家総合職)

	（ア）	（イ）
1	1.25	2
2	1.25	2.5
3	2	2.25
4	2	2.5
5	2.5	3

解説 まず，当期における所得の増加分を求める。問題文の第1式に他の式を代入すると，$Y = \left[0.6\left(\frac{2}{3}Y + \frac{1}{3}Y_{-1}\right)\right] + \left[0.1(Y - Y_{-1})\right] + G$ より，

$Y = 0.2Y_{-1} + 2G$ …………………①

である。今期政府支出が $\Delta G = 1$ だけ増加すると，①式より今期増加する所得は $\Delta Y = 2 \cdot \Delta G = 2$ である。

次に，長期を考える。①式を逐次代入していくと，

$Y = 0.2(0.2Y_{-2} + 2G) + 2G = 2G \times (1 + 0.2) + 0.2 \times 0.2(0.2Y_{-3} + 2G) = \cdots$

であるので，

$Y = 2G \times (1 + 0.2 + (0.2)^2 + (0.2)^3 + (0.2)^4 + \cdots)$

である。**公式8.1**に $S = Y$，$a = 1$，$x = 0.2$ を代入すると，$Y = 2.5G$ となる。これを変化分の式に直して $\Delta G = 1$ を代入すると $\Delta Y = 2.5 \cdot \Delta G = 2.5$ である。

よって，正答は **4** である。

【No.2】 現在60歳で一定額の資産を保有している個人がいる。65歳の定年までは毎年 Y 円の労働所得を得るが，定年後は3年間の雇用延長があり，毎年 $\frac{Y}{3}$ 円の労働所得を得る。また，引退後は所得がなく，80歳まで生きるものとする。この個人はライフサイクル仮説に基づいて，今後の消費計画を立てている。このとき，限界消費性向として，正しいものはどれか。ただし，貯蓄に対する利子率はゼロで，保有資産の価値は変化しないものとする。（経済学検定試験）

(1) 0.25　　(2) 0.3　　(3) 0.4　　(4) 0.5

解説 現在の資産を W とする。定年まで5年間は毎年 Y の所得を得て，その後3年間は毎年 $\frac{Y}{3}$ 円の所得を得るので，資産と所得の合計は，$W + 5Y + 3 \times \frac{Y}{3} = W + 6Y$ である。今後の生存期間は20年である。毎期の消費を C とすると，ライフサイクル仮説では，生涯の所得と生涯の消費が等しいので，$W + 6Y = 20 \times C$ より，$C = \frac{3}{10}Y + \frac{W}{20}$ を得る。限界消費性向は0.3である。

よって，正答は**(2)**である。

【No.3】 A 国では，消費は恒常所得仮説に基づいており，消費関数と恒常所得がそれぞれ次の式で表され，かつ，所得 Y_t は毎期1ずつ増加するものとする。

一方，B 国では，消費は習慣形成仮説に基づいており，消費関数と所得についての恒等式が，それぞれ次の式で表され，かつ，投資 I_t は毎期1割ずつ増加するものとする。

A国　　$C_t = 0.8Y_t^P$

$$Y_t^P = \sum_{i=0}^{\infty} 0.5^{i+1} Y_{t-i}$$

B国 $\quad C_t = 0.5 C_{t-1} + 0.4 Y_t$
$\qquad\quad Y_t = C_t + I_t$

$\left[\begin{array}{l} C_t : t\text{期の消費}, \ Y_t^P : t\text{期の恒常所得} \\ Y_t : t\text{期の所得}, \ I_t : t\text{期の投資} \end{array} \right]$

ここで，A国，B国とも，長期の消費関数が $C_t = \alpha Y_t$ で表されるとき，A国およびB国の長期の消費関数の限界（かつ平均）消費性向 α の値の組合せとして正しいのはどれか。（小数点以下は四捨五入）（国家総合職）

	A国	B国
1	72%	60%
2	73%	73%
3	80%	40%
4	80%	90%
5	90%	90%

解説　まず，A国（恒常所得仮説）の場合の消費性向を求める。問題文にあるA国の第2式より恒常所得を求めると，

$$Y_t^P = 0.5 Y_t + (0.5)^2 Y_{t-1} + (0.5)^3 Y_{t-2} + \cdots \qquad \cdots\cdots\cdots\cdots ①$$

である。A国では毎年所得が1割上昇するので，$Y_t = 1.1 Y_{t-1}$ である。これを①式に代入すると，

$$Y_t^P = \left(\frac{1}{2}\right) Y_t + \left(\frac{1}{2}\right)^2 \left(\frac{10}{11}\right) Y_t + \left(\frac{1}{2}\right)^3 \left(\frac{10}{11}\right)^2 Y_t + \cdots = \frac{1}{2} Y_t \cdot \left[1 + \frac{5}{11} + \left(\frac{5}{11}\right)^2 + \cdots \right] \qquad \cdots\cdots\cdots\cdots ②$$

である。**公式8.1**に $S = Y_t^P$，$a = 1$，$x = \dfrac{5}{11}$ を代入すると，$Y_t^P = \dfrac{11}{12} Y_t$ を得る。これを問題文にあるA国の第1式に代入すると，$C_t = \dfrac{8}{10} \cdot \dfrac{11}{12} Y_t = \dfrac{11}{15} Y_t$ である。よって，A国の長期限界消費性向は，約73%になる。

次に，例題13.1-1の解説を参考にし，B国（習慣形成仮説）の場合の消費性向を求める。問題文にあるB国の第2式に長期消費関数 $C_t = \alpha Y_t$ を代入して整理すると(13.3)式を得，1期前にも

$$Y_{t-1} = \frac{I_{t-1}}{1 - \alpha} \qquad \cdots\cdots\cdots\cdots ③$$

が成立する。さらに，B国では毎年投資が1割上昇するので，(13.4)式に $\beta = 0.1$ を代入すると，$Y_t = \dfrac{1.1 I_{t-1}}{1 - \alpha}$ を得る。これに③式を代入すると，

$$Y_t = 1.1 \cdot Y_{t-1} \qquad \cdots\cdots\cdots\cdots ④$$

である。問題文にあるB国の第1式に長期消費関数 $C_t = \alpha Y_t$ を代入すると，$\alpha Y_t = 0.5 \alpha Y_{t-1} + 0.4 Y_t$ であるので，④式を代入すると，$\alpha Y_t = \dfrac{0.5 \alpha}{1.1} Y_t + 0.4 Y_t$ である。これを整理すると，$\alpha = \dfrac{2.2}{3} \approx 0.73$ である。

よって，正答は**2**である。

【No.4】 消費関数の理論に関する次の記述のうち，妥当なものはどれか。（国家総合職）

1　デューゼンベリーの相対所得仮説によると，消費は経常所得のみならず，周囲の人々の平均的消費態度にも影響されるいわゆるラチェット効果が作用するため，短期の限界消費性向は長期のそれより小さくなる。

2　フリードマンの恒常所得仮説によると，ある個人の所得が増加し続けている場合は，それが恒常的なものであると予想されなくても，短期の限界消費性向は長期の限界消費性向

と等しくなる。
3 安藤＝モディリアーニのライフサイクル仮説によると，消費は実質富と可処分所得の両方に依存しており，実質富は長期的には増大するが，可処分所得の増大とは時間的なラグがあるため，長期の限界消費性向が不安定であることが実証される。
4 ライフサイクル仮説に基づく消費関数を

$$C = 0.04 \frac{W}{P} + 0.74Y \quad 〔C：消費，\frac{W}{P}：実質富，Y：可処分所得〕$$

とし，長期的に実質富が可処分所得の4倍であるとすると，長期の限界消費性向は0.9となる。

5 恒常所得仮説は，将来所得に対する期待形成をより重視した理論であり，ライフサイクル仮説は，消費に対する実質富の影響を重視した理論であるため，互いに相矛盾する。このため実証研究の場では，もっぱら恒常所得仮説と相対所得仮説，ライフサイクル仮説と相対所得仮説の結合によるモデルが使われる。

解説　デューゼンベリーによるラチェット効果は，消費が過去の所得に依存するという時間的相対所得仮説に関するものである（1は誤り）。恒常所得仮説では，長期の限界消費性向は変動所得に反応しない。一時的に所得が増加しているときには，短期の限界消費性向は長期のそれに比べて低くなる（2は誤り）。長期の限界消費性向は安定的である（3は誤り）。選択肢4で与えられた消費関数に，$\frac{W}{P} = 4Y$を代入すると，$C = 0.9Y$となる（4は正しい）。ライフサイクル仮説も恒常所得仮説と同じく，将来の全期間にわたって平均的に得られる所得に依存し消費が決まるというもので，互いに矛盾するものではない（5は誤り）。

正答 【No.1】 4　【No.2】 (2)　【No.3】 2　【No.4】 4

13.2 消費に対する効果

例題13.2-1　ピグー効果

ピグー効果に関する記述として正しいものは，次のうちどれか。（地方上級）

1 ピグー効果とは，景気が下降すると変動所得部分が減少し，平均消費性向を上昇させるため，消費支出の低下が小さく，不況の深刻化を防止できることをいう。
2 ピグー効果とは，利子率の上昇によって民間の保有する公債の資産価値が減少し，その結果民間部門の消費支出の減少を招くことをいう。
3 ピグー効果とは，物価上昇が流動資産の実質価値を低下させて消費を減少させ，物価下落がその実質価値を増大させて消費の増加を招くことをいう。
4 ピグー効果とは，全所得に占める変動所得が多くなるほど消費性向を低下させ，貯蓄性向を高めることをいう。

5 ピグー効果とは，家計の消費支出がその所得水準に依存するばかりではなく，同一集団，家計相互で影響され合うことをいう。

解説 所得が同じ水準 Y にあれば，預金・現金などのより多くの流動資産を所有するほうが消費は多くなるであろう。所得はフロー，流動資産はストックである。最初に，流動資産の実質価値が消費に与える効果を指摘したのは**ピグー**である。それによると，物価の低下は実質現金残高を上昇させ，消費を増加させることになる。この効果を**ピグー効果**と呼んでいる。

後に，トービンは，ケインズ型消費関数を実質流動資産 M に依存するように修正して

(13.22) $\quad C = aY + bM + d \quad (a, b, d > 0)$

を消費関数とした。この関数を用いると，平均消費性向は

(13.23) $\quad \dfrac{C}{Y} = a + b\dfrac{M}{Y} + \dfrac{d}{Y}$

となる。アメリカの統計によると，長期的に $\dfrac{M}{Y}$ は上昇していた。それが Y の増加とともに低下する $\dfrac{d}{Y}$ を相殺することによって，長期の平均消費性向の値が一定に保たれてきたとする。これを**流動資産仮説**と呼ぶ。通常は**3**のように，これもピグー効果と呼んでいる。

正答　**3**

例題13.2-2　消費・貯蓄行動

家計の消費・貯蓄行動に関する次の記述のうち，妥当なのはどれか。(国家総合職)
1　流動性制約に直面している家計の割合が高いほど，マクロの消費について，ライフサイクル仮説型の消費関数の妥当性が増す。
2　家計の効用関数が各時点の消費の2次関数である場合，期待効用仮説で考えると，効用関数の3階微分が負であり，かつ，将来所得に関する不確実性が高まると，常に貯蓄は増加する。
3　ライフサイクル仮説を前提とすると，経済が成長している場合，マクロ経済全体で貯蓄が負になることはない。
4　習慣形成仮説によると，所得が上昇した場合には，平均消費性向は変化しないが，所得が減少した場合には，平均所得性向は低下する。

> **5** 若年期・老年期の2期間を考えると，代替効果が所得効果よりも大きい場合には，利子率の上昇は若年期の消費を減少させる。

解説 まず，選択肢**5**を検討する。今期と来期からなる2期間モデルにおける予算制約は**公式11.1**で表され，利子率の上昇は来期の消費の価格を低下させることがわかる。来期の消費の価格が低下すると，来期の消費が増加し，代替効果により今期の消費が減少する。一方，所得効果は今期の消費を増加させる。よって，代替効果が所得効果よりも大きい場合には，利子率の上昇は若年期の消費を減少させるので，**5**が正答である。

以上で正答は与えたが，他の選択肢も検討しよう。例題13.1-4で検討したライフサイクル仮説は，最も単純なケースとして，個人は勤労期には貯蓄を行い，退職後貯蓄を取り崩して消費を行った。しかし，個人が若年期に所得が低いが，たとえば住宅を購入するためローンを組み，中年期で負債を返済して貯蓄を行い，退職後貯蓄を切り崩して消費を行う場合を考えることもできる。このような場合，若年期の貯蓄は負になり，中年期の貯蓄は正となり，老年期の貯蓄は負となる。ゆえに，仮に経済が成長していても，若年世代と老年世代の人口が十分大きければ，マクロ全体の家計の貯蓄率が負になることもありうる（**3**は誤り）。また，個人が以上のような行動をとるためには，資金の借入れができることが重要である。もし若年期の個人が流動性制約に直面しており，自由に資金を借り入れることができない場合，以上のような行動をとるのが難しくなるため，ライフサイクル型の消費関数の妥当性が低下する（**1**は誤り）。

習慣形成仮説によると，例題13.1-1の問題文のように，過去の消費水準と現在の所得から現在の消費が決まることになる。つまり，

$$(13.24) \quad C_t = aC_{t-1} + bY_t$$

〔$a, b > 0$，C_t：今期の消費，C_{t-1}：前期の消費，Y_t：今期の所得〕

である。(13.24)式より，平均消費性向は

$$(13.25) \quad \left(\frac{C_t}{Y_t}\right) = a\frac{C_{t-1}}{Y_t} + b$$

である。よって，所得 Y_t が上昇しているとき平均消費性向 $\left(\dfrac{C_t}{Y_t}\right)$ は低下し，所得 Y_t が減少しているとき平均消費性向 $\left(\dfrac{C_t}{Y_t}\right)$ は上昇する（**4**は誤り）。

2について，家計の効用関数が消費の2次関数である場合，3階微分はゼロ

になる（**2**は誤り）。　　　　　　　　　　　　　　　　　　　　**正答　5**

練習問題

【No.1】 消費理論に関する次の記述のうち，妥当なのはどれか。（国家総合職）

1 Ｉ．フィッシャーの異時点間にわたる消費理論によると，2期間における所得を2期間において消費し，かつ，第1期に貯蓄をしている消費者にとって，消費が正常財であるとすると，利子率の上昇は第2期の消費を割安にするので第2期の消費を必ず増加させるが，第1期の消費を減少させるとは限らない。

2 Ａ．Ｈ．ハンセンは，Ｊ．Ｍ．ケインズの想定した，$C = cY + C_0$〔C：消費，Y：所得，c：限界消費性向，C_0：定数〕という消費関数では所得の増加につれて平均消費性向は低下するので，経済は長期的には投資主導の経済に移行し，次第に成長率が高まっていくと主張した。

3 Ｓ．Ｓ．クズネッツは，アメリカ合衆国のある時点における家計のクロスセクション・データの観察から，所得と消費の関係を調べた。この調査結果により，家計の限界消費性向も平均消費性向も所得にかかわらずほぼ一定であるとした。

4 Ｆ．モディリアーニのライフサイクル仮説によれば，個人の資産保有高は短期的には所得に比例するが，長期的には固定的であるとして，所得と消費の関係について，短期的に観察される結果と長期的に観察される結果が異なる点を整合的に説明した。

5 Ｍ．フリードマンの唱えた恒常所得仮説においては，所得を恒常所得と変動所得に分ける点においてケインズ型の消費関数と異なるが，現在所得が消費を規定するとしている点においては類似し，異時点間の選択モデルであるＩ．フィッシャーの消費理論やＦ．モディリアーニのライフサイクル仮説と異なっている。

解説 異時点間の消費理論では，利子率の上昇は，将来の消費を増加させ，現在の消費を減少させる効果がある。例題13.2-2の解説を参照せよ。さらに，消費が正常財（上級財）の場合，所得効果により，現在と将来の消費を増加させる。よって，現在の消費が減少するとは限らない（**1**が正しい）。ケインズ型の消費関数は短期の消費関数なので，長期的に平均消費性向が低下するとはいえない。また，平均消費性向が低下したとしても投資が増加して経済が成長するとは限らない（**2**は誤り）。クズネッツは，アメリカの長期の時系列データに基づき，平均消費性向はほぼ一定であるとした（**3**は誤り）。ライフサイクル仮説によれば，短期的には資産総額は一定と考えられるが，長期的には資産総額と所得が比例的であると考えられる。例題13.1-4の解説を参照せよ（**4**は誤り）。恒常所得仮説では，消費は現在の所得ではなく，恒常所得により決定される。また，ライフサイクル仮説と同様に，現在の所得のみではなく，長期の視点で消費をとらえている。例題13.1-3の解説を参照せよ（**5**は誤り）。

正答　【No.1】　1

第14章

投資関数

Investment Function

14.1 投資の限界効率

> **例題14.1-1 投資の限界効率**
>
> ある企業が，総投資資本100億円に及ぶあるプロジェクトを計画しているとする。このプロジェクトからは1年目から以後30年間にわたって毎年8億円の収益が得られることが予想できるが，このとき投資の限界効率はおよそどれくらいか。ただし，計算の都合上，30年間という期間はほぼ無期限期間と考える。
> （国家総合職）
>
> **1** 約0.03　　**2** 約0.04　　**3** 約0.08　　**4** 約0.16　　**5** 約0.24

解説　今，n年間にわたって収益を生む新しい投資プロジェクトがあり，その費用がCであるとする。1期目の初めにCを投資すると，1期後の収入から原材料費・人件費を除いた収益R_1が得られ，同様に2期後，……，n期後にR_2，……，R_nが得られるとする。収益の流列R_1，……，R_nで測った収益の**割引現在価値**の合計をVとすると（割引現在価値については，例題8.2-2を参照されたい），

$$(14.1) \quad V = \frac{R_1}{1+r} + \frac{R_2}{(1+r)^2} + \cdots + \frac{R_n}{(1+r)^n}$$

である。そして$V > C$ならばこの投資プロジェクトが利潤を上げ，$V < C$ならば損失を生むことになる。

次に収益率を考えてみよう。投資プロジェクトは複数個あり，企業は最も収益率の高いものから投資決定をしてゆく。もし，1期間しか収益を生まないも

図14-1 投資の限界効率

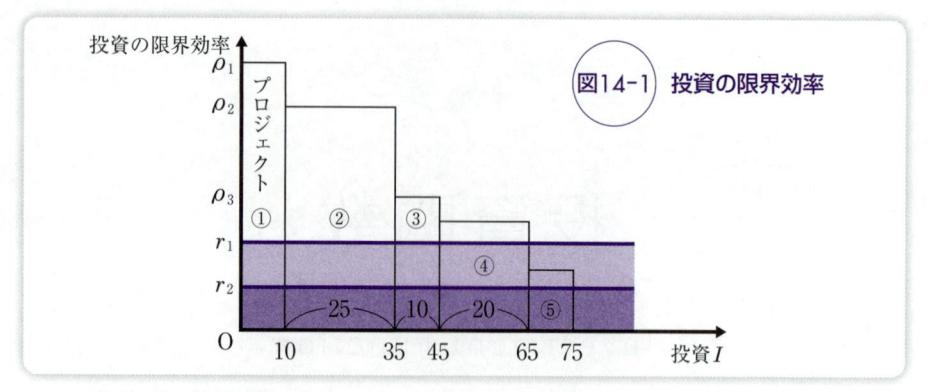

のであれば，収益率 ρ は

$$(14.2) \quad \frac{R_1 - C}{C} = \rho \quad \text{すなわち} \quad C = \frac{R_1}{1+\rho}$$

によって定義される。n 期間にわたって収益を生む場合は，上の収益率を一般化した投資の**限界効率**を考える。これは，以下を満たす ρ のことである。

$$(14.3) \quad C = \frac{R_1}{1+\rho} + \frac{R_2}{(1+\rho)^2} + \cdots + \frac{R_n}{(1+\rho)^n}$$

もし，収益 $R_1, R_2, \ldots, R_n$ がすべて R に等しいとすると，$V \leq C$ と $\rho \leq r$ が同値となる。投資の限界効率の高い順に投資プロジェクトを並べたのが図14-1である。投資プロジェクト①の費用は10，②の費用25，……と仮定されている。利子率が r_1 であれば，r_1 よりも高い限界効率を持つ投資プロジェクト①〜④が実行される。このときの総投資額は $I(r_1) = 65$ である。利子率が r_2 に下がると，さらにプロジェクト⑤が実行され，総投資額は $I(r_2) = 75$ となる。このようにして，投資が利子率の減少関数となることが説明される。以上が**ケインズ**による**投資の限界効率の理論**である。

例題に戻ろう。$n = 30$ を無限期間 $n = \infty$ で近似し，さらに毎期の収益が一定なので，(14.3) 式は

$$(14.4) \quad C = \frac{R}{1+\rho} + \frac{R}{(1+\rho)^2} + \cdots$$

となる。**公式8.2**に，$S = C$，$a = R$，$r = \rho$ を代入すると，

$$(14.5) \quad C = \frac{R}{\rho}$$

となる。(14.5) 式に $C = 100$，$R = 8$ を代入すると $\rho = 0.08$ が決まる。

正答 **3**

例題14.1-2　調整費用

　ある株式市場において，企業の価値（株式時価総額）が投資から得られる現在および将来の利益の割引現在価値と等しくなることが知られているとき，次のように投資機会を有しているある企業の株式時価総額 V が72であるとする。

　この企業は，この投資機会を通じて利益最大化を図ろうとするが，この企業は，今年の初めには設備を一切保有せず，投資機会は，今年のみ存在し来年以降はなく，さらに，この投資機会以外の事業も存在しない。また，固定資本減耗はないものと仮定する。

【投資機会】

　今年，投資財（価格＝1）を I 単位購入して投資を行うと，今年以降毎年 πI の収入（売上）が得られ続ける（π は一定率であり，企業および投資家には既知）。

【調整費用】

　この企業が投資をする際には，上記の投資財の購入費用に加え，新技術習熟のための調整費用 A を支払う必要があり，その調整費用は，投資額 I の関数として次のように表される。

$$A(I) = 0.5 I^2$$

以上のような条件の下，この企業および投資家にとっての代替的金融資産の収益率 r が毎年4％で一定である場合に，この企業の今年の投資額 I と，π の組合せとして正しいのはどれか。（国家総合職）

	I	π
1	0	0.3
2	6	0.3
3	12	0.5
4	36	0.3
5	36	0.5

解説　投資を行う際，短期間に多くの資本ストックを増加させようとすると，追加的な費用がかかることがある。これを**調整費用**という。例題のように，新技術習熟のための訓練費用などが，調整費用の例に当たる。**図14-2**において，調整費用が存在せず，費用が投資額のみからなる場合，投資費用は OA のような直線となる。しかし，調整費用がかかる場合，投資を増やすほど，追加的な費用が多くかかるため，投資費用は OB のような曲線となる。これを**投資効果曲線**，または**ペンローズ曲線**という。直線 OA と曲線 OB の差が調整費用である。

　例題において，今期の投資額と調整費用の合計費用は $I + 0.5 I^2$ である。企業

図14-2 ペンローズ曲線

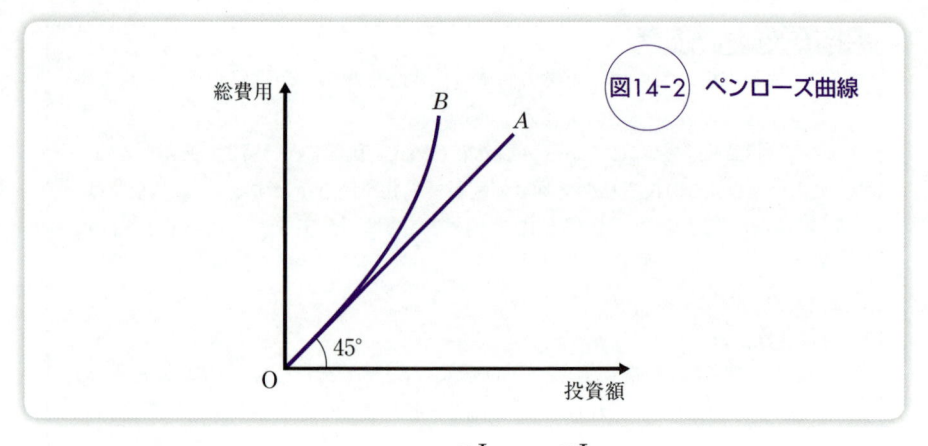

の収入の割引現在価値の合計は $\pi I + \dfrac{\pi I}{1+r} + \dfrac{\pi I}{(1+r)^2} + \cdots$ である。問題文より，企業の市場価値は投資から得られる利益の割引現在価値と等しい。企業の市場価値を V とすると，

$$(14.6) \quad V = \pi I \left[1 + \dfrac{1}{1+r} + \dfrac{1}{(1+r)^2} + \cdots \right] - (I + 0.5 I^2)$$

$$= \pi I \dfrac{1+r}{r} - (I + 0.5 I^2)$$

である（無限等比数列の和については，**公式8.1**に $a = \pi I$ を代入した）。$V = 72$ と $r = 0.04$ を (14.6) 式に代入して整理すると，

$$(14.7) \quad I^2 + (2 - 52\pi) I + 144 = 0$$

となる。例題より π のとりうる値は 0.3 と 0.5 なので，順に (14.7) 式に代入する。$\pi = 0.3$ のとき，(14.7) 式は $I^2 - 13.6 I + 144 = 0$ である。判別式を D とすると，$D = (13.6)^2 - 4 \times 144 < 0$ より，解が虚数となってしまう。$\pi = 0.5$ のとき，(14.7) 式は $I^2 - 24 I + 144 = 0$ であり，$(I - 12)^2 = 0$ より $I = 12$ を得る。

正答 **3**

練習問題

【No.1】 ある企業において，3種類の計画中の投資プロジェクト A, B, C があり，それぞれの投資プロジェクトは，ある期の初めに F の額を投資すると，投資を行った次の期から毎期 I の額の収益を永続的に得ることができる。

表は，3種類の投資プロジェクト A, B, C のそれぞれの F および I を表したものである。

投資プロジェクト	F	I
A	80	8
B	200	16
C	480	24

ここで，実質利子率が X%である場合，A が実行され，B および C は実行されない。実質利子率が Y%である場合，A および B が実行され，C は実行されない。実質利子率が Z%である場合，A, B および C が実行される。

このとき，X, Y, Z のとりうる値の範囲として，妥当なのはどれか。(国家総合職)

1　$8 < X < 15$　　2　$5 < X < 10$　　3　$8 < Y < 10$
4　$5 < Y < 8$　　5　$0 < Z < 8$

解説　各プロジェクトで毎年 I の金額を次期より永久に受け取ることができるので，実質利子率を r とすると，企業の収入の割引現在価値の合計 V は，**公式8.1** より，$\dfrac{I}{1+r} + \dfrac{I}{(1+r)^2} + \cdots = \dfrac{I}{r}$ である。ゆえに，$F < \dfrac{I}{r}$ のとき，すなわち $r < \dfrac{I}{F}$ のとき，投資は実行される。一方，$F > \dfrac{I}{r}$ のとき，すなわち $r > \dfrac{I}{F}$ のとき，投資は実行されない。実質利子率が X%である場合，A が実行され，B および C は実行されないので，$\dfrac{24}{480} < \dfrac{16}{200} < \dfrac{X}{100} < \dfrac{8}{80}$，つまり $8 < X < 10$ である(**1**, **2**は誤り)。実質利子率が Y%である場合，A および B が実行され，C は実行されないので，$\dfrac{24}{480} < \dfrac{Y}{100} < \dfrac{16}{200} < \dfrac{8}{80}$，つまり $5 < Y < 8$ である(**3**は誤り，**4**が正答)。実質利子率が Z%である場合，A, B および C が実行されるので，$\dfrac{Z}{100} < \dfrac{24}{480} < \dfrac{16}{200} < \dfrac{8}{80}$，つまり $Z < 5$ である(**5**は誤り)。

正答　【No.1】　4

14.2　投資理論

例題14.2-1　加速度原理

加速度原理について正しく記述しているものは，次のうちどれか。(国家総合職)

1　投資は総需要としての国民所得の水準と資本ストックの水準により決定されるものであり，景気が不況からの回復過程に移り，国民所得が上昇するにつれて次第に大きく拡大していく。

2　投資は国民所得の水準ではなく，その増加により誘発されるものであり，

国民所得が上昇して最大になった生産のピークで投資も拡大しピークとなる。
3 投資は国民所得の水準ではなく、その増加により誘発されるものであり、国民所得が上昇して最大になる生産のピークは必ず投資のピークに先行する。
4 投資は国民所得の変化率により誘発されるものであり、国民所得が上昇期にあって、その増加率が最大になったときには投資もピークに達し、国民所得の増加率が0になった生産のピークでは投資は0になる。
5 投資は国民所得の増加率と既存の資本ストックの水準により決定されるものであり、既存の資本ストックと望ましい資本ストックとの間のギャップが大きいときに急速に拡大する。

解説 時間を明示したときの国民所得 Y、資本ストック K と投資 I の関係は、特に K に関して非常にまぎらわしいというのが事実である。そこで、今、t 期の初めに資本ストック K_t があり、t 期に投資 I_t をして、t 期の終わり、すなわち $t+1$ 期の初めに資本ストック K_{t+1} を得るとする。つまり

(14.8) $\quad K_{t+1} = K_t + I_t - \delta K_t$

が成り立つ。K_t は t 期に生産量 Y_t を得るために用いられる資本ストックである。t 期の終わりの生産量は Y_t、資本ストック量は K_{t+1} である。δ は資本減耗率である（以下では、簡単化のため、$\delta = 0$ とする）。そして今、生産量 Y_t と、それを生産するために必要な資本ストックの量 K_t が比例的で、

(14.9) $\quad K_t = vY_t$

が成り立つと仮定する。1単位の生産物を生産するために必要な資本ストック量の一定量 v を**固定資本係数**と呼ぶ。$t+1$ 期には $K_{t+1} = vY_{t+1}$ が成り立つので

(14.10) $\quad K_{t+1} - K_t = v(Y_{t+1} - Y_t)$

となる。この式の左辺は、来期に Y_{t+1} を得るために必要な今期の投資量 I_t である。(14.8)式より

(14.11) $\quad I_t = v(Y_{t+1} - Y_t)$

となる。もちろん

(14.12) $\quad I_t = v(Y_t - Y_{t-1})$

という投資決定もありうるが、この場合は、固定資本係数の仮定からそのまま導かれる関係ではない。むしろ投資量が直接に所得の増加分の一定割合として決まると解釈するべきであろう。

ともかく、(14.11)式あるいは(14.12)式のように、投資が国民所得の変化分に比例して決まるという関係は、**加速度原理**と呼ばれている。この段階で、**2、3、4**のいずれかが正しい。(14.11)式あるいは(14.12)式より、国民所得の増

276

加分が最大となるときに投資が最大となること，国民所得の増加分が0となるときに投資が0となることは明らかである。

正答　4

例題14.2-2　ストック調整原理

投資について，「ストック調整原理」の枠組みで考える（ただし，ここでは，資本減耗はゼロとする）。望ましいとされる最適資本ストックが200で一定である企業にとって，前期初めの資本ストックが100，今期初めの資本ストックが120であった。この企業が来期初めに保有する資本ストックの量として，正しいものはどれか。（経済学検定試験）

(1) 160　　**(2)** 144　　**(3)** 140　　**(4)** 136

解説　**伸縮的加速度モデル**あるいは**ストック調整モデル**と呼ばれるものは，今期初めの資本ストックK_tと今期の終わりの望ましい資本ストックの水準K^*_{t+1}の差に比例して投資が決まるというものである。したがって，今期の投資は，以下で表される。

$$(14.13) \quad I_t = \alpha(K^*_{t+1} - K_t)$$

(14.13)式のαを調整係数，または**伸縮的加速子**という。投資の反応が加速度モデルのように速やかでないという点は，$0 < \alpha < 1$の仮定に反映される。

例題に戻ろう。前期初めの資本ストックが$K_{t-1} = 100$，今期初めの資本ストックが$K_t = 120$なので，(14.8)式より，前期の投資は$I_{t-1} = K_t - K_{t-1} = 20$である。これと$K^*_{t+1} = K^*_t = 200$を$t$を1期ずらした(14.13)式に代入すると，$20 = \alpha(200 - 100)$なので，$\alpha = 0.2$である。ゆえに，(14.13)式より，今期の投資は$I_t = 0.2(K^*_{t+1} - K_t) = 0.2(200 - 120) = 16$である。(14.8)式より，来期初めの資本ストックは$K_{t+1} = K_t + I_t = 120 + 16 = 136$である。

正答　(4)

例題14.2-3　トービンのq

トービンのq理論に関するA〜Eの記述のうち，妥当なもののみをすべて挙げているのはどれか。（国家総合職）

A．q理論は資産市場の部分均衡分析から導出されたケインズ的な発想に基づく投資理論であり，投資効果曲線（ペンローズ曲線）を用いた投資モデルなどのミクロ経済学的な発想に基づく投資理論とは矛盾する。

B．q理論の分子に当たる企業の市場価値は，資産市場においてその企業の期

待収益を反映した株価の時価総額に負債総額を加えたものである。
　C．q 理論の分母に当たる資本ストックの再取得費用は，適正な会計処理の結果として帳簿に記入されている簿価で評価される。
　D．q の値が 1 より大きい場合，企業の市場価値は過少であり，企業の市場価値を高めるためには，投資の削減が必要である。
　E．q の値が 1 より小さい場合，企業買収を行えば資本ストックを割安で購入できるため，q の値は企業買収の目安となる。

1 A, B　　**2** A, C　　**3** B, E　　**4** C, D　　**5** D, E

解説　トービンの q には，平均の q と，限界の q がある。いずれの q も，分子に設備投資の便益を，分母に設備投資の費用をとっており，q が 1 より大きい場合，企業は設備投資を行うべきであるという結論が導かれる。

平均のトービンの q は，以下のように定義される。

$$（14.14）\quad 平均の\ q = \frac{株価総額 + 負債総額}{資本設備の再取得費用}$$

分子の株価総額は，1 株当たりの株価 × 株数である。市場が効率的であれば，株価の総額は，この企業が将来生み出す利益の割引現在価値と等しいはずである。負債総額は，負債で調達した資金の総額である。企業はこの 2 つにより資金調達を行っている。株価総額と負債総額の合計が，企業価値である。分母の資本の再取得費用とは，この企業が保有する資本ストックを再び購入するために必要な費用であり，この企業が保有する資本ストックの市場価値を表す。

q が 1 より小さい場合を考えよう。株価総額と負債総額を支払うことによりこの企業を買収できるはずなので，この企業を買収した投資家は資本設備を売りに出せば，利益を上げることができる。これは企業価値に比べて資本設備が過剰であることを意味している。一方，平均の q が 1 より大きければ，企業が保有している資本ストックの価値以上の収益を上げられると，市場が評価していることになる。そして，そのような企業は，さらなる設備投資を行うことにより，さらに収益を増やせるはずである。

限界の q は，以下のように定義される。

$$（14.15）\quad 限界の\ q = \frac{1\ 単位の投資から得られる収益の割引現在価値}{1\ 単位の資本のコスト}$$

(14.15) 式は，既存の資本設備を 1 単位増設するときの費用対効果を表しており，q が 1 以上のとき，投資の便益が費用を上回っている。現実には，企業は

現在の資本設備を前提として追加の投資を行うかどうかを決定するので，理論的には限界の q のほうが優れている。一方，現実のデータからの計測が比較的容易なのは，平均の q である。

以上を踏まえて，例題のA～Eを検討する。以上の説明より，BとEが正しい。Aについて，平均のトービンの q は，例題14.1-1で扱った利子率の関数としての投資ではなく，株式市場における投資家の評価を考慮した投資理論である。調整費用があったとしても，株式市場が効率的ならば，調整費用も考慮されているはずである。Cについて，平均の q の分母は，市場で評価された資本ストックの再取得費用である。Dについて，企業の市場価格が資本ストックの市場価値に比べ過少であるのは，平均の q が1より小さい場合である。

正答　3

例題14.2-4　ジョルゲンソンの投資理論

ジョルゲンソンの投資理論では，今期の投資は $I_t = \lambda(K_t^* - K_{t-1})$ という関係式によって決まる。ただし，I_t は今期の投資水準，K_t^* は今期の望ましい資本ストック水準，K_{t-1} は前期の資本ストック水準，λ は投資の調整速度である。今期の雇用量を10，今期の実質利子率 r_t を5％（$r_t = 0.05$），$K_{t-1} = 30$，$\lambda = 0.2$，生産関数を $Y_t = \frac{1}{5} K_t^{\frac{1}{2}} L_t^{\frac{1}{2}}$（$L_t$ は今期の雇用量）とするとき，今期の投資はいくらか。ただし，資本減耗率はゼロとする。（経済学検定試験）
(1) 2　　(2) 6　　(3) 10　　(4) 20

解説　例題4.1-2で扱ったように，ミクロ経済学における企業の利潤最大化条件は，資本の限界生産物が利子率に等しいというものであり，**公式4.1**として表された。**公式4.1**より，最適な資本水準が求められるので，企業はこの最適な資本水準を実現するような投資を行えばよいというのが，**新古典派の投資理論**である。これに，(14.13)式の調整係数（伸縮的加速子）を導入したのが，**ジョルゲンソンの投資理論**である（ただし，(14.13)式と例題で与えられた式は，t で表される期がずれている。これに関する説明は，(14.11)式，(14.12)式に関する解説を参照せよ）。

資本の限界生産物は $\dfrac{\partial Y_t}{\partial K_t} = \dfrac{1}{10}\left(\dfrac{L_t}{K_t}\right)^{\frac{1}{2}}$ である。**公式4.1**より，$\dfrac{1}{10}\left(\dfrac{10}{K_t^*}\right)^{\frac{1}{2}} = 0.05$ なので，$K_t^* = 40$ を得る。問題文の式に，これと $K_{t-1} = 30$，$\lambda = 0.2$ を代入すると，$I_t = 0.2(40 - 30) = 2$ である。

正答　(1)

練習問題

【No.1】 今期と来期の2期間のみ生産活動を行う企業を考える。資本市場では5％の利子率で自由に資金の貸借ができる。この企業は，今期に1億円の設備投資を行い，生産を始める。その資金2,000万円を銀行から借り入れ，8,000万円を株式発行で調達する。設備投資を行うと，来期に1,550万円の事業収益がある。また，生産を終えた設備は，来期末に購入時と同じ価格で売却できる。企業は来期に，事業収益と設備の売却代金から銀行に負債をすべて返却し，残りをすべて株主に配当する。ただし，この株式のリスク・プレミアムはゼロとする。この企業の今期のトービンのqはいくらか。（経済学検定試験）

(1) 0.5　　(2) 0.8　　(3) 1.1　　(4) 1.4

> **解説**　来期の利益1,550万円と設備の売却代金1億円の合計がこの企業の来期の収入となり，銀行に元本2,000万円と利子2,000万円×0.05＝100万円を返済すると，来期に支払われる配当は，1,550＋10,000－(2,000＋100)＝9,450万円である。この配当の割引現在価値 $\frac{9,450}{1.05}$＝9,000万円が，現在の株価の総額である。負債2,000万円と，資本の取得費用1億円を(14.14)式に代入すると，平均のトービンのqは，$q = \frac{9,000+2,000}{10,000} = 1.1$ である。よって，正答は(3)である。

【No.2】 投資理論に関する次の記述のうち，妥当なのはどれか。（国家総合職）

1. 資本収益の割引現在価値が資本取得費用と等しくなるような割引率を，資本の限界効率という。一般的に，資本の限界効率が実質利子率より低い場合に，資本が購入される。
2. 加速度原理では，適正な資本ストック量は産出量と比例関係にあるとされ，投資量は産出量の増加の一定割合となる。なぜなら，同原理では投資の懐妊期間を考慮に入れるからである。
3. ストック調整モデルでは，今期の最適資本ストック量と前期の資本ストック量の差がそのまま今期の投資量となる。なぜなら，同モデルは事前に計画された投資量が各期ごとに完全に実施されると想定しているからである。
4. 投資効果曲線（ペンローズ曲線）を用いた投資モデルは，新古典派投資理論が考慮しなかった調整費用をモデルの中に組み込んでいる。同モデルによると，生産能力を大幅に引き上げる場合，投資額に占める調整費用の割合が大きくなる。
5. トービンのqとは，企業の市場価値を，企業の現存資本の買換えに必要な費用総額で割った値のことである。一般的に，qが1未満であれば純投資額は正となる。

> **解説**　投資の限界効率の理論によると，資本の限界効率が実質率利子よりも高い場合，投資が行われる（1は誤り）。加速度原理では，投資は国民所得（産出量）と比例関係にあるが，投資の懐妊期間（投資の計画から資金調達，発注などに要する時間によって生じるタイム・ラグ）は特に考慮に入れていない（2は誤り）。ストック調整モデルでは，今期の最適資本ストック量と前期の資本ストック量の差のうち一部のみが今期の投資になる（3は誤り）。選択肢4は，投資効果曲線（ペンローズ曲線）の説明として妥当である（4は正しい）。トービンのq理論において，qが1以上であれば，投資額は正となる（5は誤り）。

正答　【No.1】(3)　【No.2】4

第15章 貨幣供給と貨幣需要

Money Supply and Money Demand

15.1 貨幣供給

例題15.1-1　貨幣乗数

次の文章の（A），（B）に入るものの組合せとして妥当なのはどれか。（国家総合職）

マネーサプライを管理するため，ハイパワード・マネーを変化させるとき，中央銀行にとって（A）。

ここで，現金預金比率が20％，法定準備率が10％である。マネーサプライを100兆円にするにはハイパワード・マネーを（B）兆円とするとよい。

(A) a. 現金預金比率および法定準備率がコントロール可能である
　　b. 現金預金比率はコントロール可能であるが，法定準備率はコントロール可能でない
　　c. 法定準備率はコントロール可能であるが，現金預金比率はコントロール可能でない

(B) a. 25
　　b. 27
　　c. 29

	(A)	(B)
1	a	c
2	b	a
3	b	b
4	c	a
5	c	c

解説　民間銀行は，受け入れた各種預金の総額の一定割合を中央銀行に預金することを義務づけられている。この一定割合を**法定準備率**という。

281

したがって，民間銀行は，預金のすべてを貸し出しに回すことはせず，一部を法定準備率に従って中央銀行に預金し，また，他の一部を銀行内に現金として保有する。中央銀行への預金と民間銀行の保有する現金の和を**支払準備金**という。公衆が民間銀行に預金した総額に対する支払準備金の比率を，**支払準備率**と呼ばれる。さらに，この支払準備金と民間の非金融部門の保有する現金を合わせたものは，**マネタリー・ベース**あるいは**ハイパワード・マネー**と呼ばれる。支払準備率は，預金の種類別に決められるが，簡単化のために要求払預金（当座預金・普通預金）と定期預金の区別を無視して，預金を1種類とみなし，その総和をD，また，支払準備金をRと表す。さらに家計および企業の保有する現金をCとすると，ハイパワード・マネーHは

(15.1) $\quad H = C + R$

と定義される。なお，支払準備率は $\beta = \dfrac{R}{D}$ である。

一方，**貨幣**とは，取引の支払手段として用いられる現金および預金を意味する。したがって，家計や企業の保有する現金Cは貨幣に含まれるが，支払準備金Rは貨幣に含まれない。預金としては，要求払預金のみを貨幣に含めるときは貨幣をM_1，さらに，定期預金まで含めて広義の貨幣を定義するときはこれをM_2と呼ぶ。しかし，以下では，要求払預金と定期預金の区別はせずに，貨幣の総量である**マネーサプライ**を単にMと表すことにする。すると

(15.2) $\quad M = C + D$

が成り立つ。(15.1)式，(15.2)式から

(15.3) $\quad \dfrac{M}{H} = \dfrac{C + D}{C + R}$

となる。右辺の分母・分子をDで割って，両辺にHを掛け，**現金預金比率**を $\alpha = \dfrac{C}{D}$ と置くと

公式 15.1 $\quad M = \dfrac{\alpha + 1}{\alpha + \beta} H$

が得られる。$\dfrac{\alpha + 1}{\alpha + \beta}$ は**貨幣乗数**または**信用乗数**と呼ばれる。$\beta < 1$なので，貨幣乗数の値は1より大きい。**公式15.1**はマネタリー・ベースがその何倍もの貨幣を生むことを表す。それゆえ，ハイパワード・マネーとも呼ばれるのである。

なお，参考までに，現在のわが国のマネーサプライの定義は，以下である。

M_1＝現金通貨＋預金取扱機関に預け入れられた預金通貨
M_2＝現金通貨＋国内銀行等に預け入れられた預金通貨
M_3＝現金通貨＋預金取扱機関に預け入れられた預金通貨
広義流動性＝M_3＋金銭の信託＋投資信託＋金融債＋銀行発行普通社債＋金融機関発行コマーシャル・ペーパー（CP）＋国債・政府短期証券（FB）＋外債

中央銀行が保有する金融政策の手段として，公開市場操作，金利政策操作（公定歩合操作，または，基準割引率および基準買付利率操作），預金準備率（法定準備率）操作の3つがある。

中央銀行の最も主要な金融政策の手段は，**公開市場操作**である。公開市場操作とは，手形や債券などを民間の経済主体に対して売買を行い，貨幣供給量をコントロールする方法である。中央銀行が債券を買い，市場へ現金Cまたは支払準備金Rを供給する政策を**買いオペレーション**という。買いオペレーションを実施するとハイパワード・マネーが増加するので，**公式15.1**のHが増加することになる。一方，中央銀行が債券を売って市場から現金を吸い上げる政策を**売りオペレーション**という。

従来，公定歩合と呼ばれてきたものは，2006年8月の名称変更により，**基準割引率および基準買付利率操作**と呼ばれるようになった。この金利は，中央銀行が市中銀行に対して行う貸付の利子率として用いられる。この利子率が引き下げられると，市中銀行は中央銀行から借り入れを増加させようとするであろう。また，基準割引率および基準買付利率操作の変化は，金融生産に対する中央銀行の姿勢の変化を示すものと受け取られ，将来のさらなる金融政策を人々に予想させる効果を持つ。この効果は**アナウンスメント効果**と呼ばれる。

預金準備率（法定準備率）操作は，預金準備率βを変化させるものである。この値を引き下げると，**公式15.1**より貨幣乗数（信用乗数）の値が上昇し，貨幣供給量は増加することになる。

例題に戻ろう。預金準備率（法定準備率）βを変化させることは金融政策の手段であるので，法定準備率はコントロール可能である。しかし，現金預金比率αは民間の経済主体が決定するので，中央銀行はこの値をコントロールできない。問題文より，$\alpha=0.2$，$\beta=0.1$，$M=100$（兆円）であるので，**公式15.1**にこれらを代入すると，$100=\dfrac{0.2+1}{0.2+0.1}H$であり，$H=25$（兆円）を得る。　　**正答　4**

例題15.1-2 預金準備金

公衆保有の現金（市中で流通している現金）と預金をそれぞれ CU，D とし，また，銀行部門保有の現金を V，中央銀行への預け金を R とする。今，公衆の現金預金比率 $\dfrac{CU}{D}$，銀行部門の現金預金比率 $\dfrac{V}{D}$ がともに0.1である。マネーサプライが26.4兆円，ハイパワード・マネーが6兆円であるとき，中央銀行への預け金はいくらか。（国家総合職）

1 1.2兆円　　**2** 1.8兆円　　**3** 2.4兆円　　**4** 3.2兆円　　**5** 3.8兆円

解説　例題では，現金が「公衆保有の現金」と「銀行部門保有の現金」に分かれている。実は，マネーサプライは「金融機関と政府を除いた経済主体が保有する通貨の合計」であり，「銀行部門保有の現金」はマネーサプライに含まれない。よって，マネーサプライ M とハイパワード・マネー H は，それぞれ

(15.4)　　$M = CU + D$

(15.5)　　$H = CU + V + R$

と表される。問題文で与えられた $\dfrac{CU}{D} = \dfrac{V}{D} = 0.1$，$M = 26.4$（兆円），$H = 6$（兆円）を (15.4) 式，(15.5) 式に代入すると，

(15.6)　　$26.4 = 0.1D + D$

(15.7)　　$6 = 0.1D + 0.1D + R$

である。よって，$D = 24$（兆円），$R = 1.2$（兆円）を得る。　　**正答　1**

例題15.1-3 信用創造

ある銀行が8,000万円の預金を受け入れた場合，この預金をもとに市中銀行全体で派生的に信用創造される預金額として，正しいのはどれか。ただし，すべての市中銀行の預金準備率は20％とし，預金は途中で市中銀行以外に漏れることはないものとする。（地方上級）

1 1,600万円　　**2** 9,600万円　　**3** 1億4,400万円
4 3億2,000万円　　**5** 4億円

解説　支払準備率を $\beta = \dfrac{R}{D}$ とする。今，新たに民間銀行になされた預金の額を d としよう。銀行は，そのうち βd を準備金として，残り $(1-\beta)d$ を貸し付けに回す。ここで，貸し付けが，すべて預金として銀行に還流すると仮定

する。すると，また新たに $(1-\beta)d$ の預金がなされ，このうち $(1-\beta)^2 d$ が貸し出される。このようなプロセスを通じて，最初の預金 d は総額として

(15.8)　　　$D = d + (1-\beta)d + (1-\beta)^2 d + \cdots\cdots$

に等しい預金を創出する。**公式8.1**に $S = D$, $a = d$, $x = (1-\beta)$ を代入し，

公式 15.2　$D = \dfrac{1}{\beta} d$

を得る。最初の預金が派生的に生み出した信用の大きさ，すなわち貸付総額は

公式 15.3　$D - d = \dfrac{1-\beta}{\beta} d$

に等しい。このような金融機関による預金の創造を**信用創造**と呼ぶ。以上は，貸付金がすべて銀行に預金として還流するという仮定で導出された値である。

　例題15.1-1で解説したように，買いオペレーションを行いハイパワード・マネーが増えると，貨幣乗数（**公式15.1**）によりマネーサプライが増加した。それは，信用創造が背後にあるからである。しかし，**公式15.1**の貨幣乗数と，**公式15.2**で表される信用創造の値は一致しない。その理由は，貸付金がすべて銀行に預金として還流するという仮定のためである。実際には，経済主体は現金と預金の比率 $\alpha = \dfrac{C}{D}$ の割合だけ手元に現金を残すので，貸付金がすべて銀行に還流することはない。もし $\alpha = 0$ を**公式15.1**の貨幣乗数に代入すると，**公式15.2**と等しくなる。

　例題に戻ろう。$\beta = 0.2$, $d = 8{,}000$万円を**公式15.3**に代入すると，$D - d = \dfrac{1-0.2}{0.2} \times 8000 = 32000$ である。よって，正答は3億2,000万円である。

正答　4

練習問題

【No. 1】 次の中央銀行と市中銀行のバランスシートを使ったときの，市中に流通する現金通貨，マネーサプライおよび貨幣乗数の組合せとして妥当なものはどれか。（地方上級）

中央銀行			
資産		負債等	
国内信用残高	90	現金	80
外貨準備高	40	準備金	40
		政府預金	10
	130		130

銀行			
資産		負債等	
支払準備	40	預金通貨	160
貸付	120		
	160		160

	市中に流通する現金通貨	マネーサプライ	貨幣乗数
1	80	240	2
2	80	240	3
3	80	320	4
4	120	320	2
5	120	320	4

> **解説** 中央銀行のバランスシートの負債等に計上されている現金が，市中に流通している現金通貨である。(15.2)式より，マネーサプライは，$M = C + D = 80 + 160 = 240$ である。(15.1)式より，ハイパワード・マネーは，$H = 80 + 40 = 120$ である。例題15.1-2の解説より，政府預金はハイパワード・マネーに含まれない。**公式15.1**より $M = (貨幣乗数) \times H$ であるので，貨幣乗数は2である。よって，正答は **1** である。

【No.2】 公衆保有の現金通貨を C，当座預金を D_1，定期預金を D_2，市中銀行の当座預金と定期預金のそれぞれに対する支払準備金を R_1, R_2 とする。今，定期預金の当座預金に対する比率 $\dfrac{D_2}{D_1} = 0.5$，公衆の現金預金比率 $\dfrac{C}{D_1 + D_2} = 0.068$，当座預金の支払準備率 $\dfrac{R_1}{D_1} = 0.15$，定期預金の支払準備率 $\dfrac{R_2}{D_2} = 0.03$ とするとき，ハイパワード・マネー1単位の増加は1国の貨幣量をどれだけ増加させるか。(国家総合職)

1　4　　2　6　　3　8　　4　10　　5　12

> **解説** $D = D_1 + D_2$, $R = R_1 + R_2$ と置くと $\beta = \dfrac{R}{D} = \dfrac{R_1 + R_2}{D_1 + D_2} = \dfrac{\dfrac{R_1}{D_1} + \dfrac{R_2}{D_2} \cdot \dfrac{D_2}{D_1}}{1 + \dfrac{D_2}{D_1}} = \dfrac{0.15 + 0.03 \times 0.5}{1 + 0.5}$
> $= 0.11$ である。一方，現金預金比率は $\alpha = \dfrac{C}{D_1 + D_2} = 0.068$ なので，**公式15.1**より，信用乗数は $\dfrac{M}{H}$
> $= \dfrac{0.068 + 1}{0.068 + 0.11} = 6$ である。よって，正答は **2** である。

【No.3】 中央銀行が今期6％の率でハイパワード・マネー H_t を増加させた。すなわち，$\dfrac{H_t - H_{t-1}}{H_t} = 0.06$ とする。今期のハイパワード・マネーが名目GDPの3倍であるとき，今期の名目シニョリッジは名目GDPの何％か。(経済学検定試験)

① 2%　　② 9%　　③ 14%　　④ 18%

> **解説** 政府が通貨を独占的に発行したことにより得られる収入を**シニョリッジ**（**通貨発行益**）という。ハイパワード・マネーの増加分が，通貨発行による名目値の収入になる。今期の名目GDP

を Y_t とすると,問題文より,$H_t = 3Y_t$ である。$\frac{H_t - H_{t-1}}{Y_t} = \frac{H_t - H_{t-1}}{H_t} \times \frac{H_t}{Y_t} = 0.06 \times 3 = 0.18$ であるので,今期の名目シニョリッジは名目GDPの18%である。よって,正答は(**4**)である。

正答 【No.1】 1 【No.2】 2 【No.3】 (**4**)

15.2 貨幣需要

例題15.2-1 ケインズの流動性選好説

ケインズの流動性選好説による貨幣需要の動機に関する記述として,妥当なのはどれか。(地方上級)

1 投機的動機は,利子率の変動に関する予想から生じる動機であり,これに基づく貨幣需要は,国民所得の大きさに依存することなく,利子率が上昇するほど増大するとした。
2 取引動機は,家計と企業が収入と支出の時間差をカバーするために貨幣を保有する動機であり,これに基づく貨幣需要は,国民所得の大きさに依存することなく,利子率が低下するほど増大するとした。
3 予備的動機は,予測できない事態が発生し,不慮の支出が必要となるときに備え,貨幣を保有しようとする動機であり,これに基づく貨幣需要は,国民所得が上昇するほど増大するとした。
4 投機的動機には所得動機と営業動機があり,これらに基づく貨幣需要は,取引金額と一定期間内における所得とに依存し,所得が多いほど増大するとした。
5 利子率がかなり低い水準まで来ると,債券保有が不利となることから貨幣を保有しようとするが,これにより通貨供給量が増えても,取引動機に基づき吸収されるので,利子率をさらに低下させることができなくなるとした。

解説 **ケインズの流動性選好理論**では,人々の貨幣保有の動機として,**取引動機,予備的動機,投機的動機**を考える。

取引動機に基づく貨幣需要は,日常生活において生じる動機である。一般に,家計や企業が収入を得てから支出を行うまで時間差が生じる。取引動機はこの時間差をカバーするために貨幣を必要とするというものである(**2**の前半は正しい)。取引動機による貨幣需要は,経済活動が活発なほど大きくなるため,GDP(国民所得)が大きいほど高くなる(ゆえに,**2**は誤り)。なお,取引動機を所得動機と営業動機に分けて考えることもある。所得動機とは,個人が収入と支出の時間差をカバーするために貨幣を保有しようとする動機である。一方,

営業動機とは，企業が費用の支出と代金の受領との時間差をカバーするために貨幣を保有しようとする動機である（**4**は誤り）。

予備的動機に基づく貨幣需要は，不確実な将来における不意の支出に備えるための貨幣保有である。予備的動機に基づく貨幣需要も国民所得に依存し，国民所得が増大するほど予備的動機に基づく貨幣需要も増大する（**3**が正答）。

投機的動機に基づく貨幣需要は，資産として貨幣を保有しようとする動機である。貨幣を保有するメリットは，貨幣の持つ流動性である。しかし，貨幣を保有すると，他の資産を保有した場合に得られる利子収入をあきらめなければならない。マクロ経済学では，他の資産として**コンソル債**を考えるのが一般的である。コンソル債とは，無限期間にわたり確定利子（クーポン）を得ることができる債券である。コンソル債の確定利子を R，利子率を r とすると，n 年後に得られる確定利子の割引現在価値は $\dfrac{R}{(1+r)^n}$ である。コンソル債の保有者は確定利子を永久期間受け取れるので，コンソル債の市場価格 P は

(15.9) $\quad P = \dfrac{R}{1+r} + \dfrac{R}{(1+r)^2} + \cdots + \cdots \dfrac{R}{(1+r)^n} + \cdots$

である。**公式8.2**に $S = P$，$a = R$ を代入すると，以下の公式を得る。

公式 15.4 $\quad P = \dfrac{R}{r}$

さて，将来利子率が上昇すると，**公式15.4**より，利子率の上昇は債券価格の低下をもたらす。よって，人々は貨幣保有を減らして債券保有を増やそうとするであろう。ゆえに，投機的動機に基づく貨幣需要では，利子率が上昇すると，貨幣需要が低下することになる（**1**は誤り）。

もし利子率が十分ゼロに近くなり，これ以上低くなることができない最低水準まで低下すると，**公式15.4**より債券価格 P が最大になる。債券価格が最大であるため，債券需要が最低になり，投機的動機に基づく貨幣需要 L が最大になる。この状態を**流動性のわな**と呼ぶ（**5**は誤り）。ここで，貨幣需要の利子弾力性を

(15.10) $\quad \varepsilon_L = -\dfrac{\Delta r}{\Delta L}\dfrac{L}{r}$

と定義する。流動性のわなの状況では，投機的動機に基づく貨幣需要 L が最大であり，利子率がほぼゼロであるので，貨幣需要の利子弾力性は無限大である。

正答 3

> **例題15.2-2　貨幣数量説**
>
> 貨幣数量説に従えば，名目貨幣残高が10%増加したとき，貨幣の流通速度が一定，実質所得が8%増加すると，一般物価水準のインフレ率として，正しいものはどれか。(経済学検定試験)
>
> **(1)** −2%　　**(2)** 1.25%　　**(3)** 2%　　**(4)** 18%

解説　**貨幣数量説**には，**フィッシャー**による**交換方程式**と，**マーシャル**による**ケンブリッジ現金残高方程式**という2つの定式化がある。フィッシャーによる交換方程式は，以下で与えられる。

$$(15.11) \qquad MV = PT$$

Mは貨幣量，Pは物価である。Vは貨幣の流通速度と呼ばれ，多くの場合，一定と仮定される。Tは一定期間内の総取引量であり，中間生産物を含んでいることに注意せよ。一方，マーシャルによる**現金残高方程式**は，ケンブリッジ方程式とも呼ばれている。現金残高方程式によると

$$(15.12) \qquad M = kPY$$

が成り立つ。Yは実質国民所得（GDP）であり，kは**マーシャルのk**と呼ばれている。交換方程式および現金残高方程式は，**古典派の貨幣数量説**を代表するものである。どちらも，貨幣需要が利子率とは独立に，取引高あるいは国民所得に比例すると考えている。

これに対して，**フリードマン**による**新貨幣数量説**では，貨幣需要は，恒常所得$\overline{Y}$の関数であり，$M = \overline{k}P\overline{Y}$を満たす$\overline{k}$が一定とされる。すると，現実に観察されるマーシャルのkすなわち

$$(15.13) \qquad k = \frac{M}{PY} = \frac{\overline{k}\,\overline{Y}}{Y}$$

はYが上昇する景気上昇期には低下し，Yが低下する景気下降期には上昇することになる。(15.11)式のTと(15.12)式のYは前者が中間生産物を含み，後者が含まないという点で異なるが，(15.11)式のVにならって，kの逆数も一種の貨幣の流通速度と考えることができる。

例題はそれぞれの変数の増加率を問うているので，ここで，マクロ動学でよく使用される変化率に関する公式を導入しよう。

まず，変数x, yについて，$\dfrac{(x+\Delta x)(y+\Delta y) - xy}{xy} = \dfrac{\Delta x}{x} + \dfrac{\Delta y}{y} + \dfrac{\Delta x \Delta y}{xy}$ となる。Δx，Δyが値が小さいときは最後の項を無視することができ，

公式 15.5 $\dfrac{\Delta(xy)}{xy} = \dfrac{\Delta x}{x} + \dfrac{\Delta y}{y}$

である[1])。ここで $z = xy$ と置くと，この式から $\dfrac{\Delta y}{y} = \dfrac{\Delta z}{z} - \dfrac{\Delta x}{x}$ が求まる。$y = \dfrac{z}{x}$ なので，結局，以下が成り立つ。

公式 15.6 $\dfrac{\Delta(z/x)}{z/x} = \dfrac{\Delta z}{z} - \dfrac{\Delta x}{x}$

例題は，フィッシャーの貨幣数量説についての出題である。ただし，一定期間内の総取引量 T は実質所得 Y で置き換えられていることに注意されたい。**公式15.5** を使って，フィッシャーの交換方程式 (15.11) 式を変化率に直すと，

(15.14)　　$\dfrac{\Delta M}{M} + \dfrac{\Delta V}{V} = \dfrac{\Delta P}{P} + \dfrac{\Delta Y}{Y}$

である。問題文より名目貨幣残高の増加率は10％なので $\dfrac{\Delta M}{M} = 0.1$，貨幣の流通速度は変化しないので $\dfrac{\Delta V}{V} = 0$，実質所得の増加率は8％なので $\dfrac{\Delta Y}{Y} = 0.08$ である。これらを (15.14) 式に代入すると，インフレ率は $\dfrac{\Delta P}{P} = 0.02$ である。

正答　(3)

例題15.2-3　ボーモル＝トービンの貨幣保有モデル

　ある経済主体Aは銀行に預金 Y を有しており，銀行へ行くたびに一定額の現金を引き出し，その現金を毎日一定額ずつ支出に充て，使い切ったら再び銀行に行って一定額の現金を引き出す行為を繰り返し，1年間で預金を使い切るものとする。

　Aが銀行に一度行くための費用は100であり，また，利子率は i で表され，i は現金保有の機会費用を測るものである。

　Aが現金保有に係る費用を最小化するときの現金の年間平均保有額を表す式として，正しいのはどれか。（国家総合職）

---

1)　$z = xy$ の対数をとり（$\log z = \log x + \log y$），両辺を微分して**公式15.5**を導いてもよい。

1　$\left(\dfrac{Y}{200i}\right)^{\frac{1}{2}}$　　2　$\left(\dfrac{iY}{200}\right)^{\frac{1}{2}}$　　3　$\left(\dfrac{100Y}{i}\right)^{\frac{1}{2}}$

4　$\left(\dfrac{50Y}{i}\right)^{\frac{1}{2}}$　　5　$(100Y-i)^{\frac{1}{2}}$

解説　**ボーモル**や**トービン**は，企業の最適在庫理論と似た考えで，取引費用の現金を保有する際に，所得に加えて，手元に現金を保有することの機会費用としての利子率を考慮した。これは，**貨幣需要の在庫理論アプローチ**として知られている。

経済主体Aが1回に銀行から引き出す金額をCとする。このときの現金保有額と預金保有残高を図にすると，**図15-1**となる。図より，現金の平均保有額は$\dfrac{C}{2}$である。問題文より，経済主体Aは毎日一定額の支出を行うので，常に現金が必要であろう。よって，このモデルのゼロ時点で預金を引き出すと考えると，ゼロ時点の預金の残高は$Y-C$である。預金の平均保有残高は$\dfrac{Y-C}{2}$であり，銀行預金から得られる総利子収入は$\dfrac{Y-C}{2}i$である。1回に銀行からCだけ引き出し，預金総額はYなので，引出し回数は$\dfrac{Y}{C}$である。1回の引出しにかかる費用をbとすると，銀行に行くための費用の合計は$\dfrac{Y}{C}\times b$である。現

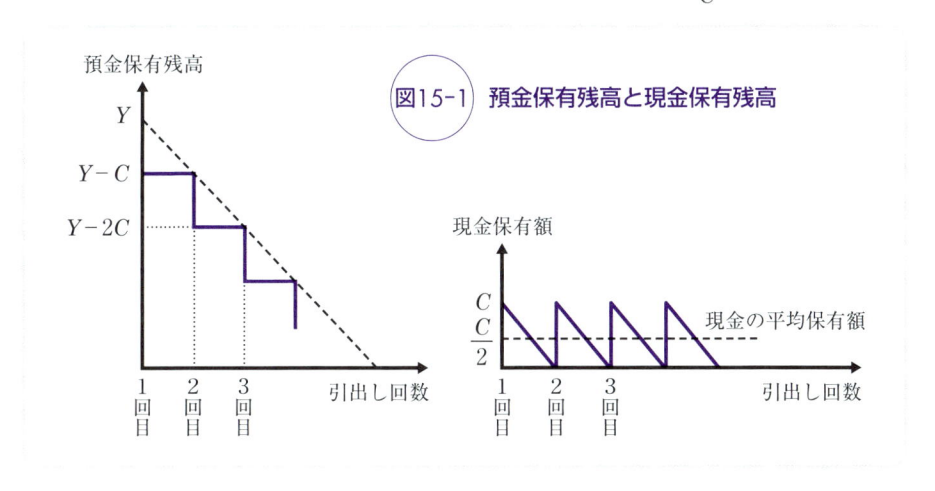

図15-1 預金保有残高と現金保有残高

金保有に関する総費用は，銀行に行くためのコストと，現金の保有により失った利子収入による機会費用の和なので，総費用をTCとすると，

$$(15.15) \quad TC = \frac{Y}{C} \times b - \frac{Y-C}{2} i$$

である。(15.15) 式を最小化するためCで微分してゼロと置くと，$\frac{\partial TC}{\partial C} = -\frac{b \cdot Y}{C^2} + \frac{i}{2} = 0$ である。よって，以下の公式を得る。

公式 15.7　$C = \left(\frac{2 \cdot b \cdot Y}{i}\right)^{\frac{1}{2}}$

$b = 100$より，現金の平均保有額は，$\frac{C}{2} = \frac{\left(\frac{200Y}{i}\right)^{\frac{1}{2}}}{2} = \left(\frac{50Y}{i}\right)^{\frac{1}{2}}$ である。

正答　**4**

練習問題

【No.1】 毎期5,355円の利子収入を永久に保証するコンソル債（永久債券）を考える。市場利子率が5％で将来にわたって一定であるとき，最初の期の期首におけるコンソル債の価格として正しいのはどれか。なお，利払いは毎期末に行われるものとする。（国家総合職）

1　5,250円　　**2**　107,100円　　**3**　107,250円　　**4**　267,750円　　**5**　267,900円

解説　公式15.4に$R = 5,355$，$r = 0.05$を代入すると，$P = \frac{R}{r} = \frac{5,355}{0.05} = 107,100$（円）である。よって，正答は**2**である。

【No.2】 貨幣の需要に関する記述として妥当なものは次のうちどれか。（国家総合職）
1　貨幣数量説は，貨幣に対する需要が主として取引高ないし国民所得に依存し，また，貨幣に対する需要の利子弾力性が大きいと主張する。
2　ケインズは，貨幣に対する需要を，主として所得に依存する部分と主として利子率に依存する部分とに二分し，前者を予備的動機に基づく貨幣需要，後者を投機的動機に基づく貨幣需要とした。
3　ボーモル，トービンは，在庫理論に基づく貨幣の取引需要分析により，貨幣の取引需要が利子率によってのみ変動することを明らかにした。
4　フリードマンは，貨幣に対する需要が主に恒常所得に依存するとし，これにより貨幣の

流通速度が短期的には景気上昇期に増大し，景気下降期に減少することを明らかにした。
5 フィッシャーは，現金残高方程式において，各経済主体はその収入のうち現金として手元に持つ割合が長期的に増大することを明らかにした。

解説 貨幣数量説については，例題15.2-2の解説を参照せよ。フィッシャーによる交換方程式，マーシャルによる現金残高方程式，どちらも，貨幣需要が利子率とは独立に，取引高あるいは国民所得に比例すると考えている（**1**，**5**は誤り）。

フリードマンによる新貨幣数量説では，貨幣需要は恒常所得の関数である。そして，マーシャルのkの逆数を貨幣の流通速度と考えることができるので，景気上昇期には流通速度が増加し，景気下降期には流通速度が減少することになる。例題15.2-2の解説を参照せよ（**4**が正しい）。

ケインズの流動性選好説については，例題15.2-1の解説を参照せよ。貨幣需要のうち所得に依存する部分は，取引需要と予備的需要からなる。しかも，どちらかといえば取引需要が重要である（**2**は誤り）。

ボーモルやトービンの貨幣保有モデル（在庫理論アプローチ）については，例題15.2-3の解説を参照せよ。このモデルにおける貨幣の取引需要関数は$L(Y, r)$の型になり，利子率のみならず，所得にも依存する（**3**は誤り）。

【No.3】 ある家計が，年初に得た所得$T = 10$万円を年利$i = 5$％の銀行預金の形で保有し，1年間のうちに10万円をすべて使い切る。消費には現金制約が働き，この家計は，1回当たりC万円を何回かに分けて銀行預金から引き出し，これを消費に充てる。また，銀行預金を現金化するために，この家計は1回当たり$b = 100$円の換金費用をかけて銀行に足を運ぶ。このとき，ボーモル＝トービン・モデルによる貨幣保有の総費用最小化の結果，最適な平均現金残高は，いくらになるか。（国家総合職）

1 1万円　**2** 2万円　**3** 3万円　**4** 4万円　**5** 5万円

解説 公式15.7に$Y = T = 10$万，$i = 0.05$，$b = 100$を代入すると，一度に引き出す現金は，
$$C = \left(\frac{2 \cdot b \cdot Y}{i}\right)^{\frac{1}{2}} = \left(\frac{2 \times 100 \times 100000}{0.05}\right)^{\frac{1}{2}} = 20000$$
である。現金の平均保有額は，
$$\frac{C}{2} = \frac{20000}{2} = 10000 \text{（円）}$$
である。よって，正答は**1**である。

正答　【No.1】 2　【No.2】 4　【No.3】 1

15.3 貨幣市場の均衡

例題15.3-1 フィッシャー方程式

名目利子率が金融政策によりゼロに固定されている状況を考える。フィッシャー方程式が成立する場合において，(A)期待インフレ率が-3％であるとき，

実質利子率はいくらか。また，(B) 期待インフレ率が2％に上昇したときには，実質利子率はいくらになるか。(A)，(B) それぞれにおける実質利子率の組合せとして妥当なのはどれか。(国家総合職)

	(A)	(B)
1	3％	−1％
2	3％	−2％
3	3％	2％
4	−3％	2％
5	−3％	1％

解説 **名目金利**は，物価上昇率を加味しない額面上の金利である。一方，金利の水準を物価上昇率との関係から見たもので，名目金利から物価変動の影響を除いた金利を**実質金利**という。現在の名目金利を i_t，実質金利を r_t とする。さらに，現在の物価水準が P_t，1年後に予想される物価水準を P^e_{t+1} とする。今，P_t 円の資金を名目金利で運用すると，1年後に得られる元本と利子の合計は $(1+i_t)P_t$ である。1年後に予想される物価水準で割った実質の元利合計は $\dfrac{(1+i_t)P_t}{P^e_{t+1}}$ である。これが実質の運用利回りであるので，

$$(15.16) \quad 1 + r_t = \frac{(1+i_t)P_t}{P^e_{t+1}}$$

が成立する。(15.16) 式を $(1+i_t) = (1+r_t)\left(\dfrac{P^e_{t+1}-P_t}{P_t}+1\right)$ と変形し，現在予想されるインフレ率，すなわち**期待インフレ率** $\pi^e_t = \dfrac{P^e_{t+1}-P_t}{P_t}$ を代入すると，

$$(15.17) \quad 1 + i_t = 1 + r_t + \pi^e_t + r_t \cdot \pi^e_t$$

である。(15.17) 式の右辺の最終項 $r_t \cdot \pi^e_t$ は十分小さいので，この項を無視しても差し支えない。よって，以下の公式を得る。

公式 15.8 $i_t = r_t + \pi^e_t$

名目利子率，実質利子率，期待インフレ率の関係を表したこの式は，**フィッシャー方程式**と呼ばれる。

例題に戻ろう。(A) のケースでは，$i_t = 0$，$\pi^e_t = -3$ であるので，これらを**公式15.8**に代入すると，$r_t = 3$（％）を得る。(B) のケースでは，$i_t = 0$，$\pi^e_t = 2$ で

あるので，これらを**公式15.8**に代入すると，$r_t = -2$（％）を得る。

正答 2

> **例題15.3-2 貨幣市場の均衡**
>
> ある国の貨幣市場について考える。名目利子率の上昇に応じて市中銀行にとっての望ましい預金準備率は低下すると仮定し，
> $$res = 0.4 - 2i$$
> 〔res：預金準備率，i：名目利子率〕
> が成り立っているとする。現金・預金比率は0.2であり，マネタリー・ベースは100である。また，実質貨幣需要関数は次のように与えられている。
> $$L(Y, i) = 0.5Y - 50i$$
> 〔L：実質貨幣需要，Y：実質国民所得〕
> 実質利子率が5％，期待物価上昇率が5％，物価水準が1であるとき，貨幣市場を均衡させる実質国民所得の値として妥当なのはどれか。
> なお，市中銀行の預金準備率に関する政府や中央銀行による規制はないものとする。（国家総合職）
>
> **1** 505 **2** 540 **3** 575 **4** 610 **5** 645

解説 マネーサプライは現在流通している貨幣の総額であり，貨幣需要は人々が保有する貨幣の総額であったので，いずれもストックで測られる。名目マネーサプライをM，物価水準をP，実質貨幣需要をLとすると，貨幣市場の均衡は以下で表される。

$$\frac{M}{P} = L \tag{15.18}$$

例題15.2-1で解説したように，ケインズの流動性選好説によると，実質貨幣需要Lは，国民所得と利子率の関数であった。しかし，例題15.3-1で見たように，利子率には名目利子率と実質利子率がある。Lはどちらの利子率の関数なのであろうか。ケインズの流動性選好説によると，投機的動機に基づく貨幣需要は，資産を貨幣として保有するか，債券として保有するかの選択の結果であり，貨幣と債券の収益率の差で決まることになる。貨幣を保有するとインフレの分だけ貨幣の価値が下がるので，貨幣の期待収益率は，$-\pi_t^e$である。債券を保有すると，名目利子率の収益が得られるが，やはりインフレにより価値が減る。**公式15.8**（フィッシャー方程式）により，インフレを加味した債券の期待収益率は$i_t - \pi_t^e = r_t$である。債券と貨幣の収益率の差を考えるために，債券の収益率から貨幣の収益率を引くと，**公式15.8**より，$r_t - (-\pi_t^e) = i_t$となる。つまり，貨幣と債券の収益率の差は名目利子率になるので，例題のように，貨幣需要は名目利子率に依存するのである。これにより，16章で扱うLM曲線も，

実質利子率ではなく，名目利子率に依存することになる。

　例題に戻ろう。まず，**公式15.8**により，名目利子率を求めよう。問題文より実質利子率が5％，期待物価上昇率が5％なので，$i = 5 + 5 = 10$（％）である。現金預金比率は0.2，預金準備率（支払準備率）は$res = 0.4 - 2i = 0.4 - 2 \times 0.1 = 0.2$，マネタリー・ベース（ハイパワード・マネー）は100であるので，これらを**公式15.1**に代入すると，$M = \dfrac{0.2 + 1}{0.2 + 0.2} \times 100 = 300$である。問題文で与えられた実質貨幣需要と物価水準1を（15.18）式に代入すると，$\dfrac{300}{1} = 0.5Y - 50 \times 0.1$である。これを解くと，$Y = 610$を得る。

正答　4

練習問題

【No.1】 ある国の経済が，次のように示されるとする。

$L(Y, r) = 0.4Y - 100r$
$res = 0.6 - 2i$
$dep = 0.2, \ MB = 60, \ i = 0.2, \ \pi^e = 0.05, \ P = 1$

$\begin{bmatrix} L：貨幣需要関数，Y：所得，r：実質利子率，res：準備金・預金比率，i：名目利子率 \\ dep：現金・預金比率，MB：マネタリー・ベース，\pi^e：期待インフレ率，P：物価水準 \end{bmatrix}$

このとき，貨幣市場を均衡させる所得Yの値として正しいのは，次のうちどれか。（国家総合職）

1　187.5　　**2**　300　　**3**　487.5　　**4**　500　　**5**　512.5

解説　**公式15.1**に$\alpha = dep = 0.2, \ \beta = res = 0.6 - 2i, \ i = 0.2, \ H = MB = 60$を代入すると，$M = \dfrac{0.2 + 1}{0.2 + (0.6 - 2 \times 0.2)} \times 60 = 180$である。**公式15.8**（フィッシャー方程式）より，$r = i - \pi^e = 0.2 - 0.05 = 0.15$なので，貨幣市場の均衡である（15.18）式にこれらを代入すると，$\dfrac{180}{1} = 0.4Y - 100 \times 0.15$である。これを解くと，$Y = 487.5$を得る。よって，正答は**3**である。

正答　【No.1】　3

第16章

IS-LM分析

IS-LM Analysis

16.1　IS-LMモデル

> **例題16.1-1　IS-LMモデル**
>
> 以下のマクロ経済モデルにおいて，所得 Y が300のときの，均衡物価水準と均衡利子率の組合せとして正しいのはどれか。（国家総合職）
>
> $Y = C + I + G + X - M$
> $C = 0.6Y + 20$
> $I = 50 - 100r$
> $G = 20$
> $X = 60$
> $M = 20$
> $L = Y - 100r + 30$
> $M_S = 480$
>
> $\begin{bmatrix} Y：所得水準，C：消費，I：投資，r：実質利子率，G：政府支出 \\ X：輸出，M：輸入，L：実質貨幣需要，M_S：名目貨幣供給 \end{bmatrix}$
>
> | | 均衡物価水準 | 均衡利子率 |
> |---|---|---|
> | 1 | 2.0 | 10% |
> | 2 | 2.0 | 15% |
> | 3 | 1.5 | 10% |
> | 4 | 1.5 | 15% |
> | 5 | 1.0 | 10% |

解説　以下では価格が一定であると仮定し，変数はすべて実質値を表すとする。消費を C，総投資を $\bar{I}$，政府支出を G，輸出を X，輸入を M とす

297

ると，三面等価の支出面は $C+\bar{I}+G+(X-M)$ となる。しばらくの間，輸出 X と輸入 M は定数であるとしよう。三面等価の生産面である GDP を Y とすると，国民所得会計上

(16.1) $\qquad Y = C + \bar{I} + G + (X - M)$

が恒等的に成立している。右辺の総投資 $\bar{I}$ は，定義上，在庫変動を含んでいるためである。そこで，そのうち**意図せざる在庫変動**の部分を Δinv として

(16.2) $\qquad \bar{I} = I + \Delta inv$

と置こう。I は事前に計画された投資である。(16.1)式で，$\Delta inv = 0$ と置いて得られる式

(16.3) $\qquad Y = C + I + G + (X - M)$

はもはや恒等式ではない。(16.3)式は，以下で方程式として定式化される。そしてそれを満たす解 Y は**均衡国民所得**と呼ばれる（以下では，一国の GDP を表す Y を広義の意味で「国民所得」と呼ぶ。均衡と呼ぶのは，(16.3)式の左辺が財市場の供給，右辺が財市場に対する需要を表しているからである。

第13章で見たように，消費は国民所得に依存している。ここで，税 T を導入すると，消費は可処分所得 $(Y-T)$ に依存していると考えるべきである。また，例題14.1-1で紹介した投資の限界効率の理論によると，投資 I は利子率 r の減少関数である。よって，(16.3)式を

(16.4) $\qquad Y = C(Y-T) + I(r) + G + (X-M)$

と書き換えることができる。縦軸に利子率 r を，横軸に国民所得 Y をとった平面において，(16.4)式を等号で成立させる r と Y の組合せを表したものが，**IS 曲線**である。

三面等価の生産面ではなく分配面を使って，財市場の均衡を表すこともできる。貯蓄を S とすると，分配面は $C+S+T$ である。貯蓄も可処分所得に依存しているので，財市場の均衡式は

(16.5) $\qquad S(Y-T) + T = I(r) + G + (X-M)$

である。三面等価の生産面と分配面は常に等しいので，(16.4)式と(16.5)式は同値である。よって，(16.5)式を r-Y 平面に描いても IS 曲線を得ることができる。IS 曲線の I は投資，S は貯蓄の意味である。投資 I は利子率 r の減少関数であり，貯蓄 S は所得 Y の増加関数である。(16.5)式において r が減少すると，右辺の I が増加する。(16.5)式を等号で成立させるためには，Y が増加することにより，S が増加しなければならない。よって，図16-1のように，IS 曲線は右下がりである。

図16-1 *IS*曲線

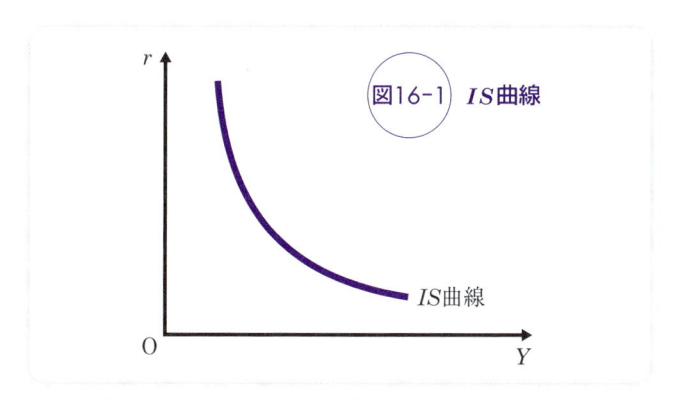

次に、財政政策による財政支出Gの増加、ならびに減税政策によるTの減少がIS曲線に与える効果を考える。(16.5)式において、貨幣市場で決定されるrを一定として、Gを増やすと、右辺が増加する。(16.5)式を等号で成立させるためにはSが増える必要があるので、(16.5)式を成立させるYは、もとのYより大きい。Yは横軸の変数なので、財政政策を行うとIS曲線が右にシフトする。同様の議論がTの減少についても成り立つので、減税政策によってもIS曲線が右にシフトする。

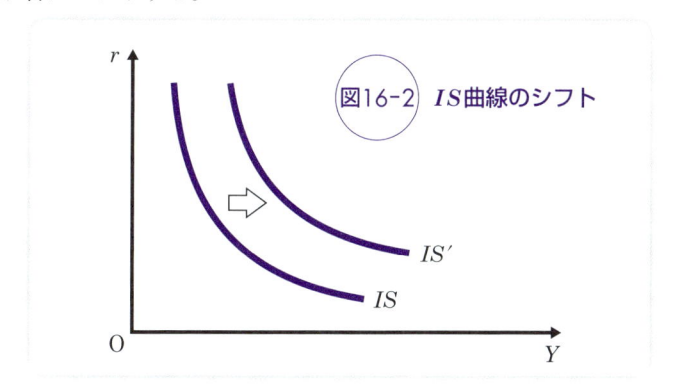

図16-2 *IS*曲線のシフト

次に、貨幣市場の均衡を考える。名目マネーサプライをM_S、物価水準をP、実質貨幣需要をL、名目利子率をiとすると、例題15.3-2の解説より、貨幣市場の均衡は、

(16.6) $$\frac{M_S}{P} = L(Y, i)$$

である。しかし、本例題では、物価上昇を無視しているので、名目利子率と実質利子率の間に差はない。そのため、しばらくの間、名目利子率と実質利子率を区別せず、

図16-3 *LM*曲線

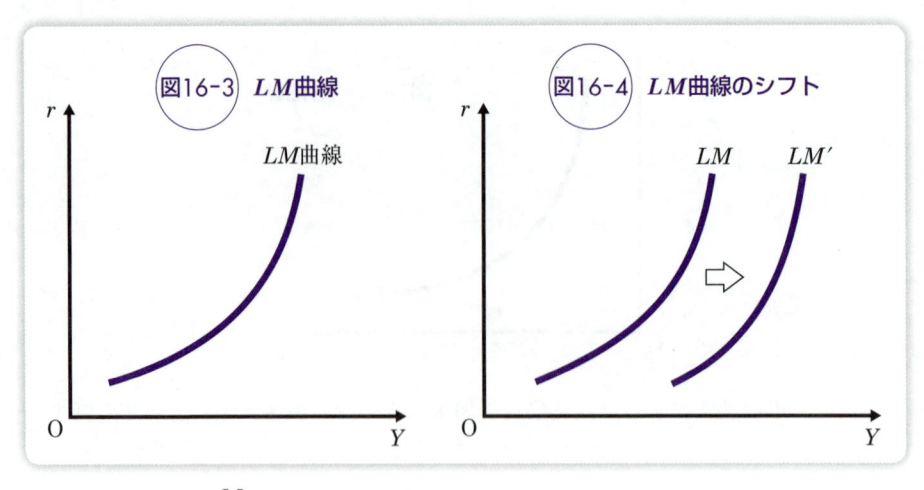

図16-4 *LM*曲線のシフト

$$(16.7) \quad \frac{M_S}{P} = L(Y, r)$$

を貨幣市場の均衡としよう。なお，物価上昇を考慮して，**LM曲線**が名目利子率の関数である場合については，例題18.1-1を参照せよ。

 *LM*曲線は，r-Y平面において，(16.7)式を等号で成立させるrとYの組合せである。名目マネーサプライならびに物価水準を固定して考えると，実質貨幣需要Lは国民所得Yの増加関数であり，利子率rの減少関数である。そのため，Yが増加したとき(16.7)式を等号で成立させるためには，rも増加しなければならない。よって，**図16-3**のように，*LM*曲線は右上がりである。

 次に，金融政策の効果を考えよう。財市場において決定されるYを固定してM_Sを増加させると，(16.7)式の左辺が増加する。(16.7)式が等号で成立するためには，rが減少してLが増加しなければならない。よって，*LM*曲線は下にシフトするが，*LM*曲線は右上がりなので，右にシフトするといっても同じである。**図16-4**のように，金融政策によって，*LM*曲線が右にシフトする。

 (16.4)式，または(16.5)式より，*IS*曲線は財市場を均衡させるrとYの組合せを表していた。一方，(16.7)式より，*LM*曲線は貨幣市場を均衡させるrとYの組合せを表していた。よって，*IS*曲線と*LM*曲線の交点において，財市場と貨幣市場は同時均衡を達成するのである。

 例題15.2-2の解説で説明したように，古典派の貨幣数量説は，(15.12)式のケンブリッジ現金残高方程式として表すことができた。これを書き換えると，

$$(16.8) \quad \frac{M_S}{P} = kY$$

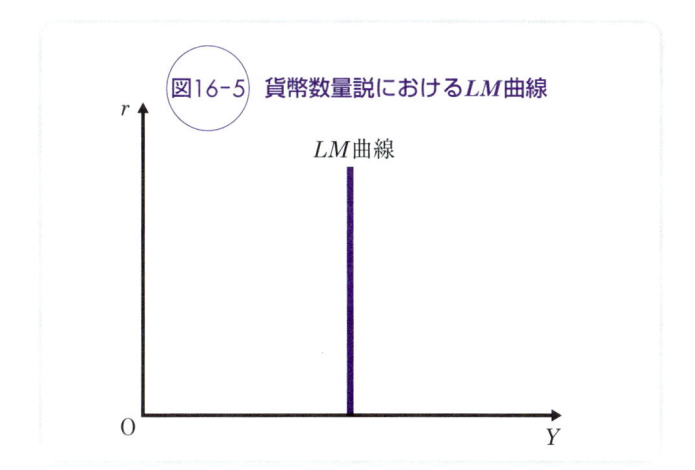

図16-5 貨幣数量説におけるLM曲線

である。(16.8) 式を貨幣市場の均衡とみなそう。貨幣市場の需要を表す右辺は利子率に依存しないので、LM曲線は**図16-5**のように垂直になる。この場合、金融政策により名目マネーサプライM_Sを増加させると何が起こるのであろうか。実は、古典派は実質国民所得Yは財市場で決定されると考えているため、M_Sを増やしてもYは一定のままである。よって、名目マネーサプライM_Sを増やしても、LMはシフトせず、物価水準Pの上昇（とkの上昇として現れる貨幣流通速度の低下）をもたらすだけと考えるのである。これについては、例題18.1-2で扱う**古典派の二分法**でより詳しい解説を与える。

　例題に戻ろう。問題文の第1式～第6式が財市場に関係する式であり、これらからIS曲線は

(16.9)　　$Y = (0.6Y + 20) + (50 - 100r) + 20 + (60 - 20)$

となる。貨幣市場の均衡式である (16.7) 式に問題文の第7式、第8式を代入すると、LM曲線は

(16.10)　　$\dfrac{480}{P} = Y - 100r + 30$

である。(16.9) 式、(16.10) 式、ならびに問題文で与えられた$Y = 300$より、$P = 1.5$、$r = 0.1$を得る。

正答　**3**

例題16.1-2　市場の不均衡

財市場，貨幣市場での需給が均衡するような国民所得と利子率の組合せを示す IS-LM 曲線が図のように示されている。今，証券市場の需給が均衡するような所得と利子率の組合せを $B_s B_d$ 曲線とするならば，この $B_s B_d$ 曲線に関する記述として妥当なものはどれか。（国家総合職）

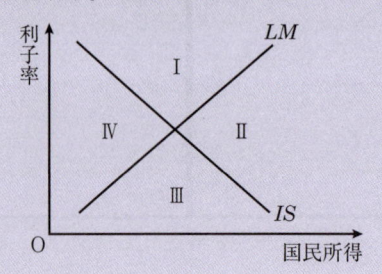

1. IS 曲線と LM 曲線の交点では，財市場，貨幣市場ともに需給が均衡しているから，$B_s B_d$ 曲線がこの点を通ることはない。
2. I の領域では，財市場では超過供給，貨幣市場では超過需要を生じているから，$B_s B_d$ 曲線はこの領域を通る。
3. II の領域では財市場，貨幣市場ともに超過供給を生じているから，$B_s B_d$ 曲線はこの領域を通る。
4. III の領域では財市場，貨幣市場ともに超過需要を生じているから，$B_s B_d$ 曲線がこの領域を通ることはない。
5. IV の領域では財市場，貨幣市場ともに超過供給を生じているから，$B_s B_d$ 曲線がこの領域を通ることはない。

解説　財市場が均衡しているとき，(16.5) 式が成立する。今，(16.5) 式を成立させる (Y_1, r_1) を所与とすると，(Y_1, r_1) は IS 曲線上の一点で

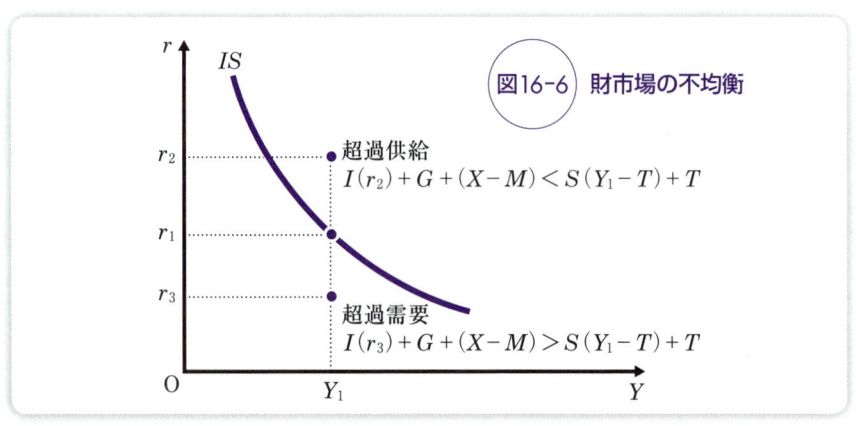

図16-6　財市場の不均衡

超過供給
$I(r_2) + G + (X - M) < S(Y_1 - T) + T$

超過需要
$I(r_3) + G + (X - M) > S(Y_1 - T) + T$

ある。図16-6のようにIS曲線の上方に位置する点 (Y_1, r_2) を選ぶと，計画された投資 I は減少するので

(16.11)　　$I(r_2) + G + (X - M) < S(Y_1 - T) + T$

が成り立つ。これは，財市場が超過供給にあることを意味する。次に，IS曲線の下方の点 (Y_1, r_3) をとる。この点では不等式の方向が (16.11) 式と逆になり，財市場は超過需要となる（**5**は誤り）。

貨幣市場が均衡しているとき，(16.7) 式が成立する。ここで，(16.7) 式を成立させる (Y_1, r_1) を所与とすると，(Y_1, r_1) は LM 曲線上の一点である。r が増加すると，実質貨幣需要 $L(Y, r)$ は減少する。図16-7のLM曲線上の点 (Y_1, r_1) に対して，その上方に位置する点 (Y_1, r_2) をとると

(16.12)　　$\dfrac{M_S}{P} > L(Y_1, r_2)$

が成立する。すなわち，貨幣市場は超過供給となる。LM曲線の下方では，(16.12) 式の不等号が逆になり，貨幣市場は超過需要となる（**2**，**3**は誤り）。

この例題では，財市場，貨幣市場，証券市場の3つの市場を考えている。証券の総供給量を B^S，総需要量を B^D とする。財市場の超過需要量は $C + I + G + (X - M) - Y$，名目値の貨幣市場の超過需要は $P \cdot L - M_S$ である。第1章第1節の練習問題【**No.4**】の解説で言及した**ワルラス法則**より，すべての市場の超過需要の和はゼロになる。証券需要を B^D，証券供給を B^S とすると，

(16.13)　　$[C + I + G + (X - M) - Y] + (P \cdot L - M_S) + (B^D - B^S) \equiv 0$

が成り立つ。第1項，第2項，第3項はそれぞれ，IS，LM，$B_s B_d$ 曲線上で0となる。したがって IS曲線，LM曲線の交点では，$B^D = B^S$ となる（よって**1**

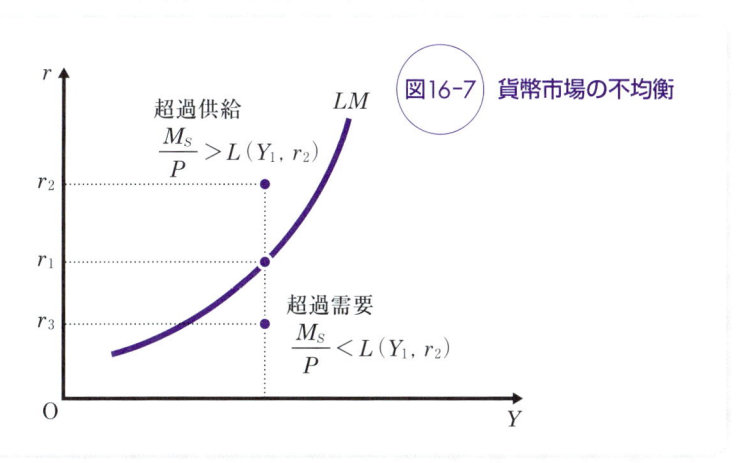

図16-7　貨幣市場の不均衡

は誤り)。領域Ⅰでは，財市場，貨幣市場がともに超過供給であるため，第1項と第2項がともにマイナスになり，領域Ⅲでは財市場，貨幣市場がともに超過需要であるため，第1項と第2項がともにプラスとなり，$B^D = B^S$ が成り立つことはありえない（**4** が正しい）。証券市場が均衡する $B_s B_d$ 曲線が通りうるのは，領域Ⅱ，Ⅳである。

正答 4

練習問題

【No.1】 投資を I, 貯蓄を S, 貨幣需要量を L, 貨幣供給量（外正変数）を M とし，物価水準を一定とした場合，ケインズの体系は

$I(r, Y) = S(Y)$ 　　　$\begin{bmatrix} r：利子率 \\ Y：実質生産 \end{bmatrix}$
$L(r, Y) = M$

と表され，図のような体系となる。図の点 A にある経済は，どのようなものか。ただし，I は Y の増加関数とする。（国家総合職）

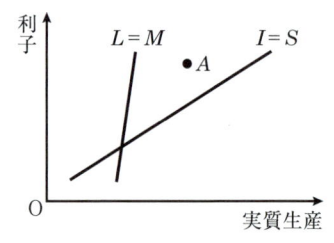

1　$L > M$ かつ $S > I$ 　　2　$L > M$ かつ $I > S$ 　　3　$M > L$ かつ $S > I$
4　$M > L$ かつ $I > S$ 　　5　$M + I > L + S$

> **解説** 例題16.1-2と比べると，投資が利子率のみならず，国民所得の関数にもなっていることと，そのために IS 曲線が右上がりとなっている点が異なる。しかし，IS 曲線の上方で財市場が超過供給 $S > I$ であることは同じである。なぜなら，$I = S$ 上の点から Y を一定として r を増加させると，貯蓄が変わらず，投資が減少するからである。よって，**1**か**3**が正しい。LM 曲線は右上がりで，その右側で超過需要となるから，$L > M$ となるので，**1**が正答である。

正答 【No.1】 1

16.2 財政・金融政策

例題16.2-1 財政政策の効果

ある経済において実物市場では

$$Y = C + I + G$$
$$I = 0.1(Y - Y_{-1}) - 8r + 50$$
$$C = 0.7Y + 30$$

$\begin{bmatrix} Y: 国民所得,\ C: 消費,\ I: 投資 \\ G: 政府支出,\ Y_{-1}: 前期の国民所得 \\ r: 利子率 \end{bmatrix}$

また，金融市場では

$$L = 0.4Y - 8r + 160$$
$$M = 200$$
$$L = M$$

$\begin{bmatrix} L: 貨幣需要量 \\ M: 貨幣供給量 \end{bmatrix}$

という関係が成立している。

この経済において，政府支出が10単位追加された場合，実物市場だけを考慮したとき（利子率が不変），国民所得の増加はいくらになるか，また金融市場の制約を考慮した場合はどうなるか。ただし，物価水準は一定であり，政府支出は外生変数であるとする。（国家総合職）

	$\begin{bmatrix}実物市場だけを\\考慮した場合\end{bmatrix}$	$\begin{bmatrix}金融市場の制約を\\考慮した場合\end{bmatrix}$
1	50	25
2	50	$\dfrac{50}{3}$
3	$\dfrac{100}{3}$	$\dfrac{50}{3}$
4	$\dfrac{100}{3}$	$\dfrac{100}{9}$
5	$\dfrac{100}{3}$	10

解説　財市場の均衡式 $Y = C + I + G$ に第2式，第3式を代入すると，$Y = 0.7Y + 30 + 0.1(Y - Y_{-1}) - 8r + 50 + G$，すなわち，$0.2Y = G - 8r + 80 - 0.1Y_{-1}$ となる。政府支出の効果を見るため，これを変数の変化分の関係式に置き直すと，定数項の $80 - 0.1Y_{-1}$ は消えて，

(16.14)　　$0.2\Delta Y = \Delta G - 8\Delta r$

となる。利子率を一定とし，政府支出が10増加するので，$\Delta r = 0$，$\Delta G = 10$ を

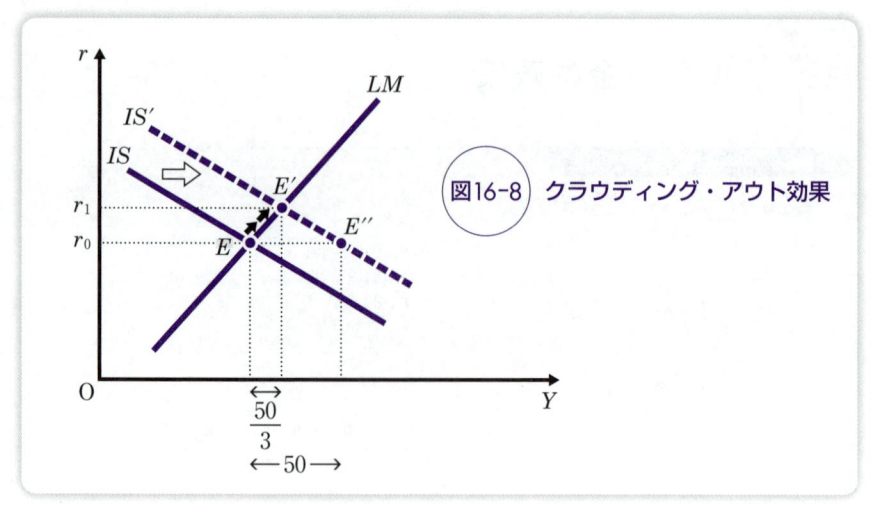

図16-8 クラウディング・アウト効果

(16.14)式に代入して，$\Delta Y = 50$ を得る。

　以上は，**図16-8** の E から E'' への変化に対応している。$\Delta G = 10$ によって IS 曲線を IS' にシフトし，利子率を r_0 の水準に固定すると，政府支出の増加による国民所得の増加は，E と E'' の水平距離50に等しくなる。

　次に，貨幣市場の均衡も考慮に入れよう。例題の第4式および第5式と貨幣市場の均衡式 $L = M$ から，$0.4Y - 8r + 160 = 200$，すなわち，$0.4Y = 8r + 40$ である。これを変化分の関係式に直すと

　　(16.15)　　　$0.4 \Delta Y = 8 \Delta r$

である。$\Delta G = 10$ を代入して，(16.14)式，(16.15)式を解くと，$\Delta Y = \dfrac{50}{3}$ を得る。

これは**図16-8** の E から E' への変化と対応している。利子率が r_0 から r_1 に上昇し，民間投資が抑制されるために，均衡国民所得の増加は $\Delta Y = \dfrac{50}{3} < 50$ となる。これを政府支出の増加が民間投資を押し出す（crowd out）とみなして，**クラウディング・アウト**と呼んでいる。

正答　**2**

例題16.2-2　金融政策の効果

　国民所得が消費と投資と政府支出からなるマクロ経済モデルが，

$$C = \dfrac{4}{5} Y_d + 17, \quad G = 50$$

$$I = \frac{1}{5}Y - 5r + 15$$

$$M_d = 108 - 9r$$

$$T = \frac{1}{4}Y - 10, \quad M_s = 72$$

$\begin{bmatrix} C：消費, & Y_d：可処分所得 \\ I：投資, & Y：国民所得 \\ r：利子率, & T：税収 \\ G：政府支出, & M_d：貨幣需要量 \\ M_s：貨幣供給量 & \end{bmatrix}$

で示されるものとする。このとき，政府が貨幣供給量を変動させることにより，国民所得を50増加させるためには，貨幣供給量をいくらにする必要があるか。ただし，政府支出と物価水準は一定であるものとする。（国家総合職）

1 116　　**2** 108　　**3** 99　　**4** 90　　**5** 81

解説　貨幣市場の均衡は(16.7)式で表された。国民所得 Y が一定の下では，緩和的な金融政策により左辺が増加するので，右辺の利子率が低下する。利子率の低下により計画された投資 $I(r)$ が増加するので，財市場を均衡させる国民所得が増加する。これが，IS-LMモデルにおいて，緩和的な金融政策が国民所得 Y を増加させるメカニズムである。

　貨幣供給量が増加するとLM曲線が右にシフトし，均衡は**図16-9**のように点 E から点 E' に変わる。例題では，このとき，国民所得が50増加すると想定している。そして，そのとき貨幣供給量の新しい水準について尋ねている。そこでまず，$Y_d = Y - T$ を問題文第1式の右辺に代入し，また C, G, I, T を財市場の均衡式 $Y = C + I + G$ に代入して整理し，変化分の関係式にすると，

(16.16)　　$\frac{1}{5}Y = -5r + 90$　　よって　　$\Delta Y = -25 \Delta r$

である。次に $M_d = M_s$ から

(16.17)　　$108 - 9r = M_s$　　よって　　$-9\Delta r = \Delta M_s$

図16-9　*LM曲線のシフト*

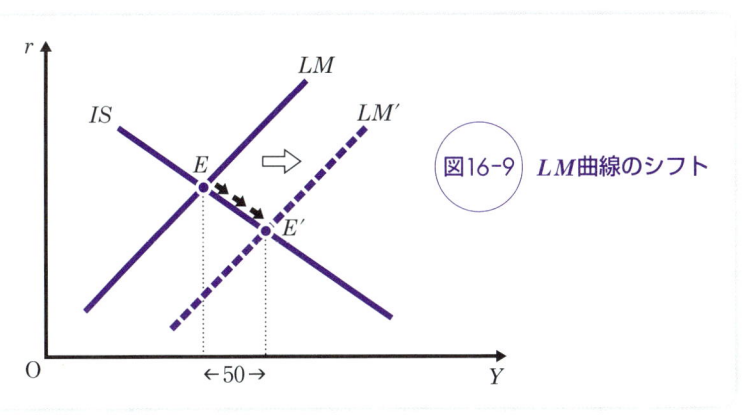

表16-1　IS-LMのシフトと均衡の変化

与件としての変数の増加		均衡値の変化 シフトの方向	国民所得	利子率
IS曲線のシフト	投資意欲の増加	右方	＋	＋
	公共支出の増加	右方	＋	＋
	増　税	左方	－	－
	貯蓄性向の増大	左方	－	－
LM曲線のシフト	名目貨幣供給量の増加	右方	＋	－
	物価水準の上昇	左方	－	＋
	流動性選好の増大	左方	－	＋

である。(16.16) 式に $\Delta Y = 50$ を代入すると $\Delta r = -2$ であり，これを (16.17) 式に代入すると，$\Delta M_s = 18$ が求まる。よって $72 + 18 = 90$ が新しい貨幣供給量である（**4** が正答）。

　さて，ここで，財市場または貨幣市場における需給の変化が，国民所得と利子率の均衡値に与える影響について，**表16-1** にまとめておこう。物価水準の上昇は実質貨幣供給量 $\dfrac{M_S}{P}$ を減少させる。また，国民所得の上昇または利子率の低下といった内生変数の変化以外の理由による流動性選好（貨幣需要）の増大は，LM曲線を左方にシフトさせることに注意せよ。

正答　4

例題16.2-3　流動性のわな

　ある閉鎖経済における「流動性のわな」に関するア～エの記述のうち，妥当なもののみをすべて挙げているのはどれか。（国家総合職）

ア．「流動性のわな」の状況においては，貨幣需要の利子弾力性がゼロとなっている。

イ．「流動性のわな」の状況においては，横軸に産出量，縦軸に利子率をとるIS-LM分析では，LM曲線が水平となっている。

ウ．「流動性のわな」の状況においては，拡張的な財政政策をとっても産出量は増加しない。

エ．「流動性のわな」の状況においては，緩和的な金融政策をとっても産出

量は増加しない。

| 1 イ | 2 ア, エ | 3 イ, ウ | 4 イ, エ | 5 ア, イ, エ |

解説 例題15.2-1の解説で説明したように，流動性のわなにおいて利子率は最低になり，貨幣需要は最大であり，貨幣需要の利子弾力性は無限大であった（アは誤りである）。利子率は最低水準に張り付いているので，この状況は縦軸にrをとったIS-LMモデルにおいて，水平なLM曲線として表される（イは正しい）。

流動性のわなにおいて，拡張的な財政政策を行っても利子率が上昇しないか，あるいは利子率の上昇がわずかに抑えられる。つまり，例題16.2-1で説明したクラウディング・アウトの効果が弱くなるため，財政政策の効果が大きい（ウは誤りである）。一方，緩和的な金融政策を行ってLM曲線を右にシフトさせても，これ以上利子率を下げることができないので，投資は増加せず，国民所得も増加しない（エは正しい）。

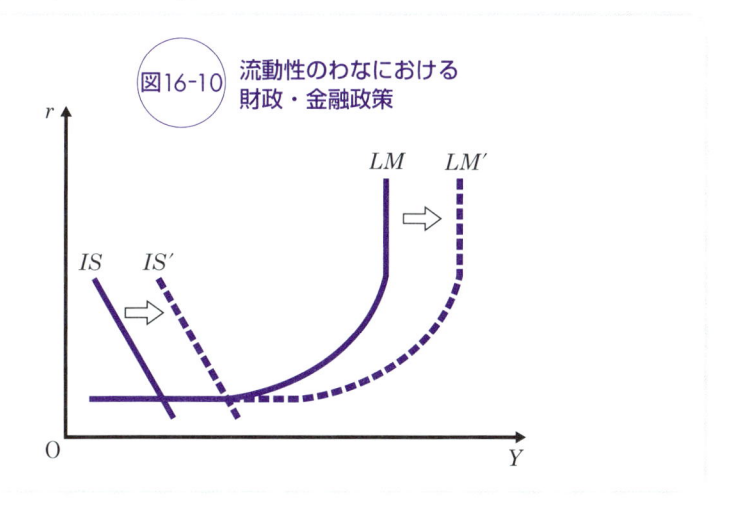

図16-10 流動性のわなにおける財政・金融政策

正答 4

例題16.2-4 財政政策の効果の比較

次のような経済モデルを考える（これを「モデル1」とする）。

$$Y = C + I + G$$
$$I = I_1$$
$$C = cY$$

$\begin{bmatrix} Y：国民所得，\ C：消費，\ I：民間投資 \\ I_1：正の定数，\ G：政府支出，\ 0 < c < 1 \end{bmatrix}$

このモデルにおいて，GをΔGだけ増加させた場合のYの増分をΔY_1とする。
また次のような経済モデルを考える（これを「モデル2」とする）。

$Y = C + I + G$
$I = I_2 - \alpha r$
$C = cY$
$M = L_2 + \beta Y - \gamma r$

[M：貨幣供給量（外生変数），I_2, L_2：正の定数
r：利子率，$\alpha \geq 0$，$\beta \geq 0$，$\gamma \geq 0$
モデル1のcとモデル2のcは同じ値]

このモデルにおいて，GをΔGだけ増加させた場合のYの増分をΔY_2とする。
このとき，モデル1とモデル2でΔGが同額である場合，ΔY_1とΔY_2の大きさに関する次の記述のうち，妥当なのはどれか。
ただし，α，β，γは特段の記述がない限りゼロではないものとする。（国家総合職）

1 一般に，$\Delta Y_2 \geq \Delta Y_1 \geq 0$である。ただし，$\alpha = 0$であれば$\Delta Y_1 = \Delta Y_2$である。
2 一般に，$\Delta Y_2 \geq \Delta Y_1 \geq 0$である。ただし，$\beta = 0$であれば$\Delta Y_1 = \Delta Y_2$である。
3 一般に，$\Delta Y_1 \geq \Delta Y_2 \geq 0$である。ただし，$\alpha = 0$であれば$\Delta Y_2 = 0$である。
4 一般に，$\Delta Y_1 \geq \Delta Y_2 \geq 0$である。ただし，$\beta = 0$であれば$\Delta Y_2 = 0$である。
5 一般に，$\Delta Y_1 \geq \Delta Y_2 \geq 0$である。ただし，$\gamma = 0$であれば$\Delta Y_2 = 0$である。

解説 まず，モデル2のIS曲線，LM曲線を導出する。モデル2の上から3本の式より，財市場の均衡は$Y = \dfrac{1}{1-c}(I_2 - \alpha \cdot r + G)$である。$IS$曲線は縦軸が$r$，横軸が$Y$の平面に描かれるので，$r$について解くと，$IS$曲線は

(16.18)　　$r = -\dfrac{1-c}{\alpha} Y + \dfrac{1}{\alpha}(I_2 + G)$

である。モデル2の第4式が貨幣市場の均衡なので，同様にrについて解くと，LM曲線は，以下である。

(16.19)　　$r = \dfrac{\beta}{\gamma} Y - \dfrac{M - L_2}{\gamma}$

ここで，$\alpha \sim \gamma$のパラメーターといくつかの弾力性の関係をまとめておこう。

投資の利子弾力性をε_{Ir}とすると，$\varepsilon_{Ir} \equiv -\dfrac{\Delta I}{\Delta r} \dfrac{r}{I}$と定義される。モデル2で与えられた投資関数において投資の利子弾力性を求めると，$\varepsilon_{Ir} = \dfrac{\alpha \cdot r}{I_2 - \alpha \cdot r}$である。よって，$\alpha$がゼロであるとき，投資の利子弾力性はゼロである。$\alpha$がゼロであるとき，(16.18)式より，$IS$曲線は垂直になる。これは，投資は利子率に依存しないことより自明であろう。投資の利子弾力性が大きくなればIS曲線

の傾きは緩やかとなっていく。

　本問では名目値と実質値の区別をしていないが，モデル 2 の第 4 式の右辺が貨幣需要であろう。**貨幣需要の所得弾力性**を ε_{LY} とすると，$\varepsilon_{LY} \equiv \dfrac{\Delta L}{\Delta Y} \dfrac{Y}{L}$ と定義される。本問では，$\varepsilon_{LY} = \dfrac{\beta Y}{L_2 + \beta Y - \gamma \cdot r}$ である。よって，β がゼロであるとき，貨幣需要の所得弾力性はゼロである。β がゼロであるとき，(16.19) 式より，LM 曲線は水平になる。これも，LM 曲線が国民所得に依存しないことより自明であろう。貨幣需要の所得弾力性が大きくなれば LM 曲線の傾きは急になっていく。

　貨幣需要の利子弾力性を ε_{Lr} とすると，(15.10) 式より $\varepsilon_{Lr} \equiv -\dfrac{\Delta L}{\Delta r} \dfrac{r}{L}$ であった。本問では，$\varepsilon_{LY} = \dfrac{\gamma \cdot r}{L_2 + \beta Y - \gamma \cdot r}$ である。よって，γ がゼロであるとき，貨幣需要の利子弾力性はゼロである。γ がゼロであるとき，(16.19) 式より，LM 曲線は垂直になる。これも，LM 曲線が利子率に依存しないことより自明であろう。貨幣需要の利子弾力性が大きくなれば LM 曲線の傾きは緩やかになっていく。

　例題に戻ろう。モデル 1 の諸式より，財市場の均衡式は $Y = \dfrac{1}{1-c}(I_1 + G)$ である。これを変化分の式に直すと，以下である。

$$(16.20) \qquad \Delta Y_1 = \dfrac{1}{1-c} \Delta G$$

モデル 2 において，(16.18) 式と (16.19) 式より r を消去すると，$Y = \dfrac{\gamma}{\alpha\beta + \gamma(1-c)}(I_2 + G) + \dfrac{\alpha}{\alpha\beta + \gamma(1-c)}(M - L_2)$ である。これを変化分の式に直すと，

$$(16.21) \qquad \Delta Y_2 = \dfrac{\gamma}{\alpha\beta + \gamma(1-c)} \Delta G, \quad \text{または} \quad \Delta Y_2 = \dfrac{1}{\dfrac{\alpha\beta}{\gamma} + (1-c)} \Delta G$$

である。(16.20) 式と (16.21) 式を比較すると，$\dfrac{\alpha\beta}{\gamma} > 0$ である限り，$\Delta Y_1 > \Delta Y_2$ である。そして，α, β が大きくなれば，または γ が小さくなれば，ΔY_2 は小

さくなる。これは，以下のように，解釈できる。

　α が大きくなる，つまり投資の利子弾力性が大きくなると，IS曲線の傾きが緩やかになり，財政政策の効果が弱くなっていく。これは，財政政策に伴う利子率の上昇により，クラウディング・アウトされる投資が大きくなるためである。図16-8を参照せよ。

　β が大きくなる，つまり貨幣需要の所得弾力性が大きくなると，LM曲線の傾きが急になり，財政政策の効果が弱くなる。これは，国民所得の増加により貨幣需要が増え，利子率を上昇させ，クラウディング・アウトされる投資が大きくなるためである。

　γ が小さくなる，つまり貨幣需要の利子弾力性が小さいと，LM曲線の傾きが急になり，財政政策の効果が弱くなる。財政政策によって国民所得が増加し，貨幣需要が増加する。貨幣市場が均衡するためには利子率が上昇し貨幣需要が減少しなければならないが，貨幣需要はあまり利子率に反応しないため，貨幣需要を減少させるためには大幅な利子率の上昇が必要となり，これが財市場においてクラウディング・アウトをもたらすためである。$\gamma = 0$ という極端な場合，(16.21)式より，$\Delta Y_2 = 0$ になる（正答は **5** である）。

　なお，限界消費性向 c も，IS曲線の傾きに影響を与えることに注意されたい。限界消費性向 c が上昇すると（限界貯蓄性向 $(1-c)$ が低下すると），(16.20)式の政府支出乗数が大きくなる。IS-LM分析においても，(16.21)式より，財政政策の効果が強くなる。

正答　5

例題16.2-5　国債の資産効果

ある経済が次の式で与えられているとする。

$Y = C + I + G$

$C = 0.75(1-t)Y + 0.25B$

$I = 4 - 0.2r$

$M = L$

$M = 1$

$L = 0.2Y - 0.4r + 0.5B + 3$

$t = 0.2$

$B = G - tY$

Y：国内総生産，C：消費，I：投資
G：政府支出，t：税率，r：名目利子率
B：公債発行額，M：貨幣供給量
L：貨幣需要量

このとき，G を税収に等しい額から4に増加し，税収不足を公債発行によっ

て補った場合の Y の変化に対する効果として正しいのはどれか。
ただし，当初公債発行額残高は0であったとする。（国家総合職）
1 変わらない　　2 2増加　　3 4増加　　4 6増加　　5 8増加

解説　まず，本問で与えられているいくつかの式の意味を確認する。最後の式の右辺は財政赤字であり，その分だけ公債発行額が増加する。本問では当初公債発行残高がゼロなので，単年度の財政赤字と国債発行残高が等しい。本問の第2式は消費関数であり，公債発行残高 B に依存している。これは，例題13.2-1で紹介したピグー効果であろう。本問では，財政政策により公債が発行されるが，例題における家計はこの公債を資産として認識するので，消費を増加させる効果になる。これは，財政政策の効果を強める効果を持つであろう（AD-AS 分析におけるピグー効果については，例題18.2-2を参照のこと）。また，第6式の貨幣需要より，この資産効果は貨幣需要にも影響を与えている。おそらく，保有資産上昇により貨幣の取引動機を増やし，貨幣需要を増やすのであろう。

以上を踏まえて，例題に戻る。第1式〜第3式，第7式，第8式より，IS 曲線は，

(16.22)　　$r = 20 - Y + 6.25B$

である。第4式〜第6式より，LM 曲線は

(16.23)　　$r = 5 + 0.5Y + 1.25B$

になる。(16.22)式，(16.23)式より，均衡国民所得は

(16.24)　　$Y = 10\left(1 + \dfrac{B}{3}\right) = 10\left(1 + \dfrac{G - 0.2Y}{3}\right)$

である。(16.24)式の2つ目の等号は，本問第8式を代入して得られた。

当初，財政収支が均衡しており，公債発行がないので，$B = 0$ を(16.24)式に代入すると，$Y = 10$ になる。G が4に増加した場合，(16.24)式に代入すると $Y = 14$ を得る。よって，均衡国民所得は4だけ増加する。

正答　3

例題16.2-6　国債の中央銀行引受けによる財政政策

一国の経済が，次のようなマクロモデルによって表されている。

$C = 0.6(Y - T) + 80$

$I = -4r + 50$

$L = 0.3Y - 12r + 30$

$M = 9H$

ただし，C：消費，Y：国民所得，T：税収，I：投資，r：利子率，L：貨幣需要，M：貨幣供給量，H：ハイパワード・マネーとする。政府が中央銀行引受けによる国債発行で政府支出を1兆円増加させるとき，国民所得はどれだけ変化するか。

(経済学検定試験)

 (1) 1   (2) 2.5   (3) 6   (4) 8

解説　財政政策を行うには財源が必要であり，これまでの例題では**国債の市中消化**を前提としていた。国債の市中消化において，政府は財政政策の財源を調達するため，国債を売却する必要がある。このとき，例題15.1-1で解説した公開市場操作の売りオペレーションと同様に，市中のマネーサプライが減少する。しかし，この市中から調達した資金はすぐに財政政策のため支出されるので，結局マネーサプライは不変である。よって，国債の市中消化の場合，LM曲線は変化せず，IS曲線の変化のみを考えるとよい。

一方，**国債の中央銀行引受け**の場合，中央銀行が新たに発行した貨幣を財源として政府は財政政策を行う。そのため，政府支出額と同額のハイパワード・マネーが市中に供給される。貨幣乗数によりマネーサプライが増加し，IS曲線だけではなく，LM曲線も右方にシフトする。そのため，国債の市中消化よりも国債の中央銀行引受けのほうが，財政政策の効果は大きくなる。しかし，国債の中央銀行引受けを行うと，インフレーションを発生させるおそれがある。ところが，IS-LM分析では，物価水準は一定であるので，インフレーションを分析することはできない。なお，わが国において，国債の中央銀行引受けは財政法により禁止されている。

例題に戻ろう。財市場の均衡条件 $Y = C + I + G$，貨幣市場の均衡条件 $M = L$ に問題文の式を代入すると，IS曲線，LM曲線は，それぞれ $0.4Y = -0.6T - 4r + G + 130$，$9H = 0.3Y - 12r + 30$ である。r を消去して整理すると，$Y = 6H + 2G - 1.2T + 240$ であり，変化分に直すと，$\Delta Y = 6\Delta H + 2\Delta G - 1.2\Delta T$ である。これに，$\Delta H = 1$，$\Delta G = 1$，$\Delta T = 0$ を代入すると，$\Delta Y = 8$ である。

正答 (4)

練 習 問 題

【No.1】 投資 I, 貯蓄 S, 貨幣需要 L, 貨幣供給 M とし, 物価が一定水準である場合, ケインズ経済学の体系は

$$I(r, Y) = S(r, Y)$$
$$L(r, Y) = M$$

$\begin{bmatrix} r：利子率 \\ Y：国民所得 \end{bmatrix}$

で示すことができるが, このとき IS-LM 曲線に関する以下の記述のうち正しいものはどれか。ただし, r を縦軸, Y を横軸とし, IS 曲線は右下がり, LM 曲線は右上がりとする。（国家総合職）

1 IS 曲線は投資の利子弾力性が大きいほど, より水平に近くなる。
2 IS 曲線は限界貯蓄性向が大きいほど, より水平に近くなる。
3 IS 曲線は垂直に近づくほど, 実質所得を増やす金融政策が有効となる。
4 LM 曲線は貨幣需要の利子弾力性がゼロのとき水平になる。
5 LM 曲線は貨幣需要の所得弾力性が大きいほど, より水平に近くなる。

解説　例題16.2-4の解説より, 正答は **1** である。

【No.2】 C = 消費, Y = 国民所得, I = 投資, r = 利子率, L = 貨幣需要, M = マネーサプライとし, ある経済において次の関係が成立している。

$C = 40 + 0.75Y$ ………… ①
$I = 45 - 500r$ ………… ②
$L = 175 + 0.25Y - 500r$ ………… ③
$M = 180$ ………… ④

今, 完全雇用の国民所得水準が200であるとすれば, 完全雇用を達成するためには, 公共投資はいくら必要か。ただし, 国際貿易や租税はないものとし, 物価水準は一定とする。（国家総合職）

1 5　　2 7.5　　3 10　　4 15　　5 20

解説　貯蓄関数は
$S = Y - C = 0.25Y - 40$ ………… ⑤
である。$I = S$ に②と⑤を代入して, IS 曲線
$0.25Y + 500r = 85$ ………… ⑥
を得る。$L = M$ に③と④を代入すると, LM 曲線
$0.25Y - 500r = 5$ ………… ⑦
が得られる。⑥と⑦を解くと $(Y, r) = (180, 0.08)$ である。
政府の公共投資を G とすると, IS 曲線の式は, $S = I + G$, よって, ⑥から
$0.25Y + 500r = 85 + G$ ………… ⑧
に変わる。LM 曲線はシフトしないので, ⑦に $Y = 200$ を代入し, $r = 0.09$ を得る。$(Y, r) = (200, 0.09)$ を⑧に代入すると $G = 10$ を得る。よって, 正答は **3** である。

【No.3】 マクロ経済における短期つまり IS-LM 分析が適用できる状況を考える。ここでは閉鎖経済を考え, また投資は利子率だけでなく, GDPからも影響を受けるとする。この経済

におけるIS-LM分析のための式は，

$$Y = C + I + G = C + S + T$$
$$C = a + c \cdot (Y - T)$$
$$I = \overline{I}(i) + bY$$
$$\frac{M}{P} = Y \cdot L(i)$$

$\Big[$ Y：GDP，C：消費，I：投資，G：政府支出，S：民間貯蓄
T：税収，a：正の定数，b, c：0と1の間の定数
$\overline{I}(i)$：投資のうち利子率から影響を受ける部分，i：利子率
M：貨幣供給量，P：物価水準
$L(i)$：利子率がiのときのGDP 1単位当たりの貨幣需要 $\Big]$

で表されるとする。分析の対象となる領域では，$-\infty < \dfrac{\partial \overline{I}(i)}{\partial i} < 0$，$-\infty < \dfrac{\partial L(i)}{\partial i} < 0$とする。また，$b + c < 1$が成り立っているとする。

今，政府支出を一定として，減税を行った。この場合の効果に関するA，B，Cの記述のうち，妥当なもののみをすべて挙げているのはどれか。（国家総合職）

A．民間貯蓄は必ず増える。
B．投資は必ず減る。
C．利子率は必ず上がる。

1　C　　2　A, B　　3　A, C　　4　B, C　　5　A, B, C

解説　表16-1より，減税を行うとIS曲線が右にシフトし，国民所得（GDP）であるYは増加し，利子率は上昇する（Cは正しい）。問題文第1式と第2式より，$S = Y - C - T = (1 - c)(Y - T) - a$であるので，Yの上昇は貯蓄の増加をもたらす（Aは正しい）。投資の限界効率の理論に基づく単純な投資関数は利子率のみに依存するので，減税によりIS曲線が右にシフトし，利子率が上昇すると投資が減少する。しかし本問では，投資は国民所得にも依存しているので，投資が増えるか減るかは定かではない（Bは誤り）。よって，正答は**3**である。

【No.4】海外部門との輸出入を捨象した閉鎖経済を考える。この経済のマクロモデルは次のように示されている。

$$Y = C + I + G$$
$$C = 250 + 0.4Y$$
$$I = 250 - 400r$$
$$\frac{M}{P} = 0.3Y - 800r$$

$\Big[$ Y：国民所得，C：消費，I：投資，G：政府支出
r：利子率，M：マネーサプライ，P：物価水準 $\Big]$

当初，政府支出が500，マネーサプライが400の状態において，この経済の財市場，貨幣市場はともに均衡している。今，政府が政府支出を100増加させると同時に，中央銀行が買いオペを行ってハイパワードマネーを4増加させた。貨幣乗数を10とするとき，当初の均衡と比べた新たな均衡でのY，rの増加分の組合せとして正しいのはどれか。

ただし，物価水準は1で固定されているものとする。（国家総合職）

	Yの増加分	rの増加分
1	100	0.03
2	136	0.01
3	136	0.04
4	160	0.01
5	160	0.04

解説 問題で与えられた第1式～第3式より財市場の均衡は，$0.6Y = 500 - 400r + G$である。第4式に$P = 1$を代入すると，貨幣市場の均衡は，$M = 0.3Y - 800r$である。これらを変化分に直すと，

$0.6\Delta Y = -400\Delta r + \Delta G$ ………… ①
$\Delta M = 0.3\Delta Y - 800\Delta r$ ………… ②

である。**公式15.1**より，貨幣乗数が10のとき，ハイパワードマネーを4増加させると，マネーサプライは40増加する。①式，②式に$\Delta G = 100$，$\Delta M = 40$を代入すると，$\Delta Y = 160$，$\Delta r = 0.01$を得る。よって，正答は**4**である。

【No.5】 ある国の財市場，貨幣市場が以下のようなモデルで記述されるとする。

$Y = C + I + G$
$C = 1000 + 0.8Y$
$I = 400 - r$
$\dfrac{M}{P} = 5Y - 10r$

$\begin{bmatrix} Y：国民所得，C：消費，I：民間投資，G：政府支出 \\ r：利子率，M：名目貨幣供給量，P：物価水準 \end{bmatrix}$

ここで，物価水準は$P = 1$で変化しないものとする。この国において，利子率rの値を一定に保ったまま，国民所得Yを10増加させるための政策の組合せとして，妥当なのはどれか。
(国家総合職)

	M	G
1	25増加	2減少
2	50増加	2減少
3	25増加	2増加
4	50増加	1増加
5	50増加	2増加

解説 まず，IS-LM曲線を求める。問題文第1式～第3式より，IS曲線は$r = 1400 - 0.2Y + G$である。問題文第4式に$P = 1$を代入すると，LM曲線は$r = 0.5Y - 0.1M$である。これらを連立方程式として解くことにより，均衡国民所得と利子率は$Y = 2000 + \dfrac{10}{7}G + \dfrac{1}{7}M$，$r = 1000 + \dfrac{5}{7}G - \dfrac{1}{35}M$である。これらを均衡国民所得と，利子率，政策変数（GとM）の変化分の式に直すと，

$\Delta Y = \dfrac{10}{7}\Delta G + \dfrac{1}{7}\Delta M$ ………… ①

$\Delta r = \dfrac{5}{7}\Delta G - \dfrac{1}{35}\Delta M$ ………… ②

である。$\Delta Y = 10$，$\Delta r = 0$を，①式，②式に代入すると，$\Delta G = 2$，$\Delta M = 50$を得る（正答は**5**である）。

【No.6】 名目利子率がゼロの下限に直面し，「流動性のわな」の状況が生じている。そのときの金融・財政政策の効果について，IS-LM分析に基づき考える。これに関するA～Dの記述のうち，妥当なもののみをすべて挙げているのはどれか。

ただし，利子率を縦軸，国民所得を横軸とすると，IS曲線は右下がりであり，LM曲線の水平部分で交わっているものとする。また，物価水準は一定とする。（国家総合職）

A．流動性のわなの状況において，中央銀行が貨幣供給を増加させる金融緩和は，国民所

得を増加させるうえで無効である。
B．流動性のわなの状況において，民間経済主体の貨幣需要量は飽和しているため，中央銀行による金融緩和は，民間経済主体の資産選択において貨幣から貨幣以外の金融資産への代替をもたらす。
C．流動性のわなの状況において，政府が財政支出を増加させることは，国民所得を増加させる効果を持つ。
D．流動性のわなの状況において，財政政策によるクラウディング・アウトは生じない。

1 A, C   2 A, B, D   3 A, C, D   4 B, C, D   5 A, B, C, D

[解説] 例題16.2-3の解説より，流動性のわなの状況において，金融緩和は利子率を低下させないため，IS-LM分析の枠組みでは無効である（Aは正しい）。また，財政政策は利子率の上昇によるクラウディング・アウトを引き起こさないため，財政政策により国民所得が増加する（C, Dは正しい）。例題15.2-1の解説で述べたように，流動性のわなにおいて，投機的動機に基づく貨幣需要は最大となっており，貨幣需要の利子弾力性は無限大である。よって，貨幣から他の金融資産への代替をもたらさない（Bは誤りである）。よって，正答は **3** である。

【No.7】大量の失業者と十分な遊休資源を抱え物価が安定している閉鎖経済をIS-LM分析の枠組みを用いて考える。この経済では現在，相当規模の国債残高を抱えており，金融投資家はこれ以上の国債発行があれば国債価格の低下が起こるものと考えている。このような状況の下，政府が国債の新規発行（市中消化）により調達された財源を用いて，失業対策として政府支出を増加させるとする。このとき，実質GDP，利子率への影響に関する次の記述のうち，妥当なのはどれか。
なお，IS曲線は右下がり，LM曲線は右上がりであるものとする。（国家総合職）

1 実質GDPは必ず減少する。
2 実質GDPは必ず増加する。
3 利子率はまったく変化しない。
4 利子率は必ず下落する。
5 利子率は必ず上昇する。

[解説] 政府支出の増加により，IS曲線が右にシフトする。投資家は国債価格の低下を予想しており，物価が安定的だと仮定されているので，資産として貨幣の投機的需要が増加するであろう。表16-1より貨幣需要（流動性選好）が高まると，LM曲線が左にシフトする。本問ではIS-LM分析の枠組みに限定し考察しているので，これ以外に追加的な効果はない。よって，均衡は右図の点Eから点E′に移る。このとき，IS-LM曲線それぞれの傾き，シフトの幅により，実質GDPであるYがいつでも増えるとは限らない。一方，利子率は必ず上昇する（正答は **5**）。

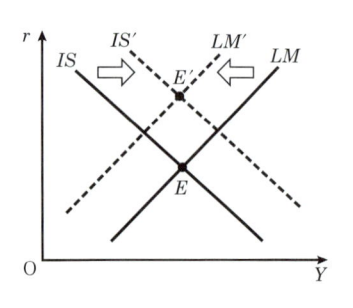

正答	【No.1】1	【No.2】3	【No.3】3	【No.4】4
	【No.5】5	【No.6】3	【No.7】5	

318

16.3 財政赤字と公債の負担

> **例題16.3-1　プライマリーバランスと財政再建**
>
> ある期の公債残高の対名目GDP比が50％であった。次期の経済状況がA, B, Cであるとした場合, 公債残高の対名目GDPが縮小するもののみをすべて挙げているのはどれか。(国家総合職)
> 　A. 基礎的財政収支が均衡, 名目GDP成長率が2％, 名目金利が3％の場合
> 　B. 基礎的財政収支が対名目GDP比4％の黒字, 名目GDP成長率が5％, 名目金利が10％の場合
> 　C. 基礎的財政収支が対名目GDP比1％の赤字, 名目GDP成長率が10％, 名目金利が5％の場合
>
> **1** A　　**2** B　　**3** C　　**4** A, B　　**5** B, C

解説　第 t 期の税収を T_t, 国債の利払費を除く第 t 期の政府支出を G_t, **プライマリーバランス（基礎的財政収支）**の赤字を P_t とすると,

$$(16.25) \quad P_t = G_t - T_t$$

である。財政再建を考慮する際, プライマリーバランスは極めて重要である。第 t 期期首の国債残高を B_t, 第 $t+1$ 期期首の国債残高を B_{t+1} とすると, 第 t 期に新規発行された国債は $(B_{t+1} - B_t)$ である。すると, 第 t 期の政府の収入は $(B_{t+1} - B_t) + T_t$ である。名目利子率（国債金利）を i_t とすると, 第 t 期の利払費は $i_t \cdot B_t$ である。簡単化のため利子率を一定とすると, 第 t 期の政府の支出は $i \cdot B_t + G_t$ である。よって, 財政収支の均衡式は

$$(16.26) \quad (B_{t+1} - B_t) + T_t = i \cdot B_t + G_t$$

である。(16.26)式を(16.25)式に代入すると, プライマリーバランスの赤字は, 以下となる。

$$(16.27) \quad P_t = G_t - T_t = B_{t+1} - (1+i) \cdot B_t$$

図16-11は, この状態を表している。プライマリーバランスが均衡しているとき（$P_t = 0$）, 単年度の財政収支が均衡しており（つまり $T_t = G_t$）, 政府は新たな借入れに頼らず歳出が賄えている（つまり $(B_{t+1} - B_t) = i \cdot B_t$）。これは, 新たな借入れは過去の借入れの償還と利払いのみに充てられていることを意味している。ちなみに, 財政赤字は税収から歳出総額を引いたものなので, 財政赤字は $i \cdot B_t + G_t - T_t$ である。

　政府が財政を再建するため, プライマリーバランスを均衡させる政策をとっ

図16-11 プライマリーバランスの赤字

プライマリーバランスが赤字の場合

歳入	歳出
国債発行収入 $B_{t+1}-B_t$	利払費 $i \cdot B_t$
	プライマリーバランスの赤字 P_t
税収等 T_t	政府支出 G_t

プライマリーバランスが均衡している場合

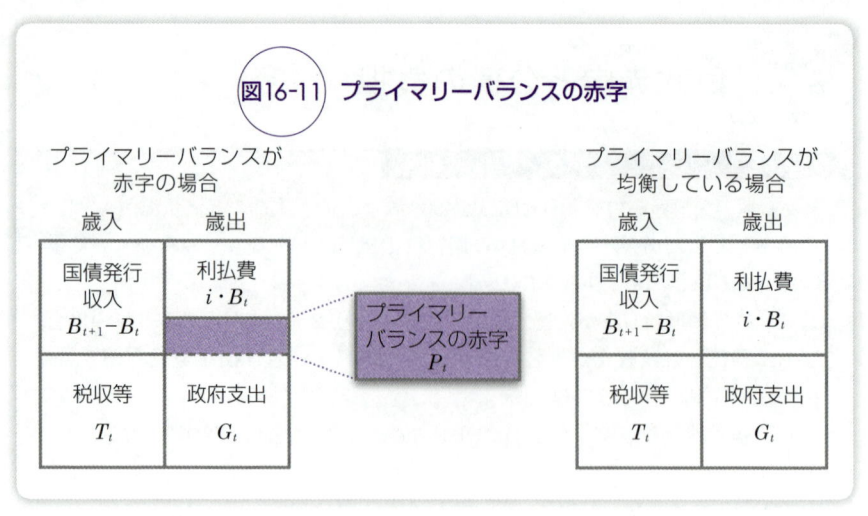

歳入	歳出
国債発行収入 $B_{t+1}-B_t$	利払費 $i \cdot B_t$
税収等 T_t	政府支出 G_t

たとしよう。$P_t=0$ を (16.27) 式に代入すると，$B_{t+1}=(1+i) \cdot B_t$ である。よって，

(16.28) $\quad B_t = (1+i) \cdot B_{t-1} = (1+i)^2 \cdot B_{t-2} = \cdots\cdots = (1+i)^t \cdot B_0$

が成立する。ここで，第 t 期の名目GDPを Y_t とし，一定と仮定されている名目経済成長率を g とする。すると，

(16.29) $\quad Y_t = (1+g) \cdot Y_{t-1} = (1+g)^2 \cdot Y_{t-2} = \cdots\cdots = (1+g)^t \cdot Y_0$

が成立する。国債残高（第 t 期期首）対名目GDP（第 t 期）比は $\dfrac{B_t}{Y_t}$ であるので，(16.28) 式，(16.29) 式より，

(16.30) $\quad \dfrac{B_t}{Y_t} = \left(\dfrac{1+i}{1+g}\right)^t \cdot \dfrac{B_0}{Y_0}$

である。(16.30) 式より，

(16.31) $\quad i < g$

であれば，$\dfrac{B_t}{Y_t}$ は時間とともに減少する[1]。プライマリーバランスを均衡させたうえで，財政再建を行うには，名目GDPの成長率 g が，名目利子率 i を上回っていることが重要である。

---

1) **ドーマー**は，国民所得が一定の割合で成長し国債金利も一定の場合，毎年の国債発行が国民所得の一定割合にとどまるのであれば，国民所得に占める国債残高は一定の値に収束することを示した。(16.31) 式の条件（経済成長率が国債金利よりも高い）をドーマー条件と呼ぶ経済学者もいる。

例題において，経済状況がAの場合，基礎的財政収支（プライマリーバランス）が均衡している。$g=0.02$，$i=0.03$ は (16.31) 式を満たしていないので，国債残高（第 t 期期首）対名目GDP（第 t 期）比は縮小しない（Aは誤りである）。

B，Cの経済状況は，基礎的財政収支（プライマリーバランス）が均衡していないので，(16.28) 式は成立しない。公債残高の対名目GDPが縮小するのは

$$(16.32) \quad \frac{B_{t+1}}{Y_{t+1}} < \frac{B_t}{Y_t}$$

のときである。(16.27) 式より，$B_{t+1} = G_t - T_t + (1+i) \cdot B_t = P_t + (1+i) B_t$ である。これと (16.29) 式を (16.32) 式に代入して整理すると，

$$(16.33) \quad \left(\frac{P_t}{Y_t}\right) < (g-i)\left(\frac{B_t}{Y_t}\right)$$

を得る。経済状況がBの場合の値を (16.33) 式に代入すると，$-0.04 < (0.05-0.1) \times 0.5$ であり，(16.33) 式は満たされる。経済状況がCの場合の値を (16.33) 式に代入すると，$0.01 < (0.1-0.05) \times 0.5$ なので，(16.33) 式は満たされる（B，Cは正しい）。

正答　5

例題16.3-2　公債の負担

公債の負担に関する次の記述のうち，妥当なのはどれか。（国家総合職）

1. スミスやミルらの古典派は，公債発行は本来生産的な用途に向かうはずの民間資金を吸収して，非生産的な公共支出に転換するため，一国の生産力を低下させるとした。その一方で，公債発行は同一世代での所得再分配にすぎないため，公債による将来世代への負担転嫁は起こらないとした。
2. ドーマーは，基礎的財政収支が均衡している下で名目金利よりも名目GDP成長率の方が高い場合，債務残高の対名目GDP比は上昇し続けることになるため，公債による将来世代への負担は時間の経過とともに増大するとした。
3. モディリアーニは，公債発行は租税と比較して，民間部門の資本形成を阻害せず，将来の生産力の低下に対する影響も小さいため，公債による将来世代への負担転嫁は起こらないとした。
4. ブキャナンは，発行される公債が内国債であれば，公債は発行時点で利用可能な民間部門の資源を政府部門で使用することになるという意味で租税と同様に現在世代の負担であるとして，公債による将来世代への負担転嫁は起こらないとした。
5. バローは，各個人は将来を合理的に予想すること，流動性制約がないこと，

> 課税は経済活動に対して中立的であること，各個人は子孫に適切に財産を残すことなどの前提を置いたうえで，財源としては公債発行と課税に差異はなく，公債による将来世代への負担転嫁も起こらないとした。

解説　**アダム・スミス**は，均衡予算原則を唱えたことで有名である。彼は，公債は生産的用途に向かうはずの資源を非生産的な公的支出に使用してしまうため，公債は資本蓄積にとって有害であると主張した。さらに公債発行は，償還時，元本と利子の返済のため課税が行われるため，将来世代の負担になるとした（**1は誤り**）。

公債の負担に関して，長らく標準的な議論とされてきたのは，**新正統派（ケインジアン）**の議論である。この見解によると，課税も公債発行も，利用可能な資源が民間部門から公的部門に移る点では同じである。ある時点において一国の資源は限られている。公債の負担をその時点における利用可能な資源の減少としてとらえるならば，公債の負担は起こらない。この見解は，機動的な財政政策を重視するケインジアンの政策と整合的であるといえる。将来世代への負担の転嫁については，国債が国内で保有されている限り，償還時に課税したとしても国内の資源の移動にとどまるので，国債の負担はない。しかし，国債が国外で保有されているならば，償還時に資源が国外に流失するので，将来世代に国債の負担が生じる。つまり，内国債であるならば国債の転嫁は生じないが，外国債の場合，国債の転嫁が生じる。**4は，新正統派による議論である**。

ボーエン，デービス，コップは，公債の負担をある世代の経済主体の一生の間における消費量の減少としてとらえた。公債は，償還時に増税しなければならない。よって，将来世代への課税により将来世代の消費量が減少するならば，将来世代への転嫁が起こる。さらに，**モディリアーニ**によると，公債が発行されると人々の貯蓄が公債購入に使われているため，資本蓄積に使われる貯蓄が減少する。課税の場合は可処分所得の減少により，貯蓄と消費の両方が減少するため，資本蓄積に回る貯蓄の減少は公債発行ほどは大きくない。そのため，公債が発行されると資本蓄積が遅れ，将来時点における生産量が減少するため，将来世代の消費が減少する。つまり，将来世代への転嫁が発生する（**3は誤り**）。

以上は，公債の負担が将来世代に転嫁されるとする議論であった。しかし，公債の発行と償還に伴う増税が同一世代に対して行われたら，負担は生じない。例題11.1-1と同様に，第1期目と第2期目，2期間生存する家計を考えよう。今期と来期の消費財の価格を1とし，今期と来期の所得をy_0，y_1，今期と来期

の消費を c_0, c_1, 利子率を r, 貯蓄を S とする。効用関数を

(16.34) $\quad U = u(c_0) + \alpha \cdot u(c_1)$

とする（$0 < \alpha < 1$）。今期と来期の予算は

(16.35) $\quad y_0 = c_0 + S, \quad y_1 + (1+r)S = c_1$

である。その場合，生涯の予算は**公式11.1** $\left(c_0 + \dfrac{c_1}{1+r} = y_0 + \dfrac{y_1}{1+r} \right)$ となる。ここで，今期 B の公債を発行し，それを財源として公共サービスを行うものとする（ここでは，B だけの移転所得を行うとする）。この公債の元本と利子は，来期 T の課税により償還され，

(16.36) $\quad T = (1+r)B$

が成立する。この場合の今期と来期の予算は，

(16.37) $\quad y_0 + B = c_0 + S, \quad y_1 + (1+r)S - T = c_1$

である。ここで，(16.36) 式，(16.37) 式の 2 式より，生涯の予算は，**公式11.1** と同じになるので，最適な消費水準は変化しない。つまり，公債の負担はない。この議論は，**リカードの中立命題**として知られている。なお，リカードの中立命題は，以下のようにも説明される。公債発行と公債償還が同一の世代で行われる場合，現在公債を発行して償還時点において課税しても，現在課税しても，生涯の予算制約に差はない。そのため，現在，政府支出の財源を公債発行によって行っても，課税によって行っても，それらの政策の効果に差はない。

以上の議論は，公債の発行と償還に伴う増税が同一世代に対して行われることを前提としていた。よって，現在公債を発行し，償還のため将来世代に課税するならば，負担の転嫁が起こるかもしれない。しかし，**バロー**は，親の世代が子供の効用にも関心が持つことを指摘し，リカードの中立命題と同様の議論が成り立つことを示した。これを**バローの中立命題**という。親の世代を第 0 世代，子供の世代を第 1 世代とし，消費から得る親の効用を $u(c_0)$ としよう。子供の効用水準も考慮した親の効用関数を U_0，子供の効用水準を U_1 とすると，

(16.38) $\quad U_0 = u(c_0) + \beta \cdot U_1(c_1)$

である。β（> 0）は親が子供の効用をどれだけ考慮するかを表す利他性のパラメーターである。さらに，親が子供に残す遺産を E とすると，親と子供の予算は，

(16.39) $\quad y_0 + B = c_0 + E, \quad y_1 + (1+r)E - T = c_1$

となる。(16.36) 式と (16.39) 式の 2 式より，予算は**公式11.1** と同じである。さらに，(16.34) 式と (16.38) 式を比べると，これは親が 2 期間生きて効用最大化をする問題と本質的に同じである。つまり，バローの中立命題は，(16.34) 式の

効用を最大化するリカードの中立命題に帰着するのである。よって，**5**が正答である。

ここで，**ブキャナン**についても言及しておこう。ブキャナンの議論で最も有名なものは，ケインズ主義的財政政策への批判である。財政政策は大衆民主主義における選挙区選挙のもとでは必然的に財政赤字を生み出し，のちの世代に大きな負担を残すことになる。なぜならば，民主主義社会の政治家は互いに選挙民の支持を得ようとして，公共支出を伴う政策を約束し競争するが，追加的な課税は選挙民に支持されないので，政治家は赤字公債の発行による財源の調達を行うためである。これを回避するためには，財政赤字を伴う財政政策を行わず，均衡予算の原則を回復させるべきである，とブキャナンは主張した。

ちなみに，**2**は(16.31)式の内容を問うているので，例題16.3-1の解説を参照されたい。

正答　5

例題16.3-3　政策ラグ

財政政策と金融政策におけるラグに関する次のA～Dの記述のうち，妥当なもののみをすべて挙げているのはどれか。（国家総合職）

A．金融政策のほうが政策を実施する必要性を認識してからの機動性が高いので，財政政策に比べ認知ラグは小さい。

B．行動ラグとは政策実施の必要性が認知されてからそれが実行されるまでの時間の遅れのことである。財政政策と金融政策の行動ラグの大きさに違いはない。

C．金融政策は，財政政策に比べ政治的影響を受けにくいので，行動ラグは金融政策のほうが大きくなる傾向がある。

D．効果ラグは，政策が実行に移されてからその効果が出るまでの遅れのことである。一般的に財政政策のほうが金融政策よりも効果ラグは小さい。

1　A　　2　D　　3　A，B　　4　B，D　　5　C，D

解説　財政・金融政策は景気の安定化を目的とするが，これらの政策が必要とされてから実際に効果が出るまでに時間がかかる。この時間のズレのことを**政策ラグ**という。政策ラグは，さらに，**認知ラグ**，**実施ラグ**（または**行動ラグ**），**波及ラグ**（または**効果ラグ**）に分けられる。

認知ラグは，政策発動の必要性が生じてから政策当局がそれを認知するまでのラグであり，財政政策と金融政策に差があるわけではない（Aは誤りである）。実施ラグ（行動ラグ）は政策の必要性を認識してから，実際に政策が発動される

までのラグである。財政政策を実行するには議会で予算の承認を得る必要があるが，金融政策は議会の承認を受けず中央銀行が実行するため，一般に金融政策のほうが実施ラグ（行動ラグ）は短い（B，Cは誤りである）。波及ラグ（効果ラグ）は，政策が実行に移されてからその効果が出るまでのラグである。財政政策は政府支出の増大を通じて直接有効需要に働きかける。一方，伝統的な金融政策の考え方によると，金融政策（公開市場操作）はハイパワード・マネーの増大が貨幣乗数を通じてマネーサプライの増大をもたらし，貨幣市場で利子率が低下し，投資の増加により有効需要が増大するので，波及プロセスが長い。そのため，通常は財政政策のほうが波及ラグ（効果ラグ）が短い（Dは正しい）。

正答 2

練習問題

【No.1】 ある国の政府部門が，次の式で示されるとする。

$T = 600 + 0.1Y$
$TR = 450 - 0.05Y$
$G = 1000$
$IP = 50$
$Y = 5500$

$\begin{bmatrix} T：税収，TR：移転支出 \\ G：政府支出（移転支出を除く） \\ IP：利払費，Y：GDP \end{bmatrix}$

このとき，プライマリー赤字はいくらか。（国家総合職）

1 25　　**2** 50　　**3** 75　　**4** 100　　**5** 150

解説 この問題では移転支出も考えているので，プライマリーバランスの赤字 (16.25) 式は，$P = (TR + G) - T$ と書き換えられる。この式に問題文の式を代入していけば，$P = [(450 - 0.05 \times 5500) + 1000] - [600 + 0.1 \times 5500] = 25$ である（**1**が正答である）。

【No.2】 財政理論に関する次のA～Dの記述のうち，妥当なもののみをすべて挙げているのはどれか。（国家総合職）

A．公債の負担をめぐるR.J.バローの議論では，財源を公債発行で賄う減税を行うと，将来世代が公債を償還する一方，現役世代の消費は拡大するため，現役世代は，負担を将来世代に転嫁したうえで利益を享受できることになる。

B．IS-LM分析において，財政赤字の拡大によってIS曲線は上方にシフトするが，流動性のわなが存在するときには，LM曲線が垂直になっているために，財政政策は無効になる。

C．公債の負担をめぐるF.モディリアーニの議論によれば，政府支出の生産性が民間投

資に比べ低い場合，公債発行が行われると民間資源が政府に移転し，経済全体の生産性も低下して将来利用可能な資源の減少を招くことから，負担は将来に転嫁されることになる。
　D．伝統的なケインズ理論では，不況期において財政支出を拡大し，景気過熱期においては財政支出を縮小することにより，景気の安定化を図ることができるとされる。このような財政の景気安定化機能は一般的に，ビルトイン・スタビライザーと呼ばれる。

1 A　　**2** B　　**3** C　　**4** A, C　　**5** B, D

> **解説**　Aについて，バローの中立命題によると，将来世代への負担の転嫁は起こらない（Aは誤り）。Cについて，モディリアーニは，資本蓄積の遅れにより，将来利用可能な資源が減少することをもって，将来世代への転嫁が行われるとした（Cは正しい）。公債の負担に関しては，例題16.3-2の解説を参照のこと。Bについて，流動性のわなではLMが水平であり，財政政策は有効である。例題16.2-3の解説を参照されたい（Bは誤り）。Dについて，累進的な所得税や失業給付などの社会保障制度が整備されていれば，景気後退によって所得が減少したり失業者が増加すると，自動的な減税や所得移転が起こるため，景気変動の振幅が小さくなる。これを**ビルトイン・スタビライザー（自動安定化装置）**という（Dは誤り）。
>
> 　よって，正答は**3**である。

【No.3】 政府は景気刺激策として，1兆円の国債を発行することで，減税か公共事業のどちらかの政策を行おうとしている。これらの政策の効果を理論的に考えるため，「リカードの等価定理」（国債の中立命題）が成り立つ状況でIS曲線に対する効果を調べたい。これに関する次の記述のうち，妥当なのはどれか。

　ただし，1兆円は減税か公共事業のどちらか一方のみに全額支出するものとする。（国家総合職）

1　減税のときも公共事業のときもIS曲線がシフトするが，減税のときのシフトの幅のほうが大きい。
2　減税のときも公共事業のときもIS曲線がシフトするが，公共事業のときのシフトの幅のほうが大きい。
3　減税のときはIS曲線はシフトせず，公共事業のときのみIS曲線がシフトする。
4　公共事業のときはIS曲線はシフトせず，減税のときのみIS曲線がシフトする。
5　いずれの政策でもIS曲線はシフトしない。

> **解説**　例題16.3-2より，リカードの等価定理（リカードの中立命題）とは，公債発行と公債償還が同一世代でなされるのであれば，課税と公債発行に差はないというものである。よって，国債を発行して減税を行っても現在の消費は変化せず，IS曲線はシフトしない。一方，公共事業の場合は，政府支出の増加によりIS曲線は右にシフトする。よって，正答は**3**である。

正答　【No.1】　1　　【No.2】　3　　【No.3】　3

第17章

労働市場

Labor Market

17.1 労働市場

例題17.1-1 労働市場

図のように労働需要曲線DDと労働供給曲線SSが与えられている。当初、労働市場において均衡が成立し、現行の雇用量がN、実質賃金がwであるとする。生産性ショックが発生し、労働需要曲線が$D'D'$にシフトしたとき、労働市場の状況として古典派とケインジアンの解釈に関する記述について、正しいものはどれか。ただし、物価水準は一定とする。（経済学検定試験）

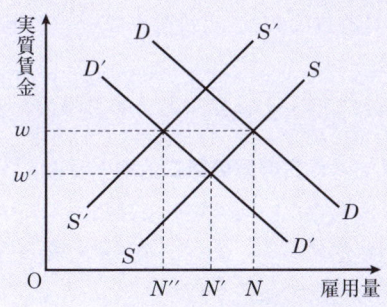

(1) ケインジアンによれば、名目賃金は下方硬直的であるため、現行の実質賃金はwのまま下がらず、$N-N'$の非自発的失業が発生する。

(2) ケインジアンによれば、労働供給曲線が$S'S'$にシフトするため、新しい均衡では現行の実質賃金水準wが維持され、$N-N''$の非自発的失業が発生する。

(3) 古典派によれば、実質賃金はw'、雇用量N'が新しい均衡として成立し、完全雇用が実現する。

⑷ 古典派によれば，労働供給曲線が$S'S'$にシフトするため，新しい均衡では現行の実質賃金wが維持され，N-N''の自発的失業が発生する。

解説 名目賃金をW，物価水準をPとすると，労働に対する需要は，実質賃金$\left(\dfrac{W}{P}\right)$に依存して決まると仮定される。これは通常，集計的な生産関数$Y = F(N, K)$を用いて説明される。生産される付加価値（GDP）をY，雇用量をN，資本レンタル率をRとする。短期的な分析に限って資本量Kを一定とすると，利潤

$$(17.1) \quad \pi = PY - (WN + RK)$$

の最大化条件は，労働の限界生産物価値が名目賃金と等しくなることである。すなわち

$$(17.2) \quad P\frac{\Delta Y}{\Delta N} = W \quad \text{あるいは} \quad \frac{\Delta Y}{\Delta N} = \frac{W}{P}$$

となる。労働需要量は限界生産物を実質賃金に等しくする水準に決まる。これは，ケインズによって，**古典派の第一公準**と呼ばれたものである。古典派と同様，ケインズ・モデルにおいてもこの公準は採用されている。

一方，労働の供給量は労働者の効用最大化行動によって説明される。労働者は余暇と所得から効用を得る。余暇の量を決定すれば，その背後の労働供給量Nも決まる。また，名目所得はWN，実質所得は$\dfrac{WN}{P}$である。古典派によれば，労働者の効用は実質所得に依存し，結果として労働供給量は実質賃金$\dfrac{W}{P}$の関数となる。これをケインズは**古典派の第二公準**と呼んだ。需給が一致する労働市場の均衡においては，働きたい人はすべて雇用されているので非自発的失業が存在せず，完全雇用状態にある。また，雇用量と実質賃金率が他の市場から独立に，労働市場のみの均衡で決定される。

1929年の大恐慌に続く世界的な不況と失業の深刻さは，古典派に代わる雇用理論を必要としていた。ケインズによる『雇用・利子および貨幣の一般理論』（塩野谷祐一訳，東洋経済新報社，1983年）の原書が出版されたのは1936年である。ケインズ・モデルでは，労働供給量は実質賃金ではなく名目賃金Wの関数となる。これは，労働者が貨幣錯覚を持ち，その効用が余暇と名目所得に依存すると仮定した場合に導かれる結果である。図17-1の$N_s N_s$がこの場合の労働

図17-1 ケインズ的労働市場

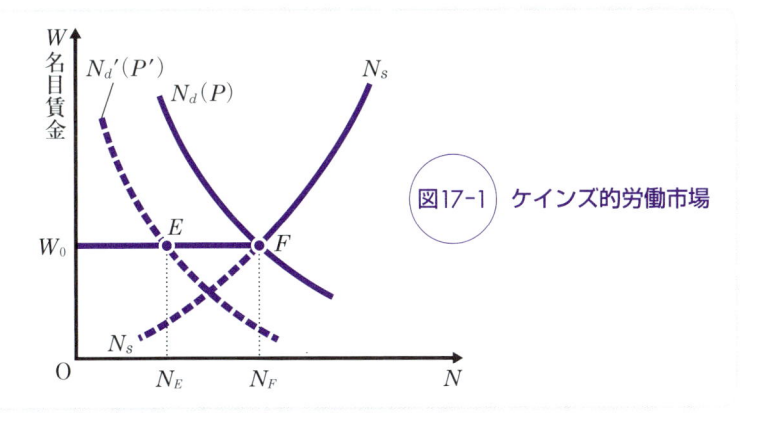

供給曲線である。物価水準 P が変化しても，この曲線はシフトしない。一方，労働需要曲線はケインズ・モデルにおいても実質賃金に依存するので，物価水準 P が P' に下落すると N_d は下方の N_d' にシフトする。労働需要曲線の垂直距離は，古典派の第一公準より，限界生産物価値 $P \times \left(\dfrac{\varDelta Y}{\varDelta N}\right)$ に等しく測られているからである。ケインズ・モデルは，さらに，名目賃金は**下方硬直性**を持つと仮定される。つまり，労働需要曲線 N_d が N_d' にシフトしたとしても，賃金が $N_s N_s$ に沿って下がらず，もとの水準 W_0 に固定されたままである。このとき W_0 の水準での供給量 ON_F のうち，実際に雇用されるのは ON_E だけであり，$N_E N_F$ に等しい**非自発的失業**が生ずる。

例題では，生産性ショックにより労働需要曲線が左にシフトした場合の新しい均衡について問うている。古典派は名目賃金の下方硬直性を考慮していないので，新しい均衡はシフトした労働需要 $D'D'$ ともとの労働供給 SS の交点となり，実質賃金は w'，雇用量 N' が新しい均衡として成立する（(**3**)が正答である）。これは，実質賃金の低下に伴い，労働者が自発的に労働供給量を $N-N'$ だけ減らしたためである。一方，ケインジアンの場合，もし物価水準が変化しないならば，名目賃金の下方硬直性により賃金は w のままであろう。この場合，労働市場における超過供給は市場で調整されないので，$N-N''$ の非自発的失業が発生することになる。

正答 (**3**)

例題17.1-2　ニューケインジアンの理論

ニューケインジアンが唱える理論としての次の記述のうち，妥当なのはどれか。
（国家総合職）

1　長期の労働契約を説明する理論においては，将来の不確実性に対し，資本家のほうが労働者に比べてよりリスク回避的であることを前提として，賃金が固定的な労働契約が結ばれるようになったことを示した。
2　効率賃金仮説の怠業モデルにおいては，高賃金が労働者にインセンティブを与えるため生産性が上昇するだけでなく，労働者に対するモニタリングコストも低下するので，生産性の上昇分が高い賃金コストを上回り，企業の利益を増大させるとして，実質賃金の硬直性を説明している。
3　効率賃金仮説では，労働需要曲線は労働の限界生産力に加えて，実質賃金の変化に対する人々の努力の程度の変化を考慮した総合的な限界生産力を表したものであり，実質賃金が高いときには労働の限界生産力はより低くなり，実質賃金が低いときにはより高くなる。
4　よほどの生産コストの変化がない限り，あるいはよほど大きなマーケットの情勢の変化がない限り，しばらくの間は価格を固定するのが企業にとって合理的だとする考え方が「メニュー・コスト理論」であるが，この理論は完全競争市場においても有効である。
5　ヒステレシス（履歴効果）とは，過去の実績の集積が現在の均衡状態に対して粘着性をもって影響する状態のことであり，あるショックにより失業率が一時的に高まっても，長期的には自然失業率に戻るという自然失業率仮説の有力な根拠となっている。

解説　ミクロ経済学的な基礎づけをもとに価格や名目賃金の硬直性を導き，裁量的な財政金融政策の有効性を主張する人々は，**ニューケインジアン**と呼ばれている。労働市場において，失業率が持続性を示し，名目賃金が直ちに調整されないことを説明するニューケインジアンの仮説はいくつか存在する。この例題は，賃金の硬直性に関するニューケインジアンのアプローチについて問うたものである。

効率賃金仮説は，企業が実質賃金水準を高めに設定する誘因に注目する。賃金は，労働人数や労働時間に対して支払われるが，企業の生産水準にとっては労働の効率が重要である。そして，労働者の努力水準が実質賃金によって上昇するならば，企業は高い実質賃金を支払うであろうと，効率賃金仮説では考える（3は誤り）。なぜ実質賃金を高くすると労働者が努力するかを説明する一つの仮説として，**怠業モデル**がある。企業と労働者の間に情報の非対称性が存在し，企業はモニタリングコストをかけなければ，労働者の努力水準が分からないとする。その場合，企業は全労働者の努力を直接観察するのではなく，労働者の一部をランダムにチェックして，もし怠けていれば減給や解雇などのペナル

ティを与えるというものである。もし実質賃金が高ければ，労働者は失うものが大きくなるので，努力水準を高めるというものである（**2** が正答である）。

正答は与えたが，他の選択肢についても見ていく。**アザリアディス**が提唱した暗黙の契約理論は，労働者が企業（資本家）よりもリスク回避的であるため，労働者は固定的な賃金を選好し，名目賃金が硬直的になるというものである（**1** は誤り）。**メニュー・コスト**理論は，企業が製品価格を変更する際にかかるコストに注目する。企業が価格の改定を行う際は，値札や製品カタログを変更しなければならずコストが発生する。よって，企業は頻繁に価格変更を行わないとする。このように企業がメニューを変更しなくても利益をあげるためには，一定の価格支配力が必要であり，すべての生産者がプライステイカーであると仮定する完全競争市場では相いれない（**4** は誤り）。**ヒステレシス（履歴効果）** とは，過去の実績の集積が現在の均衡状態に対して粘着性を持って影響する状態のことである。特に労働市場においては，失業率の変化は緩慢であることが知られている。しかし，ヒステレシスが例題19.1-1で解説する自然失業率仮説の根拠となるわけではない（**5** は誤り）[1]。

正答　2

例題17.1-3　自然失業率

単位期間における，失業者，就業者，そして非労働力人口の流れが図のようにまとめられる。図において，a, b, f, s は各グループの総数に占める流出人口の割合を表す（ここに挙げた以外の労働力の移動はないものとする）。このとき，定常状態における失業率および全人口に占める労働力人口の割合の組合せとして，妥当なのはどれか。

ただし，総人口は一定とし，定常状態とは期首と期末において失業者，就業者，非労働力人口のそれぞれの値が変わらない状態をいう。（国家総合職）

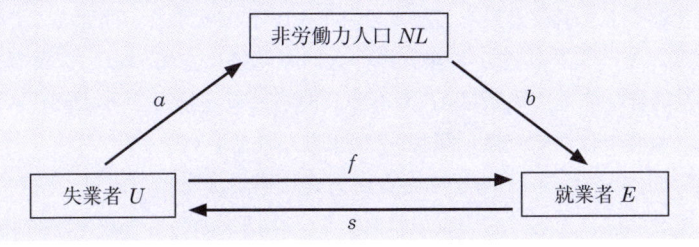

非労働力人口 NL

失業者 U　　就業者 E

a, b, f, s

[1] 労働市場のヒステレシスを説明する他のニューケインジアンの議論が存在する。ニューケインジアンに関する詳しい議論は，齊藤誠ほか著『マクロ経済学』（有斐閣，2010年）の第16章，第17章を参照せよ。

	失業率	労働力人口の割合
1	$\dfrac{s}{a+f+s}$	$\dfrac{b(a+f+s)}{b(a+f+s)+as}$
2	$\dfrac{s}{a+f+s}$	$\dfrac{b}{a+b}$
3	$\dfrac{s}{f+s}$	$\dfrac{b(a+f+s)}{b(a+f+s)+as}$
4	$\dfrac{s}{f+s}$	$\dfrac{b}{a+b}$
5	$\dfrac{s}{f+s}$	$\dfrac{b(a+f+s)}{b(a+f+s)+bs}$

解説 **失業者**とは，就業する能力と意思のある者のうち，生産活動に従事していない者である．失業者数と就業者数を合わせたものが労働力人口である．一方，就業する意思がない者を**非労働力人口**と呼ぶ．失業率は，

$$(17.3) \quad 失業率 = \frac{失業者数}{労働力人口} = \frac{失業者数}{就業者数 + 失業者数}$$

である．**失業率**は，全人口ではなく労働力人口に占める失業者の割合であることに注意せよ．

経済において，人々は「就業」「失業」「非労働力」の3つの状態を行き来するととらえることができよう．ある時点において，ある個人はこの3つの状態のどこかに属し，時間とともに状態が変わるかもしれない．しかし，経済に占める3つの状態における人々の割合が変わらないとき，それが定常状態である．そして，**自然失業率**とは，定常状態において（長期的に）成立する失業率であり，経済の短期的な変動からは独立と考えられる．

失業者数を U，就業者数を E，非労働力人口を N とする．問題文より，単位時間において，失業状態から非労働力人口の状態になるのは，失業者数 U のうち a の割合なので，人数は aU である．同様に考えると，各状態から流出する人数（割合ではなく）は，**図17-2**のようになる．

単位時間において $aU+fU$ の人数が失業状態ではなくなるが，sE の人数が新たに失業状態になる．定常状態において，今期末の失業者数と前期末の失業者数が等しいので，

$$(17.4) \quad U - aU - fU + sE = U$$

が成立する．同様にして，非労働力状態，就業状態にいる人数が等しいので，

図17-2 各状態からの流出人口

非労働力人口 N

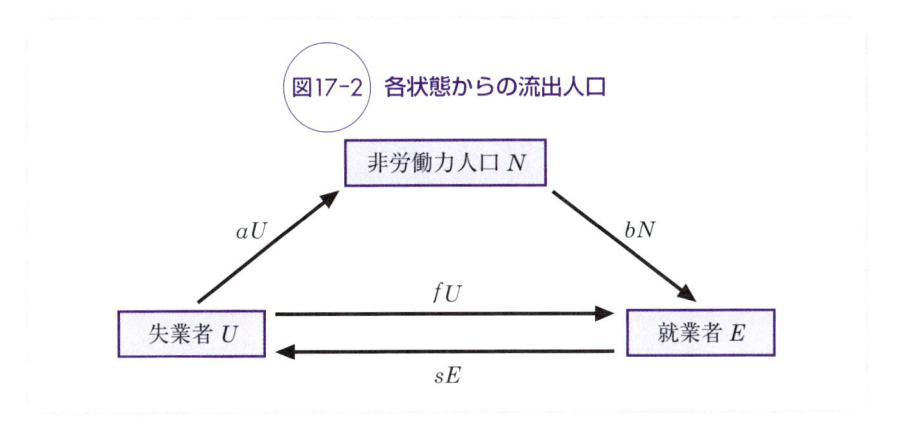

aU ／ bN

失業者 U → fU → 就業者 E
← sE ←

それぞれ

(17.5)　　$N - bN + aU = N$

(17.6)　　$E - sE + bN + fU = E$

が成立する。以上の3式は，どの式も他の2式から導くことができるので，以下では (17.4) 式，(17.5) 式の2式を使う。(17.4) 式，(17.5) 式を整理すると，以下を得る。

(17.7)　　$(a + f)U = sE$

(17.8)　　$bN = aU$

まず，失業率を求めよう。(17.7) 式を (17.3) 式に代入すると，

(17.9)　　失業率 $= \dfrac{U}{U+E} = \dfrac{U}{U\left(1 + \dfrac{a+f}{s}\right)} = \dfrac{s}{a+f+s}$

である。(17.7) 式，(17.8) 式より，労働力人口の割合は，

(17.10)　　労働力人口の割合 $= \dfrac{U+E}{N+U+E} = \dfrac{U\left(1 + \dfrac{a+f}{s}\right)}{U\left(\dfrac{a}{b} + 1 + \dfrac{a+f}{s}\right)}$

$= \dfrac{b(a+f+s)}{as + b(a+f+s)}$

である。

正答　1

例題17.1-4　留保賃金

ある学生は，アルバイト市場で夏休みのアルバイトを探している。この学生は，このアルバイト市場におけるアルバイト賃金が0から1まで一様に分布していることを知っている。

今，この学生が，このアルバイト市場においてA企業からアルバイト賃金としてRの提示を受けており，追加的に任意の企業と面接をする場合に$\frac{1}{4}$の費用がかかるとすると，現時点でRが最低限どの水準であれば，この学生はA企業でのアルバイトを選択するか。（国家総合職）

1　$\sqrt{\frac{1}{2}}$　　2　$\frac{1}{2}$　　3　$1-\sqrt{\frac{1}{2}}$　　4　$\frac{1}{4}$　　5　$\frac{\sqrt{2}}{4}$

解説　労働者は労働市場に関する十分な情報を持っておらず，どの企業が自分に対してどれだけの賃金を提示してくれるか，実際にその企業を訪ねるまでわからない状況を考えよう。そして，新たな企業を訪ねるために，労働者は一定のコストを負担しなければならない。そのような状況下において，労働者はどのような条件で満足（妥協）するか，選択するであろう。満足水準に達する企業に出会えなければ，労働者は就職活動を続けることになる。このような職探しや再就職に時間がかかることによる過渡的な失業のことを**摩擦的失業**という。

アルバイト市場におけるアルバイト賃金は，図17-3のような一様分布によって与えられている。この学生が企業を訪問したとき，Xより低いアルバイト賃金を提示される確率は図の青色の面積で表され，賃金が0から1の区間で一様に分布しているので，その確率はXと等しくなる。一方，Xよりも高いアルバイト賃金を提示される確率は，$1-X$になる。

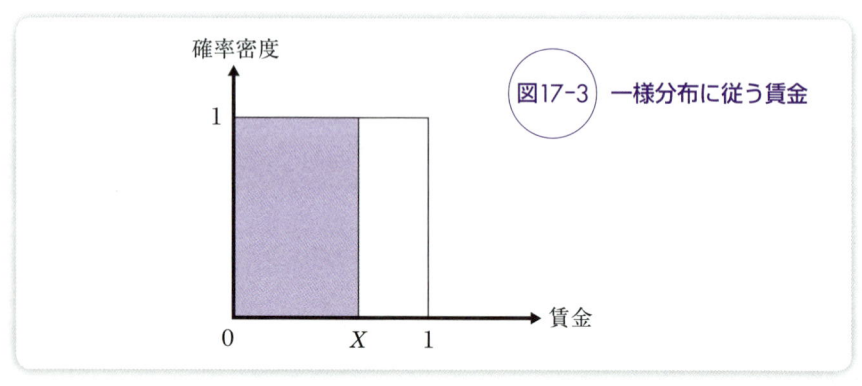

図17-3　一様分布に従う賃金

今，この学生はA企業からRの賃金を提示されている。この学生は，費用を支払えば別の企業の面接も受けることができるので，別の企業の面接を受けることによる収入の期待値が，今Rの賃金を受け入れた場合の収入を下回っているならば，A企業でのアルバイトを選択するであろう。

この学生が別の企業の面接を受けた場合，Rより低い賃金を提示される確率はRである。この場合，この学生は最初の企業で働くのでRの収入を得る。一方，別の企業からR以上の賃金を提示される確率は$1-R$である。提示される賃金の期待値は区間$[R, 1]$の平均であるので，$\frac{1+R}{2}$である。別の企業の面接を受けるのに必要な費用は$\frac{1}{4}$である。よって，別の企業の面接を受けた場合の期待所得を$E(Y)$とすると，

(17.11) $\quad E(Y) = R \times R + (1-R) \times \dfrac{1+R}{2} - \dfrac{1}{4} = \dfrac{2R^2+1}{4}$

である。別の面接を受ける期待所得がA企業から提示された賃金以下である場合，つまり$R \geqq E(Y)$のとき，学生は別の企業の面接を受けずにA企業で働くことを選択する。(17.11)式より，これは$2R^2 - 4R + 1 \leqq 0$のときである。これを解くと，$1 - \sqrt{\dfrac{1}{2}} \leqq R \leqq 1 + \sqrt{\dfrac{1}{2}}$である。$R$の上限は1であるので，$1 - \sqrt{\dfrac{1}{2}} \leqq R$が正答である。

正答 3

練習問題

【No.1】 雇用理論に関する次の記述のうち，妥当なものはどれか。(国家総合職)

1. 古典派によれば，一時的に失業が生じても物価下落による実質賃金の上昇を通じて自動的に完全雇用が実現される。
2. 古典派によれば，労働の限界生産性が上昇すると労働供給曲線が右にシフトし雇用量が増大する。
3. ケインズによれば，失業が生じるのは独占の存在により実質賃金が労働の限界生産性を下回っているためである。
4. ケインズによれば，投資需要が利子率に対して非弾力的であっても貨幣賃金の伸縮性を回復させることにより完全雇用を実現できる。
5. ピグーによれば，経済が流動性のわなに陥っても，物価下落による実質流動資産高の増加を通じて消費が拡大し完全雇用が実現される。

> **解説** 実質賃金＝名目賃金÷物価水準なので，物価が下落すると実質賃金は上昇する。古典派によると，失業は労働市場の超過供給なので，失業を解消するためには実質賃金が低下しなければならない（**1**は誤り）。労働の限界生産性の上昇は，労働の需要曲線を右にシフトさせる（**2**は誤り）。**3**，**4**はケインズの主張と直接関係ない。以上より，正答は**5**である。**5**はピグー効果として知られている。物価が下落すると，実質資産残高が上昇する。例題13.2-1のように，消費が実質資産残高に依存していると，実質資産残高の上昇に伴い消費が上昇する。総需要総供給分析におけるピグー効果については，例題18.1-3の解説を参照せよ。

【No.2】 労働市場において履歴効果（ヒステレシス）が存在するとの見解がある。A〜Dの記述のうち，この見解の根拠となりえるものとして妥当なもののみをすべて挙げているのはどれか。（国家総合職）

A. 賃金は主として労働組合との間の交渉によって決まる。外的なショックによって失業者が増加した場合にも，労働組合は組合員のために交渉を行うことから，失業者の存在は労使間の賃金交渉に大きな影響を持たず，失業の解消に必要な賃金調整が十分になされない。

B. 企業（経営者）は一般物価水準を比較的正確に把握するが，労働者はこれを把握するのに一定の期間を要する。したがって，一般物価水準と名目賃金が同率で上昇するような場合，労働者はこれを実質賃金の上昇と錯覚して労働供給を増やそうとする。

C. 長期の物価安定と両立し得る失業率（自然失業率）は，失業手当の給付水準や労働市場の効率性といった構造要因によって規定されている。したがって，裁量的な総需要管理政策によって失業率を一時的に低下させたとしても，構造的要因に変化がなければ長期的には自然失業率に回帰する。

D. 現に雇用されている労働者はOJT（オン・ザ・ジョブ・トレーニング）などによりその労働技能等を維持向上させていくのに対し，失業者にはそのような機会がない。このため，長期的に失業状態にあるほど，失業者の労働技能は低下し，新たに職に就くのが困難となる。

1 A，B　　**2** A，D　　**3** B，C　　**4** B，D　　**5** C，D

> **解説** 履歴効果（ヒステレシス）とは，過去の事象が現在の状況に対して粘着性をもって影響する状態である。たとえば，Aのように外生的なショックによって失業が増加しても，企業は継続的な雇用関係にある労働者・労働組合との交渉を行い続けるので，賃金が下がらず，労働市場の超過供給が解消されないかもしれない。また，Dのように失業状態になると，相対的な労働技能が低下するので，長期間失業状態にあると職に就くのが困難になるであろう。よって，A，Dが履歴効果への説明と解釈できる（正答は**2**である）。Bは，労働者の貨幣錯覚に関する記述である。Cは，フリードマンの自然失業率仮説に関する記述である。貨幣錯覚ならびに自然失業率仮説については，例題19.1-1を参照せよ。

【No.3】 ある経済において，賃金の決定式が次のように表されるとする。

$$W = 0.05 \cdot P \cdot u^{-1} \quad [W:貨幣賃金率，P:生産物価格，u:失業率]$$

ここでは，貨幣賃金率は生産物の限界費用と等しく，生産物価格は限界費用にマークアップを加えて決定されるものとする。

マークアップ率が0.2であり，かつ，貨幣賃金率の決定と生産物価格の決定が整合的になされるときの失業率はいくらか。（国家総合職）

1 0.05　　**2** 0.06　　**3** 0.10　　**4** 0.12　　**5** 0.20

解説　**マークアップ原理**とは，平均費用または限界費用に一定のマークアップ率を上乗せして，企業は自身の製品の販売価格を決定するというものである。本問では，限界費用に0.2のマークアップ率を上乗せして価格が決定されるので，限界費用をMCと置くと，

$$P = (1+0.2)MC \quad \cdots\cdots ①$$

である。さらに，貨幣賃金率は限界費用と等しいので，$W = MC$である。この式と，①式，問題文で与えられている賃金の決定式より，$u = 0.06$を得る。よって，正答は**2**である。

正答【No.1】5　【No.2】2　【No.3】2

17.2 ベヴァリッジ曲線

例題17.2-1　UV分析

図はX軸に未充足求人数を，Y軸に失業者数をとり，ある国の労働市場の時間的な変化を表したものである。図の$a \to b$，$b \to c$で示される状況についての記述として妥当なのはどれか。（国家総合職）

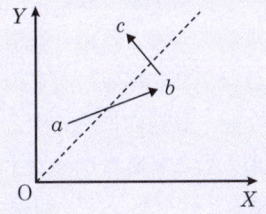

1　$a \to b$は主に循環的失業が減少した時期，$b \to c$は主に構造的・摩擦的失業が増加した時期

2　$a \to b$は主に構造的・摩擦的失業が増加した時期，$b \to c$は主に循環的失業が減少した時期

3　$a \to b$は主に循環的失業が増加した時期，$b \to c$は主に構造的・摩擦的失業が減少した時期

4　$a \to b$は主に構造的・摩擦的失業が増加した時期，$b \to c$は主に循環的失業が増加した時期

5　$a \to b$は主に循環的失業が減少した時期，$b \to c$は主に構造的・摩擦的失業が減少した時期

解説 **構造的失業**とは，新たな仕事が存在しその仕事からの求人が多くても，労働者にとってその仕事に就くための費用が高いため，その仕事に就ける労働者が少ないことにより生じるような失業である。言い換えると，企業による労働需要と家計の労働供給の間でミスマッチが生じるためである。経済における失業がミスマッチによるものなのか，景気循環によるものかについて，図17-4のような**ベヴァリッジ曲線**（または**UV曲線**とも呼ばれる）により分析可能である。

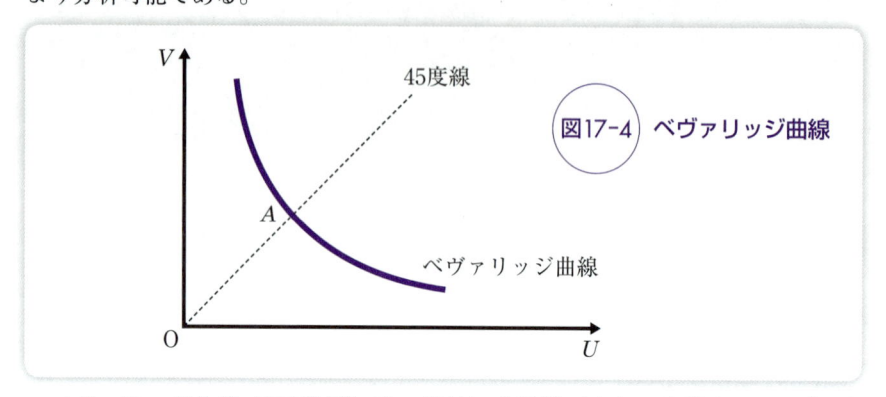

図17-4 ベヴァリッジ曲線

ベヴァリッジ曲線（UV曲線）は，横軸に求職数（または失業率，Uで表す）を，縦軸に求人数（または欠員率，Vで表す）をとり，両者の相関関係を表している。45度線上では求職数と求人数が一致している。

好況期には求人数が増え求職数が減るため，経済は45度線の左上の領域にあるであろう。逆に不況期には経済は45度線の右下の領域にある。自然失業率は短期的な循環の影響を受けない，長期的に成立する失業率であった。長期的に労働市場の需給が均衡し，求人数と求職数が一致するのならば，自然失業率は図17-4の点Aのような45度線とベヴァリッジ曲線の交点によって表されるであろう。よって，経済がベヴァリッジ曲線に沿って動いている場合，失業率の変動は景気循環によって自然失業率から現実の失業率が乖離していることを意味している。

もし経済に急激な構造変化が起こり，経済に新たな仕事が多く生まれる一方で，多くの仕事が淘汰されたとしよう。このような場合，新たな仕事に必要な技能を持つ労働者は少数であり，求人数は増大したままとなろう。その一方で，古い技能を持つ労働者は新しい技能を取得するには大きなコストがかかるため，失業状態にとどまる。つまり，労働市場における求人側と求職側のミスマッチが増大することになろう。構造的失業は，このような経済の構造変化が原因で

増大する。このとき，求職活動を続ける労働者が新しい仕事を見つけるまでに要する時間の増大も伴うため，摩擦的失業ももたらす。摩擦的・構造的失業の増大は，求人数と失業数をともに増加させるので，ベヴァリッジ曲線が右上方へシフトする。

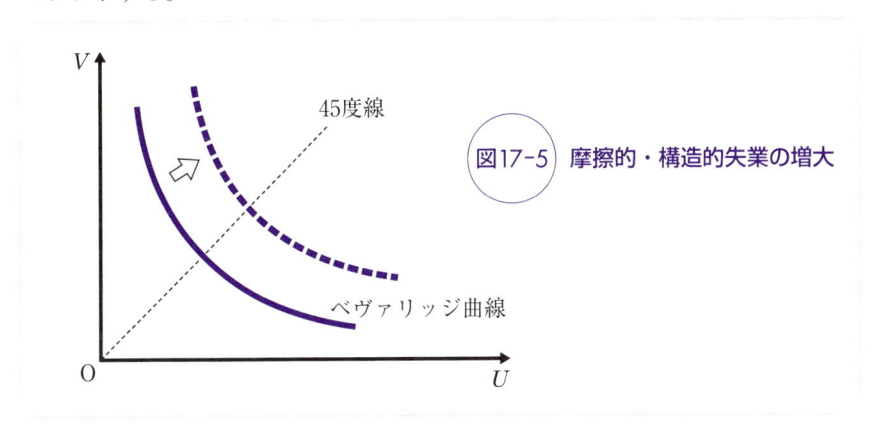

図17-5 摩擦的・構造的失業の増大

例題に戻ろう。例題の図は，横軸に未充足求人数（求人数）が，縦軸に失業者数がとられているので，解説中のベヴァリッジ曲線と縦軸と横軸の変数が入れ替わっていることに注意せよ。例題中の図における点aから点bへの動きは，主に45度線に沿った動きであるので，構造的・摩擦的失業が増加したと考えることができる。一方，点bから点cへの動きは，主に右下がりのベヴァリッジ曲線に沿った動きであり，失業者数が増えているので，循環的失業が増加したと考えることができる。

正答 4

例題17.2-2 ベヴァリッジ曲線

あるマクロ経済において，求人数Vと求職者数Uの間に成立するベヴァリッジ曲線が，以下の式で表されるとする。

$$\log_{10} V = 2 - \log_{10} U$$

このマクロ経済における総人口が100，労働力人口が50であるとき，摩擦的・構造的失業に対応する自然失業率はいくらか。（国家総合職）

1　2%　　2　5%　　3　10%　　4　20%　　5　40%

解説　摩擦的失業・構造的失業はともに，景気循環に左右されない失業であるので，自然失業率は摩擦的・構造的失業によって決まると考えることができる。短期的な循環的失業はベヴァリッジ曲線に沿った動きで表され

るので，ベヴァリッジ曲線において，これらの動きが無い点，つまり図17-4の点Aのような，45度線とベヴァリッジ曲線の交点において，自然失業率を求めることができる。

図17-4の点Aにおける自然失業率を求めよう。問題文のベヴァリッジ曲線に $U=V$ を代入すると，$\log_{10} U = 2 - \log_{10} U$，つまり $\log_{10} U = 1$ であるので，$U=10$ を得る。労働力人口は50であるので，(17.3)式から

(17.12)　　失業率 $= \dfrac{\text{失業者数}}{\text{労働力人口}} = \dfrac{10}{50} = 0.2$

を得る。よって，自然失業率は20％である。

正答　4

練習問題

【No.1】 ベヴァリッジ曲線が以下のように示せるものとする。

$V = \dfrac{640000}{U}$

ただし，V：欠員率，U：失業者数とする。摩擦的失業率ないし自然失業率が4％であるとする。このときの就業者数の人数として，正しいものはどれか。(経済学検定試験)

(1)　800人　　(2)　12,800人　　(3)　19,200人　　(4)　640,000人

解説　例題17.2-2と同様に，ベヴァリッジ曲線と45度線の交点を求めるとよい。$U=V$ を問題文のベヴァリッジ曲線に代入すると，$U^2 = 640000$，つまり $U=800$ である。就業者数を L とすると，(17.3)式より $0.04 = \dfrac{800}{L+800}$ であるので，$L=19200$ である。よって，正答は(3)である。

正答　【No.1】　(3)

第18章

AD-AS分析

AD-AS Analysis

18.1 総需要曲線と総供給曲線

例題18.1-1 総需要曲線

ある国の財市場が

$Y = C + I + G$

$C = 20 + 0.6Y$

$I = 79 - 100r$

貨幣市場が

$\dfrac{M}{P} = L$

$L = 1.2Y - 200i$

$\begin{bmatrix} Y：国民所得，C：消費，G：政府支出 \\ I：民間投資，r：実質利子率 \\ M：貨幣供給量，P：物価水準 \\ L：貨幣需要量，i：名目利子率 \end{bmatrix}$

で示されるとする。

ここで，貨幣供給量が500，予想物価上昇率が0.01のときの総需要関数として正しいのはどれか。(国家専門職)

1. $L = 3Y - 100 - G$
2. $P = \dfrac{125}{Y - r - 50 - G}$
3. $P = \dfrac{125}{Y - r - G}$
4. $P = \dfrac{250}{Y - 90 - G}$
5. $P = \dfrac{250}{Y - 100 - G}$

解説 これまでLM曲線を導く際には，実質貨幣供給量$\left(\dfrac{M_S}{P}\right)$を一定と仮定してきた。今，名目貨幣供給量$M_S$を一定として，物価を$P_0$から$P_1$に下落さ

341

図18-1 物価と総需要

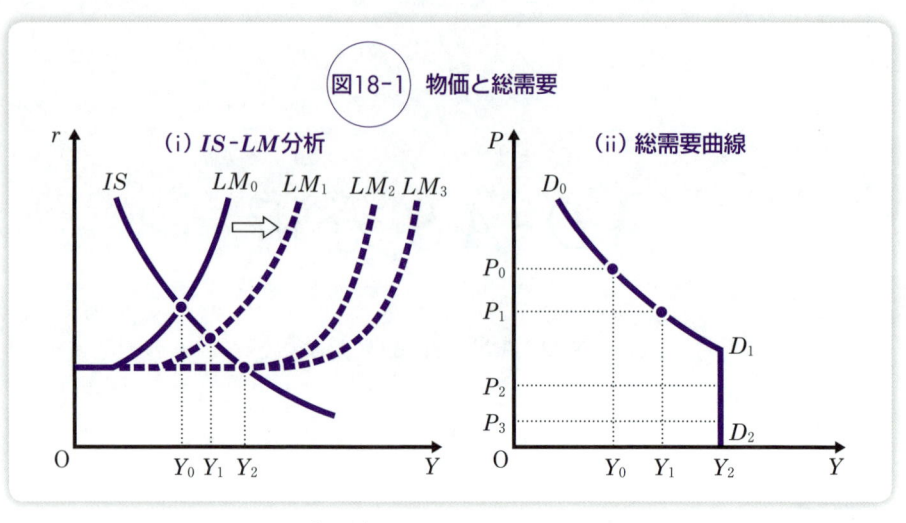

(i) *IS-LM*分析

(ii) 総需要曲線

せると，実質貨幣供給量 $\left(\dfrac{M_S}{P}\right)$ が増大し，*LM*曲線が**図18-1 (i)** のように右にシフトする結果，均衡国民所得は Y_0 から Y_1 に増加する．物価と国民所得のこのような関係は**図18-1 (ii)** の右下がりの曲線 D_0D_1 として表される．図の曲線 $D_0D_1D_2$ は**総需要曲線（*AD*曲線）**と呼ばれる．しかし，物価がさらに下落して，*LM*曲線が**図18-1 (i)** の LM_2，LM_3 の位置までシフトすると，*IS*曲線との交点が流動性のわなに入り，物価が P_2，P_3 と下落しても均衡国民所得は変化しない．総需要曲線のこれに対応する部分 D_1D_2 は垂直となる．

例題に戻ろう．以上の説明より，総需要曲線は*IS*曲線と*LM*曲線の交点を*P*-*Y*平面に描いたものなので，*IS*曲線，*LM*曲線を連立方程式として，*P*について解けばよい．第1式から第3式より *C*，*I* を消去すると，*IS*曲線は以下である．

(18.1)　　$r = -0.004Y + 0.01(99 + G)$

一方，第4式と第5式に $M = 500$ を代入すると，*LM*曲線は，

(18.2)　　$i = 0.006Y - \dfrac{2.5}{P}$

である．例題15.3-2ならびに例題16.1-1の解説でも言及したように，*IS*曲線は実質利子率に，*LM*曲線は名目利子率に依存していることに注意しよう．**公式15.8**のフィッシャー方程式より，

(18.3)　　$i = r + 0.01$

であるので，(18.1)式〜(18.3)式より，

(18.4) $$P = \frac{250}{Y - 100 - G}$$

を得る。これが総需要曲線である。

正答 5

例題18.1-2 総供給曲線

ある国の生産関数が次のように与えられている。
$$Y = AL^{\frac{1}{2}}K^{\frac{1}{2}}$$
ここでYは所得，Aは技術水準，Lは労働，Kは資本ストックを表し，AおよびKは一定とする。

このとき，物価水準をp，貨幣賃金をwとする場合，総供給関数として正しいのはどれか。（国家総合職）

1. $p = \dfrac{2wY}{A^2 K}$
2. $p = \dfrac{wY}{A^2 K}$
3. $p = \dfrac{wK^{\frac{1}{2}}}{AY}$
4. $p = \dfrac{2wK^{\frac{1}{2}}}{AL^{\frac{1}{2}}}$
5. $p = \dfrac{2wY}{A^2}$

解説 三面等価の生産面を，技術水準，資本ストック，雇用量を生産要素とする生産関数として考えることが可能である。労働市場で雇用者数が決まり，雇用者数により生産されるGDPは変化するはずである。そして，物価水準Pは労働市場を通じて，雇用者数に影響を与えるであろう。**総供給曲線（AS曲線）**は，マクロの生産関数と労働市場を考慮して，物価水準とGDP（国民所得）の関係をP-Y平面に描いたものである。例題17.1-1で見たように，ケインズ派と古典派の労働市場は異なる。よって，ケインズ派と古典派の総供給曲線も異なることになる。

古典派モデルにおける労働市場は，**図18-2 (i)** であった。名目賃金をW，物価水準をPとすると，古典派の労働市場では，労働市場の均衡から，実質賃金 $\left(\dfrac{W}{P}\right)_F$ の値が一意的に決まるので，物価Pの変化は常に名目賃金Wの比例的な変化を伴う。その結果，物価水準から独立に雇用量N_Fは一意的に決まる。本例題のように，技術水準や資本ストックが一定であるならば，生産物の供給量$Y_F = F(N_F, K)$ も一定となる。よって，**図18-2 (ii)** のように総供給曲線はY_Fで垂直な直線となる。

一方，ケインズ・モデルでは，労働市場の縦軸が実質賃金 $\left(\dfrac{W}{P}\right)$ ではなく，

図18-2 古典派の物価と総供給

(i) 古典派の労働市場

(ii) 古典派の総供給曲線

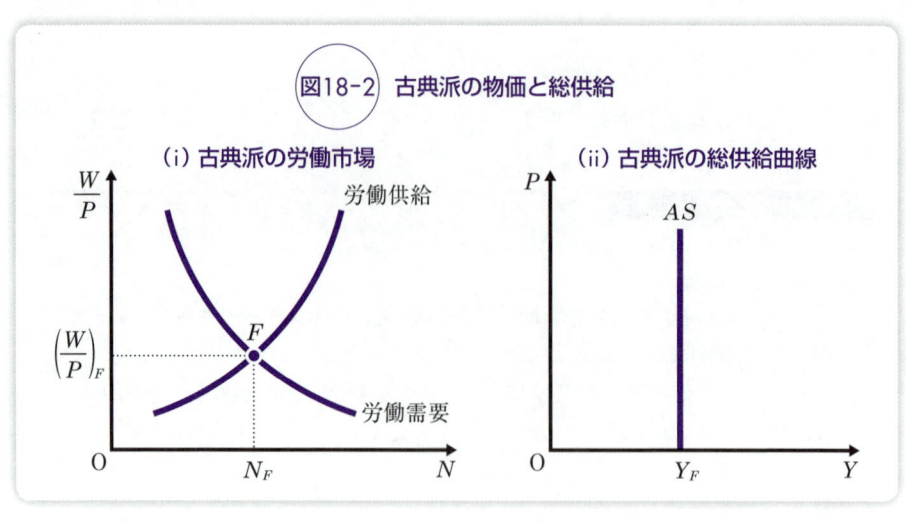

名目賃金 W である。古典派の第一公準より，労働需要 N_d は実質賃金の関数なので，物価が上昇すると実質賃金が低下し労働需要が増加し，**図18-3(i)** のように，労働需要は N_{d0}, N_{d1}, N_{d2} へとシフトする。その結果，労働需要 N_d と労働供給 N_s の交点で決まる雇用量も，N_0, N_1, N_2 へと変化する。**図18-3(ii)** の AS は N_d と N_s の交点で決まる労働量で生産される Y の量と物価 P の関係を表す。これは，労働供給量が名目賃金の関数であるという仮定の下で描かれた総供給曲線である。賃金の下方硬直性を考慮すると，総供給曲線において，**図18-3(ii) の F 点の左方**のように，総供給曲線が比較的平らになる領域が生じるであろう。

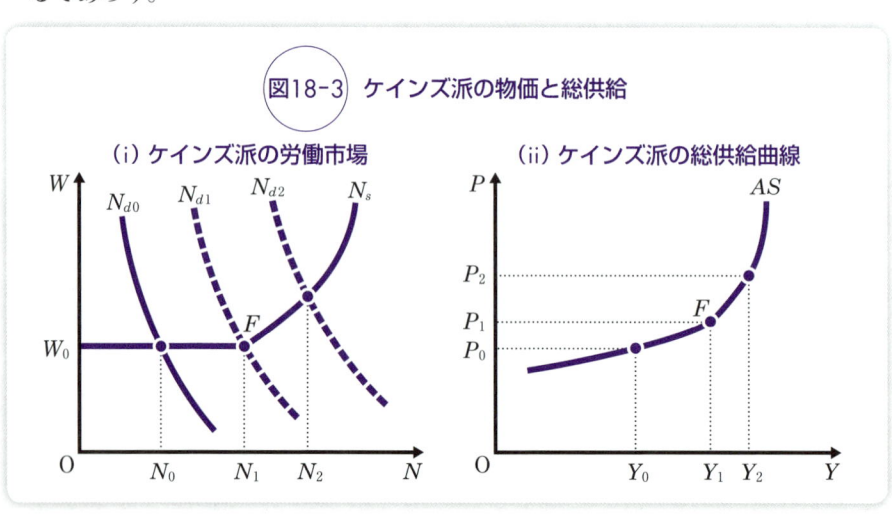

図18-3 ケインズ派の物価と総供給

(i) ケインズ派の労働市場

(ii) ケインズ派の総供給曲線

本例題では，労働供給に関する条件が与えられていない。そのため，古典派の第一公準より労働需要を求め，それを生産関数に代入して，総供給関数を導出することになる。この状況は，企業が与えられた賃金の下で労働需要を決め，企業はその賃金でいくらでも労働者を雇用できると解釈できるので，ケインズ派による賃金の下方硬直的な労働市場を考えているのであろう。

　生産関数より，労働の限界生産物は，$\dfrac{\partial Y}{\partial L} = \dfrac{1}{2} A L^{-\frac{1}{2}} K^{\frac{1}{2}}$である。古典派の第一公準より労働の限界生産物は実質賃金に等しいので，労働需要曲線は，

(18.5) $\quad \dfrac{w}{p} = \dfrac{1}{2} A L^{-\frac{1}{2}} K^{\frac{1}{2}}$

である。(18.5)式と生産関数よりLを消去し，Pについて解くと，総供給関数 $p = \dfrac{2wY}{A^2 K}$ を得る（正答は**1**である）。

　AD-ASモデルは，財市場の需要と供給を以下のように考えている。需要サイド（AD曲線）は，三面等価の支出面であるIS曲線に，物価水準に影響を与える貨幣市場の均衡を表すLM曲線を代入して導出された。供給サイド（AS曲線）は，マクロの生産関数を三面等価の生産面とみなし，労働市場にて決定される雇用量を代入して導出された。そのため，AD曲線とAS曲線の交点で財市場が均衡し，財市場の均衡において，実質国民所得Yと物価水準Pが決定される。そして，ケインズ派の総供給曲線と古典派の総供給曲線は異なるため，財市場の均衡の考え方もまた異なったものとなる。図18-4(i)がケインズ派による

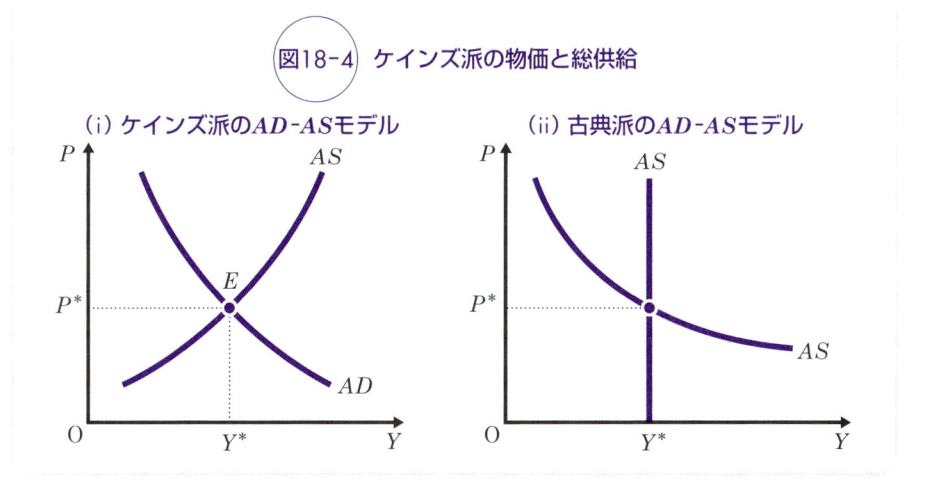

図18-4 ケインズ派の物価と総供給

(i) ケインズ派のAD-ASモデル

(ii) 古典派のAD-ASモデル

AD-ASモデルである。

一方，図18-4(ii)のような古典派のAD-ASモデルは，AS曲線が垂直であるため，経済の供給サイドのみによって実質国民所得Yが決まってしまう。このモデルでは，貨幣市場はAD曲線を通じて物価水準に影響を与えるのみで，実質国民所得からは独立である。さらに，例題15.2-2の解説で紹介した古典派の貨幣数量説を表すケンブリッジ現金残高方程式は，(15.12)式で与えられていた。例題16.1-1の(16.8)式の解説で説明したように，これを貨幣市場の均衡と見ることができた。以下にもう一度記載しよう。

$$(18.6) \quad \frac{M_s}{P} = kY$$

古典派のAS曲線は垂直なので，実質国民所得Yは財市場（実物経済）において，Y^*の水準に決定されてしまう。よって，金融政策により名目マネーサプライM_Sを増やしても，Yは変化せず，物価水準Pの上昇（とkの上昇として現れる貨幣流通速度の低下）をもたらすだけであろう。このように実物経済と貨幣を分ける古典派の考え方を，**古典派の二分法**という。　　　**正答　1**

練習問題

【No.1】 ある国の財市場，貨幣市場およびマクロ的生産関数が次のように表されるとする。

財市場　　　　$Y = C + I$
　　　　　　　$C = 20 + 0.6Y$
　　　　　　　$I = 60 - 20r$
　　　　　　　〔Y：国民所得（生産量），C：消費
　　　　　　　　I：投資，r：実質利子率〕

貨幣市場　　　$\dfrac{M}{P} = L$
　　　　　　　$L = 8Y - 100r$
　　　　　　　〔M：名目貨幣供給量，P：物価水準
　　　　　　　　L：実質貨幣需要量〕

マクロ的生産関数　$Y = 4N^{\frac{1}{2}}$　　〔N：労働投入量〕

名目貨幣供給量が9000，名目賃金率が6のとき，均衡所得と物価水準の組合せとして正しいのはどれか。（国家総合職）

	均衡所得	物価水準
1	20	10
2	40	30
3	60	45
4	80	60
5	100	80

解説 まず，財市場の均衡より，IS 曲線を求める。財市場の第 1 式に消費関数と投資関数を代入すると $Y = (20 + 0.6Y) + (60 - 20r)$ なので，これを整理すれば，IS 曲線は

$$Y = 200 - 50r \quad \cdots\cdots\cdots\cdots ①$$

である。次に，LM 曲線を求める。貨幣市場の均衡式に貨幣需要と名目貨幣供給量 $M = 9000$ を代入すると $\dfrac{9000}{P} = 8Y - 100r$ なので，これを整理すると，LM 曲線は，

$$Y = \dfrac{25}{2}r + \dfrac{1125}{P} \quad \cdots\cdots\cdots\cdots ②$$

である。①式，②式より r を消去すると，以下の AD 曲線を得る。

$$Y = 40 + \dfrac{900}{P} \quad \cdots\cdots\cdots\cdots ③$$

次に，労働市場を考える。古典派の第一公準より，労働の限界生産物 $\dfrac{\partial Y}{\partial N} = 2N^{-\frac{1}{2}}$ が実質賃金に等しいので，名目賃金を w とすると，$2N^{-\frac{1}{2}} = \dfrac{w}{P}$ である。名目賃金が $w = 6$ であり，例題18.1-2と同様に，企業はこの賃金で労働者を雇うことができると解釈すると，均衡雇用量は

$$N = \dfrac{P^2}{9} \quad \cdots\cdots\cdots\cdots ④$$

である。④式をマクロ的生産関数に代入すると，以下の AS 曲線を得る。

$$Y = \dfrac{4}{3}P \quad \cdots\cdots\cdots\cdots ⑤$$

AD 曲線である③式と，AS 曲線である⑤式を連立方程式として解くと，$Y = 60$，$P = 45$ を得る。よって，正答は **3** である。

【No. 2】 縦軸を物価水準，横軸を実質国民所得とする図を想定し，総需要(AD)・総供給(AS)曲線の枠組みで考える。ここで，流動性のわなが発生しているときに，正しいものはどれか。
（経済学検定試験）

(1) AD 曲線は水平になる。
(2) AD 曲線は垂直になる。
(3) AS 曲線は水平になる。
(4) AS 曲線は垂直になる。

解説 例題18.1-1の解説，図18-1より，流動性のわなが発生しているとき，AD 曲線は垂直になる（正答は(2)である）。

正答 【No. 1】 **3**　　【No. 2】 **(2)**

18.2 AD-AS分析

例題18.2-1　AD-AS分析

次のような式で表される経済を考える。

$$I = S(Y)$$
$$L(Y, r) = \frac{M}{p}$$
$$Y = F(N)$$
$$F'(N) = \frac{w}{p}$$

[I：投資，Y：所得あるいは生産量（実質GDP），$S(Y)$：貯蓄関数
r：利子率，$L(r, Y)$：貨幣需要関数，M：名目貨幣供給量
p：物価水準，N：労働投入量（雇用量），$F(N)$：生産関数
$F'(N)$：労働の限界生産力，w：貨幣賃金率
$I,\ M,\ w$は外生的に与えられた定数]

ここで，SはYの増加関数，$F'(N)$は正かつ逓減，Lはrの減少関数，LはYの増加関数とする。

このとき，すべてのNについて$F'(N)$の値が上昇した場合，$Y,\ r,\ p$それぞれの変化の組合せとして正しいのはどれか。（国家総合職）

	Y	r	p
1	増加	上昇	上昇
2	増加	下落	下落
3	変化なし	上昇	上昇
4	変化なし	下落	下落
5	減少	上昇	下落

解説　説明の都合上，解説では生産関数を$Y = F(N; A)$と記載し，パラメーターAの上昇により，労働の限界生産物が上昇するとしよう。つまり，すべてのNについて，$A_1 < A_2$であれば$F'(N; A_1) < F'(N; A_2)$であるとする。

問題文の第1式はIS曲線である。投資Iが定数であるので，IS曲線は利子率から独立であり，図18-5(i)のように垂直である。問題文の第2式はLM曲線である。貨幣需要Lは通常どおり利子率の減少関数なので，LM曲線は右上がりである。物価水準pが上昇すると，実質マネーサプライ$\frac{M}{p}$が減少するため，LM曲線は左にシフトするが，IS曲線が垂直なため，国民所得（実質GDP）は変化しない。よって，AD曲線は図18-5(ii)のように垂直である。例題では，名目（貨幣）賃金率は定数であるので，例題18.1-2と同様に，ケインズ派の賃金の下方硬直性のケースと解釈できよう。問題文の第4式は古典派の第一公

図18-5 IS-LMとAD-AS

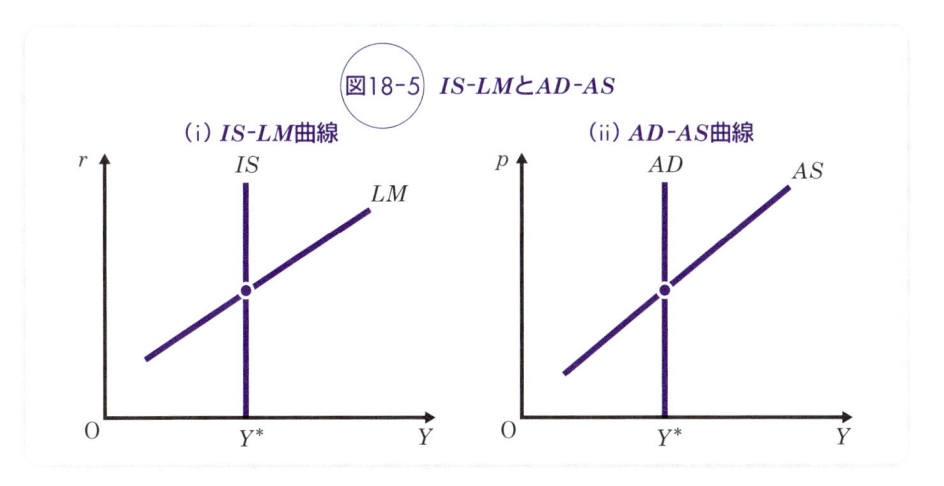

(i) IS-LM曲線

(ii) AD-AS曲線

準であり，労働需要を表す。物価水準pの上昇は実質賃金$\frac{w}{p}$の低下をもたらす。実質賃金が低下すると，古典派の第一公準より限界生産物が減少する。$F'(N;A)$は正かつ逓減なので，限界生産物の減少は雇用量の増加を意味し，生産量が増加する。よって，物価水準の上昇は生産量の上昇をもたらすので，AS曲線は右上がりになる。**図18-5(ii)**のように，AD曲線とAS曲線の交点で物価水準pと国民所得Yが決定される。

問題文のように，すべてのNについて$F'(N;A)$の上昇は，**図18-6**のように，生産関数の上方へのシフトとして表される。生産関数のシフト前において，古典派の第一公準を満たす雇用量はN_1であったとしよう。つまり，$F'(N_1;A_1) = \frac{w}{p}$である。ここで，パラメーターが$A_2$に上昇すると，$\frac{w}{p} = F'(N_1;A_1) < F'(N_1;A_2)$であるので，雇用量$N_1$はもはや古典派の第一公準を満たさない。

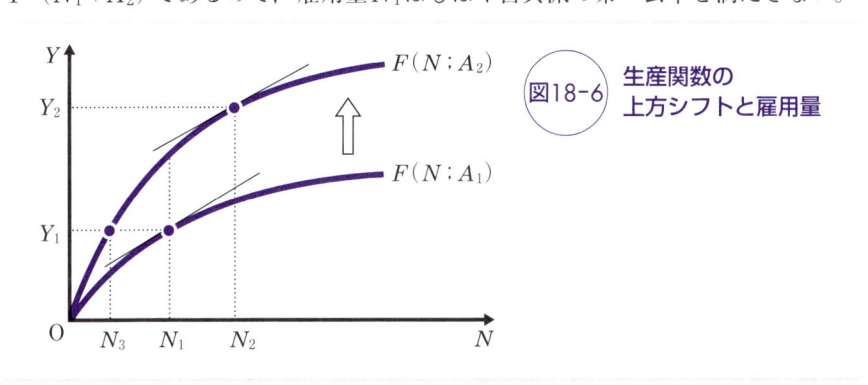

図18-6 生産関数の上方シフトと雇用量

図18-7　IS-LMとAD-AS

（i）AS曲線のシフト

（ii）LM曲線のシフト

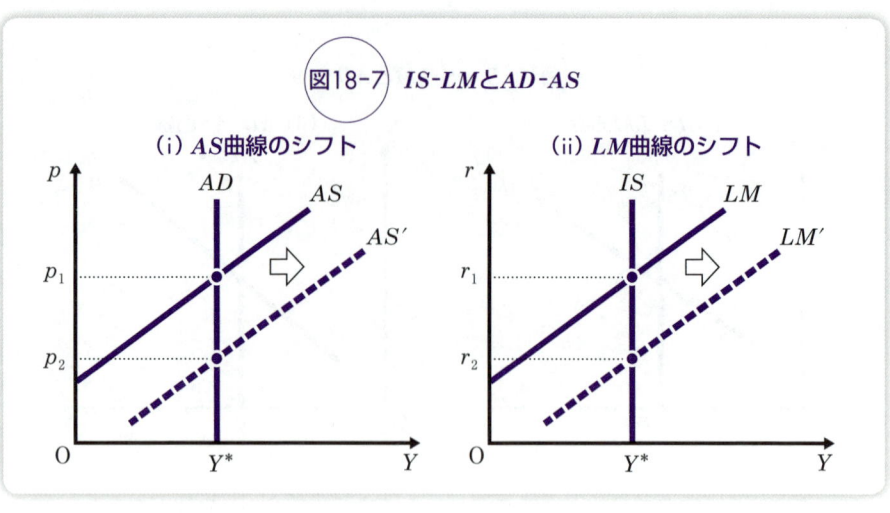

よって，企業が計画する雇用量は

(18.7) $\quad \dfrac{w}{p} = F'(N_1 ; A_1) = F'(N_2 ; A_2)$

を満たすような N_2 まで増加するであろう。その結果，企業が計画する生産量も Y_1 から Y_2 に上昇することになる。

　(18.7)式で与えられる物価水準 p の下で生産量が増えたので，図18-7(i)のように，AS曲線は右方にシフトする。ところがAD曲線は垂直なので，図18-7(i)のように，均衡における国民所得 Y^* は変化せず，物価水準 p は下落する。これは実質賃金の上昇を意味するので，雇用量は Y_1 を生産するのに必要な N_3 まで減少する。物価水準 p の下落は貨幣市場において，実質マネーサプライの増大をもたらすので，図18-7(ii)のように，LM曲線は右方にシフトする。IS曲線は垂直なので，利子率は下落する。　　　　　　　　　　**正答　4**

例題18.2-2　ピグー効果

　総供給関数および総需要関数に関する次の記述のうち，妥当なものはどれか。

（国家総合職）

1　古典派の第一公準に基づく総供給関数は，収穫逓減の生産関数の下では右上がりの曲線となり，貨幣賃金率の上昇に伴って下方にシフトする。
2　物価水準が完全に予見される古典派のケースでは，総供給関数は水平になる。
3　技術進歩により生産関数が上方にシフトした場合，労働市場の供給に変化がないとすれば，総供給関数も上方にシフトする。

4　LM曲線のシフトから総需要関数が導かれるが，流動性のわなが存在していても投資が利子率に対して弾力的であれば，総需要関数は右下がりの連続な曲線となる。
5　ピグー効果（実質残高効果）が存在すれば，総需要関数が垂直な部分を持たず長期的には完全雇用命題が成立する。

解説　古典派モデルにおいて，もし総需要曲線が垂直となる場合には，図18-8のように均衡が存在しなくなる。この場合，たとえ物価と貨幣賃金が比例的に下落したとしても，完全雇用が達成されることはない。

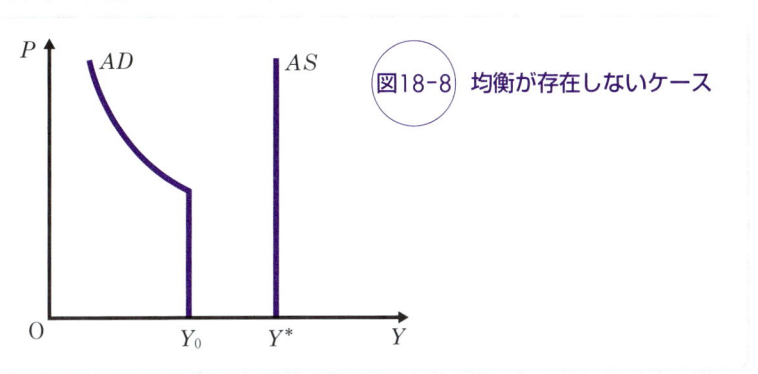

図18-8 均衡が存在しないケース

古典派に属する経済学者**ピグー**は，このようなケースがありえないことを論証するために，今日では**ピグー効果**とも呼ばれる**実質残高効果**の存在を指摘した。ピグーによれば，消費Cは税引き後所得（$Y-T$）のみならず人々の保有する貨幣の実質価値に依存する。すなわち消費関数は

(18.8)　　$C = C\left(Y - T, \dfrac{M}{P}\right)$

の形をしている。物価が下落すると，実質貨幣残高$\dfrac{M}{P}$が上昇して，人々の消費が増大するのである。すると，IS曲線は右にシフトする。結局，**図18-9（i）**のように物価の下落は，LM曲線とIS曲線の双方を右にシフトさせ，Yの値を増加させることになる。したがって，たとえLM曲線が水平の部分で，あるいはIS曲線が垂直の部分で交わったとしても，総需要曲線は右下がりとなって総供給曲線と交わり，完全雇用が達成される（よって**5が正しい**）。

他の選択肢についても検討してみよう。古典派の総供給曲線は垂直なので，**1**，**2は誤り**。生産関数が上方にシフトすると，同じ費用でより多くの財を生産で

図18-9 ピグー効果

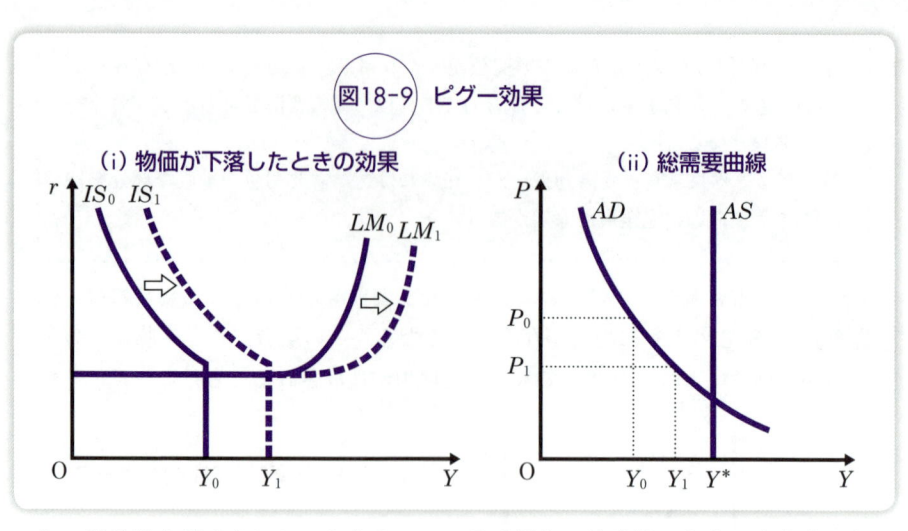

(i) 物価が下落したときの効果

(ii) 総需要曲線

き，総供給曲線は右にシフトするので，**3**は誤り。流動性のわなが存在すると総需要曲線は垂直となるので，**4**は誤りである。

正答 5

例題18.2-3 雇用量への影響

ケインズ・モデルにおいて貨幣供給量の変化が雇用量に与える影響について述べたものとして正しいものは，次のうちどれか。（国家総合職）

1　貨幣需要の利子弾力性が大きければ大きいほど，貨幣供給量の変化が雇用量に与える影響は小さい。
2　貨幣需要の利子弾力性が小さければ小さいほど，貨幣供給量の変化が雇用量に与える影響は小さい。
3　最終財の供給の価格弾力性が大きければ大きいほど，貨幣供給量の変化が雇用量に与える影響は小さい。
4　投資の利子弾力性が大きければ大きいほど，貨幣供給量の変化が雇用量に与える影響は小さい。
5　限界貯蓄性向が大きければ大きいほど，貨幣供給量の変化が雇用量に与える影響は大きい。

解説　例題15.2-1の解説で説明したように，流動性のわなにおいて，貨幣需要の利子弾力性が無限大であった。例題16.2-3の解説より，流動性のわなにおいて金融政策を行っても，実質国民所得に影響を与えることはできない。このことを思い出せば**1**が正答であることがわかる。

図18-10　総需要曲線のシフトの効果が大きいケース

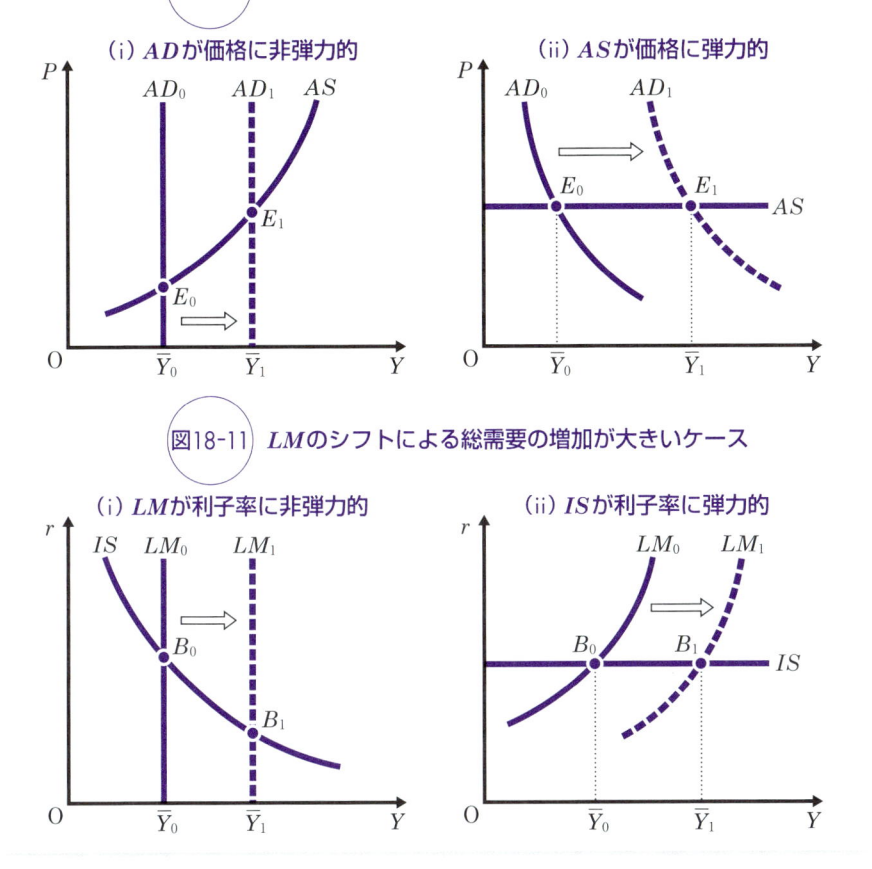

(i) AD が価格に非弾力的

(ii) AS が価格に弾力的

図18-11　LM のシフトによる総需要の増加が大きいケース

(i) LM が利子率に非弾力的

(ii) IS が利子率に弾力的

　他の選択肢も検討してみよう。貨幣供給量の増加は，LM 曲線を右へシフトさせ，また総需要曲線を右へシフトさせる。その結果，雇用量と国民所得も増加する。**図18-10** は総需要の増加（AD のシフト幅）が，そのまま国民所得の増加となる2つのケースである。供給の価格弾力性が大きいほど供給曲線は水平に近くなるので，**図18-10 (ii)** から，供給曲線の価格弾力性が大きいほど $\overline{Y}$ の増加が大きいことがわかる。よって **3** は誤り。

　総需要曲線の右へのシフト幅は，IS 曲線と LM 曲線の交点で決まる Y の増加量によって決まる。**図18-11 (ii)** から，IS 曲線が水平に近いほど，総需要の増加 $\overline{Y}_1 - \overline{Y}_0$ が大きいことがわかる。そこで利子率が r_0 から r_1 に下がるとして，**図18-12** を見ると，同じ貯蓄曲線 S の下でも投資が利子弾力的なほど $I(r_1)$

図18-12 IS曲線の決まり方

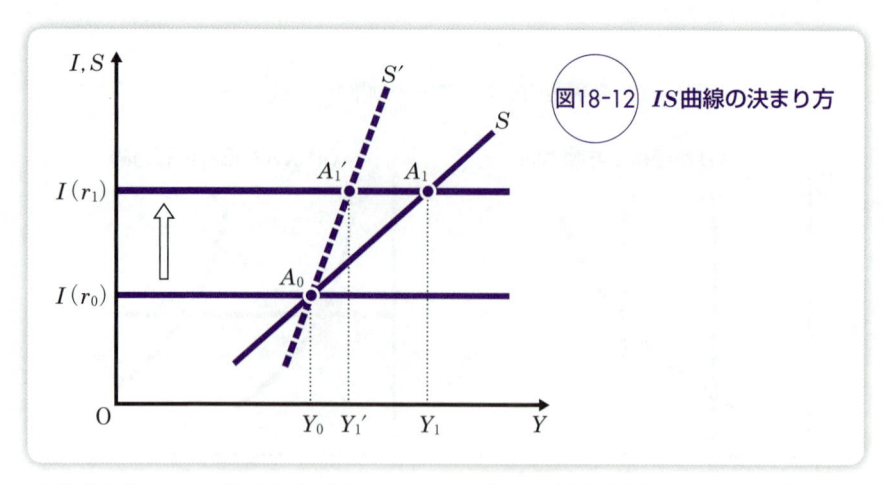

は高くなり，Y_1の値は大きくなるので，IS曲線の傾きも緩やかになる（**4**は誤り）。貯蓄曲線SとS'を比較すると，限界貯蓄性向の高いS'のほうがSにおけるよりもY_1の値が小さく，したがってIS曲線の傾きはより大きくなり，LMが右へシフトしたときの総需要の増加はより小さくなる（**5**は誤り）。

貨幣需要の利子弾力性が0ならばLM曲線は垂直となり，図18-11（i）のように総需要の増加が大きい（**2**は誤り）。逆に無限大となればLM曲線は水平となり，総需要は増加しない。

正答 **1**

例題18.2-4 完全雇用下における財政政策

ある国のマクロ経済が以下のようなモデルで表される。

財市場　　$Y = C + I + G$
　　　　　$C = 60 + 0.9Y$
　　　　　$I = 140 - 20r$

貨幣市場　$\dfrac{M}{p} = L$
　　　　　$L = 200 + 0.1Y - 20r$
　　　　　$M = 40$

生産関数　$Y = 20N^{\frac{1}{2}}$

Y：国民所得，C：消費，I：民間投資
G：政府支出，r：利子率
M：名目貨幣供給量，p：物価水準
L：貨幣需要量，N：労働（雇用）

この国の名目賃金率は1で，実質賃金率は労働限界生産力に等しく決定され，完全雇用量は225である。

ここで，Gの値を0から40まで上昇させたときに生じるインフレーションの近似値として妥当なのはどれか。（国家総合職）

1　20%　　2　30%　　3　50%　　4　60%　　5　100%

解説 これまでと同様に，まずIS曲線とLM曲線からAD曲線を導出する。財市場の第1式に第2式と第3式を代入すると$Y = (60 + 0.9Y) + (140 - 20r) + G$であるので，$IS$曲線は

(18.9)　　　$Y = 2000 - 200r + 10G$

である。貨幣市場の第1式に第2式と第3式を代入すると$\frac{40}{p} = 200 + 0.1Y - 20r$であるので，$LM$曲線は

(18.10)　　　$Y = -2000 + 200r + \frac{400}{p}$

である。(18.9)式と(18.10)式からrを消去すると，以下のAD曲線を得る。

(18.11)　　　$p = \frac{200}{Y - 5G}$

(18.11)式は$Y = 5G$を漸近線とする直角双曲線である。**図18-13(i)** より，Gが上昇すると漸近線が右にシフトし，AD曲線が右にシフトする。

次に，AS曲線を導出する。名目賃金率は1で，実質賃金率は労働の限界生産物$\frac{\partial Y}{\partial N} = 10N^{-\frac{1}{2}}$に等しい（古典派の第一公準）ので，$\frac{1}{p} = 10N^{-\frac{1}{2}}$である。よって，労働需要曲線は

(18.12)　　　$N = 100p^2$

である。完全雇用量をN_Fとする。名目賃金は固定されているので，$N_F = 225$に達するまで企業は名目賃金率1で労働者を雇用できるが，**完全雇用**に達するともうそれ以上労働者を雇うことができない。完全雇用に達するまでのAS曲

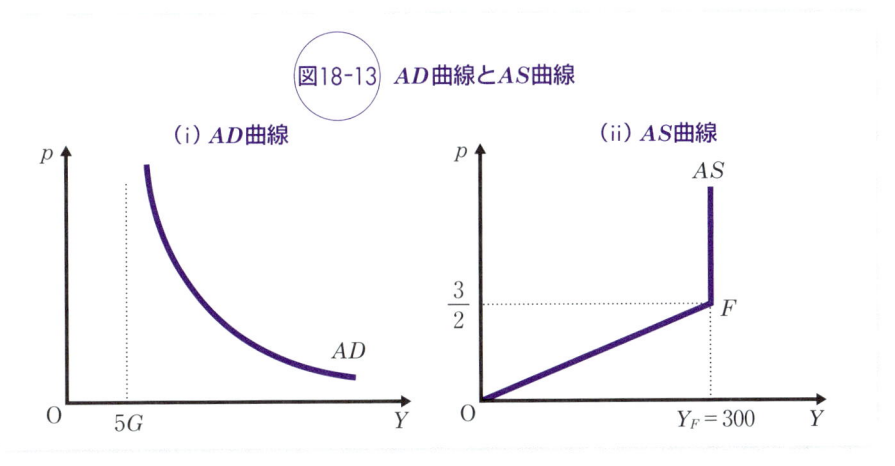

図18-13 AD曲線とAS曲線

(i) AD曲線

(ii) AS曲線

線は，(18.12) 式を生産関数に代入して，

$$(18.13) \quad p = \frac{1}{200}Y$$

である。一方，完全雇用下における AS 曲線は，生産関数に $N_F = 225$ を代入して，

$$(18.14) \quad Y_F = 300$$

である。**図18-13 (ii)** のように，AS 曲線は点 F で折れ曲がる。なお，Y_F のように完全雇用が達成される国民所得を**完全雇用国民所得**という。

ここで，財政政策により，G の値を 0 から 40 まで上昇させてみよう。見通しをよくするために，まず，AD 曲線が**図18-13 (ii)** の点 F を通るような G の値を求めてみる。$Y = 300$ と $p = \frac{3}{2}$ を AD 曲線である (18.11) 式に代入すると，$G = \frac{100}{3}$ を得る。よって，$G \leq \frac{100}{3}$ のとき，AD 曲線は (18.13) 式で表される AS 曲線と交わり，$G \geq \frac{100}{3}$ のとき，(18.14) 式で表される AS 曲線と交わる。この状態は，**図18-14** に表されている。$G = 0$ のときの物価水準は，(18.11) 式，(18.13) 式より，$p = 1$ である。$G = 40$ のときの物価水準は，(18.11) 式，(18.14) 式より，$p = 2$ である。よって，物価上昇率は 100% である。

このように，完全雇用国民所得の下では，財政政策を行っても国民所得を増やすことができない。財政政策によってもたらされる AD 曲線の右方へのシフトの効果は，インフレーションのみを引き起こす。これは，AS 曲線が垂直で

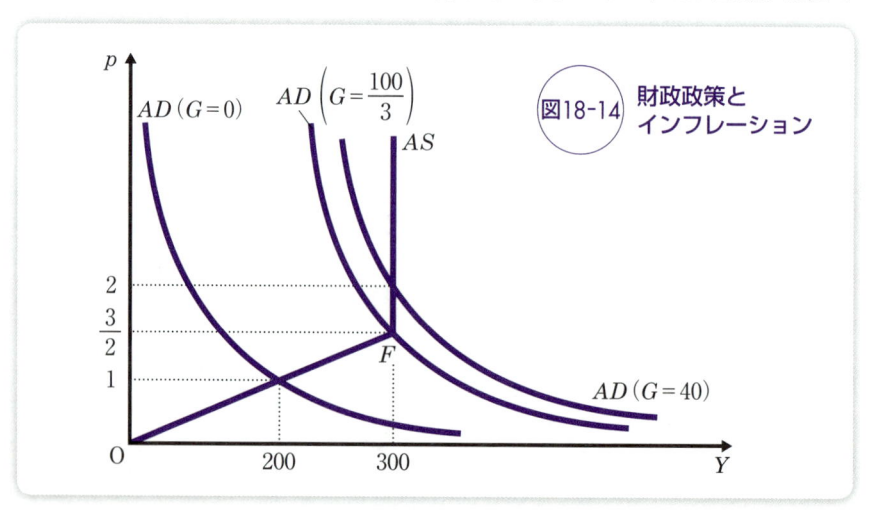

図18-14 財政政策とインフレーション

ある古典派のAD-ASモデルについていえることで，拡張的な財政・金融政策は，インフレーションをもたらすことになる。

正答 5

練習問題

【No.1】 ある国の経済が次のようなマクロモデルで表されるとする。このとき，$Y=100$ とするために必要な政府支出 G の値はいくらか。(国家総合職)

$Y = C + I + G$
$C = 10 + 0.6Y$
$I = 20 - 40r$
$L = 10 + 0.5Y - 50r$
$M = 100$
$Y = 10N^{\frac{1}{2}}$
$W = 1$

$\begin{bmatrix} Y:国民所得，C:消費，I:投資，G:政府支出，r:利子率 \\ L:実質貨幣需要，M:名目貨幣供給量，N:労働投入量 \\ W:貨幣賃金率 \end{bmatrix}$

1 10　　**2** 12　　**3** 18　　**4** 24　　**5** 30

解説 まず，財市場の均衡より，IS曲線を求める。第1式に消費関数と投資関数を代入すると $Y=(10+0.6Y)+(20-40r)+G$ なので，これを整理すれば，IS曲線は，$0.4Y=30+G-40r$ である。次に，LM曲線を求める。物価水準を P とし，貨幣市場の均衡式 $\frac{M}{P}=L$ に第4式と第5式を代入すると，LM曲線は，$\frac{100}{P}=10+0.5Y-50r$ である。IS曲線，LM曲線より r を消去すると，AD曲線は，$Y=\frac{55}{2}+\frac{5}{4}G+\frac{100}{P}$ である。

古典派の第一公準より，労働の限界生産物 $\frac{\partial Y}{\partial N}=5N^{-\frac{1}{2}}$ が実質賃金 $\frac{W}{P}$ に等しいので，雇用量は $\sqrt{N}=5P$ を満たす。これをマクロの生産関数に代入すると，AS曲線は $Y=50P$ である。
AD曲線，AS曲線，$Y=100$ より，求める政府支出は $G=18$ である。よって，正答は **3** である。

【No.2】 以下の構造を持つAD-AS分析において，均衡実質GDPとして正しいものはどれか。

総需要曲線 ：$\frac{6}{P}=Y-5$

名目賃金 ：$W=0.5$

企業の生産関数：$Y=L^{0.5}$

完全雇用GDP ：$Y^P=7$

ただし，Y：実質GDP ($Y>0$)，P：一般物価水準，W：名目賃金 ($W=0.5$)，L：企業の労働投入量，Y^P：完全雇用GDP ($Y^P=7$) を表す。(経済学検定試験)

(1) 4　　(2) 7　　(3) 6　　(4) 5

357

> **解説** 古典派の第1公準より，$\frac{\partial Y}{\partial L} = 0.5L^{-0.5} = \frac{0.5}{P}$ であるので，$L^{0.5} = P$ である。これを生産関数に代入すると，$Y = P$ である。よって，図18-13(ii)のように総供給曲線は $Y < Y^P = 7$ のとき $Y = P$ であり，$Y = 7$ で垂直となる。総需要曲線に $P = Y$ を代入すると，$Y^2 - 5Y - 6 = 0$ であるので，$(Y-6)(Y+1) = 0$ より，$Y = 6$ である。よって，この経済は完全雇用を達成しておらず，均衡実質GDPは 6 である（正答は(3)）。

【No.3】 古典派とケインズ派のフレームワークに関する次の記述のうち，妥当なものはどれか。（国家総合職）

1. 古典派のフレームワークでは利子率は財市場で決定されるが，ケインズ派のフレームワークでは貨幣市場で決定される。
2. 古典派のフレームワークでは実質賃金は労働の限界生産力に等しい水準に決定されるが，ケインズ派のフレームワークでは外生的に決定される。
3. 古典派のフレームワークでも，ケインズ派のフレームワークでも，財市場の均衡が価格の調整機能によってもたらされるという点では共通している。
4. 貨幣数量の増加は，古典派のフレームワークでは物価水準を変化させるだけで，実物面にはまったく影響を与えないが，ケインズ派のフレームワークでは利子率の低下を通じて影響を与える。
5. 財政支出の増加は，古典派のフレームワークでは利子率の上昇を通じて民間投資を支出増加と同額だけ減少させるので，国民所得の水準に影響を与えないが，ケインズ派のフレームワークでは利子率は上昇しないので，支出増加と同額だけ国民所得は増加する。

> **解説** 例題18.1-2の解説より，古典派のフレームワークでは，古典派の二分法により，貨幣供給量の増大は物価水準を変化させるだけである。一方，ケインズ派のフレームワークでは，貨幣供給量の増大は LM 曲線の右方へのシフトにより利子率を低下させる。よって，正答は **4** である。
>
> 他の選択肢についても検討する。ケインズ派では，利子率は IS 曲線と LM 曲線の交点，すなわち財市場と貨幣市場の同時均衡として決定される。よって **1** は誤り。ケインズ派は古典派の第一公準を受け入れているが，実質賃金ではなく，名目（貨幣）賃金が労働市場で決定される。よって **2** は誤り。例題16.1-1の解説より，古典派では LM 曲線は利子率から独立で垂直となる。**5** の前半部分は古典派のクラウディング・アウト効果について述べているので，前半部分は正しい。しかし，後半部分について，ケインズ派では，LM 曲線が右上がりである限り財政政策で利子率が上昇するので誤り。**3** について，ケインズ派の AD-AS モデルでも長期的には価格は伸縮的であり，財市場は価格調整機能が働くが，ケインズ派は短期の価格硬直性を考慮するので，短期的には財市場で価格の調整機能が働くとは限らない，という解釈が出題の意図であろう。

正答 【No.1】 3 【No.2】 (3) 【No.3】 4

第19章 インフレーションと失業

Inflation and Unemployment

19.1 インフレーションと失業

> **例題19.1-1　予想を入れたフィリップス曲線**
>
> フィリップス曲線が $\pi = \theta \pi^e + f(u)$（$\pi$：物価上昇率，$\pi^e$：期待物価上昇率，$u$：失業率）で示されるとすると，次の記述のうち正しいものはどれか。ただし，θはゼロより大きい係数であり，$f(u)$はuの減少関数であるとする。（国家総合職）
>
> 1 　$\theta > 1$のときは，長期フィリップス曲線は右下がりとなり，失業率は長期的には自然失業率に収束していく。
> 2 　$\theta = 0$のとき，長期フィリップス曲線は右下がりとなり，財政金融政策により失業率を引き下げることは長期的にも可能となる。
> 3 　$\theta < 1$のときは，長期フィリップス曲線は右下がりとなり，財政金融政策により失業率を引き下げることは長期的にも可能となる。
> 4 　θの大きさいかんにかかわらず，短期フィリップス曲線は垂直となり，財政金融政策は短期的にも有効でない。
> 5 　θの大きさいかんにかかわらず，短期フィリップス曲線は右下がりとなり，財政金融政策は長期的にも短期的にも有効である。

解説　イギリスの経済学者**フィリップス**が，1861年から1957年までの約100年間のイギリスの統計から，名目賃金の上昇率$\left(\dfrac{\varDelta W}{W}\right)$と失業率$u$の間に負の相関関係が存在することを指摘した。横軸に失業率，縦軸に名目賃金の上昇率

を測ると，フィリップスによって指摘された負の相関関係は，**図19-1**のような右下がりの曲線で表される。この曲線を**フィリップス曲線**と呼ぶ。

　フィリップス曲線は重要な経験則であり，インフレーションを理論的に分析する際の出発点としてしばしば用いられている。そこでフィリップス曲線の意味を少し考えてみよう。まず，第18章までは静学的なマクロ分析が中心であったのに対し，インフレーションは動学的な分析の対象であることに注意してほしい。また，ケインズ・モデルは，賃金の下方硬直性を仮定する短期的なモデルであった。一方，古典派モデルは，賃金および価格を完全に伸縮的と仮定し，一種の長期均衡状態を扱っているといえる。そのように考えると，ケインジアンとマネタリストの論争は，長期均衡が容易に回復できるか否かについての認識の違いに基づくといえよう。ともかく，ケインズ・モデルは短期的分析であり，古典派モデルは長期均衡以外を扱っていないという点で，ともにいかにして長期均衡に到達するかという動学的な分析を欠いている。もちろん長期的には技術進歩によって生産関数がシフトし，人口も増加する。しかし，以下では簡単化のために技術進歩を無視し，人口も一定と仮定して議論を進めることにする。

　総労働人口を$\bar{N}$とすると，その中に，ある仕事から他の仕事に移行する摩擦的失業者や，自ら労働することを選択しない**自発的失業者**が存在する。そのような失業者の平均数を総労働人口から除いた数を，完全雇用水準N_Fと定義し，このときの失業率$u_F = \dfrac{\bar{N} - N_F}{\bar{N}}$を**自然失業率**と呼ぶ。古典派の主張に従えば，名目賃金が変化しても，常に完全雇用N_Fが達成されるので，**図19-1(i)**のようにu_Fで垂直な直線が実現される。これは長期均衡に対応したフィリップス曲線と考えられる。一方，短期的なケインズ・モデルでは，失業率がu_Fの状態から出発して，さらに失業が増えたときには，賃金の下方硬直性のために**図19-1(i)**でu_Fから右に水平な破線がフィリップス曲線になる。短期的に失業率がu_Fを下回る領域では，フィリップス曲線は右下がりとなるであろう。

　このように考えると，フィリップスが発見した右下がりのフィリップス曲線は，中・長期の必ずしも長期均衡状態にない状況での，名目賃金の変化率と失業率の関係を示したものといえよう。なお，フィリップス曲線は**図19-1(ii)**のように自然失業率u_Fで横軸と交わり，このとき$\varDelta W = 0$となる。失業率がu_Fより小さくなれば，労働市場が超過需要になって$\varDelta W > 0$，失業率がu_Fより大きくなれば，超過供給になって$\varDelta W < 0$となる。中・長期的には名目賃金も下落しうるということは，ケインズによる短期分析と必ずしも矛盾するわけで

図19-1 フィリップス曲線

(i) 古典派モデル，ケインズ・モデル

(ii) フィリップス曲線

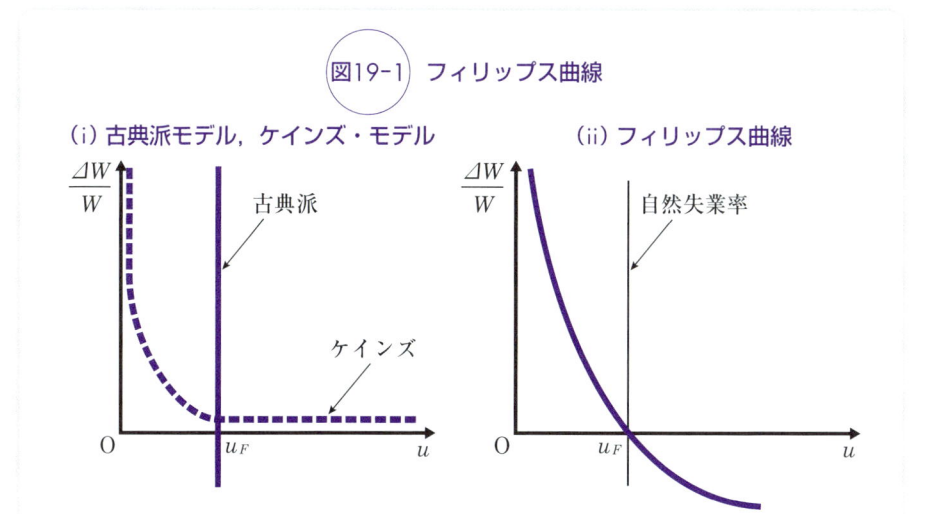

はない。

今，$h(0) = 0$ になる増加関数 h を用いて，フィリップス曲線を

(19.1)　　$\dfrac{\Delta W}{W} = h(u_F - u)$

と定式化しよう。また，中・長期的には物価と名目賃金が同様の振る舞いをするであろうことが容易に推測できる。物価の変化率を $\pi = \dfrac{\Delta P}{P}$ と表し，$\pi = \dfrac{\Delta W}{W}$ と仮定すれば，物価と名目賃金が比例的に変化する古典派のケースとなる。また $\pi = \dfrac{\theta \Delta W}{W}$ と仮定するか，あるいは名目賃金の変化率が π の非線形関数と仮定するなら，物価と名目賃金の変化が連動するが必ずしも等しいとは限らない。したがって，(19.1) 式から $g(0) = 0$ なる増加関数 g を用いて**図19-2**のような物価の変化率 π と失業率の関係を表す式，**物価版フィリップス曲線**

(19.2)　　$\pi = g(u_F - u)$

が成立すると考えることができよう。(19.2) 式が成立しているなら，失業率を自然失業率以下に下げようとすると，インフレーションを避けることができないことになる。

先ほどまでのモデルは，最も基本的なフィリップス曲線の理論である。しかし，現実の経済では，失業率が自然失業率よりも高くとも物価や名目賃金は上

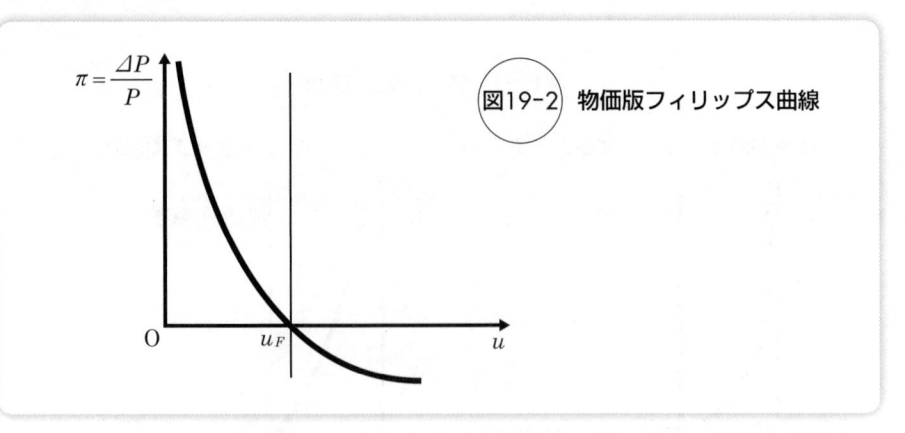

図19-2 物価版フィリップス曲線

昇している。この点を考えて，(19.1)式で名目賃金の代わりに，期待実質賃金が失業率と逆相関関係にあると仮定するなら，(19.1)式は次のように修正される。今，今期の物価を P_0，次期の期待物価を P_1^e とすると，期待物価上昇率は $\pi^e = \dfrac{P_1^e - P_0}{P_0}$ である。また，実質賃金の期待上昇率は

$$(19.3) \quad \frac{\left(\dfrac{W_1}{P_1^e} - \dfrac{W_0}{P_0}\right)}{\left(\dfrac{W_0}{P_0}\right)}$$

である。(19.3)式を変形すると

$$(19.4) \quad \left(\frac{W_1 - W_0}{W_0} - \frac{P_1^e - P_0}{P_0}\right) \cdot \left(\frac{P_0}{P_1^e}\right)$$

となる。ここで，もし P_1^e と P_0 が十分近いなら，$\dfrac{P_0}{P_1^e}$ を1で代替しても誤差は少ない。さらに，予想物価上昇率 $\dfrac{P_1^e - P_0}{P_0}$ を π^e と置くと，結局 (19.4) 式は $\left(\dfrac{\varDelta W}{W}\right) - \pi^e$ に等しくなる[1]。したがって，フィリップス曲線を表す (19.1) 式の左辺を実質賃金の変化率に置き換えると

---

1) 以上の関係式は，**公式15.6**を用いても導出できる。その場合は，$\dfrac{\varDelta(W/P)}{W/P} = \dfrac{\varDelta W}{W} - \dfrac{\varDelta P}{P}$ であり，$\dfrac{\varDelta P}{P} = \pi^e$ を代入するとよい。

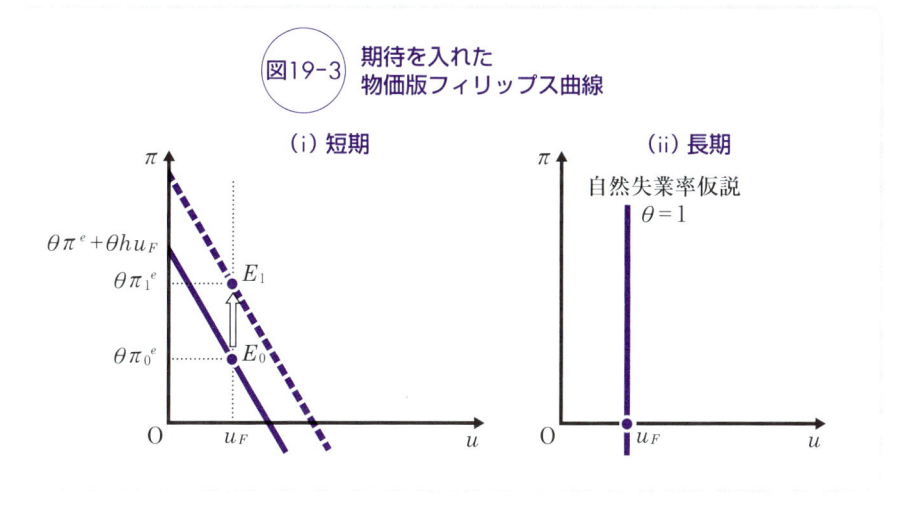

図19-3 期待を入れた物価版フィリップス曲線

(i) 短期

(ii) 長期　自然失業率仮説　$\theta = 1$

(19.5) $\quad \dfrac{\Delta W}{W} - \pi^e = h(u_F - u)$

となる。ここで、名目賃金の変化率と物価の変化率の間に $\dfrac{\theta \Delta W}{W} = \pi$ の関係が成り立つとすると、(19.5) 式から

(19.6) $\quad \pi = \theta \pi^e + \theta h(u_F - u)$

が得られる。短期的には、期待物価上昇率 π^e は定数とみなされ、(19.6) 式は (u, π) 平面において点 $(u_F, \theta \pi^e)$ を通る右下がりの曲線の方程式となる。θh を単なる正の定係数とみなせば、これは**図19-3 (i)** の右下がりの直線となる。したがって **4** は誤りである。また短期フィリップス曲線の形状から、長期の財政・金融政策の効果を論じることはできないので **5** は誤りである。なお、期待物価上昇率が増加すれば**図19-3 (i)** の直線（短期フィリップス曲線）が垂直上方にシフトすることは明らかであろう。

長期的には、期待物価上昇率と現実の物価上昇率が一致すると考えられる。そこで (19.6) 式に $\pi^e = \pi$ を代入すると

(19.7) $\quad (1 - \theta)\pi = \theta h(u_F - u)$

が得られる。簡単化のために h を定係数とみなすと、(19.7) 式は、$\theta = 1$ なら平面 (π, u) 上の垂直な直線 $u = u_F$ を、また $\theta \neq 1$ なら $(u_F, 0)$ を通る、傾き $-\dfrac{\theta h}{1 - \theta}$ の直線を表す。これらの直線（長期フィリップス曲線）は $1 > \theta$ なら右下がり、$1 < \theta$ なら右上がりとなる。よって、**1～3 のうち 3 のみが正答で**

ある。$\theta = 1$のケースは，まさにフリードマンの**自然失業率仮説**によって主張されたケースである[2]。このとき長期フィリップス曲線が垂直となるので，失業率を変化させることはできず，財政・金融政策は無効である。なお，$\theta = 1$の下では，(19.5)式から(19.6)式を導く際に用いた関係 $\pi = \dfrac{\theta \Delta W}{W}$ は，名目賃金と物価の変化が比例的となることを意味する。

正答　3

例題19.1-2　期待修正フィリップス曲線

t期のインフレ率をπ_t，期待インフレ率をπ_t^e，失業率をu_tとすると，期待修正フィリップス曲線が，$\pi_t = \pi_t^e + 8 - 2u_t$と表されるとする（$t = 0, 1, 2, \cdots$）。期待インフレ率に関しては$\pi_t^e = \pi_{t-1}$が成り立っているとする。第0期のインフレ率はゼロであった。政府・中央銀行が財政・金融政策を通じて，自然失業率（非インフレ加速的失業率）よりも第1期と第2期の失業率を1パーセントだけ低い水準に抑えたとする。このとき，第2期のインフレ率として正しいものはどれか。（国家総合職）

なお，すべての変数はパーセント（％）で測っている。

1　1％　**2**　2％　**3**　3％　**4**　4％　**5**　5％

解説　人々が将来のインフレ率をどのように予想するかは大きな問題であり，代表的な定式化は以下の2つであろう。一つは，過去に実現したインフレ率の加重平均をとる，あるいは本問のように，1期前のインフレ率が今期も実現するという期待であり，

(19.8)　　$\pi_t^e = \pi_{t-1}$

という定式化である。これを**静学的期待形成**という。これらは過去のインフレ率をもとに人々は期待を形成すると仮定している。もう一つの定式化は，人々の主観的な期待値が数学的な期待値に等しいと定式化する**合理的期待**である。これは，人々は現在利用可能なすべての情報をもとに将来を予想するという仮定

---

[2]　フリードマンによると，図19-2のような短期の物価版フィリップス曲線が右下がりであるのは，以下のように説明される。金融政策によりインフレが発生すると，名目賃金が上昇する。労働供給は実質賃金の関数であるが，短期的には労働者は名目賃金の上昇を実質賃金の上昇として錯覚する。これを**貨幣錯覚**という。そのため，労働供給が増加し，失業率が低下する。しかし，これは貨幣錯覚によるので，長期的には解消され，労働供給ならびに失業率はもとに戻る。インフレによる失業率の低下は起こらない。つまり，失業率はインフレ率とは無関係に自然失業率にとどまる。このような考え方を自然失業率仮説という。

である。詳細については例題19.3-1の解説を参照のこと。

フィリップス曲線を前提とすると，自然失業率u_Fはインフレが発生していないときの失業率である。$\pi_t^e = \pi_t = 0$をフィリップス曲線に代入すると，$u_F = 4$である。例題では，政府・中央銀行は第1期と第2期の失業率を3％にすることを目標にしている。つまり，$u_1 = u_2 = 3$である。第0期のインフレ率はゼロなので，(19.8)式より，$\pi_1^e = \pi_0 = 0$である。これを問題文で与えられたフィリップス曲線に代入すると，第1期について，$\pi_1 = 8 - 2u_1$を得る。さらにこの式と(19.8)式をフィリップス曲線に代入すると

(19.9) $\quad \pi_2 = (8 - 2u_1) + 8 - 2u_2 = 16 - 2(u_1 + u_2)$

である。これに政策目標である$u_1 = u_2 = 3$を代入すると，$\pi_2 = 4$である。

正答　4

練習問題

【No.1】 フィリップス曲線に関する次の記述のうち，妥当なのはどれか。（国家総合職）

1　フィリップス曲線は，名目賃金あるいは物価の変化率と失業率の間に見られるトレード・オフの関係を示すものである。こうしたフィリップス曲線によると，名目賃金の上昇率が高い場合には，企業の雇用意欲が失われるため，失業率も高くなることがわかる。

2　M.フリードマンの自然失業率仮説によると，現実のインフレ率がどのように変化しても期待インフレ率が一定の値で変化しないならば，失業率は短期的にも自然失業率の水準で一定となり，横軸を失業率，縦軸を物価上昇率とした場合，フィリップス曲線は垂直となる。

3　M.フリードマンの自然失業率仮説によると，労働に関するさまざまな制度の変化や労働市場の機能の低下などにより自然失業率が上昇するような場合でも，金融緩和政策によって成長率を高めることでフィリップス曲線をシフトさせ，自然失業率を低下させることができる。

4　横軸を失業率，縦軸を物価上昇率としたとき，フィリップス曲線の傾きは，一般にインフレーションが穏やかな時期には緩やかになる傾向がある。こうした傾向が生じる理由としては，低インフレ下では，メニュー・コストの存在により価格改定が頻繁に行われないためとする説などがある。

5　伝統的なケインジアンは，フィリップス曲線の背景にある名目賃金や価格の硬直性を基本的な理論の前提としていたが，ニュー・ケインジアンと呼ばれる学派は，そうした伝統的なケインジアンの考え方を否定し，賃金や価格の伸縮性を前提として新たな理論を展開している。

解説 フィリップス曲線は，失業率と名目賃金のトレード・オフを表しており，これらは負の相関関係にある（**1** は誤り）。自然失業率仮説によると，長期的にフィリップス曲線が垂直となる（**2** は誤り）。また，金融政策により一時的に失業率を低下させても，長期的にフィリップス曲線は垂直であるため，自然失業率を低下させることはできない（**3** は誤り）。メニュー・コストなどにより価格の伸縮性が低い場合，フィリップス曲線の傾きは緩やかである（**4** は正しい）。ニューケインジアンは，ミクロ的な基礎づけをもとに賃金や価格の硬直性を説明しようとしている（**5** は誤り）。ニューケインジアンについては，例題17.1-2を参照せよ。

【**No.2**】 フィリップス曲線が，

$$\pi_t = \pi_t^e + 0.05 + 0.1\mu - 1.5U_t$$
$$\pi_t^e = \pi_{t-1}$$

[π：インフレ率，π^e：期待インフレ率，μ：賃金のマークアップ率，U：失業率]

で与えられるものとする。時点 $T-1$ までは μ は 10% であり，$\pi = 0$ であった。石油価格の上昇により，時点 T 以降 μ が 25% となった。このとき，それまでの失業率が維持されるとすると，時点 T，$T+1$，$T+2$ における π_t の値として妥当なのはどれか。（国家総合職）

	T	$T+1$	$T+2$
1	0.0	0.0	0.0
2	0.015	0.015	0.015
3	0.01	0.01	0.01
4	0.015	0.030	0.045
5	0.01	0.02	0.03

解説 題意より，失業率が維持されるので，U は一定である。問題文の2本の式をまとめると，

$$\pi_t = \pi_{t-1} + 0.05 + 0.1\mu - 1.5U \quad \cdots\cdots\cdots ①$$

である。$T-1$ までは定常的に $\mu = 0.1$ であり，$\pi = 0$ であったので，①式に $\pi_t = \pi_{t-1} = 0$ を代入すると，$U = 0.04$ である。T 期以降の $\mu = 0.25$ を①式に代入すると，

$$\pi_t = \pi_{t-1} + 0.015 \quad \cdots\cdots\cdots ②$$

である。以下，②式に逐次代入を行う。$t = T$ 期について，$\pi_{t-1} = \pi_{T-1} = 0$ を②式に代入すると，$\pi_T = 0.015$ である。$\pi_{t-1} = \pi_T = 0.015$ を②式に代入すると，$\pi_{T+1} = 0.015 + 0.015 = 0.03$ である。$\pi_{t-1} = \pi_{T+1} = 0.03$ を②式に代入すると，$\pi_{T+2} = 0.03 + 0.015 = 0.045$ である。よって，正答は **4** である。

【**No.3**】 マネタリストの自然失業率に関する記述として妥当なものは，次のうちどれか。（国家総合職）

1. マネタリストは，自然失業率仮説に基づきフィリップス曲線が右下がりとなるのは，インフレが正しく予想されていない場合であると主張する。
2. マネタリストは，自然失業率仮説に基づき最終的に人々がインフレを正しく予想する状態では，フィリップス曲線は水平になると主張する。
3. マネタリストは，自然失業率が労働市場における競争または独占の程度等の実質的要因より，むしろ貨幣的要因によって決定されると主張する。
4. マネタリストは，失業率が自然失業率より高く，賃金や価格の下方調整速度が小さい場合でも総需要管理政策により失業率を変化させることはできず，短期フィリップス曲線は垂直になると主張する。

5 マネタリストは，自然失業率を超えて雇用を拡大しようとしても，短期フィリップス曲線はシフトしないため，スタグフレーションを招くだけだと主張する。

解説 例題19.1-1の解説より，自然失業率仮説によれば，短期的にはフィリップス曲線は右下がりとなりうる。長期ではインフレが正しく予想される $\pi^e = \pi$ となり，フィリップス曲線は垂直となる。よって**1**が正しい。

正答 【No.1】 4　　【No.2】 4　　【No.3】 1

19.2 インフレ型総需要・総供給分析

例題19.2-1　インフレ型総供給・総需要曲線

インフレ供給曲線とインフレ需要曲線が

$$\pi = \pi^e + \alpha(Y - Y_F) \quad \cdots\cdots インフレ供給曲線$$
$$Y = Y_{-1} + \beta(m - \pi) + \gamma \cdot g \quad \cdots\cdots インフレ需要曲線$$

π：物価上昇率，π^e：期待物価上昇率
Y：実質国民所得，Y_F：完全雇用実質国民所得
Y_{-1}：前期の実質国民所得，m：名目マネーサプライ増加率
g：実質政府支出増加率，α, β, γ：正の定数

で示されるとき，次の記述のうち妥当なものはどれか。ただし，Y_Fは一定であり，経済は初期には $\pi = \pi^e$，$Y = Y_F$，$m = m_0$，$g = 0$ で均衡にあるものとする。（国家総合職）

1 期待物価上昇率が前期の物価上昇率に等しい場合，名目マネーサプライ増加率がm_0からm_1に上昇し，m_1の水準にとどまると，物価上昇率は短期的には高まるが，長期的にはもとの水準まで低下する。
2 期待物価上昇率が前期の物価上昇率に等しい場合，実質政府支出増加率が一時的にプラスになると，短期的には物価上昇率が高まるが，実質国民所得は変化しない。
3 期待物価上昇率が常に現実の物価上昇率に等しい場合，名目マネーサプライ増加率がm_0からm_1に上昇しm_1の水準にとどまっても，短期的にも長期的にも，物価上昇率と実質国民所得は変化しない。
4 期待物価上昇率が常に現実の物価上昇率に等しい場合，実質政府支出増加率が一時的にプラスになると，実質国民所得は短期的には増大するが，長期的にはもとの水準まで低下する。
5 期待物価上昇率が常に現実の物価上昇率に等しい場合，名目マネーサプライ増加率がm_0からm_1に上昇し，m_0の水準に戻ると，物価上昇率は短期的には高まるが，長期的にはもとの水準まで低下する。

解説 総労働人口を $\overline{N}$，現在の雇用を N，完全雇用を N_F，自然失業率を u_F，失業率を u，完全雇用国民所得を Y_F とする。

$$(19.10) \quad u_F - u = \frac{\overline{N} - N_F}{\overline{N}} - \frac{\overline{N} - N}{\overline{N}} = \frac{N - N_F}{N}$$

である。マクロの生産関数を $Y = f(N, K)$ とし，完全雇用国民所得は $Y_F = f(N_F, K)$ であるので，

$$(19.11) \quad Y - Y_F = f(N - N_F + N_F, K) - f(N_F, K)$$

であり，$Y - Y_F$ と $N - N_F$，したがって $Y - Y_F$ と $u_F - u$ の間には正の相関関係がある。事実 $k(0) = 0$ を満たす増加関数に対して，関係

$$(19.12) \quad u_F - u = k(Y - Y_F)$$

は，**オーカンの法則**と呼ばれている。フィリップス曲線 (19.6) 式にオーカンの法則 (19.12) 式を代入すると，新しく

$$(19.13) \quad \pi = \theta \pi^e + H(Y - Y_F)$$

が得られる。(19.13) 式は，価格の上昇率（インフレ率）π と総供給量 Y の間の関係式で，それを満たす (π, Y) の軌跡は**インフレ型総供給曲線**と呼ばれる。価格と総供給量の関係が，総供給曲線で表されることと対応している。

短期のインフレ型総供給曲線の形状は，**図19-3(i)** のフィリップス曲線の形状と (19.12) 式から，右上がりとなることがわかる。(19.13) 式で，H を定係数と仮定すると，短期のインフレ型総供給曲線は，$(Y_F, \theta \pi^e)$ を通る右上がりの直線（**図19-4**）となる。長期には $\pi^e = \pi$ が成り立つと考えられ

$$(19.14) \quad (1 - \theta)\pi = H(Y - Y_F)$$

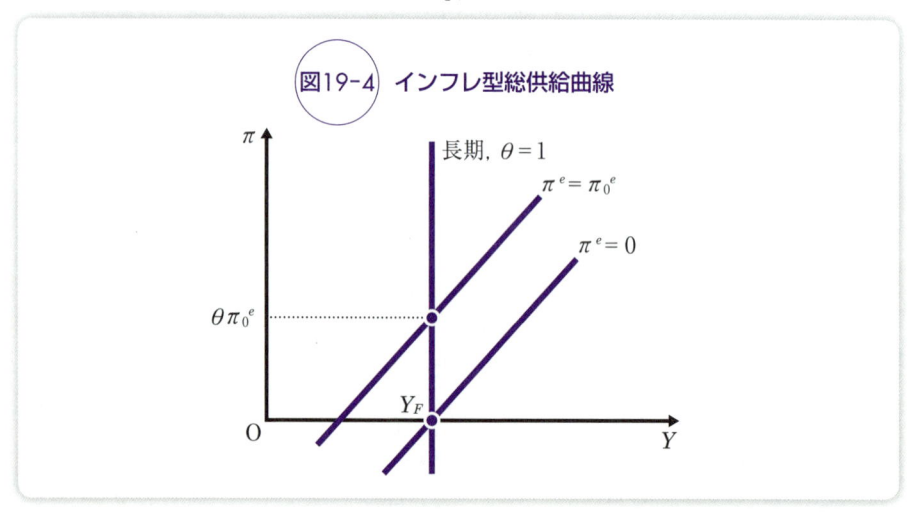

図19-4 インフレ型総供給曲線

図19-5 曲面を接平面で近似

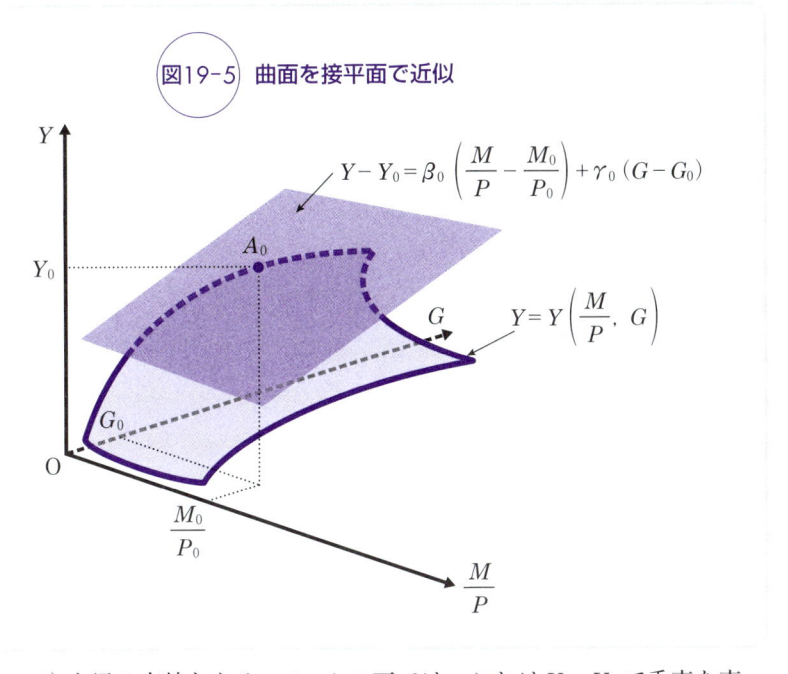

$$Y - Y_0 = \beta_0 \left(\frac{M}{P} - \frac{M_0}{P_0} \right) + \gamma_0 (G - G_0)$$

$$Y = Y\left(\frac{M}{P}, G\right)$$

から，$(Y_F, 0)$ を通る直線となる．$\theta = 1$ の下では，これは $Y = Y_F$ で垂直な直線を表す．例題の第1式は，(19.13)式で $\theta = 1$，$H = \alpha$ と置いたものである．

インフレ型総需要曲線は，次のようにして求まる．例題18.1-1より，総需要 Y の値は，IS曲線，LM曲線

(19.15) $\quad Y = C(Y - T(Y)) + I(r) + G$

(19.16) $\quad L(Y, r) = \dfrac{M}{P}$

を連立方程式として r を消去し，Y について解いた解として求まる．Y の値は G，$\dfrac{M}{P}$ の値に依存して決まるので，Y は関数

(19.17) $\quad Y = Y\left(\dfrac{M}{P}, G\right)$

として表される．G，$\dfrac{M}{P}$，Y の関係は，**図19-5**の3次元空間の曲面で表されている．

今，この曲面上の点 $A_0 = \left(\dfrac{M_0}{P_0}, G_0, Y_0\right)$ が実現されているとして曲面をこの

点における接平面で近似する.接平面の方程式は

(19.18) $\quad Y - Y_0 = \beta_0 \left(\dfrac{M}{P} - \dfrac{M_0}{P_0} \right) + \gamma_0 (G - G_0)$

の形をとる.ただし,係数 β_0, γ_0 は適当に選ばなければならない.点 A_0 から出発した $\left(\dfrac{M}{P}, G, Y \right)$ の変化が,(19.17)式の代わりに(19.18)式に従うという近似法をとると,新しい値 $A_1 = \left(\dfrac{M_1}{P_1}, G_1, Y_1 \right)$ は

(19.19) $\quad Y_1 - Y_0 = \beta_0 \left(\dfrac{M_1}{P_1} - \dfrac{M_0}{P_0} \right) + \gamma_0 (G_1 - G_0)$

を満たす.ここで変数の差を $\varDelta$ を用いて表すと

(19.20) $\quad \varDelta Y = \beta_0 \varDelta \left(\dfrac{M}{P} \right) + \gamma_0 \varDelta G$

である.(19.20)式を変形して

(19.21) $\quad \varDelta Y = \beta_0 \left(\dfrac{M_0}{P_0} \right) \cdot \dfrac{\varDelta \left(\dfrac{M}{P} \right)}{\dfrac{M_0}{P_0}} + \gamma_0 G_0 \cdot \dfrac{\varDelta G}{G_0}$

となる.また,**公式15.6**を用いると

(19.22) $\quad \dfrac{\varDelta \left(\dfrac{M}{P} \right)}{\dfrac{M_0}{P_0}} = \dfrac{\varDelta M}{M_0} - \dfrac{\varDelta P}{P_0} = m - \pi$

である.(19.21)式,(19.22)式から

(19.23) $\quad Y = Y_0 + \beta (m - \pi) + \gamma g$

が求まる.m, π, g は(19.21)式の変数,また,β, γ は(19.21)式の係数を置き換えたものである.インフレ型総需要曲線(19.23)式は (Y, π) 平面で点 $(Y_0 + \gamma g, m)$ を通る右下がりの直線を表す.例題では $Y_0 = Y_{-1}$ と置いている.

さて,例題では,初期には $Y = Y_F$, $m = m_0$, $g = 0$ であるとしているので,初期の均衡は**図19-6(i)**の E_0 である.インフレ型総需要曲線は,点 E_0 を通る右下がりの直線である.**1,2**では,$\pi^e = \pi_{-1}$ と仮定するので,短期のインフレ型総供給曲線は (Y_F, π_{-1}) を通る右上がりの直線

(19.24) $\quad \pi = \pi_{-1} + \alpha (Y - Y_F)$

図19-6 インフレ型総需要曲線

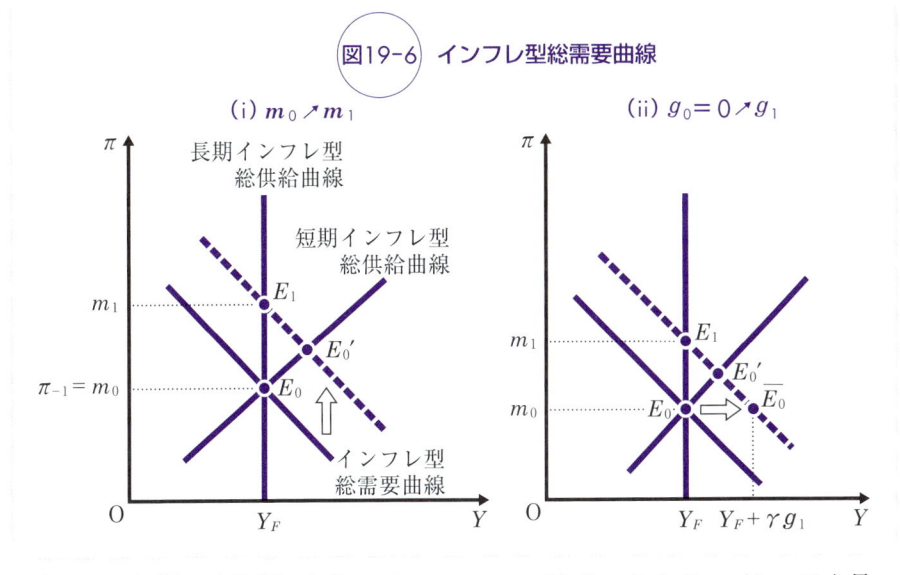

(i) $m_0 \nearrow m_1$ の場合、図中に「長期インフレ型総供給曲線」「短期インフレ型総供給曲線」「インフレ型総需要曲線」が描かれ、m_1、$\pi_{-1} = m_0$、E_1、E_0'、E_0、Y_F が示されている。

(ii) $g_0 = 0 \nearrow g_1$ の場合、m_1、m_0、E_1、E_0'、E_0、$\overline{E_0}$、Y_F、$Y_F + \gamma g_1$ が示されている。

となる。初期には均衡にあるので、$\pi_{-1} = m_0$ である。ここで m_0 が m_1 に上昇すると、インフレ型総需要曲線は上にシフトして、新しい短期均衡は点 E_0' となる。長期インフレ型総供給曲線は $Y = Y_F$ で垂直なので、長期的には均衡は $E_1 = (Y_F, m_1)$ に移る。よって**1**は誤り。

実質政府支出が 0 から $g_1 > 0$ に増加すると、インフレ型総需要曲線は右にシフトして、$\overline{E_0} = (Y_F + \gamma g_1, m_0)$ を通る。新しい短期的均衡は図19-6(ii) の点 E_0' なので、点 E_0 と比べて、π と Y はともに高まっている。よって**2**は誤り。

期待物価上昇率 π^e と現実の物価上昇率 π が等しい**3**〜**5**のケースでは、インフレ型総供給曲線は $Y = Y_F$ で垂直な直線となる。m_0 が m_1 に高まって、そのままの水準にあれば、図19-6(i)で均衡が点 E_1 の均衡に移り(よって**3**は誤り)、m_0 に戻れば、E_0 に戻る(よって**5**は正しい)。g が増加した場合も $\pi^e = \pi$ の条件がある限り、短期的にも $Y = Y_F$ がインフレ型総供給曲線なので、点 E_1 が新しい均衡となる。よって**4**は誤り。

正答 5

練　習　問　題

【No.1】 ある経済において，フィリップス曲線が

$$\pi = \theta \pi_e + \alpha u \qquad \begin{bmatrix} \pi：物価上昇率, \ \pi_e：期待物価上昇率 \\ u：失業率, \ \theta > 0, \ \alpha < 0 \end{bmatrix}$$

で示され，失業率と総供給（Y）との関係（オーカンの法則）が，$u = k(Y - Y_F)$（Y_F：完全雇用GNP，$k < 0$）で示されるものとする。ここで上記の2式により導入されるπとYの関係を総供給曲線と呼び，πを縦軸，Yを横軸と考えるとき，次の記述のうち妥当なのはどれか。ただし，Y_Fは外正的に与えられるものとする。（国家総合職）

1　期待物価上昇率について，前期の物価上昇率をπ_{-1}として
$$\pi^e = \beta\pi + (1-\beta)\pi_{-1} \qquad (0 < \beta < 1)$$
という関係があるときは，θの値にかかわらず総供給曲線は右下がりとなる。

2　期待物価上昇率について，前期の物価上昇率をπ_{-1}として
$$\pi^e = \beta\pi + (1-\beta)\pi_{-1} \qquad (0 < \beta < 1)$$
という関係があるときは，$\theta = 1$であれば，βの値にかかわらず，総供給曲線は垂直となる。

3　$\theta < 1$のとき，現実の物価上昇率が期待物価上昇率と一致する長期の総供給曲線は右上がりとなり，物価上昇を容認すれば総供給量の拡大が可能である。

4　$\theta = 1$のとき，現実の物価上昇率が期待物価上昇率と一致する長期の総供給曲線は右上がりとなり，物価上昇を容認すれば総供給量の拡大が可能である。

5　$\theta > 1$のとき，現実の物価上昇率が期待物価上昇率と一致する長期の総供給曲線は垂直となり，総供給量の拡大は不可能である。

> **解説**　フィリップス曲線とオーカンの法則より
> $$\pi = \theta\pi^e + \alpha k(Y - Y_F) \qquad \cdots\cdots\cdots ①$$
> となる。①において，$\pi = \pi^e$と仮定して，**3**～**5**の内容を考える。すると①は
> $$(1-\theta)\pi = \alpha k(Y - Y_F) \qquad \cdots\cdots\cdots ②$$
> となる。$\alpha k > 0$なので，②は$\theta < 1$のとき右上がり，$\theta = 1$のとき垂直，$\theta > 1$のとき右下がりの直線となる（**4**，**5**は誤り，**3**が正しい）。
>
> 次に，**1**と**2**を考える。$\pi^e = \beta\pi + (1-\beta)\pi_{-1}$と仮定して，①に代入すると
> $$\pi = \theta\{\beta\pi + (1-\beta)\pi_{-1}\} + \alpha k(Y - Y_F) \qquad \cdots\cdots\cdots ③$$
> となる。これを整理して
> $$(1-\theta\beta)\pi = \alpha k(Y - Y_F) + \theta(1-\beta)\pi_{-1} \qquad \cdots\cdots\cdots ④$$
> となる。すると$\theta = 1$のときは$\beta = 1$でなければ④は垂直な直線とならない（**2**は誤り）。④が右下がりとなるのは$(1-\theta\beta) > 0$の場合のみである（**1**は誤り）。

【No.2】 インフレ供給曲線とインフレ需要曲線がそれぞれ以下の式で示されている経済を考える。

インフレ供給曲線：$\pi_t = \pi_t^e + \alpha(Y_t - Y_F)$

インフレ需要曲線：$Y_t = Y_{t-1} + \beta(m_t - \pi_t)$

$$\begin{bmatrix} \pi_t：t\text{期の物価上昇, } \pi_t^e：t\text{期の期待物価上昇, } Y_t：t\text{期の国民所得} \\ m_t：t\text{期のマネーサプライ増加率, } Y_F：完全雇用国民所得, \alpha \text{および} \beta：正の定数 \end{bmatrix}$$

ただし，期待物価上昇率は $\pi^e = \pi_{-1}$ で決定される。

今，t 期までの経済は定常状態にあったが，$t+1$ 期にマネーサプライ増加率が低下した。$t+1$ 期の物価上昇率および国民所得は t 期に比べどのように変化するか。（国家総合職）

1 α, β の値にかかわらず，物価上昇率は低下し，国民所得も低下する。
2 α, β の値にかかわらず，物価上昇率は低下し，国民所得は上昇する。
3 α, β の値にかかわらず，物価上昇率は上昇し，国民所得は低下する。
4 α, β の値にかかわらず物価上昇率は低下するが，α, β の値によっては国民所得は上昇または低下する。
5 α, β の値にかかわらず，物価上昇率も国民所得も変わらない。

解説 インフレ型総供給曲線，インフレ型総需要曲線は図19-6で表される。インフレ型総供給曲線，インフレ型総需要曲線の交点を求めて，期待物価上昇率を考慮し，t を1期ずらすと，

$$Y_{t+1} = \frac{Y_t + \alpha\beta \cdot Y_F + \beta(m_{t+1} - \pi_t)}{1+\alpha\beta} \quad \cdots\cdots\cdots ①$$

$$\pi_{t+1} = \frac{\pi_t + \alpha(Y_t - Y_F) + \alpha\beta \cdot m_{t+1}}{1+\alpha\beta} \quad \cdots\cdots\cdots ②$$

である。問題文より，第 t 期までは経済は定常状態にあり，第 $t+1$ 期に m_{t+1} が低下したので，m_{t+1} と Y_{t+1}，π_{t+1} の関係を見ればよい。①式，②式より，$\dfrac{\partial Y_{t+1}}{\partial m_{t+1}} = \dfrac{\beta}{1+\alpha\beta} > 0$，$\dfrac{\partial \pi_{t+1}}{\partial m_{t+1}} = \dfrac{\alpha\beta}{1+\alpha\beta} > 0$ である。よって，m_{t+1} の低下により，物価上昇率，国民所得はともに低下する（正答は**1**である）。

正答 【No.1】 3　【No.2】 1

19.3 経済政策の有効性

例題19.3-1 合理的期待形成

マクロ経済モデル

IS曲線　　$Y = C + I$
　　　　　$C = 30 + 0.8Y + \alpha$
　　　　　$I = 50 - 400r + \beta$

[Y：国民所得，C：消費
　I：投資，r：利子率]

LM曲線　　$M - P = L$
　　　　　$L = 0.01Y - 20r + \gamma$
　　　　　$M = 2 + \delta$

[M：貨幣供給量（対数表示）
　L：貨幣需要量（対数表示）
　P：物価水準（対数表示）]

総供給曲線 $Y = 300 + 100(P - P^e) + \varepsilon$ 〔P^e：期待物価水準（対数表示）〕にお

いて，物価水準の期待について合理的期待仮説$P^e = E(P)$〔E：Pの客観的期待値〕が成立しているとすると，期待物価水準P^eの値はいくらになるか。ただし，$\alpha, \beta, \gamma, \delta, \varepsilon$は攪乱項であり，それらは互いに独立で平均値がゼロの確率変数とする。(国家総合職)

1 −0.5　　**2** 0　　**3** 0.1　　**4** 0.5　　**5** 1.0

解説　**合理的期待仮説**では，まず，ある変数についての人々の主観的な期待値x^eが，その変数の数学的期待値$E(x)$に等しいという仮定をする。例題でいえば，人々は対数表示の将来の物価水準Pについて$P^e = E(P)$を持っている。

例題のIS曲線の3式とLM曲線の3式より，IS-LM曲線

(19.25)　　$0.2Y = 80 - 400r + \alpha + \beta$

(19.26)　　$0.01Y = 2 + 20r - P + \delta - \gamma$

を導く。これらより利子率rを消去して整理すると，総需要曲線は

(19.27)　　$0.4Y = 120 - 20P + \alpha + \beta + 20\delta - 20\gamma$

となる。問題文で与えられた総供給曲線と(19.27)式からYを消去して整理すると，物価水準は

(19.28)　　$60P = 40P^e + \alpha + \beta + 20\delta - 20\gamma - 0.4\varepsilon$

である。攪乱項$\alpha, \beta, \gamma, \delta, \varepsilon$の平均はゼロなので，両辺の期待値をとって$E(P) = E(P^e) = P^e$を代入すると，$P^e = 0$となる[3]（正答は**2**）。もちろん$P^e$は対数表示なので，価格自体の期待値を$p^e$とすると$P^e = \log p^e = 0$より，$p^e = 1$である。以上のように，合理的期待仮説では，経済システムの構造に加え確率変数の分布も知っているということを仮定して，結論を導くものである。

合理的期待仮説をマクロ経済学に応用した**ルーカス**，**サージェント**，**ウォーレス**，**バロー**らは長期均衡から乖離する原因を，期間が短期であるということよりも，情報の不完全性に求める。したがって，これまで長期均衡と呼んできたものは，情報の不完全性が除かれれば短期的にも持続しうることになる。たとえば，例題19.1-1で解説した自然失業率仮説によると，人々が貨幣錯覚から解放される長期的において，フィリップス曲線は自然失業率の水準で垂直となった。しかし，合理的期待仮説によると，人々が経済システムの構造や確率分布

---

[3] 攪乱項$\alpha, \beta, \gamma, \delta, \varepsilon$は予測できない外正的な要因による変動を表す。たとえば，気象的要因が消費に影響したり，農産物の収穫を左右したりするのがその例である。

などの情報をすべて使い期待を形成すると，予想インフレ率の期待値は実際のインフレ率に等しくなるであろう。つまり，$E(\pi^e) = E(\pi)$ である。この場合，フィリップス曲線は，短期においても自然失業率の水準において垂直となる。

[別解] 連立方程式をまずPについて解いてから期待値をとる必要はない。各式で期待値をとってゆくなら，先に攪乱項を消去することができる。たとえば，(19.25)式，(19.26)式での期待値をとると

(19.29)　　$0.2E(Y) = 80 - 400E(r)$

(19.30)　　$0.01E(Y) = 2 + 20E(r) - E(P)$

である。一方，問題文で与えられた総供給曲線の期待値をとって，$E(P) - P^e = 0$ とすると

(19.31)　　$E(Y) = 300$

が得られる。(19.29)式～(19.31)式を解くと $E(P) = P^e = 0$ となる。

正答　2

例題19.3-2　マネタリスト

マネタリストの経済政策として妥当なものはどれか。（地方上級）

1　通貨供給量は，国民所得の水準には変化を及ぼしえないので，通貨供給を常に一定に保つことが有効である。
2　通貨供給量の裁量的変動は，景気変動を大きくするだけで有効ではない。毎年の通貨供給の増加率を一定にすべきである。
3　通貨供給量の調整ではなく，利子率を一定にすることが有効である。
4　人々が合理的に期待形成を行っている場合には，裁量的な経済政策は短期的にも無効である。
5　金融政策は，不況対策として有効ではない。不況期には財政支出拡大によって総需要を拡大することが有効である。

解説　例題のマネタリストとは，フリードマンに代表される新貨幣数量説論者である。第18章で扱った古典派の議論は，静学的なものであった。また，それは長期均衡状態のみを扱ったものとしても解釈できた。一方，マネタリストの議論は，期待価格上昇率 π^e を導入するという点で動学化されている。そして，マネタリストの主張に従うと，短期的にはフィリップス曲線が右下がりとなり，インフレ型総供給曲線が右上がりとなるので，金融政策は有効となる（図19-6(i)）。しかし，長期的には，垂直な直線となることを主張するので，

インフレ型総供給曲線とインフレ型総需要曲線の交点で決まる長期均衡では $\pi = \pi^e = m$ が成り立つ(**図19-6参照**)。貨幣供給量の増加率を一定に保つ限り，持続的に長期均衡を維持することができる。これまでの図で横軸の Y_F が一定であったのは，資本量 K を一定として経済成長を無視するという単純化の仮定に基づいている。この仮定を外したときに，Y_F は総生産高そのものよりも，$\dfrac{Y_F}{K}$ に置き換えるほうが妥当であろう。すると，貨幣供給の増加率を一定に保つことは，長期均衡に沿った経済成長を持続させる政策ということになる。もし m の値を変えるなら，**図19-6(i)** のように短期的には長期均衡から乖離して，景気変動を生じさせることになる。よって **1**，**3** は誤りで，**2** が正しい。

例題19.3-1の解説でも言及したように，合理的期待仮説によると，これまで長期均衡と呼んできたものは，情報の不完全性が除かれれば，短期的にも持続しうることになる。今政府支出の増加率 g を 0，前期の国民所得を Y_F と置き，攪乱項 ε，δ を加えて，インフレ型総供給曲線である (19.24) 式，インフレ型総需要曲線である (19.23) 式を書き換えると

(19.32) $\quad \pi = \pi^e + \alpha(Y - Y_F) + \varepsilon$

(19.33) $\quad Y = Y_F + \beta(m - \pi) + \delta$

となる。人々が持つ物価上昇率に関する期待値 π^e は，$\pi^e = E(\pi)$ を満たしているとする。このとき (19.32) 式，(19.33) 式から Y を消去して整理すると

(19.34) $\quad (1 + \alpha\beta)\pi = \pi^e + \alpha\beta m + \alpha\delta + \varepsilon$

となる。両辺の期待値をとり $\pi^e = E(\pi)$，$E(\delta) = 0$，$E(\varepsilon) = 0$ を代入すると

(19.35) $\quad \pi^e = E(m)$

が得られる。また (19.33) 式の両辺の期待値をとって，$E(m) = \pi^e (= E(\pi))$，$E(\delta) = 0$ を代入すると

(19.36) $\quad E(Y) = Y_F$

となる。次に (19.32) 式，(19.33) 式から π を消去して整理すると

(19.37) $\quad (1 + \alpha\beta)(Y - Y_F) = \beta(m - \pi^e) + \delta - \varepsilon\beta$

となる。ここで $m = E(m)(= \pi^e)$ であれば Y は攪乱項を除いて，Y_F と一致する。このように，国民所得が Y_F から乖離する原因は，一つは予期せぬ外生的な要因（攪乱項），もう一つは人々の予想に反する貨幣供給量の変化である。もちろん，貨幣供給量の増加率を一定値 $\overline{m}$ に保つこと（これを k **パーセントルール**という）は，$E(m) = \overline{m}$ となることから望ましいことになる。**4** は合理的期待形成学派の主張としては正しい。なお，**裁量的政策** とは，その場に応じて判断す

るという意味で，財政・金融政策を通じて利子率，国民所得，雇用などを調整する経済政策をさすときに用いられる。

以上から，マネタリストに従っても合理的期待形成学派に従っても，長期的にはインフレ型総供給曲線上に均衡がくる。合理的期待形成学派は，人々が正確な情報を持っていれば，長期均衡が達成されるという点をより厳密に証明する。もちろん，この主張は経済が長期均衡から大きく乖離することはないという前提に立っている。さもなければ，線形近似で求められたインフレ需要曲線を用いることも，上の定式化で攪乱項の入り方も正当化できないであろう。そのような主張の下では，長期均衡と短期均衡を区別する理由はなくなる。

一方，ケインジアンにとっては，「長期には，われわれはすべて死んでいる」というケインズの言葉があるように，長期均衡は容易に達成されるものではない。したがって，裁量的政策によって短期均衡を調整することが，より現実的な政策となる。たとえその調整が長期均衡に近づくためのものであるにしてもである。5は流動性のわなに関するもので，ケインジアンによる指摘である。

正答　2

例題19.3-3　社会的損失関数

中央銀行は，インフレのコストと失業率の変動のコストから構成される社会的損失関数 L を最小化するように裁量的金融政策を行い，インフレ率 π と失業率 U を選択する。その際，中央銀行は，民間経済主体の期待インフレ率 π^e を所与とする短期のフィリップス曲線を制約条件とする。また，中央銀行は，社会的損失関数において，インフレ率のみを考えたときはインフレ率がゼロであることを，失業率のみを考えたときは自然失業率 U_N よりも $a\,(>0)$ だけ低い失業率であることを望ましいと考えている。具体的には，中央銀行の最適化問題は次のように表せる。

$$\min_{[\pi,\,U]} L = \pi^2 + 0.5\,[U - (U_N - a)]^2$$
$$\text{s.t.}\ \ \pi = \pi^e + (U_N - U)$$

民間経済主体は，中央銀行の裁量的金融政策を織り込んで，実現するインフレ率と等しくなるように，期待インフレ率を合理的に形成する。中央銀行の裁量的金融政策と民間経済主体の期待形成の結果実現する均衡インフレ率として正しいのはどれか。（国家総合職）

1 $0.5a$　　**2** a　　**3** 0　　**4** 0.5　　**5** 1

解説　一般にインフレ率はゼロに近いほうが，失業率はなるべく低いほうが望ましい。しかし，短期フィリップス曲線によると，インフレーショ

ンと失業率はトレード・オフの関係にある。インフレーションと，望ましい失業率からの乖離にウエートをつけて，例題のような**社会的損失関数**を定義しよう。すると政策当局が直面しているこの課題は，フィリップス曲線を制約式として社会損失を最小化する問題として，例題のように定式化することができる。

第2章2.3節で紹介したラグランジュ未定乗数法で解いてみよう。ラグランジュ乗数を λ，ラグランジュ関数を Γ とすると，

(19.38) $\quad \Gamma = \pi^2 + 0.5[U-(U_N-a)]^2 + \lambda[\pi - \pi^e - (U_N - U)]$

である。一階の条件は，$\frac{\partial \Gamma}{\partial \pi} = 2\pi + \lambda = 0$，ならびに $\frac{\partial \Gamma}{\partial U} = U - (U_N - a) + \lambda = 0$ である。これらより λ を消去して整理すると，$\pi = \frac{U-(U_N-a)}{2}$ である。

例題において，民間経済主体は中央銀行の裁量的金融政策を折り込んで行動するので，この式を知っている。さらに，民間経済主体は合理的期待形成により，実現するインフレ率と等しくなるようにインフレ期待を形成するので，

(19.39) $\quad \pi = \pi^e = \frac{U-(U_N-a)}{2}$

が成立する。フィリップス曲線に $\pi = \pi^e$ を代入すると，例題19.3-1の解説で言及したように，フィリップス曲線は自然失業率の水準において垂直になり，$U = U_N$ が成立する。これと(19.39)式より，$\pi = 0.5a$ を得る。

正答　1

例題19.3-4　金融政策への信認

自然失業率の下でのGDPの水準が Y^n である経済において，実際のGDPの水準 Y は，総供給関数①式のとおり，予想しないインフレに反応して増減するとする。政府および中央銀行は，望ましいと考えるGDPの水準 Y^* およびインフレ率 p^* を共有しており，②式で与えられる目的関数 L を最小化したいと考えている。また，人々の予想インフレ率 p^e はこうした経済構造の下で，合理的に形成されるとする。

$Y = Y^n + 5(p - p^e)$　　　　………①（総供給関数）
$L = 0.6(Y - Y^*)^2 + (p - p^*)^2$　………②（政府・中央銀行の目的関数）

$\begin{bmatrix} Y: \text{GDP（兆円），} Y^n: \text{自然失業率の下でのGDP（兆円）} \\ Y^*: \text{政府・中央銀行が望ましいと考えるGDP（兆円）} \\ p: \text{インフレ率（\%），} p^e: \text{人々の予想インフレ率（\%）} \\ p^*: \text{政府・中央銀行が望ましいと考えるインフレ率（\%）} \end{bmatrix}$

今，自然失業率の下でのGDPが $Y^n = 500$（兆円）であるのに対し，政府およ

び中央銀行は，望ましいGDP水準とインフレ率をそれぞれ$Y^* = 520$（兆円），$p^* = 3$（％）であると考え，インフレ率の目標値を3％とするインフレ・ターゲットを導入したとする。このときのインフレ目標値が信任を得られるかどうかに関する次の文章中の空欄a～cに当てはまるものの組合せとして妥当なのはどれか。

なお，ここでインフレ目標値p^*が信任を得るという場合，①，②式で示される経済構造により決まる実際のインフレ率pがp^*と一致し，かつ，それらを折り込んで形成される人々の予想インフレ率p^eもp^*と一致し，$p^* = p^e = p$となることをさすものとする。（国家総合職）

「インフレ目標値が信認されるかどうか検証するため，政府・中央銀行のインフレ目標値に応じて人々の予想インフレ率が$p^e = 3$（％）と形成されたと仮定すると，目的関数Lを最小化するインフレ率は（　a　）％となり，政府・中央銀行は当初のインフレ目標値から乖離する誘因を（　b　）。したがって，民間がこうした政府・中央銀行の行動様式を認識し予想すれば，3％というインフレ目標は（　c　）。」

	a	b	c
1	6.75	持つ	信認されない
2	4.25	持つ	信認されない
3	3	持たない	信認される
4	2.75	持たない	信認される
5	2.25	持つ	信認されない

解説　他の解説と表記を統一するために，インフレ率をπ，人々の予想インフレ率をπ^e，政府・中央銀行が望ましいと考えるインフレ率をπ^*とする。例題で与えられた経済において望ましいインフレ率は$\pi^* = 3$（％）であり，人々は政府・中央銀行がそのインフレ率を実現すると期待している。つまり，$\pi^e = 3$（％）の場合の最適な金融政策を考えよう。

例題19.3-3と同様に，①式を制約式として，②式を最小化する問題を考える。$Y^n = 500$，$Y^* = 520$，$\pi^* = 3$を代入し，ラグランジュ乗数をλ，ラグランジュ関数をΓとすると，

(19.40) 　　$\Gamma = 0.6(Y-520)^2 + (\pi-3)^2 + \lambda[Y - 500 - 5(\pi-3)]$

である。一階の条件は，$\dfrac{\partial \Gamma}{\partial \pi} = 2(\pi-3) - 5\lambda = 0$，ならびに$\dfrac{\partial \Gamma}{\partial Y} = 1.2(Y-520) + \lambda = 0$である。これらと，制約式である①式より，この最小化問題の解は，

$\pi=6.75$, $Y=518.75$である。つまり,政府・中央銀行は,経済主体が $\pi^e=3$(%)というインフレ率を予想した場合,それと異なる $\pi=6.75$(%)というインフレ率を実現することにより,社会的損失関数を最小化できる。したがって,**インフレ・ターゲット**というルールを導入した場合,政府・中央銀行は,民間経済の予想を裏切って当初のインフレ目標から乖離する誘因を持つが,そのような政策は可能であろうか。民間の経済主体がこのような経済構造を正しく認識している場合,$\pi^e=3$(%)というインフレ期待を形成することはなく,インフレ率の目標値を3%とするインフレ・ターゲットは信認されない(正答は**1**である)。

このように,政府・中央銀行が望ましいと考えるGDPの水準 Y^* が,自然失業率におけるインフレ率 Y^n よりも高い場合,金融緩和を行う誘因が強く働くため,インフレ率が高くなってしまう。もし民間の経済主体がインフレ率を低めに予想した場合,政府・中央銀行が予想外のインフレを発生させると,GDPを高めることができるのである。このように,事前と事後で最適な経済政策が変化することを,**動学的非整合性**という[4]。このような場合,民間の経済主体がインフレの発生を予想してしまうため,結局インフレが発生することになろう。このようなメカニズムを**インフレ・バイアス**という。インフレ・バイアスを避けるため,つまり民間経済主体の期待を攪乱せず当初のインフレ期待を抱かせ続けるためには,一度定めたルールは変更しないことを民間経済主体に信認させるコミットメントの手段が必要になるのである。

正答　**1**

---

[4] この状態は,政府・中央銀行と民間経済主体のゲームにおいて,インフレ・ターゲットというルールが,部分ゲーム完全均衡にはならないことを意味している(部分ゲーム完全均衡については,例題9.1-4を参照)。これらの議論については,加藤涼著『現代マクロ経済学講義』(東洋経済新報社,2007年)の第5章,第6章を参照のこと。

練習問題

【No. 1】 ある国の経済が次の式で示されている。

$$y_t = 0.05 + 0.2 m_t + 0.05 y_{t-1} + \varepsilon_t$$

ここで y_t は t 期のGDP成長率，m_t は t 期の貨幣供給量増加率を表す。ε_t は系列的に独立で平均が0となる変数である。政府は $m_t = g - 0.4 y_{t-1}$ というルールに従って貨幣供給を行うものとし，g は政府が任意に設定できる政策変数とする。このとき，GDP成長率の期待値が恒常的に0.05となるための g の設定値として正しいのはどれか。（国家総合職）

1 0.0075　　**2** 0.015　　**3** 0.025　　**4** 0.0275　　**5** 0.03

> 解説　政府の貨幣供給量のルールを問題文第1式に代入し，GDPの期待成長率を $E(y_t)$ とすると，$E(y_t) = 0.05 + 0.2(g - 0.4 y_{t-1}) + 0.05 y_{t-1} + E(\varepsilon_t)$ である。$E(\varepsilon_t) = 0$ であり，GDP成長率の期待値を恒常的に0.05としたいので $E(y_t) = y_{t-1} = 0.05$ である。ゆえに，$0.05 = 0.05 + 0.2(g - 0.4 \times 0.05) + 0.05 \times 0.05 + 0$ である。これを整理すると，$g = 0.0075$ を得る（正答は **1** である）。

【No. 2】 ある国のマクロ経済が

$$y_t = 0.02 + 0.2 m_t + 0.1 y_{t-1} + \varepsilon_t$$

で示され，中央銀行は

$$m_t = b - 0.5 y_{t-1}$$

$\begin{bmatrix} y_t : t\text{期のGDP成長率} \\ m_t : t\text{期のマネーサプライ増加率} \\ \varepsilon_t : \text{ホワイトノイズ}, \quad b : \text{政策変数} \end{bmatrix}$

というルールに従って，貨幣供給を決定するものとする。

このとき，毎期のGDP成長率の期待値を3％にするためには，政策変数 b をいくらにすべきか。（国家総合職）

1 0.05　　**2** 0.1　　**3** 0.25　　**4** 1　　**5** 1.25

> 解説　問題文の第2式を第1式に代入して期待値をとり整理すると，$E(y_t) = 0.02 + 0.2b + E(\varepsilon_t)$ である。ε_t はホワイトノイズなので，$E(\varepsilon_t) = 0$ である。期待成長率を3％とするので，$E(y_t) = 0.03$ を代入すると，$b = 0.05$ を得る。よって，正答は **1** である。

【No. 3】 A～Dの記述のうち，経済政策における動学的（時間的）非整合性に関する問題の例として妥当なもののみをすべて挙げているのはどれか。（国家総合職）

A．資本蓄積が進んでいない経済において，資産税を下げることにより投資を促進しようとした。しかし，資本が蓄積された段階での資産税の増税が警戒されたため，期待されたような投資促進効果は見られなかった。

B．高度医療を対象とした公的保険を設定し，加入者を募ることとした。しかし実際に募集したところ，結果的に高い健康リスクを負う人ばかりが集まり保険金の支払いがかさんだ結果，予想以上に大きな赤字が生じた。

C．裁量的な金融政策を行っている中央銀行が，インフレ率ゼロを目標とすることを公表し，期待インフレ率もゼロとなることを見込んだ。しかし人々は，中央銀行が失業率を下げるために後からその目標を破棄すると予想し，インフレ率が上昇することを見越して，より高いインフレ率期待を形成した。

D．金融機関が破綻した場合，預金保険機構が預金の払戻しを行うこととしたが，その限

度額を設けず全額補償としたため，人々は金融機関の安全性を吟味せずに預金した。このため，その後実際に金融機関が破綻したとき，より多くの公費を投入して払い戻しに応じなければならなくなった。

1 A, C　　**2** A, D　　**3** B, C　　**4** B, D　　**5** C, D

|解説|　例題19.3-4の解説で言及したように，経済政策における動学的非整合性とは，政策立案時には最適であった政策が，実際に政策を実行するタイミングにおいては最適ではなくなってしまうことを言う。A，Cがこれに当たる。なお，Bは情報の非対称性に基づく逆選択（例題8.3-1参照），Dは道徳的危険（例題8.3-2参照）により説明される。

　よって，正答は**1**である。

正答　【No.1】1　【No.2】1　【No.3】1

第20章

景気循環論

Business Cycles Theory

20.1 景気循環モデル

例題20.1-1 景気循環の種類

景気循環に関する記述として，妥当なものはどれか。（国家総合職）

1 キチンは，景気循環には平均40か月周期のものがあるとしたが，これは主として在庫投資によるものである。
2 ジュグラーは，景気循環には8〜10年周期のものがあるとしたが，このような周期を持つ景気循環が観測されるようになったのは第一次世界大戦後のことである。
3 クズネッツは，景気循環にはほぼ20年周期のものがあるとしたが，これは主として技術革新によるものと考えられる。
4 コンドラチェフは，景気循環には50〜60年周期のものがあるとしたが，これは主として建築活動によるものと考えられる。
5 シュンペーターは，景気循環には70〜80年周期のものがあるとしたが，これは主として新技術の発明によるものであるとして，新制度や新組織の出現は必ずしも必要でないとした。

解説 経済成長は国民所得の長期的な上昇傾向をさし，景気循環はその成長経路の変動傾向をさす。図20-1の破線で示された右上がりの直線は，国民所得の成長の長期趨勢的傾向である。それをさらに分析すると，太い実線のように，好況・不況を繰り返しながら成長していることがわかる。さらに細かく分析するならば，より短い周期の好況・不況の波から成り立っている。このように，現実の景気の循環として，周期の大きなものから順に次のような

図20-1 景気の波

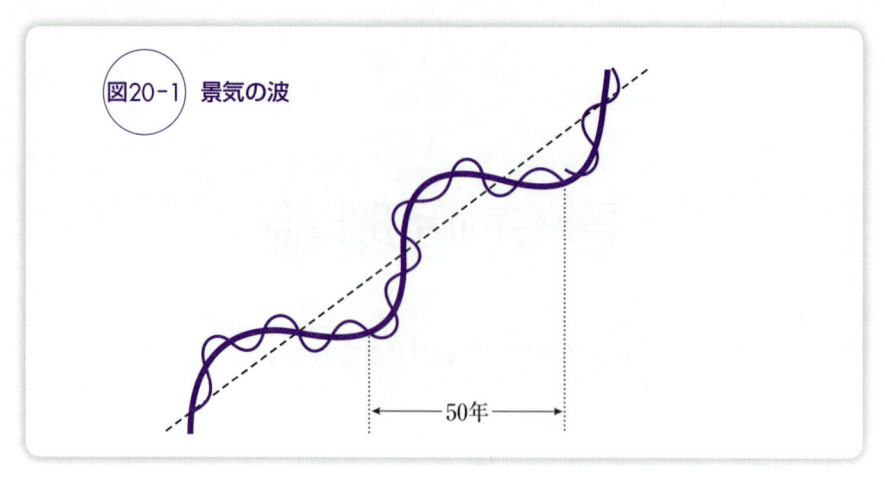

（図：景気の波、50年周期を示すグラフ）

波が知られている。

- コンドラチェフの波 …… 50年 …… 技術革新循環
- クズネッツの波 ………… 20年 …… 建築循環
- ジュグラーの波 ………… 10年 …… 設備投資循環
- キチンの波 …………… 3.3年 …… 在庫循環

たとえば，コンドラチェフによって発見された波は40年から70年，平均して50年の周期を持ち，その波が起こる原因としては，**シュンペーター**による**技術革新（イノベーション）**説が有力である。なお，キチンの波の周期である平均3.3年は40か月と表現されることが多い。

例題では，**1**～**4**までの名前と平均周期の組合せは正しい。原因としては在庫，設備投資，建築，技術革新の順に規模が大きくなることに注意すれば，**1**が正答であることがわかる。

正答　1

例題20.1-2　加速度原理と景気循環

投資の決定理論の一つとして，サミュエルソン=ヒックスのモデルに代表される加速度原理があるが，これに関する記述として妥当なものはどれか。（国家総合職）

1　加速度原理は，資本ストックの一定比率が投資されるということを仮定している。
2　加速度原理は，新古典派の生産関数を基礎とした投資理論である。
3　加速度原理は，基本的に固定的な資本産出係数を仮定している。
4　加速度係数は，貯蓄率の高いほど小さくなる。
5　加速度原理は，償却率に利子率を加えた資本コストと均衡する。

解説　例題14.2-1の加速度原理は，投資が国民所得の変化分に比例して決まると仮定していた。この関係は，ある条件下において景気循環を引き起こす。例題14.2-1と同様に，生産量 Y_{t+1} とそれを生産するために必要な資本ストック量 K_{t+1} の比率は固定的と仮定する。すると，ある定数 v に関して $vY_{t+1} = K_{t+1}$ が成り立つ。v は生産物1単位を生産するために必要な資本ストック量で，(固定)資本係数と呼ばれていた。生産量を Y_t から Y_{t+1} まで増加するために必要な資本ストックの増分，すなわち投資量は

(20.1) 　　$I_t = v(Y_{t+1} - Y_t)$

で与えられる。I_t は t 期の投資量で，今期の終わりに資本ストック量 K_{t+1} を実現するものである。簡単化のため資本減耗率を0とすると，

(20.2) 　　$K_{t+1} = K_t + I_t$

を満たしている。

以上が，加速度原理の背後にある考え方なので，**3**は正しいといえよう。しかし以下では(20.1)式ではなく，各期の投資の一定部分 I_t が一期前までの国民所得の増分に比例して機械的に決まる。すなわち

(20.3) 　　$I_t = v(Y_{t-1} - Y_{t-2})$

と仮定する。これは，**誘発投資**と呼ばれる。ほかに**独立投資**として，毎期一定額 $\bar{I}$ だけの投資が行われるとする。一方，消費も一期前の所得に依存して決まり

(20.4) 　　$C_t = cY_{t-1} + \bar{c}$

とする。各期の均衡国民所得は $Y_t = C_t + I_t + \bar{I}$ なので，(20.3)式，(20.4)式を代入して

(20.5) 　　$Y_t = (c + v)Y_{t-1} - vY_{t-2} + A$

が導かれる。ここでは $A = \bar{I} + \bar{c}$ と置いている。初期値 Y_0, Y_1 が決まると(20.5)式を満たすように Y_2, そして $Y_3, Y_4, \ldots\ldots$ が決まってゆく。ここで(20.5)式の解の一つとして，定常解 $Y_{t-2} = Y_{t-1} = Y_2 = Y^*$ を求めると，(20.5)式から

(20.6) 　　$Y^* - (c + v)Y^* + vY^* = A$

であるので，

(20.7) 　　$Y^* = \dfrac{A}{1 - c}$

を得る。$Y_0 = Y_1 = Y^*$ から出発する解は Y^* にとどまっている。**サミュエルソン**は，c と v が一定の条件を満たすなら Y^* と異なる Y_0, Y_1 から出発する解が Y^* の回りを振動することを示して，景気循環とした。

しかし，上記のモデルでは(20.6)式の Y^* は一定なので，解は長期成長経路

図20-2 ヒックスの景気循環

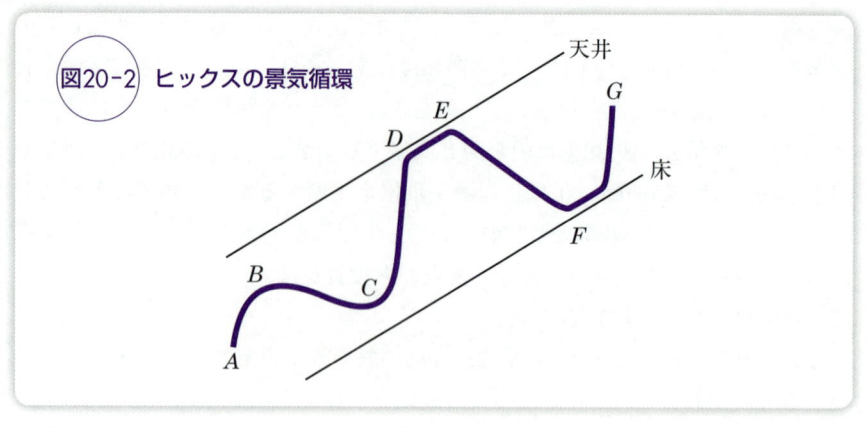

に沿う変動とはならない。そこで，**ヒックス**は独立投資自体が成長すると仮定した。しかも景気の上昇過程では加速度原理に従って投資が行われ，景気の下降過程では独立投資以外の投資を0とすると仮定した。また，景気の上昇が続く場合にも，完全雇用状態以上の国民所得を生産することはできない。いい換えると，成長経路には上限（天井）が存在する。また，景気の下降が続くなら，やがて資本減耗の累積によって資本過剰が解消する。そしてその状況を底として，再び国民所得は上昇し始める。すなわち，成長経路には下限（床）が存在する。景気は自律的に，あるいは天井や床にぶつかって反転することによって，上昇・下降を繰り返すことになる。

正答　3

例題20.1-3　サミュエルソン＝ヒックスモデル

サミュエルソン＝ヒックスの乗数・加速度モデルが

$C_t = 0.64 Y_{t-t}$
$I_t = v(Y_{t-1} - Y_{t-2})$
$Y_t = C_t + I_t$

$\begin{bmatrix} Y_t : t 期の産出量 \\ C_t : t 期の消費 \\ I_t : t 期の投資 \\ v : 資本係数 \end{bmatrix}$

で示されるとき，この経済に持続的成長をもたらす資本係数の値は，次のうちのいくら以上でなければならないか。（国家総合職）

1 1.0　　**2** 1.5　　**3** 2.0　　**4** 2.5　　**5** 3.0

解説　(20.5)式の定常解 Y^* は (20.7)式で与えられた。(20.5)式から (20.6)式を引いて，$y_t = Y_t - Y^*$ と置くと

(20.8)　　$y_t - (c+v) y_{t-1} + v y_{t-2} = 0$

を得る。ここで，方程式

(20.9)　　$\lambda^2 - (c+v) \lambda + v = 0$

図20-3 実根のケース

(i) $1 < \lambda_1, \lambda_2$

(ii) $0 < \lambda_1, \lambda_2 < 1$

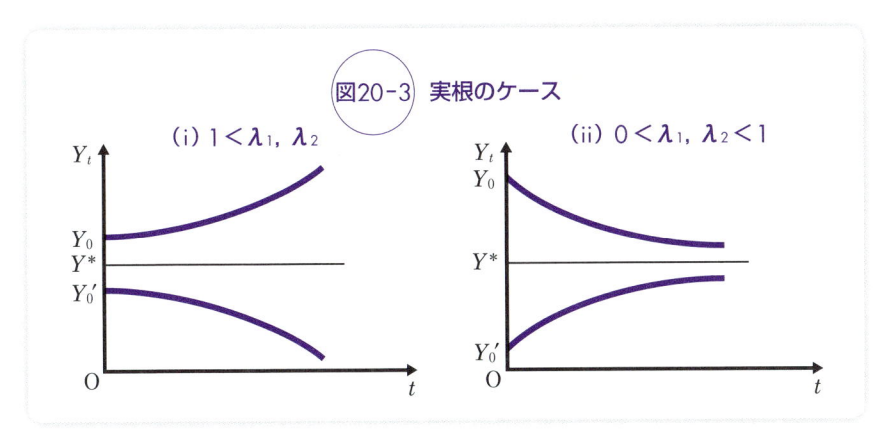

の解 λ_1, λ_2 を求める。$\lambda_1 \neq \lambda_2$ ならば，

(20.10) $\quad y_t = a_1 \lambda_1^t + a_2 \lambda_2^t \quad$ あるいは $\quad Y_t = Y^* + a_1 \lambda_1^t + a_2 \lambda_2^t$

として，Y_t の経路を求める。なお，$\lambda_1 = \lambda_2$ の場合は，(20.10) 式の a_2 を $a_2 t$ で置き換える必要がある。ともかく初期の Y_0, Y_1 が決まると，a_1, a_2 も決まり，経路が定まる。解 λ_1, λ_2 の値によって，Y_t の経路は異なってくる。実根のケースについて，図を見ながら考えてみよう。まず，(20.9) 式の根と係数の関係から

(20.11) $\quad \lambda_1 + \lambda_2 = c + v > 0, \quad \lambda_1 \lambda_2 = v > 0$

なので，λ_1, λ_2 はともに正である。次に (20.9) 式の左辺を $f(\lambda)$ と置くと，$f(1) = 1 - c > 0$ なので，2根はともに1より大きいか，1より小さくなる。2根がともに1より大きければ，**図20-3(i)** のように，Y^* と異なる初期値 Y_0, Y_1 から出発する解は Y^* から遠ざかってゆく。解がともに1より小さければ，**図20-3(ii)** のように Y^* に収束してゆく。

一方，もし (20.9) 式の解が虚根となるなら，2根は $\lambda = \alpha \pm \beta_i$，$c \neq 0$ の形

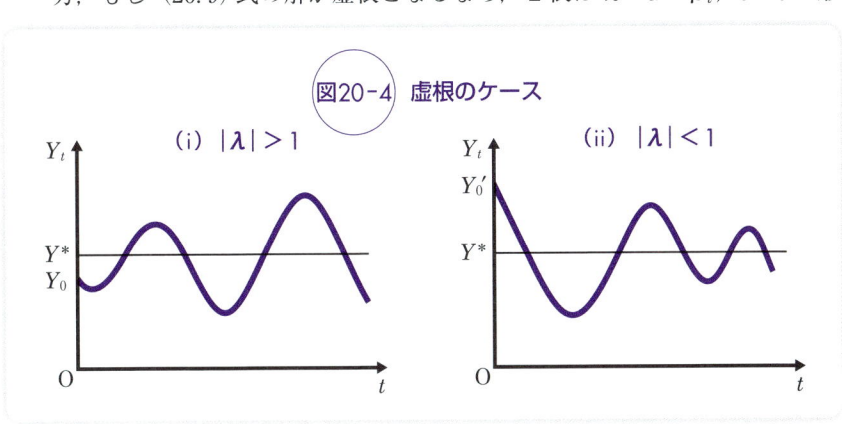

図20-4 虚根のケース

(i) $|\lambda| > 1$

(ii) $|\lambda| < 1$

となる。このとき図20-4のようにλの絶対値$|\lambda|=\sqrt{\alpha^2+\beta^2}$が1より大きいなら，$Y_t$は$Y^*$の回りを振動しながら発散してゆき，1より小さいならY^*の回りを振動しながらY^*に収束する。

例題では持続的成長のケースを問題にしている。もし$Y^*>0$であれば，持続的成長は図20-3(i)のY_0，図20-3(ii)のY_0'から出発する解である。しかし例題は$A=0$すなわち$Y^*=0$のケースであるので，図20-3(i)のケースのみが持続的成長を可能にする。したがって，解は実根で，ともに1より大きくなればならない。例題の$c=0.64$を用いて(20.9)式の判別式を非負として解くと

(20.12) $\quad 0.64+v \geq 2\sqrt{v} \quad$ すなわち $\quad (\sqrt{v})^2-2\sqrt{v}+0.64 \geq 0$

を得る。これをさらに解くと，$\sqrt{v} \geq 1.6$，$\sqrt{v} \leq 0.4$である。したがって

(20.13) $\quad v \geq 2.56, \quad v \leq 0.16$

となるが，根の公式

(20.14) $\quad \lambda = \dfrac{0.64+v \pm \sqrt{(0.64+v)^2-4v}}{2}$

から，後者の場合は小さい根が1より小さく，前者の場合は大きい根が1より大きくなる。

よって，$v \geq 2.56$のとき，2根が1より大きい。2.56より大きなvの値は**5**の3.0のみである。

正答　5

例題20.1-4　カルドア・モデル

図は景気循環に関するカレツキ＝カルドア・モデルを表したものであるが，各点の説明として妥当なのは次のうちどれか。ただし，RRは各Yに対する完全補填投資の水準を示す。（国家総合職）

1　点Aでは，投資が貯蓄を上回っており，個々の企業の投資を可能にするために，貯蓄が上昇しなければならず，右上方へ移動する。

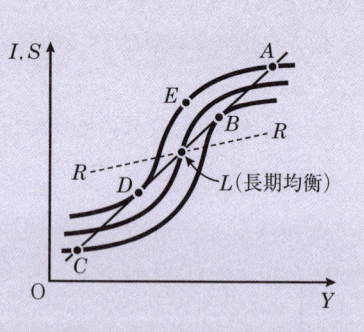

2　点Bでは，投資関数が貯蓄関数に下方から接しており，資本の累増とともに，投資関数が上方へシフトする。

3　点Cでは，粗投資が更新投資を下回り，時がたつにつれて資本の減耗とともに，貯蓄関数に沿って下方にシフトしてゆく。

4 点Dでは，貯蓄が投資を下回り，不安定であり投資関数が下方にシフトしてゆく。
5 点Eでは，投資が貯蓄を上回っており，投資は曲線に沿って上昇し均衡点Aにたどり着く。

解説 例題14.2-1ならびに例題20.1-2の加速度原理における投資は，所得の変化分の関数であった。それに対して，**カレツキ**の**利潤原理**による投資関数とは，粗投資量が国民生産Yのみならず，資本ストックKの関数でもある。すなわち，投資関数は

(20.15) $\quad I = I(Y, K)$

の形をし，Yの増加関数でかつKの減少関数となる。これは，国民所得Yに対して望ましい水準のストック水準Kがあり，現在の資本水準との差額を投資により調整すると想定しているためである。さらにKを固定すると，**図20-5**のように，Yの関数として投資曲線はＳ字型をなすと仮定する。一方，貯蓄Sは平均貯蓄性向sを一定と仮定し，$S = sY$とする。

資本ストックの減価償却率をδ，今期の資本ストックの水準をK_tとすると，次期の資本ストックK_{t+1}は，$K_{t+1} = (1-\delta)K_t + I(Y, K)$の水準となる。ここで，純投資がゼロである，つまり完全補填投資水準を考える。その場合，資本減耗を穴埋めする分だけ粗投資が行われるので，減価償却額δKと粗投資$I(Y,$

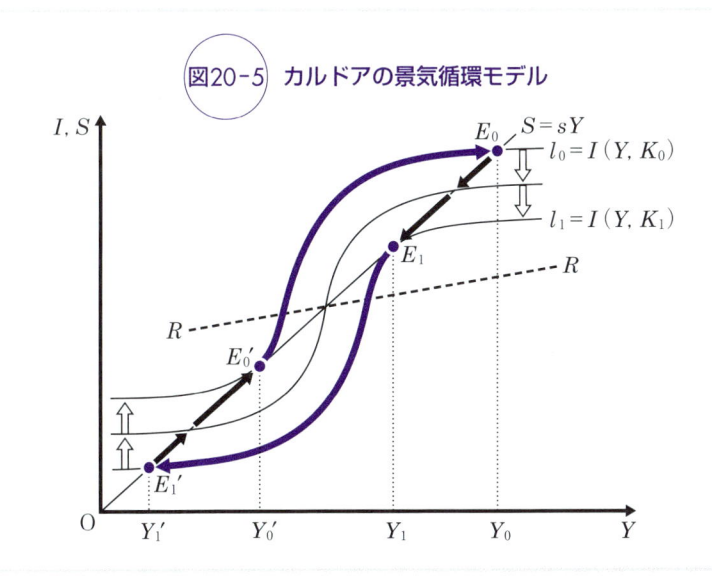

図20-5 カルドアの景気循環モデル

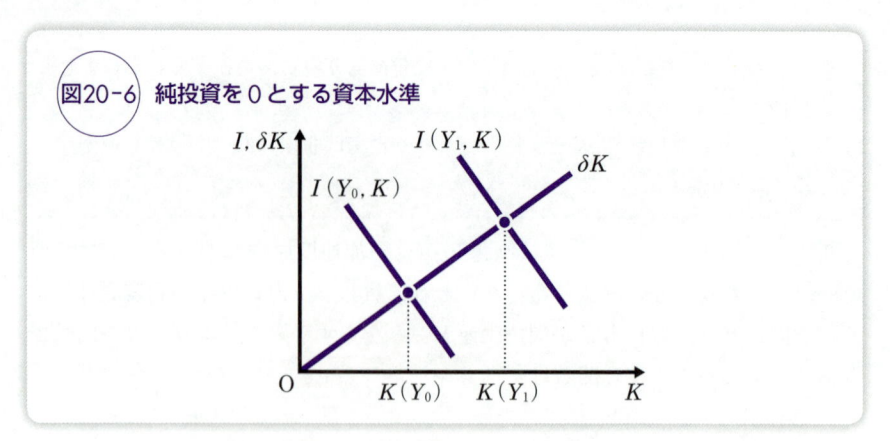

図20-6 純投資を0とする資本水準

K）は等しい。図20-6を見よ。δKは右上がりの直線となる。利潤原理により$I(Y,K)$がKの減少関数なので，$I(Y,K)$は右下がりとなる。さらに，$I(Y,K)$はYの増加関数なので，Yが増加すれば，$I(Y,K)$は上方にシフトする。図20-6は，Y_0，Y_1に対して純投資を0とする資本ストック$K(Y_0)$，$K(Y_1)$が決まり，Yが高まるほど$K(Y)$が増加することを説明している。したがって，純投資を0とする粗投資額$I=\delta K(Y)$の関係，すなわち完全補填投資水準を図20-5のような右上がりの直線（一般的には曲線）RRで表すことができる。

以上の準備の下で，カルドアは次のように景気循環を説明する。図20-5において，$S=I$となる点E_0でY_0とI_0が決定されているとする。投資$I(Y,K)$が直線RRより上方の点E_0では，純投資は正となり資本ストックの量は増加する。資本ストックが増加すると，一定のYに対する$I(Y,K)$は低下するので，図20-5のS字型の投資曲線は下方にシフトする。貯蓄と投資を均等させるYとIの水準は，直線$S=sY$上を原点方向に低下してゆく。このシフトは，均衡が点E_1に到達するまで続く。点E_1からさらに投資曲線が下方にシフトしようとする瞬間，貯蓄と投資の均衡点E_1'にジャンプする。しかも，この調整は瞬間に行われると仮定される。さもなくば投資曲線はもっと下方にシフトしてゆくであろう。点E_1'は直線RRの下方にあるので，純投資は負となる。資本ストックは減少し，S字型の投資曲線は上方にシフトし始める。それにつれて(Y,I)は点E_1'から点E_0'まで増加し，次に点E_0へとジャンプする。このようにして，国民総生産YはY_0とY_1'の間を循環的に変動して続けるというのである。以上の議論は単に利潤原理のみならず，投資曲線がS字型をなすという仮定，RRが貯蓄直線より緩やかな傾きを持つという仮定，投資と貯蓄の均等化が瞬時になされる仮定などに基づいていることに注意せよ。

例題では，点A, B, C, Dで貯蓄と投資が均等化されているので，**1**と**4**は誤り。点Aからは左下方，点Cからは右上方へ移動するので**3**は誤り。資本が増加すると投資関数は下方へシフトするので**2**は誤りである。

正答　5

例題20.1-5　在庫循環

景気循環の山→谷→山という局面において，縦軸に在庫残高（変化率），横軸に生産量（変化率）をとり，これら2つの変数の関係を時間の推移とともにグラフに表したものとして，最も妥当なのはどれか。（国家総合職）

1　　**2**　　**3**

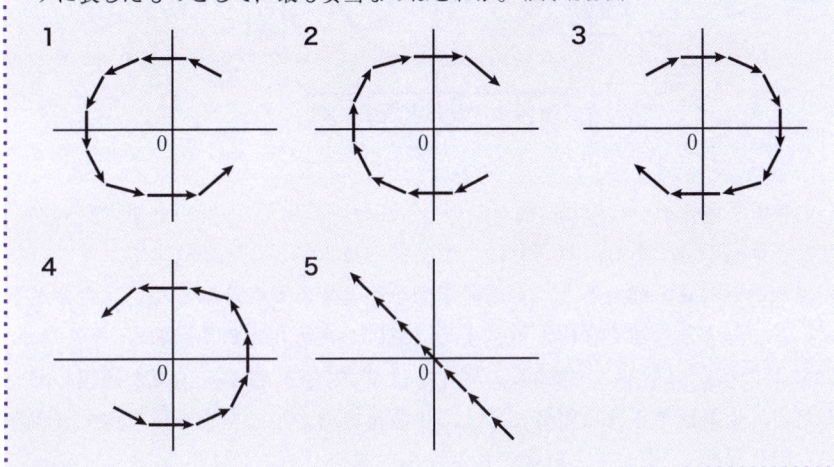

4　　**5**

解説　図20-7のように，横軸に生産量の変化率を，縦軸に在庫残高の変化率をとった図を，**在庫循環図**という。多くの場合，生産には時間がかかるため，企業は将来の需要予測に基づき生産活動を行わなければならない。そして，事前の需要予想と実際の需要が異なった場合，在庫が調整されることになる。

図の45度線は，在庫残高の変化率と生産量の変化率が等しいことを表している。例題では，経済が景気の山から出発しているので，景気の山である点Aから考察を始めよう。点Aでは生産量と在庫がともに増加しており，変化率が等しい。景気が山を越えると，依然として生産量は伸びるが，需要が予想を下回るため在庫が積み上がるスピードが大きくなる（在庫積み上がり局面）。企業は，在庫の増加スピードが大きくなっていることを認識し，生産にブレーキをかけるため，生産量の伸びはやがてマイナスになる。このように，在庫残高の変化率と生産量の変化率は反時計回りに動いてゆく。

図20-7　在庫循環図

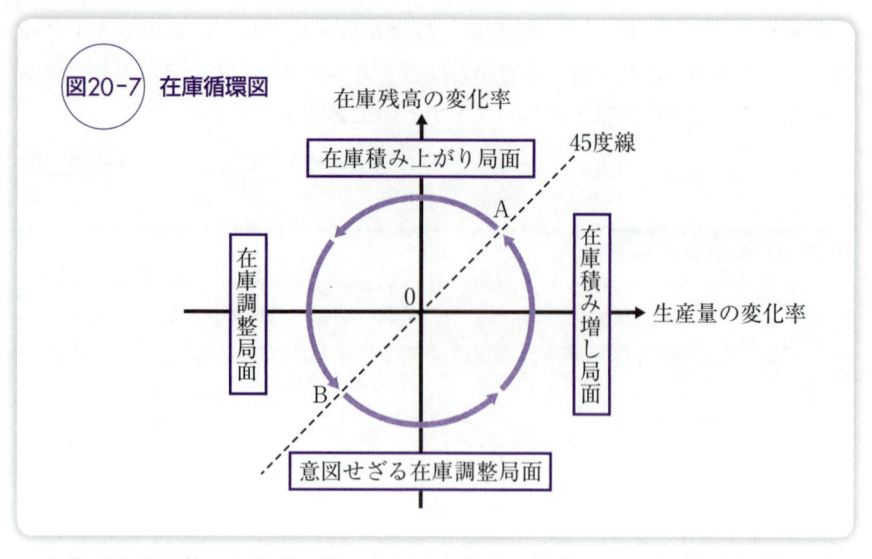

企業が生産を絞った結果，積み上がった在庫が減少していく（在庫調整局面）。点Bが景気の谷である。点Bでは，生産量の減少率と在庫の減少率が等しい。経済が景気の谷を越えると，企業の予想を超えて需要が伸びるため，企業が意図していたよりも速く在庫が減少する（意図せざる在庫調整局面）。そのため，企業は生産量を増やし，生産量の変化率はやがて正になる。景気が回復しているため，企業はさらなる需要に備えて生産量を増やし，在庫を積み増す（在庫積み増し局面）。やがて，経済が景気の山に到達することになる。

以上の説明より，在庫循環図において景気の山→谷→山という変化を表しているのは，**1**である。

正答　1

例題20.1-6　リアル・ビジネス・サイクル理論

　景気循環の理論に関する次の記述のうち，リアル・ビジネス・サイクル理論に関する記述として妥当なのはどれか。（国家総合職）

1　この理論によると，景気循環は，誤った政府の政策によって発生する。長期においては，市場はマネーサプライの増減を予想できるため産出量は変化せず，物価水準のみが変化するが，短期においては，マネーサプライの増減は産出量に影響を及ぼすため，誤った金融政策は，景気変動を引き起こす。

2　この理論によると，金融政策は短期においては物価水準に影響を及ぼし，長期においては，産出量に実質的に影響を及ぼしていると考える。よって，誤った金融政策は長期的な景気後退の主な要因となるので，金融政策は，マネーサプライの増加率を一定に維持するような単純なルールに従うべきであ

るとする。

3 この理論によると，景気変動は総需要と総供給の両方への外生的ショックから発生し，この効果は，経済構造を通じて増幅され持続する。また，市場が，完全雇用を維持するように十分速く，かつ自律的に調整することができないために，政府による介入が必要であり，また，これは有効であると考えられている。

4 この理論によると，景気変動は，乗数・加速度理論で示されているような内生的要因によって発生する。経済に対する正のショック，たとえば，輸出需要の増加は，企業の利潤の増加を通じて企業の設備投資を増加させ，これがさらに経済を刺激することになる。しかし，負のショックが生じた場合は，経済は一層収縮することになり，景気変動は大きくなる。

5 この理論によると，景気変動は，技術変化などの主に供給サイドに対する外生的ショックから発生するため，不規則で予測不可能である。また，長期，短期を問わず，金融政策は物価水準に影響を与えるのみであり，金融政策が景気上昇，景気後退の原因となることはない。

解説 **リアル・ビジネス・サイクル理論**は，景気循環の要因は生産技術の進歩やエネルギー価格の上昇，財政政策の変更などの実物的要因によってもたらされると主張する。リアル・ビジネス・サイクル理論は，合理的期待を形成する経済主体を想定しており，**貨幣の中立性**が保たれている。貨幣的要因が経済に影響を与えることはないため，金融政策が景気変動の原因になることも，金融政策が経済の安定化をもたらすこともない。以上より，正答は **5** である。

他の選択肢についても確認していこう。**1** と **2** の後半は，マネタリストの主張である。マネタリストは，金融政策は人々に貨幣錯覚をもたらすことにより短期的に経済に影響を与え，誤った金融政策は有害であると主張する。ゆえに，マネーサプライの成長率を一定に維持するような単純なルール（k パーセントルール）に従うべきであると主張する。なお，マネタリストは，長期的に金融政策は実物経済に影響を与えないと主張する。以上について，例題19.3-2を参照せよ。**3** は，スルツキーやカレツキの不規則衝撃の議論であろう。彼らは，不規則衝撃が景気の循環的変動をもたらすことを示した。不規則衝撃論はリアル・ビジネス・サイクル理論とは異なり，総供給側だけではなく，総需要側の要因も考慮している。また，これは政府による介入の必要性を認めているケインジアンの理論である。**4** は，例題20.1-2，例題20.1-3で取り上げた，サムエルソン＝ヒックスの加速度原理である。

正答 5

練習問題

【No.1】 景気循環に関する次の記述のうち、妥当なのはどれか。(国家総合職)

1. 景気循環について、景気の谷から山への期間を景気拡張期、山から次の谷までの期間を景気後退期と呼び、一つの景気拡張期と一つの景気後退期を合わせて一つのサイクルとなる。先進諸国においては、一つのサイクルの中での景気拡張期と景気後退期の期間の長さは等しいのが一般的である。
2. J.A.キチンによると、景気循環には平均2、3か月周期のものがあり、在庫投資の変動によって引き起こされる。また、N.D.コンドラチェフによると、景気循環には10年前後の周期のものがあり、技術革新によって引き起こされる。
3. J.C.ジュグラーによると、景気循環には20年前後の周期のものがあり、設備投資の変動によって引き起こされる。また、S.S.クズネッツによると、景気循環には50〜60年周期のものがあり、建設投資によって引き起こされる。
4. J.R.ヒックスによると、加速度原理に従って投資が行われるが、生産要素の制約があることや粗投資が負とならないことから国民所得の成長経路には上限と下限が存在し、国民所得は上限と下限の間で上下運動を繰り返すことになる。
5. リアルビジネスサイクル理論によると、景気循環は技術革新や財政政策ならびに金融政策による実質的な総需要および総供給の変動によって引き起こされる。特に技術革新によるリアルショックは、企業の生産性を大幅に上昇させ、完全雇用水準の国民所得の増加と均衡物価水準の低下の両立を常に実現する。

解説 景気拡張期と景気後退期の長さが等しいとは限らない（**1**は誤り）。キチンの波の周期は平均3.3年である。また、コンドラチェフの波は、周期が50年にも及ぶ長期の波である（**2**は誤り）。ジュグラーの波は周期が10年程度、クズネッツの波は周期が20年程度である（**3**は誤り）。例題20.1-2の解説ならびに図20-2より、**4**がヒックスによる加速度原理の説明となっている（**4**は正しい）。例題20.1-6の解説より、リアルビジネスサイクル理論によると、金融政策は景気変動を引き起こさない（**5**は誤り）。

【No.2】 ある国のマクロ経済が次のように示されている。

$Y_t = C_t + I_t$
$C_t = 0.5Y_{t-1} + 400$
$I_t = \max[0.5(Y_{t-1} - Y_{t-2}) + 300, 0]$

ここでY_tはt期のGDP、C_tはt期の消費、I_tはt期の投資を表す。$Y_{-1} = 800$、$Y_0 = 1000$であるとき、この経済における景気循環の山（peak）となる期として正しいのはどれか。(国家総合職)

1. 1期　　**2** 2期　　**3** 3期　　**4** 4期　　**5** 確定できない。

解説 問題文の第1式に第2式と第3式を代入すると、$Y_t = Y_{t-1} - 0.5Y_{t-2} + 700$である。初期条件である、$Y_{-1} = 800$、$Y_0 = 1000$を代入すると、$Y_1 = 1000 - 0.5 \times 800 + 700 = 1300$である。以下、これを繰り返すと、$Y_2 = 1500$、$Y_3 = 1550$、$Y_4 = 1500$を得る。よって、最もGDPが高い景気の山は3期である（正答は**3**）。

【No.3】 ある閉鎖経済が次のマクロモデルで示されるとする。このとき，景気循環が起こりうるのは，係数 a, b, c がそれぞれどのような値をとる場合か。（国家総合職）

$Y_t = C_t + I_t + G_t$
$C_t = 10 + a(Y_t + Y_{t-1})$
$I_t = 5 + b(C_t - C_{t-1})$
$G_t = c$

$\begin{bmatrix} Y_t: t\text{期の国民所得}, & C_t: t\text{期の消費} \\ I_t: t\text{期の投資}, & G_t: t\text{期の政府支出} \end{bmatrix}$

1　$a = \dfrac{1}{4}$，$b = 0$，$c = 5$

2　$a = \dfrac{1}{4}$，$b = \dfrac{1}{2}$，$c = 0$

3　$a = \dfrac{1}{2}$，$b = \dfrac{1}{2}$，$c = 3$

4　$a = \dfrac{1}{2}$，$b = \dfrac{3}{4}$，$c = 2$

5　$a = 1$，$b = 1$，$c = 1$

解説　問題文の第2式〜第4式を第1式に代入すると，
$Y_t = [10 + a(Y_t + Y_{t-1})] + [5 + b\{(10 + a(Y_t + Y_{t-1})) - (10 + a(Y_{t-1} + Y_{t-2}))\}] + c$
$= 15 + a(Y_t + Y_{t-1}) + b(aY_t - aY_{t-2}) + c$
$(1 - a - ab)Y_t - aY_{t-1} + abY_{t-2} - (15 + c) = 0$ …………①

である。①式の定常解を Y^* と置くと $(1 - a - ab)Y^* - aY^* + abY^* - (15 + c) = 0$ であるので，①式との差をとり $y_t = Y_t - Y^*$ と置くと，$(1 - a - ab)y_t - ay_{t-1} + aby_{t-2} = 0$ を得る。この式の動学的振る舞いは，特性方程式 $(1 - a - ab)\lambda^2 - a\lambda + ab = 0$ の根によって決まる。景気循環が起こるのは，特性方程式の根が複素数となる場合であるので，判別式 D の値が負となればよい。つまり，

$D = a^2 - 4ab(1 - a - ab) < 0$ …………②

のときである。以下，選択肢の中から②式を満たすものを探す。**1**について，$D = \dfrac{1}{16} > 0$ である。**2**について，$D = -\dfrac{1}{4} < 0$ である。**3**について，$D = 0$ である。**4**について，$D = \dfrac{1}{16} > 0$ である。**5**について，$D = 5 > 0$ である。よって，正答は**2**である。

【No.4】右図は在庫循環の概念図である。このとき，正しい記述は次のうちどれか。（経済学検定試験）

(1) 経済の循環は，円を時計回り（右回り）で動き，循環の谷はAで山はBである。
(2) 経済の循環は，円を時計回り（右回り）で動き，循環の谷はBで山はAである。
(3) 経済の循環は，円を反時計回り（左回り）で動き，循環の谷はAで山はBである。
(4) 経済の循環は，円を反時計回り（左回り）で動き，循環の谷はBで山はAである。

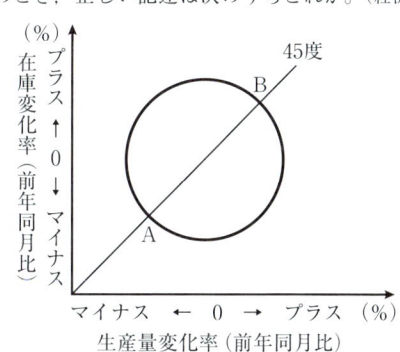

|解説| 例題20.1-5の解説より，正答は(3)である。

【No.5】 景気循環に関する代表的な理論として，加速度原理を基礎としたヒックス型モデルと，利潤原理を基礎としたカルドア型モデルがあるが，これについての次の記述のうち，正しいものはどれか。（国家総合職）
1 ヒックス型の景気循環モデルでは，投資は一定率で増加するものと仮定されており，景気循環はもっぱら消費の変動によって引き起こされている。
2 ヒックス型の景気循環モデルでは，企業，家計の合理的な期待形成により，消費と投資は今期および前期の所得水準の関数になるとされている。
3 ヒックス型の景気循環モデルでは，ケインズ理論に従って投資は独立投資だけと仮定されている。
4 カルドア型の景気循環モデルでは，循環理論を成長理論と結合し，景気の循環を通じて，長期的に経済が拡大していく過程を示す特徴がある。
5 カルドア型の景気循環モデルでは，投資は需要面の効果だけでなく，資本蓄積効果の側面からもとらえている。

|解説| ヒックス・モデルは，消費の変動や企業・家計の合理的期待形成を中心としてはいないので，**1**と**2**は誤り。一方，加速度原理を用いる点で誘発投資を含んでいるので，**3**は誤り。カルドア・モデルは成長モデルとは結合されていないので，**4**は誤り。カルドア・モデルでは，投資がYの関数である点で需要に依存し，Kの関数でもある点で資本蓄積効果も反映している。よって，正答は**5**である。

正答 【No.1】 4 【No.2】 3 【No.3】 2 【No.4】 (3) 【No.5】 5

第21章

経済成長論

Theory of Economic Growth

21.1 ハロッド゠ドーマーの経済成長理論

> **例題21.1-1 ハロッド゠ドーマーの経済成長モデル**
>
> 経済成長モデルが
>
> $Y = \min\left[\dfrac{K}{5},\ L\right]$
>
> $Y = C + I$
>
> $C = (1-s)Y$
>
> $\Delta K = I$
>
> $\Delta L = 0.02 L$
>
> $\begin{bmatrix} Y:産出量(国民所得),\ K:資本量 \\ L:労働量,\ C:消費,\ I:投資,\ s:貯蓄率 \\ \Delta K: Kの増分,\ \Delta L: Lの増分 \end{bmatrix}$
>
> で示されるとする。
>
> 資本の完全利用と労働の完全雇用が常に維持される経済成長が実現するために，貯蓄率sはいくらでなければならないか。(地方上級)
>
> **1** 0.1 **2** 0.15 **3** 0.2 **4** 0.25 **5** 0.3

解説 **ハロッド**と**ドーマー**はケインズ・モデルを長期動学モデルに一般化することを試みた。彼らのモデルは，**ハロッド゠ドーマーの経済成長モデル**と呼ばれる。投資をI，資本ストックをK，資本ストックの減価償却率をδとすると，$t+1$期の資本ストックの量は$K_{t+1} = K_t - \delta K_t + I_t$であり，$\Delta K_t = K_{t+1} - K_t$であるので，

(21.1)　　$I_t = \Delta K_t + \delta K_t$

となる。一方，平均貯蓄性向sは一定と仮定される。よって，貯蓄をS，国民所得をYとすると，貯蓄関数は

$$(21.2) \quad S_t = sY_t$$

である。さらに，国民経済計算の分配面の定義式 $Y_t = C_t + S_t$ から，(21.2) 式により平均消費性向も一定である。これにより，国民所得 Y が成長しても，Y に占める消費と貯蓄の割合は一定に保たれる。

供給面では，生産関数がいわゆるレオンチェフ型で，固定的投入係数を持つと仮定する。すなわち生産関数は

$$(21.3) \quad Y_t^s = \min\left[\frac{K_t}{v}, \frac{L_t}{\mu}\right]$$

である。L は労働投入であり，v は例題14.2-1で導入した固定資本係数である。なお，ここでは生産面であることを強調するため，産出量を Y^s と表す。今，資本ストックのみを見るなら，(21.3) 式から $vY_t^s = K_t$ である。これを変化率に直して (21.1) 式を使うと，以下が成り立つ。

$$(21.4) \quad v\varDelta Y_t^s = \varDelta K_t = I_t - \delta K_t$$

投資と貯蓄の均衡条件から $I_t = S_t$，そして財市場の均衡条件から $Y_t^s = Y_t$ と置く。(21.4) 式に (21.2) 式を代入して，両辺を Y で割ると，$v\frac{\varDelta Y_t}{Y_t} = s - \delta\frac{K_t}{Y_t}$ $= s - v\delta$ が求まる。よって Y の成長率は

$$(21.5) \quad G_w = \frac{s}{v} - \delta \quad \left(\delta = 0 \text{ のときは，} G_w = \frac{s}{v}\right)$$

となる。G_w は労働量の制約がないときに保証される国民総生産の成長率で，ハロッドによって**保証成長率**と呼ばれたものである。

一方，人口は一定の率 n で成長する。すなわち $\varDelta L_t = L_{t+1} - L_t$ と置くと

$$(21.6) \quad n = \frac{\varDelta L_t}{L_t} = \frac{L_{t+1}}{L_t} - 1$$

である。次に，技術進歩により労働者1人当たりの生産高が一定率 λ で上昇すると仮定しよう[1]。すなわち

$$(21.7) \quad \lambda = \left(\frac{Y_{t+1}^s}{L_{t+1}} \bigg/ \frac{Y_t^s}{L_t}\right) - 1 = \left(\frac{Y_{t+1}^s}{Y_t^s}\right)\left(\frac{L_t}{L_{t+1}}\right) - 1$$

であるとする。よって (21.6) 式，(21.7) 式から，生産量の増加率は

---

1) これは，レオンチェフ型生産関数 (21.3) 式における μ が λ の率で低下することと同じで，例題21.3-1の解説におけるハロッド中立的と呼ばれる技術進歩である。

$$(21.8) \quad \frac{\Delta Y_t^s}{Y_t^s} = \frac{Y_{t+1}^s}{Y_t^s} - 1 = (\lambda+1)\left(\frac{L_{t+1}}{L_t}\right) - 1 = (\lambda+1)(n+1) - 1$$
$$= n + \lambda + \lambda n$$

となる。λとnは十分小さいので，(21.8) 式の最後の項λnは無視することができる。よって，生産量の増加率は

$$(21.9) \quad G_n = n + \lambda$$

となる。これは，資本ストックによる制約を無視するときに，完全雇用労働量で生産される生産量の成長率であり，**自然成長率**と呼ばれている。

資本ストックの制約と人口の制約を同時に考慮すると，資本と労働を完全利用しながら，資本ストック，人口，生産量を$G_w = G_n$の率で恒常的に成長させるためには，(21.5) 式，(21.9) 式より，以下が成り立たなければならない。

公式 21.1 $\quad \dfrac{s}{v} - \delta = n + \lambda \quad \left(\delta = 0 \text{のときは} \dfrac{s}{v} = n + \lambda\right)$

これは**斉一成長経路**とも呼ばれるが，ハロッド=ドーマー・モデルでは，特に**均衡成長経路**と呼んでいる。

もし自然成長率G_nと保証成長率G_wが乖離しているなら，資本ストックか労働のどちらかが完全雇用されないことになる。しかも，G_wとG_nの乖離はそれぞれが固定的な値であるから，縮まりもしなければ拡大もしない。

また，現実には，貯蓄と投資は均衡しない可能性もあり，現実の成長率Gは必ずしも$G_w = G_n$に等しくならない。ハロッドによれば，現実の成長率Gが保証成長率G_wよりも高ければ（低ければ）企業は投資を増加して（減少させて）成長率を高め（低め），その結果，保証成長率との乖離が一層拡大されると主張する[2]。これが**不安定性原理**または**ナイフ・エッジ定理**である。G, G_w, G_nを一致させたまま均衡成長を続けることは，ナイフの刃の上を進むようなものだろうというのである。そして，市場に任せても均衡成長が達成される保証はなく，政府による財政政策を通じて成長率を調整する必要があるというのである。

例題では，$v=5$, $n=0.02$, $\delta=0$, $\lambda=0$なので，これらを**公式21.1**に代入すると，$s=0.1$を得る。

正答　1

---

[2] この主張を支える議論には，不均衡下での調整過程の議論が欠けており，一般に不完全である。いいかえると不安定性の証明がなされたわけではない。したがって，下で述べる不安定性原理は「均衡成長経路の安定性は必ずしも明らかではない」という意味に解釈されるべきであろう。実際，例題21.3-2で与えられた数値では，長期的な資本労働比率は安定な値に収束する。

例題21.1-2　ハロッド゠ドーマー・モデルの財政政策

ハロッド゠ドーマー・モデルにおいて他の条件を一定とした場合に，所得税率（t），所得に占める財政支出の割合（g），財政に占める投資支出の割合（γ）のそれぞれの変化が保証成長率（G_w）に及ぼす影響を示したものとして正しい組合せは次のうちどれか。ただし，政府投資の生産能力創出効果は民間投資と等しいものとする。（国家総合職）

	$\dfrac{\partial G_w}{\partial t}$	$\dfrac{\partial G_w}{\partial g}$	$\dfrac{\partial G_w}{\partial \gamma}$
1	+	−	+
2	+	+	+
3	−	−	+
4	−	+	−
5	−	−	−

解説　以下では減価償却率 δ が0であると仮定し，Yを国民所得，Cを消費，Iを民間投資，Gを政府支出，vを固定資本係数とする。政府の支出が $G = gY$，そのうち投資に回される部分が γgY である。すると，供給側の条件（生産関数）から $K = vY$ であるので，$\Delta K = v\Delta Y$ である。財政支出をG，財政支出における投資支出をG_Iとすると，$G = gY$，$G_I = \gamma G$であり，$\Delta K = I + \gamma gY$であるので，

$$(21.10) \quad v\Delta Y = I + \gamma gY$$

が得られる。需要側の条件は $Y = C + I + G$ であり，$C = c(1-t)Y$，$G = gY = (1-\gamma)gY + \gamma gY$ から，$Y = c(1-t)Y + (1-\gamma)gY + I + \gamma gY$ であるので，

$$(21.11) \quad [1 - c(1-t) - (1-\gamma)g]Y = I + \gamma gY$$

が得られる。供給側の条件 (21.10) 式と需要側の条件 (21.11) 式から，市場均衡における $\dfrac{\Delta Y}{Y}$ の値

$$(21.12) \quad G_w = \frac{\Delta Y}{Y} = \frac{1}{v}[1 - c(1-t) - (1-\gamma)g]$$

が求まる。これが財政支出がある場合の保証成長率である。(21.12) 式から t や γ を増加させると G_w の値が上昇し，g を増加させると G_w の値が低下することがわかる。

正答　1

練習問題

【No.1】 経済がハロッドの均衡成長経路の上にあり、自然成長率と保証成長率が等しくなっている。今、国民所得が200億ドルで、年々の技術進歩率が8％、人口増加率が4％、資本係数が3.0となっているとする。このとき、貯蓄水準として妥当なのは次のうちどれか。（国家総合職）

1 64億ドル　　**2** 70億ドル　　**3** 72億ドル
4 80億ドル　　**5** 84億ドル

> **解説**　経済は均衡成長経路の上にあるので、**公式21.1**に $n = 0.04$、$\lambda = 0.08$、$v = 3.0$、$\delta = 0$ を代入すると、$\frac{s}{3} = 0.04 + 0.08$ なので、平均貯蓄性向は $s = 0.36$ である。貯蓄関数に代入すると、貯蓄 S は $S = 0.36 \times 200 = 72$ である。よって、正答は **3** である。

【No.2】 ある国のマクロ経済が、次のように示されているとする。

$Y = aK$
$Y = C + I + G$
$C = c(Y - T)$
$T = tY$
$\Delta K = I$

ここで、Y は生産量（所得）、a は技術を表す定数、K は資本ストック、C は消費、I は投資、G は政府支出、c は限界消費性向、T は税収、t は税率であり、政府は均衡予算による財政予算による財政運営を行っているものとする。$a = 0.25$、$c = 0.8$、$t = 0.4$ であるとき、需給を均衡させる投資の成長率はいくらか。（国家総合職）

1 1％　　**2** 2％　　**3** 3％　　**4** 4％　　**5** 5％

> **解説**　需要サイドの国民所得と区別するため、供給サイドの国民所得（生産面のGDP）を Y_s とすると、問題文の第1式は $Y_s = aK$ である。変化分をとり、問題文の第5式を代入すると以下を得る。
>
> $\Delta Y_s = a\Delta K = aI$ …………①
>
> 次に需要サイドを考える。支出面である第2式に、第3式、第4式、均衡予算 $G = T$ を代入すると、$Y = [c(Y - T)] + I + T = c(Y - tY) + I + tY = c(1-t)Y + I + tY$ であるので、$(1-c)(1-t)Y = I$ である。この変化分をとると、以下である。
>
> $\Delta Y = \dfrac{1}{(1-c)(1-t)} \cdot \Delta I$ …………②
>
> 生産面と支出面が等しいとき、つまり $Y_s = Y$ のとき、財市場における均衡が達成される。この変化分 $\Delta Y_s = \Delta Y$ に①式と②式を代入すると、$aI = \dfrac{1}{(1-c)(1-t)} \cdot \Delta I$ より、$\dfrac{\Delta I}{I} = a \cdot (1-c) \cdot (1-t) = 0.25 \times (1-0.8) \times (1-0.4) = 0.03$ である。よって、正答は **3** である。

正答　【No.1】 3　　【No.2】 3

21.2 新古典派成長理論

例題21.2-1 恒常成長経路

マクロ的生産関数を $Y_t = F(K_t, L_t) = K_t^{\frac{1}{2}} L_t^{\frac{1}{2}}$ とする。ここで Y_t, K_t, L_t はそれぞれ t 期のGDP, t 期の資本ストック, t 期の労働量を表す。人口成長率 n (>0) は一定,すなわち $L_{t+1} = (1+n)L_t$ とし,貯蓄率 s (>0) も一定とする。貯蓄はすべて投資され,資本の減耗はないものとする。このとき,定常状態における1人当たりの資本ストックの値として正しいのはどれか。(国家総合職)

1. $\left(\dfrac{s}{n}\right)^2$　　2. $\left(\dfrac{s}{n}\right)^{\frac{1}{2}}$　　3. $\left(\dfrac{n}{s}\right)^2$　　4. $\left(\dfrac{n}{s}\right)^{\frac{1}{2}}$　　5. $\dfrac{n}{s}$

解説　ハロッド=ドーマー・モデルの特徴の一つは,投入係数が固定的という点であった。これはレオンチェフ型生産関数を想定しているためであり,その等産出量曲線は**図21-1 (i)** のようなL字型をなす。その後,**ソローとスワン**は資本と労働が代替性を持つと仮定することによって,均衡成長経路が安定的となるというハロッド=ドーマーと逆の結論が成り立つことを証明した。生産関数は

(21.13)　　　$Y = F(K, L)$

と表され,その等産出量曲線は**図21-1 (ii)** のように原点に対して凸で滑らかな曲線となる。生産関数は規模に関して収穫一定であり

(21.14)　　　$aY = F(aK, aL) \quad a > 0$

を満たしている。これは,生産関数 F が一次同次関数であるといっても同じことである。以上の性質を持つ生産関数は**新古典派生産関数**と呼ばれる。また(21.14) 式で $a = \dfrac{1}{L}$ と置くと

(21.15)　　　$\dfrac{Y}{L} = F\left(\dfrac{K}{L}, 1\right)$

となる。ここで,変数を1人当たりの生産量 $y = \dfrac{Y}{L}$, 資本・労働比率 $k = \dfrac{K}{L}$ に置き換えることによって (21.15) 式を以下のように表す。

(21.16)　　　$y = f(k)$

ハロッド=ドーマー・モデルと同様に貯蓄率 s は一定と仮定され,貯蓄関数は $S = sY$ である。減価償却率を δ とすると,$I = \Delta K + \delta K$ であり,財市場の

図21-1 等産出量曲線

(i) レオンチェフ型生産関数

(ii) 新古典派生産関数

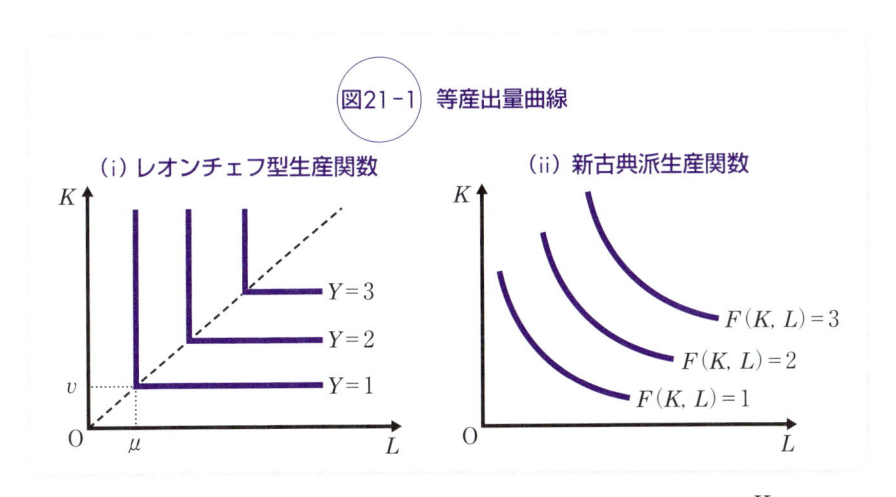

均衡条件 $S = I$ から $sY = \Delta K + \delta K$ である。よって、資本係数を $v = \dfrac{K}{Y}$ と置くと

(21.17) $\quad \dfrac{\Delta K}{K} = \dfrac{s}{v} - \delta$

となる。また、$\dfrac{s}{v} = s\dfrac{Y/L}{K/L} = \dfrac{sy}{k}$ であることに注意すると

(21.18) $\quad \dfrac{\Delta K}{K} = \dfrac{sf(k)}{k} - \delta$

も得られる。(21.17) 式は形式的には資本ストックの成長率がハロッド゠ドーマー・モデルの保証成長率と等しいことを意味する。ただし、ここでの資本係数 v は固定的ではなく、成長形路上で調整される可変的な変数である。

人口はハロッド゠ドーマー・モデルと同様に、一定の自然成長率 n で増加する $\left(\dfrac{\Delta L}{L} = n\right)$ と仮定される。したがって (21.17) 式かつ $\dfrac{\Delta K}{K} = \dfrac{\Delta L}{L}$ より、

公式 21.2 $\quad \dfrac{sf(\bar{k})}{\bar{k}} - \delta = n \quad$ すなわち $\quad f(\bar{k}) = \dfrac{(n+\delta)}{s}\bar{k}$

を満たす解 $\bar{k}$ では、労働と資本ストックが同じ率で成長する。$\bar{k}$ では、資本ストックの成長率も n となる[3]。このとき、初期値を $\bar{K}, \bar{L}, \bar{Y}$ とすると

---

3) ハロッド゠ドーマー・モデルにおける技術進歩と同様に、労働1人当たりの生産量を上昇させる技術進歩があり、その増加率が λ で与えられるなら、**公式21.2** の n は $n + \lambda$ で置き換えられる。

図21-2 新古典派成長モデルの定常解 $\bar{k}$

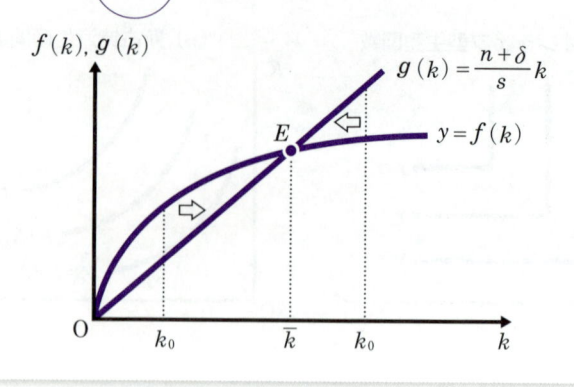

(21.19) $\quad K_t = (1+n)^t \bar{K}, \quad L_t = (1+n)^t \bar{L}$

である。生産関数が規模に関して収穫一定であることに注意すると，(21.19)式から

(21.20) $\quad F[(1+n)^t \bar{K}, (1+n)^t \bar{L}] = (1+n)^t \bar{Y}$

が成り立ち，Y_t の成長率も自然成長率 n に等しくなる。これはハロッド＝ドーマーの均衡成長経路と対応する。ここでは**斉一成長経路**と呼ぶことにする。また，この経路上での資本・労働比率 $\bar{k}$ を**定常解**と呼ぶこともある。

公式21.2 の第2式の右辺を $g(k) = \dfrac{n+\delta}{s} k$ と置くと，**図21-2**となる。図21-2は定常解 $\bar{k}$ が**公式21.2**から決まることを説明するものである。

資本・労働比率の初期値 $k_0 = \dfrac{K_0}{L_0}$ が $\bar{k}$ と異なる値をとる場合を考えよう。**公式15.6**より，$\dfrac{\Delta k}{k} = \dfrac{\Delta K}{K} - \dfrac{\Delta L}{L}$ であるので，これに (21.18) 式と $\dfrac{\Delta L}{L} = n$ を代入して整理すると

(21.21) $\quad \Delta k = s\left(f(k) - \dfrac{n+\delta}{s} k\right) = s(f(k) - g(k))$

となる。ここで (21.21) 式を**図21-2**と比較すると，$\bar{k}$ の左側では $f(k) > g(k)$ より，$\Delta k > 0$，すなわち k は増加することがわかる。一方，$\bar{k}$ の右側では $\Delta k < 0$，すなわち k は減少する。**図21-2**において，$y = f(k)$ と $y = g(k)$ はただ1つの交点を持つので，任意の資本・労働比率 k_0 から出発する解が定常解 $\bar{k}$ へ

収束することになる。このように，生産関数を新古典派型に置き換えると，斉一成長経路は安定的となる。ハロッド゠ドーマー・モデルは成長経路が不安定になることがあったが，ソローやスワンによる成長理論では不安定性が解消されることになる。以上のような成長モデルは**新古典派成長理論**と呼ばれる。

例題に戻ろう。$f(\bar{k}) = \bar{k}^{\frac{1}{2}}$, $\delta = 0$ を**公式21.2**に代入すると，$\bar{k}^{\frac{1}{2}} = \frac{n}{s}\bar{k}$ であるので，これを整理すると，$\bar{k} = \left(\frac{s}{n}\right)^2$ である。

正答 1

例題21.2-2　資本蓄積の黄金律

新古典派の成長理論において，1人当たりの消費を最大にするような長期均衡を経済がたどるための必要条件として正しいものはどれか。(国家総合職)

1. 資本成長率が自然成長率よりも高く，かつ資本装備率が資本分配率に等しい。
2. 資本成長率が自然成長率よりも高く，かつ利潤の上昇率が資本成長率に等しい。
3. 資本成長率が自然成長率に等しく，かつ利子率がこれに等しい。
4. 資本成長率が自然成長率に等しく，かつ利潤の上昇率がこれに等しい。
5. 資本成長率が自然成長率に等しく，かつ資本装備率が貯蓄性向に等しい。

解説　新古典派モデルにおいては，定常解 $\bar{k}$ の値は貯蓄率 s の水準に依存する。たとえば，貯蓄率 s が高まると，**図21-2**では直線 $y = g(k)$ の傾きが緩やかになり $\bar{k}$ の位置も右に動く。ここで，定常解における1人当たりの消費量 $\bar{c} = \frac{C}{L}$ を見よう。財市場の支出面である $Y = C + I$ の両辺を L で割って，

$$(21.22) \quad \frac{Y}{L} = \frac{C}{L} + \frac{I}{L}$$

とする。(21.22)式の右辺の第2項は

$$(21.23) \quad \frac{I}{L} = \frac{\Delta K + \delta K}{L} = \frac{\Delta K}{K} \cdot \frac{K}{L} + \delta \frac{K}{L} = \left(\frac{\Delta K}{K} + \delta\right)\bar{k}$$

と変形できる。さらに，定常状態では資本と労働が同じスピードで成長するので $\frac{\Delta K}{K} = n$，かつ，$\frac{Y}{L} = f(\bar{k})$ であることに注意すると，(21.22)式，(21.23)式から

図21-3　1人当たり消費量の最大化

$$(21.24) \quad f(\bar{k}) = \bar{c} + (n+\delta)\bar{k} \quad \text{すなわち} \quad \bar{c} = f(\bar{k}) - (n+\delta)\bar{k}$$

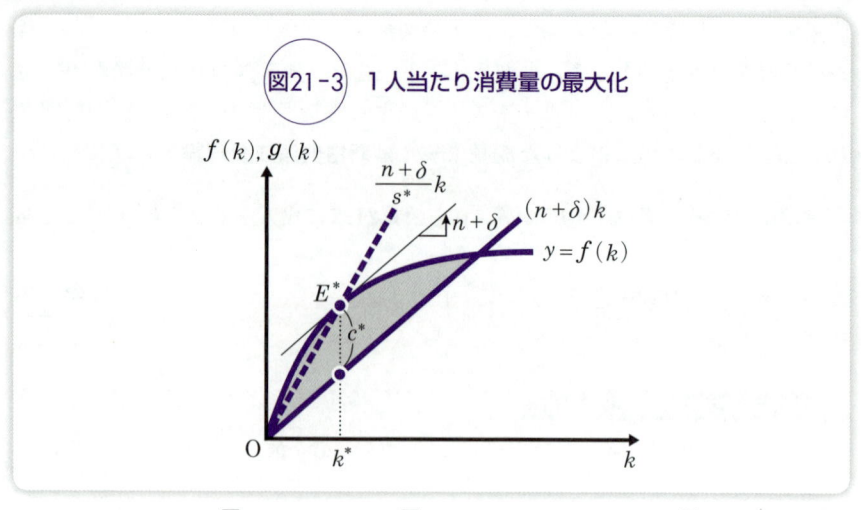

が得られる。

　貯蓄率sを決めると定常解$\bar{k}$が決まり，1人当たりの消費量も(21.24)の第2式によって定まる。$\bar{c}$を最大とするようなsおよび$\bar{k}$を選ぶには，**図21-3**のk^*のように$f(k)$と$(n+\delta)k$の垂直距離が最大となる点，いい換えると$f(k)$の接線の傾きが$n+\delta$と等しい点E^*で定常解が決まればよい。そのためには，点E^*で直線$y = \dfrac{n+\delta}{s}k$，$y = f(k)$が交わるように貯蓄率s^*を選べばよいのである。

　生産関数は一次同次であるので，

$$(21.25) \quad Lf\left(\frac{K}{L}\right) = F(K, L)$$

となることがわかる。両辺をKで偏微分すると

$$(21.26) \quad f'(k) = F_K(K, L)$$

が成り立つ。つまり，$y = f(k)$の傾きは生産関数$F(K, L)$における資本の限界生産物に等しい。ゆえに

公式 21.3　　$MP_k = n + \delta$　　あるいは　　$\delta = 0$　なら　$MP_k = n$

が定常解における1人当たりの消費を最大にする条件である。または，(21.26)式を使って，

公式21.3′ $f'(k)=n+\delta$ あるいは $\delta=0$ なら $f'(k)=n$

と表すこともできる[4]。この条件は**資本蓄積の黄金律**とも呼ばれる。またこの結果は，**新古典派定理**と呼ばれている。

　例題に戻ろう。成長モデルの背景にある経済が完全競争的であると想定すると，**公式4.1**より，資本の限界生産物MP_Kは，実質利子率rに等しい。ゆえに，**公式21.3**より，$MP_K = r = n + \delta$である。例題では$\delta=0$なので，**3**にあるように，利子率と自然成長率nの均等が正答となる。

正答　3

例題21.2-3　研究開発部門

　ある経済には財を生産する製造部門と知識を生産する研究開発部門があり，次のモデルで示されている。知識ストックEと労働力Lの積ELを効率労働とし，効率労働1単位当たりの資本ストックをk（>0）とする。この経済は，現在，kが一定の水準で変わらない定常状態にあるものとする。

$Y = F[K, (1-u)EL]$
$Y = C + I$
$C = (1-s)Y$
$\Delta L = nL$
$\Delta E = u^2 E$
$\Delta K = sY - \delta K$

Y：財の生産量，$F[K,(1-u)EL]$：財の生産関数（一次同次，$\dfrac{\partial F[K,(1-u)EL]}{\partial K}>0$, $\dfrac{\partial F[K,(1-u)EL]}{\partial [(1-u)EL]}>0$），$K$：資本量ストック，$u$：労働力のうち研究開発部門に所属する者の割合，$C$：消費，$I$：投資，$s$：貯蓄率，$\Delta L$：労働の増分，$\Delta E$：知識ストックの増分，$\Delta K$：資本ストックの増分，$\delta$：減価償却率

　ここで，労働力のうち研究開発部門に所属する者の割合を高めたとき，定常状態における，効率労働1単位当たりの資本ストックと，効率労働1単位当たりの貯蓄の変化に関する記述として妥当なのはどれか。（国家総合職）

1　効率労働1単位当たりの資本ストック，効率労働1単位当たりの貯蓄ともに増加する。

2　効率労働1単位当たりの資本ストックは増加し，効率労働1単位当たりの貯蓄は変わらない。

3　効率労働1単位当たりの資本ストックは減少し，効率労働1単位当たりの

---

[4] または，以下のように考えてもよい。(21.24)の第2式より，定常状態における1人当たりの消費cは，$\bar{c}=f(\bar{k})-(n+\delta)\bar{k}$である。これを$\bar{k}$について最大化すると，$\dfrac{\partial c}{\partial k}=f'(\bar{k})-(n+\delta)=0$であり，**公式21.3′**を得る。

> 貯蓄は変わらない。
> 4 効率労働1単位当たりの資本ストックは変わらず，効率労働1単位当たりの貯蓄は増加する。
> 5 効率労働1単位当たりの資本ストック，効率労働1単位当たりの貯蓄ともに減少する。

解説 効率労働1単位当たりの生産量と資本ストックは，それぞれ，$\tilde{y} = \dfrac{Y}{EL}$，$\tilde{k} = \dfrac{K}{EL}$ であり，問題文第1式で与えられた生産関数は一次同次であるので，

$$(21.27) \quad \tilde{y} = \frac{Y}{EL} = F\left(\frac{K}{EL}, 1-u\right) = f(\tilde{k}, 1-u)$$

と書き換えることができる。問題文第6式より，資本の成長率は，

$$(21.28) \quad \frac{\Delta K}{K} = s\frac{Y}{K} - \delta = s\frac{Y/EL}{K/EL} - \delta = s\frac{f(\tilde{k}, 1-u)}{\tilde{k}} - \delta$$

である。**公式15.5**ならびに問題文第4式，第5式より，効率労働の成長率は

$$(21.29) \quad \frac{\Delta(EL)}{EL} = \frac{\Delta E}{E} + \frac{\Delta L}{L} = u^2 + n$$

である。よって，斉一成長経路を表す**公式21.2**は，

$$(21.30) \quad sf(\tilde{k}, 1-u) = (\delta + u^2 + n)\tilde{k}$$

と書き換えられ，図21-2は図21-4に置き換えられる。ただし，効率労働1

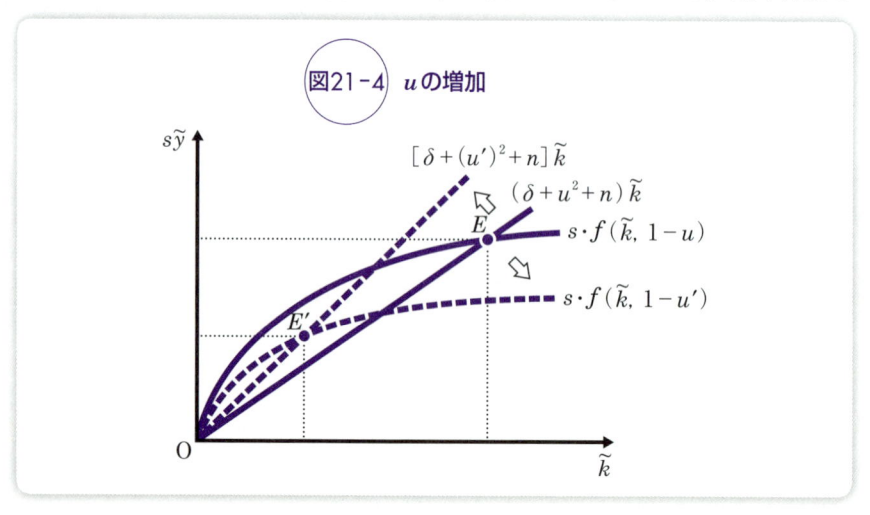

図21-4 uの増加

単位当たりの貯蓄 $\dfrac{sY}{EL} = s\tilde{y}$ を見るため，縦軸は $s\tilde{y}$ となっていることに注意されたい。

図21-4において，定常解 E は安定である。ここで，研究開発部門に従事する者の割合が u から u' に増加したとしよう。$(1-u)EL$ が減少するので，$\dfrac{\partial F[K,(1-u)EL]}{\partial [(1-u)EL]} > 0$ より，曲線 $sf(k, 1-u)$ は下にシフトする。一方，直線 $(\delta + u^2 + n)\tilde{k}$ は上にシフトする。よって，新しい均衡点は E' となり，効率労働1単位当たりの資本ストック，効率労働1単位当たりの貯蓄ともに減少することがわかる[5]。

正答　5

例題21.2-4　成長会計

ある経済において，生産関数が次のように表されるとする。

$$Y = AK^{0.5}N^{0.5} \qquad \begin{bmatrix} Y：生産量，A：全要素生産性（TFP）\\ K：資本ストック，N：労働投入量 \end{bmatrix}$$

この経済における経済成長に関する次の記述のうち，妥当なのはどれか。（国家総合職）

1　資本装備率が1％上昇すると，1人当たり生産量も1％上昇する。
2　$A = 1$（一定），貯蓄率 $= 0.2$，労働投入量成長率 $= 2$ ％であるならば，新古典派成長理論における均衡成長経路での資本装備率は，5 となる。
3　全要素生産性の上昇率が6％，労働投入量の増加率が4％，資本ストックの成長率が2％であるならば，資本係数は一定に保たれる。
4　全要素生産性が1％上昇すると，生産量は1％，1人当たり生産量は0.5％それぞれ上昇する。
5　全要素生産性および資本ストックがともに2％上昇する一方，労働投入量が2％減少した場合，1人当たり生産量は4％上昇する。

解説　時間を t で表すと $\dot{z} = \dfrac{dz}{dt}$ であることに注意して，$z = x^a$ の成長率 $\dfrac{\dot{z}}{z}$ を求めてみよう。合成関数の微分を用いて

---

[5] この例題では，研究開発部門に従事する労働者が増加すると，例題第5式から知識ストック E が増加するため，効率労働当たりの国民所得 $\tilde{y} = \dfrac{Y}{EL}$ が減少するが，労働者1人当たりの国民所得 $y = \dfrac{Y}{L}$ は減少するとは限らないことに注意されたい。

$$(21.31) \quad \frac{dz}{dt} = \frac{dz}{dx} \cdot \frac{dx}{dt} = \alpha x^{\alpha-1} \cdot \dot{x}$$

となるので，(21.31) 式の両辺を z で割って

公式 21.4
$$\frac{(\dot{x}^\alpha)}{x^\alpha} = \alpha \frac{\dot{x}}{x}$$

となる。$Y = AK^\alpha N^\beta$，$\alpha + \beta = 1$ はコブ＝ダグラス型生産関数である。コブ＝ダグラス型生産関数と**公式15.5**から $\frac{\Delta Y}{Y} = \frac{\Delta A}{A} + \frac{\Delta(K^\alpha)}{K^\alpha} + \frac{\Delta(L^\beta)}{L^\beta}$ なので，**公式21.4**を利用すると

公式 21.5
$$\frac{\dot{Y}}{Y} = \frac{\dot{A}}{A} + \alpha \frac{\dot{K}}{K} + \beta \frac{\dot{N}}{N}$$

の関係が成り立つ。変化率で書くと，以下となる[6]。

公式 21.5′
$$\frac{\Delta Y}{Y} = \frac{\Delta A}{A} + \alpha \frac{\Delta K}{K} + \beta \frac{\Delta N}{N}$$

以下，順に選択肢を検討していく。**1**について。資本装備率 k は $k = \frac{K}{L}$，1人当たり生産性 y は $y = \frac{K}{L}$ である。**公式15.6**より，$\frac{\Delta k}{k} = \frac{\Delta K}{K} - \frac{\Delta N}{N}$，$\frac{\Delta y}{y} = \frac{\Delta Y}{Y} - \frac{\Delta N}{N}$ であるので，**公式21.5′**の両辺から $\frac{\Delta N}{N}$ を引き，$\alpha = 1 - \beta$ を代入すると，1人当たりの国民所得と資本装備率について，

公式 21.6
$$\frac{\Delta y}{y} = \frac{\Delta A}{A} + \alpha \frac{\Delta k}{k}$$

が成り立つ。**公式21.6**に $\alpha = 0.5$ を代入すると，資本装備率 k が1％増加すると，

---

[6] **公式21.5′**は，以下のように簡単に導くこともできる。コブ＝ダグラス生産関数の両辺を対数にすると，$\log Y = \log A + \alpha \log K + \beta \log L$ である。この式を Y，A，K，L について全微分すると，$\frac{dY}{Y} = \frac{dA}{A} + \alpha \frac{dK}{K} + \beta \frac{dL}{L}$ である。この式の表記を $\frac{dX}{X}$ から $\frac{\Delta X}{X}$ に置き換えると，**公式21.5′**を得る。

1人当たり生産性yは0.5％上昇することがわかる（**1**は誤り）。

2について。**公式21.2**に$s=0.2$, $f(k)=k^{0.5}$, $\delta=0$, $n=0.02$を代入すると, $\dfrac{0.2k^{0.5}}{k}=0.02$である。よって, 資本装備率$k$は$k=100$である（**2**は誤り）。

3について。コブ＝ダグラス型生産関数において, Aは**全要素生産性**と呼ばれる。資本係数vは$v=\dfrac{K}{Y}$であるので, **公式15.6**より

(21.32) $\quad \dfrac{\Delta v}{v}=\dfrac{\Delta K}{K}-\dfrac{\Delta Y}{Y}$

である。(21.32)式と**公式21.5′**, $\alpha=\beta=0.5$から,

(21.33) $\quad \dfrac{\Delta v}{v}=\dfrac{\Delta K}{K}-\left(\dfrac{\Delta A}{A}+0.5\dfrac{\Delta K}{K}+0.5\dfrac{\Delta N}{N}\right)=-\dfrac{\Delta A}{A}+0.5\left(\dfrac{\Delta K}{K}-\dfrac{\Delta N}{N}\right)$

である。(21.33)式に$\dfrac{\Delta A}{A}=0.06$, $\dfrac{\Delta N}{N}=0.04$, $\dfrac{\Delta K}{K}=0.02$を代入すると, $\dfrac{\Delta v}{v}=-0.07$であり, 資本係数は7％減少する（**3**は誤り）。

4について。**公式21.5′**より, Aが1％増加すると, 生産量Yは1％増加する。また, **公式21.6**より, 1人当たり生産性yも1％増加する（**4**は誤り）。

5について。$\dfrac{\Delta k}{k}=\dfrac{\Delta K}{K}-\dfrac{\Delta N}{N}$を考慮すると, $\dfrac{\Delta K}{K}=0.02$, $\dfrac{\Delta N}{N}=-0.02$より, $\dfrac{\Delta k}{k}=0.04$である。**公式21.6**に, これと$\dfrac{\Delta A}{A}=0.02$, $\alpha=0.5$を代入すると, $\dfrac{\Delta y}{y}=0.04$, つまり1人当たり生産量は4％上昇する（**5**が正答）。

正答　5

練 習 問 題

【No. 1】 技術進歩のない新古典派成長モデルが, 次のように与えられている。

$Y_t=0.7K_t^{\frac{1}{2}}L_t^{\frac{1}{2}}$
$K_{t+1}=0.95K_t+I_t$
$L_{t+1}=1.02L_t$

$\left[\begin{array}{l} Y_t:t\text{期の国民所得} \\ K_t:t\text{期の資本量} \\ L_t:t\text{期の労働量} \\ I_t:t\text{期の投資} \end{array}\right]$

このとき, 貯蓄率$\dfrac{S_t}{Y_t}$がすべての期間で一定であり, 0.2であるとすると, 資本・労働比率$\dfrac{K_t}{L_t}$は, 次のどの値に収束するか。（国家総合職）

1 2.0　　**2** 2.4　　**3** 3.0　　**4** 3.6　　**5** 4.0

解説　$s=0.2$, $f(k_t)=0.7k_t^{\frac{1}{2}}$, $\delta=0.05$, $n=0.02$を**公式21.2**に代入すると，$0.7k_t^{\frac{1}{2}}=\dfrac{(0.02+0.05)}{0.2}k_t$

であるので，$k_t=4$を得る（正答は**5**である）。

【No.2】　生産関数を$Y_t=F(K_t,A_tL_t)$とする。ここで，Y_t，K_t，A_t，L_tはそれぞれt期のGDP，資本ストック，労働の効率性，労働量を表す。関数Fは規模に関して収穫一定とし，効率単位で測られた労働1単位当たりの生産関数を$f(k_t)$とする。労働の効率性と労働量のそれぞれの成長率は各期一定であり，$A_{t+1}=gA_t$，$L_{t+1}=nL_t$と示される。減価償却率および貯蓄率は各期一定で，それぞれδ，sで示す。また，各期の貯蓄はすべて投資に回されるものとする。

このとき，$t+1$期の効率単位で測られた労働1単位当たりの資本ストックk_{t+1}を，t期の効率単位で測られた労働1単位当たりの資本ストックk_tの関数として表したものとして妥当なのはどれか。（国家総合職）

1　$k_{t+1}=(1-\delta)k_t+sf(k_t)$

2　$k_{t+1}=gn(1-\delta)k_t+gnsf(k_t)$

3　$k_{t+1}=\dfrac{1-\delta}{gn}k_t+\dfrac{s}{gn}f(k_t)$

4　$k_{t+1}=\dfrac{s}{gn}f(k_t)-\delta k_t$

5　$k_{t+1}=gnsf(k_t)+gsk_t-\delta k_t$

解説　$t+1$期の資本ストックは$K_{t+1}=(1-\delta)K_t+I_t$である。財市場の均衡式ならびに貯蓄関数より$I_t=S_t=sY_t$であるので，結局，$K_{t+1}=(1-\delta)K_t+sY_t$である。効率労働$A_tL_t$で両辺を割ると，

$\dfrac{K_{t+1}}{A_tL_t}=(1-\delta)\dfrac{K_t}{A_tL_t}+s\dfrac{Y_t}{A_tL_t}=(1-\delta)k_t+sf(k_t)$　………①

である。$\dfrac{K_{t+1}}{A_{t+1}L_{t+1}}=k_{t+1}$，$A_{t+1}=gA_t$，$L_{t+1}=nL_t$より，①式の左辺は$\dfrac{K_{t+1}}{A_tL_t}=\dfrac{K_{t+1}}{A_{t+1}L_{t+1}}\cdot\dfrac{A_{t+1}L_{t+1}}{A_tL_t}=k_{t+1}gn$となる。よって，①式は

$gnk_{t+1}=(1-\delta)k_t+sf(k_t)$　………②

となる。②式の両辺をgnで割ると，$k_{t+1}=\dfrac{1-\delta}{gn}k_t+\dfrac{s}{gn}f(k_t)$である（正答は**3**である）。

【No.3】　新古典派成長理論に関するア〜エの記述のうち，妥当なもののみすべてを挙げているのはどれか。

なお，生産関数は一次同次のコブ＝ダグラス型とする。（国家総合職）

　ア．貯蓄性向の上昇は，定常状態の1人当たり資本ストックを必ず高める。

　イ．人口成長率の上昇は，定常状態の1人当たり資本ストックを必ず低める。

　ウ．全要素生産性の上昇は，定常状態の1人当たり資本ストックを必ず低める。

　エ．1人当たり資本ストックに関する定常状態のうち，正の領域にあるものは安定的で

ある。

1 ア   2 イ，ウ   3 ア，イ，エ
4 イ，ウ，エ   5 ア，イ，ウ，エ

解説 コブ=ダグラス型生産関数を $Y = AK^\alpha L^{1-\alpha}$ とすると，$y = Ak^\alpha$ である。新古典派成長モデルにおける定常状態は，図21-2であった。貯蓄率 s の上昇は，$y = g(k)$ の傾きを低下させ，点 E が右方に移動するので，1人当たり資本ストック k が増加する（アは正しい）。人口成長率 n の上昇は，$y = g(k)$ の傾きを高め，点 E が左方に移動するので，1人当たり資本ストック k が減少する（イは正しい）。全要素生産性が上昇すると，$y = f(k)$ が上にシフトする。よって，点 E が右方に移動するので，1人当たり資本ストック k が増加する（ウは誤りである）。例題21.2-1の解説より，定常状態は安定的である（エは正しい）。よって，正答は **3** である。

【No.4】 Y：産出量，K：資本，L：労働とし，生産関数が $Y = e^{\lambda t} K^\alpha L^\beta$ で示されるものとする。e：自然対数の底，t：時間，α および β はプラスの定数である。今，生産関数が生産規模に対して収穫不変の下にあり，$\alpha = 0.4$ でかつ $\lambda = 6\%$ とする。このとき，もし資本係数が一定かつ雇用増加率が1％ならば，資本蓄積率はいかなる大きさでなければならないか。（国家総合職）

1 9％   2 10％   3 11％   4 14％   5 16％

解説 規模に関して収穫不変なので
$$\alpha + \beta = 1 \quad \cdots\cdots\cdots ①$$
でなければならない。$\dfrac{de^{\lambda t}}{dt} = \lambda e^{\lambda t}$ なので，技術進歩率は λ である。**公式21.5** より
$$\frac{\dot{Y}}{Y} = \lambda + \frac{\alpha \dot{K}}{K} + \frac{\beta \dot{L}}{L} \quad \cdots\cdots\cdots ②$$
となる。資本係数 $\dfrac{K}{Y}$ が一定なので
$$\frac{\dot{K}}{K} = \frac{\dot{Y}}{Y} \quad \cdots\cdots\cdots ③$$
でなければならない。①式～③式より
$$\frac{\dot{K}}{K} = \frac{\lambda}{1-\alpha} + \frac{\dot{L}}{L} \quad \cdots\cdots\cdots ④$$
となる。④式に $\lambda = 0.06$，$\alpha = 0.4$，$\dfrac{\dot{L}}{L} = 0.01$ を代入すると，$\dfrac{\dot{K}}{K} = 0.11$ を得る。よって，正答は **3** である。

【No.5】 ある国のマクロ生産関数が
$$Y = AK^\alpha L^{1-\alpha}$$
〔Y：名目GDP，K：資本ストック，L：年間総労働時間〕
で表され，この国の賃金率は労働の限界生産力に等しく決定されるとする。ある年の名目GDPは1億ドル，労働1時間当たりの賃金は100ドル，総労働時間は75万時間であった。また，この国の資本は年率2.5％で償却され，総労働時間は年率2％で増加する。技術進歩がないものとすれば，この国において1人当たりの消費が最大となる定常状態を実現するために必要な貯蓄率とそのときの資本係数の値の組合せとして妥当なのはどれか。（国家総合職）

	貯蓄率	資本係数
1	0.75	$\dfrac{50}{9}$
2	0.75	$\dfrac{9}{50}$
3	0.25	$\dfrac{50}{9}$
4	0.25	$\dfrac{9}{50}$
5	0.025	$\dfrac{50}{9}$

解説 労働1時間当たりの国民所得をy,労働1時間当たりの資本装備率をkとすると,生産関数より,$y = Ak^\alpha$である。定常状態は**公式21.2**により与えられるので,

$$s \cdot Ak^\alpha = (0.02 + 0.025)k = 0.045k \quad \cdots\cdots\cdots ①$$

である。また,資本蓄積の黄金律は公式**21.3**′より,$\alpha Ak^{\alpha-1} = 0.02 + 0.025 = 0.045$であるので,①式より,

$$s = \alpha \quad \cdots\cdots\cdots ②$$

を得る。ここで,資本分配率αを求める必要がある。賃金率wは労働の限界生産物に等しいので,

$$w = (1-\alpha)AK^\alpha L^{-\alpha} = (1-\alpha)Ak^\alpha = (1-\alpha)y \quad \cdots\cdots\cdots ③$$

である。問題文より,$y = \dfrac{1億}{75万} = \dfrac{400}{3}$である。これと$w = 100$を③式に代入すると,$\alpha = 0.25$である。

よって,②式より,$s = 0.25$である。資本係数は,$v = \dfrac{K}{Y} = \dfrac{k}{y} = \dfrac{1}{Ak^{\alpha-1}}$である。①式と$\alpha = 0.25$を代入すると,$v = \dfrac{0.25}{0.045} = \dfrac{50}{9}$である。以上より,正答は**3**である。

正答 【No.1】5　【No.2】3　【No.3】3　【No.4】3　【No.5】3

21.3　その他の成長理論

例題21.3-1　中立的技術進歩の分類

技術進歩の中立性に関する記述として,正しいものは次のうちどれか。（国家総合職）

1　利子率が一定の場合に,労働・産出量比率に変化を与えないような技術進

歩は，ソロー中立的な技術進歩である。
2　資本・労働比率が一定の場合に，資本と労働との間の限界代替率に変化を与えないような技術進歩は，ハロッド中立的な技術進歩である。
3　利子率が一定の場合に，資本・産出量比率に変化を与えないような技術進歩は，ヒックス中立的な技術進歩である。
4　資本・労働比率が一定の場合に，資本・産出量比率に変化を与えないような技術進歩は，ハロッド中立的な技術進歩である。
5　賃金率が一定の場合に，労働・産出量比率に変化を与えないような技術進歩は，ソロー中立的な技術進歩である。

解説　技術進歩があると，生産関数自体が上方にシフトする。それを一般的に議論することは困難なので，通常は技術進歩の型を，**ハロッド中立的な技術進歩**，**ソロー中立的な技術進歩**，**ヒックス中立的な技術進歩**の3つに特定化して考える。

この例題は，以上3つの技術進歩の名称を知っているだけでは答えることが困難であるので，まず規模に関して収穫一定な生産関数の下における利潤最大化を考察する。資本K, 労働Lを用いてYを産出する規模に関して収穫一定な生産関数を$Y = F(K, L)$とし，背後に完全競争市場で利潤を最大化する企業がいるとする。利潤をπ, 物価水準をP, 資本の名目レンタル料をR, 名目賃金率をWとすると，

(21.34)　　$\pi = PF(K, L) - (RK + WL)$

であり，これが最大化されているとすると，1階の条件から

(21.35)　　$r = F_K(K, L), \qquad w = F_L(K, L)$

が成り立つ。$r = \dfrac{R}{P}$は実質レンタル料，$w = \dfrac{W}{P}$は実質賃金率である。したがって，(21.35)式は実質生産要素価格が限界生産物に等しいことを意味する。

次に，生産関数が一次同次であるので，(21.25)式ならびに(21.26)式が成立することに注意せよ。また(21.25)式の両辺をLで偏微分すると

(21.36)　　$f(k) - kf'(k) = F_L(K, L)$

となる。結局，利潤最大化の条件(21.35)式は，(21.26)式と(21.36)式より

公式 21.7　　$r = f'(k), \qquad w = f(k) - kf'(k)$

と表すことができる。

図21-5 賃金率と利子率

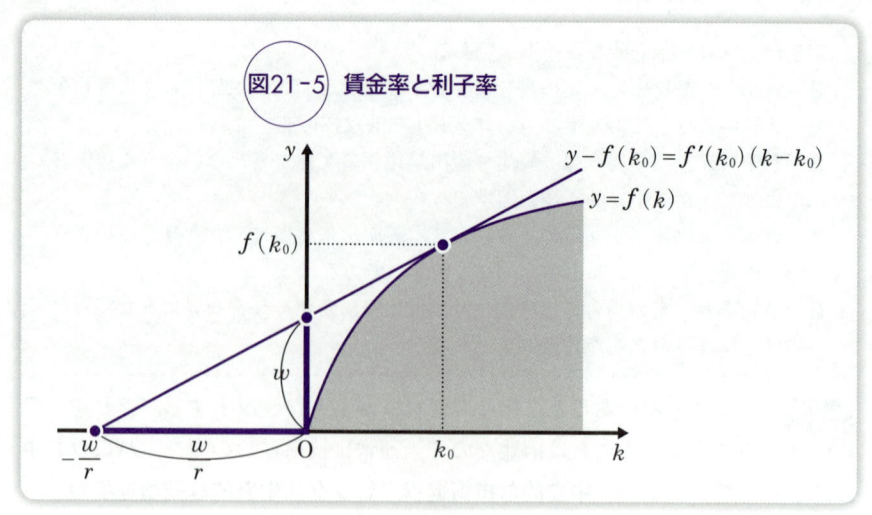

次に，図を用いて，実質生産要素価格 w と r を表してみよう。**図21-5**で $y = f(k)$ 上の点 $(k_0, f(k_0))$ における接線を考える。接線の方程式は

(21.37) $\quad y = f'(k_0)(k - k_0) + f(k_0)$

である。(21.37)式で $k = 0$ とすると

(21.38) $\quad y = f(k_0) - k_0 f'(k_0)$

となる。**公式21.7**の第2式より，(21.38)式は w に等しい。また，(21.37)式で $y = 0$ と置くと

(21.39) $\quad k = \dfrac{k_0 f'(k_0) - f(k_0)}{f'(k_0)}$

となる。**公式21.7**より，(21.39)式の右辺は $-\dfrac{w}{r}$ である。このようにして $\dfrac{w}{r}$ の値が**図21-5**に示される。

以上を踏まえて，まず，**ハロッド中立的な技術進歩**を考えよう。これは生産関数が

(21.40) $\quad Y = F(K, A(t)L)$

の形で表される場合である。$A(t)$ は時間とともに増加する。これは**労働節約的な技術進歩**である。例題21.1-1のハロッド=ドーマー・モデルにおける技術進歩がこの型であったことを思い出してほしい。$\hat{L} = A(t)L$ と置いて，$\hat{y} = \dfrac{Y}{\hat{L}}$，$\hat{k} = \dfrac{K}{\hat{L}}$ とすると

(21.41) $\quad Y = F(K, \hat{L}), \qquad \hat{y} = f(\hat{k})$

を考えることができる。これを生産関数として，**公式21.7**を当てはめると

(21.42)　　　$r = f'(\hat{k})$

を得る。(21.42)式より，実質レンタル・プライスすなわち資本の利子率rを決めると$\hat{k}$が，そして(21.41)の第2式から$\hat{y}$が決まる。$\dfrac{\hat{k}}{\hat{y}} = \dfrac{K/\hat{L}}{Y/\hat{L}} = \dfrac{K}{Y}$なので，資本・産出量比率$\dfrac{K}{Y}$が決まる。つまり，$r$が一定ならば，$\dfrac{K}{Y}$も一定である。

このことから，『(実質)利子率が一定であれば，資本・産出量比率$\dfrac{K}{Y}$および利潤分配率$\dfrac{rK}{Y} = \dfrac{RK}{PY}$が一定』となる。**3**は，ヒックス中立的ではなく，ハロッド中立的な場合のことなので誤りである。

次に，**ソロー中立的な技術進歩**とは，生産関数が

(21.43)　　　$Y = F(A(t)K, L)$

と表される場合である。これは**資本節約的な技術進歩**である。上のハロッド中立的な技術進歩についての議論は，KとL，rとwをそれぞれ入れ替えても成立することは明らかである。この場合，ハロッド中立的な場合とは対照的に，『(実質)賃金率wが一定ならば，労働・産出量比率$\dfrac{L}{Y}$および，賃金配分率$\dfrac{wL}{Y}$が一定となる』。よって，**1**は誤り，**5**は正しい。

最後に**ヒックス中立的な技術進歩**とは，生産関数が

(21.44)　　　$Y = F(A(t)K, A(t)L)$　　すなわち　　$Y = A(t)F(K, L)$

で与えられる場合である。(21.44)の第1式から第2式を導くには，規模に関する収穫一定性を用いる。この場合は，$\hat{Y} = \dfrac{Y}{A(t)}$と置いて，$\hat{Y} = F(K, L)$に**公式21.7**を当てはめることができる。そして，**図21-5**を$\hat{y} = f(k)$を表すものと解釈し直し，**図21-5**の点$\left(-\dfrac{w}{r}, 0\right)$から接線を引くと$k_0$が一意的に決まる。すなわち『要素価格比$\dfrac{w}{r}$が一定なら，資本・労働比率$k$，および資本・労働分配率$\dfrac{rK}{wL}$も一定である』。また$w = F_L$，$r = F_K$であること，そして$\dfrac{F_L}{F_K}$が限界代替率であることに注意して，『資本・労働比率kが一定なら，限界代替率は

417

一定である』こともいえる。よって、**2**はハロッド中立的ではなく、ヒックス中立的な場合のことなので誤り。**4**もまた誤りである。　　　　　**正答　5**

例題21.3-2　長期的資本労働比率

経済成長モデルが次のように示されている。

$$Y_t = \min\left[\frac{2}{3}K_t, \frac{1}{2}L_t\right]$$

$$Y_t = C_t + I_t$$
$$C_t = 0.7Y_t$$
$$K_{t+1} = K_t + I_t$$
$$L_{t+1} = 1.05L_t$$

[Y_t：t期の生産量，K_t：t期の資本量
L_t：t期の労働量，C_t：t期の消費
I_t：t期の投資]

このとき、次の文章（　1　），（　2　），（　3　）に入るものの組合せとして正しいのはどれか。

保証成長率と自然成長率はそれぞれ（　1　），（　2　）であり，資本・労働比率 $\dfrac{K_t}{L_t}$ は時間とともに（　3　）に収束する。（国家総合職）

	（1）	（2）	（3）
1	0.05	0.2	0.75
2	0.05	0.2	3
3	0.15	0.05	0.75
4	0.2	0.05	0.75
5	0.2	0.05	3

解説　資本労働比率（資本装備率）は $k_t = \dfrac{K_t}{L_t}$ であるので、**公式15.6**より、

$$(21.45) \quad \frac{\Delta k_t}{k_t} = \frac{\Delta K_t}{K_t} - \frac{\Delta L_t}{L_t}$$

である。レオンチェフ型生産関数を $Y_t = \min\left[\dfrac{K_t}{v}, \dfrac{L_t}{\mu}\right]$ とする。レオンチェフ型生産関数は一次同次であるので、生産関数の両辺を L_t で割ると、$y_t = \dfrac{Y_t}{L_t} = \min\left[\dfrac{k_t}{v}, \dfrac{1}{\mu}\right]$ である。財市場の均衡式 $I_t = S_t$，貯蓄関数 $S_t = sY_t$，資本の蓄積(21.1)式より、資本ストックの成長率は

$$(21.46) \quad \frac{\Delta K_t}{K_t} = s \frac{Y_t}{K_t} - \delta = s \cdot \min\left[\frac{k_t}{v}, \frac{1}{\mu}\right] - \delta$$

である（sは平均貯蓄性向，δは資本減耗率である）。また，人口成長率nは，$n = \frac{\Delta L_t}{L_t}$である。これと(21.46)式を(21.45)式に代入すると，以下の資本・労働比率の推移式を得る。

$$(21.47) \quad \Delta k_t = s \cdot \min\left[\frac{k_t}{v}, \frac{1}{\mu}\right] - (n + \delta) k_t$$

問題文で与えられた数字，$s = 0.3$，$v = \frac{3}{2}$，$\mu = 2$，$\delta = 0$，$n = 0.05$ を(21.47)式に代入すると，$\Delta k_t = \min\left[\frac{k_t}{5}, \frac{3}{20}\right] - 0.05 k_t$ である。ここで，

$$(21.48) \quad f(k_t) = \min\left[\frac{1}{5}k_t, \frac{3}{20}\right], \quad g(k_t) = 0.05 k_t$$

とすると，**図21-6**が描ける。$f(k_t) = g(k_t)$が成立する点Eの左方において$f(k_t) > g(k_t)$であるので，$\Delta k_t > 0$となり，k_tは増加する。一方，点Eの右方では$f(k_t) < g(k_t)$であるので，$\Delta k_t < 0$となり，k_tは減少する。よって，$\Delta k_t = 0$となる点Eは安定であり，(21.45)式より資本と労働が同じスピードで成長する。例題21.2-1の新古典派成長モデルと同様に，この例題の数値例においては，均衡成長経路は安定である（**図21-2**を参照せよ）。例題21.1-1の

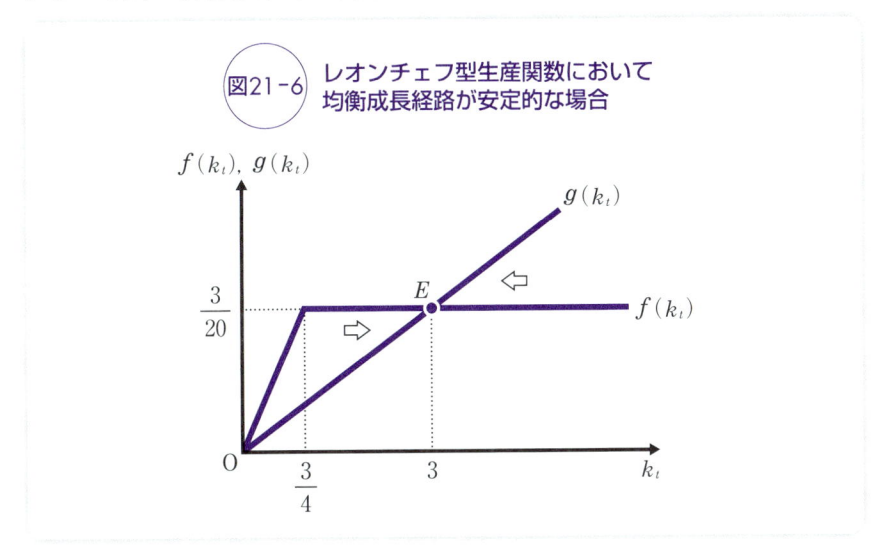

図21-6 レオンチェフ型生産関数において均衡成長経路が安定的な場合

解説（脚注1）で述べたように，生産関数がレオンチェフ型で投入係数が固定されていても，均衡はいつでも不安定になるわけではないことに注意されたい。

例題に戻ろう。長期的に資本労働比率は点Eに収束するので，(21.48)式より$f(k_t) = \dfrac{3}{20}$，$f(k_t) = g(k_t)$より$k_t = 3$である。例題21.1-1の(21.5)式に$s = 0.3$，$v = \dfrac{3}{2}$，$\delta = 0$を代入すると，保証成長率は$G_w = 0.2$である。(21.9)式に$n = 0.05$，$\lambda = 0$を代入すると，自然成長率は$G_n = 0.05$である。

正答　5

例題21.3-3　新ケインズ派モデル

技術進歩のない経済成長モデルにおいて，利潤率$\left(\dfrac{P}{K}\right) = 0.1$，資本産出比率$\left(\dfrac{K}{Y}\right) = 2$であり，また，利潤と賃金から貯蓄が行われており，利潤からの貯蓄率が50%，賃金からの貯蓄率が25%とするとき，持続的な完全雇用が達成されているとすれば，労働力の成長はいくらになるか。ただしPは利潤，Kは資本量，Lは労働力，Yは産出量であり，労働産出比率$\left(\dfrac{L}{Y}\right)$は一定であるとする。（国家総合職）

1　5%　　**2**　10%　　**3**　15%　　**4**　20%　　**5**　30%

解説　他の問題の解説と表記を統一するため，利潤をΠとする。ハロッド＝ドーマー・モデルにおいては，社会的な貯蓄率sが固定されていた。一方，**カルドア**，**パシネッティ**などによる**新ケインズ派成長モデル**では，社会的な貯蓄率が所得分配に依存する。彼らのモデルでは，国民所得Yは利潤所得Πと賃金所得Wとして分配され，それぞれの貯蓄率がs_1，s_2で固定されている。すると貯蓄Sは$S = s_1\Pi + s_2W$であり，平均的貯蓄率$s = \dfrac{S}{Y}$は

(21.49)　　$s = s_1\dfrac{\Pi}{Y} + s_2\dfrac{W}{Y}$

で定義される。なお，$Y = \Pi + W$から

(21.50)　　$\dfrac{\Pi}{Y} + \dfrac{W}{Y} = 1$

が常に成り立っている。

これ以後は，ハロッド＝ドーマー・モデルと同じである。減価償却率を0と仮定すると，**公式21.1**より，

(21.51) $\quad \dfrac{s}{v} = n + \lambda$

が均衡成長の条件となる。

さて，例題では$\dfrac{\Pi}{Y} = \dfrac{\Pi}{K} \cdot \dfrac{K}{Y} = 0.1 \times 2 = 0.2$なので，(21.50)式から，$\dfrac{W}{Y} = 0.8$となる。さらに，$s_1 = 0.5$，$s_2 = 0.25$を(21.49)式に代入すると$s = 0.5 \times 0.2 + 0.25 \times 0.8 = 0.3$である。$s = 0.3$，資本係数$v = \dfrac{K}{Y} = 2$から，$G_w = \dfrac{s}{v} = \dfrac{0.3}{2} = 0.15$となり，技術進歩率は0なので，完全雇用が維持される人口成長率は$n = 0.15$となる。

正答　3

例題21.3-4　内生的成長モデル

内生的成長の例として，以下のマクロ経済を考える。この経済では，総人口$L = 100$の一定割合がトウモロコシの栽培を行う。t期におけるトウモロコシの栽培量Y_tは，栽培に投入される労働量L_{yt}および害虫に強い品種の開発技術などに関する知識資本ストックの水準A_tに依存し，以下の生産関数によって表されるとする。

$Y_t = A_t L_{yt}$

t期から$t+1$期にかけての知識資本ストックの水準の変化は，研究開発活動に投入される労働力L_{at}および知識資本ストックの水準にA_tに依存し，以下の関係式に従っているとする。

$A_{t+1} - A_t = \Delta A_t = 0.005 A_t L_{at}$

総人口のうち，トウモロコシの栽培を行う労働力，研究開発に従事する労働力が，それぞれ96，4存在する。

この経済における1人当たりのトウモロコシ栽培量の成長率はいくらか。（国家総合職）

1　0%　　**2**　1%　　**3**　2%　　**4**　4%　　**5**　8%

解説　1980年代頃から**ローマー**らによって盛んに研究が行われるようになった**内生的経済成長モデル**の大きな特徴は，知識の外部性を重視し，また研究開発による内生的な技術進歩により，労働者1人当たりの資本の限界

生産性が逓減しないという点である。そのために，内生的経済成長モデルは，資本蓄積や知識の増加により経済が持続的成長を行うことが可能となる。一方，新古典派成長モデルでは，経済が**図21-2**の点Eに近づくにつれて，1人当たり資本ストック，1人当たり国民所得の成長率がゼロに向かっていく。

　例題において，研究開発に従事する労働者の割合をϕとすると，総人口は一定なので，

(21.52) 　　　$L_{at} = \phi L,\ L_{yt} = (1-\phi)L$

である。(21.52)式の第1式を問題文の知識資本ストックの蓄積式に代入すると，

(21.53) 　　　$\dfrac{\varDelta A_t}{A_t} = 0.005\,\phi L$

となる。問題文の生産関数に**公式15.5**を適用すると，

(21.54) 　　　$\dfrac{\varDelta Y_t}{Y_t} = \dfrac{\varDelta A_t}{A_t} + \dfrac{\varDelta L_{yt}}{L_{yt}}$

である。1人当たりのトウモロコシ栽培量y_tは$y_t = \dfrac{Y_t}{L}$であるので，**公式15.6**より$\dfrac{\varDelta y_t}{y_t} = \dfrac{\varDelta Y_t}{Y_t} - \dfrac{\varDelta L}{L}$である。人口は$L=100$で一定であり，$\phi$も一定なので，$\dfrac{\varDelta L}{L}=0$より$\dfrac{\varDelta y_t}{y_t} = \dfrac{\varDelta Y_t}{Y_t}$である。また，$\dfrac{\varDelta L_{yt}}{L_{yt}}=0$であることに注意すると，(21.53)式，(21.54)式より，1人当たりの成長率は以下である。

(21.55) 　　　$\dfrac{\varDelta y_t}{y_t} = \dfrac{\varDelta A}{A} = 0.005 \times 0.04 \times 100 = 0.02$

正答　3

練習問題

【No.1】 $Y=$所得，$K=$資本ストック，$L=$労働雇用量，$\lambda=$技術進歩を示すパラメーター，$F=$生産関数のとき，ハロッドの意味で中立的な技術進歩は，どのような形で示すのが適当か。ただし，tは時間であり，$\dfrac{d\lambda_t}{dt}>0$とする。（国家総合職）

1 　$Y_t = F_t(K_t,\ \lambda_t L_t)$
2 　$Y_t = F_t(\lambda_t K_t,\ L_t)$
3 　$Y_t = \lambda_t F(\lambda_t,\ K_t,\ L_t)$

4   $Y_t = \lambda_t F(K_t,\ \lambda_t L_t)$
5   $Y_t = \lambda_t F(K_t,\ L_t)$

解説   例題21.3-1の解説より，**1**が正答である。

【No.2】 ある経済が次のモデルで示されるとき，長期的な資本労働比率の値として正しいのはどれか。（国家総合職）

$$Y_t = \min\left[\frac{K_t}{3},\ L_t\right]$$

$Y_t = C_t + I_t$
$C_t = 0.9 Y_t$
$K_{t+1} = 0.99 K_t + I_t$
$L_{t+1} = 1.01 L_t$

$\begin{bmatrix} Y_t：t\text{期の生産量，}K_t：t\text{期の資本投入量,} \\ L_t：t\text{期の労働投入量，}C_t：t\text{期の消費,} \\ I_t：t\text{期の投資} \end{bmatrix}$

1   0.1   **2**   0.3   **3**   3   **4**   5   **5**   6

解説   (21.47) 式に，$s=0.1$，$v=3$，$\mu=1$，$\delta=0.01$，$n=0.01$を代入し，$f(k_t) = \min\left[\dfrac{k_t}{30},\ 0.1\right]$，$g(k_t) = 0.02 k_t$とすると，**図21-6**と同様の図が描ける。点Eにおけるk_tの値は$k_t = 5$である（**4**が正答）。

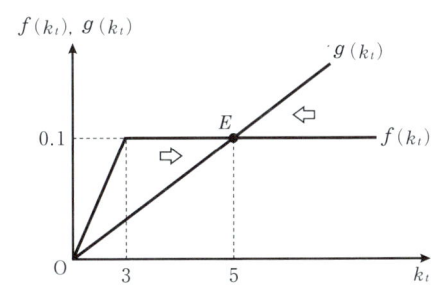

【No.3】 国民所得が分配面では利潤と賃金からなり，支出面では消費と投資からなる経済において，利潤からの貯蓄率が60％，賃金からの貯蓄率が10％，国民所得に対する投資支出の割合が30％であるとき，利潤分配率は何％になるか。（国家総合職）

1   20％   **2**   25％   **3**   30％   **4**   35％   **5**   40％

解説   新ケインズ派のモデルである。$s_1 = 0.6$，$s_2 = 0.1$である。$S = I$なので，投資支出が30％より，$s = \dfrac{S}{Y} = \dfrac{I}{Y} = 0.3$である。$\alpha = \dfrac{\Pi}{Y}$と置くと，(21.50) 式から$\dfrac{W}{Y} = 1 - \alpha$である。$S = s_1 \Pi + s_2 W$なので，$0.3 = 0.6\alpha + 0.1(1-\alpha)$となり，これを解いて$\alpha = 0.4$を得る。よって，正答は**5**である。

【No.4】 生産関数が，

$Y = AK$ ［Y：所得，A：定数，K：資本ストック］

と表されるある経済モデルがある。資本ストックKの増分は，国全体の貯蓄Sに等しいと仮

定し（$S = sY$〔S：貯蓄性向〕），人口の増加率をn（$n > 0$）とする。
　このとき，次の記述のうち妥当なのはどれか。（国家総合職）
1　所得の成長率は資本・労働比率の成長率よりも大きく，$As - n$で表される。
2　所得の成長率は資本・労働比率の成長率に等しく，Asで表される。
3　1人当たりの所得の成長率は資本・労働比率の成長率より小さく，Asで表される。
4　1人当たりの所得の成長率は資本・労働比率の成長率より大きく，$As - n$で表される。
5　1人当たりの所得の成長率は資本・労働比率の成長率に等しく，$As - n$で表される。

解説　Aは定数なので，生産関数を増加分に直すと，
$$\Delta Y = A \cdot \Delta K \quad \cdots\cdots\cdots\cdots ①$$
である。問題文より資本の増分は貯蓄に等しいので，$\Delta K = sY$となる。これらより，$\frac{\Delta Y}{Y} = As$であり，所得の成長率はAsである（1は誤り）。1人当たりの所得を$y = \frac{Y}{L}$とすると，**公式15.6**より

$$\frac{\Delta y}{y} = \frac{\Delta Y}{Y} - \frac{\Delta L}{L} = As - n \quad \cdots\cdots\cdots\cdots ②$$

である。さらに$\frac{\Delta Y}{Y}$に①式と生産関数を代入すると，

$$\frac{\Delta Y}{Y} = \frac{\Delta K}{K} \quad \cdots\cdots\cdots\cdots ③$$

である。資本・労働比率の成長率をkとすると，**公式15.6**より，$\frac{\Delta k}{k} = \frac{\Delta K}{K} - \frac{\Delta L}{L}$であるので，これに③式，②式の順で代入すると，$\frac{\Delta k}{k} = As - n$である（2は誤り）。②式より，1人当たり所得の成長率は資本・労働比率の成長に等しい（3，4は誤り，5が正答）。

| 正答 | 【No.1】1 | 【No.2】4 | 【No.3】5 | 【No.4】5 |

第22章

国際金融

International Finance

22.1 開放マクロにおける IS バランス

例題22.1-1　開放マクロにおける政府支出乗数

国民所得が民間消費，民間投資，政府支出，輸出，輸入（消費財および中間財）からなる小国開放マクロ経済を考える。この経済について，以下のア〜オの情報が得られているとき，政府支出乗数として正しいのはどれか。

なお，この国は物価水準が一定で固定相場制を採用しているものとする。（国家総合職）

ア．政府は比例所得税を導入しており，その税率は $t\ (0<t<1)$ である。
イ．可処分所得が限界的に 1 単位増加すると，民間消費は $c\ (0<c<1)$ 単位増加する。
ウ．民間投資，輸出は一定である。
エ．民間消費のうち $m_C\ (0<m_C<1)$ の割合が輸入消費財への支出である。
オ．国民所得のうち $m_R\ (0<m_R<1)$ の割合が輸入中間財への支出である。

1　$\dfrac{1}{1-c}$　　2　$\dfrac{1}{1-c(1-t)+m_R}$　　3　$\dfrac{1}{1-c(1-t)+m_C+m_R}$

4　$\dfrac{1}{1-c(1-t)(1-m_C)+m_R}$　　5　$\dfrac{1}{1-c(1-t)(1-m_R)+m_C}$

解説　国民所得を Y，消費を C，事前に計画された投資を I，政府支出を G，輸出を X，輸入を M とすると，財市場の均衡式は (16.3) 式で与えられ

た。ここで，もう一度 (16.3) 式を書くと，

(22.1)　　　$Y = C + I + G + (X - M)$

である。条件ウより I と X は一定である。条件アより所得税 T は $T = tY$ となり，条件イより消費関数は

(22.2)　　　$C = c(Y - T) + \bar{c} = c(1-t)Y + \bar{c}$

となる。$\bar{c} > 0$ は基礎消費である。本問の特徴は，輸入が輸入消費財 M_C と輸入中間財 M_R に分かれていることである。条件エならびにオより，これらは

(22.3)　　　$M = M_C + M_R = m_C \cdot C + m_R \cdot Y$

となる。(22.2) 式ならびに (22.3) 式を (22.1) 式に代入して Y について解くと，均衡国民所得は $Y = \dfrac{(1-m_C)\bar{c} + I + G + X}{1 - c(1-t)(1-m_C) + m_R}$ である。これにより，政府支出乗数は，以下となる。

(22.4)　　　$\dfrac{\Delta Y}{\Delta G} = \dfrac{1}{1 - c(1-t)(1-m_C) + m_R}$

正答　4

例題22.1-2　政府支出乗数と *IS-LM* モデル

　1990年代には，度重なる景気対策により公共投資が行われたものの，景気の本格回復には至らなかったことから，近年，財政政策の乗数効果が低下したのではないかとの議論がある。

　乗数（財政支出 G の増加が所得 Y に与える影響）の低下をもたらす要因とその結果を，*IS-LM* モデルによって説明したものとして最も妥当なのは次のうちどれか。（国家総合職）

$IS : Y = C(Y) + I(R, Y) + G + EX(E) - IM(Y, E)$

$LM : M = L(Y, R)$

$\begin{bmatrix} Y：所得，\ C：消費，\ I：投資，\ G：政府支出（外生），\ EX：輸出，\ IM：輸入 \\ M：貨幣供給（外生），\ L：貨幣需要量，\ R：利子率，\ E：為替レート（外生） \end{bmatrix}$

1　将来の年金に関する不安や財政赤字による将来の増税懸念により，人々の貯蓄性向が高まると，*LM* 曲線の傾きが急となり，乗数は低下する。

2　金融商品の多様化により人々の貨幣需要が利子率に感応的になると，*LM* 曲線の傾きが負となってクラウディング・アウトが生じやすくなり，乗数は低下する。

3　経済のグローバル化により輸入性向が大きくなった場合，乗数過程で生じる需要が輸入財へ向かい，以前と同額の財政支出がなされても乗数は低下する。

4 金利がゼロに近くなると，貨幣乗数が無限大となり，LM曲線の傾きがほとんど水平となる「流動性のわな」が生じ，乗数は低下する。
5 利用率の低い道路などの無駄な公共事業により公共投資の生産性が低下すると，IS曲線の傾きが急となり，乗数は低下する。

解説 例題22.1-1では，輸入が輸入消費財と輸入中間財とに分かれており，輸入消費財は消費Cに依存した。通常の乗数モデルでは輸入は国民所得の関数であるので，(22.4)式において$m_C=0$として議論を進める。**3**は，m_Rが大きくなったときの政府支出乗数について問うている。(22.4)式より

$$(22.5) \quad \frac{\partial\left(\frac{\Delta Y}{\Delta G}\right)}{\partial m_R} = -\frac{1}{[1-c(1-t)+m_R]^2} < 0$$

であるので，輸入性向m_Rが大きくなった場合，政府支出乗数は低下する（正答は**3**である）。

以上で正答は与えたが，他の選択肢についても確認しよう。**1**について。**表16-1**より，貯蓄性向の上昇はIS曲線を左にシフトさせる。IS-LM分析では，貯蓄性向の上昇はLM曲線とは関係ない。**2**について。例題16.2-4より，貨幣需要の利子弾力性が高くなるとLM曲線の傾きが水平に近くなる。**4**について。財政政策を行うと，IS曲線は増加した（政府支出×乗数）分だけ右にシフトする。例題16.2-3より，流動性のわなにおいてクラウディング・アウトが存在しないため，IS曲線のシフト幅は乗数で求められる国民所得の上昇分と等しい。よって，財政政策は有効である。**5**について。IS-LM分析は財市場の需要サイドのみを分析しているので，公共投資の生産面に対する効果を考えることはできない。

正答 3

練習問題

【No.1】 国民所得(Y)，貯蓄(S)，租税(T)，投資(I)，政府支出(G)，輸出(X)，輸入(M)の関係が次ページの図のように示されているならば，均衡国民所得水準の下での貿易収支はどのような状態になっているか。（国家総合職）

1 abだけの黒字
2 bcだけの赤字
3 cdだけの赤字
4 efだけの赤字
5 fgだけの黒字

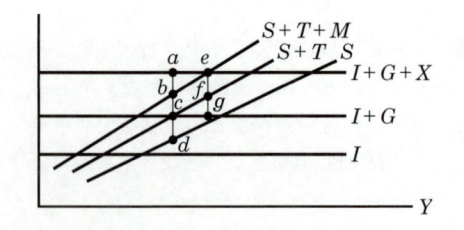

解説 財市場の均衡では三面等価の分配面と支出面が等しいので，
$$S + T + M = I + G + X \quad \cdots\cdots\cdots ①$$
が成り立つ。よって，点eが財市場の均衡である。また①式より，貿易収支の黒字は
$$X - M = (S + T) - (I + G) \quad \cdots\cdots\cdots ②$$
と等しい。よって，点eで決まる国民所得の水準において，直線$S+T$と$I+G$の差が貿易収支の黒字であり，fgがこれに当たる。よって，正答は**5**である。

【**No.2**】 ある小国の経済が次のように示されている。

$Y = C(Y) + I(r) + NX$
$Y = C(Y) + S$
$r = r^*$

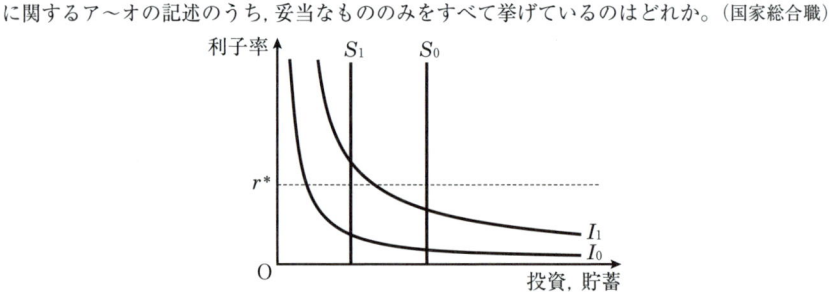

[Y：国民所得（外生），C：消費，I：投資，r：国内利子率
NX：貿易収支，S：貯蓄，r^*：世界利子率（外生）]

ある期における投資曲線，貯蓄曲線がそれぞれ図のI_0, S_0で示されており，このときの世界利子率は水準r^*であった。その後，I_0, S_0がそれぞれI_1, S_1にシフトしたとする。これに関するア～オの記述のうち，妥当なもののみをすべて挙げているのはどれか。（国家総合職）

ア．投資曲線，貯蓄曲線がそれぞれI_0, S_0の場合，貿易収支は黒字となっている。

イ．I_0がI_1にシフトした要因としては種々のものが考えられるが，世界利子率の変動が要因の一つとして考えられる。

ウ．I_0がI_1にシフトした要因としては種々のものが考えられるが，投資関数を
$$I = \frac{A}{r} \quad (A：正の定数)$$
とした場合において，Aが大きくなったようなときが考えられる。

エ．S_0がS_1にシフトした要因としては種々のものが考えられるが，世界利子率の変動が要因の一つとして考えられる。

オ．S_0がS_1にシフトした要因としては種々のものが考えられるが，消費関数を
$$C = \alpha + \beta Y \quad (\alpha, \beta：正の定数)$$
とした場合，βが小さくなったようなときが考えられる。

1 ア，イ　　**2** ア，ウ　　**3** イ，エ　　**4** ウ，オ　　**5** エ，オ

> **解説**　アについて，本問では政府を考慮していないので，問題文第1式・第2式より，貿易収支は $NX = S - I(r)$ である。図より $r = r^*$ のとき $S_0 > I_0(r^*)$ が成立しているので，$NX > 0$ である。よって，アは妥当である。イについて，利子率は縦軸の変数であり，利子率が変化しても投資は I_0, I_1 に沿って動くだけで，I_0, I_1 がシフトすることはない。よって，イは妥当ではない。ウについて，A の値が増加すると，利子率が一定でも投資は増加する。よって，ウは妥当である。エについて，例題で与えられた貯蓄は利子率に依存していないため，利子率が変化しても貯蓄は変化しない。よって，エは妥当ではない。オについて，β は限界消費性向であるので，β が小さくなければ限界貯蓄性向は上昇し，S_0 は右にシフトする。よって，オは妥当ではない。
> 以上より，正答は **2** である。

正答　【No.1】　5　　【No.2】　2

22.2　為替レート

例題22.2-1　Jカーブ効果

　円の為替レートが増加した場合に生じるJカーブ効果に関する次の記述のうち，妥当なものはどれか。（国家総合職）
1　Jカーブ効果は，わが国の輸出と輸入の価格弾力性の和が短期的に1より小さく，長期的に1より大きい場合に見られる現象である。
2　Jカーブ効果が持続する期間は，輸出入の契約から決済までの時間的なずれが短いほど長くなると考えられる。
3　ドル建輸出の場合，円高に伴い輸出業者は円ベースの受領額の減少をカバーするために円ベースの価格を引き上げるが，この度合いが小さいほどJカーブ効果は大きくなる。
4　わが国の輸入に占める原材料の比率が高いことは，円高による輸出の減少が生産活動の低下を通じて輸入減少に結びつきやすいことから，Jカーブ効果を相殺する方向に働く。
5　Jカーブ効果は，もしそれが十分大きければ，為替レートの貿易収支均衡化メカニズムを促進させる方向に働く。

> **解説**　日本の企業がアメリカへの輸出商品の代金として，また，日本企業がその株を取得したアメリカ人投資家から代金としてドルを受け取るとする。前者は輸出，後者は資本の流入である。ドルを受け取った日本企業は，

外国為替銀行でドルを円に代える。外国為替銀行は，外国為替市場でドルと円を交換する。したがって，輸出や資本の流入が外国為替市場での円の需要（ドルの供給）と結びつく。逆に，輸入や資本の流出が円の供給（ドルの需要）と結びついている。したがって，単純化していうなら，国際収支が黒字であれば円への超過需要（ドルの超過供給）が生じる。

今，円表示でのドルと円の交換比率（為替レート）を1ドルe円とする。もし1ドル100ならば，$e=100$（円／ドル）である。この為替レートは，**自国通貨建て（円建て）為替レート**である。日本の国際収支が黒字で，ドルが超過供給となるなら，ドル安・円高となり，eは低下する。また，これを円が増価するともいう。逆に国際収支が赤字ならば，ドル高・円安となり，eは上昇し，円が減価したという。反対に**外貨建て（ドル建て）為替レート**は1円当たりを外国通貨で表したものであり，$1/e$で表される。

変動相場制の下で為替レートeが調整される速度と比べると，国内物価Pの調整には時間がかかる。そこで，物価Pおよび外国の物価P^*を固定して，為替レートeの変化が輸出入に及ぼす影響を考えてみよう。外国がアメリカ1国であるとして，その物価をP^*（ドル）とする。P^*を円に換算するなら，eP^*となる。すると

$$(22.6) \qquad q = \frac{eP^*}{P}, \qquad q^* = \frac{P}{eP^*}$$

はそれぞれアメリカの財，日本の財の相対価格である。なお，qは円単位に換算したアメリカの物価水準（分子）と，円単位の日本の物価水準（分母）の比率を示しており，qは**実質為替レート**と呼ばれる[1]。実質為替レートと区別するとき，eは**名目為替レート**と呼ばれる。

ここで，輸入数量を$\overline{M}$とすると，$\overline{M}$は日本の国民所得と相対価格の関数$\overline{M}(Y, q)$である。輸出数量を$\overline{X}$とすると，$\overline{X}$はアメリカの国民所得Y^*と日本の財の相対価格$q^* = \frac{1}{q}$の関数$\overline{X}(Y^*, q^*)$である。すると円表示での貿易収支は

---

[1] 日本とアメリカの2か国を考え，日本の輸出財の価格をP_X（円），日本の輸出財の価格をP_M（円）とする。これらの価格比$TT = \frac{P_M}{P_X}$は輸出財1単位と交換できる輸入財を表しており，これを**交易条件**という。ここで日本の輸入財はアメリカの輸出財であり，アメリカの輸出財の価格P_X^*（ドル）を円建てにすると$TT = \frac{eP_X^*}{P_X}$である。よって，各国が輸出財に特化していれば，交易条件と実質為替レートは同じになる。

(22.7) $P\overline{X} - eP^*\overline{M} = P(\overline{X} - q\overline{M})$

である。外国の Y^* は与件とし，当面は無視する。貿易外収支，移転収支も無視する。すると (22.7) 式を経常収支 Z とみなし

(22.8) $Z(Y, q) = P\overline{X} - eP^*\overline{M}$

と置くことができる。

為替レートが円高に進む（e が下落する）と，輸出数量 $\overline{X}$ が減少し，輸入数量 $\overline{M}$ が増加する。したがって $\overline{X} - \overline{M}$ が減少する。ただし，数量の調整が小さければ，円高に転じた当初は経常収支 (22.8) 式の黒字が逆に拡大することがある。これは純輸出数量の減少を為替レートの上昇が上回るからである。しかし，長期的には円高の効果によって経常収支は減少していく。経常収支のこのような減少を **J カーブ効果** と呼んでいる。J カーブ効果は，輸出の価格弾力性と輸入の価格弾力性の和が短期的に 1 より小さく，長期的に 1 より大きい場合に見られる[2]。

正答　1

例題22.2-2　弾力性アプローチ

A 国と B 国の 2 国だけからなる世界を想定する。A 国通貨の為替レート（A 国通貨 1 単位と交換される B 国通貨の量）が 25% 上昇した場合の輸出入の変化に関する次の記述のうち，正しいものはどれか。ただし，A 国と B 国の輸入需要の価格弾力性はそれぞれ 0.6, 0.8 であり，両国の自国通貨表示の輸出価格は変化しないものとする。（国家総合職）

1　A 国の輸出数量は 15% 増加する。
2　A 国の輸出額は外貨表示で 25% 増加する。
3　B 国の輸入額は自国通貨表示で 20% 減少する。
4　B 国の輸入価格は自国通貨表示で 25% 低下する。
5　B 国の輸入数量は 20% 減少する。

解説　このような問題を考えるとき，通常は初めに均衡が成立していると仮定する。そしてその状況が，為替レートが変化したときに輸出入がどのように変化するかを考えるのである。A 国の輸入量を $\overline{M}(Y, q)$ とすると，**輸入の価格弾力性**と**輸入の所得弾力性**は以下である。

(22.9) $\varepsilon_q = -\dfrac{q}{\overline{M}} \dfrac{\partial \overline{M}}{\partial q^*}, \qquad \varepsilon_Y = \dfrac{Y}{\overline{M}} \dfrac{\partial \overline{M}}{\partial Y}$

---

[2] この条件のより厳密な議論は，例題22.2-2の解説で**公式22.1**を用いてなされる。

均衡ではB国の輸入量はA国の輸出量に等しく，それを$\overline{X}(Y^*, q^*)$と置く。**輸出の価格弾力性**と**輸出の所得弾力性**は

$$(22.10) \quad \varepsilon^*_{q^*} = -\frac{q^*}{\overline{X}}\frac{\partial \overline{X}}{\partial q^*}, \qquad \varepsilon^*_{Y^*} = \frac{Y^*}{\overline{X}}\frac{\partial \overline{X}}{\partial Y^*}$$

である。為替レートeが変化すると，(22.6)式より$\frac{\partial q}{\partial e}=\frac{P^*}{P}$，$\frac{\partial q^*}{\partial e}=\frac{P}{e^2 P^*}$であるので，輸入量，輸出量の変化は

$$(22.11) \quad \frac{\partial \overline{M}}{\partial e} = \frac{P^*}{P}\frac{\partial \overline{M}}{\partial q} = \frac{q}{e}\frac{\partial \overline{M}}{\partial q} = -\frac{\overline{M}}{e}\varepsilon_q$$

$$(22.12) \quad \frac{\partial \overline{X}}{\partial e} = -\frac{P}{e^2 P^*}\frac{\partial \overline{X}}{\partial q^*} = -\frac{q^*}{e}\frac{\partial \overline{X}}{\partial q^*} = \frac{\overline{X}}{e}\varepsilon^*_{q^*}$$

である。よって，価格弾力性は，それぞれ以下となる。

$$(22.13) \quad \varepsilon_q = -\frac{e}{\overline{M}}\frac{\partial \overline{M}}{\partial e}, \qquad \varepsilon^*_{q^*} = \frac{e}{\overline{X}}\frac{\partial \overline{X}}{\partial e}$$

これらの弾力性を$\varepsilon_q = -\left(\frac{\Delta \overline{M}}{\overline{M}}\right)\Big/\left(\frac{\Delta e}{e}\right)$，$\varepsilon^*_{q^*} = \left(\frac{\Delta \overline{X}}{\overline{X}}\right)\Big/\left(\frac{\Delta e}{e}\right)$と書いてもよい。よって，

$$(22.14) \quad \frac{\Delta \overline{M}}{\overline{M}} = -\frac{\Delta e}{e}\cdot \varepsilon_q, \qquad \frac{\Delta \overline{X}}{\overline{X}} = \frac{\Delta e}{e}\cdot \varepsilon^*_{q^*}$$

である。問題文のように，A国通貨の為替レートが25％上昇すれば，eは25％低下する。つまり，$\frac{\Delta e}{e} = -0.25$である。問題文の価格弾力性を(22.14)式に代入すると，$\frac{\Delta \overline{M}}{\overline{M}} = -(-0.25)\times 0.6 = 0.15$，$\frac{\Delta \overline{X}}{\overline{X}} = -0.25\times 0.8 = -0.2$である。つまり，$A$国の輸入数量$\overline{M}$は15％増加し，$A$国の輸出数量$\overline{X}$すなわち$B$国の輸入数量は20％減少する。よって**5**が正しい。

(22.7)式，(22.8)式より経常収支は$Z = P(\overline{X} - q\overline{M})$であるので，(22.13)式ならびに(22.6)式より，

$$(22.15) \quad \frac{\partial Z}{\partial e} = P\left[\frac{\partial \overline{X}}{\partial e} - q\frac{\partial \overline{M}}{\partial e} - \frac{\partial q}{\partial e}\overline{M}\right] = P\left[\frac{\overline{X}}{e}\cdot \varepsilon^*_{q^*} + q\frac{\overline{M}}{e}\cdot \varepsilon_q - \frac{P^*}{P}\overline{M}\right]$$

である。(22.6)式より$\frac{P^*}{P} = \frac{q}{e}$であり，初めに経常収支が均衡している，すなわち$\overline{X} = q\overline{M}$であるとすると，(22.15)式より，

公式 22.1 $\dfrac{\partial Z}{\partial e} = P^* M (\varepsilon^*_{q^*} + \varepsilon_q - 1)$

が導かれる。ここで，

公式 22.2 $\varepsilon^*_{q^*} + \varepsilon_q > 1$

は**マーシャル＝ラーナーの安定条件**と呼ばれる。マーシャル＝ラーナーの安定条件が満たされれば，$\dfrac{\partial Z}{\partial e} > 0$ なので，A国の為替レートが増価する（e が下落する，ドル安・円高となる）につれて経常収支は減少する。Jカーブ効果における短期的な経常収支の不均衡の拡大は，マーシャル＝ラーナー条件の不成立，すなわち両国の輸入の価格弾力性の和が1より小さいからということになる。

以上のように，経常収支の均衡を仮定して，貿易市場の部分均衡分析を行うことを**弾力性アプローチ**と呼ぶ。

正答　5

例題22.2-3　購買力平価説

アメリカ合衆国において名目利子率，実質利子率がともに年利2％であり，日本において名目利子率が年利6％，実質利子率が年利2％であるとする。現在の名目為替レートが1ドル100円である場合に，購買力平価説の成立を前提とすると，1年後に予想される名目為替レートとして妥当なのはどれか。（国家総合職）

1　1ドル92円　　2　1ドル96円　　3　1ドル100円
4　1ドル104円　　5　1ドル108円

解説　もし自国と外国のある財 i の市場間において取引に関するコストがまったくかからなければ裁定取引が働き，内外の価格差はなくなり，同一の財は同一の価格で取引されるはずである。ある財 i の自国の価格を p_i，外国の価格を p_i^*，為替レートを e とすると，この状態は $p_i = e \cdot p_i^*$ と表される。これは**一物一価の法則**と呼ばれる。これは個々の財について成立する均衡条件であるが，これをマクロの物価水準に拡張しよう。自国（日本）の物価水準を P，外国（アメリカ）の物価水準を P^*，名目為替レートを e とすると，

(22.16)　　$P = eP^*$　　すなわち　$e = \dfrac{P}{P^*}$

である。(22.16) 式は**購買力平価**と呼ばれる[3]。

(22.16) 式が成立している場合，例題のように両国のインフレ率が異なると，為替レートはどう変化するのであろうか。(22.16) 式を変化率に直すと $\frac{\Delta P}{P} = \frac{\Delta(e \cdot P^*)}{e \cdot P^*}$ である。この右辺に**公式15.5**を使い，自国のインフレ率を $\pi = \frac{\Delta P}{P}$，外国のインフレ率を $\pi^* = \frac{\Delta P^*}{P^*}$ とすると，

$$(22.17) \quad \frac{\Delta e}{e} = \pi - \pi^*$$

が成立する。(22.17) 式より，もし自国のインフレ率が外国のインフレ率よりも高い場合 (つまり $\pi > \pi^*$)，e は上昇する (円安・ドル高になる)。

例題に戻ろう。本問では，日本とアメリカ合衆国のインフレ率は直接与えられていないので，**公式15.8** (フィッシャー方程式) を使って，インフレ率を求める必要がある。アメリカ合衆国の名目利子率を i^*，実質利子率を r^* とすると，問題文より $i^* = r^* = 2$ であるので，**公式15.8**より $\pi^* = 0$ である。同様に，日本の名目利子率を i，実質利子率を r とすると，**公式15.8**より，$\pi = i - r = 6 - 2 = 4 (\%)$ である。これらを (22.17) 式に代入すると，$\frac{\Delta e}{e} = 4 (\%)$ を得る。もともと $e = 100$ であったので，e が4%上昇すると $e = 104$ (円/ドル) となる。

正答　4

例題22.2-4　マネタリー・アプローチ

自国および外国からなる経済を考える。絶対的購買力平価が成立していると想定し，さらに，国際資本移動が完全に自由であり，両国通貨で表示された資金は完全代替性 (投資家は自国通貨建て資産と外貨建て資産を区別しない) があると想定する。また，各国は次のような実質貨幣需要関数を持つとする。

自国の実質貨幣需要関数　$L(Y, r) = \left(\frac{Y}{100}\right) r$

---

[3] (22.16) 式は，絶対的購買力平価と呼ばれる。それに対して，両国間の取引費用を考慮し，(22.16) 式を緩めたものは，相対的購買力平価と呼ばれる。

外国の実質貨幣需要関数 　$L^*(Y^*, r^*) = \left(\dfrac{Y^*}{200}\right) r^*$

$\begin{bmatrix} r：自国の利子率,\ r^*：外国の利子率 \\ Y：自国の実質所得,\ Y^*：外国の実質所得 \end{bmatrix}$

自国の名目貨幣供給量が100, $r = 0.05$, $Y = 100$, 外国の名目貨幣供給量が30, $r^* = 0.05$, $Y^* = 150$のとき，マネタリー・アプローチに基づき自国通貨建ての均衡為替レートはいくらになるか。(国家総合職)

1 $\dfrac{10}{3}$ 　**2** $\dfrac{5}{2}$ 　**3** 2 　**4** $\dfrac{3}{4}$ 　**5** $\dfrac{2}{5}$

解説　(22.16)式の購買力平価説によると，名目為替レートは，自国と外国の物価水準の比率により決定される。さらに，各国の物価水準は各国の貨幣市場の均衡式を通じて，各国のマネーサプライの水準により決定されるという考え方を**マネタリー・アプローチ**という。

自国の名目貨幣供給量をM，自国の物価水準をP，外国の名目貨幣供給量をM^*，外国の物価水準をP^*とすると，貨幣市場の均衡式(15.18)式より，$P = \dfrac{M}{L(Y, r)}$，$P^* = \dfrac{M^*}{L^*(Y^*, r^*)}$を得る。これらを(22.16)式に代入して整理すると，

(22.18) 　　$e = \dfrac{M}{M^*} \dfrac{L^*(Y^*, r^*)}{L(Y, r)}$

を得る。(22.18)式に問題文の条件を代入すると，$e = \dfrac{100}{30} \dfrac{\left(\dfrac{150}{200}\right) \cdot 0.05}{\left(\dfrac{100}{100}\right) \cdot 0.05} = \dfrac{5}{2}$ となるので，**2**が正答である。

正答　2

例題22.2-5　金利平価説

円，ドル，ユーロの外国為替市場において，円・ユーロとドル・ユーロの1年間の先物為替レートはそれぞれ1ユーロA円，1ユーロBドルであるとする。また，円資金市場，ドル資金市場，ユーロ資金市場において，それぞれの通貨により資金を1年間運用する際の金利はそれぞれj，u，eであるとする。この場合において，金利裁定条件が成立するとき，円・ドルの直物為替レートとして正しいのはどれか。

なお，取引費用はかからないものとする。(国家総合職)

1　1ドル $\dfrac{(1+j)B}{(1+u)A}$ 円

2　1ドル $\dfrac{1+j}{(1+u)AB}$ 円

3　1ドル $\dfrac{(1+u)A}{(1+j)B}$ 円

4　1ドル $\dfrac{1+u}{(1+j)AB}$ 円

5　1ドル $\dfrac{(1+e)A}{(1+j)B}$ 円

解説　資本の完全移動が実現されている場合，投資家が自国で資金を運用しても，外国で資金を運用しても，裁定が働き，収益は等しくなるはずである。このような金利裁定を通じて，外国為替レートは自国と外国の利子率により決まるという考え方を**金利平価説**という。

第 t 期において，自国（日本）の利子率を r_t，外国（アメリカ）の利子率を r_t^* としよう。さらに，現在の為替レート（直物為替レート）を 1 ドル＝ e_t 円，すなわち e_t（円／ドル）とし，第 t 期に取引が行われている 1 年後の先物為替レートを $f_{t, t+1}$（円／ドル）としよう。裁定が働くならば，(1) 投資家が 1 単位の資金を自国で運用した場合と，(2) 投資家が 1 単位の資金を直物為替市場でドルに替え，1 年間アメリカで運用し，得た金額を円に戻した場合の収益は等しくなければならない。ただし，(2) の場合，第 t 期に直物為替市場でドルを購入すると同時に，先物為替市場で 1 ドル＝ $f_{t, t+1}$ 円，すなわち $f_{t, t+1}$（円／ドル）で 1 年後にドルを円に交換する契約を結ぶとする。

(1) の場合，投資家は，1 年後に $(1+r_t)$ 円を受け取る。一方，(2) の場合，1 円の資金を直物市場でドルにすると $\dfrac{1}{e_t}$ ドルを得，その資金をアメリカで運用すると 1 年後には $\dfrac{1}{e_t}(1+r_t^*)$ ドルとなり，$f_{t, t+1}$（円／ドル）のレートで円に戻すので，この場合に得られる金額は $\dfrac{1}{e_t}(1+r_t^*)f_{t, t+1}$ 円である。この 2 つの場合に得られる金額が等しくなるとすると，$1+r_t^* = \dfrac{1}{e_t}(1+r_t^*)f_{t, t+1}$ すな

わち,

$$(22.19) \quad e_t = \frac{1+r_t^*}{1+r_t} f_{t,\,t+1}$$

が成立する。以上の取引では，先物取引を利用して将来の為替レートをあらかじめ確定しているため，投資家は将来の為替変動のリスクを負っていない。このことを，為替リスクをカバーしているといい，(22.19)式を**カバー付き利子平価条件**という。

先物取引を使わずに，同様の議論を行おう。もし先物取引市場が存在しない場合，投資家は1期後の為替レートを予想しなければならない。第 t 期における第 $t+1$ 期の予想為替レートを $e_{t,\,t+1}^e$ とする。すると，(22.19)式は

$$(22.20) \quad e_t = \frac{1+r_t^*}{1+r_t} e_{t,\,t+1}^e$$

と書き換えられる。来期の為替レート $e_{t,\,t+1}^e$ はあくまでも予想であり，為替リスクはカバーされていない。よって，(22.20)式を**カバーなし利子平価条件**という。

例題に戻ろう。1年物の先物為替レートにおいて，1ユーロ＝A円，1ユーロ＝Bドルであるので，A円＝Bドルが成立する。よって，円・ドルの1年物の先物為替レートは，$f_{t,\,t+1} = \dfrac{A}{B}$（円／ドル）である。日本の利子率 $r_t = j$，アメリカの利子率 $r_t^* = u$ を(22.19)式に代入すると，円・ドルの現在の為替レート（直物為替レート）e_t は，$e_t = \dfrac{1+r_t^*}{1+r_t} f_{t,\,t+1} = \dfrac{(1+u)A}{(1+j)B}$ となる。

正答　3

例題22.2-6　非貿易財と実質為替レート

わが国とアメリカ合衆国の市場において，実質円・ドル為替レート（q）が，

$$q = \frac{eP_{US}}{P_J}$$

$\left[\begin{array}{l} e：名目為替レート\left(\dfrac{円}{ドル}\right),\ P_{US}：米国の物価水準 \\ P_J：日本の物価水準 \end{array}\right]$

で表されるとする。

また，1国の物価水準 P は，

$$P_i = \alpha_i P_i^N + (1-\alpha_i) P_i^T$$

$\left[\begin{array}{l} P^N：非貿易財の価格水準,\ P^T：貿易財の価格水準 \\ i：J（日本）またはUS（アメリカ合衆国） \end{array}\right]$

で表され，貿易財についてはわが国とアメリカ合衆国の間で購買力平価が成り

立っている $\left(e = \dfrac{P^T_J}{P^T_{US}}\right)$ ものとする。

　ただし，財の生産性上昇は，当該財の価格水準の低下のみをもたらすものとし，貿易財は国内需要に応じて海外から弾力的に輸入することができるものとする。

　このとき，わが国とアメリカ合衆国の市場における状況変化が実質円・ドル為替レート（q）にもたらす変化について，妥当なのはどれか。（国家総合職）

1　わが国における民間需要が貿易財から非貿易財へシフトした場合，qは低下する。
2　アメリカ合衆国において貿易財の生産性が上昇した場合，qは低下する。
3　わが国において非貿易財の生産性が上昇した場合，qは低下する。
4　アメリカ合衆国において非貿易財の供給量が減少した場合，qは低下する。
5　わが国における民間需要が全般的に増加した場合，qは上昇する。

解説　問題文より，それぞれの国の物価水準は，$P_J = \alpha_J P^N_J + (1-\alpha_J) P^T_J$，$P_{US} = \alpha_{US} P^N_{US} + (1-\alpha_{US}) P^T_{US}$である。これらを問題文の実質為替レートの式に代入すると，実質為替レートは

$$(22.21) \quad q = \dfrac{e \cdot [\alpha_{US} P^N_{US} + (1-\alpha_{US}) P^T_{US}]}{\alpha_J P^N_J + (1-\alpha_J) P^T_J}$$

である。貿易財について購買力平価説が成立しているならば，$e = \dfrac{P^T_J}{P^T_{US}}$なので，これを (22.21) 式に代入すると，

$$(22.22) \quad q = \dfrac{\alpha_{US}\left(\dfrac{P^N_{US}}{P^T_{US}}\right) + (1-\alpha_{US})}{\alpha_J\left(\dfrac{P^N_J}{P^T_J}\right) + (1-\alpha_J)}$$

と書き換えることができる。(22.22) 式によると，実質為替レートはそれぞれの国における非貿易財と貿易財の相対価格 $\dfrac{P^N_i}{P^T_i}$ によって決定されることになる。

　以下，それぞれの選択肢について検討していく。**1**について，日本の民間需要が貿易財から非貿易財にシフトすると，国内の非貿易財市場においてP^N_Jが上昇する。(22.22) 式の分母が上昇するのでqは低下する（**1**が正答である）。**2**について，アメリカ合衆国の貿易財の生産性が上昇するとP^T_{US}が低下する

ので，qは上昇する（**2**は誤り）。**3**について，日本の非貿易財の生産性が上昇するとP^N_Jが低下するので，qは上昇する（**3**は誤り）。**4**について，アメリカ合衆国の非貿易財の供給量が減少するとP^N_{US}が上昇するので，qは上昇する（**4**は誤り）。**5**について，日本の民間需要が全般的に増加した場合，P^N_Jが上昇する。一方，貿易財は国内需要に応じて海外から弾力的に輸入できると仮定されているので，相対価格$\dfrac{P^N_J}{P^T_J}$は上昇し，qは下落する（**5**は誤り）。

なお，本問では，財の生産性上昇は当該財の価格水準の低下のみをもたらすと仮定されているが，各部門の財の生産性が変化すると，部門間の労働移動が起こるはずである。たとえば，アメリカ合衆国において貿易財の生産性が上昇した場合，貿易財部門の賃金が上昇し，労働者が非貿易財部門から貿易財部門に移動するため，非貿易財部門の賃金も上昇するので，非貿易財の価格は上昇する。一方，貿易財は貿易を通じて一物一価の法則が成立しているので，非貿易財ほどの価格の上昇は起こらない。そのため，$\dfrac{P^N_{US}}{P^T_{US}}$が上昇するため，$q$は上昇する（いずれにしても**2**は誤りである）。このように，貿易財部門，非貿易財部門における労働生産性の相違が実質為替レートに与える効果を，**バラッサ＝サミュエルソン効果**という。

正答 **1**

練習問題

【No.1】 輸入の価格弾力性をα，輸出の価格弾力性をβ（ともに絶対値）とするとき，貿易収支の赤字を為替レートの切下げで改善できるのはどの場合か。（国家総合職）

1 　$1 > \alpha + \beta$のとき
2 　$1 < \alpha + \beta$のとき
3 　$1 + \beta > \alpha$のとき
4 　$1 + \alpha > \beta$のとき
5 　$\alpha = \beta$のとき

解説　マーシャル＝ラーナーの安定性の条件（**公式22.2**）より，正答は**2**である。

【No.2】 世界が自国と外国のみからなるとし，自国の輸入需要の価格弾力性をα，外国の輸入需要の価格弾力性をβとする。このとき，為替レート（自国通貨建）の切下げが自国の貿易収支の改善をもたらすようなαとβの組合せとして正しいのはどれか。

なお，自国の貿易収支は当初均衡していたものとする。（国家総合職）

	α	β
1	0.4	0.2
2	0.4	0.3
3	0.4	0.5
4	0.5	0.4
5	0.5	0.6

解説 世界が2か国のみから構成されているので，外国の輸入弾力性は自国の輸出弾力性である。公式22.2より，$\alpha + \beta > 1$ となるのは，**5**のみである。

【No.3】 名目物価水準が一定である短期における名目為替レートは，カバーなしの金利平価式と貨幣市場の均衡で決定される。以下のA～Eに挙げる外生変数の変化に関して比較静学分析を行う。これらのうち，自国通貨が外国通貨に対して減価するケースのみをすべて挙げているのはどれか。

ただし，Cのケースは，一定である名目物価水準が外生的に低下するケースを意味し，Eのケースは，自国の投資家が危険回避的であることを前提とする。（国家総合職）

A．自国の実質所得の低下
B．外国の名目利子率の上昇
C．自国のデフレ
D．自国通貨の減価期待
E．外国債券のリスク・プレミアムの上昇

1 B，C
2 C，D，E
3 A，B，C，D
4 A，B，D，E
5 A，B，C，D，E

解説 カバーなしの金利平価式である(22.20)式より，自国の利子率が低下すれば，または外国の利子率が上昇すれば，自国通貨建て為替レートe_tが上昇する。すなわち，自国通貨が減価する（Bは正しい）。自国の実質所得が低下すれば，国内の貨幣需要が減少し，自国の利子率が低下するので，自国通貨は減価する（Aは正しい）。自国のデフレは，自国の実質マネーサプライを増加させるので，自国の利子率が低下する（Cは正しい）。自国通貨の期待減価は$e_{t,t+1}$を上昇させるので，e_tが上昇する（Dは正しい）。外国債券のリスクプレミアムが上昇し，投資家が危険回避的である場合，自国における資金運用を選好することになる。そのため，e_tが低下し，自国通貨は増価する（Eは誤りである）。以上より，正答は**3**である。

【No.4】 自国と外国の2国間の資本移動が自由であるとする。また，今期の自国債券の利子

率は0.05，外国債券の利子率は0.26，来期の自国通貨建ての為替レートの期待値は110であるとき，今期の自国通貨建ての為替レートの値はいくらになるか。（国家総合職）

1 79　　**2** 96　　**3** 110　　**4** 132　　**5** 143

解説　本問では，先物市場において為替予約をしておらず，来期の予想為替レートが与えられているので，カバーなし金利平価条件 (22.20) 式に基づき，今期の為替レートを求める。$r_t = 0.05$，$r_t^* = 0.26$，$e_{t,t+1}^e = 110$ を代入すると，$e_t = 132$ である。よって，正答は **4** である。

【**No.5**】　バラッサ＝サミュエルソンの定理に関するA〜Eの記述のうち，妥当なもののみをすべて挙げているのはどれか。

なお，一般物価は，貿易財価格と非貿易財価格の加重平均によって決定されるものとする。
（国家総合職）

A．貿易財部門の労働生産性上昇率が非貿易財部門のそれと比べて高い自国では，貿易財部門の労働生産性の上昇を反映して貿易財部門および非貿易財部門の賃金がともに上昇するため，一般物価水準が外国と比べて上昇する。

B．貿易財部門の労働生産性上昇率が非貿易財部門のそれと比べて高い自国では，貿易財が供給過剰に陥り賃金が下落するため，一般物価水準が外国と比べ下落する。

C．貿易部門の労働生産性上昇率が非貿易部門のそれと比べて高い自国では，貿易財部門の労働生産性の上昇を反映して貿易財部門の賃金が上昇するため，貿易財部門と非貿易財部門の賃金格差が拡大する。

D．貿易財部門の労働生産性上昇率が非貿易財部門のそれと比べて高い自国では，貿易財の供給量が急速に拡大するため，貿易財価格が外国と比べて下落する。

E．貿易財部門の労働生産性上昇率が非貿易財部門のそれと比べて高い自国では，自国通貨建て名目為替レートに外国と自国の価格水準比率をかけたものである実質為替レートが増価する。

1 A，D　　**2** A，E　　**3** B，D　　**4** A，C，E　　**5** B，C，E

解説　例題22.2-6のバラッサ＝サミュエルソン効果に関する問いである。Aは正しい記述であり，よってBは誤った記述である。バラッサ＝サミュエルソン効果では，国内における部門間の労働移動を仮定しているので，賃金格差は発生しない（Cは誤った記述である）。また，貿易財については，一物一価が成立すると仮定されている（Dは誤った記述である）。非貿易財部門よりも貿易財部門の労働生産性が高い場合，労働者が非貿易財部門から貿易財部門に移動し，(22.22)式の相対価格 $\left(\dfrac{P_J^N}{P_J^T}\right)$ が上昇するため，q は下落し，実質為替レートは増価する（Eは正しい記述である）。

正答　【No.1】2　　【No.2】5　　【No.3】3　　【No.4】4　　【No.5】2

22.3 IS-LM-BP分析

例題22.3-1　IS-LM-BP曲線の分析

国民所得をY，利子率をiとし，ケインズ経済学の方法に従って貨幣需要量$L = (Y, i)$，貨幣供給量をMとすると，$L = M$は貨幣市場の均衡を示す。今，固定為替相場制の下での外国貿易を考えて，経常収支$Z = Z(Y)$，資本収支$F = F(i)$とし，ZをYの減少関数，Fをiの増加関数とすると，$B = Z + F = 0$は，国際収支の均衡を示す。また，投資$I = I(i)$，貯蓄$S = S(Y)$とすると$I + Z = S$は，外国貿易を含む財貨市場の均衡を示す。図における各曲線が，これらの3つの市場の均衡状態を示すとすれば，各領域の点$a〜e$に関する次の記述のうち，妥当なものはどれか。(国税専門官)

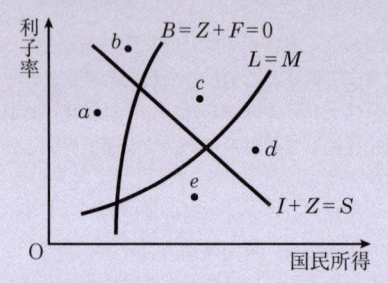

1　点aでは，財貨市場は供給超過，貨幣市場は需要超過，国際収支は赤字である。
2　点bでは，財貨市場は供給超過，貨幣市場も供給超過，国際収支は赤字である。
3　点cでは，財貨市場は需要超過，貨幣市場も需要超過，国際収支は赤字である。
4　点dでは，財貨市場は需要超過，貨幣市場は供給超過，国際収支は赤字である。
5　点eでは，財貨市場は需要超過，貨幣市場は需要超過，国際収支は赤字である。

解説　例題でいう国際収支の均衡$B = 0$とは，国際収支が0となることである。資本収支$F(r)$は，自国の利子率の増加関数である。外国の利子率r^*を一定とすると，自国の利子率rが高いほど，資本の流入が増えるからである。名目為替レートをe(円／ドル)とすると，経常収支は$Z(Y, e)$である。ZはYの減少関数であり，**公式22.2**のマーシャル゠ラーナーの安定条件が満たされているならばeの増加関数である。国際収支の均衡は，

図22-1 国際収支の均衡

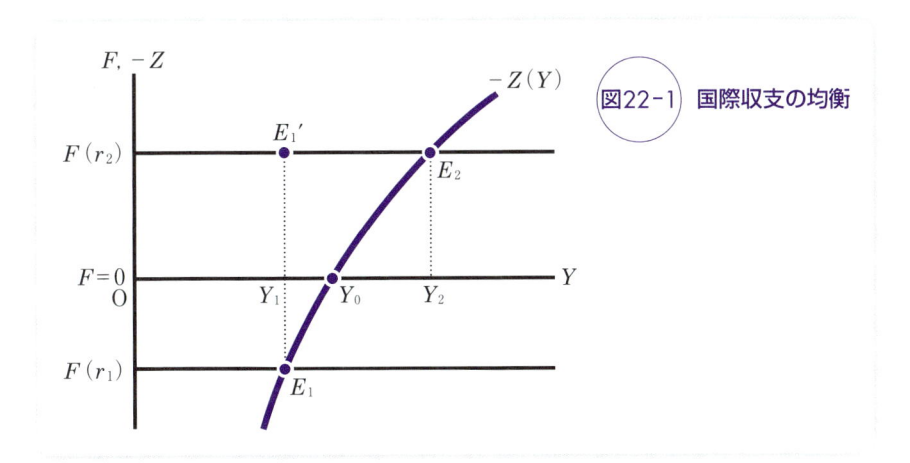

(22.23)　　　$B \equiv Z(Y, e) + F(r) = 0$,
　　　　すなわち　　$F(r) = -Z(Y, e)$

で達成される。

　図22-1の右上がりの曲線は，(22.23)式の第2式の右辺の値を表すものである。利子率$r_1 < r_2$に対応する左辺の値は縦軸上に測られている。(22.23)式を満たすY_1，Y_2は図22-1の点E_1，点E_2で決まる。$r_1 < r_2$に対して，$Y_1 < Y_2$となるので，国際収支を均衡させる(r, Y)の組合せは図22-2の右上がりの**BP曲線**となる。これを**国際収支均衡曲線**と呼ぶ。BP曲線上の点では，もちろん$B = 0$が成り立つ。BP曲線の上方の点$E_1' = (r_2, Y_1)$をとると，資本収支$F(r_2)$は$F(r_1)$より大きく

(22.24)　　　$Z(Y_1, e) + F(r_2) > Z(Y_1, e) + F(r_1) = 0$

となる。よって$B > 0$であり，国際収支は黒字となる。一方，BP曲線の下方では$B < 0$であり，国際収支は赤字となる。

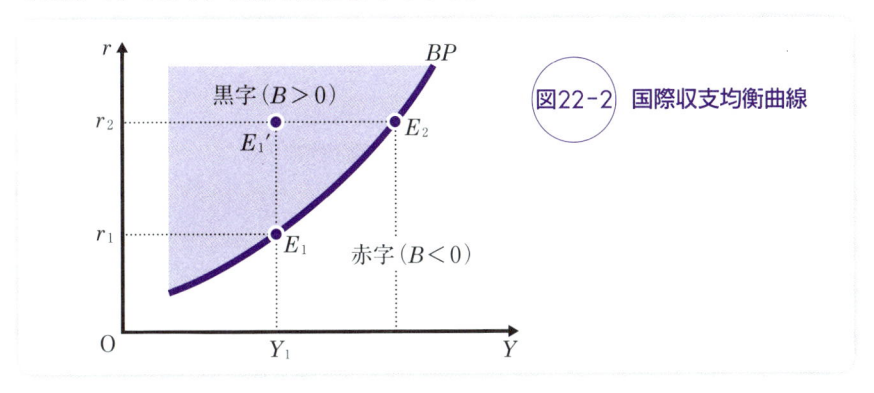

図22-2 国際収支均衡曲線

例題で，BP曲線の下方にある，すなわち国際収支が赤字である点は，c, e, d なので，正答は **3〜5** の中にある。LM曲線から右側に移動する，すなわち利子率 r を固定して，Y を増加させると，貨幣需要が増加するので，LM曲線の右側は貨幣の超過需要となる（例題16.1-2，図16-7参照）。よって，正答は **5** である。

図22-2ではBP曲線が右上がりであったが，資本移動のスムーズさの程度によって，BP曲線の傾きは異なっている。極端なケースとして，資本移動がないケース $F(r) \equiv 0$ を考えてみよう。この場合は利子率の水準にかかわらず，$F(r)$ の値は0となり，国際収支を0とする Y は，曲線 $-Z(Y)$ が横軸と交わる点での Y_0 となる。この場合，BP曲線は Y_0 で垂直な直線（図22-3の BP_0）となる。逆に資本移動が完全な場合，国内の利子率 r が，外国の利子率 r^* よりも高ければ，無限大の資本が流入し，r^* より低ければ無限大の資本が流出する。よって

(22.25)　　$r > r^* \Rightarrow F(r) = \infty$,　　$r < r^* \Rightarrow F(r) = -\infty$

である。これらの利子率に見合う Y すなわち $F(r) = -Z(Y)$ の解は存在しない。$r = r^*$ では資本の総流入 $F(r)$ の水準は定まらず，すべての値をとりうる。それに見合う $-Z(Y)$ もすべての値となりうる。したがって，BP曲線は図22-3の水平な曲線 BP_3 となる。このように資本移動がスムーズになるに従って，BP曲線の傾きは緩やかになる。

以上の議論では，為替レート e を固定してBP曲線を導出した。e が上昇すると（円安となると，または減価すると），マーシャル=ラーナーの条件が満たされているならば，Z が増加し，$B > 0$ となる。$B = 0$ を回復させる Y は，前より

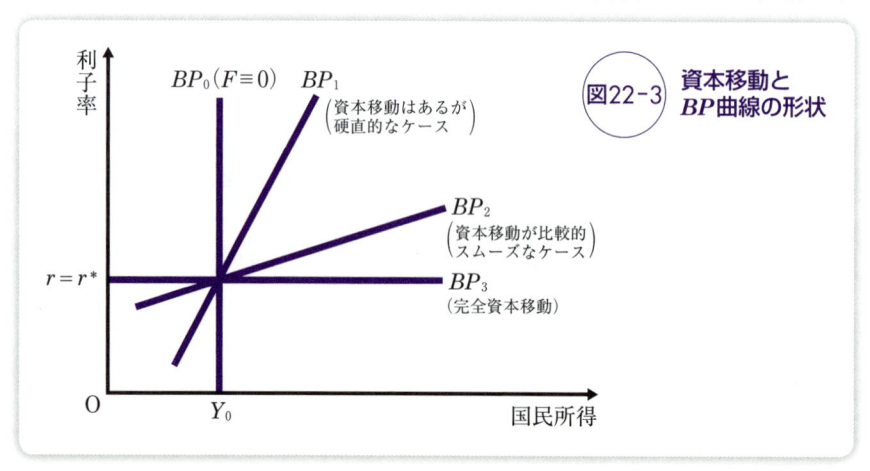

図22-3　**資本移動とBP曲線の形状**

$BP_0 (F \equiv 0)$
BP_1（資本移動はあるが硬直的なケース）
BP_2（資本移動が比較的スムーズなケース）
BP_3（完全資本移動）

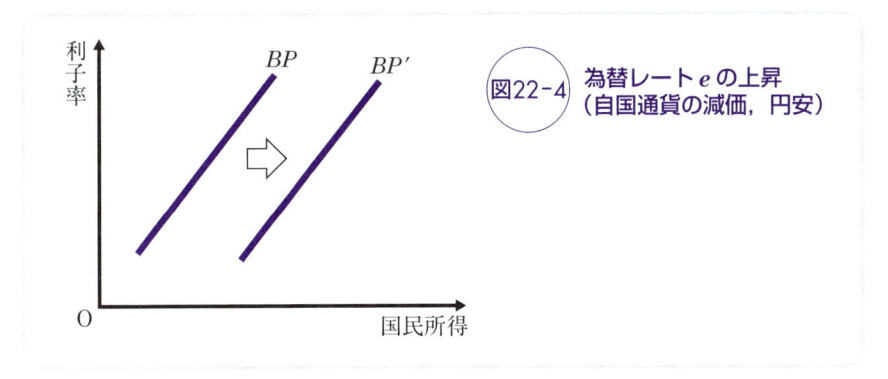

図22-4 為替レート e の上昇
（自国通貨の減価，円安）

も大きい。国民所得 Y が増加すると，輸入が増え，経常収支 Z が悪化し，B が減少するためである。よって，e が上昇すると，**図22-4**のように，BP曲線が右にシフトする。なお，資本移動が完全で，BPが水平なケースでは，資本収支によってBP曲線が決定されるので，BP曲線はシフトしない。

正答　5

例題22.3-2　変動相場制における財政政策の効果

ある国において，変動相場制の下でのIS，LM，BPカーブにつき，資本移動の不完全性を前提として，図Ⅰおよび図Ⅱの2つの場合を想定する。この国の政府が拡張的財政政策をとったときの為替相場への短期的影響に関する次の記述のうち，妥当なのはどれか。

なお，BPカーブは，国際収支が均衡する金利と所得との関係を示すものとする。
（国家総合職）

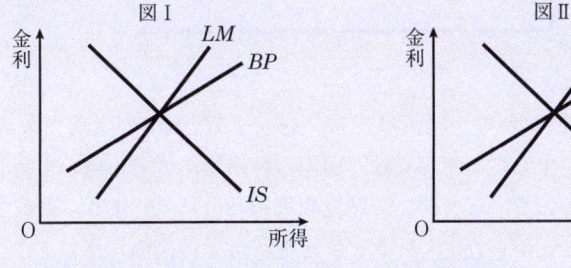

1　図Ⅰの場合でも，図Ⅱの場合でも，ともに増価する。
2　図Ⅰの場合でも，図Ⅱの場合でも，ともに減価する。
3　図Ⅰの場合には増価し，図Ⅱの場合には減価する。
4　図Ⅰの場合には減価し，図Ⅱの場合には増価する。
5　図Ⅰの場合でも，図Ⅱの場合でも，為替相場は変動しない。

図22-5 変動相場制の下での財政政策の効果

(i) 資本移動が比較的に硬直的な場合

(ii) 資本移動が比較的にスムーズな場合

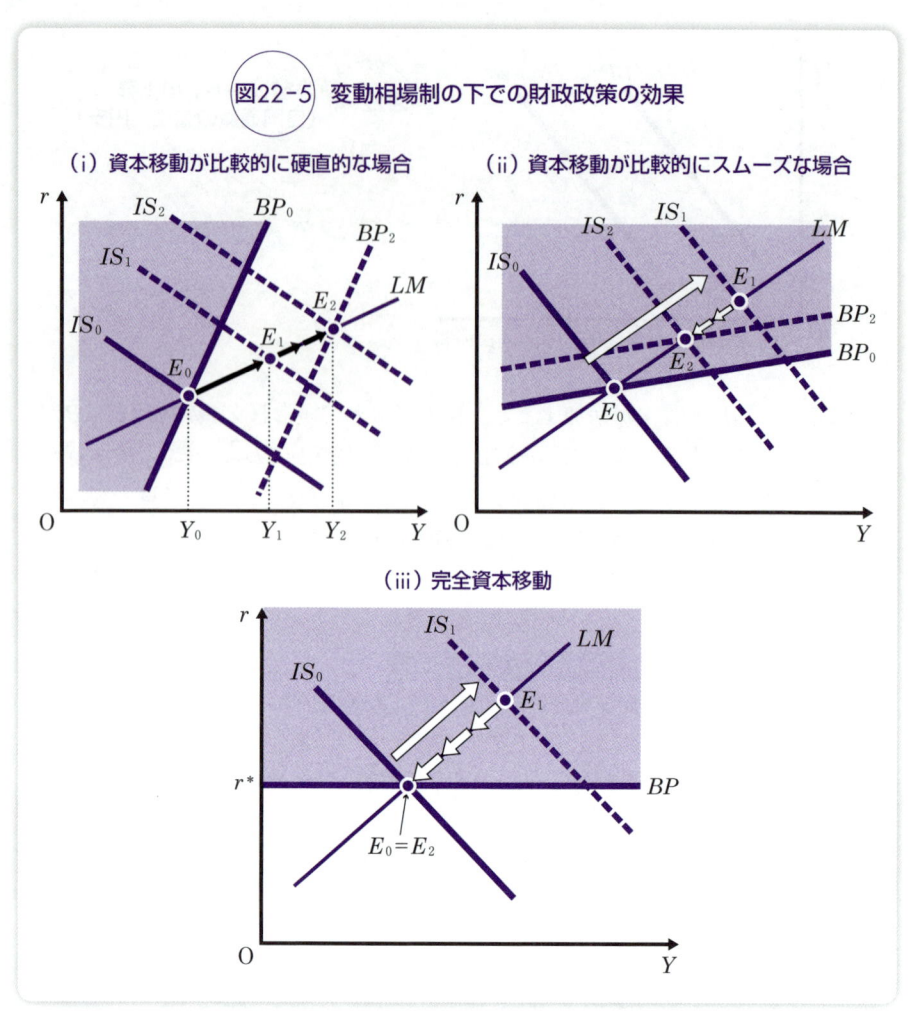

(iii) 完全資本移動

解説 図22-5において，経済は当初，IS_0，LM，BP_0の交点である点E_0にあったとする。この点では，国内の財市場，貨幣市場が均衡しており，国際収支も均衡している。ここで財政政策を行ったとしよう。財政支出の増加は，IS曲線をIS_0からIS_1へシフトさせる。新しい国内均衡はE_1である。資本移動が比較的に硬直的ならば，図22-5(i)のようにBP曲線の傾きはLM曲線の傾きよりも急になる。この場合は，点E_1はBP_0曲線の右側になり，図22-2より国際収支は赤字となる。すると円安となり，為替レートeが上昇（自国通貨の減価）する。本問は短期における効果を問うており，物価Pの調整にはより時間がかかるので一定と考える。**公式22.2**のマーシャル＝ラーナーの安定

446

条件が満たされているならば，eの上昇は経常収支$Z = X - M$を改善させ，IS曲線をさらに右にシフトさせる。さらに，eの上昇は，図22-4のように，BP曲線を右にシフトさせる効果を持つ。ただし，物価は一定なので，LM曲線はシフトしない。結局，IS曲線はIS_1からさらにIS_2へ，BP曲線はBP_0からBP_2へシフトすることになる[4]。以上より，BPの傾きがLMよりも急な本問の図Ⅱの場合は，拡張的財政政策をとると自国通貨は減価する（eは上昇する）。

資本移動がスムーズであれば，BP曲線の傾きはLM曲線の傾きより小さくなる。この場合は，図22-5（ⅱ）のようにIS_1とLMの交点E_1は，BP_0曲線の右方にあるため，図22-2より国際収支は黒字となり，為替レートは増価（eは下落）していく。経常収支が悪化するため，IS_1曲線は左にシフトし，さらにeの減少によりBP_0は左へシフトして，新しい均衡E_2におさまる。財政政策の効果の一部は，為替レートの上昇で打ち消されることになる。以上より，BPの傾きがLMよりも緩やかな本問の図Ⅰの場合は，拡張的財政政策をとると，自国通貨は増価する（eは低下する）。よって，正答は**3**である。

ちなみに，図22-5（ⅲ）の完全資本移動のケースでは，IS曲線がシフトした後の均衡E_1では，利子率が外国より高い限り資本流入が継続し，国際収支が黒字となる。その結果，為替レートが増価し（eは下落する），輸出が減少し，輸入が増加するので，IS_1はIS_0の位置まで戻って，財政政策の効果が消滅する。

正答 3

例題22.3-3 変動相場制における金融政策の効果

マンデル=フレミング・モデル（変動相場制下の小国モデル）における財政金融政策の効果に関する記述として，妥当なものはどれか。（国家総合職）
1 財政政策の効果は，資本移動が完全な場合には消滅し，金融政策の効果についても，資本移動が存在するとき消滅する。
2 財政政策の効果は，資本移動が完全な場合には増大し，金融政策の効果は資本移動が存在するとき消滅する。
3 財政政策の効果は，資本移動があるなしにかかわらず不変である。
4 財政政策の効果は，資本移動が完全な場合には消滅し，金融政策の効果は資本移動が存在するとき増大する。
5 財政政策の効果は，資本移動の存在により増大する。

---

4) 新しい均衡E_1では，国内の総需要曲線が上方にシフトしているので，長期的には物価Pが上昇する。するとLMは左へ，IS_2とBP_2も左へシフトし，総需要曲線は下方にシフトして，最終的な均衡が決まる。しかし，以下ではこの効果は無視して議論をする。

解説 図22-6において，当初，経済はIS_0，LM_0，BP_0の交点である点E_0にあったとする。この点では，国内の財市場，貨幣市場が均衡しており，国際収支も均衡している。BP_0，IS_0，LM_0の交点E_0にある経済で，金融政策をとり，LM曲線をLM_0からLM_1へ右方にシフトさせたとする。IS曲線IS_0との新しい交点をE_1とする。点E_1では国際収支は赤字となり，eは上昇する（円は減価する）。

このことは，BP曲線の傾きにかかわらず成り立つ。eの上昇によって，図22-6(i)のケースではIS曲線とBP曲線がシフトして，図22-6(ii)ではIS曲線がシフトして，ともに新しい国内均衡E_2で国際収支が均衡する。金融政策は変動為替相場制の下では，国民所得を増加させるのに効果的な政策となる。したがって，**4**が正答である（財政政策の効果については，例題22.3-2の解説を参照せよ）。以上は，物価が一定であるという仮定の下での議論である。財政・金融政策が効果を持てば，脚注5）で述べたように，総需要曲線もシフトしている。物価は次第に上昇することになり，その効果が為替レートの下落の効果の一部を打ち消すことになるであろう。

正答 4

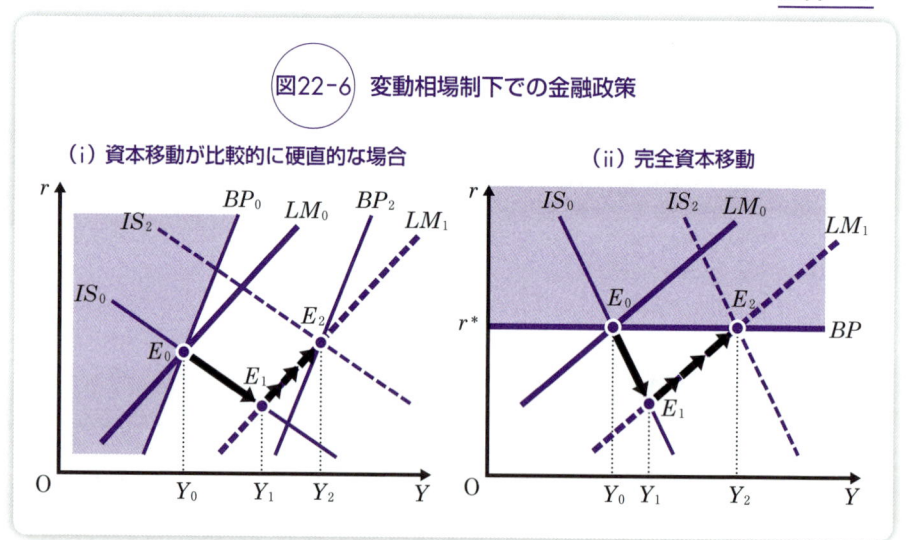

図22-6 変動相場制下での金融政策

(i) 資本移動が比較的に硬直的な場合

(ii) 完全資本移動

例題22.3-4 マンデル＝フレミング・モデル

資本の移動がまったく自由な場合の固定相場制と変動相場制の下における財政政策（財政支出および税金の増減）と金融政策（マネーサプライの増減）の

景気刺激効果の異同に関する記述として妥当なのは次のうちどれか。ただし，いずれも小国の場合を想定し，直物と先物の為替相場の差はないものとする。（国家総合職）

1　固定相場制でも変動相場制でも財政政策のほうが景気刺激策としては有効である。財政支出を増やせば有効需要が増加し，その結果投資が刺激されるからである。
2　固定相場制でも変動相場制でも金融政策のほうが景気刺激策としては有効である。マネーサプライを増やすと利子率が下落して，その結果投資が刺激されるからである。
3　固定相場制の下では金融政策のほうが景気刺激的である。固定相場を維持するため通貨当局が外国為替市場に介入する結果，マネーサプライが増加し続けるからである。
4　変動相場制の下では財政政策のほうが景気刺激的である。財政支出を増やすとマネーサプライ一定の下では利子率が上昇し，その結果資本が流入してこれが国内投資を刺激するからである。
5　変動相場制の下では金融政策のほうが景気刺激的である。マネーサプライを増やすと利子率が下がり，その結果，投資も刺激されるが，他方では資本が流出して為替レートが下落するので輸出も促進されるからである。

解説　例題22.3-3の解説より，正答は**5**であることがわかるが，ここでは，固定相場制の下における財政政策ならびに金融政策の効果を見ていくこととする。

図22-7　固定相場制下の財政政策

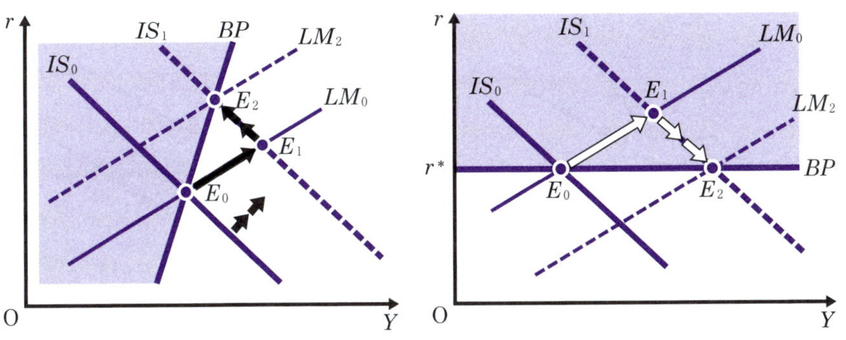

（i）資本移動が比較的に硬直的なケース

（ii）完全資本移動のケース

図22-7において，国内均衡と国際収支均衡が同時に達成されている状態E_0から出発して，財政政策と金融政策の効果を分析する。**図22-7(i)** は資本移動が比較的に硬直的で，BP曲線の傾きがLM曲線の傾きより大きいケースである。財政政策によって，IS曲線をIS_0からIS_1にシフトさせると，新しい国内均衡はE_1となり，国際収支が赤字となる。固定相場制において，国際収支が赤字になると，貨幣供給量が減少する。たとえば，民間が輸入する財の代金を支払うために中央銀行から外貨を購入すると，国内で流通する円（マネーサプライ）は減少し，中央銀行の外貨準備が減少するからである。国内のマネーサプライを一定に保つためには中央銀行は買いオペレーションを行い，マネーサプライを増加させる必要がある。このように，国内のマネーサプライを変化させない政策を，**不胎化政策**という。

　中央銀行が不胎化政策をとらなければ，貨幣供給量が減少し，LM曲線はLM_2まで左方にシフトし，BP曲線上の均衡点E_2でIS_1と交わる。点E_0から点E_2への変化を通じて，国民所得Yは増加する。ただし，資本移動が硬直的でBP曲線が垂直となっているなら，国民所得は変化しない。

　資本移動がよりスムーズで，BP曲線の傾きがLM曲線の傾きより緩やかであると，IS曲線を右にシフトさせたときの国内均衡E_1で国際収支が黒字となる。すると，不胎化政策をとらない限り貨幣供給量は増加し，LM曲線が右方向にシフトして新しい均衡E_2を達成する。**図22-7(ii)** は，特に資本移動が完全な場合の図である。

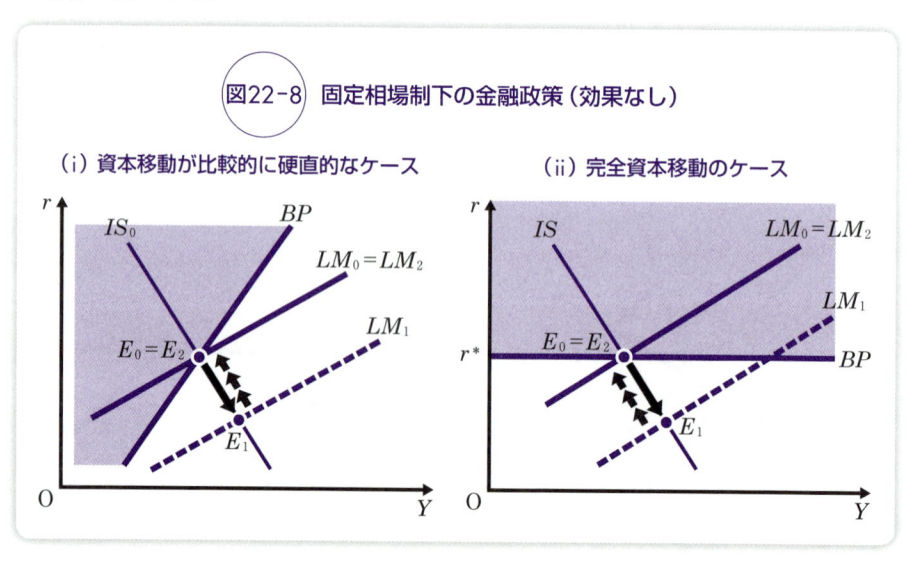

図22-8　固定相場制下の金融政策（効果なし）

（i）資本移動が比較的に硬直的なケース

（ii）完全資本移動のケース

一方，金融政策をとってLM曲線を右にシフトさせると，BP曲線とLM曲線の傾きの関係にかかわらず，図22-8(i)(ii)で見るように新しい国内均衡E_1では，国際収支が赤字となる。LM曲線はもとの位置に戻って，金融政策の効果は消滅する。したがってLM曲線を描かずに，IS曲線とBP曲線の交点だけで，すなわち図22-8(i)の点E_0とE_2，あるいは図22-8(ii)の点$E_0 = E_2$で均衡が決まると考えることもできるのである。

正答　5

　これまでの**マンデル＝フレミング・モデル**の結果のすべてを表にまとめておく。ただし，物価は一定として，固定相場制では不胎化政策をとらない場合を想定している。次の表から明らかなように，完全資本移動のケースで固定相場制と変動相場制の下での結果が対照的であることに注意せよ。

表22-1

資本移動 \ 経済政策	固定相場制 財政政策	固定相場制 金融政策	変動相場制 財政政策	変動相場制 金融政策
完全硬直的	無効	無効	有効	有効
硬直的	有効	無効	有効	有効
伸縮的	有効	無効	有効	有効
完全伸縮的	有効	無効	無効	有効

例題22.3-5　財政金融政策の効果

ある小国のマクロ経済が以下の式で与えられているとする。

$C(Y) = a_1 Y + b_1$
$I(i) = a_2 i + b_2$
$X(e) = a_3 e + b_3$
$Q(Y, e) = a_4 Y + a_5 e + b_4$
$L(Y, i) = a_6 Y + a_7 i + b_5$

$\begin{bmatrix} C：消費，I：投資，X：輸出，Q：輸入，L：貨幣需要，Y：所得 \\ i：国内利子率，e：為替レート，G：政府支出，M：貨幣供給量 \\ a_i：固定係数，b_i：固定係数，a_i \neq 0, b_i \neq 0, a_3 \neq a_5 \end{bmatrix}$

変動相場制の下で，資本移動が完全であるときに，金融政策の効果 $\dfrac{dY}{dM}$ および財政政策が為替レートに与える影響 $\dfrac{de}{dG}$ を求めよ。

ただし，ここでは，金融政策と財政政策は独立に行われるものとする。(国家総合職)

	$\dfrac{dY}{dM}$	$\dfrac{de}{dG}$
1	$\dfrac{1}{a_6}$	$\dfrac{1}{a_5 - a_3}$
2	$\dfrac{1}{a_6 + a_7}$	$\dfrac{1}{a_5 - a_3}$
3	$\dfrac{1}{a_6}$	$\dfrac{1}{a_3 - a_5}$
4	$\dfrac{1}{a_6}$	$\dfrac{1}{a_5 - a_3} + a_4$
5	$\dfrac{1}{a_6}$	$\dfrac{1}{a_5} - \dfrac{1}{a_3}$

解説 資本移動が完全なので，BP 曲線は水平となり，自国の利子率 i は世界利子率に固定される。そのため，本問において利子率 i は定数として扱ってよい。

資本移動が完全な場合の変動相場制における金融政策の効果は，図22-6(ii)において示される。金融政策を行うと LM 曲線が右にシフトし，国際収支が赤字となり，e が上昇し（円の減価，円安），経常収支が改善するため，IS 曲線が右にシフトし，均衡は点 E_2 となる。図22-6(ii)より，点 E_2 は LM 曲線と BP 曲線の交点で決定され，後から IS 曲線が点 E_2 を通るように移ってくるので，結局，点 E_2 は利子率 i を定数とした LM 曲線のみから決定されることになる。貨幣市場の均衡条件 $L = M$ を考慮して，問題文第5式を Y について解くと $Y = \dfrac{M - a_7 i - b_5}{a_6}$ であるので，$\dfrac{\partial Y}{\partial M} = \dfrac{1}{a_6}$ を得る。

資本移動が完全な場合の変動相場制における財政政策の効果は，図22-5(iii)において示される。財政政策を行うと IS 曲線が右にシフトするが，国際収支

が黒字となり，e が下落し（円の増価，円高），経常収支が悪化するため，IS 曲線がもとに戻り，国民所得は増えない。結局，均衡はもとの IS 曲線と BP 曲線の交点である点 E_0 となる。以上は，財市場の均衡である IS 曲線において，利子率 i を定数とし，国民所得 Y が変化しないことに注意して，政府支出 G と為替レート e の変化のみを考えればよいことを意味している。財市場の均衡式 $Y = C + I + G + X - Q$ に，問題文第 1 式～第 4 式を代入して整理すると，

(22.26) $\quad (a_3 - a_5)e = (1 - a_1 + a_4)Y - a_2 i - G - (b_1 + b_2 + b_3 - b_4)$

である。よって，$\dfrac{\partial e}{\partial G} = \dfrac{1}{a_5 - a_3}$ を得る。

正答　1

練習問題

【No.1】 利子率 $= r$，国民所得 $= Y$ とする。今，固定為替レートの下で経常収支 $Z = Z(Y)$，資本収支 $F = F(r)$ とし，B を Y の減少関数，F を r の増加関数とする。$B = F + Z = 0$ は国際収支の均衡を示す。他方，ケインズ経済学の方法に従い，貨幣供給量 $= M$，貨幣需要量 $L = L(Y, r)$ とする。$L = M$ は貨幣市場の均衡を示す。さらに，貯蓄 $S = S(Y)$，投資 $I = I(r)$ とすれば，外貨貿易を含む財市場の均衡条件は $I + Z = S$ で示される。図の 3 本の曲線はこれらの 3 つの均衡状態を示したものであるが，この図に関する記述として正しいのは，次のうちどれか。（国家総合職）

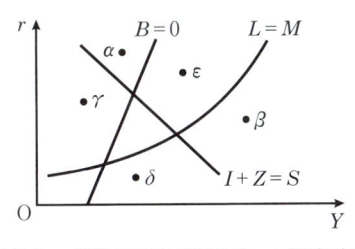

1　点 α では財市場は超過供給，貨幣市場は超過供給，国際収支は赤字である。
2　点 β では財市場は超過需要，貨幣市場は超過供給，国際収支は赤字である。
3　点 γ では財市場は超過供給，貨幣市場は超過需要，国際収支は赤字である。
4　点 δ では財市場は超過需要，貨幣市場は超過需要，国際収支は赤字である。
5　点 ε では財市場は超過需要，貨幣市場は超過需要，国際収支は赤字である。

解説　例題16.1-2および例題22.3-1の解説を参照。正答は **4** である。

【No.2】 変動為替相場制の下の経済全体が

IS線　　　　　$I + Z = S$
　　　　　　　$I = I_0 - 10r$
　　　　　　　$Z = Z_0 - 0.1Y + 0.1e$
　　　　　　　$S = S_0 + 0.2Y$

LM線　　　　　$L = M$
　　　　　　　$L = 0.5Y - 50r$

国際収支の均衡　$F + Z = 0$
　　　　　　　$F = 10(r - r^*)$

$\begin{bmatrix} I：投資 \\ Z：純輸出 \\ S：貯蓄 \\ e：為替レート \\ Y：国民所得 \\ r：利子率 \\ L：貨幣需要 \\ M：貨幣供給 \end{bmatrix}$

$\begin{bmatrix} F：純資本流入 \\ r^*：外国の利子率（一定） \end{bmatrix}$

で示されるとき，貨幣供給 M の増加で国民所得 Y への効果 $\frac{\Delta Y}{\Delta M}$ はいくらになるか。（国家総合職）

1 0.1　　**2** 0.2　　**3** 0.5　　**4** 1.0　　**5** 2.0

解説　IS線の第2〜4式を第1式に代入すると，IS曲線の方程式
　$10r = -0.3Y + 0.1e + I_0 + Z_0 - S_0$　………… ①
が得られる。LM線の2つの式から得られる
　$50r = 0.5Y - M$　………… ②
はLM曲線を表している。国際収支の均衡を表す2つの式と，IS線の第3式から，BP曲線の方程式
　$10r = 0.1Y - 0.1e + 10r^* - Z_0$　………… ③
が得られる。e が上昇すると，IS曲線①式，BP曲線③式がともに右にシフトすることに注意せよ。

ここで①〜③式から，r と e を消去すると $0.4Y = 0.4M + I_0 + 10r^* - S_0$ となるので，$\frac{\Delta Y}{\Delta M} = 1$ を得る（正答は**4**である）。

【No.3】 変動相場制の下で，ある小国の経済が次のように示されるとする。

　　　$C = 100 + 0.7Y - 1000r + 0.4e$
　　　$X = 20 + 0.2e$
　　　$Q = 80 - 0.1Y - 0.4e$
　　　$L = 2Y - 1000r$

$\begin{bmatrix} Y：GDP, \ C：消費, \ X：輸出, \ Q：輸入, \ L：貨幣需要 \\ r：国内利子率, \ e：自国通貨建て為替レート \end{bmatrix}$

国家間の資本移動は完全であり，国際利子率が0.05，貨幣供給量が500，政府支出が30，民間投資が10であるときの均衡為替レートは，次のうちどれか。（国家総合職）

1 5　　**2** 10　　**3** 15　　**4** 20　　**5** 25

解説　財市場の均衡式 $Y = C + I + G + X - Q$ に，問題文第1式〜第3式を代入して整理すると，
　$e = 0.2Y + 1000r - 80$　………… ①
である。実質マネーサプライを M とすると貨幣市場の均衡式は $M = L$ なので，問題文第4式より，
　$Y = 500r + 250$　………… ②
である。小国の利子率は世界利子率と等しく $r = 0.05$ なので，②式より $Y = 275$ である。これを①式に代入すると，$e = 25$ を得る。よって，正答は**5**である。

【No.4】 図は，自国の利子率が外国の利子率に影響を与えず，かつ，自国と外国の債券が完

全代替的である図において，資本移動が完全に自由化されている場合の IS-LM-BP モデルを表したものである。図中の点 A を当初の均衡点とするとき，政府による財政・金融政策の効果に関するア～エの記述のうち，妥当なもののみをすべて挙げているのはどれか。

なお，物価は常に一定であり，今期の為替レートは来期も続くと予想されるものとする。また，固定為替レートを維持する場合は不胎化政策を行わないものとする。（国家総合職）

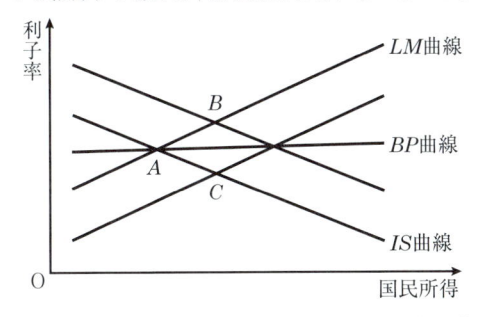

ア．政府が固定為替レートを維持する場合には，財政支出の増加に伴って均衡点は点 B に一時的に移動するが，自国の外貨準備や貨幣供給量の増減が生じないため，均衡点は点 A に最終的に落ち着くことになる。

イ．政府が変動相場制の下で外国為替の買い介入を行わない場合には，財政支出の増加に伴って均衡点は点 B に一時的に移動するが，自国の為替レートが切り上がるため，均衡点は点 A に最終的に落ち着くことになる。

ウ．政府が固定為替レートを維持する場合には，金融緩和に伴って均衡点は点 C に一時的に移動するが，自国の外貨準備高や貨幣供給量が減少するため，均衡点は点 A に最終的に落ち着くことになる。

エ．政府が変動相場制の下で外国為替の買い介入を行わない場合には，金融緩和に伴って均衡点は点 C に一時的に移動するが，自国の為替レートが切り上がるため，均衡点は点 A に最終的に落ち着くことになる。

1 ア，イ　　**2** ア，エ　　**3** イ，ウ　　**4** ア，ウ，エ　　**5** イ，ウ，エ

解説　表22-1より，アは誤り，イは正しい，ウは正しい，エは誤りである。よって，正答は **3** である。

正答　【No.1】4　　【No.2】4　　【No.3】5　　【No.4】3

主要な定義式と公式のまとめ

以下は各章で説明された定義式と公式に類するもののうち，上級レベルにおいて特に重要なもののまとめである。その導出方法については，本文を参考にしてほしい。

第1章 市場機構と需要・供給

(1) 均衡の安定条件

　(i) ワルラスの安定条件

$$\frac{1}{DDの傾き} < \frac{1}{SSの傾き}$$

→ p.2

　(ii) マーシャルの安定条件

$$DDの傾き < SSの傾き$$

→ p.3

　(iii) くもの巣過程の安定条件

$$DDの傾きの絶対値 < SSの傾きの絶対値$$

→ p.3

(2) 弾力性

　(i) 需要の価格弾力性

$$e_d = -\frac{p}{x} \cdot \frac{\Delta x}{\Delta p}$$

→ p.7

　(ii) 供給の価格弾力性

$$e_s = \frac{p}{x} \cdot \frac{\Delta x}{\Delta p}$$

→ p.9

(3) 租税の価格弾力性

$$\frac{消費者の税負担}{生産者の税負担} = \frac{e_s}{e_d}$$

→ p.18

456

第2章 消費者行動の理論

(1) 効用最大化条件

$$\frac{MU_1}{p_1} = \frac{MU_2}{p_2}$$

→ p.25

(2) コブ゠ダグラス型効用関数 ($U = Ax_1{}^{\alpha_1} x_2{}^{\alpha_2}$) における需要関数

$$x_j = \frac{\alpha_j I}{p_j (\alpha_1 + \alpha_2)} \qquad j = 1, 2$$

→ p.41

第3章 消費者理論の発展問題

(1) コブ゠ダグラス型効用関数 ($U = Ax_1{}^{\alpha_1} x_2{}^{\alpha_2}$) における

(i) 間接効用関数

$$U = A \left(\frac{\alpha_1}{p_1}\right)^{\alpha_1} \left(\frac{\alpha_2}{p_2}\right)^{\alpha_2} \left(\frac{I}{\alpha_1 + \alpha_2}\right)^{\alpha_1 + \alpha_2}$$

→ p.56

(ii) 支出関数

$$I = (\alpha_1 + \alpha_2) \left(\frac{p_1}{\alpha_1}\right)^{\frac{\alpha_1}{\alpha_1 + \alpha_2}} \left(\frac{p_2}{\alpha_2}\right)^{\frac{\alpha_2}{\alpha_1 + \alpha_2}} \left(\frac{U}{A}\right)^{\frac{1}{\alpha_1 + \alpha_2}}$$

→ p.56

(2) 等価変分

$$EV = M(p_X{}^0, p_Y{}^0, u^1) - M(p_X{}^0, p_Y{}^0, u^0)$$

→ p.57

(3) 補償変分

$$CV = M(p_X{}^1, p_Y{}^1, u^1) - M(p_X{}^1, p_Y{}^1, u^0)$$

→ p.57

第4章 企業行動の理論

(1) 完全競争市場における利潤最大化条件

$$MP_i = \frac{w_i}{p} \qquad i = 1, 2$$

→ p.65

(2) 完全競争市場における費用最小化条件

$$\frac{w_1}{MP_1} = \frac{w_2}{MP_2}$$

→ p.66

(3) コブ=ダグラス型効用関数 ($y = A x_1^{\alpha_1} x_2^{\alpha_2}$) における

(i) 第 j 要素の所得分配率

$$\frac{w_j x_j}{py} = \alpha_j \qquad j = 1, 2$$

→ p.78

(ii) 費用最小化解

$$x_1 = \left(\frac{y}{A}\right)^{\frac{1}{\alpha_1 + \alpha_2}} \left(\frac{\alpha_1 w_2}{\alpha_2 w_1}\right)^{\frac{\alpha_2}{\alpha_1 + \alpha_2}} \qquad x_2 = \left(\frac{y}{A}\right)^{\frac{1}{\alpha_1 + \alpha_2}} \left(\frac{\alpha_2 w_1}{\alpha_1 w_2}\right)^{\frac{\alpha_1}{\alpha_1 + \alpha_2}}$$

→ p.80

(iii) 短期費用関数

$$c(y, \overline{x_2}) = w_1 \overline{x_2}^{-\frac{\alpha_2}{\alpha_1}} \left(\frac{y}{A}\right)^{\frac{1}{\alpha_1}} + w_2 \overline{x_2}$$

→ p.80

(iv) 長期費用関数

$$c(y) = \left(\frac{y}{A}\right)^{\frac{1}{\alpha_1 + \alpha_2}} w_1^{\frac{\alpha_1}{\alpha_1 + \alpha_2}} w_2^{\frac{\alpha_2}{\alpha_1 + \alpha_2}} \left[\left(\frac{\alpha_1}{\alpha_2}\right)^{\frac{\alpha_2}{\alpha_1 + \alpha_2}} + \left(\frac{\alpha_2}{\alpha_1}\right)^{\frac{\alpha_1}{\alpha_1 + \alpha_2}}\right]$$

→ p.81

(4) 代替の弾力性

$$e_\sigma = -\frac{\dfrac{w_1}{w_2} d\left(\dfrac{x_1}{x_2}\right)}{\dfrac{x_1}{x_2} d\left(\dfrac{w_1}{w_2}\right)}$$

→ p.82

(i) CES 生産関数 ($y = A\left[\alpha_1 x_1^{-\rho} + \alpha_2 x_2^{-\rho}\right]^{-\frac{1}{\rho}}$) における代替の弾力性

$$e_\sigma = \frac{1}{1 + \rho}$$

→ p.82

(ii) コブ=ダグラス型生産関数 ($\rho \to 0$ の場合)

$$e_\sigma = 1$$

→ p.83

(iii) レオンチェフ型生産関数 ($\rho \to \infty$ の場合)

$$e_\sigma = 0$$

→ p.83

(iv) 線形生産関数 ($\rho \to -1$ の場合)

$$e_\sigma = \infty$$

→ p.84

第5章 不完全競争

(1) 独占企業の限界収入

$$MR = p\left(1 - \frac{1}{e_d}\right)$$ → p.93

(2) ラーナーの独占度

$$m = \frac{1}{e_d} = \frac{p - MR}{p} = \frac{p - MC}{p}$$ → p.93

(3) 線形の需要曲線 ($p = a - by$)，線形の限界費用 ($MC = c$) における

(i) 限界収入

$$p = a - 2by$$ → p.94

(ii) 利潤最大化解

$$y^* = \frac{a - c}{2b}, \quad p^* = \frac{a + c}{2}, \quad \pi^* = \frac{(a - c)^2}{4b} - d$$ → p.95

(4) 需要独占における

(i) 利潤最大化条件

$$MRP = MFC$$ → p.100

(ii) 限界生産物曲線

$$MRP = MR \cdot MP = p\left(1 - \frac{1}{e}\right) \cdot MP$$ → p.100

(5) クールノー均衡

$$x = \left(\frac{n}{n+1}\right)\left(\frac{a-c}{b}\right), \quad p = \frac{a + nc}{n+1}$$ → p.108

第6章 市場と社会的厚生

(1) パレート効率性条件

$$MRT = MRS_A = MRS_B \left(= \frac{p_1^*}{p_2^*}\right)$$ → p.130

(2) コブ＝ダグラス型効用関数（$U = Ax_1^{\alpha_1} x_2^{\alpha_2}$）におけるオファー曲線

$$\left(x_1 - \frac{\alpha_1 w_1}{\alpha_1 + \alpha_2}\right)\left(x_2 - \frac{\alpha_2 w_2}{\alpha_1 + \alpha_2}\right) = \frac{\alpha_1 \alpha_2 w_1 w_2}{(\alpha_1 + \alpha_2)^2}$$

→ p.135

第7章 市場の失敗

(1) 線形の限界評価曲線（$p_j = a_j - b_j y$, $j = 1, 2$），線形の限界費用曲線（$MC = cy + d$）における公共財の最適供給量と価格

$$y^* = \frac{a_1 + a_2 - d}{b_1 + b_2 + c}, \quad p^* = \frac{c(a_1 + a_2) + d(b_1 + b_2)}{b_1 + b_2 + c}$$

→ p.153

(2) 公共財供給のパレート効率性条件（サミュエルソンのルール）

$$MRS_A + MRS_B = MRT$$

→ p.156

第8章 不確実性

(1) 無限等比級数の和（$S = a + ax + ax^2 + ax^3 + \cdots$, $0 < x < 1$）

$$S = \frac{a}{1-x}$$

→ p.168

(2) 危険資産の期待収益率

$$r_s = r_b + \rho, \quad r_s = \frac{d + \Delta p_s}{p_s}$$

→ p.170

第12章 国民所得勘定と産業連関表

(1) 物価指数

(i) ラスパイレス型

$$L_p = \frac{p_1^1 x_1^0 + p_2^1 x_2^0}{p_1^0 x_1^0 + p_2^0 x_2^0}$$

→ p.253

(ii) 限界生産物曲線

$$P_p = \frac{p_1^1 x_1^1 + p_2^1 x_2^1}{p_1^0 x_1^1 + p_2^0 x_2^1}$$

→ p.253

(2) GDPデフレーター

$$実質GDP = \frac{名目GDP}{GDPデフレーター}$$

→ p.253

第15章 貨幣供給と貨幣需要

(1) コンソル債の市場価格

$$P = \frac{R}{r}$$

→ p.288

(2) 変化率の公式

$$\frac{\varDelta(xy)}{xy} = \frac{\varDelta x}{x} + \frac{\varDelta y}{y}, \quad \frac{\varDelta(z/x)}{z/x} = \frac{\varDelta z}{z} - \frac{\varDelta x}{x}$$

→ p.290

(3) フィッシャー方程式

$$i_t = r_t + \pi_t^e$$

→ p.294

第21章 経済成長論

(1) ハロッド゠ドーマー・モデルにおける斉一成長経路

$$\frac{s}{v} - \delta = n + \lambda$$

→ p.399

(2) 新古典派成長モデルにおける斉一成長経路

$$f(\bar{k}) = \frac{(n+\delta)}{s}\bar{k}$$

→ p.403

(3) 資本蓄積の黄金律

$$MP_k = n + \delta$$

→ p.406

(4) コブ゠ダグラス型生産関数における
 (ⅰ) Yの成長率

$$\frac{\dot{Y}}{Y} = \frac{\dot{A}}{A} + \alpha \frac{\dot{K}}{K} + \beta \frac{\dot{N}}{N}$$

→ p.410

(ii) 利潤最大条件

$$r = f'(k), \quad w = f(k) - kf'(k)$$

➡ p.415

第22章 国際金融

(1) 実質為替レート

$$q = \frac{eP^*}{P}, \quad q^* = \frac{P}{eP^*}$$

➡ p.430

(2) 弾力性アプローチ

(i) 輸入の価格弾力性

$$\varepsilon_q = -\frac{q}{\overline{M}} \frac{\partial \overline{M}}{\partial q^*}$$

➡ p.431

(ii) 輸出の価格弾力性

$$\varepsilon^*_{q^*} = -\frac{q^*}{\overline{X}} \frac{\partial \overline{X}}{\partial q^*}$$

➡ p.432

(iii) マーシャル゠ラーナーの安定条件

$$\varepsilon^*_{q^*} + \varepsilon_q > 1$$

➡ p.433

(3) 名目為替の関係式

(i) 購買力平価説

$$e = \frac{P}{P^*}$$

➡ p.433

(ii) マネタリー・アプローチ

$$e = \frac{M}{M^*} \frac{L^*(Y^*, r^*)}{L(Y, r)}$$

➡ p.435

(iii) カバー付き利子平価条件

$$e_t = \frac{1 + r_t^*}{1 + r_t} f_{t, t+1}$$

➡ p.437

(iv) カバーなし利子平価条件

$$e_t = \frac{1 + r_t^*}{1 + r_t} e^e_{t, t+1}$$

➡ p.437

索　引

あ 行

IS曲線	298
アザリアディス	331
アドバース・セレクション	178
アナウンスメント効果	283
アロー	132
アローの不可能性定理	140
安藤	256
依存効果	258
一次同次	71, 207, 402
一物一価の法則	433
意図せざる在庫調整局面	392
意図せざる在庫変動	298
イノベーション	384
インカム・ゲイン	170
インフレ型総供給曲線	368
インフレ型総需要曲線	369
インフレ・ターゲット	380
インフレ・バイアス	380
ウォーレス	374
後ろ向き帰納法	192
売りオペレーション	283, 314
営業動機	287
AS曲線	343
AD曲線	342
エッジワース	128, 132
M_2	282
M_1	282
LM曲線	300
エンゲル曲線	28
エンゲルの法則	28
オーカンの法則	368
オファー曲線	134, 226
オープンアクセス	151
卸売物価指数	254

か 行

買いオペレーション	283, 450
外貨建て（ドル建て）為替レート	430
外部効果	141

外部効果の内部化	141
価格消費曲線	30
価格調整過程	1
価格表示の産業連関表	241
価格方程式	249
下級財	30
寡占企業	106
加速度原理	276, 385
カバー付き利子平価条件	437
カバーなし利子平価条件	437
貨幣	282
貨幣1単位当たりの限界効用均等の法則	25
貨幣錯覚	328, 364, 393
貨幣需要の在庫理論アプローチ	291
貨幣需要の所得弾力性	311
貨幣需要の利子弾力性	311, 352
貨幣乗数	282
貨幣数量説	289, 346
貨幣の中立性	393
貨幣の流通速度	289
可変費用	68
下方硬直性	329
カルテル	186
カルドア	420
カルドア基準	137
ガルブレイス	258
カレツキ	389, 393
関税	216
関税と輸入数量制限の同値定理	219
間接効用関数	56
完全雇用	355, 360
完全雇用国民所得	356
完全代替的	22
完全弾力的	15
完全特化	200
完全非弾力的	14
完全補塡投資水準	389
機会費用	51, 77, 200
危険愛好者	161
危険回避者	161
技術革新	384

索　引

技術革新循環	384
技術的限界代替率	66, 78, 210
基準割引率および基準貸付利率操作	283
基数的効用	25
帰属計算	245
基礎的財政収支	319
期待インフレ率	294
期待効用	160
キチンの波	384
ギッフェン財	30
規模に関して収穫一定	71, 207, 402
規模に関して収穫逓減	71
規模に関して収穫逓増	71
規模の経済	73
逆選択	178
キャピタル・ゲイン	170
窮乏化成長	229
供給の価格弾力性	9
競合性	152
競争輸入型	248
共謀解	117
均衡国民所得	298
均衡成長経路	399, 404
金利政策操作	283
金利平価説	436
空間的な相対所得仮説	257
クズネッツ	255
クズネッツ型消費関数	255
クズネッツの波	384
くもの巣過程の安定条件	3
クラウディング・アウト	306, 312
繰り返しゲーム	193
クールノー	106
クールノー均衡	186
クロス・セクション・データ	255
経常収支	431, 442
契約曲線	128
ケインジアン	322, 360, 377, 393
ケインズ	272, 287, 328, 377
ケインズ型消費関数	255
ケインズの流動性選好理論	287

kパーセントルール	376, 393
限界効用	24
限界効用逓減の法則	25
限界収入	91
限界収入生産物	100
限界生産物	63, 65, 78, 328
限界生産物収入	100
限界代替率	22, 24
限界のq	278
限界評価曲線	152
限界費用	68, 200
限界費用価格規制	104
限界費用価格形成	124
限界変形率	130
限界要素費用	100
現金残高方程式	289
現金預金比率	282
現在価値	235
建築循環	384
ケンブリッジ現金残高方程式	289, 346
コア	131
コアの極限定理	132
交易条件	203, 430
公開市場操作	283
効果ラグ	324
交換方程式	289
公共財	141
交差効果	32
交差弾力性	38, 45
恒常所得	259
恒常所得仮説	256, 259
厚生経済学の第一定理	133, 141
厚生経済学の第二定理	133
厚生損失	120
構造的失業	338
行動ラグ	324
購買力平価	434
効用可能曲線	136
効率賃金仮説	330
合理的期待	364, 393
合理的期待仮説	374

索　引

国際収支均衡曲線	443
国債の市中消化	314
国債の中央銀行引受け	314
国内総支出	243
国内総所得	243
国内総生産	242
コースの定理	142, 147
ゴッセンの第一法則	25
ゴッセンの第二法則	25
コップ	322
固定資本係数	276, 385, 398
固定投入係数	200
固定費用	68
古典派の貨幣数量説	289, 346
古典派の第一公準	328, 344
古典派の第二公準	328
古典派の二分法	301, 346
コーナー・ソリューション	25, 48, 129
コブ＝ダグラス型生産関数	78, 83, 410
コール・オプション	171
混合戦略	188
コンソル債	288
コンドラチェフの波	384

さ　行

裁定取引	433
在庫循環	384
在庫循環図	391
在庫調整局面	392
在庫積み上がり局面	391
在庫積み増し局面	392
最終需要	242
最適応答対応	186
最適関税	226
裁量的政策	376
先物為替	436
サージェント	374
サミュエルソン	385
サミュエルソンのルール	156
産業連関表	241
価格表示の――	241
競争輸入型の――	248
数量表示の――	241
非競争輸入型の――	248
産出合計	242
参入阻止価格	112
三面等価の原則	243
CES生産関数	82
Jカーブ効果	431
死荷重	120, 145
時間的な相対所得仮説	257
直物為替	437
シグナリング	181
時系列データ	255
自国通貨建て（円建て）為替レート	430
自己選択	181
支出関数	55
市場の失敗	141
自然失業率	332, 338, 360
自然失業率仮説	364
自然成長率	399
自然独占	123, 141
失業者	332
失業率	332
実質為替レート	430
実質金利	294
実質残高効果	351
実質所得一定下の需要曲線	31
実施ラグ	324
GDI	243
GDE	243
GDP	242
GDPデフレーター	253
私的財	152
私的な限界費用	144
自動安定化装置	326
シトフスキーの二重基準	137
シトフスキー・パラドックス	137
シニョリッジ	286
自発的失業者	360
支払準備金	282
支払準備率	282

465

索　引

資本集約的	209
資本集約度	208
資本節約的な技術進歩	417
資本蓄積の黄金律	407
社会的厚生関数	140, 155, 201
社会的損失関数	378
社会的な限界費用	144
社会的無差別曲線	206
奢侈品	29
従課税	16
習慣形成仮説	256
囚人のジレンマ	186
従量税	14
主観的割引率	235
ジュグラーの波	384
シュタッケルベルグ均衡	110
需要独占	100
需要の価格弾力性	7
需要の所得弾力性	28
需要曲線	30
純粋戦略	187, 188
シュンペーター	384
上級財	28, 30
小国	206
消費者物価指数	254
消費者余剰	120
情報の非対称性	141, 178
序数的効用	25
所得効果	30, 269
所得消費曲線	35, 41, 44
所得動機	287
所得の限界効用	41
ジョルゲンソンの投資理論	279
新貨幣数量説	289, 375
新ケインズ派成長モデル	420
新古典派生産関数	402
新古典派成長理論	405
新古典派定理	407
新古典派の投資理論	279
伸縮的加速子	277
伸縮的加速度モデル	277

新正統派	322
信憑性のない脅し	192
信用乗数	282
信用創造	285
推移性	23
数量調整過程	1
数量表示の産業連関表	241
スカーフ	132
ストック調整モデル	277
ストルパー＝サミュエルソンの定理	211
スミス，アダム	322
スルツキー	393
スワン	402
斉一成長経路	399, 404
静学的期待形成	364
政策ラグ	324
生産可能曲線	129, 155, 200, 208
生産者余剰	120
生産の契約曲線	208
正常財	30
正常利潤	77
贅沢品	29
政府支出乗数	312, 426
設備投資循環	384
絶対的購買力平価	434
絶対優位	204
線形生産関数	84
先導者	109
全要素生産性	411
総供給曲線	343
操業停止点	69
総収入	91
相似拡大的な効用関数	42
総需要曲線	342
相対所得仮説	256, 257
空間的な――	257
時間的な――	257
相対的購買力平価	434
粗代替財	32, 46
粗補完財	32, 46
ソロー	402

索　引

ソロー中立的な技術進歩	415, 417
損益分岐点	69

た 行

怠業モデル	330
大国	224
代替効果	30, 269
代替財	32
代替の弾力性	81
タイム・シリーズ・データ	255
短期（総）費用	70
短期フィリップス曲線	363
単調性	22
弾力性アプローチ	433
弾力的	10
中間需要	241
中間生産物	241
中級財	29, 44
中立財	29, 44
超過需要	1
超過需要価格	2
超過利潤	77
長期供給曲線	76
長期（総）費用曲線	70
長期フィリップス曲線	363
調整係数	277
調整費用	273
追随者	109
通貨発行益	286
定期預金	282
定常解	404
デービス	322
デブルー	132
デモンストレーション効果	258
デューゼンベリー	256
展開型ゲーム	192
動学的非整合性	380, 382
等価変分	57
投機的動機	287
投資効果曲線	273
投資の限界効率の理論	272, 298
投資の利子弾力性	310
道徳的危険	180
投入係数	246
等利潤線	116
等量曲線	65, 80, 208
独占的競争	113
独立採算制	124
独立財	32
独立投資	385
特化	200
トービン	291
トービンの q	278
限界の――	278
平均の――	278
ドーマー	320, 397
ドーマー条件	320
トリガー戦略	193
取引動機	287

な 行

内生的成長モデル	421
ナイフ・エッジ定理	399
ナッシュ均衡	186
ニューケインジアン	330, 366
認知ラグ	324

は 行

ハイパワード・マネー	282
波及ラグ	324
パーシェ物価指数	253
パシネッティ	420
歯止め効果	257
バラッサ＝サミュエルソン効果	439
パレート最適	128
パレート優位的	136
バロー	323, 374
バローの中立命題	323
ハロッド	397
ハロッド中立的な技術進歩	398, 415, 416
ハロッド＝ドーマーの経済成長モデル	397
反応関数	106, 110

467

索　引

比較生産費説	202
比較優位	200
比較優位の原理	202
非競合性	152
非競争輸入型	248
ピグー	268, 351
ピグー効果	268, 313, 351
ピグー的課税	141, 144
非自発的失業	329
ヒステレシス	331
非弾力的	10
ヒックス	386
ヒックス基準	137
ヒックス中立的な技術進歩	415, 417
ヒックスの需要曲線	31
必需品	28
非排除性	152
BP曲線	443
費用一定産業	76
費用直線	65, 210
費用逓減産業	76, 123
費用逓増産業	76
ビルトイン・スタビライザー	326
非労働力人口	332
不安定性原理	399
フィッシャー	289
フィッシャー方程式	294, 434
フィリップス	359
フィリップス曲線	360
短期――	363
長期――	363
付加価値	242
不確実性	141
不規則衝撃	393
ブキャナン	324
複占	106
不胎化政策	450
２人ゼロ和ゲーム	187
物価指数	253
パーシェ――	253
ラスパイレス――	253

物価版フィリップス曲線	361
プット・オプション	172
部分ゲーム	192
部分ゲーム完全均衡	192, 380
不飽和の仮定	26
プライス・テイカー	106
プライス・リーダーシップ	186
プライマリーバランス	319
フリードマン	256, 289, 364, 375
フリー・ライダー	142
平均可変費用	69
平均固定費用	69
平均生産物	63
平均の q	278
平均費用	68
平均費用価格形成	124
ベヴァリッジ曲線	338
ヘクシャー=オリーンの定理	209
ヘクシャー=オリーン・モデル	207
ヘッジ	174
ヘッジ・ポートフォリオ	174
ベルトラン競争	110
変動所得	260
ペンローズ曲線	273
貿易の利益	201
法定準備率	281
法定準備率操作	283
包絡線	71
飽和	23
ボーエン	322
補完財	32
補償需要曲線	31
保証成長率	398
補償変分	57
ボックス・ダイアグラム	128, 208
ホテリング	124
ホモセティック効用関数	42
ボーモル	291

ま　行

マークアップ原理	337

468

索 引

摩擦的失業	334
マーシャル	1, 289
マーシャル的調整過程	2
マーシャルの安定条件	3
マーシャルの k	289
マーシャルの需要曲線	30
マーシャル゠ラーナーの安定条件	227, 433, 442
マッケンジー	132
マネーサプライ	282
マネタリー・アプローチ	434
マネタリー・ベース	282
マネタリスト	360, 375, 393
マンデル゠フレミング・モデル	451
ミニマックス基準	187
無差別曲線	21
名目為替レート	430
名目金利	294
メニュー・コスト	331
モディリアーニ	256, 322
モラル・ハザード	180

や 行

誘発投資	385
輸出税	218
輸出の価格弾力性	432
輸出の所得弾力性	432
輸入税	218
輸入の価格弾力性	431
輸入の所得弾力性	431
UV 曲線	338
要求払預金	282
要素価格均等化定理	212
要素集約度	208
要素の所得分配率	78
預金準備率操作	283
予備的動機	287
弱い意味の単調性	22

ら 行

ライフサイクル仮説	256, 262
ラグランジュ関数	39, 54, 79, 128, 206, 378
ラグランジュ乗数	39
ラスパイレス物価指数	253
ラチェット効果	257
ラーナーの対称性定理	218
ラーナーの独占度	93
ラムゼーの逆弾力性命題	13
リアル・ビジネス・サイクル理論	393
リカード	202
リカードの中立命題	323, 326
リカードの等価定理	326
利潤原理	389
リスク・プレミアム	161, 170
リスク・プレミアム・レート	162
リプチンスキーの定理	209
流動資産仮説	268
流動性制約	269
流動性選好理論	287
流動性のわな	288, 309, 342, 352
履歴効果	331
リンダール均衡	158
ルーカス	374
レオンチェフ型効用関数	45
レオンチェフ型生産関数	83, 246, 398
劣等財	30
労働供給の賃金弾力性	100
労働集約的	209
労働節約的な技術進歩	416
労働投入係数	88
ローマー	421

わ 行

割引因子	193
割引現在価値	168, 271
ワルラス	1, 132
ワルラス的調整過程	1
ワルラスの安定条件	2
ワルラス法則	6, 303

本書の内容に関するお問合せは，以下のあて先に郵便またはFAXでお送りください。
〒163-8671　東京都新宿区新宿1-1-12
株式会社 実務教育出版　編集部　書籍質問係（書名を明記のこと）
FAX：03-5369-2237

■ **西村 和雄**（にしむら かずお）

1946年，札幌生まれ。東京大学卒，ロチェスター大学Ph.D.。日本，カナダ，アメリカの大学で教鞭をとった後に，1987年より京都大学経済研究所教授。2006年より同研究所所長。2010年より京都大学名誉教授・京都大学経済研究所特任教授。2013年より神戸大学経済経営研究所特命教授。2012年紫綬褒章，学士院会員。

主著：『経済数学早わかり』（日本評論社，1982年）
　　　『入門　経済学ゼミナール』（実務教育出版，1990年）
　　　『ミクロ経済学』（東洋経済新報社，1990年）
　　　『ミクロ経済学入門（第2版）』（岩波書店，1995年）
　　　『まんがDE入門経済学（第2版）』（日本評論社，1999年）
　　　『まんがDE入門経済数学』（日本評論社，2003年）
　　　『マクロ経済動学』（共著，岩波書店，2007年）
　　　『経済学ベーシックゼミナール』（共著，実務教育出版，2008年）
　　　『現代経済学入門　ミクロ経済学（第3版）』（岩波書店，2011年）
　　　Optimization and Chaos（共著，Springer，2000年）

■ **友田 康信**（ともだ やすのぶ）

1973年，札幌生まれ。北海道大学経済学部卒，同大学経済学研究科博士後期課程修了（経済学博士）。京都大学経済研究所COE研究員，日本学術振興会特別研究員（PD）を経て，2010年より神戸市外国語大学外国語学部法経商コース准教授。

主要論文："Artificially Low Interest Rates as Export Promotion Policy," *Japanese Economic Review*, forthcoming.（共著）
　　　　"Human Capital Kuznets Curve with Subsistence Consumption Level," *Economics Letters*, 116, 392-395, 2012.（共著）
　　　　"Optimal Public Education Policy in a Two Sector Model," *Economic Modelling*, 27, 991-995, 2010.（共著）
　　　　"Optimal Money Supply in Models with Endogenous Discount Factor," *Quarterly Review of Economics and Finance*, 49, 798-810, 2009.（共著）

経済学ゼミナール　上級編

2015年9月10日　初版第1刷発行　　　　　　　　　　〈検印省略〉

著　者 —— 西村和雄・友田康信
発行者 —— 池澤徹也

発行所 —— 株式会社 実務教育出版
　　　　　〒163-8671　東京都新宿区新宿1-1-12
　　　　　☎編集 03-3355-1812　販売 03-3355-1951
　　　　　振替 00160-0-78270

印　刷 —— 精興社
製　本 —— ブックアート

© KAZUO NISHIMURA, YASUNOBU TOMODA　2015
本書掲載の試験問題等は無断転載を禁じます。
ISBN978-4-7889-4727-6　C3033　Printed in Japan
落丁・乱丁本は本社にておとりかえいたします。